과학으로 풀이한 풍수지리

부자되는 땅
행복한
집 찾기

김영석 저

일진사

땅을 파고 네 기둥을 세워 움집을 지어서 수혈주거(竪穴住居) 생활을 했던 우리 선조들은 집이라는 틀 속에서 땅의 서늘한 기운을 받아 더위를 피하고, 겨울에는 찬바람을 막아 추위를 피하고자 했을 것이다. 이런 움집 형태를 시작으로 차츰 발전을 거듭하여 지금의 고층 건축물에 이르게 되었다.

고대의 큰 도시뿐만 아니라 현대의 많은 도시들이 큰 강을 중심으로 형성되어 있는 것을 흔히 볼 수 있다. 이는 풍수지리에서 말하는 길지의 입지 조건, 즉 산을 등지고 물을 내려다보는 지세에 부합된 것으로서, 예나 지금이나 풍수지리가 우리의 거주지를 정하는 데 있어 가치있는 잣대로 활용되고 있음을 보여 준다.

우리나라의 민족신앙인 산신숭배사상은 동티문화, 사물형상으로 산을 보는 형국론 등 우리만의 독특한 자생 풍수관을 낳게 하였다. 따라서, 풍수지리는 우리 민족정신과 융화되어 생활 속에 깊게 뿌리내린 민족사상이며 주거문화이다.

조선후기 실학자인 이중환이 쓴 『택리지』의 복거총론(卜居總論)과 홍만선이 쓴 『산림경제』의 복거(卜居)에서 제시한 바와 같이 풍수지리는 실용적인 학문이며 주거환경을 중시하는 장구한 환경논리이다.

우리는 가끔 일상생활에서 미흡한 한자 지식으로 인해 불편함을 겪을 때 상용한자 옥편으로 이를 쉽게 해결하기도 한다. 이처럼 우리가 건물이나 터를 물색할 때 도움을 줄 수 있는 사전 같은 지침서가 있으면 좋겠다는 생각에서 이 책을 구상하게 되었다.

이 책은 음양오행, 간룡법 등 풍수지리의 기존 논리를 바탕으로 하여 환경 논리에 초점을 맞춰 양택풍수의 길흉관계를 현실성 있게 활용할 수 있도록 자연과학에 맞게 재결합시키고자 하였다. 이는 풍수지리가 검증성이 빈약한 구시대적 논리로만 보고 평가되어선 안되기 때문이다.

현대 건축관으로 볼 때 풍수지리는 건축의 3요소에 다음과 같이 나타난다. 첫째 건축물의 견고성(안전성)에서는 건물의 기초 작업보다 더 근원적인 터 잡기를 논하고, 둘째 공간활용성에서는 가족구성원을 세분화하여 생리적인 간(間)잡이까지 논하며, 셋째 아름다움에서는 오행색채의 감정과 균형, 조화의 미학을 판별해 주는 척도로 손색이 없다. 더군다나 풍수지리는 한걸음 더 나아가 제4의 건축 요소인 웰빙 건축, 생리적 공간, 생태도시를 만드는 데 있어서는 경험에서 검증된 기본 논리로 이해될 수 있다.

풍수지리는 문왕8괘 논리와 음양오행을 응용시킨 자연학이며 일찍이 나침반을 이용한 포괄적 과학으로 가장 오랜 역사를 가지고 있다.

또, 현대의 지자기 운동과 수맥파 등에 의한 땅과 건강 관계가 차츰 과학적으로 입증되고 있다. 특히 주거건강과 관련하여 8,000여 년 전 움집으로부터 시작된 집에 대한 실험의 검증결과를 풍수지리란 이름으로 지표를 세웠는데, 이 지표는 자연환경 요소인 햇빛, 습도, 바람, 기온 등이 집과 그곳에 거주하는 사람들의 신체에 어떠한 영향을 주는지에 대한 항상성(恒常性)의 기준이 된 것이다.

인체는 항상성이 깨지면 그 충격으로 인체 메커니즘에 손상을 받아 면역력이 떨어지고 그로 인해 질병에 걸리게 된다. 풍수지리는 주거환경의 항상성 지표로서 생리적 주거환경을 가름하기 때문에 풍수적 길흉은 곧 건강과 직결되는 것이다. 즉 풍수에서 길한 조건이 거주자의 건강에 이롭다는 것이다.

이 책의 내용은 첫째 마당의 '환경풍수론'에서는 풍수이론에 대해 깊이 있는 논증을 통해 풍수의 과학성 또는 통계적 입증을 상당 부분 다루었고, 둘째 마당의 '좋은 땅, 좋은 건물 찾기'에서는 풍수의 실용성을 추구하였다. 부록 1의 '환경 풍수 이야기'에서는 환경풍수 관련 문제들을 실었으며, '에세이' 지면에는 풍수와 관련된 이야기를 담았다. 마지막으로 부록 2에는 풍수 관련 용어를 간추려 풀이한 '용어해설'을 실어 어려운 단어를 쉽게 찾아볼 수 있도록 구성하였다.

이 책의 주안점인 좋은 땅 좋은 건물을 찾고자 하는 바람(수요)은 결국 공급자에게 수요자의 성향을 충족시키게 하려는 것이며, 이는 좋은 땅 좋은 건물의 생산으로 이어질 것이다.

또한 이로 인해 결국 우리들은 좋은 환경 속에서 삶을 누리게 될 것이고 환경풍수의 목적인 행복 성취도 또한 높아질 것이다. 아울러 완성된 좋은 건물은 재건축으로 인한 환경 파괴를 줄일 수 있어 자연환경 보전에도 일조할 것이라 믿는다.

더불어 수요자에게는 올바른 부동산 식별의 안목을 키워주어 부동산 투자에 대한 부가 가치의 극대화로 경제적 풍요를 가능하게 하고, 집을 짓고자 하는 사람에게는 땅을 보는 능력과 함께 행복하게 살 수 있는 집을 짓는 방법을 제시할 것이다. 또한 집을 구입하려는 사람에게는 집의 길흉에 대한 변별력을 키워줘 좋은 집을 구매할 수 있도록 할 것이다.

잠깐 머문 사람까지도 주거공간의 길흉에 따라 화복이 달라진다. 어느 주거지가 좋고 나쁜지 알 수만 있다면 누구나 나쁜 쪽은 피하려 할 것이다. 그리고 무엇 때문에 나쁜 것인지 안다면 그것을 소멸시키거나 보완하여 전체적으로 원만하고 좋은 생활 환경을 만들 수 있을 것이다. 이 책이 주거 선별의 지침이 되는 환경풍수서로 널리 이용되기를 바란다.

김영석 (E-mail : uchokys@hanmail.net)

목 차

첫째마당 환경풍수론

둘째마당 좋은 땅 좋은 건물 찾기

셋째마당 부 록

첫째마당

환경풍수론

01

풍수지리의 목적

풍수지리의 목적은 삶의 질을 향상시키고 건강하며 행복하게 살 수 있는 공간을 만드는 것 이외에도 풍수지혜를 통해 정신적·경제적으로 풍요로움을 얻는 것이다.

우리는 일상 중에 풍수와 연관된 것에 대해 종종 '왜'라는 궁금증이 생길 때가 있다.

등산길에 산야를 보면 산세가 좋아 보이는 곳이 있는데 이런 산세의 명당자리는 어디쯤이며, 왜 그럴까?

여행길에 산자락을 돌아 강줄기가 보이면 그곳에는 여지없이 도란도란 집들이 어우러진 풍경화 같은 마을이 나타나는데 그것은 왜일까?

여기저기 사찰을 구경할 때면 좋아 보이는 절터가 있는데 누가 왜 이런 산중에 절을 짓자고 했을까?

어렵게 모은 돈으로 처음 집을 사는데 이 집터는 과연 좋은 곳일까?

집과 대문의 방향이 맞아야 하는데 구입하려는 집은 방향이 나쁘지 않을까?

잠자리 방향이 나쁘면 아프다던데 침대 방향은 맞게 되었을까?

상가 자리를 구하려는데 장사가 잘되는 자리는 어디일까?

아이들의 공부방은 어느 방이 좋으며 책상은 어느 자리에 놓으면 좋을까?

풍수지리는 이런 의구심을 해결해 줄 뿐만 아니라 자연의 순환법칙을 우리 일상생활에 대입시켜 삶의 질을 향상시키고 건강하게 살 수 있는 공간을 만드는 데에 그 목적이 있다.

천문은 우리 주변 환경을 변화시키는 주체이기 때문에 알면 알수록 이로우며, 천문을 모태로 한 풍수지리 또한 활용가치가 높은 자연과학이다.

풍수는 크게는 국토의 이용계획, 도시계획 및 구획정리의 방안이 되고, 작게는 건축물의 설계와 생활 여건의 개선, 사업장의 배치에 이르기까지 방대하게 활용될 수 있다.

태양열 등 재생 에너지 활용이 환경보전의 대안으로 떠오르는 요즘, 자연의 법칙에 순응하면서 자연의 힘을 이용하기 위해서는 자연의 원리를 잘 알아야 하는데, 풍수지리가 바로 이러한 원리를 이용하여 주거공간을 만들 수 있게 하는 실험 검증된 교과서가 될 수 있다.

또, 자연환경을 보전하는 것이 최우선이지만 개발이 필요할 때 훼손을 최소화시키는 것도 사람과 자연이 함께 공존하는 길임을 깨닫는다면 풍수지리는 자연의 순리를 따르고 이해하는 길라잡이로서의 역할을 충분히 해 나갈 수 있을 것이다.

우리나라 풍수지리의 시대적 흐름을 보면, 고대의 수렵·채집생활부터 정착 농경사회까지는 생활을 기후변화에 맞춰야 하는 절대적 환경 의탁의 시대였다. 단적으로 주거형태만 보더라도 온도 변화가 적은 지열을 이용하기 위해 지면보다 낮은 곳 위에 움집을 지었는데, 이는 자연에 순응하는 생활 양상을 보이는 풍수태동시대에 해당된다.

> 우리나라 풍수지리의 시대적 흐름을 보면 정착 농경사회 시대의 풍수태동시대가 있었고 일제시대의 풍수혼돈시대를 거쳐 현재의 풍수확장시대에 이르렀다.

조선시대에는 숭유정책으로 묘지풍수가 유행했으나, 이후 풍수의 본질이 변질되어 자손발복에만 급급하는 사회병폐를 낳게 되었고 일제에 의해 미신으로 전락되면서 풍수혼돈시대를 겪게 되었다.

요즘은 풍수지리가 다시 그 명예를 회복하여 토목과 건축분야에서 널리 이용되고 있을 뿐 아니라 웰빙 건축, 생태도시, 친환경주택단지라는 이름과 접목되어 상업성까지 높여주는 풍수확장시대에 접어들었다.

이제 풍수는 한 걸음 더 나아가 생활의 질을 향상시키고 행복을 추구하는 풍수 본연의 목적 외에도 풍수 지혜를 통해 경제적·정신적 풍요로움을 얻고자 하는 현대인들의 욕구에 부응하여 부동산 투자 대상 선정의 판단 기준 및 인테리어 작업 등의 지침이 되면서 그 필요성이 더욱 더 커지고 있다.

02

풍수지리와 환경

풍수지리는 환경원리이다

우리는 건강을 위해 주변을 생리적 조건에 맞춰 아름답게 꾸미고자 하는데 그것은 곧 행복을 추구하는 행위이다. 누구에게나 아름다움을 느끼는 것은 기쁨이며, 기쁨은 마음을 즐겁게 하므로 건강을 위한 필수요소이다.

행복한 삶을 위해 기본적인 의·식·주를 해결하고 나면, 질적 향상을 위해 세련되고 멋진 디자인의 옷, 맛깔스럽고 몸에 좋은 음식, 안전하고 효용성 있는 작품 같은 생활공간을 만들기 위해 분야별 종사자는 고민하고, 사람들은 질적 가치를 위해 어떤 땀의 대가를 치러 준비한다.

계절에 맞는 봄의 화사함과 낙엽에 어울리는 갈잎 색상의 옷은 계절 색감에 맞춘 것이며, 제땅에서 제철에 나는 먹거리가 입맛에 맞다함 또한 풍토의 친환경원리에 근거한 것이다.

그럼, 건축의 3요소인 구조·기능·미를 충족한 생활공간이 주어진다면 건강과 행복을 어느 정도 보장받을 수 있을까?

일찍이 동양권에서는 천문우주학을 근간으로 음양오행원리를 적용한 한의학과 풍수지리를 발전시켜 왔는데, 지역 풍토 기후와 사람의 생리에 대해 가장 가깝게 접목시킨 것이 풍수지리이다.

그리고 생체리듬에 적합한 생활공간을 만들고자 할 때 법칙으로 활용된 지침서 가운데 풍수지리학이 동서양을 통틀어 최고라 할 수 있다.

풍수지리는 3,000여 년 동안의 실험적 검증을 거친 주거건축학으로, 사람의 주거공간을 만드는 기법의 원전이며 사람에게 기쁨과 건강을 보장받을 수 있게 하는 친환경 주거원리이다. 특히 풍수지리는 생리적 공간을 만드는 데 주안점을 둔 것이 서양건축과 다른 점이다.

형태의 아름다움을 균형과 조화의 미적 관점으로 봐서 안정적이고 적절한 변화를 추구하려는 것이 풍수형태론이고, 색채에 대해서 자연의 물상들이 갖고 있는 기본 색상을 계절별 기후의 변화에 따라 봄은 녹색, 여름은 적색, 가을은 흰색, 겨울은 검은색, 변절기는 노란색으로 분류하여 물상 또는 계절별 상징색으로 나눈 것이 풍수색채론이다.

동은 나무, 남은 불, 서는 금속, 북은 물, 중앙은 흙으로 보는 오행과 풍수방위론을 보아도 풍수지리는 환경논리임이 분명하다.

태양은 모든 에너지 또는 기(氣)의 근원이다. 살아있는 모든 생물은 태양으로부터 에너지를 얻으며 생물이 태양으로부터 에너지를 포획하는 첫 과정이 광합성 작용이다. 이 과정에서 식물은 태양에너지에 물과 이산화탄소를 결합시켜 탄수화물(유기성 구성물질인 C, O, H로 구성됨)과 산소를 만들어 낸다.

동물은 식물을 먹이로 취하는데 동물은 식물이 포획한 태양에너지를 소비하는 2차 소비자이다. 동식물이 죽어 썩을 때 대기 중의 산소는 탄수화물 내의 탄소·수소와 결합하여 다시 물과 이산화탄소를 만든다.

이것이 생명체의 순환이다. 태양에너지는 자연의 섭리인 순환의 법칙을 총괄한다.

마그마가 분출과정에서 화성암이 되고, 화성암이 풍화와 침식 및 외적 작용을 거쳐 퇴적암이 되며, 변성작용에 의해 변성암이 된 후 다시 용융에 의해 마그마가 되는 암석의 순환과정의 운동에너지를 태양이 공급한다.

> 태양은 물의 순환과정과 암석의 순환 및 지구조적 순환과정에서 운동에너지를 공급하는 등 자연의 섭리인 순환의 법칙을 총괄 관장한다.

또한 물의 순환인 증발-구름-강수-지하수-삼출과정에서 관여하고, 해양 지각이 암석의 상태에서 섭입-용융-분출이라는 지구조적 순환의 작용에서 태양은 지열에너지로 암석의 순환과 지구조적 순환에 관여한다. 즉 태양은 땅의 순환과 기후, 물, 바람을 관장하는 것이다.

풍수에서 사신사의 원리를 보자.

사신사가 잘 갖춰졌다면 미적 구도가 안정될 것이고, 겹겹이 싸여진 조산은 팔요풍을 막을 것이며, 바람과 햇빛을 조절하여 오목거울 역할을 하여 명당을 만들 것이다.

그러나 사신사가 등을 진 배반격이거나 산봉우리가 뾰족뾰족한 화산형이라면 명당에 모아져야 할 빛이 산란과 굴절을 심하게 하여 빛의 교란이 일어날 것이며 이러한 형태가 명당이 형성될 수 없는 장애요소라 말할 수 있는 것은 풍수지리가 태양에너지와 깊은 관계가 있는 환경원리이기 때문이다.

건물 뒷산에 기암괴석이 산재해 있다면 풍수지리에서 흉격으로 보는데,『도선답산가(道詵踏山歌)』에 보면 "이석(異石)이 흘러내리면 필경 객사(客死)하리라"는 내용이 있다.

지질학에서도 표토포행의 원인이 되는 지구 중력과 원인 요소들인 동결융기작용, 젖음과 마름, 가열과 냉각, 식물의 성장과 소멸, 동물의 활동, 용해작용, 눈의 작용 등에 의해 바위가 굴러 떨어져 인명과 재산 피해를 입을 수 있는 재해위험 가능성이 많다고 볼 수 있다.

그래서 기암괴석은 풍광의 구경거리로 잠깐은 좋을지 몰라도 그 아래서 생활하면 심리적 불안감을 안겨줄 것이다.

이와 같이 풍수지리는 장구한 기간 동안 검증되고 다듬어진 자연의 이치를 다루는 주거환경원리의 교과서이다.

> 환경풍수에서 명당은 음택의 명혈자리와 조건이 유사한데 특히 어릴 때 주거명당에서 생활하면 인생 행보가 좋아진다.

환경풍수에서 말하는 명당은 건물의 좋은 터나 주거단지 같은 살기 좋은 구획지를 지칭하는 것으로, 마치 어머니의 품속같이 아늑한 곳을 말하는데 음택의 혈자리와 조건이 상통한다.

주거환경은 거주자의 건강뿐만 아니라 일의 성패까지 영향을 주는데 특히 어릴 때의 주거환경은 인생 행보에 큰 영향을 끼친다.

실내 환경으로 어릴 때 발병한 아토피성 피부질환이 성인이 되어서까지 이어져 고통스런 생활을 하는 사례를 볼 때 풍수에서 말하는 어릴 때 주거환경은 성인이 되어 이사한 이후에도 발현작용이 나타나는 것과 같다. 신체적이나 정신적으로 일어나는 발현작용은 한 사람의 인생을 크게 좌우하게 되는 것이다.

1930년대 오스트리아의 동물행동학자인 콘라트로렌츠는 알에서 막 부화한 새들이 처음 본 대상을 평생 어미로 인식하고 따라 다닌다는 사실을 발견하고 이 과정을 '각인' 이라 이름 붙였다. 이 각인효과는 조류에 널리 관찰되는 현상이지만 인간에게도 어릴 때 주거환경의 중요성을 예견할 수 있을 것이다.

이와 같이 풍수지리는 우리들의 생리에 깊게 관여하는 주거환경원리의 표준이다.

2. 우리 풍토에 맞는 풍수론이 좋다

중국 동진(기원후 317~420)의 곽박(276~324년)이 쓴 『장경』에 '고위지풍수(故謂之風水)'라는 구절을 보면, 풍수용어가 곽박 이전부터 있었다는 것을 짐작할 수 있다.

그리고 주나라(기원전 11~8)의 『주서(周書)』에는 태보주공상택(太保周公相宅)의 기록으로 볼 때 집터를 잡아 주었다는 것은 이미 상택으로 길흉지인 명당 터와 흉당 터를 구별하였음을 짐작할 수 있다. 이것이 중국 풍수의 역사이다.

우리나라에서는 선각국사인 도선(道詵 : 827~898)에 대한 풍수지리사상에 대해 최창조 교수의 논문에 의하면, 도선국사는 중국의 남방으로부터 유입된 지형과 지세를 강조한 강서법(江西法)을 한국의 자생적 풍수사고에 접목시켰다고 추정하고, 풍수지리는 생활에 바탕을 둔 경험 지리학이라는 점이다.

유물적(類物的) 지세해석방법은 풍수형국론에 직결되고, 이는 한국풍수지리의 특징이며 유물적 지세해석이 비보(裨補)풍수를 낳았던 것이다.

> 유물적 지세해석방법에 의해 풍수형국론이 생겨나고 도선국사는 비보풍수 이론을 세웠다.

이와 같이 도선의 풍수지리는 한국풍수의 독자성을 강조하여 민족자존을 불러일으켰다는 내용이다.

선사시대의 원시인들이 비바람과 맹수를 피해 동굴에 주거를 정했던 것으로부터 시작하여 현대건축에 이르기까지 건축과 풍수지리는 같은 맥락으로 시대 흐름에 따라 학술적 기반과 경험에 의해 발전해 가고 있다.

중국과 우리나라는 같은 대륙성 기후에 놓여 있고 중국의 황하와 우리나라의 기후가 비슷해 장풍(바람을 머무르게 하고)과 득수(물과 만나는 것)를 필요로 하고 있으나 풍토는 여전히 다르다.

> 중국은 풍수에서 강을 우선한 득수를 중요하게 여겼고, 우리나라는 대부분 느린 습곡운동으로 산줄기가 형성된 노년기형 산 형태를 보인 산악국가로 산에 대한 풍수가 발달하였다.

중국은 황하강의 영향에 의해 범람원이 형성된 지역으

로 득수의 개념을 우선으로 하는데, 중국의 풍수서인 『장경』에 보면 '풍수지법득수위상장풍차지(風水之法得水爲上藏風次之)'라는 말이 나온다. 이 말은 풍수의 비결에서 득수가 되는지의 여부를 먼저 보고, 그 다음 장풍이 잘되는지를 본다는 것이다. 즉 풍수지리에서 강을 우선 조건으로 여긴다는 것인데, 이와 조건이 다른 우리나라는 전 국토의 약 75%(2004년 통계로 보면 남한은 65.3%)가 산지이고 전 국토 중 경사도가 5% 미만의 평탄지가 23%에 불과하다.

우리 국토는 격심한 지각변동이 별로 없었고 조륙운동에 의한 지반의 융기도 매우 서서히 일어났기 때문에 하천은 대부분 그 곡저가 낮을 뿐 아니라, 노년기성 지형을 나타낸다. 그로 인해 서해 경사면의 하천에는 구릉지가 인접해 있어 곡류하천을 형성하지 못하며 유로와 하곡의 방향이 일치하는 경우가 대부분인 특징을 갖고 있다.

우리나라는 지구태동기인 선캄브리아기로부터 중생대(24,800만 년 전부터 6,500만 년 전 사이)까지의 변성퇴적암류를 비롯하여 화강편마암과 화강암 등의 지반으로 안정지괴의 상태에서 오랜 기간 삭박작용을 받아오면서 송림변동[(북한지역의 동서방향인 요동방향의 산맥은 중생대 삼첩기(24,800만 년 전~21,300만 년 전) 중엽에 습곡과 요곡에 의한 산맥의 골격이 형성된 운동]과 대보운동(화산활동이 전국적으로 일어났는데 특히 중남부 지역에 걸쳐 마그마의 관입이 많아 현재의 산지지형이 형성되었는데 이는 대규모 습곡운동으로 중생대 주라기 말기에 일어남)에 따른 습곡과 단층운동으로 지체구조가 변모하였다.

중생대말 이후의 정단층, 습곡 및 요곡운동, 지괴의 경동운동 등에 의해 현재의 지형 골격이 형성되었다.

이런 우리나라는 산악국토라는 풍토 때문에 장풍의 개념을 더 중시하게 된 것이다.

> 우리나라는 산악국가라는 풍토에 맞게 풍수에서 장풍의 개념을 더 중시하고, 지세 해석 방법에는 형국론과 비보풍수라는 독창적인 자생풍수가 있다.

산악국가라는 풍토에서 나온 산악숭배사상은 산에 영혼이 담겨있다는 정서로 인해 산을 용이라는 영물로 삼아 동물과 식물로 비유하는 형국론이라는 자생풍수를 낳게 하였다. 그로 인해 경부고속국도 건설 때 지역유림들이 나서서 거북형국의 목을 자르면 마을이 망한다 하여 도로 개설을 반대하는 경우까지 발생하였다. 형국론은 강아지 인형을 통해 강아지와 노는 감정을 느끼는 것과 같은 형태에 대한 감정을 말한다.

우리나라는 산신숭배와 풍수지리가 결합하여 양기풍수에서 부모격인 산을 진산(鎭山)이라 불렀는데, 서울의 진산은 북한산이다.

우리나라에서도 기와집의 경우 중부지방에는 ㄱ자형이 많고, 남부지방에서는 ―자형으로 시원하게 여름을 보내기 위해 대청을 크게 두었다. 중부지방에서는 묘지의 봉분 뒤와 측면을 둘러 토담인 곡장(曲牆)을 한 것과 생활도구인 옹기의 입구가 따뜻한 남쪽으로 갈수록 좁아지는 것 또한 지역 기후의 특성에 기인한 것이다. 그리고 식물의 지역성에 따른 농산물의 품질이 다른 것 또한 풍토의 차이 때문이다.

삶의 질을 제시하는 풍수지리는 결국 우리 정서와 풍토에 맞는 풍수론이 제몸에 맞는 옷인 격이다.

3. 지형과 방향을 먼저 보라

전 세계의 지표면은 약 15%가 화강암으로 구성되어 있고, 우리나라는 약 60%가 화강암 또는 화강암질암석으로 구성되어 있다.

이것은 마그마의 관입에 의해 형성된 것으로 유리원료인 마모에 강한 석영함량이 20~40% 구성비를 갖고 있는 강도가 높은 암석이다. 화강암은 건축의 바닥재나 외벽재로 많이 사용되는 암석이다.

지반이 되는 암석대는 대부분 습곡 및 단층운동에 의해 절리가 되고, 침식으로 암석이 지상으로 노출되면서 하중이 제거되는데 그때 암석이 팽창되어 깨지는 균열, 즉 절리가 생긴다.

이미 습곡과 단층운동에 의해 골격이 형성된 이 지반암들은 노출 후 풍화와 침식을 받으며 산야의 지형을 형성하는 것이다.

우리나라는 용의 시발점을 백두산으로 하고 동쪽 해안선을 끼고 남쪽으로 흐르다가 태백산에서 서쪽으로 기울어 지리산에 이르는 백두대간(白頭大幹)을 산의 정기가 내려오는 중심으로 본다.

터를 잡을 때 눈여겨봐야 할 점은,

첫째, 생용의 기운을 받을 수 있는 산맥이 이어져 있는지, 찬바람을 막을 수 있는 장풍의 산세와 맑은 물을 얻을

터를 잡을 때 눈여겨 봐야 할 점은 지형조건, 방향, 자연재해 위험요소, 용도, 저해환경 요소 등이다.

수 있는 득수의 조건, 그리고 인체의 정맥과 같은 배수가 원활한가 등의 지형조건을 따져봐야 한다.

둘째, 명당 터가 될 수 있는 배산임수, 후고전저(後高前低), 서고동저, 북고남저의 조건으로 일조량이 충분하고 시야가 터져 있는 방향의 입지조건을 눈여겨봐야 한다.

셋째, 예부터 치산치수를 최우선 국가 통치과제로 여겼던 것은 자연재해로부터 인명과 재산을 보호하고자 한 것으로 산사태나 낙석 위험지역은 아닌지 홍수 때 범람 위험지역이나 해수조고가 심할 때마다 상습 침수지역은 아닌지 등 자연재해 위험요소는 없는지 살펴봐야 한다.

넷째, 잡고자 하는 터에 학교가 설립된다면 어떤 목적의 학교인지에 따라 달라질 것인데 초등학교라면 주변 소음이 없고 도보로 이동하는 보행여건이 좋아야 하는 것처럼 건축물의 종류나 시설 규모에 따라 건물의 조건이 달라지므로 용도에 맞는 명당인지 살펴봐야 한다.

다섯째, 득수의 조건이라도 지하수까지 오염될 정도의 악취 나는 폐수가 흐르는 것은 아닌지 살피고, 주거지 주변에 시멘트 공장이 있다면 분진과 통행 차량에 대한 소음을 감수해야 하는 고통이 따를 것이며, 사통오달거리의 교통조건이지만 분지형으로 오염된 공기에 건강을 해칠 정도라면 문제가 된다. 고가도로와 근접해 있다면 분진, 소음 등이 문제가 되고, 전기고압선이 지나가는 철탑이 근접해 있으면 전자파로 인해 건강에 해를 입힐 수 있으며, 삼각형 건물모서리, 도살장 등 흉물 모형이나 시설이 인접해 있거나 폭포수의 소리가 울음소리로 들리는 좋지 못한 자연조건 등 저해환경 요소가 주변에 없는지 세심한 주의를 기울여 터를 잡아야 한다.

주택을 예로 들어 보면, 태양에너지를 받을 수 있는 일조권과 마음의 평화를 안겨줄 조망권만 보더라도 건물 전면에 산이 있을 경우 집과 전면 산 사이에 시냇물이 흐르는 냇가가 있다면 거리가 확보되어 일조권과 조망권에 이상이 없는 것으로 간주할 수 있다.

> 대지나 건물의 길흉은 주변 환경의 변화로 달라지는데 주변 환경이 해당 대지나 건물과 조화를 이루면 길하고 부조화를 이루면 흉하다.

같은 물이라도 남향건물에서 동쪽의 물은 어떤가? 동은 오행상 나무로 수생목(水生木)에 의해 상생이 되어 좋고, 아침의 해맑은 햇살과 은은히 피어나는 물안개, 작은 물결에 비친 은백색의 잔너울 등 이런 풍광은 하루의 시작을 좋은 느낌으로 시작하게 하나, 석양에 비친 서쪽의 물은 금빛을 띠어 평온을 넘어 공허에 가까운 느낌을 준다.

이처럼 지형과 건물 방향은 주변 변화에 따라 길흉이 달라진다고 볼 수 있다.

03

과학적인 풍수지리

1. 천문학이 모태인 풍수지리

역사상 가장 일찍 발달한 자연과학은 천문학이다.

천문학은 우주공간과 그곳에 존재하는 천체에 관련된 과학으로, 천체의 운행과 일월식에 기초하여 역이 만들어졌고, 행성운행의 관측으로부터 만유인력이 발견되어 천체 역학 발전에 기여하였다. 또한 분광학에 의해 천체물리학이 발전했으며 상대론은 우주론의 기초가 되었고, 양자역학은 항성진화론에 영향을 미쳤다.

태양을 중심으로 공전을 하는 행성인 지구는 위치에 따라 태양에너지 양의 차이로 지역에 따라 기후가 다른 것이다.

> 우주에는 조화와 균제미가 있는데 인간은 소우주로서 같은 우주의 질서 속에 존재하므로 자연의 섭리에 따르고 자연의 힘을 이용하는 것이 현명하다.

코스모스는 아름답게 배열된 '질서'를 의미하는 그리스어에서 유래되었으며 그것은 "질서를 가진 아름다운 우주"란 뜻이다. 우주에는 조화와 균제미가 있다. 인간을 소우주라 보고 우주의 질서란 자연의 질서, 즉 섭리를 말하는 것이다. 결국 우주와 인간은 같은 질서 속에 존재하는 것으로 인간은 자연의 섭리에 따르고 자연의 힘을 이용하는 것이 현명한 행동이다.

태양과 지구는 46억 년 전에 생성되어 같은 틀 속에서 존재하고 있으며 안정된 지구에서 뒤늦게 하늘과 땅의 기운을 받아 태어난 인간은 하나의 소우주로 천지의 형상을 이루고 있다. 머리는 둥글어 하늘을 닮고 사계절의 기운을 받아 팔과 다리가 4개이며 오행의 기운을 받아 몸 안에 오장이 만들어졌고 12지지와 같이 12경락을 가졌다. 이와 같이 사람의 신체구조는 천지의 운행에 따른 것이다.

음양의 원리는 천문학과 밀접한 것으로 지구가 탄생하기 전 태초 우주는 조각나고 흐트러진 혼돈 상태였다. 태초의 우주 가운데 광명이 가득차고 청명한 기운이 등장했는데 이것이 양(陽)이고 양이 상승하여 태양이 된 것이며, 반면 무겁고 탁한 기운은 음(陰)으로 하강하여 땅이 되었다는 것이 '음양의 원리'로 한자문화권에서 말하는 '천지개벽신화(天地開闢神話)'이다. 태양과 지구의 위치에 따라 변화하는 과정을 목, 화, 토, 금, 수로 사계절과 4방위를 결부시키고 상생·상극의 원리로 해석하는 것이 음양오행인데 이 또한 천문학에서 파생된 학문이다.

풍수지리는 천문자연원리인 음양오행을 기초로 하였으며, 천문학이 풍수지리의 모태인 것이다.

2 지질·지형학과 풍수지리

지구는 연속적인 풍화나 침식작용 같은 변화와 태풍에 의한 돌발적인 변화 등 어떠한 형태로든 변화하는데, 이 변화를 연구하는 학문이 지질학이다.

일반지질학은 지구 표면과 표면 아래에서 일어나는 변화과정과 그 과정에서 발생하는 물질에 대한 이해로 화산의 분출, 지진, 사태, 홍수의 변화과정과 토양, 모래, 암석, 공기, 바닷물 등 물질을 이해하는 것이다. 지사학은 과거에 일어난 물리적이고 생물학적인 사건들로 언제 바다는 생성되었는가, 언제 공룡이 출현하고 멸망하였는가, 어떤 산맥은 언제 융기하였으며, 나무의 출현 시기는 언제인가 등을 연대순으로 배열하고 이와 같은 질문에 대해 해답을 추구하는 것이다.

지질학, 지형학은 공통연구대상이 많고 같은 태양에너지가 관장하는 대상을 연구하므로 지질학과 지형학, 토양학의 원전은 풍수지리이다.

지질학에서 생활과 직면해 있는 일반지질학의 원전이 풍수지리이다. 명당의 앞부분으로 명당을 받쳐주는 것이 순전(脣前)이며 순전은 견고하고 안정된 구조를 가져야 한다는 것이라든가, 조신사인 명당과 직면해 있는 사신사 뒤편의 산은 살기가 없고 유정(有情)하면 좋고, 살기를 띠든지 무정하게 생겼을 때 나쁘다는 것은 산세가 험준하여 기암괴석이 아름답기보다는 불안하게 흉물을 하고 있거나 산이 등을 돌린 배반격으로 있으면 안 좋은 터의 조건이 된다는 것이다.

이는 지질학에서 안정된 지질구조는 자연재해로부터 더 안전하다는 것인데 에세이1에서 표토포행[表土匍行 : 지표 부근의 흙, 즉 표토나 응고되지 않은 퇴적물 속에서 돌의 이동이 몹시 느리게 사면(斜面)을 미끄러져 내려오는 것]의 과정에서 노출된 암석이 굴러내려 피해를 볼 수 있어 흉으로 치는 것은 지질학과 풍수의 공통점이다.

지형학은 땅의 모양을 연구하는 학문으로, 지표의 기복인 지형을 기술하고 해석하는 과학으로, 암석과 기복의 관계를 연구하고 기복의 진화를 연구하며 지형의 발달을 이끌어 가는 각종 기구(機構)의 작용인 풍화작용, 유수, 바람, 빙하, 파랑 등에 의해 지형이 형성되는 기구의 작용을

> 풍수지리와 지형학은 가장 공통점이 많은 자연과학으로 지형학에서 배후습지는 상습침수지역으로 풍수에서 합수의 공격면에 해당되어 흉한 터이다.

연구한다. 또한 현재의 시점에서 지형의 발달에 미치는 기후의 영향을 연구하는 학문이다.

풍수지리의 4대 과목인 용(龍)·혈(穴)·사(砂)·수(水)에서 지형학은 산을 말하는 용과 사·수가 공통적으로 연구되는 대상이다. 환경풍수에서 볼 때 하천의 퇴적지형으로 하천이 운반·퇴적하는 토사로 이루어진 지형을 충적지형이라고 하며 충적지형 중에서 가장 보편적이면서 우리 생활과 밀접한 것이 범람원이다. 범람원에는 자연제방과 배후습지가 발달되어 있는데 이는 대하천의 하류에서 볼 수 있고 그 중 자연제방은 넓고 평평하여 취락의 입지에 좋다. 한강의 뚝섬은 자연제방에 해당되고, 장안평은 늪지대인 배후습지에 해당되며, 오늘날 상습 침수지역은 과거에 배후습지였던 곳이 많다.

이와 같이 풍수지리와 지형학은 가장 공통연구대상이 많은 학문으로 볼 수 있고 환경풍수의 기본 4대 자연요소인 지(地), 수(水), 화(火), 풍(風)은 결국 태양에너지에 의해 총괄 관장되며, 태양에너지는 지질학, 지형학, 토양학 분야의 대상을 생성·순환시키는 힘의 근원으로 풍수지리와 지질학, 지형학은 일맥상통한다.

안방을 차지한 큰바위

1998년 6월 경북 청도군 금천면 동곡1리에 살던 정창호 할아버지와 김정녀 할머니는 비바람이 몹시 불던 날 동네 마실을 갔다가 이상하게도 그날따라 집에 들어오기가 싫어 낮 12시가 다 되어서 집에 터벅터벅 돌아왔다.

노부부가 집을 비운 사이 뒷산 허리에 걸쳐진 지름 2.13m, 둘레 6m나 되는 큰바위가 비바람을 못 이겨 굴러 내리면서 안방 뒷벽을 뚫고 부부가 쓰던 안방에 턱하니 자리를 잡고 있었던 것이다.

집주인의 귀가가 늦어진 탓에 생명의 위험을 모면할 수 있었다.

하지만 노부부는 집수리를 마치고 기름보일러까지 설치된 넓은 안방을 바위에게 내주어 쓰지 못하고 좁은 작은방에서 구들에 불을 지피며 생활하게 되었다.

천재지변으로 순식간에 작은방살이 신세가 된 노부부의 생활이 안타까워 금천면사무소 측에서 뻔뻔하게 안방을 차지하고 있는 바위를 치워주겠다고 하였다.

그러나 노부부는 바위가 굴러 들어온 것이 화(禍)인지 복(福)인지 잘 모르겠다고 마을 주민도 복바위라는 사람이 많아 결정을 내리지 못한 채 벌써 수년 동안 바위가 안방을 차지하고 집주인은 작은방살이 신세가 되어 버린 우스갯스런 일이 발생하였다.

이 사례로 볼 때 집 뒤쪽의 산에 흉하게 돌출된 바위는 흉상의 조건이라는 풍수관이 입증된 경우라 생각된다.

3. 지구의 지자기 원리

지자기(地磁氣)는 영국의 물리학자 길버트(1544~1604년)에 의해 발견되었는데, 지자기란 지구를 둘러싼 자기에너지로 자기는 강자성체의 원자(원소)를 포함하는 원자핵 속의 양자(+)의 주위를 회전하는 부대전자가 그 근원이다. 쉽게 말하면, 철과 니켈을 잡아당기는 눈에 보이지 않는 지구의 자기에너지이다. 지구는 자기를 두른 하나의 천체이기 때문에 우리들은 매일 0.5가우스 정도의 자기에너지(자력선) 속에서 생활하고 있는 것이다.

지자기가 생태계에 영향을 미치는데 비둘기의 귀소나 연어 등 회유어와 철새의 이동에 영향을 주고 있다고 밝혀진 바 있다.

인체 내에 존재하는 나침반(자기센서)인 두개골 내부의 부신피질 속에 감자성 물질이 있어 방향을 감지하는데 사람 중에 길눈이 어두운 사람은 이 물질의 역할이 떨어진 경우라 말할 수 있다.

자전축의 방향은 북극성을 향하고 있으며, 지구는 태양을 중심으로 1년 단위로 공전을 함과 동시에 자전축을 중심으로 하루 주기로 자전을 하고 있다. 지구의 자전속도는 북극에서는 0이지만 적도에서는 1,670km/h이다. 이는 1초에 463.8m 가는 비행기 속도라면 짐작이 갈 것이다.

지구자기장은 시간에 따라 변화하며 북극 쪽이 자석으로는 S극에 해당하는데 과거에는 N극이었던 적도 있다. 여기서 북극을 N극이라 표기하는데 왜 S극에 해당하느냐는 말이 궁금할 것이다. 이는 자성이 다른 극끼리는 잡아당기는 자석의 성질 때문에 막대자석이나 나침반이 가리

> 지구는 공전과 자전을 하는데 자전에 의해 지구자기장이 생겨나며 지구 자체는 북극이 S극이고 나침반은 N극이 북극을 가리키므로 북극을 N극이라 표기한다.

키는 북극 방향이 N극이기 때문이며 표기상 북극을 영문 앞자인 N극이라 말하는 것이다. 북극이 N극에서 S극으로 바뀌는 현상을 역전이라 하는데 역전되는 원인을 아직 규명하지 못하고 있다.

용암이 식으면서 지구자기장의 방향에 따라 용암 속의 철 성분이 자력선의 방향대로 화성암 속에 남아 있는데 같은 시대의 암석은 같은 형태의 고지자기를 가질 것이다. 대서양의 중앙해령 양쪽으로 지자기 역전현상이 대칭으로 분포된 것이 밝혀졌다. 대륙 이동의 원동력은 맨틀의 대류인데 이 고지자기를 보고 해저가 확장되어 대륙 이동이 이루어지고 있음을 알 수 있다.

태양은 11년을 주기로 태양활동이 커지면서 태양의 지자기폭풍(태양풍)이 일어나는데 이때 오로라현상이 나타나며 그 후 1~2일 사이에 지구에서 자기폭풍의 영향을 받는다. 태양풍으로부터 지구가 보호되는 이유는 지구를 둘러싸고 있는 자기력선 때문이며 그래서 생물이 사는 지표는 안전한 중간대이며 항시 우리는 지자기의 힘을 받고 사는 것이다.

그럼, 왜 지구가 거대한 자석이며 지자기를 갖게 되는지 궁금증이 생길 것이다.

지자기 발생 원인에 대해 이야기해 보자.

지자기는 지구 중심에 약 $8 \times 10^{22} J/T$ 자기쌍극자가 있을 때 생기는 자기장에 해당된

다. 지구는 하나의 거대한 자석인데 지구의 내부 및 주위에는 자력선이 통하고 있으며 그곳에는 자기장이 존재한다. 지자기는 시간과 장소에 따라 변화하는데 한반도 주변에는 500mG(0.5가우스) 정도이며 6층 높이(15m 이상) 아파트에서는 0.25가우스로 줄어든다. 반면에 철근이나 철골구조로 인해 지자기 교란이 생겨 상층에서도 높아지는 경우가 있다고 『풍수과학 이야기』에서 이문호 공학박사는 설명하고 있다.

이 지자기의 발생 원인은 지구외핵의 전도성 유체의 흐름 때문인데 지구내핵은 압력에 의해 고체이고, 외핵은 고열에 의해 액체인데 지각의 암석권은 고체인 관계로 지구의 자전에 의해 액체와 고체 사이에서 자기장이 생겨 지자기가 발생한다고 보는 것이다.

지구외핵은 전기전도도가 아주 높은 용융된 철과 니켈로 이루어져 있으며 지구자전운동과 외핵 내의 대류운동으로 발생하는 전류가 거대한 지구자기장을 형성한다. 타당성 있는 결론은 지자기는 부분적으로 이온화되어 있으면서 빠르게 회전하고 있는 외핵의 회전운동 때문이라 볼 수 있다.

580℃ 이하에서 마그마가 냉각될 때 자성을 띠는 광물질인 철, 니켈, 크롬 등은 자기장 방향으로 자화된다. 그럼, 지각 중 철의 함량은 어느 정도 될까? 대륙 지각의 평균 화학성분 중 철은 무게백분율로 볼 때 5.8%이고, 부피백분율은 0.5%이다.

현재 지구자기장은 약 70만 년 전에 역전된 것이며 지구자기장은 지난 450만 년 동안 11번의 크고 작은 역전이 일어났다고 한다. 현재 지자기 북극은 캐나다 북쪽에 위치해 있으며 자북극은 타원궤도를 따라 북쪽으로 조금씩 이동 중이다. 자기장의 방향은 N극에 작용하는 힘의 방향으로 정하는데 이 자기장의 방향으로 이동해 가면 하나의 곡선이 그려지는데 이를 자기력선이라 한다. 자기력선의 방향은 N극에서 나와 S극으로 향하며 자기력선이 조밀할수록 자기장의 세기가 크다.

왼쪽 그림을 보면, 막대자석의 양쪽 끝부분의 자력이 센 것을 알 수 있다.

일본의 과학자 나카가와는 신체에 대한 자성의 효과를 연구하면서 "자기결핍증후와 자기치

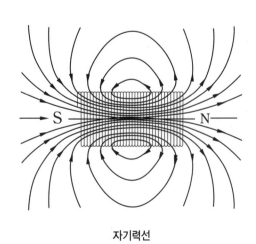

자기력선

료"에서 지자기의 결핍이 계속되면 어깨, 등, 목덜미가 뻣뻣해지며 가슴 통증과 습관적 두통이 오는데 이는 지자기가 질병과 관계 있음을 알려준다. 지자기는 자성인 철과 니켈, 크롬에 영향을 주므로 인체 내의 철분을 움직여 혈액 순환 등 신진대사를 돕는데 이때 자기는 혈액 내 헤모글로빈을 자극하여 산소운반능력을 증가시켜 준다. 사람이 잠잘 때 무의식적으로 몸을 뒤척여 지자기에 의한 반응을 하고 있다는 것으로 입증이 될 것이다.

> 혈액에서 헤모글로빈은 철 성분으로 피를 녹슨 철처럼 붉게 하는데 지자기가 이를 자극하여 산소운반능력을 증가시켜 준다.

우리는 서양식 교육으로 인해, 서양의 실험검증적이며 분석적인 입장에서 기술된 경우에는 쉽게 인정하고 받아들이나, 관념적인 우리의 전통적 표현은 우리 자신도 쉽게 인정하지 않는다. 그것은 동양적인 사상이나 인식이 두루뭉술한 경험론에 치우치다보니 분석이 잘 안되어 관심 밖의 학문이 많기 때문이다. 풍수지리관도 일부 이와 관계가 되므로 필자는 그것을 현대적 관점에서 검증할 가치가 있는 것은 재조명하고 허무맹랑한 것은 과감히 버려야 한다고 본다.

인간의 삶과 직결된 지구의 공전과 자전의 법칙을 과학적으로 입증한 것은 불과 500여 년 전의 일인 점과 공전과 자전의 원인을 규명하지 못한 반쪽의 과학 속에 현존하고 있으면서 동양의 경험론을 도외시하는 것은 모순의 극치이다.

전기장치를 작동할 때 자기장이 생긴다. 지구가 하나의 거대한 자석으로 자기장을 형성한다는 것을 다이나모설(Dynamo theory)이라 한다. 지자기가 평균보다 낮아 문제가 되는 자기결핍증후(磁氣缺乏症候)가 있는 것과 반대로 지자기장이 평균의 1.5배(0.75가우스)가 넘는 곳에 거주하는 사람은 두통이나 목이 뻐근하며, 지역이나 주거형태(주로 철골, 철근콘크리트구조)에 따라 평균보다 수배가 되는 곳이 측정해 본 결과 발견되었다고 이문호 박사는 설명하였다. 지자기 교란은 수맥, 지하광물, 석유, 가스층, 지층의 구조 등에 의해 발생한다.

수맥파는 지구 내부에서 일어나는 양성자 반응과 원자핵 반응에 의해 열에너지와 각종 파가 발생하여 분출하는 과정에서 수맥을 통과할 때 수맥의 흐름과 맞물려 일어나는 전자파(일명 수맥파)의 영향이라기보다, 수맥을 만난 지자기가 수맥자기장과 공명진동한 결과 항상성을 초과하면서 입을 수 있는 지자기 교란이 맞다고 본다. 그것은 실제로 지하 수맥의 흐름은 느리며, 빠르게 흐르는 지표수에서는 수맥파가 측정됐다는 전자파 교란의 결과에 대해 듣지 못했기 때문이다.

지자기는 대체로 온도가 높은 적도지방보다 기후가 차가운 양극지방으로 갈수록 높은데, 이는 자기력선의 밀도에서 나타난 것과 같다.

한국 사람은 풍토조건인 지자기 0.5가우스에 유전적인 적응능력을 갖고 있는 항상성이 있는데, 이 평균치보다 높거나 낮으면 지자기가 신체 건강에 나쁜 영향을 끼치게 된다고 보는 것이 환경풍수지리의 지론이며, 지자기량이 유전자에 각인된 우리 풍토조건을 벗어난 것은 문제가 된다.

지난 우리 삶의 공간이었던 고건축에서는 목재에 쇠못을 치지 않아 쇠로 인한 지자기 교란은 없었을 것이며, 수면과 관련된 방에 자성체 건축자재를 사용하지 않는 것도 건강 건축이었다는 점을 생각하게 한다.

일본인이 우리 국토의 혈맥에 쇠말뚝을 박았던 것은 지자기 흐름이 쇠에 의해 쉽게 변형되기 때문에 지자기 흐름을 방해하기 위한 의도가 숨겨져 있는 것이다. 어떤 풍수가가 음양오행의 상생에서 토생금(土生金)이니 흙에 쇠말뚝이나 철침을 박는 것은 해가 없다고 하는데 이것은 분석의 미흡이라 여겨진다.

목재에 쇠못을 치지 않은 건축방법은 지자기 교란을 피하는 결과였으며 돌이 섞이지 않은 비석비토를 양택 토질의 최고로 치는 풍수지리의 토질론은 안정되고 균질한 지반이 지자기의 교란을 없애 인체 건강에 이롭다는 과학적 입증이라 여겨진다.

지도상 북쪽에서 23.5° 기울어진 지구의 자전축과 자기력선이 흐르는 중심인 이귀문(서남방) 방향에 인체를 일치시켜 자면 혈액순환 장애가 생기는데, 이는 자전축 방향으로 머리를 향하고 잘 경우 혈액 속의 철분이 자력이 센 자전축 양끝에 모이게 되고, 결국 일자형 인체는 순환장애와 함께 머리 쪽에 모인 헤모글로빈을 포함한 혈액으로 뇌신경에 자극을 주어 수면을 방해받게 된다. 이로 인해 불면현상이 일어날 수 있어 머리쪽 이귀문 방향은 수면 때 피해야 할 방위이다. 이에 대해서는 "이귀문 흉방의 과학적 입증"에서 상세히 다룰 것이다.

4. 땅속의 열(원자)핵반응

원자란 어떤 원소의 특징을 유지하는 가장 작은 독립적 입자이다. 원자의 구성은 중심에 원자핵과 바깥에서 운동하고 있는 전자(양성자의 양의 전하와 균형을 이루도록 음의 전하를 띰)로 이루어져 있으며, 원자핵은 양의 전하를 띤 양성자와 전기적으로 중성인 중성자로 이루어져 있는데, 핵은 양성자에 의해 양의 전하를 띠게 된다. 중성자는 핵을 유지하도록 하는 접착제와 같은 역할을 하는 것이다.

원소란 더 이상 분해되지 않는 한 종류의 순수한 물질로 화학 변화에 의해 분해되거나 합성되지 않는 물질이며 현재까지 100여 종이 알려져 있다.

분자란 화합물의 독특한 화학적 특성을 갖는 가장 작은 단위로 분자화합물은 항상 두 종류 이상의 원자가 결합하여 이루어져 있다.

원자는 양성자와 궤도 전자의 개수가 같아 전체는 전기적으로 중성이나 전자의 이동이 있을 때 전기적인 힘의 균형이 깨져 전자를 잃은 원자는 음의 전기적 전하를 잃게 되어 전체적으로 양의 전하를 띠게 되는데 이를 양이온이라 하고, 전자를 얻게 되면 원자는 음의 전하를 띠게 되는데 이를 음이온이라 한다.

전기적인 힘에 의해 양전하를 띠는 원자와 음전하를 띠는 원자는 서로 끌어당겨 이온결합을 하는데 소금($Na+Cl$)은 이온결합물이다. 어떤 원자들은 전자들이 이동하는 대신에 서로 전자를 공유하는 공유결합을 이루는데 물(H_2O)이 여기에 해당된다.

> 가장 작은 독립적 입자인 원자는 금속에서 원자들이 가깝게 밀집되어 있는데 자유로운 전자 이동에 의해 금속은 열과 전기의 높은 전도성을 가지며 어떤 금속은 원자핵끼리 충돌하여 핵연쇄반응을 일으킨다.

금속은 원자들이 가깝게 밀집되어 있는데 높은 에너지 준위 전자껍질(상대적인 양으로 표시한 원자핵 주변의 거의 같은 에너지를 가지는 전자궤도의 모임)에 있는 전자들은 매우 느슨하게 결합되어 있으므로 하나의 원자에서 다른 원자로 쉽게 이동할 수 있고, 이런 자유로운 전자 이동에 의해 금속은 무르거나 열과 전기의 높은 전도성을 가지며 금, 은, 철, 구리 등이 자연의 상태로 산출되는 금속광물들이다. 수천만~수억 ℃라는 초고온에서는 원자를 구성하고 있는 전자가 대부분 이온화(電離 : 전리는 전자의 이동에 의해 전체적으로 양의 전하나 음의 전하를 띠게 되는 원자로 변하는 것)되어 홀로 남은 원자핵이 초고속으로 운동하고 있으며 원자핵끼리 심하게 충돌하고 그 사이에 작용하는 척력(斥力)을 극복하여 융합반응을 일으킨다고 보는 것이다.

이 반응에 의해 에너지가 방출되면 그 열이 또 다른 반응을 촉진하므로 자동적으로 진행되는 핵연쇄반응이 나타난다.

항성(태양처럼 중심부에서 핵반응을 일으켜 스스로 빛을 내는 천체를 '항성' 또는 '별'이라 하고 스스로 빛을 내지 못하고 태양빛을 받아 반사해서 보이는 천체를 '행성'이라 함)의 에너지원이나 수소폭탄은 이런 종류의 반응에 의한 것으로 수소, 중수소 등 가벼운 원자핵이 반응에 의해 융합할 때 방출되는 에너지를 이용한 것이다. 이것을 제어할 수 있는 형태로 실현시키려는 것이 핵융합로이다.

태양열은 수소의 핵이 고열에 의해 서로 결합해 헬륨원소의 핵을 형성하는 물리적 현상으로 만들어지며 이때 운동에너지가 생겨나는데 이를 핵융합반응이라 하고 이 에너지는 지구에 태양빛이라는 전자파 형태로 영향을 준다.

핵융합반응은 수소처럼 가벼운 원소들의 핵이 서로 결합해 헬륨(He) 같은 좀 더 무거운 원소의 핵을 형성하는 물리적 현상을 말한다. 이때 질량 결손에 의해 생기는 에너지는 방출되는 입자들에 의해 운동에너지로 나오며 이를 원자력 발전에 이용하는 것이다. 핵융합은 아인슈타인의 질량과 에너지의 등가성(等價性)원리에 의해 정확히 계산된다.

핵연료는 무한하고 방사성 낙진이 생기지 않으며 유해한 방사능도 적다.

이런 핵융합에는 1억℃ 이상의 높은 온도가 필요하고 태양과 별의 빛에너지가 핵융합에서 나오며 이와 같은 견해로 볼 때 지구는 행성인데 지각 내에서 핵융합이나 핵폭탄에 이용되는 핵분열반응(핵폭발)이 일어나려면 초고온이 있어야 한다. 그런데 지구 중심부가 6,000℃ 정도로 추정하는 과학자들의 주장이 많은 점으로 보아 핵융합반응이나 핵분열반응이 어렵다고 볼 수 있으나 태양과 지구 전자파 중간대가 지표면인 점으로 볼 때 지구 내부에서도 상응하는 전자파가 발생할 것이다.

일부 지구 내 핵구성이 고체 또는 기체라는 주장이 있는데 외핵의 열성 용융상태와 내핵의 기체가 만나면 수소기체로 핵융합반응이 가능하며 태양의 표면(기체로 구성되어 있고 겉에서 약 300km 깊이까지를 말하는데 지구처럼 표면의 구성이 명확하지 않음) 온도와 지구 내부 온도가 비슷한 6,000℃ 가량인 점으로 보아 방대하고 장시간에 계속적으로 유지된 고온이 초고온과 같은 효과로 인해(온도효과는 시간에 비례) 지구 내부에서도 양성자 반응이 일어난다는 가설도 허무맹랑하다고는 볼 수 없다.

필자는 전문과학자가 아니기 때문에 실험검증은 어려우나 대륙지각의 평균화학성분에서 산소가 무게백분율로 45.2%이고 부피백분율로 90.95%를 차지하므로 이 많은 산소의 촉매에 의한 CNO 반응으로 인해 지속적인 지중온도 6,000℃가 대류에 의한 압력 등 여러 작용의 조건하에서 태양이나 별보다 안정되고 규모가 작은 양성자 반응인 열핵반응이 가능할 것이라 생각된다.

연세대 김덕원 교수의 저서에 보면 "전기장(전계)과 자기장(자계)은 자연이나 모든 생물체에서 발생하며 중력과 같은 자의의 기본적인 힘 중의 하나로 우리 몸을 구성하는 분자들이나 모든 생명체 또는 무생물도 전계를 갖고 있다."라는 이론으로 볼 때 지구는 큰 질량에 의해 전자계 세기는 작아 보이지만 방대하며 큰 용량의 전계와 자계를 갖고 있는 것이다.

강한 상승기류를 만나 대전(帶電)된 구름이 지상에 가까워질 때 직류전계를 띤 적란운은 주로 위쪽에 음전하를 띠고 아래쪽에 양전하를 띠고 있다. 지표가 양전하인 상태에서 특히 지면이 나무나 철탑같이 뾰족한 것에는 양전하가 많이 모여 공중의 전자(음전하)들이 아래로 움직여 지표에

지구 자체의 방대하며 큰 용량의 전계와 자계는 귀환낙뢰현상을 통해 쉽게 존재가 확인되고 태양과 지구 사이는 전자파 중간대를 형성하여 지표면에서 사람이 사는 조건유지에 기여한다.

가까워지면 높이 솟은 물질에서 양전하를 끌어올려 솟구치면서 방전이 일어나는 것을 귀환낙뢰라 한다. 그리고 전자가 아래로 내려오면서 방전되는 것을 선도낙뢰라 하는데 선도낙뢰는 0.02초 걸리지만 귀환낙뢰는 0.00007초로 짧다.

눈에 보이는 번갯불은 전하가 이동하는 짧은 경로이며, 하늘과 땅 사이의 방전이 벼락이다. 번개는 공기 중에 순간적으로 다량의 전기가 흘러 방전이 되는데 이때 태양 표면보다 4배 가량 높은 27,000℃의 열을 발생시킨다.

지금까지의 전제조건과 법칙적인 지구운동현상을 귀납적으로 생각해 볼 때

첫째, 지구는 자전에 의해 지표면에 평균 0.5가우스 정도의 지자기가 감지되고 나침반의 자침이 자북극을 향하는 점

둘째, 태양의 열핵반응으로 지구에 오는 전자파와 지구가 분출하는 전자파의 중간대인 지표에서 생명체가 살고 있다는 점

셋째, 모든 물체는 중력과 같은 전기장(전계)을 갖고 있으며 지구는 큰 질량에 의해 전계 또한 크다는 점

넷째, 지구는 전하 덩어리로 하늘의 구름에서 일어나는 전자가 지표면의 전하와 방전되는 벼락이 칠 때 전하가 지표에서 솟구치는 귀환낙뢰가 발생한다는 점과 기타 대륙의 판운동, 화산발생, 심층암의 화학적 변성작용 그 외 여러 가지 지구 내외적 작용이 관찰되고 있지만 원인 규명이 안되는 것이 아직 산재해 있다. 이러한 운동현상에 대한 원동력이 힘이며 모두 보이지 않는다는 공통점이 있어 전자파나 전기력 등으로 볼 수 있고 기운동이라 칭하는 것도 별 탈 없어 보이며 지중과 지표에서 작용하므로 이로운 힘 작

용에 대해서는 풍수적 용어인 생기란 표현도 무방할 것이다.

이 절에서 거론한 땅속의 열(원자)핵반응이 가능성 있다고 본다면 우주선에서 지구를 봤을 때 아름다운 푸른색으로 보이는 점은 어떤 이유에서 일까?

벼락 피하기

번개의 발생 이론은 소나기구름 속에서 지름이 1~8mm로 비교적 큰 얼음입자들이 무수한 미세 얼음알갱이들과 충돌하는 과정에서 전자를 빼앗는다. 전기를 띤 입자들이 지상으로 떨어지면 구름꼭대기와 지면 사이에 전기적 불균형이 나타난다. 이 불균형이 심해져 대량의 전기(뇌운 하층의 음전하)가 순간적으로 흘러 지표면의 양전하와 만나면 방전현상으로 스파크인 번개가 발생한다. 뇌운과 대지 사이의 방전을 낙뢰 또는 벼락이라 한다.

가끔 신문지상을 통해 골프장에서 벼락을 맞고 사망한 사고를 접하곤 한다. 다른 곳도 아닌 골프장에서 번개로 인한 인명사고가 자주 발생하는 것은 무슨 이유 때문일까?

골프장은 평지이거나 낮은 구릉이다. 음전하의 덩어리가 지상으로 내리칠 때는 가장 짧은 경로를 찾는데 평지에서 골프채를 가진 사람은 일단 번개의 표적이 되기 쉽다. 동시에 전하가 많이 모여 있는 뾰족한 곳(전위차가 큰 곳)을 찾기 때문이나 피뢰침 끝은 뾰족한 것보다 뭉툭한 것이 효과적이라고 2000년 지오피지컬 리서치 레터스에서 발표하였다.

번개가 칠 때 가장 안전한 곳은 피뢰침이 설치된 건물 내부라 할 수 있다. 하지만 건물 내부에서도 벽체에 몸을 대고 있지 않아야 하는 등 주의해야 할 일이 있으며 더욱이 실외라면 어떻게 몸을 피해야 할지 다음의 지혜를 알아둘 필요가 있다.

1. 평지나 산 위에서 번개를 만났을 때는 몸을 가능한 낮게 하고 우묵한 곳이나 동굴 속으로 피한다.
2. 나무 밑은 벼락이 떨어질 가능성이 크므로 피해야 하며 나무에서 2m 이상 떨어져 있어야 한다.
3. 낚싯대나 골프채 같은 전기가 통하는 뾰족한 물건은 버리고 이로부터 멀리 피한다.
4. 자동차에 타고 있을 때는 차를 세우고 차 안에 그대로 있는 것이 안전하고 차에 번개가 치면 전류는 도체인 차 표면을 따라 흘러 타이어를 통해 지면에 접지된다.
5. 일반적으로 높은 건물에 있을 때 번개치기 전에는 머리카락이 곤두서고 피부가 찌릿찌릿하다. 이럴

때는 벼락이 떨어질 징조이므로 재빨리 바닥에 엎드린다.

6. 번개가 칠 때 야외에서 핸드폰을 사용하면 위험하다.

7. 집에 번개가 치면 상수도관이나 전선을 따라 전류가 흐를 수 있으므로 주의해야 한다.

8. 철탑이나 전주 아래는 접지선이 있어 안전하다.

9. 번개가 칠 때 전화통화를 하고 있거나 샤워기로 목욕을 하면 번개를 유도할 수 있으므로 삼가야 한다.

10. 피뢰침이 있는 건물은 피뢰침에서 지면을 향해 60° 내각 안으로 들어가야 한다.

한 가지 재미있는 사실은 세계 어느 누구보다 벼락을 많이 맞은 사람이 있다는 사실이다. 그는 바로 버지니아 주에 살았던 로이설리번이라는 공원순찰대원인데 이 사람은 1942년 처음으로 벼락을 맞았고, 1977년 6월 25일에는 일곱 번째 벼락을 맞았다. 그때마다 설리번은 부상을 입었는데 처음에는 발톱하나를 잃었으며, 그 후에는 눈썹이 타고, 어깨가 그을리며, 머리에 불이 붙고, 다리에 화상을 입기도 했지만 살아남았다. 만약 벼락이 심장이나 척수를 통과했다면 그는 살아남지 못했을 것이다.

요즘은 휴대폰 사용자가 많은데 벼락칠 때 휴대폰을 사용하면 벼락을 유도하여 피해위험이 커진다. 2004년 8월 2일 전남 장흥군 관산읍 장환도의 갯장어 축제에서 관광객 1명이 휴대폰 사용 중 벼락에 맞아 사망한 것을 보면 벼락칠 때 휴대전화 사용의 위험성을 말해주고 있다.

5. 오목거울, 볼록렌즈의 원리

강화도 마니산에 있는 사적 136호인 첨성단은 단군께서 하늘에 제사를 올리던 제단으로 고려와 조선조 때 보수를 했다는 기록이 있다. 지금도 매년 개천절이 되면 단군의 제사가 거행되며 전국체전 때마다 이곳에서 성화를 채화하고 있다.

채화 장면을 매스컴에서 방영할 때마다 고정된 오목거울을 발광체인 해와 직각으로 유지하고, 채광봉을 반사된 광학상의 초점에 들고 있으면 쉽게 점화되는 것을 보았을 것이다. 이는 오목거울이 빛을 반사하여 거울 앞에 빛의 초점이 생기는데 이 초점 위치가 혈자리로 태양의 기운을 받아 가장 따뜻한 지점이며, 밤이면 달빛을 오목한 용기에 받아 물방울을 맺게 하는 것과 같이 빛에 의한 음양의 기

> 혈자리는 오목거울과 같이 사신사가 감싸고 볼록렌즈와 같은 지면 형태로 태양빛이 모아지는 초점 위치에 있다.

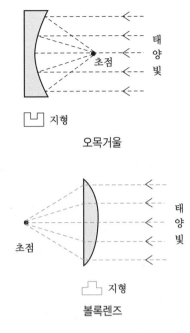

태
양
빛

초점

태
양
빛

초점

순환이 잘되고 기가 모이는 지점이다.

혈을 감싸고 있는 사신사는 오목거울과 같이 햇빛을 명당에 모이게 하고, 땅에서는 태양열을 흡수 또는 복사하며, 파장이 780nm 이상인 적외선의 기운은 땅의 생기를 크게 좌우한다. 혈형(穴形)인 와(窩), 겸(鉗), 유(乳), 돌(突)에서 볼 때 와와 겸형이 오목거울에 해당하며, 사신사 중 좌청룡, 우백호, 후현무가 마치 사람이 팔을 벌리고 사랑하는 어린 자녀를 안으려는 자세와 같은 형태로 주변의 조산이 겹겹이 둘러 복사열을 더하므로 좋은 형국(形局)이라 치는 것이다.

볼록렌즈는 빛을 투과할 경우 초점이 뒤에서 맺히는데 땅은 투광체가 아니지만 미세한 빛과 기운을 투과한다면 땅속의 초점에 기운이 모아질 것이다. 그래서 혈자리는 약간 두툼한 둔덕을 이루는 것이 좋으며, 혈자리의 토색을 볼 때 어떤 물체가 밝게 보인다는 것은 비교된 두 색상 중에서 빛의 반사율이 높은 쪽이 밝은 것이며 이는 명도가 높다는 것이다.

토색이 밝다는 것은 명도가 높고 유리원료인 석영성분 등이 함유되어 거울의 역할을 잘하는 것이며 토색이 어둡다는 것은 빛이나 열 흡수를 잘하는 볼록렌즈의 역할을 하는 것이다.

이런 점으로 볼 때 서울의 주변산 토색은 명도가 높은 백토로 양택의 명당조건에 해당되며, 명도가 낮은 오색토는 음택의 최상급 토색이다. 볼록렌즈형 묘분은 땅속 지열 흡수에 이롭다. 그리고 토색이 짙은 부엽토는 명도가 상대적으로 낮아 빛이 땅속에 흡수되어 따뜻하게 해줌으로써 식물이 잘 자라는 것이다.

凹형의 산형은 오목거울로 간주되어 빛을 투과하지 않는 양에 해당되고, 凸형의 지형은 볼록렌즈로 간주되어 빛을 투과시키는 음에 해당된다.

혈처를 잡을 때는 렌즈나 거울에 비교하여 산의 높낮이, 두께, 지표곡면의 정도에 따라 주산에서의 거리를 잡아야 하는데, 주산이 고대(高大)하고 곡면율이 낮을수록 빛의 초점과 같은 혈자리가 산에서 떨어져 있는데, 이는 주산이 클수록 지기가 멀리 흘러 물을 만나는 지점에 지기가 응집된다는 원리와 흡사하다.

그러나 양택은 지역의 기후에 따라 다른 점을 보이며, 1년 평균기온이 인체활동 적정 온도인 18~22℃를 넘는 지역에서는 오목거울 산형에 둘러싸인 집터는 피해야 하는데, 우리나라와 같은 기후에는 풍수에서 말하는 안아 감싸는 오목거울 명당형이 최적이다.

산에는 앞뒤가 있는데, 산의 앞쪽은 산색이 밝고 부드러운 느낌이 들며 형태가 평탄하고 안정적이며 들판을 향하고 있으면서 높은 산이나 큰 강을 등지고 있다.

산의 앞면은 거칠지 않으며 밝고 부드러운 느낌이 드는데 산의 앞면은 명당을 포옹하면서 유정하여 이런 산의 앞쪽에 명당이 있다.

좌선룡(左旋龍)일 경우는 용에서 내려봤을 때 오른쪽 면이 앞쪽인데 이 앞쪽은 명당과 유정(有情)하고 명당을 포옹하면서도 거친 골짜기와 낭떠러지가 없어야 하며 험하거나 가파르지 않고 돌출된 바위가 없어야 합격인 산의 앞면으로 본다. 이런 산의 앞면은 거친 면에 의해 빛이 산란되지 않아야 하는 것과도 일치한다. 그리고 산의 앞면에 명당이 있다.

이와 같이 태양빛의 성질과 주거의 명당조건이 광학의 원리에 맞는 내명당, 사신사, 조산의 길흉조건을 따질 때 풍수지리는 분명 자연과학적인 학문이다.

6 이귀문 흉방의 과학적 입증

풍수에서 말하는 이귀문 방향은 계축(癸丑)의 중심과 정미(丁未)의 중심을 잇는 동기(東氣)와 서기(西氣)의 한계선으로 신성시하고 귀신이 출입한다하여 꺼리는 방위이다.

이귀문 방향은 지도상 북쪽에서 22.5° 기울어져 지구 중심을 관통하는 일직선상에 해당된다. 2003년 지구자전축은 기준에서 23.5° 기울어진 캐나다 북쪽 베서스트섬인데, 현재 1년에 약 350m씩 북자극(자석이 가리키는 북극)이 지도상 북극점 쪽으로 이동한다는 가설에 대해 여러 가지 주장이 거론되고 있다.

지구의 자전축 경사가 북극에 대해 현재 23.5°인데 이는 41,000년을 주기로 3° 사이를 오가고 있다는 과학자들의 주장은 거의 일치한다. 그리고 지구자전축이 흔들리는 장동(章動)과 챤드라요동에 의한 자전축의 변화를 들 수 있다. 2006년에는 인터넷 정보물에 자북(지자기에 의해 자석의 침이 가리키는 북쪽)의 이동속도가 수십km로 현저하게 빨라지고 있다는 주장이 많다.

그러나 지구의 모형은 적도 둘레의 길이(약 40,053km)가 차이를 보이는 완전구형이 아닌 점은 있으나 구형으로 가정하고 41,000년 주기의 자전축 3° 이동과 남·북극을 지나는 둘레의 길이를 가지고 산출할 때 자전축이 1년에 약 8.1m 이동한다는 계산이 나온다. 즉 계산상으로는 자전축이 1년에 지표상에서 8m 정도 이동했으나 과거의 지자기 역전현상을 비춰볼 때 자전축 경사의 변화와 지자기 변화는 일치한다고 볼 수만은 없다.

자전축의 최소기울기인 21.5°에서부터 반대인 최대기울기 24.5° 사이를 오가며(지구 역전도 있었음) 자전축의 기울기가 41,000년을 주기로 1.5°씩 양쪽으로 변동한다고 볼 때 이귀문 방위와 자전축은 일치한다. 자전축을 기준으로 한 지구 자체의 자석은 북극이 S극이고, 남극이 N극이 되는데 자석의 N극이 북극을 항시 가리키므로 북극을 N극이라 표기하는데 이는 나침반의 N극이 항시 지구의 북쪽을 향하기 때문에 자석은 다른 극끼리 끌어당기는 원리로 보면 이해가 될 것이다.

자석의 양극에는 자력선이 많이 몰려 있어 자력선의 방향은 N극에서 나와 S극으로 들어가는데 현재 자력선의 밀도가 높은 양 자전극점에서 자력이 크다. 이와 같이 지자기와 관련된 자전축의 기울기와 이귀문 방위가 거의 일치함을 알 수 있으며 양택의 역 체계에 있어 사상인 동사택과 서사택의 경계선 또한 이귀문 방위와 일치한다. 이귀문 방향과 자전축 방향, 동기와 서기의 경계선이 거의 일치하는데 이 방향은 꺼리는 방위로 인체에 대입시켜 보면 더 명확하다.

사람 체중의 8% 정도가 피로 구성되었으며 그 중 인체세포에 공급할 산소를 실어 나르는 적혈구는 헤모글로빈의 원료인 철성분(Fe)이 산소와 결합하면서 산화철이 되기 때문에 녹슨 철처럼 피가 뻘겋게 보이는 것이다. 핏속의 철성분이 지자기와 작용을 하여 혈액순환에 영향을 미치게 된다.

지자기의 양 극점은 자력선의 밀도가 높아 자력이 센 점으로 볼 때 인체의 모양은 일직선형으로 머리와 다리 방향이 길어 인체와 자전축을 일치시키고 수면을 취할 경우 혈액순환장애가 생기는데, 이는 잘 때 뒤척이는 공간이 한정된 싱글침대에서 두드러지게 나타난다. 그리고 수면 때에 지자기극 방향으로 머리를 두고 자면 머리 쪽으로 헤모글로빈이 끌리게 되어 결국 인체세포에 운동조건을 충족할 산소 공급에 관여하는 적혈구가 모여 운동량이 많아져 뇌를 자극하여(인체의 기능 중 운동 부위에 혈액이 집중되는 자율적 기능이 내재되어 있음) 수면장애를 받게 된다. 그래서 이귀문 방위를 흉방으로 보는 것이 과학적으로 입증되었으리라 본다.

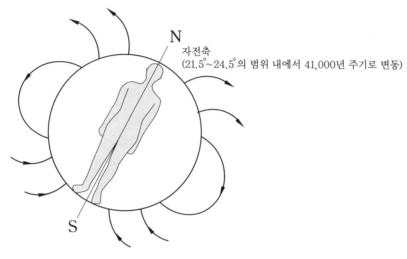

N
자전축
(21.5°~24.5°의 범위 내에서 41,000년 주기로 변동)

S

자전축과 인체도

※ 이귀문 방위(22.5°로 동기·서기의 한계선)와 북자극 또는 남자극 방향에 머리를 두고 자면 숙면을 이룰 수 없고 건강을 해친다. 특히 남자극은 덥고 강한 양기운까지 겹쳐 더욱 숙면이 어렵다.

7. 생기의 의미

우주의 삼라만상은 음양의 양기(兩氣)가 오기(五氣 : 木, 火, 土, 金, 水)로 활동함으로 생기는 현상인데 이때의 기운동을 '생기(生氣 : 生命之氣)'라 한다. 우주의 조화력을 가진 이 생기가 만물을 지배한다는 이론이 풍수에서 말하는 생기론이며, 풍수의 목적은 생기터 위에서 삶을 누리는 것이며 곧 승생기(乘生氣)로 지표 아래 흐르는 안정된 지기(地氣 : 地中之氣) 위에서 생활을 영위하는 것을 말하는 것이다.

지기를 알기 위해 먼저 기(氣)에 대한 국어사전적 해석을 보면 ① 동양철학에서 만물을 생성하는 근원(根元)의 세기(勢氣) ② 생활, 활동의 힘 ③ 있는 힘의 전부 ④ 인간의 정신활동, 정신력 ⑤ 숨 쉴 때 나오는 기운 등이고, 한문사전의 자해에는 ① 기운(㉠ 기상의 변화를 따른 구름의 움직임 ㉡ 자연의 현상 ㉢ 원기, 만물생성의 근원 ㉣ 심신의 근원이 되는 활동력 ㉤ 힘, 세기, 세력 ㉥ 연기, 안개 등 끼어 있는 현상 ㉦ 갑자기 피어오르는 기운) ② 공기,

대기 ③ 숨, 숨쉴 때 나오는 기운 ④ 기상 ⑤ 마음, 의사 ⑥ 성질, 기질 ⑦ 우주만물을 형성하는 물질적 시원(始源) ⑧ 냄새, 향기 ⑨ 풍취, 모양, 느낌 ⑩ 절후 등이다.

생기(生氣)란 작용 중인 기운을 말하는데, 크게 나누어 볼 때 하나는 만물생성의 근원이며 태양계 우주기(宇宙氣)의 모태인 태양의 핵융합에 의한 방사에너지가 천기(天氣)로 이는 양(陽)기운의 원천이 된다. 다른 하나는 지구 내부의 높은 온도와 압력에 의해 방사성 원소(^{40}K, ^{235}U, ^{238}U, ^{232}Th 등)의 붕괴과정에서 방출되는 지열에너지와 지구의 자전운동에서 맨틀의 용융으로 인한 마찰이 생기며 이때 발생한 지자기장이 지표로 흐르게 된다. 이런 지구 내부의 지열에너지와 지자기장(지표면에 평균 0.5가우스 지자기가 감지)이 지기(地氣)인데 이는 음(陰)기운의 주체가 된다.

동, 식물이나 화석연료는 태양에너지인 천기의 변형이며 지기를 합친 산물이다. 지열에너지의 총량은 태양에너지의 1/5,000 정도 된다. 지구로 전파되는 태양에너지의 흐름은 온도가 높은 곳에서 낮은 곳으로 이동하는 열에너지의 흐름(열의 전도), 공기의 밀도가 높은 곳에서 낮은 곳으로 이동하는 공기의 흐름(바람), 습도가 높은 곳에서 낮은 곳으로 이동하는 수분의 흐름, 뜨겁고 밀도가 낮은 물질이 위로 상승하며 아래와 옆으로 이동하는 차가운 물질에 의하여 대체되는 대류(convection current) 등이다.

이와 같은 물질과 힘의 흐름 원리에 의해 현재 지구의 암석권은 6개의 큰 판과 수많은 작은 판으로 이루어졌으며, 이 모든 판은 1년에 1~12cm 속도로 움직인다. 이는 판의 이동이며 대륙표류설로 불린다. 힘의 흐름 원리에 의해 지표의 수평구조가 횡압력을 받아 지층에 주름이 잡히는 습곡운동에 의해 산맥과 산을 형성하는데 히말라야 산맥은 현재도 습곡운동이 진행 중이다.

태양에너지, 지자기, 지열에너지가 땅의 생기 발원력인데, 일부 지기는 대지의 습곡운동을 따라 돌아 산이 융결(融結)되는 산릉 쪽에 모인다. 이런 생지기는 지표면의 생명체를 생육시키는 기운인데, 만유인력(지구와 물체 간의 잡아당기는 힘으로, 지구질량 중심을 향해 작용하며 적도지방보다 극지방에서 큼)과 원심력(지구의 자전으로 생기는 힘으로, 자전축에 수직이 되게 바깥 방향으로 작용하며 극지방보다 적도지방에서 큼)의 합력인 중력은 지구 중심으로 작용하며, 중력은 질량에 비례하므로 히말라야산맥처럼 판과 판이 만나 암석이 쌓이는 지역에서는 질량이 증가하기 때문에 중력이 높게 나타난다.

산맥에 생기가 흐른다는 풍수론에 대해 평지와 다른 점을 비교 해석해 볼 때 첫째, 산맥은 판운동에 힘입어 중력이 높다는 점, 둘째, 산은 과거 화산활동의 잔류성으로 지하 깊숙이 마그마나 뜨거운 화성암체가 있을 가능성이 높아 평지보다 열에너지가 많다는 점, 셋째, 산맥은 지하에서 마그마가 활동 중 변성작용과정에서 생성된 흑운모는 $k(Mg, Fe)_3$

목살전설이 내려온 푸조나무

※ 전남 강진군 대구면 사당리 51번지에 있는 느릅나무과의 푸조나무는 1962년 12월 3일 천연기념물 35호로 지정되어 보호하고 있으며 이 거목은 수령 500년으로 추정되고 밑부분 둘레가 무려 8.16m이다.

$(OH)_2 A1Si_3O_{12}$의 화학성분으로 철 성분 때문에 짙은 갈색을 띤다.

이런 자성체는 지자기를 모아 주므로 철광석의 분포도가 높은 산맥에서 지자가가 높다고 볼 때 이와 같은 관점에서 생지기＝중력＋지열＋지자기라는 공식이 땅의 생기에 대한 과학적인 해석이라 본다.

기(氣)란 의문점을 풀어볼 때 생명체의 기는 반응을 하는 감정의 표출로 물리적인 힘을 작용하도록 전달하는 기운으로 본다. 그래서 상황을 오감으로 감지하여 감정이라는 뇌의 분석판단 작용에 따른 감응의 대처 결과는 있지만 신체를 해부할 때 기의 통로라는 경락은 쉽게 보이지 않아도 기는 마치 전자파의 신호처럼 전달된다.

공간 전달이 가능한 기의 작용범위는 오감의 범주 거리 내에서 가능하다고 볼 수 있는데 감정 기운(사람과 동물의 눈빛이나 물체나 그림의 발산 기운)이 시야 내에서 미치는 것과 같다. 같은 크기에서 운동작용이 클수록 기 발산이 큰데 동물, 식물, 물체 순으로 상위가 동물이고, 식물(거목)의 경우도 목살(木殺 : 거목 벌채 중에 나무의 저항파로 인명피해를 입는 것으로 전남 강진군 대구면 사당리 51번지에 있는 푸조나무는 나무꾼이 가지를 자르고 급사했다는 전설이 기록되어 있음) 작용과 같은 저항파가 과학적 측정기구에 의해 확인이 가능한 것이다.

이와 같이 기는 보이지 않지만 삼라만상이 전자파(미세입자의 이동운동으로 최근 밝혀

짐)와 같은 힘의 이동방식으로 작용력이 있다. 그 외 땅의 지기에 의해 만들어진 공기도 생명체에 미치는 중요한 기운이며 생활하기 좋은 최적기온인 18~22℃ 정도의 맑은 공기가 생기이므로, 결국 명당에서 발산하는 기운이 생기이고 이는 인체에 이로운 기운이다. 이 생기는 물을 만나 물과 조화를 이루면 더 기운이 커진다.

현세의 지표면 대기조성은 질소 78%, 산소 20.9%, 아르곤 0.9%, 이산화탄소 0.03%로 이는 인간 활동에 영향이 미치지 않는 기준 수치이고, 대기오염물질이 없는 이와 같은 공기구성 비율이 맑은 공기이며 생기의 하나이다. 만약 고농도 산소를 오래 마시면 산소 중독에 걸리고 폐가 망가질 수 있는데, 산소 발생기를 이용해도 일반 공기 중 산소 농도보다 0.5~1% 정도 높은 산소 농도 상태가 무난하다.

흉기(凶氣)의 하나인 대기오염물질 중 일산화탄소를 보면 자동차의 배기가스 중에 많은 양이 포함되어 배출되는데 일산화탄소가 호흡하는 공기 중에 과량 존재할 경우 피 속에 산소운반을 하는 헤모글로빈의 양이 급격히 줄어들어 체내 각 기관에 산소 공급이 원활하지 못하여 중독 증상이 나타난다. 일산화탄소를 잠깐이라도 과량 흡입하면 뇌가 손상되고 질식되는데 화재현장사고나 연탄가스사고는 뇌손상에 의한 일례이다.

이런 분석으로 볼 때 풍수에서 말하는 생기란 안정된 지기, 태양의 기운, 적당한 풍속의 맑은 공기 등으로 생명체 중 특히 인간이 생활하기 좋은 조건의 자연환경 요소라 정의된다.

8. 남향에 배산임수와 복사열

> 건축물에서 햇빛과 바람은 중요한 환경 요소로 방향의 영향이 큰데 태양에너지를 이용하기 위한 최적 조건으로 건물의 전면이 남향이고 지형이 배산임수형이 명당조건이다.

환경풍수에서 방향을 중요시 여기는 것은 햇빛과 바람에 대해 생활환경 조건을 최적으로 조화시킬 수 있도록 하기 위한 것이다. 환경풍수는 건축생태학이며 이는 인간생활에 영향을 주는 환경과 자원 및 에너지에 대한 지식으로부터 유도되고 있다.

태양에너지는 무공해이며 무한정으로 얻을 수 있어 태양열을 건축에 이용한 역사는 고대 그리스시대까지 거슬러 올라가게 된다. 대표적인 유적으로 올린터스(Olynthus)라는 도시가 있다. 이 도시 내의 모든 건물이 남향으로 배치되어 있고, 건축구조재로 석재를 사용하였는데 이는 석재의 축열 성질을 활용한 것이다.

철학자인 소크라테스(Socrates)도 『Senophon's Memorablia』라는 저서에서 태양에너지를 건축에 이용하는 기본원리를 다음과 같이 서술하였다.

"남쪽을 향한 집에서는 겨울 동안에 태양빛이 현관을 통해 들어와서 따뜻하고, 여름에는 태양빛이 머리 위를 쪼여 지붕 위에 닿게 되어 집안은 그늘을 안게 된다. 그러므로 만일 이런 방법이 가장 좋은 배열이라면 남쪽 창을 높여 겨울에 빛이 많이 들어오도록 하고, 북쪽을 낮춰 바람을 막을 필요가 있다"

우리 속담에도 "3대를 적선해야 남향집에 살 수 있는 복을 누린다"는 것과 왕의 거처를 태양과 결부시켜 남향으로 향하게 짓는 것을 볼 때 예전에도 남향의 가치를 최고로 쳤던 것을 알 수 있다. 또한 풍수에서 말하는 북고남저(北高南低), 서고동저(西高東低)가 방향을 잡는데 1차적 조건으로 보는 것도 햇빛과 바람의 영향을 중요하게 다룬 것을 알 수 있다.

이 남향의 가치를 현대 과학적 개념에서 풀어 보고자 한다.

태양 표면의 온도는 약 6,000℃이고 많은 양의 방사에너지로 지구 온도를 좌우하고 지구 생명체의 발육을 주도하는 힘의 주체이기 때문에 옛날부터 태양신이란 존재는 절대적 힘의 상징이었다.

태양빛이 물체면에 직각으로 비칠 때 온도가 가장 높다. 이는 지면과 직각에 가장 가까운 높은 고도의 남중지점에 태양이 있을 때 지면에서 받는 태양에너지가 가장 높은 것과 같다. 이 관계를 실험결과에서 확인할 수 있다.

빛을 받는 각도와 온도와의 관계 실험

맑게 갠 날 투명한 병에 물을 담아서 물속의 온도를 잰 다음 마개를 꼭 막는다.

안쪽을 까맣게 칠하거나 또는 검은 종이를 붙인 상자를 두 개 준비한다. 그리고 유리 뚜껑을 놓은 후 하나는 그림A와 같이 햇빛이 상자를 직각으로 비추도록 놓고, 다른 하나는 그림B와 같이 햇빛이 상자를 비스듬히 비추도록 놓는다.

그림자의 방향을 보아 태양 쪽으로 방향을 바꾸고 1시간마다 온도계를 넣어 그 온도차를 재어 A와 B의 결과를 비교해 보자.

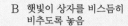

- 지면이 수평의 상태에서 A : 햇빛이 상자를 직각으로 비추도록 놓고, B : 햇빛이 상자를 45° 비스듬히 비추도록 놓음

시 간	A	B
오전 10시	10℃	10℃
오전 11시	16℃	21℃
오전 12시	23℃	31℃
오후 1시	28℃	41℃

실험의 결과로 A와 B의 온도차가 남중에 제일 가까운 오전 12시경에 8℃차가 되는 것을 볼 때 햇빛과 지면의 각도에 따라 지표면의 기온차가 크다는 것을 알 수 있다.

태양광에 의한 수열량은 지면과 광선이 직각일 때 가장 많은데 광선을 받는 면적과 수열량과는 반비례하며, 경사지에서는 받는 면적이 늘어나므로 수열량은 줄어든다.

깊이 15cm의 일반토양에서 방향별로 지면의 경사도에 따른 토양온도를 비교한 조사 결과는 아래 도표와 같으며 경사도에 따라 온도차를 보이는 것을 알 수 있다.

방향별 지면의 경사도에 따른 토양온도차

방 향	동		서		남		북	
경사도	15°	30°	15°	30°	15°	30°	15°	30°
일반토양 (깊이 15cm)	22.3	22.4	22.6	23.0	22.9	23.5	21.7	21.1

남중이란 태양이 정남향으로 와서 하루 중에 가장 높이 떠있는 것을 말한다. 중요한 것은 우리나라 동절기 기간 중 남중고도가 가장 낮은 동짓날 정오 때 햇빛을 막는 장애물이 없어야 앞마당에 햇빛이 들어오므로(밝은 터) 명당의 첫째 조건이 된다.

전국 각 지역의 위도 표를 보고 남중을 구해 보기로 하자.

전국 각 지역의 위도

위 치	위 도	위 치	위 도
서울지역	37.52	청주지역	36.33
부산지역	35.13	강릉지역	37.75
대구지역	35.87	춘천지역	37.88
대전지역	36.33	창원지역	35.22
광주지역	35.31	제주지역	33.48
전주지역	35.83	울릉도	37.49

● 태양의 남중고도를 구하는 방법

북위 37° 지방의 춘분, 추분, 하지, 동짓날 태양의 남중고도를 구하는 예

① 춘분·추분날 정오 때 남중고도

$h = 90° - 37° = 53°$

② 하짓날 정오 때 남중고도

$h = 90° - (37° - 23.5°) = 76.5°$

③ 동짓날 정오 때 남중고도

$h = 90° - (37° + 23.5°) = 29.5°$

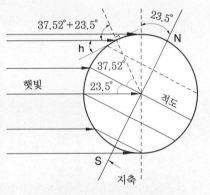

서울 지역 동짓날 남중고도

※ 서울지역의 위도를 북위 37.52°로 볼 때 겨울철 동짓
   날 정오 때 남중고도(h)는 $90° - (37.52° + 23.5°) =$
   $28.9°$로 앞마당 지평에서 $28.9°$의 고도 위에 햇빛을
   차단하는 장애물이 없어야 한다.

음력에서 태양의 황도상(黃道上)의 위치에 따라 일 년을 스물넷으로 나눈 계절의 구분
은 춘분을 0으로 정하고, 춘분에서 하지를 90°, 추분을 180°, 동지를 270°, 다시 춘분에
돌아오는 것을 360°로 하여 각각의 90°를 6등분해서 24절기가 된다.

24절기

계 절	24절기	음 력	양 력
봄	입춘(立春) 우수(雨水)	정 월	2월 4~5일 2월 19~20일

봄	경칩(驚蟄) 춘분(春分) 청명(淸明) 곡우(穀雨)	이 월 삼 월	3월 5~6일 3월 21~22일 4월 5~6일 4월 20~21일
여 름	입하(立夏) 소만(小滿) 망종(芒種) 하지(夏至) 소서(小暑) 대서(大暑)	사 월 오 월 유 월	5월 6~7일 5월 21~22일 6월 6~7일 6월 21~22일 7월 7~8일 7월 23~24일
가 을	입추(立秋) 처서(處暑) 백로(白露) 추분(秋分) 한로(寒露) 상강(霜降)	칠 월 팔 월 구 월	8월 8~9일 8월 23~24일 9월 8~9일 9월 23~24일 10월 8~9일 10월 23~24일
겨 울	입동(立冬) 소설(小雪) 대설(大雪) 동지(冬至) 소한(小寒) 대한(大寒)	시 월 동 지 섣 달	11월 7~8일 11월 22~23일 12월 7~8일 12월 22~23일 1월 6~7일 1월 20~21일

● 각도와 추를 이용한 태양의 고도 측정

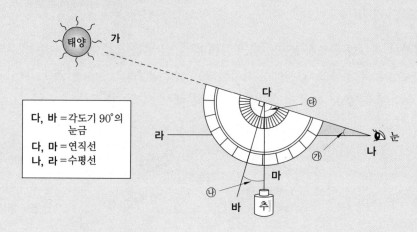

※ 각도기와 추를 이용하는 법 : 각도기의 중심에 바늘을 꽂고, 추를 그림과 같이 실로 매달아 늘어뜨린다. 각도기를 들고 태양을 향하여 그림과 같이 각도기를 맞춘다. 태양의 방향이 정해졌을 때 추를 늘어뜨린 실을 각도기에 단 채, 움직이지 말고 눈금을 본다. 그림에서 태양을 쳐다본 것은 나, 가의 방향이므로 태양의 고도는 각㉮가 되고, 이 각㉮의 각도는 각도기에서 각㉯로 나타난다. 이것은 각㉯와 각㉰를 더한 것은 90°이고, 각㉮와 각㉰를 합하면 역시 90°가 된다. 이는 삼각형의 내각의 합이 180°이기 때문이다. 각도기의 숫자 안쪽 90°를 0°로 시작하여 눈금을 적어두면 태양의 높이를 재는 데 매우 편리한데 이렇게 하면 실이 가리키는 각도기의 안쪽에 표기한 숫자가 태양의 고도가 된다. 태양을 바라볼 때 눈을 보호하기 위해 각도기 가족에 짙은 셀로판종이를 붙여 사용하면 된다.

지구에는 태양의 열과 빛이 항상 내리쬐고 있으며 여기에는 적외선, 자외선, 가시광선, 그리고 방사에너지를 포함하고 있다. 이 방사에너지의 10%는 대기 속에 흡수되고 45%는 대기 중 오존 등에 의해 반사되며 지표에 이르는 에너지는 45% 정도이다.

여름철 정오경의 태양열은 $1m^2$당 1kW 정도이다. 우리나라 전체가 받는 태양열은 2,200억kW 정도이며 구경이 10m 이상 되는 태양로에서는 3,000℃를 넘는 높은 온도를 얻을 수 있다. 그러면 태양은 우리 생활에서 어떤 역할을 할까?

■ 태양열의 복사

대기의 온도가 올라가는 것은, 먼저 지구 표면의 온도가 태양열로 인해 올라가면 지구의 표면에서 반사된 파장이 긴 적외선이 대기를 뜨겁게 하기 때문이다. 따라서 지구 표면이 더워지는 상태에 따라 대기의 온도도 달라진다.

태양열의 복사는 바다와 육지에 따라 차이가 나므로 온도차가 발생하여 대류가 생겨 하루 중 육풍과 해풍이 밤낮에 따라 바뀐다.

더워진 공기의 상태는 바람을 일으키는 주된 원인이다. 지구의 위도에 따라 일정 면적에 내리는 태양 복사의 양이 다르므로 공기가 더워지는 상태도 달라져서 대기는 큰 규모로 흐르게 된다.

태양복사가 같은 위도상에서도 바다와 육지에 따라 공기 상태에 차이가 나므로, 가열된 공기는 팽창되고 가벼워져서 상승하여 공기의 흐름인 대류가 생긴다. 이와 같이 바람은 태양에너지가 복사되어 공기의 운동에너지로 바뀐 것이다.

■ 태양이 주는 혜택

태양빛은 식물의 광합성작용을 도와 식물을 성장시키고, 동물은 식물이나 동물을 먹이로 삼고 있다. 결국 우리는 태양빛에 의해 살아가는 것이다.

태양열로 물이 증발되어 물의 순환이 이루어지고, 태양열에 의해 바람이 생겨 그것을 이용한 수력·풍력발전으로 전기를 만들며, 석탄·석유 등도 태양의 빛과 열의 잔유물이다. 또한 태양빛을 모아 태양로를 만들고 태양열 주택을 짓는 등 많은 곳에서 태양열의 혜택을 받고 있다.

실제 우리나라의 집열창 최적 방향은 정남에서 6° 서쪽(이는 지남을 말함)이며 태양열 이용시설에서 집열창의 기울기는 55°일 때 태양열 효율이 가장 높다.

■ 태양열의 장점

> 남향에 태양고도와 맞는 경사진 후고전저, 북고남저의 배산임수형은 밝으면서 겨울에는 따뜻하고 여름에는 시원한 최적 환경의 명당조건이다.

태양에너지는 최소한 수억 년 이상 계속 공급될 수 있다는 점과 화석연료나 원자력에 비해서 공해의 염려가 전혀 없다는 장점이 있다.

결론적으로 남향에 태양고도와 맞는 경사진 후고전저(後高前低), 북고남저(北高南低)의 배산임수형(背山臨水形)은 밝으면서 겨울에는 따뜻하고 여름에는 시원한 최적 환경의 명당조건이다.

9. 석양빛이 실내 깊숙이 들면 흉하다

태양을 중점으로 본 방향에서는 남향 또는 남동향을 최고로 치는데 남향이 좋은 이유는 앞에서 설명하여 이해가 되었으리라 본다.

밤 동안 습한 저온(새벽 습한 저온상태에서는 야간에 운행된 차량 배기가스와 집 난방가스가 지표면에 가라앉아 있다. 주택지 주변에서 새벽산책이 좋지 않다는 것은 우리가 새벽길에 안개 속에서 매연 냄새를 경험함으로 알 수 있다.)이 아침햇살에 의해 올라가면서 대류에 의해 맑은 공기로 채워지는 장점과 아침햇살로 인해 일찍 일어나는 습관을 가질 수 있는 이점이 있는 동향에 밝은 남향의 장점이 절충된 남동향을 선호하는 반면, 북향·북서향은 꺼리는 방향이다.

특히 서향집에서 석양빛이 실내 깊숙이 들어오면 흉하다는 이유는 뭘까?

현재 대기조성 비율에서 질소가 차지하는 비율이 78%인데 공기 중 질소(N_2)는 높은 온도의 불꽃에서 산소(O_2)와 반응하여 일산화질소(2NO)가 생성된다. 이 일산화질소는 공기 중의 산소(O_2)와 느리게 반응하여 이산화질소($2NO_2$)로 변하는데 실내에서는 음식 요리 과정에서 일산화질소가 생성되고, 생성된 일산화질소가 서서히 이산화질소로 바뀌는 과정에서 태양광선을 받으면 빠르게 바뀌게 된다.

> 서향집에서 오후 햇살이 실내 깊숙이 들어오면 음식요리 중에 생성된 일산화질소가 공기 중 산소와 반응하여 이산화질소로 변하는데 이산화질소로 바뀌는 과정에서 태양광선을 받으면 빠르게 유해한 이산화질소로 바뀌게 된다.

「광주천의 열공기 환경측정」이란 박석봉 교수의 논문에서, 실험 결과 지표상 온도가 가장 높은 시간대가 오후 2시로 측정되었다고 보면 태양고도가 낮아지면서 오후 햇빛이 실내 깊숙이 들어오는 큰 서향 창문이 있는 집은 햇빛과 고온의 영향으로 독성이 있는 이산화질소가 빠르게 생성되는 것이다.

$$N_2 + O_2 \xrightarrow{\text{높은 온도의 불꽃}} 2NO$$

$$2NO + O_2 \xrightarrow[\text{그늘과 저온에서는 느림}]{\text{햇빛과 고온에서는 빠름}} 2NO_2$$

일산화질소는 색, 맛, 냄새가 없는 기체로서 현재 대기 중에 존재하는 양의 비율은 낮아 식물, 동물 또는 인간에게 그다지 해가 되지 않는다고 생각된다.

그러나 대기 중의 산소와 반응하여 만들어진 이산화질소는 적황색의 기체로서 심한 냄새가 나며 독성이 있는데 그 자체만으로도 인체에 해

2006년 지구의 이산화질소 오염지도

※ 유럽우주기구(ESA)의 지구관측위성이 흡수분광기를 이용해 작성한 지구의 이산화질소(NO_2) 오염지도로 파란색에서 노란색, 빨간색 쪽으로 갈수록 오염이 심한 지역을 나타내며 대기 오염물질인 이산화질소에 과도하게 노출되면 폐와 호흡기 질환에 걸릴 수 있다.

롭고, 또한 광화학적 스모그 현상의 주원인이 되는 기체이다. 대기 중 이산화질소의 농도가 높아지면 식물세포가 파괴되고 잎에 반점이 생겨 죽게 된다.

특히 대기 중의 습도가 높을 때 수증기와 반응하여 질산으로 변하게 되는데 이 질산은 매우 부식성이 강한 산이며 세계적으로 논란이 되고 있는 산성비의 원인이 되는 물질이다.

$$3NO_2 + H_2O \longrightarrow 2HNO_3 + NO$$

이와 같이 공기의 일부인 일산화질소가 햇빛에 의해 이산화질소로 쉽게 바뀌는데 여름 낮에 태양고도가 낮아질 때 실내 깊숙이 들어오는 석양빛은 실내온도를 덥게 하여 적정 생활온도를 초과시킨다. 그리고 석양빛에 온도가 높아진 실내공기는 팽창하면서 산소 밀도를 낮게 하여 호흡 중 산소 흡입량이 줄어드는 결과가 되어 건강에 좋지 않을 뿐만 아니라, 이산화질소를 만들어 햇빛이 주는 대부분의 이득보다 석양빛의 해로움이 더 많아진다.

그러므로 석양빛을 받는 서향 건물에 큰 서향 창문이 있으면 흉하다는 결론에 도달할 수 밖에 없다.

10 직류하천이나 직선도로와 맞닿으면 흉터

하천의 흐르는 물과 도로의 차량이나 인파는 유동적이므로 양의 성질을 갖는 동성(動性)으로 보고, 좌우측에서 흘러들어온 물이 터 앞에서 합류하면 득수의 최고 좋은 곳으로 보나 직수가 집터를 향해 찌르듯이 들어오면 흉이라 하였다. 곡류하천에서도 물 안에 들어가 서서 볼 때 풍수상 나오는 지대(포인트바)는 길터라 하고 들어간 지대(공격면)는 흉터라 하였다.

> 길이나 물줄기가 맞닿는 공격면은 흉하고 후퇴면은 안전하여 길한데 하천 수면보다 낮은 천변 근처의 터는 범람 위험이 있어 가장 흉하다.

최근 사건, 사고를 보면 집을 향해 찌르는 듯이 들어온 길 초입의 집에 차량이 덮쳐 교통사고를 당했다거나 주차된 차가 경사면에서 브레이크 잘못으로 돌진하여 건물 안에 있던 사람이 인명 피해를 입었다는 보도를 접할 수 있다.

직류수와 맞닿는 지점의 제방이 홍수 때 센 물줄기를 견디지 못해 제방이 터져 농경지와 가옥이 유실되는 경우를 쉽게 볼 수 있다. 특히 빗물이 불어날 때 하천수면보다 낮은 천변제방 근처의 터는 홍수 때마다 범람 위험이 있어 가장 흉한 터이다.

2005년 8월 29일 허리케인 카트리나가 미국 뉴올리언스 시를 할퀴고 지나가면서 미시시피강의 제방 3곳이 붕괴돼 범람하여 수천 명의 인명을 앗아간 대재앙을 봐도 알 수 있다. 대부분 하천을 중심으로 도시가 형성되었기 때문에 하천의 구조와 형태를 잘 보고 터를 잡아야 한다.

그리고 바람을 볼 때도 직선도로와 건물이 맞닿게 되면 길에서 불어오는 찬바람이 오고가는 차에 의해 더 강해지고, 차량 배기가스와 분진이 뒤엉켜 불어오는 공해풍은 순화되지 않은 살풍으로 이 살기를 직접 받게 되는 터이므로 흉터임이 분명하다.

현대 지형학에서 볼 때도 곡류하천(자유곡류하천 또는 meander와 같은 의미로 쓰임)은 경사가 완만하고 유로변동을 자유롭게 한다. 곡류하도는 하천이 넓은 범람원을 통과하여 흐르는 경우에 발달한다.

수심이 공격면에서는 깊고, 포인트바 쪽에서는 얕은데 하나의 공격면에서 다음 공격면으로 넘어가는 구간에서는 하상단면이 대칭으로 변하는 동시에 수심이 얕아진다. 여기서 하천양안에 번갈아 나타나는 물굽이와 물굽이 사이의 폭이 넓어지는 데는 한계가 있다.

이 곡류대(曲流帶)는 유량과의 균형 또는 평형이 이뤄질 때까지만 성장한다.

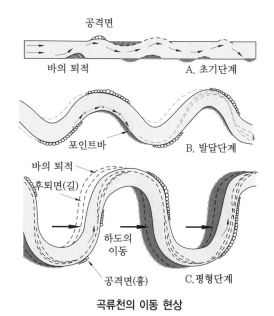

곡류천의 이동 현상

※ 곡류현상은 초기단계 A에서도 나타나고, 발달단계 B에서는 공격면이 후퇴하고 맞은편에 포인트바가 형성되며 공격면으로 작용한 유력에 의해 삭박현상이 심하게 나타나 흉한 터가 된다. 평형단계 C에서는 전체하도가 일정한 모양을 유지하면서 하류 쪽으로 이동한다.

그림과 같이 하천이나 도로에 접한 터가 후퇴면에 위치하면 안전하고 환경상 문제가 없는 길한 터이지만, 공격면에 위치하면 불안전하고 환경상 문제가 많은 흉한 터이다. 이런 분류는 과학적인 상식 속에서 쉽게 해석될 수 있다.

11 음양오행 명당론

음양설과 오행설의 창설이 어느 때 어느 곳에서부터 시작되었다는 정설은 없으나 음양오행설이 동양의 모든 학문에 기초를 두고 있음은 명백한 사실이다.

천지를 의미한 이 두 설과 마찬가지로 풍수설 또한 원시인들이 지상에서 생활하면서 점차 땅의 원리를 터득한 것이 유래되어 발전한 것으로 각 지방의 기후와 풍토를 이해한데 따른 학문이다.

우리나라 풍수설은 산악국가에 맞게 산을 모태로 한 진산사상과 연관되어 발전한 것이고, 중국은 송나라 때 복건(福健)지방을 중심으로 발전하였는데 나경을 사용하여 좌향론이라 부르며, 이 방위론은 역(易)을 주요 체계로 하여 성립시키고 있다.

우리나라는 산의 장풍을 중요하게 여기는 반면, 중국의 풍수는 득수를 중요시한다. 이것은 풍토 차이에서 빚어진 것이다.

음양의 원리로 성립된 역은 변화와 순환의 이치로 오행설과 같이 우주의 변화인 천문학과 상통한다.

음양설이나 오행설의 핵심 개념은 기(氣)인데, 기는 자연에 분산되어 있는 에너지이며 이 분산되어 있던 기가 모이면 생명체를 이루고 생명체가 죽으면 다시 기로 분산된다고 본다.

생명체뿐만 아니라 전하를 띠고 있는 물체도 기의 집합체이며 기가 모이는 과정에서 사람 형태로 모이면 사람이 되고, 나무나 짐승 형태로 모이면 이와 같은 것이 되는데, 이는 정신이 취합 성장되고 이에 상응한 형체로 성장하여 조화를 이루는 현상이다. 즉 단세포에서 시작된 물상이 각각 환경과 용도에 따라 종이 다르게 진화되는 것 또한 기의 필요(소원) 이동 현상이라 볼 수 있다.

> 기는 생명체와 형태가 있는 모든 물체에 내재되어 있는데 형태에 따라 기작용이 다르며, 생명체의 진화는 기의 소원 이동 현상이다.

기는 양기와 음기로 나누는데 양기는 하늘에서 발생되는 태양 관련 기이고, 음기는 땅의 기운으로 크게 대별할 수 있다. 기는 형태를 만든다했는데 그렇다면 형태에 따라 기작용이 다르다는 결론을 얻을 수 있으며, 풍수에서 물형(物形)인 형국론의 원리가 된다.

이는 우리나라의 풍수에서 발전시킨 것이다.

음양설은 우주의 현상을 둘로 대립시켜 밝음이 있으면 어둠이 있고, 큰 것이 있으면 작은 것이 있고, 동정(動靜), 득실, 성쇠, 생멸, 천지, 자웅과 같이 우주의 존재 및 그 활동에는 음ㆍ양이란 대립적 관계에 의해 이뤄진다는 것이다.

오행설은 만물을 그 구성적 관계에 의해 관찰한 것으로 삼라만상은 모두 목, 화, 토, 금, 수라는 기본 5원소의 이합집산, 다소, 유무의 구성관계에 따라서 정해지는 것이라 하는데, 음양설과 오행설은 우주현상을 양쪽에서 관찰한 것일 뿐 충돌하거나 모순되지 않는다.

오행의 생성상극의 순환체계가 다른 시스템에서 볼 수 없는 독창적 특성이 있는데, 예를 들면 오행의 순환성, 상생상극의 대칭성, 최소원자체계(木, 火, 土, 金, 水), 상생상극 순환체계에서 음양 이중되먹임, 오행미분방정식의 해(解)에 대한 위상차, 오행시스템의 성장비(成長比)로서의 황금분할(黃金分割) 등이 있다.

다섯 가지 오행의 직접 상호작용, 오행순환의 확대축소의 반복성과 유기적인 전일성(全一性), 상생방향의 일방성, 서양의 동종요법이나 면역 등의 치유법에서 나타나는 승복법(勝復法등)의 원리 등을 들 수 있는 것만 보아도 오행의 가치를 알 수 있다.

한의학은 천문과 음양의 원리를 기초로 하여 인체의 건강과 병에 대한 치유를 위한 의학으로, 서양의학의 미비점에 대한 보완력이 뛰어나 세계 인류 의학으로 인정받고 있다. 풍수지리 또한 천문과 음양오행을 바탕으로 둔 자연과학으로, 특히 건축학에서 건강과 생체리듬적 환경논리로 자리매김하고 있다.

■ 음양의 변화와 역

역(易)이란 도롱뇽과에 속하는 양서동물의 상형문자로 영원(蠑蚖 : 도마뱀)이며 이 동물이 낮 12시에 변색한다는 것으로부터 변색, 변역(變易)의 의미를 띠게 된 문자이다.

태극(太極)은 무극(無極)이라 하며, 현상에 대한 본체로 아직 음양이라는 대립적 활동이 발현되지 않은 본원의 상태, 또는 음양 양자가 완전히 융합되어 안정된 절대 경지를 의미한다.

양의(兩儀)란 음양의 대립적인 것을 총칭하고 이제부터 우주의 활동이 시작된다는 뜻이다.

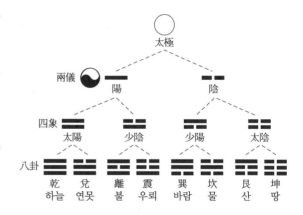

※ 역과 팔괘의 체계 : 팔괘는 사상으로 분류하는 방법 중 생성 원인에 따른 분류로 맨 아래 초효가 본(本)인 바탕이다.

사상(四象)은 양의가 각각 이분되어 태양(太陽), 태음(太陰), 소양(少陽), 소음(少陰)이 된 것이다. 그리고 이 사상이 재분되어 팔괘(八卦)를 이루는데 건(乾), 태(兌), 리(離), 손(巽), 진(震), 감(坎), 간(艮), 곤(坤)을 말한다.

양의, 사상, 팔괘를 표시하는데는 효(爻)라는 것을 사용하여 발전 형식을 표시한다.

효에는 2개의 기본형이 있으며 횡련(橫連) 1획(━)을 양효(陽爻)라 하는데 남성의 상징물과 같고, 중공(中空) 2획(━ ━)을 음효라 하는데 여성의 옥문을 상징하는 것이다.

음양을 수로 표시하는데 양의 수는 기수(奇數)라 하고 3이 기본수이며, 음의 수는 우수(偶數)라 하는데 2가 기본수로 음의 첫수이다. 음양의 수는 이분법을 적용한 것이다.

일반적으로 작용을 중시하여 사용할 때는 건은 노양(老陽), 곤은 노음(老陰)이고, 진 · 감 · 간은 소양이며, 손 · 이 · 태는 소음에 속한다.

3효 구성 중 맨 아래 효인 초효에 양이 하나면 장남, 중효에 하나 오면 중남, 맨 위인 상효에 오면 소남으로, 진 · 감 · 간은 남자로 작용이 소양인 것이다.

> 사상에서 양을 바탕으로 양으로 작용하는 것이 태양이고, 양을 바탕으로 음으로 작용하는 것이 소음이며, 음을 바탕으로 음으로 작용하는 것이 태음이고, 음을 바탕으로 양으로 작용하는 것이 소양이다.

사상의 바탕과 작용에 대해서 보면, 양을 바탕으로 양으로 작용하는 것이 태양이고, 양을 바탕으로 음으로 작용하는 것이 소음이다. 음을 바탕으로 음으로 작용하는 것이 태음이고, 음을 바탕으로 양으로 작용하는 것이 소양이다.

그러므로 결국 양의 성질로 작용하는 것이 클 때는 태양이고 작을 때는 소양이며, 음의 성질로 작용하는 것이 클 때는 태음이고 작을 때는 소음이다.

따라서 음양의 원리는 풍수학에서 용 · 혈 · 사 · 수의 음양충화(陰陽沖和 : 음과 양의 짝지음 관계)와 생기순화에서 응용되고 있고, 산은 움직이지 않으니 정(靜)이며 음이고, 물은 동(動)이며 양이다. 그러나 음과 양은 절대적인 것이 아니고 변화하는 상대적인 것이므로 산은 다시 음산과 양산으로 구분하여 음강양유(陰岡陽柔)로 높고 험한 것은 음이고,

> 풍수에서 음양의 원리는 용 · 혈 · 사 · 수에서 음양충화와 생기순화로 응용되고, 산과 물의 관계에서는 음강양유, 음래양수, 양래음수 등에서 적극 활용하고 있다.

평평하고 유순한 것은 양이 되어, 경사가 완만하고 평평하여 넓은 것은 양산인 것이다.

음양의 변화 측면에서 보면, 남자와 여자의 관계에서 여자가 40세가 넘으면 여성호르몬 분비가 줄어들어 줄지 않은 남성호르몬에 의해 남성적인 성질로 변화한다. 그래서 갱년기를 넘기면서 여성은 소양화(少陽化)로 변하는 것이다.

산과 물을 논할 때 음래양수, 양래음수(陽來陰受)와 입수룡과 향을 말할 경우 정음정양의 법칙 적용 등을 보면 음양의 원리를 풍수에서 적극 활용하고 있다.

■ 선천팔괘와 후천팔괘

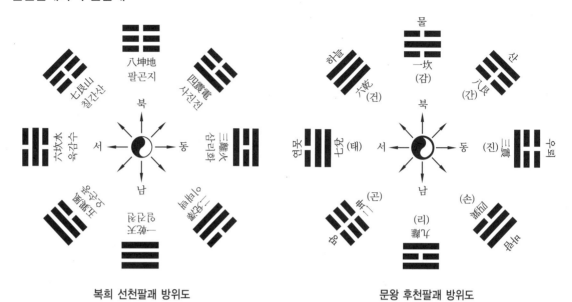

복희 선천팔괘 방위도   문왕 후천팔괘 방위도

팔괘에는 선천팔괘(先天八卦)와 후천팔괘(後天八卦)가 있다. 선천팔괘는 하도(河圖)의 원리에서 나온 것으로, 복희황제가 우주순환이치를 설명하면서 자연에 순응하며 살아가는 순행의 원리 또는 천간(天干)의 원리이며 상생(相生)의 원리이다. 후천팔괘는 낙서(落書)의 원리에서 유래한 것으로, 사람의 지혜가 점차로 발달해감에 따라 개발을 하여 자연의 섭리를 거역하고 파괴하게 되니 역행의 원리이며 지지(地支)의 원리로 상극(相剋)의 원리라 한다.

풍수지리는 땅에서 일어나는 법칙을 연구하기 때문에, 나경은 후천팔괘를 토대로 만들어졌다.

후천팔괘에 의한 8방위가 나타내는 상징개념

방위 개념	북	북 동	동	남 동	남	남 서	서	북 서
8괘	☵	☶	☳	☴	☲	☷	☱	☰
괘명(卦名)	감(坎)	간(艮)	진(震)	손(巽)	리(離)	곤(坤)	태(兌)	건(乾)
괘의 외형(外形)	물(水)	산(山)	번개(雷)	바람(風)	불(火)	땅(地)	연못(澤)	하늘(天)
천간(天干)	임(壬) 계(癸)		갑(甲) 을(乙)		병(丙) 정(丁)		경(庚) 신(辛)	

지지(地支) [오행]	자(子) [水]	축(丑) [土] 인(寅) [木]	묘(卯) [木]	진(辰) [土] 사(巳) [火]	오(午) [火]	미(未) [土] 신(申) [金]	유(酉) [金]	술(戌) [土] 해(亥) [水]
8괘천간의 해당오행	수(水)	토(土)	목(木)	목(木)	화(火)	토(土)	금(金)	금(金)
계 절	겨 울	늦여름 초 봄	봄	늦 봄 초여름	여름	늦여름 초가을	가을	늦가을 초겨울
달(양력)	12월	1 · 2월	3월	4 · 5월	6월	7 · 9월	9월	10 · 11월
상징 수리(數理)	1 · 6	5 · 10	3 · 8	3 · 8	2 · 7	5 · 10	4 · 9	4 · 9
혈육 관계	중남 (中男)	소남 (少男)	장남 (長男)	장녀 (長女)	중녀 (中女)	모친 (母親)	소녀 (少女)	부친 (父親)

※ 천간 무(戊)와 기(己)는 중앙을 나타내므로 8방위에서 제외되고 혈육관계는 선천팔괘 응용

■ 오행론의 상생과 상극

우주만물 생성의 다섯 가지 기운인 목(木) · 화(火) · 토(土) · 금(金) · 수(水)는 각각 다른 성질을 갖고 있는데, 수는 물처럼 아래로 내려가는 기운을 갖고, 목은 나무와 같이 수직상승하는 기운을 갖고, 화는 불꽃과 같이 팔방으로 확산되어 폭발하는 기운을 가지며, 금은 수축하는 기운을 말하며, 토는 수 · 화 · 목 · 금의 기운을 골고루 갖고 있어 균형을 유지하는 작용을 한다. 이 다섯 가지 기운이 다른 기운과 일정한 관계를 유지하고 있는데 그 관계는 상생과 상극으로 나눈다.

오행의 상생과 상극

상생(相生)	오행의 배치	상극(相剋)
수생목(水生木) 목생화(木生火) 화생토(火生土)	동－목－봄 서－금－가을 남－화－여름	수극화(水剋火) 화극금(火剋金) 금극목(金剋木)
토생금(土生金) 금생수(金生水)	북－수－겨울 중앙－토－변절기	목극토(木剋土) 토극수(土剋水)

상생(相生)이란 하나의 기운이 다른 기운을 도와주고 만들어 주는 것을 일컫는데

- 수생목(水生木)은 물이 나무를 도와 생육하게 해주는 것과 같고,
- 목생화(木生火)는 나무가 불을 만드는 재료이기 때문이고,
- 화생토(火生土)는 불이 재를 남기기 때문에 재가 흙이 되고,
- 토생금(土生金)은 흙에서 금이 나온다하여 생하는 것이고,
- 금생수(金生水)는 금속이 차가워질 때 수분이 맺어진데서 나온 것으로, 상생관계는 순조롭고 길(吉)한 것을 나타낸다.

한편, 상극(相剋)은 하나의 기운과 다른 하나의 기운이 서로 해하는 관계를 말하는데

- 수극화(水剋火)는 물이 불을 꺼버려 해하는 관계이고,
- 화극금(火剋金)은 불이 금속을 녹여 형체를 없게 하는 것이고,
- 금극목(金剋木)은 금속성 도끼나 톱으로 나무를 베는 것이고,
- 목극토(木剋土)는 나무말뚝을 박아 흙을 이기는 것이고,
- 토극수(土剋水)는 흙으로 제방을 쌓아 물의 흐름을 막아 이기는 관계를 말한다.

이상의 정오행은 상생과 상극관계를 따져 상생이면 길(吉)하고 상극이면 흉(凶)하다는 것으로, 나경의 1층은 황천살을 보는 것인데 여기 물이 들어오고 나가는 것에서 들어오는 물이 좌와 상생관계이면 길하다는 것으로 상생터가 곧 명당터이다.

나경 3층의 삼합오행에서도 오행관계를 꼭 습득해야 할 풍수의 기초지식으로, 천문우주의 변화와 자연의 순환을 논하는 음양오행론과 하늘의 양기인 기후와 땅의 생기를 논하는 환경풍수와의 관계는 불가분의 관계이다.

12. 지질과 명당관계 그리고 건축요소로서 흙

인간을 비롯하여 모든 생명체는 땅이라는 지구의 겉표면에서 생활한다. 생명체의 모태인 땅을 이루는 크고 작은 입자 자체를 흙 또는 토양이라 칭하는데, 토(土)는 지평선상의 초목이 생육하고 있는 상태를 표현한 상형문자로 식물과 관계가 있다.

토양에는 지각 최상층에 덮혀 있는 자연물로 보는 기초토양(基礎土壤)적인 면과 농림

토양은 고상, 액상, 기상으로 구성되어 있는데 고상의 비율이 커질수록 명당조건이 되고 액상과 기상비율의 차가 현저히 클수록 흉한 터가 된다.

업, 환경위생, 토목건설 등 목적의 자재로 보는 응용토양(應用土壤)적인 면이 있다.

토양에는 알맞은 양의 공기와 물이 들어 있어, 물리적으로 식물과 지상물(건축물 등)을 지지하고 유기물이 섞인 양분을 식물에 공급하는 역할을 한다.

토양은 고상(固相 : 무기물과 유기물)＋액상(液相 : 토양수)＋기상(氣相 : 토양공기)으로 구성되어 있는데 이 3상의 구성 비율은 토양에 따라 다르고 기상조건에 따라서도 크게 달라진다.

점토분(粘土分)이 많고 모래가 적당히 함유되어 있는 토양일수록 고상 비율이 커진다. 고상 비율이 커질수록 지반이 견고하여 명당 조건에 해당된다.

미사질토양(微砂質土壤)의 표토에서 3상의 용적 조성은 고상이 50%, 액상과 기상의 평균이 25% 정도이다. 3상의 비율은 식물의 생육과 지반의 안전강도에 크게 영향을 준다. 액상이나 기상의 비율 중 상대적으로 하나가 높게 나타나거나 하나가 현저히 낮으면 식물의 생육과 지반의 안전 강도가 나빠져 흉한 터가 된다.

> 우리나라 지질은 주로 화강암, 화강편마암, 화강암질편마암으로 구성되어 있는데 화강암은 산성암이다.

우리나라의 지질은 주로 화강암, 화강편마암 및 화강암질편마암으로 구성되어 있다. 우리나라 표토의 2/3를 차지하는 화강암(花崗岩)은 지표면으로부터 깊은 곳에서 느리게 냉각되어 고결된 심성암(深成岩)에 속하며, 화학적으로 SiO_2(규산)성분이 66% 이상인 산성암(酸性岩)이다. 화강암의 주요 광물성분 중에 장석－운모－휘석－각섬석－석영 순으로 풍화되고, 장석과 운모가 풍화되어 점토분을 만들고 석영은 풍화가 어려워 모래로 남게 된다.

화강암의 풍화토는 양질(壤質 : 점토와 모래가 2대 1 비율로 섞인 흙)－사질(砂質)의 토양이 되지만 때로는 식질토(埴質土 : 점토와 모래가 3대 2 비율로 섞인 흙)로 되는 경우도 있다. 화강암은 토양분이 비교적 적고, 온대지방에서는 Ca(칼슘)이 적어 산성의 모재(母材)를 형성한다.

서울의 경우 지질 구성은 신생대(6,500만 년 이래)의 암층인 편마암과 중생대 백악기(6,500~14,400만 년 사이)에 관입된 화강암 및 신생대 제4기(200만 년 이래)의 충적층으로 구성되어 있다.

서울의 중구, 종로구, 도봉구, 노원구, 관악구 등은 화강암 지대이고 한강주변 지역은 충적층으로 이루어져 있다.

■ 암석의 풍화작용

암석이 오랜 세월을 거쳐 비, 바람, 기온, 생물 등의 영향을 받으면 물리적으로 붕괴되어 미세한 입자로 변하고, 다시 화학적으로 분해되어 그 본질이 변하게 된다.

이와 같이 토양모재의 생성작용을 풍화작용(風化作用)이라 하고, 모재에서 토양으로 발전되는 것을 토양생성작용(土壤生成作用)이라 하는데 이는 풍화작용과 동시에 일어난다.

풍화작용은 환경의 조건에 따라 형태가 변화하는 물리적 풍화작용과 성질이 변화하는 화학적 풍화작용, 생물에 의한 생물적 풍화작용으로 나눈다.

물리적 풍화작용을 볼 때 암석은 열에 대한 불량도체로 표면과 내부의 온도차가 큰데 기온의 변화에 따라 암석의 표면은 팽창과 수축을 반복하면서 균열이 생기고 붕괴된다. 이와 같은 온열풍화작용은 태양에너지에 의한 것으로 암석의 빛깔이 흑색계통이고 암석의 표면이 거칠수록 열의 흡수 및 발산이 빨라 풍화되기 쉽다. 결빙에 대해서는 4℃의 물 1cm³가 0℃ 얼음으로 될 때 그 용적은 1.09083cm³로 늘어난다. 이때 생기는 압력은 30cm³당 150mg 상당이 된다. 암석의 균열부분에 물이 스며들어 결빙될 때 용적의 증가에 의한 압력으로 풍화작용하는 것을 빙결풍화작용(氷結風化作用)이라 한다. 빙결풍화작용은 건축 구조물 중에서 빗물에 노출되고 구조물의 재질이 수분을 함유할 경우 쉽게 일어난다. 특히 우리나라 동절기에는 시멘트 구조물이나 흙벽돌 구조물의 경우 빙결풍화작용 방지를 위한 정기적 방수처리가 꼭 필요하다. 그 외 바람의 작용에 의한 풍화작용과 물의 작용에 의한 풍화작용이 있다.

> 우리나라는 동절기의 기온급감으로 콘크리트나 흙벽돌로 만든 건축구조물이 수분을 흡수한 상태에서 빙결풍화작용이 일어나 손상될 수 있으므로 방수처리가 꼭 필요하다.

화학적 풍화작용에는 산화(酸化), 환원(還元), 가수분해(加水分解), 탄산화작용(炭酸化作用), 수화작용(水和作用) 등이 있다. 주요한 조암광물은 거의 규산염으로 구성되어 있는데 물은 일부가 해리되어 활성 H^+와 OH^-로 되어 있으므로 물 자체가 규산염에 대하여 가수분해제이고, 습윤지방에서는 분리된 강염기나 규산이 수분에 의해 쉽게 유실된다. 규산광물의 분해는 곧 산성가수분해이며 그 주요한 생성물은 점토가 된다.

■ 토양입자의 구분과 물리성

토양입자의 구분과 물리성에 대해서는 아래 표를 참조하기 바란다.

토양입자의 구분과 물리성

입자구분 / 물리성	조 사 (입경 0.20~2.00mm)	세 사 (입경 0.02~0.20mm)	미 사 (입경 0.002~0.02mm)	점 토 (입경 0.002mm 이하)
용수량	매우 적음	중정도	많음	매우 많음
모관력	매우 약함	좋음	강함	매우 강함
물의 운동속도	하강(삼투)이 매우 빠름	상승 및 하강이 빠름	상승 및 하강이 느림	상승 및 하강이 매우 느림
가스, 수분 및 양분의 흡수 능력	매우 불량함	불량함	좋음	매우 좋음
가소성 및 응집력	없음	약함	강함	매우 강함
통기성	매우 좋음	좋음	불량함	매우 불량함
상대적 온도	온난함	약간 온난함	냉함	매우 냉함

■ 토양의 공극

일정한 토양용적 내의 입자와 입자 사이에 물이나 공기로 채워지는 틈새가 있는데 이것을 토양의 공극(孔隙)이라 한다.

공극은 비모세관공극(대공극)과 모세관공극(소공극)으로 대별할 수 있는데 대공극에서 배수와 통기가 이루어지고, 소공극은 수분을 보유하는 장소가 되므로 양자가 알맞게 균형을 유지하면 식물의 생육에 좋다.

이와 같이 식물이 잘 자라는 조건의 땅이 길지이다.

공극은 전 공극량보다 하나하나 공극의 크기가 중요하다. 즉 사토는 점토보다 공극량은 적지만 대형 공극이 많기 때문에 공기와 물의 운동이 빠른 것이다.

토양의 용수량 비교 (단위 %)

구 분	사 토	양질사토	사질양토	부식질사토	식 토	이탄토
용수량	18.8	21.9	20.2	52.8	80.9	126.0

■ 토양의 색깔

토양의 색깔은 착색료(着色料)의 함량, 함수량, 토성, 모암, 통기 등에 의해 달라진다. 착색료로 중요한 것은 철(무기색)과 부식(유기색), 그리고 석회, 규산, 망간 등이다.

일반적으로 부식화(腐植化)가 클수록 흙색이 짙고, 표토가 황색인 것이 적색인 것보다 생성이 오래되어 풍화가 진행되었다는 것을 뜻하며, 적색토양은 철이 많이 함유되어 있고 대체적으로 이화학적(理化學的) 성질이 좋지 않으며 유효 인산(燐酸)이 부족하다. 산화철은 수화도(水和度)가 높은 경우에는 황색을 띠고 적색이 짙어지면 탈수가 진행된다.

일반적으로 토양의 색깔은 함수량이 많은 습윤한 상태에서는 짙게 보인다. 토양의 색깔은 모암의 성질에 의해서 달라지는데 화강암과 같은 산성암에서 유래된 흙은 담색이고, 안산암 같은 중성암에서 유래된 것은 암색이며, 염기성암인 현무암에서 유래된 것은 농적색이다.

토양의 빛깔이 짙은 색일수록 태양열을 많이 흡수하고 백색에 가까울수록 반사량이 많아지는데 토색에 따른 태양열의 흡수 순서는 흑색 > 남색 > 적색 > 녹색 > 황색 > 백색 순으로 흑색은 백색보다 표토기온이 7℃가 높다.

토색으로 볼 때 오목거울 역할을 하는 좌청룡－주산－우백호는 밝은 색으로 빛 반사작용을 잘하여 좋다. 식물이 잘 자라는 토색은 어두운 색으로 태양열 흡수가 잘 되어 이로운 점은 있으나 말 그대로 명당 터로는 밝은 토색이 무난하다.

> 토양의 빛깔이 짙은 색일수록 태양열을 많이 흡수하고 백색에 가까울수록 반사량이 많아지는데, 흑색은 백색보다 표토기온이 7℃가 높다.

■ 토양의 반응

토양의 반응이란 토양이 산성인가 아니면 알칼리성인가를 말하는 것으로 흔히 pH(활성수소 이온의 농도)로 나타낸다. pH값이 7.0이면 중성, 7.0 이하이면 산성, 7.0 이상이면 알칼리성이다.

pH는 토양 중 양분의 유효성에 끼치는 영향이 중요한데 강산성에서는 유효성이 낮아지고 약산성(pH약6.5)에서는 일반적으로 증대된다.

우리나라 내륙지방의 토양은 대부분 산성이고, 해안지대 등 바닷물이 침입하는 지대는 알칼리성이며, 내륙지방의 석탄암지대는 중성에 가깝다. 특히 산성토양에는 황의 함량이 많아 건조할 때는 pH가 4.0 이하이지만 습윤 상태에서는 황·철 등에 의해 중심에 가까워진다.

우리나라 표토는 모재가 화강암이거나 화강편마암과 같은 산성암에서 유래되었으며 기후가 온난하고 여름철에 비가 많아 염기의 용탈이 심하여 토양이 산성화된 강산성토양이 많다.

산성토양은 칼슘, 마그네슘 등의 염기성물질(鹽基性物質)이 용탈되어 있기 때문에 수소이온의 농도가 높으므로 산성토양을 개량하려면 알칼리성 물질인 석탄석분말이나 백운석분말을 첨가해야 하는데 보통 석회석분말을 사용한다.

질산화작용[窒酸化作用 : 시비한 암모니아 태(態) 질소나 유기물의 분해로 생긴 암모니아가 토양 중에서 질화균의 작용으로 아질산이나 질산으로 변하는 과정]이 순조롭고 신속히 진행되는 조건은 토양의 반응이 중성에 가까워야 하고 통기성이 양호하며 포장용수량(圃場容水量) 부근의 수분상태가 50% 정도로서 온도는 25℃ 가량이 알맞다.

토양반응이 약산성과 약알칼리성 사이인 토양에서 일반 작물이 잘 자라기 때문에 결국 질산화작용이 잘되는 중성토양의 땅이 생명체에 유리하며 길지인 것이다.

토양반응이 중성토양에 가까운 땅은 질산화작용이 잘되며 일반 식물이 잘 자라므로 생명체에 유리한 길지인 것이다.

땅은 식물이 뿌리를 내리고 성장함으로 인해 모든 생명체에게 먹거리를 제공하고, 생명체의 삶과 죽음이 되풀이되는 장소로 생명의 산실이며, 건축물의 설치장소인 삶의 터이다. 풍수를 이해하려면 땅의 성질 또한 이해가 요구된다.

우리가 사는 장소로서의 땅은 경사지일 경우에는 토질이 견고하고 평지일 경우에는 물 빠짐이 좋으면서 적당량의 수분과 공기를 함유하고 있는 중성토질에 가까울 때 식물이 잘 자랄 수 있는 땅이며 이런 땅이 명당이다.

■ 건축 요소로서 흙

건축 자재는 건축이 행해지고 있는 지역에서 생산되는 자재를 사용하는 것이 각종 경제적인 이익을 주며 또한 지역의 기후 특성에 적합하다.

흙은 건축 자재를 만드는 원료이며 전통한옥에서는 흙벽을 치고 온돌바닥에 바르는 등 중요한 건축 요소이다. 흙의 열전도율은 함수 정도에 의해 많은 영향을 받으며 습윤상태의 흙은 건조 상태의 흙보다 열전도율이 7배나 증가한다.

흙의 열적 성능은 단열효과보다 오히려 축열효과가 크다. 즉 지중온도가 외기온도

변화에 비해 늦게 반응하는 것은 바로 이 축열효과에 기인한 것이다.

또한 흙은 소음과 진동을 줄이는 효과를 가지고 있다. 소음 차단 효과는 건물 벽에 사용된 흙의 양과 흙의 두께에 따라 차이를 보이는데 두꺼운 흙벽은 방음 효과가 크다.

흙 입자의 크기에 따라 분류하였을 때 큰 것은 사토이고, 미립자로 입경 0.002mm 이하는 점토이다.

사토는 응집력이 약하고 입자가 다소 커서 무거우며 내구성과 침투성이 높고 주위를 북돋아 주어야 유실을 막을 수 있으며 열용량이 높다. 점토는 잘 늘어나고 단단하며 가소성이 높은 반면 수분은 피해야 하고 내구성이 적으며 침투성이 적다. 또한 토양의 치밀성이 높으며 열용량이 크기 때문에 벽체에 사용할 때 축열효과를 보이는 것이다.

> 흙은 중요한 건축요소로 축열효과가 크고 소음과 진동을 줄이는 효과를 가지고 있으며 특히 황토는 황토집을 짓는 웰빙자재로 유익성이 크다.

점토 중에 황토가 황토집을 짓는 주재료로 사용되면서 흙의 장점이 요즘 들어 재평가되고 있다. 풍수관의 입장에서 볼 때 이제야 사람을 위한 진정한 주거 환경이 뭔가를 느끼기 시작했다는 생각이 들어 흡족하다.

13. 나경을 이용한 방향 측정

지구는 자전운동에 의해 자기장을 형성하면서 북극은 S극을 띠는 큰 자성체인데 자석의 성질에서 다른 극끼리 잡아당기기 때문에 나침반의 자침은 지도에 표기된 북극에서 현재 우리나라의 경인지역은 서쪽으로 6° 기울어진 자성에 의해 북극을 가리킨다.

나경은 방향을 재는 기구로써 사용 역사가 길뿐만 아니라 현재에도 유용하게 사용되고 있다. 나경의 명칭은 포라만상(包羅萬象), 경륜천지(經綸天地)에서 나자와 경자를 따서 나경(羅經)이라 한 것으로, 일명 차고 다닌다하여 패철(佩鐵) 또는 뜬쇄, 윤도(輪圖)라고도 하는데 모두 '나침반'을 말하는 것이다. 나침반은 자연환경의 근원인 우주순환기운을 방향도수와 시간변화 등으로 측정하는 과학적인 기구이다.

> 나경은 우주순환기운을 방향도수와 시간변화 등으로 측정하는 기구로 일명 패철, 뜬쇄, 윤도, 나침반이라 말한다.

나침반의 최초 사용설은 지금부터 약 3,000년 전 중국의 주나라 성왕(成王) 때 왕에게 조공을 공납한 월국(越國)의 상씨(常氏)의 안전 귀향을 위해 지남차(指南車)를 사용한 것이 시작이라는 설이 있다.

■ 나경의 변화

우주를 360° 원에 나누어 정할 때 주공(周公)이 선천12지지(先天十二支地)와 같이 12방위를 나경대에 표기해서 사용하다가 한나라 때 와서 장랑이라는 학자가 사유팔간(四維八干)을 더하여 24방위로 배치한 지반정침(地盤正針)을 만들었다.

그 후 당나라 때 양균송(활약시기 : 874~888)은 자기편각이 동쪽으로 틀어졌기에 천반봉침(天盤棒針)을 명확히 구별해 정하였고, 12세기 송나라 때 뢰문준은 자기편각이 북쪽에서 서쪽으로 기울어져 7.5° 늦은 인반중침(人盤中針)을 만들었다. 중국인들은 자기편각을 8세기에 인식하였으나 유럽인들은 14세기 말까지 알지 못했을 정도로 서양에 비해 동양의 나침반 이용이 앞섰다.

■ 나경의 원리

나경의 가운데 중심을 천지(天池)라 한다. 천지는 하늘이 둥글다는 천원사상으로 우주를 의미하고, 나경 전체를 태동시킬 수 있는 모체(母體)로서 하나의 근본을 이루는 것이 태극(太極)이다. 고대에는 이 태극에다 물을 채우고 자침을 띄워 방위를 분별했다고 한다. 천지에다 천지침을 띄워 남북을 분별함은 음양을 가려내는 일이고 태극에서 음양이 발생하는 이치이다.

중국풍수의 2대 맥에서 형기론(形氣論)은 산세를 중시하고, 이기론(理氣論)은 중국의 남부평야지대에서 나타났는데, 형이하학적이며 작용을 바탕으로 한 문왕후천팔괘(文王後天八卦)의 원리를 이용한 방향측정기구로 나경을 적극 활용하였다. 후천팔괘에서는 건(乾), 곤(坤)의 중효가 음·양의 모양으로 변한 감(坎), 리(離)의 괘모양으로 분별되는 것이다.

나경은 역, 기후, 음양오행을 바탕으로 한 이치를 방향에 맞춰 가름하게 하는 지자기현상을 활용한 과학적인 기구이다.

남북이 분별되면 상대적으로 동서가 구별된다. 동은 양을 키워가는 곳이고, 서는 음을 키워가는 곳이다. 이런 변화를 나경에서 단계를 지어 표시하였고 각 단계마다 방향에 맞춰 역(易), 기후, 오행, 음양을 바탕으로 한 나경상의 방위로 산천의 이치를 가늠하게 하였다. 지리로 인한 환경의 이로운 지기(地氣)를 인간이 얻기 위해 만들어진 자연의 현상을 활용하는 자연과학적인 기구가 바로 나경이다.

■ 나경의 구성

나경 대륜도에는 52층까지 존재하여 공리공론까지 있다는 비현실성에 반발하여 5층까지 축소된 사례도 있으나, 일반적으로 상용된 9층 나경에 대해 알아보자.

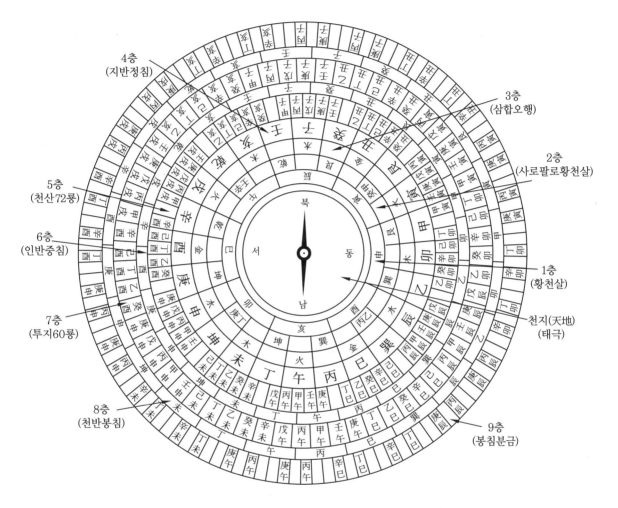

① **1층 황천살(黃泉殺)** : 팔괘방위를 기준으로 하여 음양오행으로 따져서 관살[官殺 : 육친 관계로 편관(偏官)에 해당함]을 말하는데 아주 고약한 살(죽게하는 나쁜 힘)로서 죽음과 파멸을 뜻하여 살을 억제하는 것이 불가하여 피해야 하는데 팔살황천이라고도 한다. 이를 팔요수(八曜水)라고도 말하는 것은 팔살의 방위에서 물이 들어오고 나가는 것을 말하는 것이니 좌와 향, 팔괘와 정음정양(淨陰淨陽)으로 분별할 수 있다.

황천살방은 물과 향을 보기 때문에 천반봉침을 사용한다.

첫째 좌를 기준할 때는 황천살이 있는 방위가 허하거나 득수(得水) 또는 바람의 침입이 있게 되면 흉하다. 단, 파구의 방향은 개의치 않는다. 황천살은 음양오행의 상극을 근거로 분별하는 것이다. 예로 임자계(壬子癸)의 세 방향은 감괘(坎卦)가 되는데 감(坎)은 수(水)이고 진술(辰戌)은 토이니 토극수(土剋水)하여 나쁜 대상이다.

- 팔괘에서의 팔요수

십간, 십이지, 팔괘의 음양과 오행

십 간 (十 干)	甲	乙	丙	丁	戊	己	庚	辛	壬	癸
	갑	을	병	정	무	기	경	신	임	계
음 양	양	음	양	음	양	음	양	음	양	음
오 행	목	목	화	화	토	토	금	금	수	수

십이지 (十二支)	子	丑	寅	卯	辰	巳	午	未	申	酉	戌	亥
	자	축	인	묘	진	사	오	미	신	유	술	해
음 양	양	음	양	음	양	음	양	음	양	음	양	음
오 행	수	토	목	목	토	화	화	토	금	금	토	수

팔 괘	乾	兌	離	震	巽	坎	艮	坤
	건	태	리	진	손	감	간	곤
음 양	금	금	화	목	목	수	토	토
오 행	양	음	음	양	음	양	양	음

황천살과 오행의 상극

좌(입수)			황천살		오행의 상극
4층 24방위	팔괘방위	팔괘오행	4층 황천살 방위	오 행	
임자계(壬子癸)	감(坎) 북	수(水)	진(辰),술방(戌方)	토(土)	토극수
미곤신(未坤申)	곤(坤) 서남	토(土)	묘방(卯方)	목(木)	목극토
신묘을(甲卯乙)	진(震) 동	목(木)	신방(申方)	금(金)	금극목
진손사(辰巽巳)	손(巽) 동남	목(木)	유방(酉方)	금(金)	금극목
술건해(戌乾亥)	건(乾) 서북	금(金)	오방(午方)	화(火)	화극금

경유신(庚酉辛)	태(兌) 서	금(金)	사방(巳方)	화(火)	화극금
축간인(丑艮寅)	간(艮) 동북	토(土)	인방(寅方)	목(木)	목극토
병오정(丙午丁)	리(離) 남	화(火)	해방(亥方)	수(水)	수극화

※ 황천살은 득수나 바람이 불어오는 팔요수 방위

- 용상팔살(龍上八殺) : 산이 내려오는 줄기에서 아래를 보고 앉아서 방향을 보아 용의 기운을 해롭게 하는 팔살방위의 기운이라는 것, 즉 24방위 임자계(壬子癸)는 8괘상 감괘(坎卦)가 되는데 이 감괘가 내려오는 산줄기 아래의 터에서는 진술(辰戌)의 방향을 보게 되면 팔살이 된다는 것이다.

  위 도표에서 좌(입수)를 산줄기 방향으로 보고, 황천살(팔요수) 방위를 향으로 하면 향인 4층 황천살 방위가 팔살이 된다. 나경의 1층 2층은 물과 관련된 것으로 물은 반자성 물질인데 반자성 물질은 자기장 안에서 자기장의 반대방향으로 자기를 발생하는 성질이 있다. 즉, 자석을 대면 반발하는 것으로 과학적인 근거를 찾을 수 있다.

② **2층 사로팔로황천살(四路八路黃泉殺)** : 황천수라고도 하며 12방위이다.

여기서는 좌향 중 향을 보고 판정하는 것으로, 물이 들어오는 방향과 물이 나가는 방향을 모두 보고 판정한다.

4로황천은 건(乾), 곤(坤), 간(艮), 손(巽)의 4우[四隅(四維)]를 이르는 말이고, 8로황천은 갑(甲), 경(庚), 병(丙), 임(壬), 을(乙), 신(辛), 정(丁), 계(癸)의 팔간(八干)을 말한다. 황천살은 12운성장생법(十二運星長生法)에 의한다. 풀이하면 신향(辛向)을 할 때 건방(乾方)은 절방(絕方)이 되어 물이 들어오면 황천(黃泉)이 되고, 임향(壬向)을 할 때 건방(乾方)

4로8로황천살

구분		팔로								사로			
황천살방 물의 24방위		곤坤		손巽		간艮		건乾		정.경 丁.庚	을.병 乙.丙	갑.계 甲.癸	건.임 乾.壬
2선	향向	정丁	경庚	을乙	병丙	갑甲	계癸	신辛	임壬	곤坤	손巽	간艮	건乾
	좌坐	계癸	갑甲	신辛	임壬	경庚	정丁	을乙	병丙	간艮	건乾	곤坤	손巽

은 관록방(官祿方)이 되어 물이 나가면 황천이 된다. 즉, 건방수(乾方水)는 수국(水局)에서 황천을 가리키는 말이다. '향을 기준할 때' 천반봉침으로 봐서 황천방에 물이 들어오거나 나가면 황천살이다.

2층이 팔요풍을 측정하는데 쓰이기도 하는데 주변 사신사에서 맥이 끊어져 골짜기 형태를 하면 강한 바람으로 지기 또는 온기가 흩어져 흉하다는 것인데 이 골짜기에서 부는 바람을 팔요풍이라 한다.

위 표의 2선 '향을 기준할 때'에서 '황천살방 물의 24방위'가 팔요풍이 부는 방향이며 팔요풍이 부는 방향을 보고 살펴야 한다는 것은 사방의 센바람은 모두 좋지 않은데 특히 팔요풍 방위의 바람은 흉하다는 원리로 지구는 생명체의 큰 환경본체이고, 건물은 사람에게 작은 환경본체이기 때문이다. 바람은 환경인자로 환경본체에 영향을 끼치고 생명체인 사람의 건강에도 영향을 준다.

인체에서도 신체 부위에 따라 바람의 나쁜 영향이 크게 나타나는데 바람의 나쁜 기운이 출입한다는 풍문(風門)-풍지(風池)-풍부(風府)는 바람과 관계되며 특히 풍문은 찬바람으로부터 감기가 든다는 혈이다. 이처럼 터나 건물에서도 천문의 법칙에 의해 바람을 타는 방위가 있을 것이며 팔요풍도 자연과학과 경험론에 비춘 근거 있는 이치이다.

예로 나경 2선상의 임방위 위에는 건 자가 있고 계방위 위에는 간 자가 표시되어 있는데 이것은 임(壬), 자(子), 계(癸)의 세 방위에는 건(乾)이나 간(艮)이 팔요풍이 부는 방향이고, 2선향의 간(艮)에는 갑계(甲癸)라고 나타나 있는데 갑과 계의 방위가 팔요풍이 부는 방위이다. 황천방이 팔요풍이 불어오는 방향이므로 맥이 끊어져 있으면 피해야 하고 비보법(제살법)으로 방풍림을 심거나 담장을 높여야 한다.

③ 3층 삼합오행(三合五行) : 좌와 득수 그리고 파구가 같은 오행에 속하면 좋다는 것이다. 나경에서 오행을 나타내는 것은 24방위를 각각 오행으로 구분하기 위해서인데 24방위 중 지지에 해당하는 열두 방위에는 수, 화, 목, 금 기운 중 하나가 나타나 있는데, 천간의 방위에는 오행 표시가 없는 것을 토의 성질로 보아도 된다는 뜻이다. 그러므로 좌향에서 기운은 수, 화, 목, 금의 4개인데 오행 중 같은 것이 3개 있는 3합이 좋으나 2합도 좋은 편이다.

④ 4층 지반정침(地盤正針) : 지남침의 남은 오중앙(午中央)이고 북은 자중앙(子中央)이 되어 방위의 근본이 된다. 정침은 선천십이지(先天十二支)에 근원을 두고 사유팔간(四維八干)인 하늘의 유동적 기운을 좌우에 배치하여 천간과 지지로 배합하여 음양의 화합

을 꾀하였다.

24방위는 자(子), 오(午), 묘(卯), 유(酉)의 사정방위(四正方位)와 인(寅), 신(申), 사(巳), 해(亥)의 사생방위(四生方位) 그리고 진(辰), 술(戌), 축(丑), 미(未)의 사고방위(四庫方位)로 된 12지지방위(十二地支方位)와 십천간(十天干) 중에 무(戊), 기(己)를 뺀 8간과 건(乾), 곤(坤), 간(艮), 손(巽)의 사유(四維)를 합하여 24방위가 천지 정방위로 정해진 것으로써 1개 방위는

나경의 4층 지반정침은 나경을 15°씩 나눈 24방위로 나경의 기본층인데 집의 좌향방위를 결정하는데 사용되며 각 방위를 음·양으로 구분하여 정음정양론에 활용한다.

15°이며 나경에서 기본층이다. 지반정침은 지기(地氣)를 주관하며 입수룡(入首龍)을 보고 좌향과 양택 및 음택의 방위를 결정하는 데 사용한다.

24방위는 양기와 음기로 구분하는데 양의 방위는 임(壬), 자(子), 계(癸), 인(寅), 갑(甲), 을(乙), 진(辰), 오(午), 곤(坤), 신(申), 술(戌), 건(乾)이며, 음의 방위는 축(丑), 간(艮), 묘(卯), 손(巽), 사(巳), 병(丙), 정(丁), 미(未), 경(庚), 유(酉), 신(辛), 해(亥)인데, 정음정양(淨陰淨陽)으로 볼 때 정음과 정음이 만나면 순정(純正)이 되고 상리(相離, 서로 틀림)됨을 싫어하는 것으로 주산에서 내려오는 입수(入首) 기운이 양이면 득수(得水) 방위도 양이 되어 서로 합쳐져야 기운이 증대된다는 이론이다. 음과 양이 혼합되어 조화가 이뤄짐으로 배합하여 길하다는 배합불배합론에 대해 이론 대입에 따른 여타 정황판단이 길흉의 잣대가 될 것이다.

지반정침은 사용대상 중 입수처(入首處)의 맥을 결정하는 데 맥의 가상 중심선을 마음속으로 정하여 선을 긋고 여기에다 나경의 남북을 고정시키면 24방위 중 해당 입수처를 알 수 있다.

가장 정확한 방법은 용맥의 등고선이 내려오는 중심선에 줄을 그어 나경으로 측정하면 되고, 이때 입수처 뒤편의 이절의 맥을 격정(格定, 재서 정함)하는데 이절에 나경을 놓는 가장 적절한 장소는 산등성이가 가장 좁고 가장 낮은 곳(봉요처와 같은 곳)이다. 이곳을 분수척상(分水脊上 : 물이 나누어지는 등마루)

나침반으로 산줄기를 잴 때는 산등성이 가장 좁고 낮은 분수척상을 기준으로 하여 정한다.

이라고 하며 용이 내려온 마지막 과협처(過峽處, 산골짜기가 지나가는 곳)이다.

여기서 천간지지(天干地支)의 천은 양이요 지는 음이니 24방위에서 음의 허(虛)한 기운을 보충하도록 지지12방위의 사이에 하늘의 동적(動的) 양의 기운인 4유(四維)와 8간(八干)의 12방위를 더해 음양의 배합을 이룬다. 24방위는 지지 하나와 천간의 한 글

자가 합하여 음양이 간지배합(干支配合)을 이루게 되며 24방위가 음양을 하나로 묶으면 12개가 되는데 이것이 쌍산(雙山) 이다. 이 쌍산의 음과 양을 합쳐 동궁(同宮)으로 보거나 정음정양에서 같은 정음이나 정양을 동궁으로 보아 동궁의 방위는 같이 쓰지 않는 것이 좋다.

24방위에서 이귀문(裏鬼門)방위는 계(癸)와 축(丑) 사이 그리고 정(丁)과 미(未) 사이를 잇는 방위로 양택에서 동사택방위와 서사택방위가 나눠지는 중심선이며 지자기 원리에서도 자전축이 23.5° 기울어져 회전하는 축이다. 이 방위는 지자기 원리에서 자력선의 중심선이며 인체 내에 있는 철분이 자력선에 의해 혈액순환에 미치는 영향과 관계가 있어 조심해야 하고 피해야 하는 방위이다.

> 이귀문 방위는 지구 자전축의 중심선으로 자전축 양끝점에 자력선이 많이 모여 있어 자전축과 일치하게 자면 수면 장애가 생긴다.

4층을 활용하는 방법은 살성방위나 바람과 물의 기운을 먼저 측정하기 위해 4층의 지반정침에서 24방위 중 어느 방위에 해당되는가를 먼저 보고, 다음에 1층이나 2층의 해당 방위를 읽는다. 즉 1층이나 2층의 기재된 방위가 살성방위나 바람과 물의 기운이 있는 방위를 나타내므로 다시 4층의 지반정침을 보고 방향을 판단하여 읽는다.

⑤ **5층 천산72룡(穿山七十二龍) :** 천(穿)은 주산(主山)에서 뻗어 내려오는 용맥(龍脈)으로 여기서 천산은 주산을 말하며, 천산72룡은 용맥을 세분해서 측정하는데 사용하며 72룡으로 1개의 용은 5°씩이다. 천산72룡은 지기(地氣)라 하며 이는 하늘의 형상이 내려와 산천으로 생겨난 것으로, 하늘의 기운(天氣)은 땅의 형태에 있게 되고, 땅의 기운(地氣)은 땅속으로 흐르게 되어 땅속의 기운 또한 산천의 모양에 있다는 천지동기(天地同氣)이론에서 비롯된 것이다. 땅의 기운을 측정할 수 있는 수치의 법은 24방위 중에서 12지지에 있게 된다.

천산은 용의 출맥을 재서 정하기 위한 것으로, 즉 명당에 내려온 입수룡[入首龍 : 입수후면의 내맥(來脈)]을 측정하여 정하는 것인데 이는 입수후면의 골짜기에서 내룡(來龍)의 출맥을 측정하는 것으로, 정확하게 측정하는 방법으로는 실이나 줄로 출맥(出脈)의 등고선을 따라 직선으로 매달고 분수척상(分水脊上)에서 나경의 남북을 고정시켜 측정하여 정하는 것이 정확하다.

만두[巒頭 : 취기처(聚氣處) 또는 분수척상]에 나경을 놓고 먼저 4층 지반정침으로 입수맥을 정한 후 좀 더 자세하게 천산72룡을 측정한다.

여기 5층 천산72룡은 4층 지반정침의 일개 좌에 3칸씩 나누어 천간좌(天干坐)인 경우에는 입수맥(入首脈)을 가운데 빈칸으로 들어오게 인도하고, 지지좌(地支坐)인 경우에는 양쪽 칸으로 입맥(入脈)하도록 인도해야 하는데 그 이유는 정음정양(淨陰淨陽)으로 따져서 4층 지반정침에 있는 좌(坐)의 오행과 5층 천산72룡상에 납음오행(納音五行)의 천간(天干)과 관계가 음과 양이나 양과 음으로 혼합되면 길하고, 같은 성이면 흉하다는 음양조화론을 따른 것이다.

⑥ **6층 인반중침(人盤中針)** : 12세기 송나라 때 뢰문준(賴文俊)이 성숙위치(星宿位置)에 응대한 인반중침을 획정하였는데 이는 자기편각이 북쪽에서 서쪽으로 기울어져 7.5° 늦은(시계 돌아가는 반대방향) 것으로 지반정침에서 7.5° 어긋나 있다.

> 인반중침은 자기편각이 북쪽에서 서쪽으로 7.5도 기울어진 상태로 방향을 재는 것인데 혈에서 움직이지 않은 대상의 방향측정에 사용된다.

인반중침으로는 사(砂)들 중에서 물을 제외한 모든 방위를 측정하는데 물은 동(動)이며 양(陽)이고 산, 바위, 비석들은 정(靜)이고 음(陰)이다. 이와 같이 정이기에 지반정침보다 늦게 움직인다는 관념으로 7.5° 늦게 배정된 것이다. 혈(穴 : 坐)에서 사(砂)의 방위를 보는 것으로 대상은 산, 건물, 비석, 별 등이며 혈장에서 길흉의 사(砂)가 어느 방위에 솟아 있는가를 분별하여 길흉을 논한다.

⑦ **7층 투지60룡[透地六十龍 : 천기(天紀)]** : 투지의 지(地)자는 흙을 가리키는 것으로 지반정침의 지와 똑같은 위치인 혈자리를 가리킨 것이며 투(透)자를 풀어보면 혈자리를 측정하는 용도로 혈좌에 흐르는 생기를 재는 데 이용한다.

투지60룡은 지반정침의 1개좌가 2.5등분된, 즉 쌍산12방위 중 1개 방위를 5칸씩으로 나눠 천산72룡으로 들어온 용이 어느 방향으로 뻗어가는가를 투지60룡으로 구별하여 길흉을 판단하는 것이다. 천산72룡이나 투지60룡은 장(葬)할 때 사용하는 법으로 만두(巒頭)에 나경을 놓고 보는데 천산72룡은 들어오는 맥, 투지60룡은 나가는 맥의 길흉을 보는 것이다. 즉 천산과 투지는 만두를 중심으로 반대방향의 용이 되며 천산이 지기(地氣)이고, 투지는 천기(天氣)이다. 투지룡은 인반중침을 원칙으로 하여 사용하지만 출발은 지반정침의 임자(壬子)를 쌍산(雙山)으로 하여 壬의 시작에서 비롯하여 甲子를 일으키고 子에서 임자순(壬子旬)을 끝맺는다.

⑧ **8층 천반봉침(天盤縫針)** : 지반정침보다 7.5°(시계 돌아가는 방향) 빠르게 배정시켜 놓은 것으로 물줄기를 측정할 때 사용한다. 이는 물은 움직이는 것으로 양이기 때문이며 6층 인반중침은 음에 대한 것으로 음양맥락이 같다. 당의 양균송이 만들었다. 이

는 지반정침의 子 7.5°에서 천반봉침의 子가 시작되는 것이다.

지반정침은 하도(河圖)를 체(體)로 하였다면 천반봉침은 후천(後天)의 낙서(洛書)로 용(用)을 삼는 셈이다. 복희선천팔괘방위도는 진북(眞北)으로 정(靜)하여 산맥을 측정하고, 천반봉침은 지자기의 편도 7.5°를 가하여 실용화하였으며 천기의 유동함을 지상의 기운에 적용시킨 것으로 문왕후천팔괘방위도는 자북(磁北)으로 동(動)하여 물줄기를 측정하는 것이다. 봉침은 물의 득(得), 파(破)와 평지보다 들어간 곳이나 살풍(殺風)이 불어오는 방위 그리고 별 외의 하늘이나 향을 볼 때 사용한다.

- 정음정양법(淨陰淨陽法) : 천반봉침의 24방위에 맞추어서 정음정양을 팔괘로 표시했는데 선천팔괘(先天八卦)로 봐서 사정방위[四正方位 : 건·乾 ☰(乾, 甲), 곤·坤 ☷(坤, 乙), 리·離 ☲(午, 壬, 寅, 戌), 감·坎 ☵(子, 癸, 申, 辰)]는 정양이고, 사우방위[四隅方位 : 간·艮 ☶(艮, 丙), 손·巽 ☴(巽, 辛), 진·震 ☳(卯, 庚, 亥, 未), 태·

정음정양법에서 사정방위는 정양이고 사우방위는 정음으로, 정양으로 입수한 용은 정양향으로 방향을 잡아야 좋다.

兌 ☱(酉, 丁, 己, 丑)]는 정음이다. 여기서 괘(卦)는 음(⚋)과 양(⚊)으로 만들어졌고 단괘(單卦)는 삼효(三爻)로 이루어져 있는데 그 중에 제일 밑에 있는 것이 초효(初爻), 중간에 있는 효를 중효(中爻), 위에 있는 효를 상효(上爻)라 하는데 여기서 초효와 상효의 음양이 같은 효는 정양이고, 음양이 다른 효는 정음이다.

활용법에서 정양으로 입수(入首)한 용은 좌향(坐向)을 정할 때는 정양향(淨陽向)으로 놓아야 하고 정음으로 입수한 용은 정음향(淨陰向)으로 좌향을 잡아야 길하다.

⑨ 9층 봉침분금(縫針分金) : 분금에서 지반정침에 의한 내분금은 천지자연을 근원적 조화의 본체로 삼는 것이고, 천반봉침에 의한 외분금은 근원(根源)에서 화생(化生)된 변화의 유동적(流動的) 이치이다.

분금은 혈에서 가장 정확한 좌향을 정하는데 사용하며 광중의 관(棺)을 자리 잡을 때 정확을 기하기 위해 사용되기도 한다.

봉침분금이란 24방위로 보면 한 개의 좌를 5칸씩 나눈 것이고 12쌍산으로 보면 10등분하여 360°를 120등분한 것이다. 분금은 60갑자의 천간 중에 기운이 왕성한 모양의 천간인 병(丙), 정(丁), 경(庚), 신(辛)만 취하여 1개의 좌에 병, 정, 경, 신의 내외분금 2개씩이 배속되어 쓸 수 있는 분금은 모두 48분금이다.

나경을 이용한 방향측정에 대해 지금까지 열거한 바로 볼 때 동양학문에 대한 기초지식이 다져지지 못한 독자에게는 쉽지 않다.

그러나 풍수지리를 이해하려면 동양의 음양오행학을 어느 정도 이해한 것으로 전제하기 때문에 나경은 용(用)을 위해 만들어진 문왕팔괘의 방위론과 실용천문학을 근간으로 하여 심오하고, 지자기이론의 신과학을 접목하는 등 자연과학의 실용이론이 종합적으로 대입된 방향의 측정도구로 나경의 원리를 이해하고 활용하는 방법을 습득해 두면 방향을 보는데 누구나 사용할 수 있다.

특히 환경풍수에서 햇빛의 방향, 계절에 따른 바람의 방향을 식별하는데 꼭 필요한 도구인 나경의 4층 지반정침은 서양에서 방향을 측정할 때 사용하는 클리노 컴퍼스와 유사한 형식으로 360°를 15°간격으로 24등분한 것이 같다.

나경과 클리노 컴퍼스의 비교도를 참고해 보자.

나경과 클리노 컴퍼스의 비교

구분 / 종류	나 경	클리노 컴퍼스
사용목적	자연환경의 근원인 우주순환기운을 방향도수와 시간변화 등을 측정하여 길흉을 해석	암반의 주향과 경사를 측정하여 광맥의 발달 해석
측정대상	무형의 기운 측정	물질의 흐름 측정
동일어	나침반, 패철, 뜬쇠, 윤도	브란톤 컴퍼스(군용), 클리노 미터(부정확), 클리노 컴퍼스(기표부착, 정확)
측정방위	절대적 방위(1방향)와 상대적 방위(2개 이상 방향 조화) 측정	절대적 방위(1방향) 측정

자침이 가리키는 방향이 지반정침이고, 지반정침을 기준으로 시계 도는 반대방향으로 7.5° 늦게 인반중침이 위치하며, 지반정침에서 7.5° 시계 도는 방향에 천반봉침이 위치해 있다. 이는 독도법에서 편각(도자각은 매년 서쪽으로 1~1.5분씩 변하고 있는데 이는 캐나다 허드슨만 북동부에 있는 부시아반도의 북쪽 베서스트섬인데 자력지대인 자북점이 1년에 350m씩 지도상 북쪽으로 이동하는 것은 편각의 변화를 보여주는 것임)을 말하는 것과 유사하며 천반봉침은 도북에 해당된다.

■ **나경의 사용법**

|음택의 경우|

① 입수(入首, 주산과 혈을 잇는 산맥) 아래 취기처(聚氣處, 땅의 기운이 모이는 곳)에 나경을

놓는데 산골짜기가 지나가는 위치 또는 물이 갈라지는 산등성에 서서 나경을 배꼽 위치에 바르게 놓고 바로 위 맥의 첫 마디를 잰다. 이때 산은 중앙이 아닌 출맥처(出脈處)인 내맥(來脈)을 재는 것이다. 현무 또는 주산에서 들어오는 입수룡을 4층 지반정침으로 먼저 보고, 5층 천산72룡의 상세한 분금으로 입수맥을 측정한다.

② 나경을 ①의 자리에 그대로 두고 만두(灣頭)에서 혈까지의 관혈(貫穴)을 7층 투지60룡으로 잡는다.

③ 나경을 ①의 만두에서 혈(묘일 경우는 상석위)에 옮겨 놓고 4층 지반정침으로 좌향을 정한다.

④ 나경을 ③의 위치에서 6층 인반중침으로 주위에 있는 산, 건물, 비석 등 사(砂)들의 길흉을 본다. 사격(砂格)을 측정할 때는 혈심처(穴心處)에 앉아서 산봉우리의 가장 힘 있는 곳을 잰다.

⑤ 나경을 그대로 ③의 위치에 두고 8층 천반봉침으로 물의 득파(得破)와 향법(向法)에서 향을 정할 때 참고한다. 물의 오고가는 것을 잴 때는 물 가운데를 재며 곡절처마다 잰다.

| 양택의 경우 |

양택에서 나경을 사용하는 법은 대지중심 또는 건물의 중심에 나경을 놓고 양택3요(안방, 부엌, 대문)의 방위를 잰 후 동, 서사택 관계 등을 판별한다.

① 건물이 들어설 때는 대지 중심 또는 건물의 중심에 나경을 놓는다.

② 4층 지반정침에서 팔괘방위로 문, 부엌, 안방의 위치와 모양을 보는 가상법(家相法) 또는 동, 서사택운법(東西四宅運法) 및 방위와 육친관계를 살펴서 길흉화복을 본다.

나경은 중력을 수평으로 받게 놓아야 하며 지표면에 접하여 놓을 때에는 땅속의 금속물에 영향을 받게 되니 밑바닥에 부도체 물질을 깔아서 차단하는 것이 좋고, 손에 들었을 경우에는 시계나 반지 같은 것과 금속단추, 차키 또는 차량, 전주와 가까운 곳은 피해서 측정하여야 한다.

나경이 없을 때 방향을 측정하는 경우 시계를 이용하여 하늘에 태양이 떠 있는 방향에 시침을 고정시키면 시계의 12시 방향과 시침이 가리키는 중간점이 남쪽이 되니까 모든 방위를 알 수 있다.

우주의 순환기운의 방향도수와 시간의 변화 등을 측정하는 나경은 중국 송(末)나라에 이르러 복건지방에서 많이 활용되었기에 나경을 사용한 학파를 복건학파(福健學派)라 불렀고 당시의 시대적 사상 흐름인 이기론(理氣論)은 풍수에서 방위학파(方位學派)를 형성시키고 패철론, 좌향론 등으로 명명되기도 하였다.

이 방위론은 음양의 원리와 천문의 변화, 운동성을 보다 체계적으로 분석한 역(易)과 삼라만상의 생성부터 작용을 자연의 이치에 적용시킨 음양과 오행이 결국 자연의 이치를 다루는 풍수지리와 필연적으로 합치되면서 풍수가 방향과 관련하여 발전된 것이다.

나경만을 다룬 책에서 볼 때 무려 52층까지 되어 있고 시중에 나와 있는

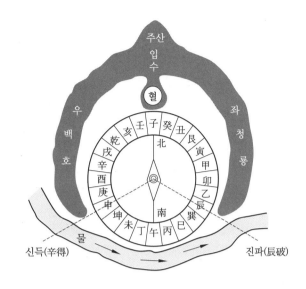

북쪽(子方)이 입수(入首)이고 남서쪽(申方)이 득수(得水)이며 남동쪽(辰方)이 파구(破口)임

나경도 4층, 6층, 9층, 12층, 13층, 14층, 16층, 24층 등이 사용되고 있지만 간단하여 깊은 이치에 미치지 못하는 것과 그렇다고 이론에 치우쳐 너무 복잡하고 활용에 혼돈만 초래하는 것을 적절히 취하면 작용을 중시하는 형이하학적인 나경의 방위론을 충족할 수 있는 방위 분류로 유용하게 활용할 수 있을 것이다.

단, 필자는 방위에서 다루는 하나하나의 이치가 상당부분 과학적 근거를 두고 있다고 보지만 아직까지도 논리성이 결여된 부분에 대해서는 여러 사람의 연구가 더 요구되며 일부 음택 위주로 적용되는 방향에 대한 방법들이 양택에서도 활용될 수 있는 연구가 더 이뤄지길 바라는 의미에서 기초적인 음택에 활용되는 방위까지 기술한 것이다. 방향은 지자기와 태양의 빛과 열을 활용하기 위해 건물풍수에서 꼭 적용시켜야 하고, 이에 대한 과학적 입증은 「이귀문 흉방의 과학적 입증」, 「남향에 배산임수와 복사열」 등에서 제시한 바와 같다.

04

인체와 풍수지리

1. 소우주인 인체

우주에는 만물의 성분이 되는 다섯 가지의 기운이 있다.

이 다섯 가지의 기운은 목, 화, 토, 금, 수로 만물을 생성시키지만 생김새가 서로 다른 것은 이 기운으로부터 사물이 생출될 때 음기운과 양기운의 지배를 받기 때문이다. 만물은 모두 하나의 소태극이고 대태극과 다른 것은 단지 규모가 작다는 것 뿐이며 그 본질과 조직의 운행에는 별로 차이가 없다.

지구에서 사는 사람들을 보자.

지구에서 물이 차지하는 비율은 지표 전체의 70%이고, 인체 내에서 차지한 물 또한 그와 비슷하다. 지구도 자전과 공전을 하며 운동하고, 사람도 움직일 수 없다면 시체와 같다.

이처럼 우주만물의 생성 기운의 5가지가 천문, 방위, 색, 맛, 오체, 인체의 5장6부와 서로 상통하는 성질이 있는 것으로 볼 때 인체는 소우주인 것이다.

천문과 연관된 자연의 섭리인 음양오행과 소우주인 인체는 상관관계가 깊다. 음양오행 분류에 의하면 오장인 간장, 심장, 비장, 폐, 신장이나 육부인 대장, 소장, 담낭, 위장, 삼초(三焦), 방광은 기후에 관계된 오운육기의 풍(風), 열(熱), 습(濕), 조(燥), 한(寒)과 오행으로 연결된다.

목에 해당하는 간장과 담낭(쓸개)이 나쁠 때는 바람을 싫어하는데 이런 사람은 에어컨이나 선풍기 바람이 피부에 닿는 것을 싫어한다. 그리고 심장이 나쁜 사람은 땀을 많이

오행의 분류

번호	오행의 종류		木 양	木 음	火 양	火 음	土 양	土 음	金 양	金 음	水 양	水 음	비고
1	정正오五행行	천간 天干	갑(甲)	을(乙)	병(丙)	정(丁)	무(戊)	기(己)	경(庚)	신(辛)	임(壬)	계(癸)	
		지지 地支	인(寅)	묘(卯)	오(午)	사(巳)	진,술(辰,戌)	축,미(丑,未)	신(申)	유(酉)	자(子)	해(亥)	
2	팔괘오행 (八卦五行)		진(震)	손(巽)		리(離)	간(艮)	곤(坤)	건(乾)	태(兌)	감(坎)		
3	쌍산오행 雙山五行 (三合五行)		乾玄 甲卯 丁未		艮寅 丙午 辛戌				巽巳 庚酉 癸丑		坤申 壬子 乙辰		좌(坐)와 석물(石物) 등
4	사국오행 (四局五行)		丁未 坤申 庚酉		辛戌 乾亥 壬子				癸丑 艮寅 甲卯		乙辰 巽巳 丙午		파구기준 (破口基準) 四局決定
5	성숙오행 (星宿五行)		乾, 坤, 艮, 巽		甲, 庚, 丙, 壬, 子, 午, 卯, 酉		乙, 辛, 丁, 癸		辰戌丑 未		寅申巳 亥		좌(坐)와 사(砂)의 관계
6	수오행 (數五行)		3, 8		2, 7		5, 10		4, 9		1, 6		
7	방 위		동		남		중 앙		서		북		
8	오상(五常)		인(仁)		예(禮)		신(信)		의(義)		지(智)		
9	절기		봄		여름		사계(四季)		가을		겨울		
10	색		청색(靑)		빨강(赤)		노랑(黃)		흰색(白)		검정(黑)		
11	맛		신맛(酸)		쓴맛(苦)		단맛(甘)		매운맛(辛)		짠맛(鹹)		
12	오체(五體)		마음(心)		체온(溫)		살(肉)		호흡(息)		피(血)		
13	오장육부 및 질환		간장(肝臟) 쓸개(膽) 신경, 얼굴 두통		심장(心臟) 소장(小腸) 눈병, 편두 고혈압증		비장(脾臟) 위장(胃腸) 피부, 당뇨 복부		폐장(肺臟) 대장(大腸) 근골, 사지 호흡기		신장(腎臟) 방광(膀胱) 자궁, 혈액 생식기		

흘려 열기를 싫어하며, 위장이 약한 사람은 사타구니에 습기가 많이 차 높은 습도를 싫어한다. 폐와 대장이 약한 사람은 건조한 것을 싫어하고, 신장·방광이 약한 사람은 추

간장이 약한 사람은 바람을, 심장이 약한 사람은 열기를, 위장이 약한 사람은 습기를, 폐장이 약한 사람은 건조한 것을, 신장이 약한 사람은 추위를 싫어하는데 싫어하는 것은 피해야 한다.

위에 약하기 때문에 낮은 온도를 싫어한다. 그리고 심포 삼초라는 무형의 장부가 지배하는 상화(相火)의 에너지가 약한 사람은 생명력이 약화된 사람으로 한열왕래나 기타 일기 변화에 매우 취약하다.

오행의 木, 火, 土, 金, 水와 오운육기에서 말하는 주운 (主運)은 오행과 같이 상생으로 진행되고, 주기(主氣)는 1년을 6등분하여 배열 순서를 보면 초지기(初之氣)는 풍(風, 木)이고, 이지기(二之氣)는 화(火, 相火)이고, 삼지기(三之氣)는 서(暑, 君火)이고, 사지기는 습(濕, 土)이고, 오지기는 조(燥, 金)이고, 육지기는 한(寒, 水)이다. 오행에 해당하는 오장과 주기에서 해당하는 성질(풍, 화, 서, 습, 조, 한)은, 음양론에서 동성(同性)은 반발한다는 원칙으로 볼 때 오행에 해당하는 오장이 약해질 때 주기의 같은 성질을 싫어하게 되는 것이다.

이와 같이 천문을 기초로 한 음양오행은 우주의 순환에 맞춰 사는 인간에게 그대로 적용되는 진리인 것이다.

2. 생명체를 지배하는 환경

환경이란 의미를 설명하기 위해 환경을 구성하고 있는 개념부터 이해할 필요가 있다. 생태계란 구체적으로 확인되는 특정관계가 존재하는 사물을 말하는데, 예를 들면 호수나 초원 등이다.

생물권이란 모든 생태계로 지구, 대기 그리고 지구상에 존재하는 모든 생명체를 포함하는 개념이다.

환경이란 생물권은 물론이고 인간과 자연 그리고 인간 자신이 창조한 주위 환경과의 관계를 통틀어서 일컫는데, 자연과학적 측면에서 볼 때 환경이라 함은 하나의 유기체로부터 시작하여 광범위한 생물계에 이르는 물리적 공간과 그 가운데에서 이루어지는 생물학적 · 화학적 그리고 물리적 상호관계를 전체적으로 일컫는 것이라고 보면 된다.

다음에서 자연환경이란 우주의 생성과정을 통하여 자연적으로 만들어진 햇빛, 동 · 식물, 공기, 물, 매장광물, 자연경관 등을 의미하고, 인공환경은 인간의 편의를 위하여 인간에 의해 만들어진 정치, 경제, 사회, 과학, 문화, 제도 등을 의미한다.

78　첫째마당 환경풍수론

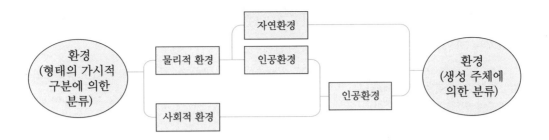

환경풍수의 목적은 자연환경분야에서는 햇빛, 공기, 물, 자연경관 등이 인체와 어떤 상호 작용을 하는가와 이 자연환경이 사람에게 좋은 상태냐 해로운 상태냐를 따지는 것이고, 인공환경분야에서는 건물의 구조와 형태 그리고 방향 등을 사람의 생리에 맞춰볼 때 길한가 흉한가를 견주어 결국 사람의 삶의 질을 향상시키는 데에 있다. **따지고 보면 사**람은 자연의 산물로 인공환경 또한 자연의 법칙에 부합되어야 생리에 맞게 되는 것이다. 환경풍수지리는 자연환경을 중점으로 다루는 자연과학인 것이며 인공환경인 건물을 자연환경에 부합시키는 환경방법론인 것이다.

> 환경풍수는 어떤 곳의 자연환경과 인공환경을 사람의 생리에 맞춰봐서 길·흉상태를 판단하여 삶의 질을 향상시키는 데 목적을 둔 것이다.

지구에서는 약 20억 년 전 유기물에서부터 해양남조류가 생겨나고, 약 5억 7,000만 년 전 고생대에 생물의 종이 늘어났으며, 약 1억 4,400만 년부터 6,500만 년 전에는 공룡의 전성시대를 이루고, 신생대인 약 200만 년 전에 원시인류가 탄생하면서 포유류가 크게 번성하였다. 그리고 각종 동물과 식물은 그 시대의 환경조건에 따라 번성하거나 소멸되는데 지역 풍토에 맞게 진화하며 생존과 동종의 번식을 위해 환경적응을 하고 이를 위해 생리적 구조를 바꿔간다.

생명체 종의 탄생에 대한 질문의 답은 자연적 형태에 영향을 주는 환경의 힘을 관찰하고 이해하는 것이 쉬운 해법이 될 것이다.

가지각색인 인류의 탄생론을 환경논리에 적용하면 이해가 쉬울 것이다. 즉 하나의 종이 환경조건에 적용하기 위해 서서히 생체구조가 바뀐다는 환경론에 의하면, 환경이 모든 생명체를 지배하게 되고 사람 또한 환경의 지배 아래 있기에 자연의 섭리에 가장 가까우면서 질 좋은 환경을 만드는 것이 풍수적 인공환경 활용의 목적이다.

환경과 결부시켜 인간의 윤회 또는 제2의 내세에 대해 잠깐 생각해 보자.

한 사람이 사망하게 되면 크게 두 가지가 남는다.

하나는 신체 순환작용이 멈춘 시신이고, 다른 하나는 그 사람의 정신세계이다. 이 두 가지는 과연 어떤 방식으로 존속하는 것일까?

인체는 70%의 물과 여타 물질의 결합체이고, 성장과정에서 단단하다는 뼈까지도 소멸과 생성을 반복하면서 자라는 것이다.

> 사람이 성장한다는 것은 자연에너지가 이동되어 인체에 축적되는 것이고 사망은 그 에너지가 자연으로 환원되는 에너지이동과정의 전환점이라 볼 수 있다.

즉 성장은 물질의 순환이라는 작은 이동방식이며 식물의 광합성작용에서 얻어지는 태양에너지가 동물로 이동하여 누적된 것이다. 사망은 물질의 결합이 빠르게 분해되는 전환점으로, 결국 시신은 결합된 물질이 본래대로 다시 나눠져 순환하는 것이지 소멸되는 것은 아니다. 물질의 이동일 뿐이다. 몸속의 물만 보더라도 물 순환의 한 과정인 것이다.

그러면 정신은 어떤가. 그 사람이 그 동안의 생활과정에서 주변 또는 아주 먼 사람에게까지 영향을 미치던 정신이 사망으로 인해 하루 아침에 소멸되는 것은 아니다.

한 사회의 정신지도자의 철학은 사후에도 상당기간 그 사회에 영향을 미치게 되고, 부모의 생전 생각이나 습성이 사후에도 자식에게 고스란히 전이된 것을 볼 수 있다. 정신은 보이지 않는 기(氣)에너지로 볼 수 있으며 어떤 물질의 에너지 이동에 침착되어 쌓이면서 형성해가는 것이다.

그래서 우리의 식생활이 다수 동물성으로 바뀌면서 생각해 볼 문제가 있다. 가축이 성장하는 과정에서 스트레스를 받게 되면 그 가축을 먹은 사람도 스트레스가 고스란히 전이된다는 것이다.

예를 들어, 많은 달걀을 얻기 위해 밝은 백열전구를 24시간 켜놓고 닭을 움직이지 못하게 하면 그들은 스트레스 덩어리인 달걀을 낳게 될 것이다. 그것을 먹은 사람은 과연 어떠할까.

음양학적 견지에서 볼 때 정신인 양과 육신인 음이 사망으로 인해 균형이 깨지면서 정신과 육신이 상호유지작용을 할 수 없는 것은 마치 기울어질 때 허물어지는 것과 같으며 전체의 작용력은 현격히 감소 또는 없어지는 것이다. 그러므로 사망 이후부터 개체 하나하나는 소멸이 아니며 순환하거나 다른 개체로 전이할 뿐이다.

이처럼 환경원리가 생사(生死)의 규명에도 적용된다고 본다. 아울러 환경은 물리적 환경과 사회적 환경으로 크게 분류되는데, 물리적 환경은 자연환경과 인공환경을 포함하며 이는 풍수지리의 대상이 된다.

사회적 환경으로는 작게는 사람의 심리상태를 본질로 하여 가족구성원 관계부터 더 큰 사회 형성에 이르기까지 대인관계 구성을 비롯하여 제도, 정치, 조직, 규범, 종교 등 사회적 여건을 들 수 있다. 그리고 물리적 환경 중 인공 환경은 생성 주체로 볼 때 사회적 환경을 포함하여 포괄적 인 인공환경을 이룬다. 결국 자연환경과 인공환경의 흉격 은 스트레스로 인해 원시적 본능의 산물인 인체에 강제적 흉작용을 일으킨다.

환경에서 풍수지리의 대상은 물리적 환경으로 이는 자연환경과 인공환경을 포함하는데, 일부 사회적환경도 포괄적 인공환경에 포함되어 사회적 환경이 나쁘면 사는 사람에게 흉작 용을 한다.

이런 스트레스 흉작용은 신체의 교감신경을 자극하여 아드레날린 호르몬의 분비를 촉 진시켜 과립구를 과다증식시키고 과립구는 소멸과정에서 인체 내에 있는 60~70%의 활 성산소를 방출시키며 소멸한다. 물론 과량일 때 문제가 되는데 산화력이 강한 활성산소는 체세포의 조직을 파괴하고, 이로 인해 혈액순환장애가 나타나며 이때 나쁜 조건에서 생존 하려는 세포들은 암세포로 돌변하고, 활성산소로 인한 세포의 파괴는 위궤양 등 염증을 일으켜 질병을 발생시킨다.

실제 스트레스가 과로, 약물의 부작용과 같이 암의 중요 발생 요인이며 스트레스가 가장 큰 비중을 차지하고 있다는 의학적 규명이 잇따르고 있다. 그래서 풍수적 흉격은 열악한 사회적 환경과 같이 물리적 환경 스트레스 요인으로 인체 건강에 나쁜 영향을 주며, 이는 환경이 생명체를 지배한다고 볼 수 있다.

3. 사상체질에 따른 자리배치

현상에 대한 본체인 태극이 음과 양으로 이분되고, 다시 음양이 각각 태양, 소음, 소 양, 태음으로 나눠지는 것이 사상(四象)이라는 것을 '음양의 변화와 역' 항에서 다루었다.

사상은 바탕의 성질과 작용력에 따라 음양의 차이를 두어 분류되고, 음양의 성질차를 인체의 체질에 견주어 네 가지 유형(사상)의 체질로 분류하였다. 이러한 체질의 차이는 체내 장기의 크고 작음, 강하고 약함의 차이에서 구분되고 사람의 생김새와 거동, 심리, 성격, 식성에까지 차이를 나타낸다.

사람은 독특한 체질생리와 병리설이 성립되어 같은 병도 체질에 따라 그 치료법이 달 라지고 약물도 구분된다는 매우 독창적인 이론이 사상체질론인데, 1900년 세상을 떠날 때까지 사상의학의 완성을 위해 전력한 이제마 선생에 의해 네 가지의 체질 분류가 정립되었다.

사상체질에서 말하는 체질은 타고난 바탕 위에 후천적 요소의 영향이 더해져 형성되는 것으로 체질이 변화한다는 것만 보아도 풍수와 같이 작용력을 중시하고 있다.

음양론에서 음과 양은 이성끼리 서로 조화된다는 기본원리를 적용하여 볼 때

양력(陽力)의 세기	
남>서>동>북 햇빛>그늘	태양>소양>소음>태음 고층>지하

위 표의 원리에 의해 아래 표에서 체질별로 맞는 조건을 찾을 수 있다.

체질별 맞는 조건

조 건	체질별			
	태양인	소양인	소음인	태음인
유리한 방향	북	동	서	남
맞는 햇빛 상태	그늘	반그늘	반양지	양지
맞는 층수	지하, 저층	중저층	중고층	고층

※ 단, 도표에서 유리하다거나 맞다는 것은 이론상 관점의 분리로 북쪽, 그늘, 지하는 실제로 인체생리에 공통으로 맞지 않는 조건이나 그래도 다른 체질에 비해 적응이 제일 잘되는 것으로 이해하면 되고, 즉 소양인에 맞는 햇빛 상태는 본래 양지인데 다른 체질에 비해 반그늘이 지는 곳에서도 적응이 잘된다는 것임.

체질별 특징

체질별	태양인	소양인	소음인	태음인
체 형	머리가 크고 몸통이 작으며 상체가 발달되고 하체가 약하며 말라 보임	상체인 가슴이 발달되고, 하체가 날씬함	키가 작고 아담하며 상체가 빈약하고 하체가 발달돼 있음	가슴은 빈약하고 몸통은 커 보이며 목이 굵고 뚱뚱함
얼굴형	이마가 넓고 불거져 있으며 몸통에 비해 머리가 큼, 귀가 크고 김	역삼각형 얼굴로 입술이 얇고 콧대가 날카로우며 눈빛이 강함	달걀형의 미남, 미녀형으로 코가 잘생기고 뒤통수가 납작함	머리가 크며 코, 눈, 입도 크고 눈이 순한 느낌을 줌

머리카락	대머리가 많으며 머리카락은 굵음	머리카락이 검고 윤기가 있음 대머리가 잘 안됨	머리카락이 가늘고 부드러움	머리카락이 굵고 부드러움
성 격	옹고집형이고 사물을 식별하는 관찰력이 뛰어남, 남에게 지는 것을 싫어하는 지도자 타입	충동적 열정가이고 손재주와 재치가 뛰어남	명쾌한 성격이고 추진력이 약하며 소극적이고 아기자기한 편임	과묵하고 표정 변화가 없으며 성실하고 인내심이 강하며 고집이 세고 불쾌한 일을 잘 잊음
장 기	폐장이 크고 간장이 작음	비장은 크고 신장이 작음	신장은 크고 비장이 작음	간장은 크고 폐장이 작음
발달부위	턱과 귀가 발달돼 있으며, 인정받는 소리를 듣기 좋아함	눈이 잘 발달되어 있으며, 수수하게 나타내기를 좋아함	입이 잘 발달되어 구변이 좋음	코가 발달되어 있으며, 꾸밈이나 거짓 없는 것을 좋아함
특 징	음식물의 영양분을 흡수해 장으로 보내 온성의 생기를 흡수하는 폐장계(허파, 귀, 혀, 뇌, 피부 등)가 튼튼함	위부계(음식물의 영양분을 흡수해 장으로 보내는 곳)를 통해 열성의 생기를 흡수하는 지라계(유방, 눈, 힘줄 등)가 강함	차가운 기운인 한성의 에너지를 쓰는 콩팥계(생식기, 방광, 콩팥, 뼈 등)가 강함	서늘한 기운인 양성의 생기를 에너지로 쓰는 간장계(간, 코, 허리, 살 등)가 튼튼함

체질분류 자료에 따르면, 한국인은 태음인(50%)이 가장 많고, 소양인(30%), 소음인(20%), 태양인(1% 미만)의 순이다.

체질을 아는 방법은 체형을 보고 성격 등을 응문한 다음 진맥이나 소변 등을 통해 '추정→예정→확정'인 3단계를 거치는데 한 달 가량 전문판정자가 함께 생활하며 관찰하고 진단 등을 통해 확정해야 정확한 체형을 알 수

> 체질의 판정은 추정→예정→확정의 단계별 분석과정을 거쳐 사상체질과 중간체질까지 구분해야 정확하다.

있다. 체질도 경우에 따라서는 태양인과 소양인 아니면 소음인과의 중간형이 있을 수 있으니 정확한 체질을 알기란 쉽지 않다.

아무튼 전문가나 의사의 체질감별을 받아두면 유익한데, 태음인이 양기가 많은 남향 집에 남향의 방, 상층에서 생활한다는 것은 음양의 원리로 볼 때 중화의 체질로 변화시킬 수 있는 합당한 거처 선택방법이다.

4. 건강을 좌우하는 공기와 물, 토양

■ 공기의 문제

풍수에서 바람은, 온도차에 의해 흐르는 대류현상을 받고 있는 움직이는 공기를 말하는 것이며, 공기 그리고 바람이 인체에 어떤 작용을 하며 풍수란 이름을 붙이게 된 이유는 무엇인지에 대해 알아보자.

> 대기는 지구의 생물들을 성장하게 하고, 보호해 주며, 지구상의 온도를 일정하게 유지시키고 자정작용을 한다.

인간은 물을 선택적으로 사용할 수 있지만 공기에는 항상 노출되어 있기 때문에 오염된 공기라 할지라도 거부할 수 없다.

우리 인간은 음식물을 먹지 않으면 약 1개월, 물을 먹지 않으면 7일, 그런데 공기를 마시지 않고는 5분 이상 견디지 못하는 것처럼 공기는 우리의 생명유지에 절대적인 요소이다.

그럼, 대기의 역할에 대해 정리해 보자.

● **대기는 지구의 생물들을 성장하게 한다.**

생물에 필요한 산소, 식물의 광합성에 필요한 이산화탄소를 공급해 주고, 질소고정박테리아들의 생존에 필요한 질소화합물을 생성할 수 있도록 질소를 공급해 준다.

● **대기는 지구의 생물들을 보호해 준다.**

태양에서 나오는 무수한 복사선 중 300~2,500nm와 0.01~40nm 범위에 해당하는 자외선, 가시광선, 적외선, 마이크로파 및 라디오파만을 일정한 농도로 통과시켜 생물의 생육에 공헌한다.

● **대기는 지구상의 온도를 일정하게 유지한다.**

태양에서 방출되는 에너지를 흡수함으로써 열평형을 유지시켜 지구상의 극심한 온도변동으로 인한 자연재해를 방지해 준다.

● **대기는 자정작용을 한다.**

물리적 자정작용은 대기가 이동할 때 대기 중 분진들이 확산으로 희석되고 충돌·흡착에 의해 큰 입자로 형성된 후 중력작용에 의한 낙하 또는 빗물에 의한 대기의 세척 등이고, 화학적 자정작용은 광화학 산화제 및 빗물의 작용으로 NOx(질산화물)와 SOx(황산화물)를 질산과 황산으로 산화시켜 제거하는 과정이다. 그리고 생물학적 자정작용은 녹색식물의 탄소동화작용에 의해 대기 중 이산화탄소의 농도를 줄이면서 산소를 공급하는 과정이다.

이와 같이 인간 활동의 결과로 대기에 새로운 물질들이 증가하고 또한 이들 물질들이 자연상태 대기의 평형을 깨뜨리고 있다. 이처럼 자연상태의 청정공기 속에 타 물질이 혼입되어 인간이나 동식물 그리고 다른 물질에 나쁜 영향을 주는 것을 공기의 오염이라 한다.

현세의 맑고 건조한 대기의 조성

성 분	농도(ppm)	성 분	농도(ppm)
질 소	780,900	메 탄	1.5
산 소	209,400	수 소	0.5
아르곤	9,300	일산화탄소	0.1
이산화탄소	318	오 존	0.02
네 온	18	이산화질소	0.001
헬 륨	5.2	이산화황	0.0002

위 표와 같은 청정 대기 조성비의 유지가 우리 건강을 지키는 지표이다. 저온다습한 상태로 안개가 뒤덮이면 축축한 안개는 분진과 오염물질을 흡착시키고, 스모그(연기와 안개)는 햇빛을 차단하여 기온역전현상을 일으켜 많은 사람들이 기관지염, 폐렴 등에 시달리게 된다.

세계적으로 피해가 컸던 대기오염사건

	1930년 12월 뮤즈계곡 (벨기에)	1946년 겨울 요꼬하마 (일본)	1948년 10월 도노라 (미국)
환경인자	분지, 무풍상태 기온역전, 공장지대 철공장, 금속공장, 유리공장, 아연공장	무풍상태 농연무 발생(밤과 이른 아침) 공업지대	분지, 무풍지대 기온역전, 연무 발생 공장지대, 철공장, 전선공장, 아연공장, 황산공장
피해	평상시 사망자수의 10배, 60명 사망자 외 전 연령층의 급성 호흡기 자극성 중환자 발생, 해소·호흡곤란이 주증상, 가축·새·식물도 치명적 피해, 사망자는 만성 심폐증을 갖고 있던 사람들	미국 진주군 및 가족은 연무 발생 때 심한 천식 발생(전년에 기관지염을 경험한 자), 발생은 9월부터 이듬 3월에 걸쳐 발생됨. 오염지역을 떠나면 완전 회복, 기관지 확장제가 효력	인구 14,000명 중 중증 11%, 중등증 17%, 경증 15%의 전 연령층에 자극증상 발생, 18명 사망, 특히 만성 심폐질환자, 해소·호흡곤란·흉부협착감을 주로 호소

오염원 농도	공장 아황산가스, 황산화합물, 일산화탄소 미세입자 등 과다	불명 공업 대기오염물질 과다로 추측	공장 특히 아황산가스 및 황산미세입자 혼합, SO_2, SO_3, 0.32~0.39ppm
	1950년 11월 포자리카 (멕시코)	**1952년 12월 런던 (영국)**	**1954년 이후 로스엔젤레스 (미국)**
환경인자	공장조작의 사고로 대량의 황화수소가스가 마을로 누출, 기온역전	하천평지, 무풍지대 기온역전, 연무 발생 습도 90%, 인구조밀 차가운 악취가 있는 스모그	해안분지, 1년을 통해 해안성 안개화, 기온역전이 거의 매일같이 발생, 백색 연소 발생, 급격한 인구 증가, 자동차수 증가, 석유계연료 소비 증가
피해	22,000명 중 320명이 급성중독에 걸려 22명 사망, 해소, 호흡 곤란, 점막 자극 등 주로 호소	3주간 4,000명의 과잉사망, 그 후 2개월에 8,000명의 과잉사망, 전 연령층에 심폐성의 질환다발, 특히 45세 이상은 중증, 사망자는 만성기관지염, 천식확장증, 폐섬유증이었던 사람	눈, 코, 기도, 폐 등 점막의 지속적인 반복성 자극, 일상생활의 불쾌감(전 시민), 가축, 식물, 건축물의 손해
오염원 농도	황화수소가스	석탄 연소 시의 특히 아황산가스(60%는 가정의 난로에서, 기타는 공장, 발전소에서)미립 aerosol, 분지에서 SO_2최고, 0.15ppm	자동차 배기 등 석유계 연료에서 유래하는 CO, SO_2, SO_3, NO_2, O_3, aldehyde 과다농도

위의 표에서 보면 환경인자가 분지와 무풍지대라는 공통점이 있다. 오염원이 분지나 무풍지대에서 저온다습으로 인해 기온역전이 일어나면 대기오염농도가 높아져 호흡곤란으로 건강에 치명타를 입게 되는 것이다. 그래서 집안의 환기는 일출 전이 좋지 않고, 심야 차량운행이 잦은 도심에서 새벽에 실외운동을 할 때에는 대기 스모그 상태를 확인하고 스모그 상태에서는 운동을 피해야 한다.

장풍지세가 대기순환이 안될 정도의 분지형은 차량 배기가스가 많은 요즘의 도시환경에서는 흉작용이 큰 흉지이다.

| 일산화탄소 |

일산화탄소는 맛, 냄새 및 색깔이 없는 기체로 불완전연소에 의해서 생성된다. 탄소화합물(불에 타는 물질은 대부분 탄소가 함유된 화합물임)을 태울 때 산소가 부족하거나 온도가 충분히 높지 않으면 일산화탄소(CO)가 생성된다.

한편 탄소화합물을 완전히 태우면 이산화탄소(CO_2)와 물이 생성된다.

일산화탄소는 공장이나 화력발전소에서 배출되고 특히 많은 양의 일산화탄소가 자동차 배기가스 속에 포함돼 있다. 일산화탄소는 인간이나 동물에게만 피해를 준다.

인간이나 동물은 호흡을 통해 산소를 마시고, 몸속의 산소는 폐에서 피에 섞여 체내의 각 부위에 전달되어 생명을 유지하는데 이때 피 속에는 '헤모글로빈 '이라는 물질이 산소와 결합하여 피의 순환을 통해 산소를 운반한다.

만일 호흡하는 공기 중에 일산화탄소가 존재하면 일산화탄소는 피 속의 헤모글로빈과 결합하여 모노카르복시헤모글로빈(HbCO)을 형성한다. 모노카르복시헤모글로빈은 산소와 헤모글로빈의 반응생성물인 옥시헤모글로빈(HbO_2)보다 200~300배 더 안정되기 때문에 산소와 일산화탄소가 공존할 때 많은 양의 헤모글로빈이 산소 대신 일산화탄소와 결합하게 된다. 예를 들면, 연탄가스 중독현상과 같다.

불완전연소에 의해 생긴 일산화탄소는 호흡을 통해 인체에 들어오면 헤모글로빈과 결합하여 혈액순환을 방해하고 중독현상을 일으킨다.

따라서 호흡하는 공기 중에 일산화탄소가 과량 존재하면 피 속에 산소운반이 가능한 헤모글로빈의 양이 급격히 줄어들게 되고 각 기관에 산소가 원활하게 공급되지 못하여 산소 부족에 의한 중독증상이 나타난다.

Hb(헤모글로빈)$+O_2 \rightarrow HbO_2$(옥시헤모글로빈)

Hb$+CO \rightarrow HbCO$(모노카르복시헤모글로빈)

일산화탄소의 대기 중 허용치는 대략 20~40ppm 정도이다. 이와 같은 허용치를 넘은 공기오염은 인체에 치명적 피해를 준다.

오염되지 않은 맑은 공기는 풍수에서 말하는 생기의 근원으로 공기가 들어오면 머무르게 하는, 즉 저장하는 장풍(藏風)이 용, 혈, 사, 수라는 형세론에서 요즘같이 오염된 도시 대기 상태에서는 맹점이 되는데 양기(陽基)인 택지에서는 중요 명당조건으로 불린다.

그러나 국내 차량 보유 대수의 급증과 도로의 발달로 차량 통행량이 많아진 현실은 차량운행에 따른 차량 배기가스가 차지한 대기오염률이 40%나 되고, 그 외 석면이 함유된 제동장치의 마모와 타이어 마모에 따른 분진은 차량에 의해 발생한 또 하나의 대기오염원이 되고 있다.

용적률을 극대화한 도시의 고층건물 숲에서 산으로 겹겹이 둘러싸인 장풍지세는 차

량과 냉·온방으로 건물에서 배출된 오염된 공기의 순환
차원에서 볼 때 도시의 장풍 명당론은 현실성의 변화에 미
흡한 빛바랜 이론이라 볼 수 있다.

자동차 중에 오래된 경유자동차가 대기오염의 주범이
되는 또 한 가지는 미세먼지(PM10)의 배출이다. 미세먼지는 입자의 무게가 $10\mu g$ 이하이
고, 극미세먼지(PM2.5)는 $2.5\mu g$인데 대기오염물질 가운데 하나이다.

인체유해물질로 이뤄진 미세먼지는 눈에 보이지 않는 입자로 기관지에서 걸러지지
않고 폐로 들어가 폐에 달라붙어 있기 때문에 천식이나 심혈관계 질환을 일으키기도
한다.

우리나라 환경부의 기준치는 m^3당 $70\mu g$이고, 경제협력개발기구(OECD)의 연평균 미
세먼지의 기준은 m^3당 $40\mu g$이다. 서울의 미세먼지는 2005년 연평균 m^3당 $58\mu g$으로
대기 중에 수분이 미세먼지와 결합하여 햇빛을 받으면 빛의 산란으로 스모그현상이 일
어나는데 대기 중 수분 함량이 높아 일어나는 안개와는 다른 것이다.

도시 어린이들이 감기를 달고 사는 것이나 폐암의 급증 등 호흡기 계통의 질환이 증
가하고 있는 현실을 눈여겨 보자.

연구기관들의 조사에 따르면, 전체 대기의 미세먼지 중 자동차 매연에서 나오는 미세
먼지가 78%를 차지하고 있으며, 대기오염의 주범이 자동차로 주거와 통행 차량이 많은
도로와의 거리에 따라 집의 길흉이 가름된다는 점을 상기하기 바란다.

또한 2006년 조사에 의하면, 서울 시내 공기 중 미세먼지의 76%가 차량 배기가스 때
문이라는 발표가 있었다.

도시의 경우 대기흐름의 정체는 대기오염 가중으로 이어지기 때문에 바람길은 열려
있어야 한다. 과밀한 고층건물군이나 대형건물은 공기의 흐름을 차단하여 대기 오염도
를 가중시키는 요인이 된다.

차량 통행량이 많은 넓은 도로일수록 그리고 높은 대형건물이 밀집된 복잡한 교차로
일수록 대기상태가 더 나쁘다고 볼 수 있다.

탄화수소류이며 기체성 물질인 벤젠(Benzene)과 입자성 물질인 벤조피렌
(Benzopyrene)은 발암물질로 차량 배기가스, 석유화학제품, 담배연기에서 주로 발생되
는데 특히 차량 배기가스 속에 많이 함유되어 있다.

차량 통행이 많은 큰 도로변에 사는 사람이 벤젠에 노출되어 백혈병 발생빈도가 높다

는 통계를 눈여겨 봐야 한다. 그러므로 현대의 양택풍수에서는 도시에서 건물 등에 겹겹이 둘러친 장풍보다는 바람길이 적절히 열려 있는 조건을 양택의 길상으로 본다.

■ 물과 건강관계

풍수에서 말하는 득수(得水)의 대상은 물줄기로서, 물은 흐르므로 동(動)이며 동은 양(陽)인 까닭에 음을 필요조건으로 한다.

즉 물줄기는 정(靜)에 걸맞게 유유히, 그리고 멈추듯 천천히 흐르는 것이 좋다는 것은 양이라는 체(體)인 물줄기가 급히 빠져나간다면 용(用)도 역시 양이기에 음양조화를 이루지 못하는 양양(陽陽)이 되어 흉한 물길이라는 것을

> 속도가 느린 곡류천에 흐르는 맑은 물이 수자원으로 가치가 높고 범람 위험이 없다면 이런 물줄기 주변은 제물이 모이는 생기터가 된다.

알 수 있다. 직수는 범람의 요인이 되고, 곡류천은 하천의 길이를 길게 하여 물의 총량을 많게 한다.

맑은 물은 수자원으로 가치가 높고 큰 산에 큰 강이 있게 마련인데 고전풍수이론에서 산맥을 따라 흐르는 생기가 물을 만나면 멈춰 생기가 융결되어 명당이 된다 하였다. 물은 풍수에서 재물로 표현되고, 명당 앞에서 물이 합수되어 머무르는 것이 길지의 조건이다.

또 지구가 생겨날 때 땅속에서 이산화탄소와 수증기가 솟아나 태양에너지와 반응하여 생물의 생존에 필수적인 산소를 발생시켰다. 생물은 지구의 이러한 환경에서 진화하였기 때문에 물과 공기는 생물 생존의 근원이라고 할 수 있다. 사람의 몸도 70% 정도 수분이 차지하고 있으므로 물의 중요성은 당연하다고 할 수 있다.

물의 성질을 알아보면서 어떤 물을 취해야 할 것인가에 대해 생각해 보자.

| 물의 특징 |

물은 수소(H) 2원자와 산소(O) 1원자로 이루어진 H_2O라는 분자식을 가진 화합물이다. 물의 일부분은 H^+(수소이온 : 산성)와 OH^-(수산기이온 : 알칼리성)라는 형태의 이온으로 해리된다.

물은 pH(수소이온농도)가 7보다 작으면 산성이고 7보다 크면 알칼리성이며 7이면 중성을 나타낸다. 물 분자의 H는 자기 자신의 O와 단단히 결합하고 있을 뿐만 아니라 이웃한 물 분자 O와도 느슨한 결합을 하고 있다. 이는 수소 원자의 전자가 이따금 이웃 물 분자

의 산소원자 쪽으로도 운동해 감으로써 서로 이웃한 물 분자끼리 서로 끌어당기고 있는 것이다. 이 같은 느슨한 결합을 수소결합이라 하는데, 이 때문에 물은 분자 하나하나가 분산되지 않고 서로 끈끈한 상태로 결합하는 것이다. 이것을 물의 점성(粘性)이라 한다.

물의 점성은 수온이 0℃에서 25℃로 상승하면 약 절반의 크기로 떨어지게 된다. 그래서 추운 지방이나 겨울철 물에 비해서 더운 지방이나 여름철 물이 2배 정도나 점성이 낮은 것이다.

> 물은 점성이 있고 물(액체) 쪽이 얼음인 고체보다 밀도가 크다. 그래서 얼게 되어 밀도가 낮아지면 부피가 커져 관이 동파되는 것이다.

보통 물질은 고체가 액체보다 밀도가 큰데 물은 액체 쪽이 고체(얼음)보다 밀도가 크다. 그 때문에 겨울에는 얼음이 물의 표면에 깔리고 얼음 덩어리가 물 위에 뜨는 것이다. 물론 수도관의 동파 원인도 물과 얼음의 밀도 차에 의해 부피의 변화현상에서 빚어진 것이다.

물의 밀도가 4℃에서 가장 커지는데 4℃ 이하로 내려가서 얼음구조와 같아지면 오히려 밀도가 작아진다. 즉 밀도가 낮아지면 부피가 커지므로 동파가 되는 것이다.

열량에서 말하는 1cal란 상온의 물 1g의 온도를 1℃ 상승시키는 데 필요한 열량을 말한다.

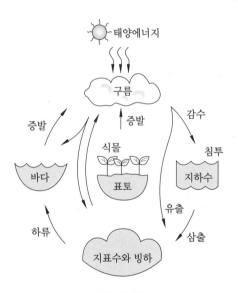

물의 순환도

※ 물의 순환 : 물이 태양에너지에 의해 바다, 하천, 빙하, 지하수 및 대기권과 같은 주요 저장소 사이를 이동하게 된다. 그 경로를 나타낸 것이다. 육지와 바다에서 증발되어 수증기로 존재하는 기간은 대략 10~15일 정도로 추정된다.

| 물의 순환 |

물은 바다와 육지표면에서 물을 증발시키는 태양열에 의해 순환된다. 이렇게 생성된 수증기는 대기권으로 유입되어 흐르는 공기와 함께 이동하다가 수증기의 일부는 응결하여 빗물이나 눈이 되어 바다나 육지에 다시 내리게 된다.

육지에 내린 빗물은 강으로 흘러들고, 지하로 침투하거나 또는 증발하여 대기 중으로 되돌아가 계속 재순환된다. 지표에 있는 물의 일부는 식물에 의해 흡수되어 잎을 통해 물을 대기 중으로 되돌려 보낸다. 눈은 녹을 때까지 한 계절 또는 오랫동안 빙하에 머무르다 결국 녹거나 증발되어 바다로 되돌아가는 순환작용을 한다.

| 자연수 |

자연수란 오염되지 않은 상태의 물로 다음과 같은 물리·화학·생물학적인 세 가지 조건을 갖추어야 한다.

• 물리적 조건으로는 물에 부유물질이 거의 없고 거품, 악취, 색깔 등이 없으며 주위 기온과 비슷한 수온변화를 보여야 한다.

• 화학적 조건으로는 물속에 생물이 필요로 하는 적당한 양의 산소가 녹아 있어야 하고, 무기 영양질이 정상적으로 균등하게 용해되어 있어야 한다.

• 생물학적 조건으로는 물이 생태적으로 거의 안정된 상태에서 동·식물과 미생물이 살 수 있는 범위의 유기성 영양염을 함유하고 있어야 한다.

이러한 조건을 갖춘 자연수는 존재하는 장소에 따라 지표수, 지하수, 강수, 해수 등으로 구분된다.

| 수질오염의 지표 |

수질오염물의 농도를 정량적으로 표시하는 방법으로 mg/L, ppm(백만 분율), ppb(십억 분율) 등의 단위가 일반적으로 사용된다.

수질오염의 지표는

• **탁도** : 물의 흐린 정도를 말한다.

• **부유물** : 육안판별이 되는 크기를 말한다.

• **색도** : 조류(藻類)에 의해서는 초록색이나 갈색, 철분에 의해서는 빨강, 망간에 의해서는 흑갈색의 색도를 띤다.

• **pH (수소이온농도)** : 산성이나 알칼리성을 표시하는데 pH7.0은 중성, 7.0 이하는 산성, 7.0 이상은 알칼리성을 나타내며 보통의 자연수는 pH6.6~7.5의 범위 내이다.

• **DO(용존산소량)** : 물속에 녹아 있는 산

수용액의 pH 수치

pH	
14	가성소다
13	샴 푸
12	무린세제(인산을 사용하지 않은 무독성 세제), 가정용 암모니아(10.5)
11	비눗물
10	락스, 베이킹 파우더
9 (알칼리성)	계란흰자(8.0)
8	혈액(7.3~7.5), 해수(7.3~8.3)
7 (중성)	우유(6.6), 순수한 물(7.0)
6	강우, 블랙커피, 로션
5 (산성)	토마토주스(4.2), 바나나(4.6), 탄산음료(4.8)
4	콜라(3.1), 오렌지주스, 포도주
3	레몬주스(2.3), 식초(2.5), 사과주스(3.0)
2	위산(1.0~3.0)
1	염산시약, 배터리액
0	

소량으로, 주로 대기 중의 산소가 물속에 용해되어 수중식물의 광합성 및 어류의 호흡 등에 이용된다. 오염되지 않은 물일수록 용존산소의 농도는 높고, BOD(생물화학적 산소요구량)는 낮다. 유속이 느린 강물이나 잔잔한 호수면에서는 수표면이 좁기 때문에 공기와의 접촉면이 좁아 용해되는 양이 적고, 또 수온이 낮을수록 용존산소의 포화도는 높아진다.

유기물이 물에 유입되면 일부는 자연적으로 세균에 의해 분해되므로 용존산소가 소모되는데 그 결과로 용존산소량이 감소되어 산소결핍상태가 되면 수중생태계 파괴의 원인이 된다. 오염물질이 물에 유입되면 BOD는 증가되고 DO는 감소된다.

- **COD**(화학적 산소요구량) : 물속의 총 산화성 물질의 양을 측정하는 것으로, COD는 주로 바다나 호수 등의 수질오염의 지표가 되는데 COD가 크면 수중에 무기성 오염물질이나 비분해성 유기물질이 많이 포함되어 있어 수질이 악화되었음을 의미한다.

- **BOD**(생물화학적 산소요구량) : 수중의 유기물이 호기성(好氣性) 세균에 의해 분해될 때 오염물질이 안정화되는 과정에서 요구되는 산소량을 말한다. 물의 BOD가 1ppm 이하이면 약물 처리 없이 여과만으로 식수로 사용할 수 있고, 1~3ppm은 2급수로 약물 처리 후 먹어야 하며, 3~6ppm은 3급수로 다량의 약을 써야 하고, 10ppm 이상이면 공업용으로도 쓸 수 없다.

- **질소화합물** : 오염된 물속에는 단백질, 아미노산, 요소, 요산 같은 유기질소화합물과 암모니아성(NH_3), 아질산성(NO_2), 질산성(NO_3) 질소화합물이 있는데, 유기질소화합물은 유기물→NH_3→NO_2→NO_3 단계로 분해되며 NH_3가 물속에서 검출되었다면 최근에 오염되었음을 알 수 있다. NO_3의 검출은 질소화합물의 최종분해산물로 오염 시기가 오래된 것을 보여주는 것이며, 음료수의 기준은 NO_3의 농도가 10ppm 이하여야 한다고 규정하고 있다.

- **대장균류** : 보통 사람의 장내 기생세균으로, 유당을 분해하여 산과 가스를 생성하는 호기성세균이다. 대장균이 검출되면 분뇨오염을 나타내고, 병원성 세균오염의 지표가 된다. 대장균 자체는 비병원성이지만 다른 소화기계 전염성균보다 저항성이 크므로 살균 후 대장균의 유무는 여타 병원균의 살균 여부를 확인하는 지표로 삼고 있다.

> 대장균은 비병원성 세균이지만 저항성이 크므로 대장균의 유무는 여타 병원균의 살균 여부를 확인하는 지표로 삼고 있다.

- **독성유기물** : 오늘날 많은 종류의 합성유기물이 일상생활에 사용되고 있는데, 이들 대부분이 결국 물에 유입되어 심각한 수질오염을 야기시킨다.

합성유기물은 다음과 같은 이유 때문에 위험하다고 볼 수 있다.

첫째, 독성유기화합물의 상당수가 생물학적으로 분해가 불가능하거나 분해가 매우 느리게 진행되기 때문에 생태계 내에 오랫동안 잔류한다. 둘째, 어떤 종류는 먹이사슬을 통해 생물학적 농축현상을 보이는 것들이 있다. 셋째, 이들 유기화합물이 직접적으로 암을 유발하거나 물의 소독을 위해 사용되는 염소와 반응하여 새로운 발암물질로 전환된다. 넷째, 이들이 물고기를 비롯한 수중생물을 죽이기도 하고, 물고기에서 심한 냄새를 발생시키기도 한다.

우리나라에서도 산업체 공장에서 배출되는 페놀은 독성유기물로 상당히 흔한 수질오염물질이며 물고기에서 나는 불쾌한 냄새와 맛은 대부분 염소와 결합한 페놀로 말미암은 것이다.

| 수질오염의 종류와 영향 |

- **부유물질에 의한 오염** : 부유물질이 많으면 물이 혼탁하게 되어 광선투과율이 감소돼 결국 광합성률을 감소시킨다. 그로 인해 수중생물의 성장을 억제하여 물밑 무척추동물의 생존을 방해하게 된다.

- **열에 의한 오염** : 수중생물은 주위의 수온과 비슷한 체온 변화를 하는데, 높은 수온의 물이 흘러들어오면 수중 생물은 체온이 증가함에 따라 호흡률이 증가하게 된다. 호흡률이 증가되면 산소요구량도 증가되는데 수온 증가에 따라 용존산소량은 감소하게 되므로 생물은 산소 결핍을

> 높은 수온의 물은 수중생물의 체온을 증가시키며 이때 생물의 호흡률이 증가되면서 산소요구량도 증가되는데 수온 상승에 따라 용존산소량은 감소됨으로 생물은 결국 산소결핍으로 죽게 되고 물은 부패된다.

겪게 된다. 수온 상승으로 병원성 세균이 더욱 활발해지고 수인성 질병에 영향을 미치며 30℃ 이상의 수온에서는 하수 중의 하수균류의 생장이 촉진되므로 식물은 죽고 남조류나 미생물의 분해 작용이 활발해져 물을 부패시킨다.

- **해양 오염** : 바다에 유출된 원유나 유류폐기물은 물에 녹지 않고 퍼져서 물 표면에 얇은 막을 형성하므로 대기와 물 사이의 산소 교환을 방해하여 물속의 용존산소량을 감소시킨다.

- **부영양화에 의한 오염** : 동·식물의 성장과 물질대사에는 몇 가지의 화학성분이 필요하다. 중요한 양분으로 질소와 인이 있는데 질산염과 인산염으로 존재한다. 자연 속에 들어 있는 이들 염의 양은 생물의 균형 있는 성장을 유지시키는 데 충분하다.

호수의 양분 수준은 오랜 기간을 거치면서 유입되는 유기물질이 생물분해 작용으로 서서히 증가하는데, 이것을 '부영양화' 라 한다.

작물의 재배과정에서 사용한 질소비료는 40% 정도가 수계에 유입되고 이는 세균에 의해 저질산염으로 환원되며 이때 아민과 결합하면 발암물질인 니트로소아민을 형성한다.

농산물 증산을 위해 질소비료와 인산비료의 소비량이 증가하면서 흡수되지 않은 질소비료의 약 40% 정도가 물로 씻겨내려 간다.

수계에 유입되는 질산염이나 인산염의 증가로 모든 생물의 성장이 촉진되는데 특히 단세포인 녹조류와 남조류는 급속히 성장하여 여름에 탁하고 더러워진 표수층에서 조화현상을 일으킨다. 조화현상이란 질산염과 인산염의 수중 함량이 증가하면 조류의 번식이 촉진되어 조류 집단의 크기가 커지는 것으로 우리나라의 연안 해역에서 나타나는 적조현상과 같다. 적조생물은 규조류, 각종의 편모조류, 섬모충류 등으로, 적조가 생기는 원인은 온도가 높고 염분이 낮으며 영양염이 충분할 때 적조생물이 이상 증식하여 이들 생물의 유해가 부패, 분해, 퇴적되는 과정에서 해중의 산소를 다 소비해 버려 어패류가 질식하게 되는 것이다. 조화현상이 일어나기 쉬운 조건으로는 호수의 질소가 0.3ppm 이상, 인산이 0.015ppm 이상이며, 조류의 영양원으로서 인이 가장 중요한데 표수층에 과잉으로 축적될 경우에 발생한다.

요즘 우리나라 남해안 일대의 여름철 적조현상의 치유 목적으로 바다에 황토를 살포하는데 가라앉은 황토로 인해 모래지대가 변하는 등 물밑 어패류 생존환경을 파괴하는 우를 범하고 있다.

물에 흘러든 질산염이 식수를 통해 몸 안으로 들어가면 어떤 세균은 질산염을 아질산염으로 환원시키는데 이 아질산염이 혈액 속으로 들어가면 적혈구 속의 헤모글로빈(Hb)과 결합하여 메트헤모글로빈(methhemogol-bin)을 형성한다. 그 결과 혈액의 산소운반 능력이 감소되어 심하면 무산소증을 일으킨다. 이는 특히 유아에서 더 많이 나타나는데 이것은 아직 유아의 몸에 아질산으로 환원시키는 세균을 죽일 정도의 충분한 위산이 형성되지 못했기 때문이며, 이때 아질산염은 식품 속의 아민과 결합하여 발암물질인 니트로소아민을 형성한다.

- **방사성 폐기물에 의한 오염** : 핵발전 등으로 인해 방사성 폐기물의 양이 증가하고 있으며 이들 폐기물은 주로 바다나 땅속에 폐기된다. 그로 인해 해양생태계로 흘러들어가 먹이연쇄나 먹이망으로 연결되어 사람이나 어패류 등이 섭취하게 되는데 방사능 물질은 생물 속에 농축되기 때문에 유출된 방사능 물질의 문제는 심각하다.

  요즘 들어 여러 나라가 방어 및 공격용 또는 체제유지 목적으로 대량살상무기인 핵무기 개발에 매달리고 있는데 지구상 생명체의 영구적 존립과 생존환경 보전을 바라는 이들의 희망을 꺾으려는 발상은 아닐까 생각해 본다.

- **세균에 의한 오염** : 물은 질병을 일으키는 세균의 매개 경로인데, 해당 병균에는 비루스, 세균, 원생동물 또는 기생물로 이질, 장티푸스, 파라티푸스, 콜레라와 전염성 간장염 등이 있다. 이러한 세균들은 감염된 동물과 사람의 배설물을 통해서 또는 처리될 폐기물이 염소처리과정에서 잘못되거나 무단폐수방출 등 여러 경로로 물에 유입된다. 최근 수돗물에서 염소소독으로 인해 THM을 생성시킨 물질이 발견되었는데, 이것은 발암성분으로 분류되었다. 물을 끓이면 이 물질은 휘발되며 염소소독 대신에 고비용인 오존처리를 하기도 한다.

먹는물과 음식물에 의해 전염되는 수인성전염병

병 명	병균유형	전염경로	증 상
콜레라	세 균	1차는 음료수를 통해서, 2차는 음식물로 파리의 접촉에 의함	심한 구토, 설사, 탈수, 치료하지 않으면 사망하기도 한다.
장티푸스	세 균	음식물과 음료수에 의해 전달	심한 구토, 설사, 장에 염증, 지라팽창, 치료하지 않으면 사망하기도 한다.
세균성 이질	몇 종류의 세균	배설물로 오염된 물을 통하여 전염되거나 우유, 음식물, 파리와의 직접적인 접촉에 의해 전염	설사, 사망하는 경우는 드물다.
파라티푸스	몇 종류의 세균	배설물로 오염된 음료수나 음식물에 의해 전염	심한 구토와 설사, 사망하는 경우는 드물다.
간장염	비루스	음료수나 조개류를 함유한 음식물을 통해 전염	누런 황달 걸린 피부, 간 팽창, 구토, 복통, 영구적인 간 손상을 일으킨다.
아메바성 이질	원생동물	조개류 같은 음식물을 통하여 전염	설사가 장기적이기도 하다.

• 중금속에 의한 수질오염

– 수은(Hg) : 자연계에 존재하는 수은의 형태로는 금속수은, 무기수은, 메틸수은 등이 있다. 메틸수은은 유기수은으로 생물체 내에 농축된 형태로 물속에서 존재한다. 유기수은 또는 2가 상태의 수은이 인체로 들어오면 여러 가지 효소와 반응하여 신진대사에 필수적인 촉매작용을 방해하게 된다. 이것은 수은이온(Hg^{2+})과 효소 중 아미노산의 일종인 시스테인의 –SH기

> 수은 중 대표되는 유기수은은 인체에 들어오면 여러 가지 효소와 반응하여 신진대사에 필수적인 촉매작용을 방해하고 이는 중추신경질환을 일으킨다.

사이에 강력한 결합이 형성되어 효소의 기능을 뒤틀리게 하여 촉매기능을 방해하게 된다.

메틸수은은 일본에서 발생한 미나마따병의 원인으로, 메틸수은이 농축된 어패류를 많이 섭취한 후 중추신경질환 환자가 급격히 증가하게 되어 사회문제가 된 적이 있었다. 메틸수은은 장에서 95% 이상 흡수되는데 이는 각 장기에 축적되고 중추신경계에 고농도로 축적되면 중독증세로 초기에는 두통, 현기증이 있다가 심하면 보행 불능, 수족이 떨리는 현상이 일어나고 사망에까지 이른다.

– 카드뮴(Cd) : 주로 아연 정련의 부산물로서 생성되며, 금속 부품의 도금, 합금, 안료, 폴리염화비닐의 안정제로 이용된다.

최근에는 건전지(니켈–카드뮴전지)에 많이 사용되고 있어 2차적 환경오염 위험성이 있다.

카드뮴의 금속연기 또는 분진을 흡입할 경우 급성중독증으로 흉통, 현기증, 구토가 일어나고, 심할 때는 폐부종이 수반되며 심폐기능 부진으로 사망하기도 한다. 만성중독이 되면 신장기능 장애에 의한 단백뇨를 보인다. 일본 후생성은 1986년 이타이이타이병이 카드뮴에 의한 공해병이라는 것을 인정하였다.

• 도시하수에 의한 수질오염 : 인간의 배설물과 합성세제를 포함한 각종 화학물질 및 찌꺼기 등이 도시하수구를 통해 강으로 쏟아져 나오는데, 도시하수와 분뇨 등에 들어 있는 것의 대부분은 유기물질이며 물속의 분해자인 박테리아가 물속의 폐기물을 무기물질로 분해하는 과정에서 깨끗한 물에 용존되어 있는 산소를 소모시킨다. 이로 인한 산소의 결손은 수중생물에 의한 광합성 결과로 재공급된다.

용존산소를 몽땅 써 버리게 되어 궁극적으로 유기물이나 무기물과 결합하고 있었던 산소에 의하여 염기성화하는데 이쯤되면 물에서 메탄가스나 유화수소와 같은 악취를

내뿜는 상태에 이르게 되어 오염화가 가중된다. 이와 같은 오염화 현상은 따뜻한 하수에 의해 더 가속화된다.

연성세제인 LAS는 물속에서 대체로 5일 동안에 80%가 분해되지만, 중성세제는 지방과 유기독성물질을 용해시키는 성질을 이용한 것으로 중성세제 자체가 피부나 소화기에 흡수되어 간에 장해를 주는 것 외에도 유독물질의 흡수를 촉진시킴으로써 독성을 가중시키는 상승작용을 한다.

중성세제는 용혈작용을 하기 때문에 중성세제 오염물을 장기간 섭취하면 빈혈이 나타나고 발암률이 높아진다.

호수의 수질환경 기준　　　　　　　　*수자원공사 자료

구 분	등 급	이용목적별 적용대상	기 준						
			수소이온 농도(pH)	생물학적 산소요구량 (BOD) (mg/L)	부유물질량 (SS) (mg/L)	용존산소량 (DO) (mg/L)	대장균 균수 (MPN/100 mL)	총 인 T-P (mg/L)	총 질소 T-N (mg/L)
생활환경	1	상수원수 1급 자연환경보전	6.5~8.5	1 이하	25 이하	7.5 이상	50 이하	0.010 이하	0.200 이하
	2	상수원수 2급 수산용수 1급 수영용수	6.5~8.5	3 이하	25 이하	5 이상	1.000 이하	0.030 이하	0.400 이하
	3	상수원 3급 수산용수 2급 공업용수 1급	6.5~8.5	6 이하	25 이하	5 이상	5.000 이하	0.050 이하	0.600 이하
	4	공업용수 2급 농업용수	6.5~8.5	8 이하	100 이하	2 이상	–	0.100 이하	1.0 이하
	5	공업용수 3급 생활환경보전	6.5~8.5	10 이하	쓰레기 등이 떠 있지 않을 것	2 이상	–	0.150 이하	1.5 이하
사람의 건강 보호	전 수 역	카드뮴(Cd) : 0.01mg/L 이하, 비소(As) : 0.05mg/L 이하, 시안(CN) : 검출되어서는 안 됨, 수은(Hg) : 검출되어서는 안됨, 유기인 : 검출되어서는 안됨, PCB : 검출되어서는 안 됨, 납(Pb) : 0.01mg/L 이하, 6가크롬(Cr^{6+}) : 0.05mg/L 이하, 음이온 계면활성제 (ABS) : 0.05mg/L 이하.							

<비고> 1. 총 인, 총 질소의 경우 총 인에 대한 총 질소의 농도비율이 7 미만일 경우에는 총 인의 기준은 적
　　　　용하지 아니하며 그 비율이 16이상 일 경우에는 총 질소의 기준을 적용하지 아니함
　　　2. 수산용수 1급 : 빈부수성 수역의 수산생물용
　　　3. 수산용수 2급 : 중부수성 수역의 수산생물용
　　　4. 자연환경보전 : 자연경관 등의 환경보전
　　　5. 상수원수 1급 : 여과 등에 의한 간이 정수처리 후 사용
　　　6. 상수원수 2급 : 침전 여과 등에 의한 일반적 정수처리 후 사용
　　　7. 상수원수 3급 : 전 처리 등을 거친 고도 정수처리 후 사용
　　　8. 공업용수 1급 : 침전 등에 의한 통상의 정수처리 후 사용
　　　9. 공업용수 2급 : 약품처리 등 고도 정수처리 후 사용
　　　10. 공업용수 3급 : 특수한 정수처리 후 사용
　　　11. 생활환경보전 : 국민의 일상에 불쾌감을 주지 아니할 정도

- **동물 배설물에 의한 오염** : 동물 배설물은 효소의 영양화, 어류의 폐사, 토양 및 대수
  층의 초산염에 의한 오염, 향기의 상실, 먼지, 동물과 사람에 공통된 전염병의 전파,
  해충의 번식, 하천의 레크리에이션적 이용가치의 상실 등을 초래한다.
  분뇨에 포함되어 있는 질소화합물과 인화합물은 분해되지 않은 상태로 하천에 흘러
  들어와 물속에 비료성분의 과잉현상을 초래하게 된다. 특히 흐르지 않는 호수에서는
  식물성 부유생물인 수조류의 대량번식으로 독성이 강한 모조류, 남조류 등이 번식되
  면 이를 어패류가 섭취하여 대량 폐사의 위험성이 높아진다.
  대량 번식된 수조류에 의해 물속 산소가 감소되면 부패 상태인 적조현상의 원인이 된
  다. 여름이면 남해안 일대에서 매년 적조현상이 반복되고 있다.

　공기와 물이 오염된 것과 오염되지 않은 자연 상태가 건강에 미치는 영향이 어느 정
도인지 짐작이 갔으리라 생각된다.
　오염되지 않은 상태가 생기이고 오염되지 않은 공기와 물의 섭취가 건강의 척도이기에
환경풍수에서 바람과 물을 중요하게 여기는 것은 당연하다.

■ 토양오염 문제

　산업기술의 발전에 따라, 공장 등에서 화학물질의 배출이 증가되고 농작물 생산성 향
상을 위해 농약의 사용량이 급증하고 있다.
　어떤 일정토지에 독성폐기물이나 중금속(무기성분) 또는 폐기유기물이 과도하게 유입

되어 토양의 재순환(再循環) 자정(自淨) 역할이 상실될 경우 오염물이 장기간 토양(흙입자+토양수+토양공기)과 혼합된 상태로 오염 관련 시설이 철거된 후에도 시설장소의 토양 속에 계속 머무르면서 사람에게 접촉될 수 있다. 또한 오염된 토양에서 자란 농작물을 통해 먹거리로 사람 몸에 흡착되어 건강을 해치기도 한다.

토양오염은 지하자원의 발굴과정에서 광석 중의 오염요소인 무기성분이 지표에 과다 노출되거나, 과다한 농약의 살포로 유해유기물이 농지에 축적되거나 또는 공장의 화학 폐기물 유출, 시설축산의 분뇨 등 각종 폐기물에 의해 토양이 오염된다. 이렇게 토양이 오염된 곳에서는 유해물질에 의해 사람뿐만 아니라 모든 생명체가 살아가기 어렵다. 그렇기 때문에 토양이 오염된 곳은 풍수상으로 볼 때 흉한 터이다.

흉한 터로 만드는 토양오염이란 '인간의 활동에 의하여 만들어지는 여러 가지 물질이 토양에 들어감으로써 환경구성 요소인 토양이 그 기능을 상실하는 것'이라 정의할 수 있다.

• 질소와 인산에 의한 토양오염

가정생활폐수, 공장폐수, 처리시설방류수, 시설축산폐기물 등이 지하수나 하천수로 유입되어 부영양화(富營養化)가 되면서 식수원이 오염되는 데 식물플랑크톤이나 수생식물의 급속한 생육이 부영양화의 특색으로 이는 수중 산소의 결핍을 초래하여 어류의 생존을 위협한다.

> 토양오염이란 인간의 활동에 의해 만들어진 질소, 인산, 중금속, 유해성 무기원소, 합성농약 성분 등이 토양에 들어가 토양의 기능이 상실되는 것이다.

식수 중에 질산염이 다량 함유될 경우 유아에서 메트헤모글로빈 혈병(血病)이나 자람병(紫藍病)이 발생한다는 연구결과가 있고, 인산의 오염작용은 질소와 마찬가지로 물에서 부영양화를 초래한다.

• 중금속 및 유해성 무기원소에 의한 오염

중금속에 의한 오염은 중금속 자체가 분해되지 않고 어떠한 변화에도 해작용이 없어지지 않으므로 일단 토양에 오염되면 제어가 어렵다.

무기성화합물질 중 카드뮴(Cd), 비소(As), 크롬(Cr), 수은(Hg)은 매우 유독하며 납(Pb), 니켈(Ni), 몰리브덴(Mo)는 중간정도이고 브롬(Br), 구리(Cu), 망간(Mn), 마그네슘(Mg), 아연(Zn)은 비교적 독성이 낮다.

중금속의 순환관계도는 다음과 같다.

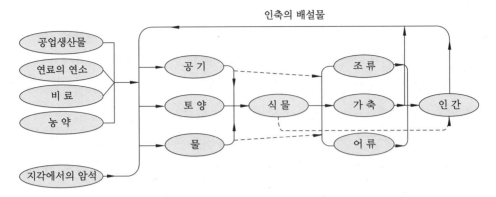

중금속의 급원과 토양·물·공기·생물 생태계에서 중금속의 순환

비소(As) 화합물은 비소나 황계(黃系) 광산의 배수, 물감의 색소, 직물이나 피혁공장의 폐수, 가구의 세정제 등에 함유되어 있어 이것이 폐수에 혼합되어 토양에 유입되거나, 살균제·살충제·제초제 등에 함유된 농약을 살포할 때 토양이 오염된다. 인체의 조직에는 0.04~0.09mg/kg의 비소가 함유되어 있는데 3mg/kg 이상일 경우 몸속에서 해작용을 일으킨다. 이와 같이 무기원소가 허용치를 초과하면 인체에 유해하게 되는데 주요 토양오염성 무기원소에 대해서는 오른쪽의 표를 참고한다.

• 합성농약에 의한 오염

유독성 합성농약과 제초제의 사용은 농업의 노동성 향상으로 단위 면적당 농산물의 생산량을 높이는 효과가 있었던 것에 반해, 살포한 농약의 유해작용으로 인해 자연생태계 파괴 및 인체에 미치는 유해성이 심각하다. 토양의 이화학성(理化學性)에 끼치는 영향이 커서 농약으로 인한 피해 및 오염이 생산성 향상의 이득에 못지않은 문제로 발생되고 있다.

살포된 농약은 분무로 인해 공기 중에 옮겨지고, 물과 함께 잔류되며 토양 중에서는 살포된 상태 그대로 혹은 미생물에 의해서거나 화학적인 분해로 새로운 물질이 생성되어 남게 된다. 상대적으로 농약살포가 많은 과수원의 경우 농약에 의한 표토오염이 심할 것으로 보여 과수원 터를 즉시 사용하려면 표토교환 토목작업 등이 필요하다.

자연계에서 분해되기 어려운 합성물질 중 유기염소계 농약이 문제되고 있는데 분해할 수 있는 미생물이 존재하지 않기 때문에 오염 후 회복기간이 길다. DDT의 경우 95% 소실되는데 4~30(평균 10)년이 소요된다.

토양의 농약잔류 문제에서 보면, 유기인계(有機燐系) 살충제나 지방족계(脂肪族系) 및

구 분	토양 중의 자연 함유량 (mg/kg, Hg는 μg/kg, 괄호 안은 최대~최소)	주요 오염원	오염경로	생물에 대한 악영향		
				식물에 대한 독성 (토경시험에 의한 한계농도, mg/kg)	사료 중의 한계농도로 본 동물에 대한 독성의 한계	생선식품 중의 잠정허용 기준치 (mg/kg)
As 비소	6(40~0.1)	광산 농약	배수	3가 : 高(수도 5) 5가 : 中(수도 10, 대맥 70)	3가 : 고독성 5가 : 중독성	As_2O_3로서 과실 : 1~3.5 야채 : 1
Cd 카드뮴	0.06(7~0.01)	광산 제련공장 도금공장	배수 매연 분진	中~低 (수도 10, 옥수수 250)	고독성~중독성	쌀 : 1
Cr 크롬	100(3,000~5)	광산 제련공장 도금공장	배수	3가 : 低(수도, 소맥 200 6가 : 中(수도, 소맥 30)	저독성	–
Cu 구리	20(100~2)	광산 제련공장 농약	배수 매연 분진	中~低 (수도 40~65, 소맥100)	저독성	–
Hg 수은	60(500~10)	화학공장 농약	배수	中(수도 50)	동물 : 고독성	물고기 : Hg 0.4, 메틸수은 0.3
Ni 니켈	40(1,000~10)	도금공장	배수	中(수도 10~50)	중독성~저독성	–
Pb 납	10(200~2)	자동차(가솔린 첨가제) 광산, 제련소, 농약	배수 매연 분진	低	중독성	과실 : 1~5 야채 : 1
Zn 아연	50(300~10)	광산 제련소	배수 매연 분진	中~低 (수도 10~50, 옥수수200~ 600)	저독성	–

산(酸)아미드계 제초제는 상당기간 토양 중에 남는다.

　도열병 예방에 사용된 유기수은계 농약을 살포하면 일부는 농작물 조직
에 흡수되고, 나머지는 토양 중에서 세균의 작용으로 알킬수은으로 변하여

잔류하다가 식물조직에 흡수되어 농작물을 섭취하는 사람과 가축의 체내에 축적된다. 수은성분은 인체의 신경계 질환을 유발한다는 연구결과를 주목해 볼 필요가 있다.

생태보전을 위해서는 농약을 사용하지 않는 유기농법 개발과 분해가 쉬워 잔류성이 적고 인체 무해한 농약 개발이 절실하다. 소비자들도 농산물의 외관에 치우친 상품보다는 인체 유익 성분에 따른 등급으로 구입하는 자세가 요구된다. 다행히 요즘 무농약, 유기농산물에 대한 국민의 관심이 높아져 고무적이다.

5. 소음과 악취가 얼마나 해로울까

■ 소음의 흉작용

'원하지 않는 음'이란, 어떤 사람에게는 좋아하는 음인데도 다른 사람에게는 불쾌한 소음에 불과할 수도 있는 음을 말한다. 소음은 이와 같이 주관적 · 심리적 요인에 의해 좌우되는 것이다.

소음은 감각공해이며 처리물질을 수반하지 않는 공기 중의 물리적 변화에 의한 것으로, 수면 방해와 심리적 압박감을 초래하여 건강을 해치는 공해요소이다.

음은 어느 물체가 진동할 때 발생하여 공기, 물 및 고체와 같은 매개체를 통해 매개체 내의 분자들의 압축과 팽창에 의한 연속적인 사이클로 전달된다. 이때 전달속도인 음속은 20℃의 공기 중에서는 340m/sec(1초 동안에 340m 가는 속도)이며 물속에서는 1,470m/sec, 철에서는 5,000m/sec이다.

> 소음은 감각공해이고 공기 중의 물리적 변화에 의한 것으로 수면방해와 심리적 압박감을 초래하여 건강을 해치는 공해요소이며, 대부분의 음은 파장이 서로 다른 복합음이다.

단위 시간당 연속적인 사이클 수를 진동수라고 하는데 80~15,000Hz이나 사람에 따라서 더 낮거나 높은 소리도 들을 수 있다. 대부분의 음은 파장이 한 개인 단음이 아니고, 파장이 서로 다른 복합음이다.

인간은 각자 같은 음에 대해서도 서로 다르게 느끼며 또한 진동수에 따라 서로 다른 민감도를 나타낸다. 쇠를 긁을 때 나는 소리에 대한 거부감이나, 모태의 안정적인 심장 박동수와 같은 리듬에서 느끼는 편안함은 우리의 공통적인 음에 대한 감정이기도 하다.

소리의 크기에 대한 인체의 반응과 대화에 미치는 영향은 다음과 같다.

소리의 크기와 인체의 반응

소음의 종류	소음준위(dB)	청력에 미치는 영향	대화에 미치는 영향
항공모함 갑판에서의 제트기 폭음	150	청력장애	대화 불가
제트기 이륙 시(70m 거리)	130	청력장애	대화 불가
자동차 경적(1m 거리)	120	육성의 상한 점	귀에 대고 외쳐야 함
제트기 이륙 시(700m 거리), 청소차 소음	110	아주 괴로움을 느낌	귀에 대고 외쳐야 함
지하철 정류장, 중장비 트럭(17m거리)	110	청력장애(8시간)	60cm 거리에서 외쳐야 함
진공식착압기(17m거리), 자명시계 경종	90	괴로움	60cm 거리에서 매우 큰소리로 말해야 함
전화벨 고속도로(17m거리)	80	전화통화 곤란함	60cm 거리에서 큰소리로 말해야 함
에어컨디셔너(7m거리)	70	전화통화 곤란함	120cm 거리에서 큰소리로 말해야 함
소형승용차(30m거리)	60	조용함	4m 거리에서 정상대화 가능함
독서실	40	매우 조용함	

• **소음의 발생원과 대책**

소음의 발생원은 공장, 건설사업장, 자동차, 철도, 지하철, 항공기, 업소, 확성기, 피아노, 가정용품 등 다양하고, 발생원이 생활 주변에 산재해 있어 우리의 생활환경에 적잖은 영향을 미치고 있다.

현대사회에는 인간이 만들어낸 새로운 소음이 계속 등장하고 있는데, 사람들의 생활이 도시로 집중되고 복잡해지면서 증가 추세인 소음이 나쁜 환경 인자로 이미 주거 조건이나 사무실 조건으로 고려해야 할 풍수적 문제가 되어 소음에 대한 적절한 비보책(裨補策)이 요구된다.

– 공장 소음

프레스, 절단기, 선반 등 금속가공기계나 압축기 그리고 방직기계 등에서 나는 충격적인 금속성의 소음은 기계의 태반이 90~100dB(음을 내는 진동이 압속을 발생시키며 어느 지점에서 음압의 크기를 SPL이라 부르는데 여기서 SPL의 단위가 decibel로 dB임, 즉 인간이 들을 수 있는 표준음압에 대한 어느 음의 압력비의 대수치가 SPL임)에 속한다. 공장부지 내에서 생긴 소음은 거리의 감쇠, 저소음기기의 선택, 위치의 선정을 통하여 줄이고 공장경계에 소음차단벽이나 담장을 설치하든지 울타리식 수목의 밀집식재 등으로 공장 주변의 소음배출을 줄여야 한다.

공장부지에서 생긴 소음은 자체적으로 줄여야 하고 공장 주변의 퍼지는 소음배출은 소음차단벽이나 담장을 설치하여 줄인다.

그러나 현실은 소음배출공장이 주거지역 안에 일부 있으며 방음시설조차 형식적인 곳이 많다. 결국은 풍수적 관점에서 소음 발생원으로부터 피하는 것이 상책이다.

– 건설 소음

주택지 내의 재건축 공사나 도로보수 공사로 인해 수반되는 건설 소음은 공사기간이 한정되어 있더라도 건설기계에서 30m 거리일 때 쳄머음은 90dB, 콤프레서는 80dB이며 그 외 포크레인의 파쇄작업이나 포장도로 절단작업 중에 나는 소음은 충격적이다. 이는 작업 중에 강한 진동을 동반하여 주변 건물에 지반 침하, 수도관 파열 등의 문제가 발생할 수 있다.

소음환경 기준 [단위 : Leg dB(A)]   환경정책기본법(1993.12.31)

지역 구분	적용대상 지역	기 준	
		낮 (06 : 00 ~ 22 : 00)	밤 (22 : 00 ~ 6 : 00)
일반 지역	'가' 지역	50	40
	'나' 지역	55	45
	'다' 지역	65	55
	'라' 지역	70	65
도로변 지역	'가' 및 '나' 지역	65	55
	'다' 지역	70	60
	'라' 지역	75	70

'가' 지역 : 녹지, 전용주거, 자연환경보전지역 및 학교, 병원 주변 50m 이내 지역
'나' 지역 : 일반 주거 및 준주거 지역, 준도시 지역 중 시설용지 외의 지구
'다' 지역 : 상업, 준공업 지역
'라' 지역 : 일반 공업, 전용 공업 지역, 도시 지역 및 준도시 지역 중 시설 용지 지구

건설기계는 낮 시간에만 제한적으로 작업하고, 소음이 적은 공법개발 및 작업경계선 방음벽 설치 등 건설 소음 방지에 대한 적극적인 대책이 필요하다.

소음환경 기준은 국민의 건강을 보호하고 쾌적한 생활환경을 보전하기 위한 국가 목표로서의 기준으로 삼고, 규제기준을 정하는 기초가 되기도 한다.

생활소음 및 진동의 규제기준은 쾌적하고 조용한 환경에서 생활하는 것을 유지하는 데 목적을 두고 있으며 기준은 아래와 같다.

생활소음 규제기준 [단위 : dB(A)]

건축법제29조관련(2004.1.15~2008.12.31까지 적용)

대상지역	시간대별 소음		조석 (05:00~08:00. 18:00~22:00)	주간 (08:00~18:00)	심야 (22:00~05:00)
주거지역, 녹지지역, 준도시지역 중 취락지구 및 운동 휴양지구, 자연환경보전지역, 기타 지역 안에 소재한 학교, 병원, 공공도서관	확성기	옥외설치	70이하	80이하	60이하
		옥내에서 옥외로 방사되는 경우	50이하	55이하	45이하
	공장, 사업장		50이하	55이하	45이하
	공사장		65이하	70이하	55이하
기타지역	확성기	옥외설치	70이하	80이하	60이하
		옥내에서 옥외로 방사되는 경우	60이하	65이하	55이하
	공장, 사업장		60이하	65이하	55이하
	공사장		70이하	75이하	55이하

1. 소음 측정방법과 평가단위는 소음, 진동 공정시험방법에서 정하는 바에 따름.
2. 대상지역의 구분은 국토이용관리법(단, 도시지역의 경우에는 도시계획법)에 의함.
3. 규제 기준치는 피해자(수음자)가 소재한 대상지역을 기준으로하여 적용함.
4. 옥외에 설치한 확성기의 사용은 1회 2분 이내, 15분 이상의 간격을 두어야 함.
5. 공사장 소음 규제기준은 주간의 경우 특정 공사장비의 공사기간 중 1일 최대 작업 시간이 2시간 이하일 때는 +10dB을, 2시간 초과 4시간 이하일 때는 +5dB을 규제기준치에 보정함.

※ 보정(補整, 더하여 맞춤)

진동의 경우 오전 6시부터 오후 10시까지의 주간 기준은 주거지역과 상업지역에 대하여 각각 65dB(V)로 정하고, 야간 기준은 이보다 5dB(V)씩 낮게 정하고 있다.

   – 자동차 소음

  자동차의 소음으로 엔진소리, 배기관, 타이어 마찰음, 경적소리를 들 수 있는데, 저속주행에서는 상대적으로 엔진소리가 크고 시속 30km 이상에서는 차 굴러가는 소리가 크게 부각되어 엔진소리는 들리지 않으며 고속주행에서는 타이어 마찰음이 크게 들린다. 특히 버스나 대형트럭은 소음이 커서 버스노선 도로에 접해 있는 주거용 건물은 자동차 소음에 대한 방음 대책이 필요하다.

  자동차 소음은 자동차의 통행량, 주행속도, 도로의 폭, 대형차량이 차지하는 비율 등이 높거나 많을수록 커지며 최근 들어 고속화도로 건설의 증가 및 자동차 보유대수의 증가로 소음영향권이 확대되고 주민의 소음피해 시간도 길어지고 있다.

> 자동차 소음은 주로 대형자동차들이 고속으로 달릴 때 문제가 심각한데 고속화도로 건설의 증가 및 자동차 보유대수의 증가로 소음영향권이 확대되고 있어 방음벽 설치 등 대책이 요구된다.

  우리나라 자동차의 보유대수는 2006년 2월말 건설교통부 통계에 의하면, 총 15,493,681대이고 그 중 승합차와 화물차가 4,221,664대로 소음이 큰 대형차들이 약 27%를 차지하고 있다.

  주거지에서 자동차 소음의 대책으로 고속화도로에는 방음벽 설치를 확대하고 도로면의 개선이 요구되며, 지선도로에는 속도제한을 위한 속도 방지턱 설치가 이루어져야 하고, 자동차 자체와 관련하여 소음방지를 위한 기술적 개선이 필요하다.

  기타 철도는 기차의 주행에 따른 소음 때문에 철로변에 사는 사람들은 아이들이 많다는 여담이 나올 정도로 각종 소음은 우리들의 생활과 깊이 연관되어 있다. 비행장 이륙방향에는 제트엔진 소음이 주거환경의 크나큰 문제이다.

  인간의 귀는 들릴까말까 하는 5만분의 1Pa(파스칼)부터 고통을 느끼게 되는 20Pa까지 다양한 음압(音壓)의 소리를 식별해 내고 인간의 귀가 가려내는 소리는 100만 가지에 이른다.

  소음에 대한 영향은 청각이 점차 둔화되거나 불면증으로 인해 심리적·생리적으로 안 좋은 변화가 나타날 수 있다. 또한 고막에 질환이 생겨 귀머거리가 될 수도 있다.

  소음에 의한 청각 둔화의 일시적인 경향은 저진동수보다 고진동수에서 또한 낮은 dB에서 흔히 발생하고, 영구적인 경향은 SPL이 105dB인 환경에서 1일 8시간 이상 매일 듣거나 40,000Hz 부근에서 흔히 발생한다.

소음은 작업장에서 직업병을 일으키는 네 번째 원인으로 꼽히고, 유럽은 작업장의 소음을 80dB로 제한했으며, 세계보건기구(WHO)는 소음과 연관된 질병이 크게 증가하는 현상에 주의를 기울이고 있다.

소음의 결과는 청각 자체에 영향을 미친다. 사람의 중이(中耳)부분에 소음차단기능을 하는 근육이 있는데 근육을 수축시키는 반응시간이 느려 갑작스런 소음으로부터 귀를 적절히 보호하지 못하여 오랜 시간 시끄러운 환경에

소음은 청각장애 및 심장박동과 호흡에 변화가 생기고 면역체계에도 영향을 미치며 고소음은 고혈압과 심근경색을 일으킬 수 있다.

노출되면 이 근육이 무력해진다. 그리고 소음은 귀가 아닌 다른 인체기관에 영향을 미치는데 공항 근처에서 5년 정도 산 사람은 심장박동과 호흡에 변화가 생기고 면역체계에도 영향을 미치며 60dB이 넘는 소음은 고혈압과 심근경색을 일으킨다는 연구 결과도 있다.

어린이들이 소음에 노출될 경우 언어습득 능력이 저하되는 것으로 나타났다. 이처럼 소음은 인체건강에 직접적으로 흉하게 작용하며 특히 수면시간대에 소음이 발생하는 주거지역은 흉한 요소를 갖고 있는 것이다. 그래서 조용하고 아름다운 소리가 들리는 곳은 명당조건 중의 하나이다.

■ 악취의 흉작용

냄새는 좋은 냄새를 뜻하는 향기와 나쁜 냄새를 뜻하는 악취로 구분된다. 악취는 사람마다 다르게 느끼기 때문에 악취의 표현방법이 명확하지 않다.

악취성 물질은 일종의 대기오염 물질이지만 유해가스와는 다르다. 악취 공해의 가장 큰 특징은 후각에 의한 감각이며 심리적인 요인에 의해 크게 작용한다는 점이다.

냄새는 화학적으로 일어나는 감각이고 한 종류의 냄새에 대한 불쾌감은 사람마다 다르게 느껴지며 다음과 같은 특징이 있다.

악취성 물질은 대기오염에 속하며 심리적인 요인에 의해 크게 작용하는데 생소한 냄새는 불쾌감이 더하고 오래 접촉한 냄새는 후각이 쉽게 피로해져 잘 느끼지 못한다.

하나는 생소한 냄새로 익숙한 냄새보다 더 쉽게 알 수 있을 뿐만 아니라 익숙한 냄새에 비해 불쾌감을 더 많이 유발시키고, 다른 하나는 한 종류의 냄새와 오래 접촉하면 익숙하게 되며 그 농도가 변할 때에야 알 수 있게 된다는 점이다. 이는 후각의 감각 능력이 쉽게 피로해지기 때문이다.

냄새에 대한 사람의 반응을 따질 때 시간과 장소는 중요한 심리적 요소이다. 즉 거리를 걸으면서 식사시간 전 허기질 때 맡는 빵 냄새와 식사 후의 빵 냄새가 아주 다르다는 것을 누구나 느꼈을 것이다.

다음의 악취 판정표에서 악취도가 4인 '극심한 취기'와 5인 '참기 어려운 취기' 배출 원인인 대형 축사시설, 페인트 제조공장, 플라스틱 제조공장, 폐기물 소각장 등의 인근은 풍수적 환경요인으로 볼 때 흉한 터라 볼 수 있다.

악취 판정표 (5점 스케일)

악취도	악취강도 부분	비 고
0	무취(none)	상대적으로 무취이며 평상시 후각으로 아무것도 감지하지 못하는 상태의 취기를 말함
1	감지취(threshold)	무슨 냄새인지는 알 수 없으나 냄새를 느낄 수 있는 상태의 취기를 말함
2	보통취(moderate)	무슨 냄새인지 알 수 있는 상태의 취기를 말함
3	강한취기(strong)	쉽게 감지할 수 있는 정도의 강한 냄새를 말하며, 예를 들어 병원에서 특유의 클레졸 냄새를 맡는 상태의 취기를 말함
4	극심한 취기(very strong)	아주 강한 냄새, 예를 들어 여름철에 재래식 화장실에서 나는 심한 상태의 취기를 말함
5	참기 어려운 취기 (over strong)	견디기 어려운 강렬한 냄새로서 호흡이 정지될 것같이 느껴지는 상태의 취기를 말함

악취를 제어하는 방법으로 냄새를 분산시켜 농도를 약하게 하는 방법과 좋은 냄새의 강도를 증가시켜 원래의 나쁜 냄새를 약화시키는 방법이 있는데, 대체로 다음과 같은 방법이 이용되고 있다.

악취를 제거하는 방법으로 환기, 흡착, 흡수, 응결, 연소산화법 등이 있는데 악취는 불쾌감을 주고 건강에 지장을 초래한다.

환기는 냄새를 가진 공기를 분산시켜 제거하거나 한곳에 제한시키는 냄새 통제 방법으로 널리 사용되고 있다. 굴뚝을 높게 하여 냄새나는 공기를 대기 중으로 방출시키고 창문을 통해 새로운 공기를 유입시키는 방법도 있다.

흡착·흡수는 냄새를 가진 가스의 양이 적을 경우 활성탄과 같은 흡착제를 사용하거나 세정기를 통하여 제거하는 방법이며, 이외에도 응결, 연소산화법 등이 있다.

악취에 대한 불쾌감을 느끼면 기분이 저하되어 일의 능률이 떨어지고, 머리가 무겁고 식은땀이 나는 등 악취물질의 흡입만으로도 건강에 지장을 초래한다. 특히 악취가 심한 공장 주변 거주자들에게 호흡기계통 질환에 대한 피해 사례가 많고, 악취 발생 장소 주변은 흉한 터로 주거지나 사무실이 있기에는 적합치 않다.

6 공간 형태가 인체에 영향을 준다

생명체의 근원 형태는 원에 가깝다.

난자의 현미경에 의한 모양이 그렇고, 모태의 양수공간이 그렇고, 알의 모양이 그렇다. 원형은 외부와의 접촉 면적을 최소화한 공간형태로 자기 보호적 공간이다.

땅은 음양이론에서 생명체를 낳고 키워주는 것이 어머니와 같다 하였다. 땅이 모성적인 기능이 있듯이 땅위에 있는 집 또한 모태의 연장이다. 세상에 태어나서 성장과정이 집안에서 이뤄지기 때문에 원시적 본능론에 비춰보아도 모태의 공간형태와 주거공간은 연관성이 깊다.

> 원형의 공간형태는 외부와의 접촉면적을 최소화한 자기 보호적 공간이며 원형은 공간의 울림, 소리, 공기의 회전이 좋은 이상적인 공간이다.

땅을 비롯한 모든 자연은 모든 생명체의 1차 태반이고, 어머니는 2차 태반이며, 집은 3차 태반이다. 집을 둘러싸고 있는 고을이나 도시는 4차 태반이다. 그러므로 주변의 자연형태 중 산의 형태와 주거형태는 음양의 조화에 걸맞게 형태의 조화를 이루어야 길상인 것이다.

건축형태에 따라 발생하는 기운이 다르다는 것은 공간에서 발생하는 기운 중 공간의 울림, 소리, 공기의 회전 등이 다르게 나타나기 때문이다.

건축 자재와 공간이 어우러져 발생하는 울림은 돌, 목재, 쇠 등에서 차이를 보이고, 형태에 따라서 차이가 크다는 것은 우리가 만드는 북도 같은 쇠가죽 재료이지만 크기나 모형에 따라 울리는 느낌과 소리에 대한 감정이 다른 것과 같다.

소리의 울림이 닿는 형태나 재질에 따라 아름답게 들리기도 하고 불쾌하게 들리기도 하는데 1차적으로 원형공간은 무난하다. 사람의 목소리와 관련된 형태는 둥글며, 대부분 불어서 소리를 내는 악기는 원통형이다. 이처럼 둥근 공간에서 나는 울림 소리는 아름답다.

대기권에서 온도차에 의해 대류현상이 일어나고 이에 의해 바람이 생긴다.

실내공간도 마찬가지이다. 상하의 온도차에 의해 창문이나 출입문에서 유입된 공기는 움직이게 된다. 즉 더운 공기는 위로 상승하기 때문에 회전하는 것이다. 그리고 공기 회전이 순조로운 공간이 생기가 있는 공간으로 정육면체 공간이 원형에 가깝기 때문에 공기회전이 좋은 생기공간이 되는 것이다.

정자도 팔각정이나 오각정의 정자가 아름답게 보이는 것도 미와 생기공간과의 연관성 때문이며, 미감이 원형에 가까운 팔각정에서 더 느껴지는 것도 상관성이 있다고 본다. 지붕형태에서 볼 때 세계의 기념비적 건축물의 지붕형태는 돔 구조가 많다. 돔 지붕구조가 안정적이고 편안한 느낌을 주는 것은 모태의 원형생기 공간형태와의 연속적인 맥락 때문이다.

지붕은 비바람을 막아주는 역할과 건물의 기운을 모아주는 공간 형성을 하기 때문에 지붕형태가 명당과 흉당을 구분짓는 중요한 요소이다. 지붕의 양쪽 높낮이가 다르고 양쪽의 균형이 맞지 않으면 안정되어 보이지 않을 뿐만 아니라 공간 전체의 공기 흐름이 좋지 않다.

용마루가 집의 크기에 비해 짧으면 중심부분에 기운이 잘 모이게 된다. 피라미드형태나 돔형이 좋은데 지붕의 중심부분이 높으면 기운을 모아주는 효과가 크다.

옛 소련의 저명한 유전학자이며 의사인 겐나디 베르디세프 박사는 노화방지를 연구하고 있는데 고대 이집트의 피라미드 구조물 안에서는 영하 15도의 추위에도 물이 얼지 않는다는 신비한 사실을 보여줘 피라미드 박사로 유명하다. 그는 키예프 근교에 축소한 피라미드를 짓고 살며 피라미드와 장수와의 연관관계를 연구하고 있는데 공간의 형태가 건강장수와 관계가 있다는 해석은 긍정적이다.

요즘 일반적인 주택이나 아파트의 천장높이가 보통 2.4m(약 8자) 내외인데, 천장이 낮으면 에너지 절약 효과는 있지만 아파트 건축에서 보면 층수를 늘리기 위한 목적이 더 컸다고 본다. 천장의 높이는 방의 가로·세로·높이가 같은 정육면체 형태일 때 가장 이상적이다. 방은 작은데 천장이 지나치게 높은 것도 기운이 모아지지 않아 좋지 않다. 음양이론으로 볼 때 천장이 높으면 사람에게 높은 이상을 갖게 하고 천장이 낮으면 이상이 부족하여 너무 현실적이며 물질적인 가치만을 추구하게 된다고 하였다.

천정의 높낮이와 형태를 간추려 볼 때 ① 중심부분이 높은 천장은 길하다. ② 중심부분이 낮은 천장은 기운이 중심에 모이지 않고 분산되어 흉하다. ③ 대부분의 천장형태인 평탄한 천장은 무난하다. ④ 중심에 대들보가 내려온 천장은 기운이 좌우로 분산되어 불길하다. ⑤ 천장 양쪽 끝의 높이가 다르면 안정감이 없어 불길하다. 단 예술적 공간 연출은 필요에 따라 색다른 인상을 줄 수 있다. ⑥ 돔형 천장이 가장 길하다.

사람의 성격과 천장의 높낮이를 볼 때 내성적인 사람이 쓰는 방은 천장을 높이고, 주위가 산만하고 너무 자유분방형인 사람의 방은 천장을 낮게 하는 것이 좋다. 천장이 낮으면 사고가 편협하고 소심하게 된다.

천장이 낮으면 사고가 편협하고 소심하게 된다. 너무 자유분방형인 사람은 방의 천장을 낮게 하고 방 크기도 작게 하는 것이 좋다.

방의 크기로 볼 때, 사교성이 없고 질투심과 욕심이 많은 아이는 큰 방이 좋고, 산만하고 자유분방한 아이는 작은 방에서 생활하게 될 경우 침착해지고 인내심도 길러진다.

생명체의 주요 구성물질인 물의 분자모형이 5각형에서 6각형으로 변하는 육각수는 생명수라 불리운다. 또한 눈 결정의 모형도 정육각형에 가까운데 정육각형의 모형도 생명력이 있는 생기의 형태이다.

가장 작은 독립적 입자인 원자는 +전기를 띤 원자핵을 중심으로 그 주위에 −전기를 띤 전자가 운동하고 있는데 이 운동이 원회전운동이고, 지구도 자전과 공전을 할 때 이러한 원의 형태로 운동을 한다. 모든 원회전운동은 이와 같이 생명력의 표현인 것이다. 원형에 가장 가까운 공간이 공기회전이 용이하기 때문에 생기공간이 되는 것이다. 평면에서 가로 : 세로 비율이

원형의 공간에 가까운 정육면체 공간 그리고 원에 가까운 정육각형 모형 또는 가로, 세로 비가 황금 분할비 내의 평면구조는 모두 생기 형태이다.

1 : 1.618까지는 회전이 원활한 명당구조, 즉 생기공간으로 분류하고 있는데 황금분할비에 근거한 것이다.

요즘 아파트 구조에서 넓은 평면에 낮은 천장은 이상적인 생기공간이 못된다. 이런 아파트에서 천장 쪽을 보면 어쩐지 답답한 느낌을 주는데 그 이유는 공기회전이 잘 안되고 이는 바닥면만 넓은 직육면체 구조로 되어 있기 때문이다.

바닥의 길이와 천장의 높이가 1 : 1.618 내의 비율이 되는 적절한 천장높이 구성이 환경풍수적 차원에서 활용되길 기대한다.

상가건물에서도 전면 길이에 비해 깊이가 짧은 구조의 가게는 밖에서 보고 안으로 들어가 상품을 고르려 할 때 별다른 흥미유발이 없지만, 깊이가 긴 가게는 안으로 들어갈수록 진열된 새로운 상품에 대해 흥미유발이 되어 가게 내에 오래 머무르게 되고, 상품 구매 충동이 생기게 되어 장사가 잘되는 것이다.

물론 이상적인 평면구조는 전면의 길이와 깊이가 황금분할비내의 정사각형에 가까운

것이 생기공간이며 이는 밖에서 보는 효과와 안에서 느끼는 효과가 적절히 조화된 이상적인 미감(美感) 비율이기 때문이다.

만약 삼각형 평면구조라면 공간활용면에서 불편할 뿐만 아니라 뾰족한 외형에 의해 칼끝 같은 공격적 느낌을 받게 되어 이용하는 사람 모두에게 심리적 불안을 초래하여 흉성(凶性)이 강한 흉격이 되는 것이다.

건물의 충고에 대해 음양의 조화원리에 비춰볼 때, 높은 산맥은 음에 해당되지만 높낮이만으로 보면 크고 높은 것은 양성이고 물같이 평평한 것은 음성이므로 높은 산마루나 구릉은 양이고 낮은 평지는 음에 해당되기 때문에 산마루나 높은 구릉 위에 건축을 할 때는 음양의 조화를 맞춰 충고가 낮은 건축물을 지어야 하고, 평지에는 충고가 높은 건축물을 지어야 음양의 궁합이 맞는 것이다.

즉 산마루나 구릉지의 건물은 건물 입지조건과 미감의 조화 그리고 겨울 찬바람에 대한 건물의 온도 보존 등 음양의 조화와 환경조건 적응측면에서 볼 때 단층건물이 합당하다. 고산 구릉지대에서 자라는 수목이 작은 키로 환경조건에 적응하고 있는 것을 보아도 쉽게 이해할 수 있을 것이다.

필자가 제주여행 중에 환경이 다른 두 군락 터의 다년생 쑥부쟁이 꽃을 [에세이 3]에서 비교하여 렌즈에 담았다.

에세이 3

키 큰 쑥부쟁이, 키 작은 쑥부쟁이

제주도 남제주군 성산읍 성산리 114번지에 위치한 성산일출봉은 제주관광의 기본코스이다.

2003년 11월 11일 필자는 해안 암벽 위 산허리에 피어 있는 국화과의 야생화 '쑥부쟁이'를 오감으로 마주하였다. 연보라빛 꽃잎을 세차게 나부끼며 작은 키에 자꾸만 고개 숙여 인사하는 쑥부쟁이는 민둥산에서 갯바람을 맞받고 있었다. 저만치 산허리에 큰 키를 우뚝 세운 쑥부쟁이는 갯바람을 모르는 듯 그냥 오가는 사람에게 가만히 서서 눈인사를 하고 있었다.

쑥부쟁이는 앉은자리에 따라 키 크게 군락을 이루

키 큰 쑥부쟁이 군락

기도 하고, 키 작은 놈끼리 모여 있기도 한다. 키 큰 쑥부쟁이가 있는 곳은 조금 더 환경이 좋아 보이지만 다른 잡풀과 앉은자리의 싸움이 심해 보였다. 쑥부쟁이가 그렇듯이 좋은 터는 노력하는 사람만이 얻을 수 있는 곳이라 생각한다.

키 작은 쑥부쟁이 군락

실내환경 중에 공간비에 따른 실내공기 회전운동은 바닥과 천장 높이의 차에 따라 다르다. 실험을 통해 공기의 유동현상과 온도의 윤곽표시가 어떻게 나타나는가를 확인해 보자.

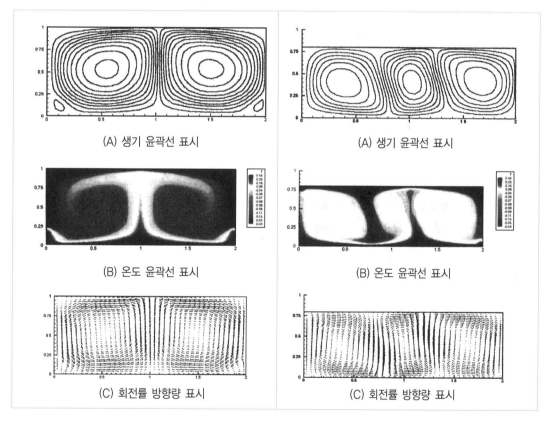

(A) 생기 윤곽선 표시	(A) 생기 윤곽선 표시
(B) 온도 윤곽선 표시	(B) 온도 윤곽선 표시
(C) 회전률 방향량 표시	(C) 회전률 방향량 표시

종횡비 2 : 1인 경우의 열유동	**종횡비 2 : 1보다 큰 경우의 열유동**

실험에서 바닥과 높이의 비율차가 적은 조건(좌측 그림)에서는 기운(공기, 온도 포함)의 순환이 중심에서 좌우로 조화롭게 퍼져 있고, 바닥에 비해 높이가 낮은 조건(우측 그림)

에서는 전형적인 부분 고립 현상으로 전체 공간의 기운 순환이 안되는 것을 볼 수 있다.

7. 8방위와 상징 신체부위

땅의 모태인 지구와 우주의 기운을 받고 태어난 인간은 땅과 인간과의 상관관계 속에서 땅위에 존재하고, 자연순환의 기운이 통하는 공간인 집에서 생명과 건강을 유지하며

> 집의 중심에서 보아 8방위 중 어떤 방위의 집 구조가 흉상이면 해당 방위의 신체 부위가 흉한 기운을 받아 나빠지고, 반대로 해당 방위가 길상이면 해당 신체 부위에서 좋은 반응을 나타낸다.

지구–인간–집이 상통된 연결고리인 우주의 기운(즉, 우주공간의 모든 기운이 승화된 자연의 힘)에 의해 생명력을 지탱하고 있다. 우주의 이치에서 형이하학적인 작용력을 중시한 문왕후천8괘방위를 적극 활용하여 양택풍수에서 방향에 따른 가옥의 배치구조를 결정하고 동·서사택 8방위도와 신체 부위를 지배하는 8괘 방위상을 도출하여 오행과 연관된 신체오장에서 더 나아가 8개 방위와 연관된 신체 부위로 더 세분화시켜 활용할 수 있다.

집의 구조를 8방위로 나눠 해당 방위가 흉상(凶相)이 되면 그 방위상의 흉기(凶氣)가 사는 사람의 신체 부위에 나쁜 영향을 미쳐 해당 부위의 신체기능이 약화되고 관련 질병을 앓게 되거나, 반면 해당 방향의 집이 길상으로 깨끗이 관리되면 해당 신체 부위가 좋은 반응을 나타낸다는 것이다.

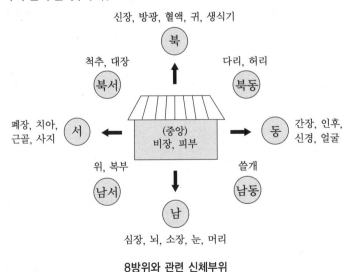

8방위와 관련 신체부위

※ 집의 자북 해당방위가 튀어나온 철(凸)형은 길상으로 보고, 오목하게 들어간 요(凹)형은 흉상으로 보는데 요 · 철 정도는 약간(가상직사각 대지에서 요철 부위가 30% 범위 내) 변형된 것을 말한다.

8. 잠자리가 편한 안방(침실) 구조

양택3요(陽宅三要)에서 3요란 주택의 3요소를 이루는 안방, 부엌, 대문을 말하며, 사람은 태어나서 살아있는 동안 1/3 가량은 무의식의 세계인 수면상태에서 지낸다.

집의 용도는 크게 취사와 휴식공간인데, 휴식은 기운을 충전하는 수면이 대부분이다. 옛날에는 맹수나 적으로부터 안전한 수면을 위해 집의 구조를 만들었으며, 현대에도 가족의 안전, 특히 편안한 수면보장을 위한 주거구조의 집을 짓는 것이 건축가의 몫이 되었다. 생활에서 수면은 건강한 생존을 위해 꼭 필요한 일상이기 때문이다.

낮 시간에 주로 이루어지는 노동은 심신을 긴장시키므로 자율신경 중 교감신경을 자극하게 되는데 이때 아드레날린호르몬 분비가 촉진되고, 인간의 수렵시대 상처에 대비해 생겨난 원시적 본능에 의해 큰 세균을 죽이는 과립구가 증가되며, 이때 수명을 다한 과립구는 조직세포를 파괴하는 활성산소를 대량 발생시킨다.

> 노동은 교감신경을 자극하여 과립구가 증가되고 수면은 부교감신경을 자극하여 임파구가 증가되는데 적절한 노동과 충분한 수면은 건강을 지키는 기본이다.

반면에 수면은 자율신경 중 부교감신경을 자극하여 아세틸콜린호르몬 분비를 촉진시켜 혈관이 이완되면 혈액순환이 순조로워 체내노폐물을 몸 밖으로 내보내며 암세포를 죽이는 임파구가 증가된다. 과로하지 않는 적절한 노동과 충분한 수면은 건강을 유지하는 생활의 기본이다.

교감신경의 우세(노동, 과립구 증가)와 부교감신경의 우세(수면, 임파구 증가)는 시소 놀이기구와 같아 적절한 밸런스 유지가 건강을 지키는 것이다.

어떤 대지를 환경풍수적 안목으로 구획하고, 건물의 방향을 자연환경친화적, 즉 환경풍수적 방식으로 잡아 건물공간 내에 각 방과 부엌, 화장실을 배치하고 창호의 크기와 위치를 정하는 것이 환경건축의 기본설계이다. 특히 안방(침실)의 설정이 잘되고 잘못되고에 따라 건강을 보장받느냐 못 받느냐가 결정된다.

최종적으로 안방(침실)의 잠자리 위치 설정으로 보완을 해야 하는데 안방의 위치와 방향 그리고 잠자리 위치에 대해 알아보자.

경복궁에서 왕의 정침인 강녕전과 왕후의 정침인 교태전은 궁궐의 출입문인 광화문에서 볼 때 중앙 안쪽 후면에 위치해 있다. 이것으로 볼 때 안전을 고려했다는 점을 알 수 있다.

안방의 위치를 보면, 첫째 안전해야 하므로 출입문에서 볼 때 중앙 안쪽이 합당한 위치이고, 둘째 건물의 중심점에서 볼 때 젊은 사람에게는 아침햇살이 먼저 비쳐 활기를 넣어주는 동쪽 방향이 좋고, 동남쪽은 아침 기운과 태양의 기운이 강하여 모든 사람에게 좋으며, 서쪽이나 북서쪽은 나이든 사람에게 안정된 기운을 심어주므로 무난하다. 셋째 침대의 머리 방향은 지자기 자력선의 밀도가 높은, 즉 자력이 센 자북과 자남은 숙면에 방해가 되어(이귀문 흉방의 과학적 입증 참조) 좋지 않다. 반면에 동쪽이나 서쪽 방향은 무난한데 창문이나 출입문의 위치를 고려해야 한다. 머리가 창문이나 출입문에 맞닿으면 외풍을 직접 받게 되고 바깥에서 들려오는 소음이나 바람소리가 들려 숙면에 방해가 될 수 있으므로 취침 때 창문이나 출입문에 머리가 맞닿지 않도록 해야 한다.

사람은 태어날 때 본명성이라는 중앙별을 중심으로 한 자성을 받고 태어나는데, 자신의 본명성 방위와 8방위 관계를 보고 자신에게 미치는 우주기의 작용력을 구분짓는 것이다.

앞에서 말한 기본적인 안방의 설정기준 외에 사람이 태어날 때 천명(天命)이라는 우주자연의 힘인 자성(磁性 : 氣星)의 영향을 받는데 이를 본명성(本命星)이라 한다. 본명성은 연반(年盤)을 말함인데, 연반을 변위구궁도(變位九宮圖)의 중궁(中宮)에 놓으면 그 해에 기성(氣星)들이 회좌(回座)해 있는 위치를 알 수 있다. 구성(九星)이라는 아홉 개의 별은 해마다 역행하여 중앙의 별의 위치가 바뀌었는데 태어난 해의 별이 중앙에 자리잡았을 때 이것을 본명성이라 하는 것이다.

사람이 자고 있을 때는 무의식의 상태이고 외부작용에 대해 무방비의 상태이기 때문에 외부의 길·흉의 작용이 몸속으로 쉽게 들어오게 되어 차게 자면 감기에 쉽게 걸리는 것과 같다.

충분한 수면은 대뇌발달에 좋고 기억력과 학습효과를 강화시킨다. 수면이 부족한 상태에서 암기할 경우 단기 기억은 가능하나 장기 기억은 어려운데 이는 수면부족으로 피로하게 되면 기억의 연결고리를 끊어버리는 대뇌의 기억장치 때문이다. 피로가 풀린 후 뒷날 기억이 되살아나는 경험을 종종 해 보았을 것이다.

수면은 시각과 제일 관계가 깊고 빛이 눈의 망막을 자극하면 자극이 망막 시상하부관을 통과하여 시상하부의 '시교차상핵' 안에 있는 생체시계가 가동되는데 생체시계는 여러 가지 신경전달물질을 분비해 인간의 생체주기를 조절한다. 시교차상핵을 통과한 자극은 '상경부신경절'을 통해 송과체로 전달되는데 송과체에서는 빛의 자극이 있으면 멜라토닌호르몬 분비를 중단하고, 빛의 자극이 없으면 멜라토닌호르몬을 분비하여 쉽게 잠이 들도록 하는 것이다. 그래서 숙면을 위해서는 어둡게 하고 자는 것이 좋다.

반면 대부분의 인체 오감이 머리에 있기 때문에 외부의 자극이 숙면을 방해한다고 볼 때 자신의 본명성은 천기(天氣)가 강한 것으로 팔괘방위에 대입한 본명성 방위에 오감의 대부분이 있는 머리를 향하고 자면 숙면에 방해가 될 것인가에 대해 상반된 두 개의 견해차를 보인다. 외부로부터 기운을 얻고자 할 때는 본명성 방향에 머리를 두고 자는 것이 좋고, 다만 숙면을 바라면 본명성 방향이 불리하다고도 볼 수 있다.

필자의 견해로는 본명성은 기성(氣星)으로 여기서 기는 자성(磁性) 등 기운으로 본다. 자성은 혈액 중 헤모글로빈을 끌어당기는 작용에 의해 머리를 자신의 본명성 방향에 두면 숙면에 장해가 될 수 있다고 본다. 그러나 집의 구조에서 중심점을 잡고 침실의 위치만을 볼 때 동사택, 서사택에서 본명성의 방위를 기준으로 침실의 위치가 사길방에 들어가 있으면 무방하다.

사길방과 작용에 대해 보면 ① 생기방(生氣方)−적극성의 확산작용, ② 천의방(天醫方)−결합성의 내취작용, ③ 연년방(延年方)−건설성의 왕래작용, ④ 복위방(伏位方)−완화성의 확산작용을 각 방위에 따라 달리하는데 건강면에서 걱정된 사람은 침실을 천의방에 배치하고, 대인관계를 호전시키고자하는 사람은 연년방으로 옮기도록 하며, 생식능력을 향상시키고자 하면 생기방으로 하고, 경제력을 증가시키고자 하면 복위방으로 하면 된다.

여기서 주의해야 할 점은 침실의 방위가 집의 중심에서 볼 때 본명괘에서 사길방에 들어가 있어야 길하다는 것인데, 만약 침실이 사길방에 들어가 있지 않을 경우에는 침실을 하나의 독립된 공간으로 보고 침실의 중심에서 침대나 취침 위치를 사길방에 들어가도록 위치 설정을 조절해야 한다.

> 침실의 방위가 집의 중심에서 볼 때 사길방에 들어가 있어야 좋은데 침실의 위치가 어려우면 침대 위치를 바꾸면 된다.

침대의 방향 선정에는 지자기의 자력선 방향, 출입문과 창문의 위치, 본명성의 방위기준 등을 고려하여 선정해야 하는데 3가지가 모두 합당하면 침대 사용자에게 제일 좋은 방향이라 볼 수 있으나 결함되면 침대 사용자의 본명성 및 환경조건에 따라 최우선 방향으로 결정하면 된다.

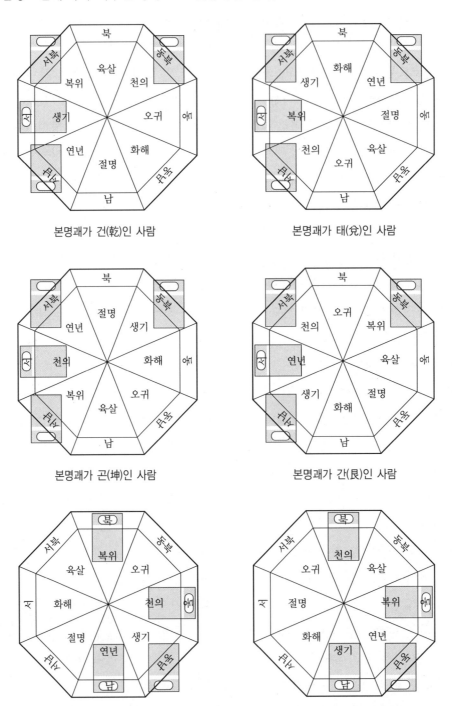

본명괘가 건(乾)인 사람

본명괘가 태(兌)인 사람

본명괘가 곤(坤)인 사람

본명괘가 간(艮)인 사람

본명괘가 감(坎)인 사람

본명괘가 진(震)인 사람

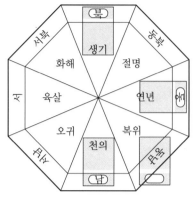

본명괘가 손(巽)인 사람

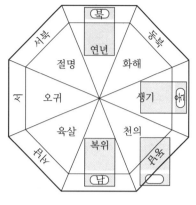

본명괘가 이(離)인 사람

본명괘에 의한 사길방의 침대위치

※ 자신의 본명성(본명괘)을 알기 위해서는 태어난 해의 간지로 해당 구성을 알아내고 그때 관계된 구궁을 찾으면 된다. 본명성을 찾는 방법은 첫째마당 07의 '3. 업무가 잘되는 사무실 풍수'에서 '태어난 해의 간지로 찾는 본명성' 표를 참고하기 바란다.

침실의 인테리어는 어떻게 해야 하는가.

• 침대는 벽면과 20cm 가량 띄어 놓아야 공기가 순환되고, 벽면의 찬 기운에 의한 건강의 해침을 방지한다.

• 침실의 전체적인 분위기는 항시 밝아야 하므로 어둡거나 칙칙한 색의 벽지는 피해야 한다. 특히 좁은 방의 벽지나 바닥 색을 짙게 하면 더 좁아 보이고 침울해지므로 피해야 한다.

• 침실의 거울은 침대의 발쪽 벽에 걸어두면 자고 난 부스스한 상태의 자신의 모습 때문에 불쾌감이 들어 하루를 시작하는 기분이 좋지 않으므로 침대와 떨어져야 하고, 침대에 누워서 볼 때 거울은 측면에 있는 것이 무난하다.

> 침실의 인테리어에서 침대는 벽면과 20cm 가량 띄어놓고, 벽지는 밝아야 하며, 침대와 거울은 떨어져 있어야 하고, 외출복 거는 행거는 침실에 없어야 한다.

• 침실에 행거를 놓고 외출복을 걸어 두면 외부공기 중에서 묻혀온 먼지와 공해입자, 세균들이 방안에 퍼져 건강에 해롭기 때문에, 외출복은 장롱 속이나 드레스 룸에 넣어두는 것이 좋다.

• 장롱 위나 침대 밑에 잡다한 물건을 놔두면 먼지가 쌓이고, 쌓인 먼지 속에 진드기 등이 번식하여 알레르기를 일으켜 건강을 해치게 된다.

• 신축건물이나 새로 꾸민 인테리어에서는 발암물질인 포름알데히드 성분 등이 발생하

는데 환기를 자주 해주는 것이 필요하다.

• 현관 출입문 또는 주차장 진입로와 안방이 접해 있으면 소음으로 숙면에 방해를 받고, 욕실이나 화장실이 딸려있는 안방은 화장실의 자연환기(또는 강제환기)가 중요하며, 부엌조리대와 안방이 가까우면 부엌의 음식냄새가 베어 들어와 좋지 않다.

이와 같이 침실은 가족 건강과 직결된 데다 수면 중에는 무의식 상태로 인해 작은 외부영향에도 인체가 민감하게 반응하여 길 · 흉의 영향이 크게 나타나는 것이다.

9. 전자파의 인체 영향

현대사회의 생활공간은 전자제품으로 치장되어 있다 해도 과언이 아닐 정도로 우리는 전자제품의 홍수시대에 살고 있다. 더구나 한나라의 전반적인 발전 척도가 첨단 전자산업이 어느 단계까지 발전되어 있느냐로 구분지어질 만큼, 요즘 각 나라들은 전자산업 발전에 몰두하고 있다.

> 전자제품에서 나오는 플러스이온(양이온)은 인체유해파장이며, 각종 전자제품 증가로 유해전자파에 대한 문제가 더욱 심각해지고 있으므로 전자제품 자체의 전자파 감소 기술 개발이 절실히 요구된다.

전자산업 발전이 인간의 편리욕구를 충족시키고 삶의 방식을 다채롭게 하여 즐거움과 삶의 질까지도 상승시키는 긍정적인 면이 있는 반면, 사람의 심리적 안정과 건강 측면에서 볼 때 전자제품에서 나오는 플러스이온(양이온)이라는 인체유해파장에 의해 건강이 침해받고, 소음에 의한 심리적 자극 등으로 피해를 호소하고 있다.

최근 미국에서는 장시간 이동전화를 사용한 소비자가 뇌 부위의 병상 원인이 이동전화 사용 때 발생하는 마이크로파에 의해 발병한 것이라며 제품생산회사를 상대로 손해배상을 청구하여 승소한 경우도 있다.

요즘에는 생활가전에서 인체에 유익한 마이너스이온(음이온)을 방출하는 기기가 개발되어 널리 보급되고 있는데, 이는 고압의 음이온을 발생시켜 오염된 공기에 많이 포함된 양이온과 결합하여 공기청정효과는 있으나 고압에 의해 높은 전계가 형성되어 이 또한 인체 건강에 득실(得失)이 따른다.

특히 사무실용 전자기기가 밀집해 있는 사무실 등에서는 장시간 사용이 불가피하여 유해전자파 차단이 절실하며 사무원들의 건강유지가 업무실적에 직결되어 있어 고용주의 관심이 요구되는 사안이라 본다.

　필자가 TV 건강 관련 프로그램에서 컴퓨터 작업이 30분 이상 지속될 경우 전자파에 의해 피 흐름 질서가 뒤엉키는 자료화면을 시청한 바로 볼 때, 인체 건강에 유해전자파 발생기기가 얼마나 나쁜 영향을 주고 있는가를 짐작할 수 있었다.

　풍수지리의 방향 관련 원리에서도 지구가 하나의 커다란 자석이며 자장을 갖고 있기 때문에 인체의 자장과 상호작용에 있어 혈액 내 적혈구 중 Hb(헤모글로빈 : 철 성분 함유물)의 반응과 관련이 깊다는 것을 알 수 있다.

　전자파의 물리적 성질에 대해 보면,

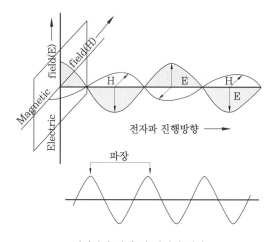

전자파의 자계 및 전계의 파장

※ E는 전계이고 H는 자계로서 전계와 자계가 직각을 이루면서 다른 직각방향으로 진행하는데, 파장은 전자파의 최대값에서 다음 최대값까지의 거리이고 주파수가 높을수록 파장이 짧아지며 전자파의 에너지가 증가된다.

- 전자파란 주파수에 따라 0 Hz인 직류부터 10^{22} Hz인 감마선에 이르기까지 광범위한 주파수(초당 사이클의 수를 나타내며 단위로 Hz를 사용하는데 우리가 사용하는 전력은 교류 60 Hz로 초당 60번의 +와 −의 극성이 바뀜)의 영역을 갖는 일종의 전자기에너지로서, 빛의 속도와 같이 초당 약 30만 km 속도로 진행한다.

　전기장(전계)과 자기장(자계)은 자연이나 모든 생물체에서 발생하며 중력과 같은 자연의 기본적인 힘 중의 하나이다. 인체 구성 분자들이나 모든 생명체 또는 무생물도 전기장을 갖고 있다. 인체의 신경계 내에서 전달되는 명령도 전기장과 자기장을 발생시키는 것이다. 차문을 열려고 손을 댔을 때의 짜릿한 충격은 전기장에 의한 것이다. 플러그가 꽂혀 있는 전기제품은 전원주파수인 60 Hz의 전기장 및 자기장을 발생시킨다.

- 주파수가 높을수록 전자파의 에너지가 증가되는데, 전자렌지는 2,450 MHz의 높은 마이크로파를 음식에 가하여 음식에 포함된 물분자를 가열시켜 음식물을 뜨겁게 데우는 것이다.

　휴대폰도 800~900MHz의 마이크로파를 사용하므로 안테나로부터 송신되는 전자파가 뇌속으로 전파되어 뇌세포의 온도를 높임으로써 문제가 되고 있는 것이다. 광선도

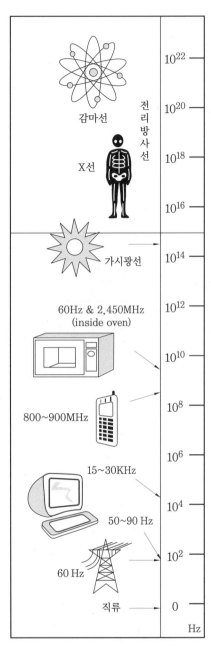

전자파로서 자외선, 적외선, 가시광선으로 분류되며, 그 중 자외선의 파장이 가장 짧아 에너지가 강하며 햇빛을 받을 때 자외선에 의해 피부암이 발생하는 것이다. X선 및 감마선은 전리방사선이라 하여 강한 에너지로 인체에 투과할 때 유전인자가 이상을 일으켜 암이 발생할 수도 있는 것이다.

전계 세기의 단위는 meter당 volt, 즉 v/m이고 자장의 세기 단위는 gauss와 tesla가 있다. 가우스 단위에서 1G의 1/1,000인 mG를 많이 사용한다.

- 전계에 대한 개념은 중력과 같은 것이며, 모든 질량이 있는 물체(인체나 지구 등) 주위에는 중력장이라 불리는 것이 있다.

모든 물체들은 지구의 질량에 의해 형성된 중력장으로 인해 지구 중심 쪽으로 당겨지는 것이다. 전계는 전하들이 양전하 혹은 음전하를 띰으로써 다른 전하들에 영향을 미치는 힘을 말하는데 양전하는 음전하를 당기고 양전하를 밀어낸다.

높은 전압이 있는 물체가 더 많은 전하를 운반하기 때문에 높은 전압의 물체가 더 강한 전계를 형성한다.

전계나 자계는 모든 전하에 의해서 형성되는데, 양전하와 음전하는 자연이나 모든 전기적인 것들에 존재하며 모든 전하들은 전계라 불이는 것에 의해 둘러싸여 있고, 각각의 전하는 전계에 의해 힘을 받는다.

- 자계에 대해 알아보면, 전하가 움직일 때 즉 전류가 흐를 때 전하들은 각기 서로에게 힘을 가한다.

자계는 움직이는 전하가 그들의 움직임 때문에 다른 움직이는 전하에 가하는 힘을 말하며 움직이지 않는 전하에 의해서는 생성되지 않는다.

동일한 방향으로 움직이는 전하군을 전류라 하는데 움직이는 전하가 많을수록 큰 전

전자파의 주파수 스펙트럼

류를 형성하며 크기는 암페어(A)로 표시한다. 모든 전류는 자계를 발생시키며 더 큰 전류는 더 강한 자계를 형성한다.

쉽게 전류를 통과시키는 물질을 전도체라 하는데, 전류는 높은 전압에서 낮은 전압으로 전도체를 따라 흐른다. 지자계는 약 500~700mG 정도로 극지방에서는 약 700mG이고, 적도지방에서는 약 500mG 정도이다. 인간은 수십만 년 전부터 자기의 세기가 일정한 지자기에 의해 영향을 받아오면서 적응하여 살아온 항상성이 있는데 지자기도 이보다 높거나 낮으면 항상성의 범위를 벗어나게 되어 인체에 해로운 것이다.

• 전계는 +전하에서 시작하여 −전하에서 끝나는데 전계선들이 밀집해 있는 곳에 전계가 강하다.

자계선은 전류 주위에 페루프를 형성하므로 전계선과는 달리 시작과 끝이 없다. 우리가 사용하는 전력 60Hz는 60Hz의 전계와 자계를 발생시키는 것이다.

• 전자파(전계 및 자계)도 발생원으로부터 멀어질수록 세기가 급격히 약해진다. 전계를 발생시키는 것은 전하이므로 전류가 흐르지 않으면 자계는 발생하지 않지만 전계는 발생한다. 그러므로 전기 담요가 동작하지 않더라도 콘센트에 연결되어 있으면 전계가 발생하므로, 미국의 경우 콘센트플러그가 세 개이거나, 두 개의 경우 한쪽이 길고 한쪽은 짧은데 이는 전원스위치를 끌 경우 전자제품에서 전계가 발생하지 않게 하기 위해서이다.

자계 강도는 전력 수요가 많아 많은 양의 전류가 흐를 때 증가한다. 전자파는 극성(+, −)이 있으므로 두 발생원에서 발생되는 각각의 전자계가 결합하여

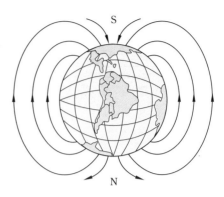

지구의 자력선 흐름도

※ 나침반이나 자석의 성질을 볼 때 나침반의 북(N)극이 항상 지구의 북쪽을 향하므로 지구 자체의 자석은 자북이 S극이고, 자남이 N극이 되는 셈이며, 자기력선은 N극에서 나와 S극으로 들어가는 것으로 약속되어 있고, 지구 내부에 흐르는 전류는 직류자계를 발생시킨다.

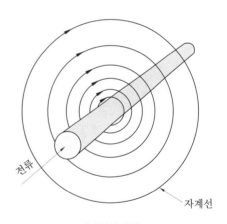

자계선의 흐름도

※ 도선에 전류가 흐를 때 발생하는 자계선으로 자계의 세기는 '도선으로부터 거리의 제곱에 반비례한다.' 즉 자계는 거리가 멀수록 세기가 급격히 감소하고 자계의 방향은 오른손나사의 법칙에 의해 결정되며 힘은 화살표 방향으로 가해진다.

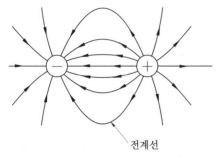

전계선

전계선의 흐름도

※ 고압선의 전계선은 도체인 인체로 흐르기 때문에 선로에서 가장 가까운 머리 쪽으로 향한다.

증가할 수도 있고 감소할 수도 있는데 두 전자계의 극성이 같은 경우는 증가할 것이고, 극성이 반대일 경우는 감소할 것이다.

요즘은 큰 전력을 사용하는 모터의 경우 전계 및 자계가 기기 내에서만 발생할 수 있도록 설계되어 있어 전계 및 자계 강도가 약할 수도 있다.

즉 큰 전력 전기제품은 모두 강한 전계를 발생시키는 것만은 아니며, 전자파 차단 기술이 날로 향상되어가고 있다.

• 전자파 중 인체에 영향을 미치는 파는 크게 극저주파(ELF : 0~1KHz), 초저주파(VLF : 1~500KHz), 라디오파(RF : 500KHz~300MHz), 마이크로파(300MHz~300GHz)로 분류하며 극저주파, 초저주파, 라디오파는 자계(mG) 및 전계(V/m)를, 마이크로파는 단위 면적당 전력(mW/cm²)을 측정하여 유해 정도의 기준으로 삼는다.

고압선 주변이나 TV, 음이온 발생기처럼 고압부가 있는 전기제품이나 전기담요처럼 인체 가까이서 사용하는 제품 이외에는 자계가 주로 인체에 유해하므로 대개 자계를 측정한다.

자계는 전류에 비례하여 발생하므로 공기청정기같이 강력모터를 사용하는 전자제품에서 많이 발생한다. TV 등 가정용 전자제품은 대부분 전계보다는 자계가 인체에 더 유해하다고 하는데 연구결과에 의하면 고주파보다는 가정용 전원의 주파수인 60Hz가 인체에 더 해롭다고 한다.

일반적으로 주파수가 높을수록 에너지가 높아 인체에 더 해로울 것 같으나 그렇지 않으며 특정한 주파수대가 더 해롭다는 사실이 밝혀졌으나 그 원인은 확실치 않다.

자계는 자석에 의해서 형성되는데 전류 사용량인 와트(W)수에 비례하여 자계의 세기가 강해진다. 전계와 자계는 서로 다른 성질을 가지고 있는데 전계는 도체나 나무(특히 활엽수), 콘크리트, 벽돌 등에 의해 전계의 세기가 감소하는 반면, 자계는 철과 같은 자성체 이외에는 변화하거나 감소하지 않는다. 경우에 따라서 강철빔이 자계를 끌어들여 강한 자계를 형성하기도 한다. 그래서 전계는 도체성질인 인체 안에서는 사라지나 자계는 자성체가 아닌 인체를 투과하므로 차폐(막고 가림)하기가 어렵다.

60Hz의 전자파에서 전계는 전하가 다른 곳에 있는 전하를 밀거나 끌어당기는 힘에

의해 형성되므로 물, 인체, 수분을 많이 함유한 선인장, 활엽수 등에 의해 전계 강도가 감소된다. 그리고 이러한 도체는 전계 발생원(TV 등)과 인체 사이에 놓여야만 전계가 감소된다.

마이크로파를 방출하는 전자레인지는 철판, 구리망을 넣은 유리에 의해 전계는 차폐되나 60Hz의 자계는 차폐되지 않는다. 자계를 차폐하기 위해서는 자성이 강하며 특수 합금된 도자율(자계선의 투과 용이성)이 높은 금속을 사용하여야 하다.

■ 전자파(전계와 자계)가 인체에 유해한 이유

• 극저주파와 초저주파의 자계와 전계가 인체에 유도 전류를 흐르게 하여 세포막에 걸린 전압에 의해 정상적으로 세포막을 이동하는 Na^+, K^+, Ca^{++}, Cl^- 등의 각종 이온의 흐름을 방해하고, 분포에 변화를 일으킴으로써 각종 호르몬 분비에도 영향을 미치게 되어 문제가 되고 있다. 그리고 마이크로파는 인체 조직의 온도를 상승시키는데 1℃ 이상 상승할 경우 문제가 야기되는 것으로 알려져 있다. 특히 핸드폰은 마이크로파로 뇌의 온도를 상승시켜 인체에 유해하다.

> 전자파는 세포막을 이동하는 이온의 흐름을 방해하고 각종 호르몬분비에 영향을 미치며 세포 유전자를 변형시키고 인체의 전기신호를 불규칙하게 하는 등 인체에 유해하다.

• 멜라토닌은 뇌에 있는 작은 송과체에서 주로 밤에 분비되는 호르몬으로 매일 분비되며 안구를 통한 광선의 양에 의해 조절되는데 이 멜라토닌의 3대 기능에는 동물의 계절적 번식의 조절, 24시간 주기의 조절, 암 억제 등이 있다. 이 멜라토닌이 광선, 스트레스, 알코올, 전자파에 의해 분비가 억제될 수 있다는 주장이 많다. 멜라토닌 분비가 감소되면 숙면을 취하지 못하고 알츠하이머병(치매)에 걸릴 확률이 높다는 연구들이 발표되었다.

• 에너지가 매우 센 X선이나 감마선은 생체 조직의 분자결합을 파괴하므로 건강에 매우 유해하여 방사선이라 부르는데, 이 전자파는 세포 유전자를 변형시켜 DNA 이상으로 암을 유발시킬 수도 있다.

• 수맥은 지하수의 흐름으로 지하수에 내재된 수많은 양이온 및 음이온이 흐르면서 일종의 전류가 발생하는데 그 주위에 동심원의 자계가 형성되어 지자기와 공진현상으로 센 자계의 강도에 따라 인체에 유해할 수도 있는 것이다.

• 심장 안에는 SA노드(node)라고 불리는 조직이 규칙적으로 전기신호를 발생시키고 이 신호는 심장 전체에 퍼져 있는 신경을 통해 전달되어 심장근육을 동시에 수축시켜 심장 안에 있는 깨끗한 피를 온 몸에 보내 각 세포에 산소와 영양분을 공급한다. 인체 내에 무수히 존재하는 신경은 피복된 전선과 같이 전기신호가 신경을 따라 전달될 때 감소되거나 누전되지 않도록

> 심장 안에는 SA노드라는 조직이 규칙적인 전기신호를 발생시켜 심장근육을 운동시키는데 전자파가 규칙적인 전기신호를 방해할 경우 정상기능 유지에 장해가 된다.

특수 절연물질로 코팅되어 있다.

인체의 모든 기능은 전기신호에 의해 조절되는데 운동을 할 때 갈증 신호나 근육의 산소 부족으로 심장박동을 빠르게 하는 전달신호, 심장박동에 직접 관여하는 SA노드 명령신호 등 모든 신체의 기능 조절은 전기신호와 호르몬 작용이 뇌나 중추신경계를 자극함으로써 이루어진다. 이런 전기신호가 전자파에 의해 불규칙하게 작동할 수 있으며 정상기능에 장해를 일으킬 수 있다. 인공심장박동기에 전자파가 직접적 영향을 주므로 주의를 요하는 것만 봐도 알 수 있다.

• 최근 연구에서 임산부가 주당 20시간 이상 컴퓨터를 사용하면 유산 발생률이 80% 증가한다고 하는데 이런 경우 컴퓨터 모니터를 액정으로 바꿔 전자파 피해를 감소시키는 것도 좋은 대안이 될 것이다.

• 전자파의 파장과 세포의 에너지 세기가 같게 될 때 공진현상이 일어나고 이 공진은 전자파에너지의 전달을 최대화시켜 유해할 수도 있고, 측정 가능한 생체현상을 유발시킨다는 학설에서 이 측정 가능한 생체현상이란 전자파에 의해 세포막을 통과하는 칼슘이온의 이동을 방해하는 현상을 말한다.

세포막 사이의 변화된 칼슘이온의 흐름이 암에 대항하여 싸우는 능력을 감소시키므로 얇은 세포막의 낮은 전도성으로 말미암아 미세한 유도전류라도 세포막 사이에는 높은 전압을 형성하여 화학적 평형을 방해하게 되는 것이다.

• 인체의 세포들은 미세한 전기신호로 열, 통증, 시각 등의 메시지를 신경을 통해 주고 받는데, 세포들 간의 이러한 교신이 전자파에 의해 방해받을 경우 통제되지 않은 세포증식이 발생하여 암이 형성된다고 한다. 교신 방해를 유발시킬 수 있는 외부의 에너지는 생각보다 훨씬 미세하다고 한다.

• 실험실 연구에서 보고된 전자파의 생물학적 영향으로는 세포의 조직에서의 기능변화,

암세포의 증식 가속, 멜라토닌 호르몬의 감소, 생체리듬의 변화, 면역시스템의 변화, 인체의 뇌 활동과 심박수 변화를 들 수 있다.

국제암연구기관(LARC)에서는 주파수 60Hz 2~4mG세기의 자기장에 지속적으로 노출될 경우 어린이가 백혈병에 걸릴 가능성이 크다는 연구 발표와 TV방송에서 센 전자파에 노출된 인체의 피 흐름이 뒤엉키는 장면 사진공개 등 전자파의 유해논리가 명확해지고 있다.

전자파에 의해 어린이가 백혈병에 걸릴 가능성이 크고 인체의 피 흐름이 뒤엉켜 신진대사에 문제를 일으킬 수 있다는 연구 발표에 대해 우리 모두는 깊게 생각해야 한다.

컴퓨터에 의한 전자파 피해사례로 1980년도에는 캐나다의 Sears백화점 지사에서 근무했던 12명 중 8명의 임산부가 유산하거나 사산했는데 이 사무실에는 25대의 컴퓨터가 있었다고 한다.

아울러 컴퓨터 사용자가 거북목을 한 나쁜 자세로 장시간 사용할 경우 목디스크에 걸리는 등 컴퓨터 사용이 일상화되면서 인체 건강에 많은 문제를 유발시키고 있는데, 컴퓨터 모니터나 작성문서를 눈높이에 맞춰 허리와 목이 최대한 일직선의 상태로 컴퓨터 작업을 하는 것이 목디스크에 대한 예방으로 효과적이다. 그리고 산모가 기형아 검사를 거쳐야 하는 우리의 현실이 각종 공해의 유해성을 대변해 주는 것이 아닐까.

최근 개통된 고속철(KTX)의 전자파 측정 결과 객차 사이 연결통로에서 최고 400mG(60Hz), 평균 100mG의 자기장이 측정되었고, 서울 대구 간 객실에서는 최고 70mG, 평균 5mG로 나타났는데, 15mG 자기장은 345KV의 고압송전선에서 15m 정도 떨어진 위치에서 받는 자기장보다 2배 이상 높은 수치이다.

다음 표에서 나타나는 자계의 산출은 같은 전자제품 기종에서, 자계의 세기는 중간치를 산정했으며, 미국 등에서 발표한 전자파 노출 경계로 2mG를 사용하는데, 경계치 이하를 '비노출군' 으로 그 이상을 '노출군' 으로 분류한다.

여기서 노출군은 안전기준치가 아니다. 2mG은 노출군을 정의하기 위한 것으로 일부 연구에서는 노출군에서 암 유발률이 높게 나왔다.

최근 들어 무선인터넷의 확대 보급, 휴대폰 사용자 급증, 각종 신형전자제품의 확대 보급, 고속전동열차, 각종 공중파의 난립은 전자파의 홍수에 가까운데 이런 과학기술의 발전은 상업성과 맞물린 결과이다.

각종 전자제품의 자계의 세기(mG)   미환경보호국(EPA)

발생원으로부터의 거리	15cm	30cm	60cm	120cm
헤어드라이어	300	1	–	–
전기믹서	70	10	2	–
식기세척기	20	10	4	–
전자레인지	200	40	10	2
냉장고	2	2	1	–
창문형에어콘	15	3	2	–
컬러TV	35	7	2	–
세탁기	20	7	1	–
전기히터	100	20	4	–
진공청소기	300	60	10	1
전기드릴	150	30	4	–
공기청정기	180	35	5	1
복사기	90	20	7	1
FAX	6	–	–	–
형광등	40	6	2	–
컬러모니터	14	5	2	–

전자파에 대한 유전적 면역력이 없는 인체조건을 고려치 않은 전자파 관련 분야의 팽창이 전국의 큰 병원마다 암환자가 넘치는 현실에 대한 유해환경인자로 전자파가 한몫한 것이 아닌가 여겨진다.

이 시대가 만들어낸 인체유해 환경변화 중 공업화, 자동차 증가, 농약 살포에 따른 환경오염에 유해전자파까지 가세하여 건강을 위협하고 있는데 이런 유해성은 환경스트레스로까지 작용하여 인체에 직·간접으로 피해를 주고 있다.

총체적 삶의 변화로 급증한 각종 암에 대해 고부가가치를 노려 암 퇴치용 신약개발에 골몰하고 있으나 암 유발인자 최소화(환경유해인자 축소 및 개선을 위한 기술개발, 정책계발 등)를 위해 모두가 머리를 맞대는 것이 더 암에 대한 고통을 없애는 확실한 대안이 아니겠느냐는 소견이다.

전자파의 수치에 대하여 인체 유·무해의 명확한 과학적 근거가 나올 때까지 전자파에 노출되는 것을 방관해서는 안될 것이다.

10. 한의학적인 인체와 집의 구조

감기는 바이러스 병원균의 종류가 너무 많아 치료약과 예방약을 만들기가 쉽지 않을 뿐더러, 증세도 감기바이러스가 어떤 종류냐에 따라 각양각색으로 나타난다.

예방약 또한 그 해의 예상 기후 등을 고려하여 백신을 개발해 보급하는데 2004년 겨울은 예방약이 적중하지 않아 실효를 얻지 못하고 감기환자가 예년보다 많았다는 보도가 있었다.

감기질환은 이와 같이 바이러스 병원균에 의하지만 체온유지가 안되고 피곤하여 신체 리듬이 깨져 면역력이 약해질 때 쉽게 걸리게 된다. 그래서 주로 몸살감기 증세라 표현하는 것이다.

감기를 한의학에서는 풍사(風邪)라 하여 '옳지 않은 기운이 몸에 침입한 것'을 말하는데 이때 콧물이 나고 열이 나며 목이 붓는 공통적인 증세를 보이는 경우가 많다. 말 그대로 옳지 않은 바람인 풍사가 우리 몸으로 들어와 풍부

> 거센 찬바람이 인체의 풍문으로 들어오면 감기에 걸리게 된다는 것과 같이 집에서도 북쪽 벽의 중간에 있는 창문으로 거센 찬바람이 들어오면 거주자의 건강이 안 좋아진다.

(風府 : 목 뒤에 있는 중앙의 움푹 들어간 부위에서 약 1cm 위로 양귀 사이)에 모여 자리를 잡으면 감기에 걸린 것인데, 이때 풍사가 우리 몸으로 들어오는 통로가 풍문(風門 : 견장뼈 사이 등 뒤쪽)인 것이다.

여기서 옳지 않은 기운 또는 옳지 않은 바람의 뜻은 단적으로 살풍(殺風 : 거센 찬바람)을 가리킨다. 그래서 풍문으로 찬바람이 못 들어오게 막는 것이 곧 감기 예방인 것이다.

질병 속담에 "감기가 만병의 근원이다."란 말은 면역력이 떨어지면 감기에 걸리게 되고, 심하면 다른 중병에도 걸리기 때문에 감기에 걸리지 않도록 몸 관리를 잘 해야 한다는 의미이다.

앞에서 지구-집-인체는 공통의 합일체라 언급한 적이 있다. 인체에서 풍문의 위치가 등 뒤이고 풍사가 찬바람이라는 것은 남면(南面)한 대다수 집의 구조로 볼 때 집에서 풍문은 북쪽 벽의 중간쯤에 해당한다.

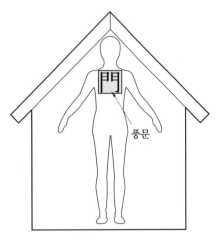

인체도의 풍문

※ 북쪽창이 있다면 풍사인 찬바람을 잘 막아주어야 집이 오래가고 사는 사람도 건강하다. 인체 그림은 보이는 쪽이 등쪽이며 견갑뼈 사이가 풍문이다. 풍사인 찬바람이 못 들어오도록 따뜻하게 옷을 입어야 감기에 걸리지 않고 건강히 겨울을 넘길 수 있다. 부득이 통풍이 필요한 집의 북쪽 벽면에 있는 창은 실내공기의 대류를 고려하여 벽 상단에 작게 설치하는 것이 좋다.

사람이 감기에 안 걸리려면 찬 곳에 등을 대고 자지 말아야 하고 윗옷을 두툼하게 입어서 등을 따뜻하게 해 주어야 하며, 집의 구조에서 북쪽창은 아애 없애든지, 아니면 작게 만들거나 찬바람을 막을 수 있는 방한대책(밀폐식 페어유리, 이중창 시설 등)을 강구하는 것이 건물의 내구성도 유지되고 사는 사람의 건강도 유지할 수 있다.

건물 내구성에서 보면 건물 북쪽에 단열시공이 부실할 경우 동절기에 밖의 찬 공기와 따뜻한 실내공기의 차이로 인해 실내 벽 쪽에서 결로현상이 발생하여 습기에 의해 벽지가 썩는 현상이 생긴다.

특히 북쪽창의 경우 창틀 주변에는 단열 작업을 해야 하는데 잔손이 많이 가고 정교한 작업이 요구된다. 그런데 건설사의 공사 이윤 때문에 대충하게 되면 단열작업 부실과 차가운 북풍으로 인해 항시 결로가 생기게 된다. 설령 완벽을 기했다 해도 창이라는 특성 때문에 결로현상을 완벽하게 차단하기란 쉽지 않다.

더욱이 단열에 문제가 있는 북쪽 벽체는 벽 내부가 실내·외 기온의 경계가 되어 벽속에서 결로가 생기며 벽 속이 습하게 될 경우 공극이나 갈라진 틈 사이로 보이지 않게 노출된 철근콘크리트조의 철근은 산화과정에서 부피가 팽창되어 벽을 서서히 망가지게 한다.

북쪽벽의 방한 부실로 인해 건물이 손상되는 것이 마치 사람의 풍문(風門)으로 찬 기운이 들어와 감기에 걸려 건강을 해치는 것과 흡사하다.

질량을 갖고 있는 모든 물질은 구성원자 내에서 전기를 띤 전자가 운동하기 때문에 집을 구성하고 있는 물체들은 상호 작용력으로 공간기운을 형성할 것이다. 아울러 사람들은 포괄적 생명체인 집구조물 내부에서 생활하면서 천문의 힘, 즉 기후를 포함한 모든 자연환경요소를 집과 함께

질량을 갖고 있는 모든 물질은 전자의 운동이 있고 집을 구성하고 있는 물체들은 상호 작용력으로 공간기운을 형성할 것이다. 그 속에서 사는 인간은 환경요소인 집의 공간기운을 받게 되는데 공간기운의 길흉은 존재한다.

받는 공존의 합일체로 보아 인체 구조와 집의 구조는 필연적 닮은꼴이며 닮은꼴이어야 궁합이 맞게 된다.

수맥이 건강을 해치는 이유

"수맥 위에서 잠을 자거나 생활한 사람은 건강에 해롭다. 수맥 위에 있는 건물은 벽이 갈라진다."는 등 수맥이 좋지 않다고들 말하는데, 과연 수맥은 어떤 것이기에 나쁜 영향을 주는 것일까?

수맥이란 용어의 뜻은 '땅속에 흐르는 물의 줄기'이다. 땅속의 물을 '지하수'라 하는데 지하수와 수맥은 어떤 차이가 있는 것일까?

먼저 지하수에 대해 알아보자.

■ 지하수의 생성

• 지하수의 기원 (起源)

지구상에 존재하는 물의 1% 이하가 지하수로서 기반암과 토양의 공간에 들어 있다. 그 양은 지구상 담수호나 하천을 흐르는 모든 물의 40배에 이르는 체적이며 대부분의 지하수 근원은 강우이고, 나머지는 하천이나 호수 등의 지표수이다.

빗물은 땅속으로 스며들어 지하수계의 일부분이 되고 나머지는 바다로 이동한다.

• 지하수의 깊이

물은 지면 아래 도처에 존재하지만 모든 지하수의 절반 이상은 지구표면으로부터 약 750m 이내에서 산출된다. 약 750m 깊이 아래에서 지하수량은 점점 감소하는 것이다.

• 지하수면

빗물은 수분토양층을 통과하고 그 다음은 토양 혹은 기반암의 공극이 주로 공기로 채워져 있는 통기대(불포화대 : 물을 갖고 있다 해도 물이 땅을 포화시키지 못하는 층)를 지나 모든 공극이 물로 채워져 있는 포화대를 만나는데 이 포화대의 상부면을 지하수면이라 한다.

지하수면이 통기대와 포화대를 구분 짓는다.

> 지구표토층에 있는 지하수는 포화대가 시작되는 상부면인 지하수면을 형성하는데 우물을 팔 때 지하수면의 깊이보다 깊게 파는 것이 중요하다.

세립퇴적물에서 지하수면 바로 상부에는 60cm 이상의 두께를 갖는 좁은 가장자리 부분이 지하수면 상부로부터 통기대로 물을 끌어당기는 모세관인력(물을 관 같은 틈 속으로 끌어들이게 하는 액체와 고체 사이의 접착력을 말함)으로 인하여 항상 젖어 있다.

습윤한 지역에서 지하수면은 그 상부지면의 모양과 유사하며 언덕 지역에서는 높고, 계곡에서는 낮은데 이는 물이 중력에 의해 낮은 곳으로 이동하는 경향이 있기 때문이다.

강우가 중지되면 지하수면은 천천히 편평화되고, 점차 계곡수면의 높이와 가까워진다. 땅속으로 스며든 물은 줄어들다가 지하수면이 계곡보다 아래로 떨어짐에 따라 하천은 말라버리는 것이다. 지하수면은 반복적인 강우에 의해서만 유지되며, 우물을 팔 경우 지하수면의 깊이를 가늠하는 것이 중요하다.

■ 지하수는 어떻게 이동하나

지하수는 물 순환의 부분으로 연속적으로 움직인다. 지하수의 이동속도는 하루 수 cm로 매우 느린데 그것은 지하수가 꾸불꾸불한 경로를 따라 작고 제한된 통로로 이동하기 때문이다. 그러므로 지하수의 유동은 물이 이동하게 되는 암석 또는 퇴적물의 성질에 크게 의존한다.

> 지하수는 연속적으로 움직이는데 이동속도는 하루 수cm로 매우 느리며 지하수가 이동하는 속도는 암석 또는 퇴적물의 성질에 따라 다르다.

지하수의 포화상태는 공극이라 불리는 열린 공간을 갖는 토양 혹은 기반암의 전 체적에 대한 공극 체적의 비인 공극률에 따라 토양 또는 암석이 포함 가능한 물의 양을 결정하는 것으로 알 수 있다. 즉 모래와 자갈은 공극률이 20% 정도인데 다공질적인 점토는 60% 이상의 공극률을 갖는다.

그러나 점토는 공극률이 높음에도 불구하고 공극이 매우 작기 때문에 투수도는 낮다. 모래(지름이 0.06~2mm인 입자)와 같은 입자로 이루어진 퇴적물에서의 공극은 인접입자에 부착된 물의 얇은 층을 더한 두께보다도 더 넓다. 그래서 물은 공극의 중심에서 자유로이 이동할 수 있으며 이와 같은 퇴적물은 투수성이 높은 것이다.

공극의 지름이 증가할수록 투수도도 증가하여 큰 공극을 갖는 자갈은 모래보다 더 투수성이 높으며 우물에서 대량의 물을 기대할 수 있게 된다.

토양은 세립점토입자 때문에 일반적으로 하부의 조립입자토양 혹은 암석보다 투수성이 낮다. 세립점토입자는 분자인력의 힘에 의해서 물의 일부를 토양 속에 유지하도록 하는 토양수분층이다. 이 토양수분층의 물은 식물의 뿌리에 흡수되어 대기 중으로 증발된다.

분자인력에 의해 토양 속에 부착될 수 없는 물은 중력작용으로 지하수면에 이르게 되는데 통기대는 비가 계속 오지 않으면 거의 말라 버린다.

포화대의 지하수 이동은 평행한 실 같은 경로를 따라 작은 공극을 통해 투과에 의해 천천히 이동한다. 중력에 상응하는 물은 지하수면이 높은 지역으로부터 가장 낮은 지역을 향해 투과하는데 대부분의 물은 땅속을 통해 보다 깊어지는 무수히 긴 곡선 경로를 따라 흐른다.

깊은 지하 경로에서는 중력의 힘에 반하여 위로 솟아 하천 또는 호수로 들어가는데 호수바닥에서 샘물이 나는 경우를 이른다.

이렇게 위로 향하는 유동은 물의 압력이 최소인 곳으로 향해 흐르는 경향이 있기 때문이며, 중력의 힘보다 피압수(위, 아래로 물을 통과시키지 않는 층이 있어 그 사이에 있는 지하수는 상류에서 흘러 내려오는 지하수의 압력과 위에 있는 지층의 무게 때문에 압력을 가하고 있는데 마치 수도관 속의 물과 같아 일명 피압지하수라 함)층의 수압이 더 커지면 지하수는 지표수로 바뀌거나 샘을 형성하게 되는데 단순한 샘은 지면과 지하수면이 교차하는 곳에서 생긴다.

피압수층에 우물관을 관입하면 수압에 해당하는 높이까지 수위가 상승하는데 수위가 지면보다 높은 경우에는 자연적으로 물이 솟구치는 분정이 된다.

• 유출과 속도

지하수는 모든 곳에서 일정한 속도로 흐르지 않는다.

투수도가 균일한 물질로 수행한 실험에 의하면 지하수 유동의 속도는 지하수면의 기울기가 증가함에 따라 빨라졌다. 투과하는 지하수는 큰 마찰저항을 겪기 때문에 유동속도는 매우 느려, 속도는 하루 50cm정도이다. 투수도가 아주 높을 때는 1년에 250m 정도였다는 미국의 실험측정 결과가 있다.

• 지하수 유출에 대한 문제

관개(灌漑 : 논밭의 경작에 필요한 물을 대는 것)와 산업용으로 양수하는 우물은 너무 많은 물을 퍼 쓰기 때문에 영향추(우물로부터 양수할 때 초기에는 인출속도가 지하수의 유동속도를 능가해 우물을 직접 에워싸고 있는 지하수면이 원추형 강하를 일으키는 것)가 매우 넓고 가파르게 될 수 있으며, 어떤 지역 내 모든 우물의 지하수면을 내려가게 할 수도 있다.

지하수 인출이 재충전을 능가하면 샘과 하천은 마르게 되고, 지하수의 인출로 물의 압력은 감소하며 대수층의 입자들은 제자리에서 이동하여 정착한다. 그 결과 지면은 침하하며, 지하수의 과다 인출은 지면의 파열, 건물이나 도로와 다리의 구조적 손상, 매설 전선이나 배수관 손상을 야기시킨다.

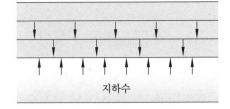

1. 지하수가 지층을 떠받치고 있음

지하수

수맥이 지나가는 투수층에서 지하수면이 낮아질 때 지반 침하로 인해 건물의 균열이 나타나는 것이며 직접적인 수맥파로 인한 건물의 균열은 쉽지 않다고 본다.

오른쪽 그림을 참고하면 쉽게 이해될 것이다.

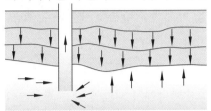

2. 지하수를 퍼 올리므로 지층이 변형됨

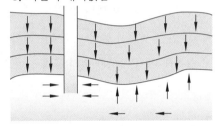

3. 지반이 내려앉음

지반이 내려앉는 원인

■ 수맥파의 생성

지층수평의 원리는 퇴적층과 용암류가 초기에는 수평적 층구조를 형성했으나 오랜 시간이 흐르면서 습곡작용 등 변형작용에 의해 지층이 수평면과 경사면 간의 각 만큼 경사를 이루게 되었는데 이는 수평선으로부터 하향측정되는 것이다.

토양의 하단 암석층에서 일어난 절리(암석이 규칙적으로 갈라진 틈)된 사이에는 물이 잘 침투할 수 있어서 피압지하수대수층(난대수층과 경계하는 대수층)까지 물이 중력방향으로 침투하게 되고, 침투한 물은 기반암인 불투수층 상단에 제2의 지하수층을 형성하는 것이다.

> 지하수는 용존염분에 의해 도체가 되므로 용암, 석회암, 자갈층에서 큰 샘이 나타나며 이런 샘의 주변이나 암석층의 절리에 수맥이 형성된다.

지표에서 가까운 자유지하수대수층(상부면이 지하수면과 일치한 대수층으로 대기와 접촉하는 대수층임) 중에 지면과 지하수면이 교차되는 곳에서 지면으로 흘러나오는 지하수의 이동을 샘이라 부르는데, 작은 샘은 모든 종류의 암석에서 발견되지만 큰 샘은 거의 모두가 용암, 석회암, 자갈층에서 나타난다. 이런 점으로 볼 때 샘의 주변이나 암석층의 절리에 지하수의 물줄기인 수맥이 형성되기 쉽다.

순수물은 부도체이나, 지하수는 용존 염분에 의해 전기가 통하는 도체이므로 결국 전기와 관계될 수 있는 것이다.

수맥 연구가들이 말하는 수맥은 주로 지하 10~40m를 흐르고 있는 물을 일컫는 말이다.

사람이 깊이 잠들었을 때 뇌파는 4헤르츠이나 수맥에서 나오는 기운은 7헤르츠이다. 수맥이 흐르는 곳에서 깊은 잠을 이루지 못하는 이유는 뇌파를 4헤르츠까지 하강시키려 해도 7헤르츠인 수맥의 기운이 방해하기 때문이며, 이로 인해 불면증이 생기고, 피로가 누적돼 면역력이 약해져 질병에 걸리기 쉬운 것이다.

수맥파는 방사선의 일종인 감마선이라는 주장이 있으며 건강뿐만 아니라 건물을 파괴한다는데, 그럼 수맥파의 생성원리에 대해 알아보자.

수맥은 지하수의 흐름으로 지하수에는 각종 양이온과 음이온이 풍부한데 이 이온들이 수맥을 따라 보통 지하수의 흐름보다 빠르게 이동하면서 일종의 유도전류가 발생하여 전기가 흐르게 된다.

전계는 전하의 세기에 의해 형성되고, 자계는 전하의 이동에 의해 형성되는데 이때 수맥파가 발생되며 도체(물)에 전류가 흐르면 로렌츠의 법칙에 의해 도선 주위에 자계가 형성되고, 이 자계가 인체를 투과하면 이 자계에 의해 근처의 도선에 유도전류가 흐르게 된다.

이러한 원리로 인체 주위에 자계가 존재하면 인체는 공기와 같이 자성이 거의 없기 때문에 큰 전류는 흐르지 않지만 미세한 전류가 흐르게 되는 것이다.

결국 수맥에 의해 지전류인 수맥파(전자파의 일종)가 발생될 때 인체에 어떠한 피해를 줄 것인가에 대한 궁금증이 생길 것이다.

■ 수맥의 유해성

수맥에 대한 인체유해성을 볼 때, 첫째 학설은 전자파의 파장과 세포의 에너지 크기가 서로 맞게 될 때 공진현상이 일어나고, 이 공진은 전자파에너지의 전달을 최대화시켜 유해할 수도 있으며, 측정 가능한 생체현상을 유발시킨다는 것인데, 이 측정 가능한 생체현상이란 전자파에 의해 세포막을 통과하는 칼슘이온의 이동을 방해하는 현상을 말한다.

둘째 학설은 세포막 사이의 변화된 칼슘이온의 센 흐름

> 수맥은 수맥파를 생성하여 일어나는 공진현상으로 세포막을 통과하는 칼슘이온의 이동을 방해하고 세포막 사이에 형성된 높은 전압은 화학적 평형을 방해한 결과 건강에 해가 된다.

이 암에 대항하여 싸우는 능력을 감소시킨다는 것으로, 얇은 세포막의 낮은 전도성으로 인하여 미세한 유도전류라도 세포막 사이에는 정상보다 높은 전압이 형성되어 화학적 평형을 방해한다는 것이다.

지구 자전과 맨틀의 액성 때문에 만들어진 지자기(지표면에서 0.5~0.7가우스)로 인하여 자성이 강한 철광석 등이나 철광석을 모암으로 한 자갈층은 거의 영구 자석화되어 있는데 도체인 지하수가 지구의 중력과 달 등의 천체인력에 의해 지표수의 간·만조와 같은 힘을 받고 이동하면서 압력을 받아 수맥 통로를 이동할 때 유도 전류가 발생한다고 본다.

그래서 지자기＋수맥자기장은 공명진동(共鳴振動 : 어느 물체가 자기의 고유진동수에 근사한 외력에 의한 진동을 받으면 그것에 쉽사리 합쳐져서 커다란 진폭진동을 하는 현상)에 의해 항상성(恒常性 : 생물은 항상 같은 상태를 유지하려는 성질)을 초과한 지자기(일명 수맥파)가 생물의 생육에 지장을 초래하는 것이다. 이렇게 초과된 지자기는 결국 사람의 건강에도 나쁜 영향을 미친다고 본다.

수맥 위의 건물이 갈라지는 경우를 볼 때, 대부분 수맥이 있는 곳은 지반이 약한 경사 단층의 경계부분이거나 투수율이 높은 지중(地中)으로 우수에 의해 지하수면이 올라가면서 변하는 온도차와 수분차로 부피의 차이를 가져오고, 지하수면의 높낮이의 변화로 상부의 토양을 떠받치고 있는 물의 압력이 같이 변하면서 지반침하를 일으킨다. 결국 지표상의 건물을 받치고 있는 평형압력의 유지가 깨질 때, 건물 기초가 약한 경우 버티지 못하고 건물에 금이 가거나 깨지는 것으로 보아야 할 것이다.

수맥 위에서 건물에 금이 가거나 포장도로가 침하되면서 갈라지는 것은 수맥파의 직접적인 영향이라기보다는 수맥의 흐르는 물에 의해 지반 구조가 약해지기 때문이다.

결론적으로 건물에 금이 가거나 포장도로가 갈라지는 것은 수맥에 의한 수맥파의 영향보다 수맥의 물에 의해 지반구조가 약해지는 것이 이유이며 단지 수맥이 지나가는 곳과 일치할 뿐이다.

건물에 금이 가는 것을 보면, 지면과 수평인 것과 수직인 것이 있는데 수직은 지반이 약하거나 기초공사의 부실로 보아야 하고, 수평은 건물의 견고성이 약한 것으로 본다. 지면과 수평으로 금이 간 건물은 안전도나 시공상 문제가 많은 건물임을 상기해서 건물을 점검해야 한다.

지하수의 느린 이동과 포화대의 형성으로 볼 때 수맥이 지나간다는 지자기 교란(다른 곳에 비하여 지자기가 높거나 낮게 나타나는 것)이 일어난 지역은 그 폭이 5~50cm 이내로

좁게 나타나는데 어떻게 지표에서 지하로 10~40m 지중에 수맥이 형성될 수 있을까?

필자는 1991년 서울시 은평구 녹번동 녹번지하철역에서 은평구청 쪽 방향으로 보행 중 토목공사장의 지하 약 4m 측면에서 마치 지름 4cm 가량의 상수도관이 파열된 것처럼 물이 쉴 새 없이 나오는 것을 보았는데 양수기를 설치하고서 토목공사를 진행하고 있었다. 이와 같은 물줄기가 수맥의 일종이라고 보아야 할 것이다.

지자기의 세기를 말할 때 우리나라의 지표지자기가 0.5가우스라는 것은 무엇일까?

나침반을 북쪽으로 향하게 하는 힘을 지자기의 '수평성분' 또는 '수평분력'이라 한다. 자석이 가리키는 북극에 가면 나침반의 침이 수직으로 서게 된다. 이렇게 수직으로 서도록 하는 힘을 '수직성분' 혹은 '수직분력'이라 한다.

수평성분과 수직성분은 지구의 위도에 따라 변화하는데 우리나라는 수평성분이 약 0.3가우스, 수직성분이 약 0.4가우스이다.

수평성분과 수직성분을 합한 것을 '총자력'이라 하는데, 두 성분이 서로 직각을 이루므로 수직관계에 대한 합을 알 수 있는 피타고라스의 정리에 따르면 0.5가우스가 된다. 그래서 우리나라의 총자력은 약 0.5가우스이며 이 0.5가우스 정도가 우리의 항상성 범위의 지자기이다.

지자기와 수맥자기장(수맥파)현상이 일어날 수 있는 수맥 위에서는 생물의 성장이 지장을 받는다.

수관이 있고 물에 의해 성장하는 식물이 지자기와 수맥 위에 놓이면 어떤 영향을 받게 되는지 알아보자.

> 수맥파는 식물의 성장에도 영향을 주는데 줄기의 방향과 엇갈리게 센 자기장이 놓이면 물속의 이온편중 현상이 생겨 정상적인 생육을 할 수 없다.

전자기학에서 전기를 띠는 입자가 전기장이나 자기장 속에서 어떤 속도로 움직일 때 로렌츠의 힘을 받는다. 이 로렌츠의 힘은 뉴턴의 운동법칙에 의해 힘을 받는 물체의 속도가 증가할 때 가속도를 얻게 한다.

전기를 띠는 물체는 전기장의 한 방향으로 직선운동을 하여 속도가 증가하는 가속이동을 하는데, 이때 움직이는 방향은 전기장 방향이다. 이 가속도는 전기를 띠는 물체가 움직이는 속도에 수직이고 자기장에도 수직이다.

전기장은 직선운동을 하고 자기장은 원운동을 하는데 자기장 속에 전기를 띠는 물체가 움직일 때 이 물체가 움직이는 방향과 자기장의 방향이 같지 않을 때는 물체 움직이는 방향이 바뀌게 된다. 즉 전기를 띠는 물체(수관을 통과하는 지하수 같은 많은 이온을 포함한 보통의 물)는 앞으로 나아가려고 하는데 센 자기장에 의해서 가는 방향이 꺾이게 되어 가는 길을 방해받는 셈이다. 단, 지자기가 항상성 범위에 속하면 적응이 잘된 식물은 물의 이동에 지장을 받지 않는다.

자기장 속에서 전기(전하)가 흐를 때 받는 힘에 대해 로렌츠 법칙에 의하면 전기를 띠는 전하가 받는 가속도는 움직이는 속도에 수직이고, 자기장에도 수직이므로 식물줄기의 수관은 물과 물에 녹아 있는 각종 이온(영양소)이 흐르는 통로로 만약 자기장이 보통의 범위를 넘어 강한 곳 위에 식물이 놓여 있다면 물관을 통과하는 이온들은 로렌츠의 법칙에 의해서 힘을 받게 된다.

이때 이온들이 곡선의 힘에 의해 직선이동경로를 방해받아 이온들이 원활하게 공급되지 못하여 식물의 생육에 장애가 발생되는 것이다.

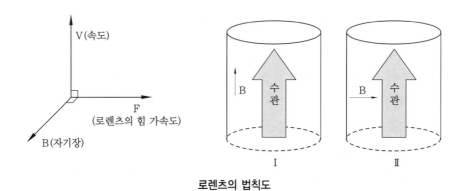

로렌츠의 법칙도

※ I줄기의 길이 방향과 같은 방향으로 자기장(B)의 힘이 작용하면 생육에 아무런 이상이 없다. II줄기의 길이 방향과 엇갈리게 센 자기장이 놓이면 줄기를 가로지르는 방향으로 로렌츠의 힘이 작용하여 이온들은 곡선 운동을 하며 줄기의 한쪽으로 이온(영양가)이 편중돼 한 나무에서 영양부족과 영양과잉 현상이 나타나 정상적인 생육이 불가능하게 된다.

지자기는 같은 방향으로 영향을 주나 식물이 곧게 서서 자라거나 또는 옆으로 뻗는 줄기식물이냐에 따라 I의 센 자기장은 줄기식물에서, II의 센 자기장은 서있는 식물의 성장에 더 장애를 초래한다.

지표의 어느 곳에서든 세기의 차이는 있으나 지자기는 존재한다.

수맥전자파(주로 자기장)는 수맥에서 지하수의 이동으로 자계가 형성된 것이라 정의하였는데, 지자기의 세기 또는 강도는 거리에 반비례하여 지면에서 멀리 떨어질수록 건물의 층수가 높을수록 감소된다.

그러나 층수가 높은 건물에서도 자계가 높게 나오는 경우가 발생하는데, 이는 미미한 수맥파보다 지자기의 자계장이 건물골조에 사용되는 H형강이나 철근이 강자성체이므로 이들 골조가 지자기를 강하게 모으면서 지자기 손실이 높이에 거의 영향을 받지 않기 때문이다. 이는 높은 층의 방바닥에서도 강한 자계를 띠어 지자기 분포가 층수에 관계없음 나타내는 것이다.

특히 철골조는 지자기에 의해 이미 영구 자석화되어 지자기 교란을 일으키고 있지만, 옛날 전통 한옥에는 철재 사용이 없어서 지자기 교란이 없었던 것이다.

높은 층에서는 지자기가 반감되는데 요즘 철골구조나 철근콘크리트 구조 건물에서는 건물골조에 사용된 강자성체인 철에 의해 높은 층에서도 강한 자계를 띠어 층에 관계없이 수맥파와 같은 자계가 나타나는 경우가 있다.

우리가 통념적으로 말하는 수맥은 여러 가지 요인들에 의해서 지자기가 교란된 것이라 말할 수 있으며, 수맥이 있는 곳은 다른 곳에 비하여 지자기가 높거나 낮다. 이에 대한 것은 이문호 박사의 『풍수과학 이야기』에 잘 나타나 있다.

수맥 위에서 나타나는 지자기의 높낮이는 지하수 중 도체인 물 이온이 이동할 때 유도전기량의 차이에 의한 전기적 영향이라 본다. 그래서 건물의 터를 잡을 때는, 첫째 지층의 경계, 특히 경사단층면을 피해야 하고, 둘째 공극이 많아 투수율이 높은 지반은 피해야 한다. 이런 곳은 수맥이 있을 확률이 높다. 이런 수맥 위에 집을 짓고 살면 지자기의 항상성이 깨져 병이 발생할 확률이 높아 무려 98%의 정확도를 보인다고 하며, 건물도 지반 침하로 인해 균열이 일어날 확률이 높다고 한다.

지금까지 이 책을 읽고 계신 독자 여러분께 미안한 마음을 가져본다.

이해하기 쉽고 사전 같은 풍수서를 쓰겠다는 머리말과 달리 너무 어렵게 쓴 것이 아니냐는 핀잔을 받아 마땅하지만 과학적 근거와 최소한의 실증통계가 없다면 서양학문에 길들여진 이 시대인들이 어찌 풍수지리를 인정할 것이며 인정도 안되는 환경이치를 어느 누구에게 활용하라고 권할 수 있을까?

첫째마당의 학문적 논리는 참고로 하고, 둘째마당에서 실용적인 부분을 쉽게 설명하도록 하겠다.

05

좋은 땅과 좋은 건물

1 건물의 중심점 찾기

양택 3요소인 안방, 대문, 부엌의 위치를 보거나 건물의 방향을 볼 때, 또는 가상법, 동사택과 서사택법으로 위치와 방향에 따른 길흉을 분별할 때 대지의 중심이나 앞마당의 중심, 그리고 건물의 중심을 찾아서 중심점에 나경을 놓아야 하는데 어떤 중심을 기점으로 정할 것인가에 대해 알아보자.

대지와 건물이 함께 있을 경우 건물의 방향이나 구분공간의 방향을 알고자 할 때는 대지나 건물 그리고 세대별 중심점을 찾는 요령이 필요하다.

첫째, 전체 대지의 중심점을 찾아 활용할 때는 ① 대지 한계가 잘 나타나는 담장으로 둘러싸여 있을 때, ② 건물의 앞마당과 건물바닥 면적을 비교해서 앞마당의 면적이 더 크고 뒷마당이 있을 때, ③ 건물의 좌와 향을 알고자 할 때, ④ 건물과 분리돼 있는 대문의 방향을 알고자 할 때, ⑤ 건물이 없는 나대지에서 신축할 건물의 위치를 잡고자 할 때, ⑥ 건물보다 정원이 작을 때, ⑦ 주변 대지와의 한계가 명료한 도시형 건물에서 대문, 부엌, 안방의 주택 3요소를 측정하고 본 건물과 분리된 우물, 화장실, 차고, 축사, 창고, 헛간 등 필요한 방위를 전부 측정하여 길흉을 보고자 할 때 등이다.

둘째, 대지에서 앞마당이 있는 경우 앞마당의 중심점을 찾아 활용할 때는 ① 일반적인 건물의 좌와 향을 알고자 할 때, ② 대지의 중심점과 앞마당의 측정 방위를 비교하여 그 건물의 길흉을 알고자 할 때, ③ 뒷마당이 없고, 건물의 바닥보다 앞마당이 클 때 등이다.

셋째, 건물에서 가장 높고 무게가 가장 많이 나가는 고대중량지처(高大重量之處)를 기준으로 삼아 대지의 중심점이 나타내는 방위와 비교하여 건물의 길흉을 볼 때는 ① 건물의 어떤 부분이 솟구친 첨탑처럼 중심이 뚜렷할 때이다.

넷째, 건물의 중심점을 찾아 활용할 때는 ① 대지 한계가 뚜렷하지 않은 전원주택과 같이 외부 대문이 없고 건물에 딸린 출입문만 있을 때, ② 3칸의 직사각형 건물일 때, ③ 건물의 앞마당이 건물의 바닥면적에 비해 아주 작은 도시형 건물로 단독주택, 다가구주택, 1개동연립, 1개동빌라 등일 때이다.

다섯째, 하나의 건물 내에 구분 가구나 구분된 사무실에서 단독공간(세대)의 중심점을 찾아 활용할 때는 한 건물 내 구분 세대수가 많은 연립, 빌라, 아파트, 오피스텔과 사무실 빌딩(해당 건물의 대문은 공기의 출입이 가장 심한 각 라인별 출입문이 됨)일 경우이며 기타 중심점 대신 사람의 본명성의 방위를 가지고 주택의 길흉을 알아보기도 한다.

사람의 피가 인체에 영양소와 산소를 공급해 주기 위해 심장에서 출발하여 동맥을 통해 흐르다가 노폐물과 함께 정맥을 통해 처리기관인 간 등으로 들어오는 것과 같이, 지구의 지자기도 자력선의 흐름과 달, 태양 그리고 각종 행성의 인력 또는 전자파 등 각종 힘(기운)을 통하여 주기적으로 상호 미묘하게 그러나 일관된 원리 아래 지구에 영향을 준다.

이런 천문의 기운을 이용한 동사택, 서사택 구분이나 앞의 가상법에서 말한 중심점 찾기에서 첫째인 대지의 중심과 넷째 건물의 중심, 다섯째 세대의 중심을 적극 활용해 건물의 길흉을 알아본 후 건물의 설계단계에서부터 좋은 방향에 맞춰 공간을 배치하는 것이 우선이다.

> 천문의 기운을 이용한 동·서사택 구분이나 햇빛과 지형에 따른 건물의 방향을 정하고자 할 때 정확한 건물의 중심점을 찾아야 한다.

그러나 방향을 종합하여 볼 때는 햇빛의 방향이나 지형의 형태 등을 고려하여 결정하는 것이 당연하다. 방향의 기준, 즉 나경을 놓고 측정하는 지점인 '건물의 중심점 찾는 방법'에 대해 알아보자.

먼저 지면 위에 놓여 있는 부분에 해당하는 건물 1층 평면도인 배치도를 그린다.

이때 배치도에는 양택 3요소인 안방, 부엌, 대문은 꼭 구분하여 표시하고 각 방도 구분하여 표시하는데 사무실은 직급별 책상 배치와 출입문, 화장실, 간이조리대 등을 구분하여 표시한다.

배치도를 그리기 위한 준비물은 나침반, 모눈종이, 두꺼운 도화지, 풀, 눈금자, 각도기, 가위 등이다. 모눈종이에 줄자로 실측하여 작성한 도면을 보고 집(사무실)의 배치도를 그린다. 이때 베란다, 발코니와 돌출창은 배치도에서 제외시키는데, 단 베란다에 외부 창문이 설치되어 있으면 배치도에 포함시킨다. 만약 설계도가 있을 경우 1층 평면도를 활용하면 쉽다.

그린 배치도를 두꺼운 도화지에 풀로 붙이고 배치도의 바깥선을 따라 가위로 잘라낸다.

'배치도 그리는 방법' 대로 중심점을 찾고 팔 방위를 배치도 위에 덧 그려 표시한다.

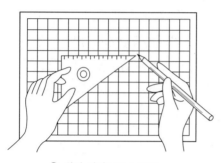

① 집의 평면도를 그린다.

모눈종이에 삼각자를 사용해서 정확한 집의 배치도를 그린다. 배치도를 가지고 있는 사람은 복사해서 사용해도 좋다.

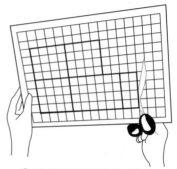

② 바깥 테두리선을 잘라낸다.

배치도를 두꺼운 종이에 붙여 바깥 테두리를 따라 가위로 잘라내는데 이때 창문 없는 베란다나 외벽 바깥으로 난 돌출창은 잘라낸다.

③ 집의 중심을 찾아낸다.

잘라낸 배치도를 못이나 컴퍼스의 뾰족한 부분, 바늘 끝에 올려놓아 균형을 잡는데 균형 잡았을 때 뾰족한 부분이 집의 중심이 된다.

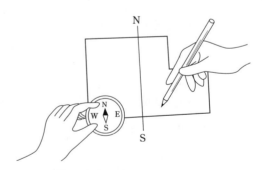

④ 북쪽과 집의 중심을 연결한다.

나침반으로 집의 중심 등 여러 곳에서 방위를 맞추어 본 다음 북방위를 확인한다. 그 다음 배치도의 북쪽에 해당하는 부분과 집의 중심을 연결하여 남쪽으로 긋는다.

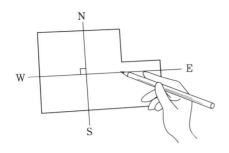

⑤ 동서로 선을 긋는다.

집의 중심으로부터 ④에서 그은 남북의 선과 수직으로 교차하는 선을 긋는다. ④와 ⑤의 두 선을 정중앙선이라 부른다.

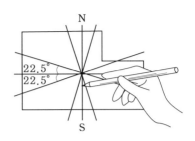

⑥ 팔방위를 배치하여 나눈다.

동, 서, 남, 북의 정중앙선에서 양편에 22.5도씩 각도기로 측정하여 더하면 8방위가 각각 45도씩 나누어지며 선을 그어 표시한다.

배치도 그리는 법

■ 대각선법

첫째, 전체 대지의 중심점은, 아래 ①과 같이 대지가 정사각형이나 직사각형일 때는 지적도에서 대지의 네 꼭짓점을 잇는 대각선의 교차점이 중심점이 되고, 삼각형일 때는 한 변의 절반이 되는 점과 양변이 만나는 꼭짓점을 잇는 세 선의 교차점이 중심이 된다. ②와 같이 어느 한 부분이 두 변의 길이보다 절반 못 미쳐 튀어 나오거나 들어간 경우는 이 부분을 무시하고 각 변의 절반이 되는 곳에 +자로 교차시켜 만나는 점이 중심점이 된다. ③과 같이 마름모꼴과 사다리꼴, 그리고 튀어나오거나 들어간 부분이 두 변 전체 길이의 절반이 될 경우는 나오거나 들어간 부분을 2분할해서 가상 사각형을 완성해 놓은 후 각 변의 절반이 되는 지점끼리 +자로 교차시켜 만나는 교차점이 중심이 된다.

④와 같이 돌출되었거나 들어간 부분이 심하게 ㄱ자, ㄷ자형 등으로 난해한 경우에는 부분 직사각형으로 분리한다. 그리고 네 꼭짓점을 잇는 대각선의 1차 중심점을 찾은 후 ⑤와 같이 그 중심점의 연장선(가-나)과 다른 방법으로 분리한 사각형의 2차 중심점 간의 연장선(다-라)을 서로 교차시켜 만나는 점이 중심점이 된다.

 ①

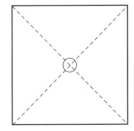

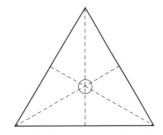

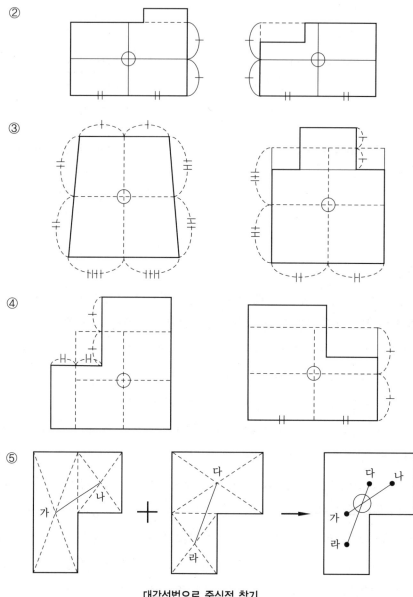

대각선법으로 중심점 찾기

둘째, 앞마당의 중심점은 건물의 바닥을 제외한 앞마당에서 변이 만나는 꼭짓점의 대각선을 교차할 때 만나는 점이 중심점이 된다.

셋째 건물의 중심점은 전체 대지 중심점을 찾을 때와 방법이 동일하며 ㄷ자형의 건물에서는 중심점이 건물 밖이 될 수도 있는데, 건물 밖이 중심이 될 때는 기운이 건물 중심에 모이지 않은 현상이 나타나 흉상으로 본다. 건물의 중심점을 찾을 때는 건물바닥

모형의 배치도를 그려 찾는데 배치도에서 외부 창이 없는 베란다나 발코니 그리고 돌출 창은 실내 공간으로 보지 않기 때문에 제외시킨다.(단, 베란다 상단에 지붕이 있고 베란다 양끝에 기둥 또는 벽이 있으며 외부 창문이 설치되어 있으면 실내 면적에 포함시킨다.)

넷째, 하나의 건물 내에 구분 가구나 구분 사무실의 중심점은 베란다를 제외한 전용면적에 해당하는 배치도를 그렸을 때, 꼭짓점 부분에서 대각선을 그어 대각선이 만나는 점이 되고, 아파트 전체나 건물 전체의 중심점은 구분 가구가 속해 있는 건물 등의 꼭짓점 부분에서 대각선을 그어 대각선이 교차되는 점이 된다.

> 하나의 건물 내에 구분 세대나 구분 사무실의 중심점은 베란다를 제외한 전용면적에 해당하는 배치도의 중심점이 자기집(건물)의 중심점이 되고, 중심점을 가지고 자기집의 방향을 찾는다.

자신의 집이 어느 방위에 있는가를 보려면, 전체 건물 중심에서 보아 자신의 건물 중심이 어느 방위에 있는가를 보면 된다. 이때 출입문은 자신의 아파트나 사무실에 들어오기 위해 사용되는 엘리베이터나 계단으로 통하는 공동출입문이 주출입문이 되고, 개별 출입문은 외기의 순환이 적은 것으로 보아 주출입문이 아닌 것으로 본다.

오른쪽 그림과 같이 공동으로 사용하는 주출입문이 길흉방을 판별할 때 대문에 해당됨을 주시한다.

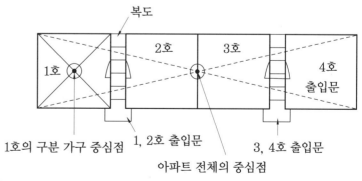

복도식 아파트, 전체라인 한쪽에 공동복도가 있는 경우

계단식 아파트, 양쪽 집 사이에 공동복도가 있는 경우

■ 밸런스법

앞의 '배치도 그리는 법' ②에서, 바깥 테두리선을 잘라낸 배치도를 못이나 연필의 뾰족한 부분 위에 올렸을 때 지면과 수평이 되는 무게중심의 균형이 잡히는 지점을 찾는다. 균형이 잡히는 무게중심점이 건물의 중심이 되는 것이다.

ㄷ자형 등 중심점이 건물 밖일 때는 밸런스법이 불가하므로 대각선법을 사용하면 된다. 밸런스법은 '배치도 그리는 법' ③에서와 같이 손쉬운 방법으로 간단하게 중심점을 찾을 수 있다.

■ 모서리 실 측정법

배치도보다 긴 실 끝에 둥근 반지를 매달아 놓은 후 반지의 반대쪽 실 끝을 5cm 정도 남기고 굵은 매듭을 만들어 준비해 둔다.

잘라낸 배치도의 가상 중심점에서 거리가 먼 꼭짓점에 다음 그림 '모서리 실 측정법으로 중심점 찾기'와 같이 실이 들어갈 정도의 작은 구멍을 내고서 실을 통과시키면 배치도는 매듭에 걸리고, 실을 잡고 위로 들어 공중에 띄우면 반지는 지면의 중력방향을 향하고, 배치도는 무게중심을 잡게 된다. 이때 배치도와 실 끝이 움직이지 않게 손끝으로 누른 후 실을 따라 배치도에 선을 덧그린다.

이와 같은 방법으로 구멍을 낸 꼭짓점을 전부 그려 선이 만나는 점을 꼭짓점으로 한 도형을 그린다. 그 도형의 중심점이 건물의 중심이 된다.

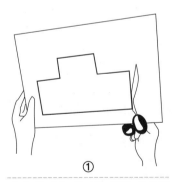

①
먼저 두꺼운 종이를 건물 외측의 형태로 잘라낸다.

②
그 다음 가상 중심에서 먼 꼭짓점 안쪽에 조그만 구멍을 뚫어서 실을 통과시켜 단추나 반지를 매달아 실이 내려온 모양 그대로 실을 따라 선을 긋는다.

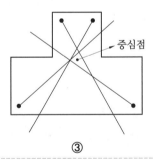

③
마지막으로 각각의 선이 둘러싼 도형의 중심점이 건물의 중심이 된다.

모서리 실 측정법으로 중심점 찾기

2. 동사택과 서사택, 방위의 음양오행

8방위에서 동사택(東舍宅)의 방위는 동(震, 甲卯乙, 少陰, 木, 長男), 남동(巽, 辰巽巳, 少陽, 木, 長女), 남(離, 丙午丁, 少陰, 火, 中女), 북(坎, 壬子癸, 少陽, 水, 中男)의 네 방위로 동기(東氣)가 흐르고, 서사택(西舍宅)의 방위는 서(兌, 辛酉庚, 太陽, 金, 少女), 남서(坤, 申坤未, 太陰, 土, 老母), 북서(乾, 亥乾戌, 太陽, 金, 老父), 북동(艮, 寅艮丑, 太陰, 土, 少男)의 네 방위로 서기(西氣)가 흐른다. 동·서사택의 구분은 대지의 중심점이나 앞마당의 중심점에서 볼 때 건물의 중심점이 팔방위 중 어느 사택에 해당하는가를 보고 정하는 것이기 때문에 팔택가상법(八宅家相法)이라고도 한다.

아파트나 빌라 등 한 건물 내 구분 가구는 구분 가구 중심점에서 볼 때 제일 중요한 안방의 위치가 어느 사택에 해당하는가를 보고 정하는 것이다.

동·서사택의 방향 개념은 지자기에서 자력선의 흐름 방향과 상관이 있으며 햇빛 등 보이는 자연환경요소와 다른, 보이지 않지만 지중에 존재하는 기운이 땅위에 집을 짓고 사는 거주자에게 미치는 영향을 분석한 것으로, 방위에 따른 길흉은 역(易)을 토대로 하며, 실제 가상에서 활용되고 있는 것은 역 체계에서 사상(四象)과 팔괘방위이다.

동사택과 서사택의 구분에서 동과 서로 분류하는 것은, 동쪽은 해가 뜨는 생(生)의 개념으로 사람의 피 순환에서 볼 때 동맥에 해당되고, 서쪽은 하루 해가 결실을 이룬다는 성(成)의 개념으로 사람의 피 순환에서 정맥에 해당되는 것이다. 이러한 생과 성을 식별하는 음양기호는 사상(四象)에서 태양(⚌), 소음(⚍),

> 집의 길흉을 살필 때 안방과 대문의 동·서사택 방위관계, 음양조화관계, 오행의 상생·상극관계를 보고 판가름한다.

소양(⚎), 태음(⚏)의 체계로 구성되어 있는데, 이러한 사상의 구성모양을 살펴보자.

소음과 소양의 모양에서, 소음은 양 바탕(초효 또는 아래 효) 위에서 음이 출생하고, 소양은 음 바탕 위에서 양이 출생하는 모양이라 이를 생(生)이라 해석하는 반면, 태양과 태음은 각각 양과 음으로 완성되어 있으니 성(成)이라 하는 것이다. 생은 동사택이므로 소음, 소양에 속하고 성은 서사택이므로 태양, 태음임을 알 수 있다. 여기서 팔괘방위는 문왕의 후천팔괘방위도를 나타내는 것으로, 360°를 45°씩 8개로 나눈 것이다.

8택가상에서 길·흉상을 볼 때, 길상은 양택삼요(陽宅三要)인 안방, 대문, 부엌이 모조리 동사택이거나 서사택 중 한곳으로 모이는 집을 말하고, 흉상은 양택삼요가 동·서사택에 각각 섞여 있는 경우를 말하는 것이다. 양택삼요에서 휴식과 2세 생산의 장소인 안방을 가장 중요시하며, 기(氣)가 들어오는 대문이나 출입문을 중요시하고, 음식을 통해 자연의 기운을 섭취하거나 조리하는 부엌 또한 중요시한다. 실제 양택삼요가 전체적으로 하나의 사택에 배치하도록 설계하기란 쉽지 않기 때문에 중요한 안방과 대문(출입문)이 하나의 사택에 들어가면 생성정배(生成正配) 원리에 비춰 길상이 되는 것이다.

집의 길흉을 살필 때는 첫째, 집의 중심이나 안방은 주인의 기운이고 대문은 손님의 기운으로 같은 사택의 순화에 따른 원리로, 집의 중심이 동사택이면 대문도 동사택에 속해야 길하다는 것처럼 같은 사택에 속하는 것이 가장 중요하다.

> 안방이나 집의 중심은 주인의 기운이고, 대문은 손님의 기운으로 서로 같은 사택에 놓아야 기운이 순화되어 좋다.

다음 그림을 보고 동·서사택과 남녀의 음양조화와 오행의 상생·상극관계를 비교분석하면 차츰 이해가 될 것이다.

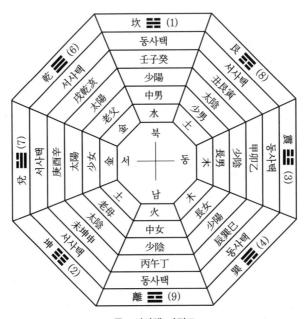

동·서사택 나경도

※ 내부에서부터 중앙은 4정방위, 1층 오행배속, 2층 팔방위에 속한 가족, 3층 생성원인에 따른 사상의 음양 구분, 4층 24방위, 5층 동·서사택 구분, 6층 팔괘방위 및 구궁도수

집의 중심은 기운을 모으는 장소이기 때문에 어떤 기운(동기 또는 서기)이 모아지고 있느냐를 알아야 하고, 대문은 기운(맑은 공기)이 들어오는 장소로 집의 중심과 같은 기운이 들어와야 순화되기 때문에 같은 사택에 들어 있으면 기운이 배가 되어 좋다고 보는 것이다.

집의 중심이나 안방이 팔방위에 해당하는 괘의 효 구성(초효, 상효)과 대문의 팔방위에 해당 괘의 효 구성을 보고 안방과 대문의 팔괘도에서 상대간의 초효와 상효를 비교하여 서로 같은 양효이거나 음효이면 복위택이고, 음·양효관계로 효가 서로 다르면 연년택 등으로 동성의 순화와 음양조화를 가지고 구분한다. 연년택, 생기택, 천을택, 복위택은 길상이고 음양부조화 관계인 절명택이나 육살택, 오귀택, 화해택은 흉상이다.

둘째, 집의 중앙이나 안방과 대문의 음양조화 관계를 보고 길·흉을 판가름하는 것으로, 앞에서 말하는 동·서사택보다는 길·흉을 따질 때 작용하는 힘이 적다.

첫째마당 3장의 '11. 음양오행 명당론'에서 '음양의 변화와 역'을 눈여겨 보자.

팔괘도에서 볼 때 여자인 음효(━━)와 남자인 양효(━)의 구성배치에서 맨 아래효인 초효에 음효가 하나면 장녀, 양효가 하나면 장남이고, 가운데 중효에 음효가 하나만 있으면 중녀, 맨 위인 상효에 음효가 하나만 있으면 소녀(막내 딸)가 된다.

즉 남자에 해당하는 건·진·감·간은 양에 해당되고

> 안방과 대문의 방위별 음양관계에서 성이 다르면 음양조화가 되어 길하고 성이 같으면 음양부조화로 흉하다고 여긴다.

곤·손·이·태는 음에 해당되는데, 노모와 소남의 관계에서도 단지 음양만으로 볼 때 조화(+와 −가 서로 끌어당기는 것)가 이루어진 것으로 보아 길하고, 같은 성(性)일 때는 조화를 이룰 수 없어 흉하다고 보는 것이다. 집의 중앙이나 안방이 양이면 대문이 음이어야 하고, 집의 중앙이나 안방이 음이면 대문이 양이어야 조화로워 길하다는 것이다.

건물의 중앙과 대문이 중남과 중녀관계일 때는 조화와 길운이 속발되고, 노부와 노모일 때는 기운이 서서히 진행된다고 보는 것이다.

팔괘와 방위를 보아 남성방위인 북서·정북·북동·정동은 양이고, 여성방위인 남서·정남·정서·남동은 음이니 음양의 조화와 부조화를 비교하면 쉽게 풀릴 것이다. 여기서 팔괘상 가족의 배치는 선천팔괘에서 가족의 위치를 후천팔괘로 대입시켜 가족의 성정(性情, 남녀노소)에 따라 팔방에 용처(用處, 사용하는 장소)를 정한 것이다.

셋째, 방위와 오행관계를 본다. 방위에 의한 동기(東氣)와 서기(西氣)는 오행으로도 구분되는데, 수·화·목 방위는 동기이고, 금·토 방위는 서기이다.

오행을 8방위로 구분하면, 정북이 수(水), 북동·남서는 토(土), 정동·남동은 목(木), 정남은 화(火), 정서·북서는 금(金)이어서 집의 중앙이나 안방과 대문의 방위는 서로 상생관계를 이루면 좋고, 상극관계이면 나쁘다는 것이다. 즉 오행상생관계인 목생화, 화생토, 토생금, 금생수, 수생목은 길하고 수극화, 화극금, 금극목, 목극토, 토극수 관계는 흉하다고 보면 맞다. 상생도 아니고 상극도 아닌 같은 오행상 성질은 길흉작용이 없다고 보면 된다.

예를 들어, 집의 중앙이 정북이면 오행상 수이고, 대문이 동쪽이면 오행상 목이므로 수생목(水生木)이 되어 길하고, 대문이 남서쪽에 있으면 오행상 토이므로 토극수(土剋水)가 되어 흉하다는 것이다.

방위와 오행관계도 동·서사택 관계보다 작용력이 떨어진다.

방위에 대해 종합적으로 분석해 보면, 동·서사택은 지자기의 기운으로 건강과 관계되어 집의 중앙과 대문의 방위가 같은 기운(동기는 동기끼리, 서기는 서기끼리)이면 순화되어 좋고, 다른 기운이면(동기에 서기 또는 서기에 동기) 충화되어 나쁘다는 것이다. 그리고 음양은 남녀의 기운으로 가정이나 사회의 사람에 대

> 동·서사택방위관계는 건강에 관여하고 음양의 조화관계는 사람간의 화목에 관여하며 오행은 재산에 관여한다.

한 화목과 관계되어 집의 중앙과 대문의 방위가 서로 다른 성(性)이면 조화를 이뤄 좋고, 성이 같으면 불화를 이뤄 나쁘다는 것이다. 또한 오행은 자연의 순리 기운으로 경제적 부(富)와 관계되어 집의 중앙과 대문 방위의 오행배속이 서로 상생이면 축적되어 부자가 되고, 상극이면 소모되어 가난해진다. 그러므로 건강은 사람에게 제일 중요한 비중을 차지하고, 인간관계와 경제력 또한 중요하다고 보는 것이다. 즉 동·서사택, 음양, 오행의 세 가지의 작용력 중에서 동·서사택이 50%, 음양관계가 25%, 오행관계가 25% 정도의 영향력이 있다고 보면 될 것이다.

집의 중심과 대문 관계의 총 평점을 100으로 볼 때, 동사택과 서사택의 방위가 같은 사택으로 순화관계이면 50점이 좋고, 음양조화관계이면 25점, 오행상 상생관계이면 25점, 같은 성질이면 13점을 좋다고 보면 된다.

방위의 예로 남향건물은 집의 중심이 북쪽이므로 동사택(동기)이며, 대문(출입문)이 남동이라면 같은 동사택(동기)이 되어 기운이 순화됨으로 50점이 확보된다. 음양으로 분석하면, 북쪽은 중남이고 남동은 장녀로 음양조화가 맞아 25점이 확보되고, 다음 오행관계를 보면 북쪽은 수(水)이고 동남은 목(木)이므로 수생목(水生木)이 되어 상생(相生)관계로 25점이 확보된다. 총 평점은 100점으로 북쪽 중심의 집에 동남쪽 대문은 최길상의 건물 구조가 되는 것이다.

대문(출입문) 방위는 건물 중심이 어느 쪽에 있느냐를 기준으로 좋은 방위를 선택해야 한다. 그리고 대문(출입문)은 밖의 생기운(신선한 공기)이 들어오는 통로이므로 공기가 들

어오는 방향에 맞게 안여닫이문(집 밖에서 안쪽으로 밀어 여는 문)을 달아야 효과가 좋다.

    일조량, 바람, 지형, 도로 사정이 집(건물 포함)의 방향을 잡는 '드러나는 환경조건' 이라 한다면 동·서사택은 인체의 신경과 같이 '감춰진 환경조건' 으로 지자기와 관계된다. 집의 방향을 잡을 때는 이런 방향에 관계된 환경조건을 종합 분석하여 최상의 방향을 정해야 한다.

    집과 대문의 배치 방위에 따른 길흉분석을 참고하기 바란다.

〈집과 대문의 배치 방위에 따른 길흉분석표〉

① 남향집의 길흉분석표

1	남향집, 집중심 : 북	
구분	동·서사택	동사택
	음 양	양 (중남)
	오 행 오 행	수 (水)

번 호	대문 위치	길흉 해석	평 점
1	북	북쪽의 대문은 동기로 집의 동기와 같아 순화되어 거주자의 건강이 좋으나, 대문이 집과 같은 양(중남)으로 불화되어 가정화목과 대인관계가 순조롭지 않고, 오행은 집과 대문이 같은 성질로 경제력은 보통이다.	63
2	북 동	건강을 잃게 되고, 가족 간 불화가 있으며, 경제력이 약해져 흉하다.	0
3	동	건강과 경제력은 좋으나 가족관계와 대인관계에 불화가 생긴다.	75
4	남 동	거주자의 건강, 가정화목, 경제력이 좋아지는 이상적인 집과 대문의 배치이다.	100
5	남	거주자의 건강이 좋고 가족 간에 화목하나, 경제적 부는 누리지 못한다.	75
6	남 서	거주자의 건강이 안 좋으나 가족 간에 화목하다. 경제력이 없어 빈곤해지는 배치이다.	25
7	서	가족의 건강이 안 좋고 경제력은 없으나, 서로 도와 화목하다.	25
8	북 서	건강이 안 좋고 화목하지 못하나, 경제적 여유는 있다.	25

② 남서향집의 길흉분석표

2		남서향집, 집중심 : 북동	
구분	동·서사택		서사택
	음 양		양(소남)
	오 행		토(土)

	번 호	대문 위치	길흉 해석	평 점
대문	1	북	북쪽의 대문은 동기로 집의 서기와 충화되어 거주자의 건강이 안 좋고, 대문이 집과 같은 양으로 가정의 불화가 심하며, 오행은 대문이 수(水)로 집의 토(土)와 상극이 되어 가정형편이 궁핍하게 된다.	0
	2	북 동	같은 사택으로 순화되어 건강이 좋고, 가족 간의 불화가 있으나 집과 대문이 같은 오행 성질로 경제력은 보통이다.	63
	3	동	가족의 건강과 재산을 잃게 되며 가족 간의 불화가 심하다.	0
	4	남 동	건강과 재산 측면에서는 불리하나 가족 간은 화목하다	25
	5	남	건강 측면에서 좋은 배치구도는 아니나 가족 간에 화목하고 대인관계가 좋아 경제력이 생긴다.	50
	6	남 서	순화된 기운으로 인해 거주자의 건강이 좋고, 가족 간에 화목하며, 경제력은 중산층 정도 될 조건이다.	88
	7	서	건강하고, 대인관계가 좋으며, 경제적으로 좋은 배치조건이다.	100
	8	북 서	건강하고 경제적인 면은 좋으나, 가족 간에 화목하지 못한 배치구도이다.	75

③ 서향집의 길흉분석표

3		서향집, 집중심 : 동	
구분	동·서사택		동사택
	음 양		양(장남)
	오 행		목(木)

번 호	대문 위치	길흉 해석	평 점
1	북	북쪽은 동기이고 중남(中男)에 수(水)로 집과 대문의 기운이 같아 힘이 플러스되어 거주자가 건강하고, 같은 양으로 가족 간 분쟁은 있으나, 집과 대문이 상생관계로 경제력이 좋은 배치구도이다.	75
2	북 동	거주자의 건강이 안 좋고, 대인관계가 원만치 않으며 가족형편이 기울어져 초라한 형색을 벗어나기 힘들다.	0
3	동	집과 대문이 같은 사택으로 건강은 좋으나 대인관계가 매끄럽지 못하고, 경제력은 그럭저럭 보통이다.	63
4	남 동	건강이 좋고 가족이 화목하여 서로 나눠먹으나 부유한 생활은 하기 어려운 조건이다.	88
5	남	건강, 가족의 화목, 대인관계, 경제력이 모두 좋은 구도이다.	100
6	남 서	거주자의 건강이나 경제력이 안 좋아지는 반면 가족 전체의 마음이 일치되어 화목한 배치구도이다.	25
7	서	건강이 안 좋아지고, 경제력이 떨어지나 가족들이 합심하여 화목하다.	25
8	북 서	집의 기운이 혼돈되어 가족 전체의 건강이 안 좋아지고, 가족 간에 반목이 심해 가산이 기울어질 구도이다.	0

(대문)

④ 북서향집의 길흉분석표

4	북서향집, 집중심 : 남동	
구분	동·서사택	동사택
	음 양	음(장녀)
	오 행	목(木)

번 호	대문 위치	길흉 해석	평 점
1	북	집과 대문이 같은 동기(東氣)로 순화되고, 음양의 조화가 맞으며, 집의 목 성질과 대문의 물 성질이 서로 상생되어 거주자의 건강, 대인관계, 경제력이 좋아질 구도이다.	100
2	북 동	거주자의 건강이 좋지 않고, 가족 간 화목하나 빈곤을 피할 수 없는 조건의 배치구도이다.	25

(대문)

번 호	대문 위치	길흉 해석	평 점
3	동	건강 측면이나 가족 간의 관계가 좋다. 단지 보통의 경제력만 유지된다.	88
4	남 동	거주자의 건강이 좋으나, 가족 간의 분쟁이 있고 보통의 생활을 한다.	63
5	남	건강상 문제 없고 경제적 여유는 있으나, 가족 간의 화목이 안될 배치구도이다.	75
6	남 서	집과 대문의 기운이 안 맞아 충화되며, 음양이 안 맞고, 오행 성질이 상극으로 건강, 화목, 경제가 모두 불리한 구도이다.	0
7	서	거주자의 건강이 안 좋고, 가족이 불화되며, 경제력이 떨어져 궁핍한 생활을 면하기 어려운 구도이다.	0
8	북 서	건강이 안 좋고 가정형편이 어려우나, 화목은 유지된다.	25

(맨 왼쪽 세로 칸: 대문)

⑤ 북향집의 길흉분석표

5 구 분	북향집, 집중심 : 남	
	동·서사택	동사택
	음 양	음(중녀)
	오 행	화(火)

번 호	대문 위치	길흉 해석	평 점
1	북	집과 대문이 같은 동기(東氣)로 순화되어 거주자의 건강이 좋고, 집과 대문의 음양조화가 맞아 화목하나, 오행 상극으로 경제력은 빈약하다.	75
2	북 동	가족이 화목하고 대인관계가 좋아 재산은 있으나 가족의 건강이 안 좋아진다.	50
3	동	가족 건강 및 가정 경제가 좋고, 대인관계도 원만하며, 또한 가족이 화목하다.	100
4	남 동	가족 건강이 좋고 경제적으로 여유로우나, 가족 간의 화목이 안 되는 배치구도이다.	75
5	남	집과 대문이 같은 기운으로 가족이 건강하나, 가족 간의 화목이 안 되고 생활은 보통이다.	63

(맨 왼쪽 세로 칸: 대문)

6	남 서	건강이 안 좋고 가족 간의 화목도 안 좋으나 경제적으로는 여유 있는 구도이다.	25
7	서	거주자의 건강이 안 좋고, 가족 간에 화목하지 못하며, 가세도 기울어지는 조건이다.	0
8	북 서	건강상 문제가 생기고, 가족들이 의기투합하나 경제력이 향상되지 않는 구도이다.	25

⑥ 북동향집의 길흉분석표

집		6 구 분	북동향집, 집중심 : 남서	
			동·서사택	서사택
			음 양	음(노모)
			오 행	토(土)

	번 호	대문위치	길흉 해석	평 점
대 문	1	북	집은 서사택이고 대문은 동기이므로 기운이 안 맞아 충화되어 거주자의 건강상 문제가 생기고, 음양이 조화되어 가족이 화목하나 경제적 여유는 없는 배치구도이다.	25
	2	북 동	집과 대문의 사택이 같아 순화되어 거주자의 건강이 좋고, 집과 대문에 해당되는 음양이 조화되어 가족이 화목하며 대인관계도 좋고, 오행은 같은 토 성질로 가정형편은 보통 수준이다.	88
	3	동	가족의 건강이 안 좋고, 가족끼리 서로 사이가 좋으나 생활이 궁핍하다.	25
	4	남 동	건강, 가족 간의 관계 및 대인관계, 그리고 가정형편 모두 안 좋아지는 배치구도이다.	0
	5	남	건강 및 가정형편이 안 좋아지나 가족 간에는 화목한 편이다.	25
	6	남 서	가족의 건강이 좋고, 경제력은 보통이나 가정불화가 생기는 구도이다.	63
	7	서	집과 대문이 같은 기운으로 순화되어 거주자의 건강이 좋고, 경제적으로 부유하나 가족 간의 불화가 생기는 구도이다.	75
	8	북 서	거주자의 건강이 좋고, 가족 간에 화목하며, 부유한 생활을 할 배치구도이다.	100

⑦ 동향집의 길흉분석표

집	(diagram)	7 구 분	동향집, 집중심 : 서	
			동·서사택	서사택
			음 양	음(소녀)
			오 행	금(金)

	번호	대문 위치	길흉 해석	평점
대 문	1	북	집과 대문의 방향이 맞지 않아 거주자의 건강이 안 좋으나, 가족 간에 화목하고 경제적인 측면은 보통인 배치구도이다	50
	2	북 동	지기의 기운이 맞아 거주자의 건강에 이로운 배치구도이고, 음양이 조화를 이뤄 가족 친목이 잘되고 대인관계가 좋으며, 오행이 상생관계로 부유한 생활을 하게 된다.	100
	3	동	가족 간에 화목하나 거주자의 건강이 안 좋고, 경제적으로 빈곤한 집의 배치구도이다.	25
	4	남 동	가족의 건강 및 경제적 형편이 안 좋고, 가족 간의 불화가 심하며, 주변에 해를 끼치는 사람만 득실대어 궁핍함을 면하기 어려운 배치구도이다.	0
	5	남	건강이 안 좋아지고 가세가 기울어지며 좋았던 주변사람도 떠날 배치구도이다.	0
	6	남 서	거주자가 건강하고 돈이 들어와 쌓이나, 가족 간에 불화가 생긴다.	75
	7	서	건강하고 경제적으로 보통이나 가족 간의 반목이 심하다.	63
	8	북 서	거주가가 모두 건강하고, 가족이 화목하며, 대인관계가 원만하고, 경제력도 보통을 유지하게 된다.	88

⑧ 남동향집의 길흉분석표

집	(diagram)	8 구 분	남동향집, 집중심 : 북서	
			동·서사택	서사택
			음 양	양(노부)
			오 행	금(金)

번호	대문 위치	길흉 해석	평점
대문	1	북	대문이 동기방향으로 서사택인 집과 충화되어 거주자의 건강이 나빠지고 가족 간의 불화가 있으나, 가정 형편은 넉넉한 편이다.	25
	2	북 동	거주자는 건강이 좋아지고 경제력도 있으나, 가족 간의 불화가 생긴다.	75
	3	동	건강이 안 좋아지고 가족 간의 불화도 심하여, 가산이 기울어질 안 좋은 배치구도이다.	0
	4	남 동	거주자는 건강에 문제가 생기고 가정형편이 어려워지나, 가족 간에 협심할 구도이다.	25
	5	남	건강상 문제가 생기고 가세가 기울어지나, 가족 간에는 화목하다.	25
	6	남 서	거주자의 건강이 좋고, 가족이 화목하며, 대인관계도 좋아서 하는 일마다 잘되어 부를 누리게 된다.	100
	7	서	건강하고 화목하며 남부럽지 않은 생활을 할 배치구도이다.	88
	8	북 서	건강상 문제가 없고 경제력은 보통을 유지하나 가족 간의 반목이 심해지는 배치구도이다.	63

3. 균형과 조화를 갖춘 것이 좋다

균형이 잡힌 집의 형태는 집의 중앙 부분이 높거나 중앙 공간이 커서 무게중심이 집의 중앙에 위치해 있거나 또는 좌우대칭이 조화로운 집을 가리킨다. 그러므로 균형이 잡힌 집은 안정적이고 편안한 느낌을 주어 휴식공간으로서의 역할과 집의 외·내형적인 조건을 충족시켜 준다.

균형은 대칭과 비대칭으로 나눌 수 있는데 둘 다 중심축을 기준으로 좌우 균형을 유지하며 심리적으로도 무게중심이 이루어진 안정감 있는 이상적인 형태이다. 반대로 불균형 상태는 한쪽으로 기울어져 무너질 것 같은 느낌이 들어 불안감을 느끼게 하는 좋지 않은 형태를 말한다.

이러한 균형과 불균형 이론은 사람의 심리적 안정과 불안을 느끼게 하는 심리적 시각 요인으로, 불안감을 느끼게 하는 불균형 형태는 보는 이에게 스트레스로 작용할 수 있는 흉한 형태이고, 안정감을 주는 균형은 길한 형태이다.

균형에 치중한 집의 형태는 보통 일자형 집으로 궁궐이 대표적이고, 조화에 치중한 집의 형태는 보통 ㄱ자나 ㄷ자형으로 실리적 주거목적을 위한 중부지방의 기와집 형태에서 주로 볼 수 있다.

명당론에서 볼 때, 좌청룡 우백호는 엄격한 균형의 조건을 충족할 때 명당형이 되고, 형국론에서 볼 때 물형(物形)과 주변 여건의 보충(잠두형에서 머리 앞에 뽕잎 더미가 있어야 모두 갖춘 조건이 된다함)이 조화를 이룰 때 만족한 물형

> 주거용 건물에서 균형은 안정감이 있는 이상적인 형태이고, 불균형은 불안감을 느끼게 하는 좋지 않은 형태이나 상업용 건물에서는 오히려 적당한 불균형이 각인효과를 얻을 수 있다.

이 된다는 원리는 균형과 조화의 타당성을 단적으로 보여주는 것이다.

영은정은 ㄷ자형으로 집 중심에 큰 대청마루가 있고, 들어열개문(거창 : 擧窓)이 있어 창문을 들어올려 탁 트인 시야로 문객(門客)들과 대청에 앉아서 앞산(안산) 산머리 너머 절묘한 북한산(인수봉 803m, 백운대 836m, 만경대 800m인 삼봉이 개성에서 서울로 오는 도중에 삼각으로 나란히 서 있는 모습을 보고 고려 때부터 옛 선인들이 삼각산이라 불렀으며 서울의 진산이다.) 화강석 봉우리의 밝은 색과 골 따라 푸른 송색(松色)이 어우러지는 강산 제일 비경의 아름다움을 만끽하였을 것이다.

영은정

건물이 균형잡혀 있다는 표현은 주로 대칭성을 내포하고 있는데, 대칭이란 좌우동형의 배열에서 거울상을 이룬 형상이나 형태를 말하며, 산등성을 타고 내려온 산맥은 좌우대칭에 가깝고 명당의 구조 또한 좌우 대칭형인 사신사(四神砂)를 갖춘 것을 조건으로 한다. 땅의 기운을 받고 사는 동물과 식물의 구조상 공통된 특징은 척추와 같이 중앙에 기둥모양이 있으며 양쪽으로 대칭을 이루는 요소를 갖고 있다는 점이다.

분지(分枝) 또한 갈라지는 형태로 받아들여질 수 있다. 즉 하나는 둘로 갈라지고, 둘은 넷으로 갈라지는 식으로 계속 진행되며 이들은 갈라지면서 유사형태를 유지하는데,

북한산 삼봉

명당에서 볼 때 규모가 큰 외명당을 여체의
하반신 구조로 비유한다면 내명당은 여성의
옥문 구조를 닮았다는 표현이 학문적 견지로
이해가 쉬우리라 본다.

배갑판형 국철 수색역

균형은 하나이면서 좌우라는 두 개의 구성
분자를 갖고 있으며 이 좌우는 음양적 성질
로 동형이질성의 조화를 갖춰야 완전한 것이
다. 그래서 길택은 건물의 외형과 내부의 성
질, 그리고 택지까지 모두 균형과 조화를 함
께 갖춘 것이다. 그러나 틀에 박힌 균형의 공
간형태보다 변화무쌍한 공간이 더 친예술적
이라는 점에서 예술인들이 집촌을 이룬 파주
'해이리 아트 밸리'는 진화된 공간형태로 가
치가 기대된다.

수색(水色)지명과 어울린 서울 수색동 소재
국철 수색역의 배갑판형 지붕과 인천공항고
속도로 요금소의 비대칭형 지붕은 형태에 의
한 이미지 전달과 특별한 각인효과를 기대하

인천국제공항고속도로 요금소

기 위한 건물외형으로 개성과 변화가 요구되는 미래지향적인 건물 형태라 볼 수 있다. 변
화 추세에 발맞추어 고정관념의 틀을 깬 발상이어서 좋아 보인다.

한편으로 인간은 변화의 두려움이 심리에 내재되어 있으며 특히 머무르는 공간에서 두
드러지게 나타난다. 자주 찾는 찻집에서 항시 앉은 자리를 찾게 되는 것도 안정감을 느끼
기 위함이다. 대칭구도는 장구한 생활 속에서 집 내·외형으로 익숙해져 있어 안전하다는
심리적 작용으로 인해, 사람들은 집 형태에서 대칭구도를 선호한다.

4. 아늑한 느낌이 드는 곳이 명당

처음 들린 마을인데 골목이 아늑하면서 상쾌한 느낌이 드는 곳이 있는 반면, 어떤

곳은 음침하고 눅눅하여 불쾌한 느낌이 드는 곳이 있다.

상쾌한 느낌과 불쾌한 느낌이 드는 상반된 환경적 요인에 대해 풍수지리학적 관점으로 규명하는 방법 중 하나는 현대과학적인 방법을 동원하여 실험검증을 통해 입증하고, 과학적 규명이 불가한 것에 대해서는 또 다른 방법으로 경험통계에서 나온 결과를 가지고 귀납적으로 해석하는 것인데, 그 중 하나가 민간구설이나 발굴한 문헌자료를 체계적으로 정리하여 이론화시켜 규명하는 것이다.

양택론(陽宅論)에서 길지(吉地)라 말하는 아늑한 느낌이 드는 명당의 구비조건으로, 첫째 바람이 최적기온지수를 충족해야 한다. 여름에는 산들바람이 불어오고 겨울에는 훈풍이 불어올 수 있는 통풍여건을 갖추려면 좌우와 앞산 그리고 조산이 적절한 규모로 둘러져 있고, 흐르는 물이 보여야 한다. 물과 산에 의해 주야로 육풍과 해풍이 교차되면서 여름에는 산들바람, 겨울에는 훈풍이 발생하는 것이다.

> 명당의 구비조건은 최적기온, 최적습도, 충분한 햇빛, 아름다운 주변경관이다.

둘째, 맑은 물이 흘러들어 공기 중에 적절한 습도를 유지시켜 최적습도지수를 충족해야 한다. 지표수는 지하수원이 되기도 하고, 수목 및 농작물의 수분 공급원이 되어 생태계의 생명수로 큰 역할을 하며, 공기 중으로 증발되어 습도 조절을 하는데, 이때 오염되지 않은 맑은 물이 흘러야 길지인 것이다.

셋째, 모든 생명체의 발육과 대자연의 순환에 관여하는 기운이 생기이며 이런 기운의 발원체가 태양으로 태양빛이 잘 들어야 생기가 충만한 길지이다. 충만한 태양빛을 공급받아야 생명체는 성장을 촉진시키는 기운을 얻을 수 있으며 충분한 태양빛의 정도란 겨울에 따뜻한 느낌이 드는 양지에 해당되는 것이다. 이 양지는 밝은 곳이며 협곡과 같이 오후 해가 빨리 져서 음습하고 어두운 곳이 아닌 시종 태양빛을 받는 곳이다.

넷째, 안정된 아름다움을 갖춘 주변경관이 있어야 명당이다. 아름다움은 심리적 건강의 중요한 요소이며, 심리적 건강이 육체적 건강을 40% 정도 좌우하게 된다. 아름답다는 것은 기분과 관계되어 체내에서 건강지수를 상승시키는 엔돌핀 호르몬을 나오게 하기 때문이다. 여기서의 아름다움은 삼감[三感 : 시감(視感), 청감(聽感), 후감(嗅感)]을 충족시키는 것이다.

특히 시감에서 안정된 아름다움을 조건으로 명시한 것은 여행지에서 잠시 머무르면서 본 기암괴석은 멋있어 좋으나 집 앞에 있어 날마다 보는 바위는 비바람에 굴러 떨어져 우리 집을 덮치지나 않을까 하는 불안 심리를 갖게 하므로, 안정되지 않고 괴상한 형상은 심리적 갈등을 유발할 수 있다. 예를 들어, 반파된 건물 잔해 같은 형상의 바위는 볼 때마다 참혹상을 상상하게 되어 좋지 않다.

청감적인 측면에서 볼 때도 마찬가지이다. 옆집에서 철골구조물을 세우고 건물 잔해를 운반하기 위해 중장비가 동원되어 시끄럽게 굴 때 소음정도를 측정하면 데시벨(소리의 세기를 표준음의 세기에 비교한 수량의 단위)이 규제 정도에 못 미친다하여도 집에서 쉬고 있는 거주자에게는 짜증그 자체일 것이다. 대로 주변 주거용 건물의 경우도 요즘은 심야에 차량통행이 많고, 심야시간대에는 차량소통이원활하기 때문에 속도를 낸 차들에 의해 더욱 시끄러울 수있는데 이 경우 차량소음이 수면에 장애가 된다. 산사에

> 풍수의 명당조건에서 아름다운 경관이란 시감에서는 안정감이 있는 주변형태를 말하고, 청감에서는 소음이 없는 상태이며, 후감에서는 악취가 없는 상태의 양호한 자연환경을 말한다.

들리는 폭포수 소리가 우는 소리로 들릴 정도로 가까우면 흉으로 보는 풍수원전의 지적과 상통한 것이다.

후감에서 볼 때도 쓰레기 더미의 나쁜 폐출수가 지하로 스며들어 저지대 습한 지하층에 모이게 되면 이곳을 지날 때 불쾌한 냄새가 나는 것은 어쩔 수 없는 일이기 때문에폐출수 처리 관리가 요구되는 것이다. 이런 폐출수가 지하수에 유입된 저지대에서 산다면 불쾌한 생활의 나날로 심신이 상할 수밖에 없을 것이다.

명당은 바람이 상쾌하고 맑은 물이 보이며 충분한 햇빛이 드는 곳으로 안정된 아름다운 주변경관이 있어 시감, 청감, 후감이 좋아지는 곳이어야 하는데 이런 명당을 택하려는 자는 남을 위해 덕을 쌓으라 하였으며 덕을 쌓아야 길지를 얻는다고 풍수 고전에서부언하였다.

💮5 바람과 물을 관찰하여 길지 찾는 법

공기, 지기 등 모든 기운의 원동력이 태양에너지라면 생물에게 이로운 기운은 생기이다. 풍수 고전에 명당을 얻고자 하는 것은 곧 승생기(생기를 타는 것)가 목적이란 대목이 있는데 현대적 해석으로 볼 때 이것은 생기를 흡수한다는 것이다.

바람은 공기의 이동으로, 공기의 압력이 높은 곳에서 낮은 곳으로 수평이동하는 것인데, 공기를 생기 중 하나라고 볼 때 생기는 바람에 의해 이동이 될 수 있고, 흩어질 수도 있지

만 그렇다고 고여 있는 물과 같아서는 안되기 때문에 풍수에서 말하는 장풍(藏風)은 바람을 막는다는 것보다 흐르는 공기를 잠시 머무르게 하는 것으로 해석하는 것이 맞다.

그러므로 적당한 바람이란 여름은 산들바람, 겨울은 훈풍을 말한다.

막다른 골목의 정면이나 곡류하천의 공격면 같은 골목에 있는 집은 곡류천의 충(沖)한 돌출부 같아서 골목바람이 너무 세차 주변 쓰레기와 분진 등 좋지 못한 것들이 바람에 의해 담을 타고 넘어 집안에 모이게 된다.

또한 대형건물의 사이나 큰 건물의 모퉁이를 보고 있는 건물은 세찬 바람의 피해를 받게 된다. 세찬 바람은 체감온도를 낮추는데, 체감온도란 덥고 추움을 느끼는 체감의 정도를 나타낸 온도로 체표면의 열교환 상태에 따라 좌우된다.

체감온도는 기온뿐만 아니라 풍속, 습도, 일사 등 기상요인이 종합적으로 작용하여 결정되는데 착의나 거주 상태에 따라서도 변동된다.

체감온도의 산출은 유체역학연속방정식과 링케의 체감온도 산출식에 의하는데, 예를 든 체감온도 산출결과를 볼 때 온도가 0℃이고 풍속이 초속 5m(시속18km)일 때 체감온도는 -8.6℃이고, 초속 10m(시속 36km)에서는 -15℃, 초속 15m(시속 54km)일 때는 -18℃로 풍속이 빠를수록 춥게 느껴진다.

아래와 같이 동일선상의 골바람을 볼 때, 양쪽 산이 맞닿아 골이 깊은 곳은 바람속도가 빨라져 체감온도가 낮아지게 되는 흉터(A지점)이고, 상대적으로 골이 넓어지면 바람속도가 느려져 체감온도가 높아지는 명당(B지점)에 해당된다.

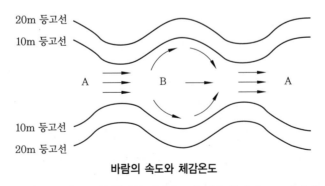

바람의 속도와 체감온도

※ A지점의 골짜기에서는 바람의 속도가 빨라져 체감온도가 낮은 흉터이고, B지점의 개활지에서는 바람의 속도가 느려 체감온도가 높은 명당이다.

결론적으로 명당이란 풍속, 습도, 일조량이 적당하여 체감온도가 겨울에는 주변에 비해 상대적으로 높게 느껴지는 곳이고, 여름에는 주변보다 상대적으로 낮게 느껴지는 온화한 곳이다.

물에 대해 관찰해 보면, 바람의 영향과 흡사하여 직류수가 맞닿는 하변(河邊)은 급작스런 수량의 증가로 항시 범람의 위험이 도사리고 있으며, 곡류하천의 공격면과 분류하천의 충(沖)한 지점은 유수의 힘에 의해 삭박작용을 받아 영구적인 지반의 안정성을 보장받을 수 없다. 이런 곳은 당연 흉지이다.

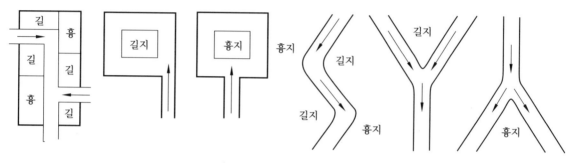

길에 따라 달라지는 길지와 흉지

그럼, 길지는 어떤 유형일까? 위 그림에서 보면 길지와 길택은 바람과 물의 이동되는 힘으로부터 빗겨나가 직접적인 힘을 받지 않는 곳으로 쉽게 이해될 수 있다.

바람과 물이 이동할 때 부딪히는 면이 직각에 가까울수록, 속도가 클수록 힘 작용을 크게 받아 피해가 커진다.

당연히 깨끗한 공기이고 맑은 물일수록 생기의 길(吉) 작용은 커지고, 오염된 공기와 탁한 물일수록 흉작용은 커진다.

6 건물의 용도에 맞는 땅 골라잡기

건물은 주거용, 상업용, 업무용, 공업용으로 크게 나눌 수 있으며, 공통적인 건물의 입지조건으로 배수가 잘 되어야 하고 교통이 편리해야 하며 진입로가 확보되어 접근이 쉬워야 한다.

건물의 입지조건을 용도별로 분류해 보면, 주거용 건물의 경우 대지의 입지조건은 다음과 같다.

첫째, 구획정리된 곳이어야 하고 안된 곳이라도 가로·세로의 비가 1 : 1.618보다 적은 비의 사각형이라면 길지의 형태이다. 단, 직사각형에서는 변의 길이가 짧은 쪽이 도로와 접해 있어야 좋다.

둘째, 주변의 지면고도와 비교하여 대지가 함몰되어 있으면 비올 때 질척거리고 평소에도 표토가 습해 좋지 않으므로, 전저후고(前低後高) 지형 또는 주변과 비교하여 지면이 동일하거나 약간 높은 것이 좋다.

셋째, 지나가는 도로가 대지의 앞쪽에, 즉 대지보다 낮게 지나가야 한다.

대지보다 높은 쪽에 진입로를 둘 경우 집이 노출되어 들여다보이고 분진·소음의 피해가 따르는데, 풍수에서 길은 동(動)이며 양으로 물과 같은 맥락으로 보아 물이 집 후면에 흐르면 범람의 위험이 있다고 본다. 앞쪽에서 바람과 물을 관찰하면 길·흉지를 분간할 수 있다는 것과 상통한다.

넷째, 과거에 공동묘지, 공중화장실, 쓰레기 매립장, 화학공장 등으로 쓰였던 장소는 토양이 오염되어 있고, 늪지는 지반이 약해 좋지 않으니 나대지일 경우는 과거 토지 용도 확인이 필요하며 토양오염이 안된 대지를 택해야 한다.

다섯째, 수목이 잘 자라는 땅을 택해야 한다.

여섯째, 주변경관이 좋아야 한다. 마을이나 도시 주변에 혐오시설인 쓰레기 소각장, 화장터, 납골당, 공동묘지, 변전소, 핵시설, 쓰레기 간이수거장, 유해화학공장, 주유소, 가스충전소 등이 있으면 좋지 않다.

일곱째, 집 위로 고압선이 지나가거나 집 옆에 고압선 철탑이 있는 곳, 지하터널 입구와 인접한 곳 등은 전자파, 차량 배기가스 등 인체 유해인자가 많아 건강상 좋지 않은 지역으로 피해야 한다.

여덟째, 주변 산세가 사신사, 조산 등이 잘 갖춰져 있으면 신선한 공기, 적절한 수분과 맑은 물의 공급이 좋아 길지이고, 산맥의 산록을 중심으로 좌우경사로 나눌 때 산의 앞쪽(경사가 완만하고 낭떠러지나 기암괴석이 없으며 햇빛이 잘 들고 바람을 적절히 막아주는 지형)이 좋다.

아홉째, 시장, 대형할인점, 백화점 등이 가까워 생활필수품 구입이 쉽고 종합병원, 행정기관, 은행 등 생활편의시설이 인접해 있으며, 학교, 학원 등 교육관련 시설이 가까이 있으면 좋다. 유흥업소는 멀리 떨어져 있을수록 좋다.

열째, 대중교통수단인 지하철역, 버스승강장, 모노레일(단궤철도)역과는 가까울수록 좋다. 차량통행량이 많고, 차량통행속도가 빠른 고속도로, 도시고속화도로, 내부순환 고가도로의 IC 근접지역은 진출입이 쉬운 교통상 장점으로 인해 적당한 거리를 두고 있으면 좋은 입지 조건이다.

주거용 건물의 입지요건 중에 교통편을 볼 때 역 주변이나 도로의 IC 근접지역은 좋은 반면, 고속도로변은 통행 차량이 흉작용을 하고, 도로가 양쪽의 왕래를 가로막아 흉한 조건이 된다.

그러나 단지 이들 도로와 접한 지역을 볼 때 해당 도로는 물길로 비유하면 직류수로 풍수상 흉한 조건이며, 인접지역에는 차량 배기가스, 소음, 타이어마모 분진, 제동장치인 라이닝마모 분진 등 인체 유해물질이 공기 중으로 비산되어 좋지 않아 이런 도로와는 멀리 떨어져 있어야 한다.

주거용 대지는 크게 보아 쾌적환경지수가 높고 교통여건이 좋으면 무난하다.

상업용 건물의 입지조건으로 좋은 곳은, 첫째 지형학적으로 한 지역의 중심권(서울에서는 종로)에 있고, 둘째 대중교통시설 이용자 등 이동인구가 많으며, 셋째 특정 상권(용산전자상가 등)의 중심지이고, 넷째 젊은층이 많이 모이는 대학가(서울 신촌, 대학로) 등이며, 다섯째 대중교통의 승강장에서 밀집주거지로 통하는 보행지름길은 생필품과 관련하여 안정적 상업이 이루어지

상업용 건물의 입지조건으로 좋은 곳은 한 지역의 중심권으로 이동인구가 많고 교통중심지에서 방사선 도로상으로 쇼핑 목적의 보행자가 많은 곳이다.

는 곳이다. 도시의 중심부에서 볼 때 방사선(부채살 모양) 도로는 상업이 번창하고, 중심부와 횡선상의 도로는 상업성이 떨어진다.

상업성이 좋은 방사선 도로의 경우에도 주거지역으로 진입하는 도로 우측편이 대중교통과 승용차의 귀가길 방향으로 상업성이 좋으며, 반대 방향은 바쁜 출근길 방향으로 상업성이 떨어진다.

상업성을 판가름할 때 상업용 건물 앞으로 통행하는 보행자 수에 따라 상업성 우선순위를 정하되 보행자 중에도 이동 목적으로 걸어가는 사람보다 쇼핑 목적인 사람이 많아야 장사가 잘되는 곳이라 할 수 있다.

앞에서 말했던 '바람과 물을 관찰하여 길지 찾는 법'에서 보면, 물이 넘치는 지점이

흉지였지만 상업용지에서는 반대로 길지로 본다. 그것은 풍수에서 물길을 재물이 모이는 길이라 하고 물이 범람할 수 있는 지점을 재물이 넘쳐나는 조건으로 보기 때문이다. 실제로 강물과 바닷물의 합류로 범람지역이었던 영산강줄기의 영산포와 한강줄기의 마포가 옛부터 물류 유통이 많아 재물이 풍족한 지역이었다.

상업용 건물은 영업 종류에 따라 주차장 규모를 꼭 확보해야 할 필요성이 있고, 방향과 관련하여 꽃집은 햇빛이 잘 드는 남향이 좋은 반면, 식료품점은 햇빛이 안 드는 차가운 북향이 좋다. 상업용지의 입지 여건에 따라 업종 선택을 해야 한다.

업무용 건물의 입지조건으로 좋은 곳은 ① 여러 종류의 교통수단을 쉽게 이용할 수 있는 교통의 중심지여야 하고, ② 건물의 전면이 남향에 위치할 수 있는 대지여야 건물이 눈에 띄고 조명 및 난방 비용이 적게 들어 좋다.

공업용지의 입지조건으로 좋은 곳은 ① 배수가 잘되는 평탄한 지형으로 물류운송이 용이한 교통조건을 갖추고 있으며, ② 주거지역과 공해로 인한 문제가 발생하지 않을 정도로 적당한 이격거리에 위치해 있으면서 단지화된 곳이어야 한다.

기타 용도에 맞는 건물의 입지조건은 건물의 활용 목적과 용지의 주변 여건을 고려하여 주변 산이나 지형과 조화를 맞춰야 한다. 즉 낮은 지대이면 건물은 높게 짓고, 높은 지대이면 건물을 낮게 지어야 하며, 건물을 드러나 보이게 하려면 주변 오행산(五行山)과 반대로 지어야 하고, 평범하면서 주변과 순화되게 하려면 주변 오행산에 맞춰 지어야 한다.

짓고자하는 건물은 활용 목적과 용지의 주변 여건을 고려하여 주변 산이나 지형과 조화를 맞춰야 하는데 낮은 지대이면 건물을 높게 짓고 높은 구릉지이면 건물을 낮게 짓는 것이 좋다.

예를 들면, 주변이 뾰족한 목산(木山)이면 평탄한 토형(土形) 건물로 음양조화를 맞춰 건물이 드러나 보이게 할 수 있고, 주변이 목산이면 환경에 순화되게 건물을 높여 뾰족한 지붕 형태로 짓는 것도 무난하다.

7 지형에 따른 연상물(聯想物)과의 관계

우리나라는 전 국토의 75%가 산지이고, 전 국토 중 경사도 5% 미만의 평탄지가

23%에 불과한 산악국가이다.

큰 산이 있으면 큰 물이 있다는 지형학적 논리에서부터 산과 물의 작용을 보는 것이 풍수지리라는 정의에 대해서는 '풍수지리와 환경'에서 이미 다루었다.

지형 형태에 따른 연상물에 대한 것을 풍수 고전에서 '형국론(形局論)'이라 말했는데, 집이나 도시의 주변 형태가 거주자에게 끼치는 영향력은 이런 형국(산)을 이루기 전에 형세(산맥)가 산의 근간으로 형세를 먼저 짚고 넘어가야 할 것이다.

■ 형세론

기록된 고증을 보면 형세론은 A.D 25~225년 후한대에 등장한 청오경(靑烏經)에서부터 시작하여 중국 동진(東晉)의 곽박(郭璞 276~324)이 지은 장경(葬經, 일명 금낭경)에 뿌리를 두고 있다.

환경적 논리로 본다면, 산맥의 흐름은 바람과 물의 흐름을 관장하는 큰 요소로, 특히 산맥을 따라 도는 곡류천[또는 사행천(蛇行川)]은 물이 머물 공간을 길게 하여 물이 지표로 스며드는 시간적 여유를 갖게 함으로써 지속적인 수자원 확보가 양호한 지형이다.

이런 사행천을 이룰 수 있는 지형은 명당지세를 이룬 사행입수(蛇行入首)의 형세인 것이다. 이 때문에 명당론과 환경론은 용어의 변천과 관련된 시대의 흐름일 뿐, 자연환경이란 대상이 같고 인간에게 미치는 영향을 판가름하는 것으로 근본이 동일한 것이다.

단지 풍수원리가 조선시대 때 유교와 관련된 묘지풍수와 연결되면서 현실성을 초월하고, 자연과학 논리에서 입증이 불가한 심미적(心美的) 양상이 두드러지면서 일부 토속신앙(일명 미신)화 되었다. 그리고 조선총독부 촉탁으로 촌산지순(村山智順)이 저술한 「朝鮮의 風水」에서 민족의 토속정신을 말살하려는 의도로 폄하하였지만 풍수의 기본논리와 정신은 마치 자연의 아름다움을 추구하는데서 나온 '아름다운 풍경의 노랫말'인 것이다.

풍수가 현장의 검증과 논거를 통해 수백 년 축적되면서 육안으로도 물줄기의 생김새와 함께 산세와 산형(山形)을 관찰하여 명당터를 파악할 수 있다는 접근적인 방법이 '형세론'이다.

산줄기(용)는 물과 바람, 햇빛을 받거나 차단하는 작용을 하기 때문에 어떤 터를 길지로 아니면 흉지로 만드는 것이다. 아울러 산맥은 지자기의 흐름과 중력이 평지와 다

> 산줄기는 바람과 물을 관장하는 큰 요소로 곡류천은 물을 가두는 양호한 자연지형으로, 산세와 산형을 관찰하여 명당터를 찾는 법이 형세론이다.

르게 나타난다. 산은 지기(地氣)가 강하게 뭉쳐진 곳으로 산줄기를 타고 흐르는 지기와 그 흐름을 파악하는 것이 '간룡법(看龍法)'이다.

풍수의 목적은 지기를 얻는 것, 즉 자연의 좋은 기운을 누려 삶의 질을 향상시키는 데 있다.

산줄기는 명당에서 거슬러 올라가면서 현무인 주산 – 소조산 – 종산 – 태조산이란 산줄기의 족보를 정하였다. 시조격인 태조산부터 부모산인 주산에 이르기까지를 파악하는 방법이 '광의의 간룡법'이고, 주산에서 명당(묘지풍수에서는 혈자리)까지를 '협의의 간룡법'이라 말한다.

광의의 간룡법에서는 태조산에서 주산에 이르기까지 산줄기가 한문의 갈지(之)자 모양처럼 구불거리면 마치 살아있는 뱀의 움직임과 같아 좋고, 물줄기 또한 곡류천이 되어 좋다고 한다.

협의의 간룡법은 주산에서 명당(혈)까지 내려오는 과정인 태(胎) – 식(息) – 잉(孕) – 육(育)을 식별하여 분석하는 것인데, 이는 마치 아이가 태어나서 성장하는 과정으로 생룡(生龍)의 매김질인 것이다.

산줄기를 분별하면 생룡(生龍), 강룡(强龍), 순룡(順龍), 진룡(進龍), 복룡(福龍)은 살아 움직이면서 온화하고 힘차며 아름다운 산줄기 형태로 길룡이라 하고, 사룡(死龍), 약룡(弱龍), 역룡(逆龍), 퇴룡(退龍), 병룡(病龍), 겁룡(劫龍), 살룡(殺龍)은 흉격으로 죽은 뱀처럼 곧게 뻗어, 힘이 없고 허물어져 무질서하며 바위가 흉하게 드러났다 하여 흉룡이라 한다.

길룡 아래의 명당은 가능하여도 흉룡 아래의 명당은 불가하다는 것이 간룡법으로, 이는 산줄기를 식별하는 이유이다.

■ 형국론

형국론은 산형과 물형의 미감적 연상작용을 통해 자연환경을 이해하는 체험미학이며 재현적 형태에 의한 시각언어로 우리나라 자생풍수 이론이다.

앞에서 말한 형세론이 중국에서 두드러지게 강조되었다면, 우리나라는 산이 많아 하늘과 땅의 연결선상으로 산을 보는 숭산사상(崇山思想)으로, 산신제와 기우제(가뭄에 비를 오게 하려고 하늘에 비는 제사)를 산에서 지냈다고 한다. 신라 때 국토진호(國土鎭護)라는 숭산사상에서 산을 절대적 존재가치로 여겼던 점 등 산에 대한 높은 의식으로 인해 '형국론'이라는 자생풍수가 부각된 것이다.

『삼국사기』와 『삼국유사』에 나오는 망성중가거지지(望城中可居之地) 견일봉여삼일월세(見一峯如三日月勢)란 기록은 신라 탈해왕이 텃자리를 잡으려는 상지(相地)에 대한 내용으로 "탈해가 토암산에 올라 성내에 살 수 있는 곳을 살폈는데 한 봉우리가 마치 초생달 같은 기운이 있었다."는 것과 현재의 경주시 경주터널 서남쪽의 여근곡(女根谷)은 여자의 옥문(玉門) 형태를 표현한 명칭이다.

이런 내용들은 통일신라 때 중국풍수가 입당승(入唐僧)에 의해 우리나라에 들어오기 이전부터 우리의 자생풍수인 형국론적 사고가 있었음을 말해 주는 것이다.

형국론은 산형(山形)을 볼 때 산의 모양새를 닮은 동물이나 식물, 그리고 어떤 형상에 비유한 명칭으로 부르고, 원명칭과 연관된 종물(從物 : 잠두형에서 누에가 먹는 뽕나무 숲 또는 뽕잎 더미를 말함)들을 가져다 붙여 작명(作名)한 후 여기에 풍수적 해석을 더한 우리의 자생풍수 논리를 말한다.

형세론은 산줄기의 생기현상을 육안으로 관찰하여 명당터를 찾는 환경학적 현장 접근 논리이며, 방위론은 풍수의 체계를 나경으로 분석하여 생기의 조화를 이루게 하는 역학의 논리로 지자기와 행성의 영향력을 보는 천문학적 접근 논리이다. 형국론은 터에서 육안으로 주변을 보아 보이는 산의 모양이 어떤 물형(物形)을 직감적으로 떠오르게 할 때 물형 본연의 생리나 감정이 연상작용에 의해 사람이 영향을 받는다는 형태론적 미감작용을 말하는 것이다.

> 형국론은 산의 모양이 어떤 물형을 닮아 직감적으로 떠오르게 할 때 물형본연의 생리나 감정이 연상작용에 의해 일어나는 형태론적 미감작용을 말한다.

형국론으로 볼 때 묘자리 풍수에서 물형의 중요지점(동물의 심장 또는 머리)이나 움직이는 부위(잠두형에서 머리)는 생기지점으로 전체 풍수지리적 관점에서 형세론, 방위론, 사신사론(터의 주변 산세와 물, 길 등에 대한 바람과 물의 영향으로 기후관계를 보고, 또한 주변 산세의 미감적 환경을 보는 것)에 먼저 부합되어야 할 것이다. 여기서는 단지 형국론의 의미와 지형 형태가 닮은 연상물과의 관계로 사람에게 어떤 영향을 끼칠까를 타당성 있게 논증하기 위해 기타 풍수논리를 열거한 것이다.

형국론에서 어떻게 움직이지 않는 산(실질적으로는 횡압력에 의해 미세한 변형, 즉 움직이는 경우가 있음)을 움직이는 동물 물형에 비유할 수 있느냐는 모순을 제기할 수 있을 것이다. 그러나 우리나라는 산신숭배사상에서 산이 정신 또는 힘이 있다고 보는데 전라남도의 영암(靈岩)이란 지명에서 보는 것과 같이 우리 정서에는 가능한 것이다.

형국론의 일례로 경남 김해의 영구하산형(靈龜下山形)은 『삼국유사』 가락국기에 나오는 구지가를 부르며 김수로왕을 하늘로부터 맞이했다는 분성산과 김수로왕릉 사이를 부르는 물형 명칭이다. 여기서 신령스런 거북이가 하산한다함은 거북이의 등 모양이 오행상 오성으로 볼 때 금성(金星)으로 분류되고, 금(金)이 하산하는 것은 토(土)로 내려오는 맥락으로 토생금(土生金)의 상생에 해당되어 김해김씨가 번창했다는 것이다.

형국론의 특성들이 과학적으로 인정되지 않고, 풍수 체계에서 논리성이 미흡하다 하여도, 산악국가의 산신숭배의 정서에 의해 수천 년 내려왔던 우리의 자생 풍수관인 형국론을 미학적 관점에서 해석하면,

첫째, 자연적 형태의 관찰에서 얻어진 결과로 이는 자연적 형태들의 모양에 영향을 주는 환경의 힘을 이해함으로써 찾아낸 진리이고, 다음에는 자연적 형태를 구성하고 있는 성분들의 모양과 그들이 어떻게 구조적 형태로 함께 작용하는지를 경험에 의해 다듬은 체험미학인 것이다. 즉 형국론은 자연 속에서 쉽게 발견되고, 우리 주변에서 쉽게 접할 수 있는 어떤 물형이 갖고 있는 물형 본연의 성질이 연상작용(聯想作用 : 한 관념으로 말미암아 관련되는 다른 관념을 생각하게 되는 현상이 힘을 미쳐 영향을 줌)으로 전이되어 보는 이로 하여금 다른 성질의 같은 형태에서 같은 감정을 받게 되는 것이다.

둘째, 사물의 닮은 꼴을 알게 된 결과로 산형이나 주변 지형의 형태가 쉽게 알 수 있는 원사물의 닮은꼴 형태일 때 관찰자(보통의 목격자)들과 순수한 시각언어로 의사소통

> 본질이 전혀 다른 사물이 서로 닮았다는 것만으로 연상작용에 의해 감정전이가 쉽게 이뤄진다는 것은 형상에너지 때문이라 말할 수 있고 산의 형국론과 통한다.

을 하는 것이다. 이러한 의사인식이 쉽고, 누구나 형태의 인식이 쉬운 사물의 닮은 꼴이 보통의 목격자에게 다른 성질의 같은 형태에 대해서도 감정전이가 쉽게 나타나는 것이다. 이는 마치 인형놀이에서 얻은 감정과 같다.

이 두 가지 논리의 실례로 남근석을 보고 만지면 아들을 낳는다고 모여든 여자들의 심리적 상태는 형태적 감정으로 성적(性的)느낌이 뇌에서 일어나고 있어 생리적 효과가 가능한 것이다.

이를 형상만이 가지는 특정한 에너지로 형상(形狀)에너지라 명명해 보자.

어떤 형상의 효과는 방향에 따라 미치는 영향이 달라지는데 형상의 방향은 관찰자와의 관계, 형상을 담고 있는 테두리와의 관계, 또는 이웃하는 다른 형상과의 관계 속에서 이루어지기 때문에 방향에 따라 영향의 강약차를 보인다.

다음의 사진에서 보이는 쌍태산을 항시 마주보는 중촌부락에서 쌍둥이가 많이 태어

났다고 한다. 그것은 쌍태산의 쌍으로 된 산봉우리가 중촌부락에서 잘 보였기 때문이라고 본다.

쌍태산의 형국론적 의미를 [에세이 4]에서 실감해 보자.

쌍둥이 마을과 쌍태산

전남 여천군 소라면 현천1리는 중촌, 오룡, 선촌이라는 자연부락을 포함하고 있는데 그 중 중촌부락을 쌍둥이 마을이라 부른다. 마을 사이로 실개천이 굽이굽이 흐르고 있어 현천리(玄川里)란 이름과 잘 어울린다.

2005년 당시 중촌부락에는 60가구, 오룡부락에는 23가구가 살고 있었으며 중촌부락의 경우 농촌의 공통현상으로 거주 가구수가 감소하였는데 거주했던 전체 가구 중 35가구에서 38쌍의 쌍둥이를 낳았다. 중촌부락에서 200m 떨어진 선촌부락(23

중촌부락에서 바라본 쌍태산

※ 중촌부락에서 수대를 살아온 오형래 씨의 할머니도 이 마을에 시집와서 쌍둥이를 낳았다고 한다. 이 집의 마당에서 바라본 쌍태산의 모습이다.

호 거주)에서는 중촌부락과 친인척관계가 많음에도 불구하고 단 한 쌍의 쌍둥이도 출산하지 못했고, 마을 방향이 비슷한 오룡부락에서도 단 몇 쌍의 쌍둥이만 출산하였다는 점을 주목해 보자.

쌍둥이는 대개 모계유전적인 경향이 많은 이란성과 후천적 요인이 큰 일란성이 있는데, 이란성과 일란성의 비가 세계 평균 7 : 3으로 모계유전성이 많으나 이 마을의 경우는 1 : 4.6으로 후천적 요인이 큰 일란성이 많았다. 또한 분만횟수가 늘어날수록 쌍둥이 낳을 확률이 줄어드는 것이 보통이나 이 중촌부락의 경우는 반대였다.

이 마을의 쌍둥이 출산에 대해 생태학적 1차 검사에서는 특별한 이유를 발견하지 못해 조사팀의 나종규 박사는 다음과 같은 결론을 내렸다.

통계적 예나 가계조사 결과 남자와 여자 쪽은 물론 이 마을 15개 성씨 중 9개 성씨 집안에서 골고루 쌍둥이가 출산됐다는 것은 유전적인 요인보다 후천적 요인이 크게 작용한 것으로 본다고 하였다.

　이 마을에서 쌍둥이가 처음 출생한 것은 120년 전쯤으로 60년 전 6쌍이던 것이 오늘날 38쌍이 된 것이다. 이 마을 남동쪽에 있는 쌍태산(雙胎山, 일명 쌍봉산)의 정기 때문이라는 전설에 대해 서정범 교수는 사람에 따라 약간의 차이는 있으나 우리에게는 누구나 환경으로 빚어지는 잠재의식으로 인해 생리적 변화가 일어나는 것인데 상상임신이 좋은 예라 하였다.

　최창조 교수는 이 전설의 내용은 풍수의 형국론에서 설명이 가능하다고 지적하였다. '만일 쌍태산의 정기 때문에 빚어진 잠재의식 또는 자연환경 때문이라면 똑같이 쌍태산이 보이는 이웃집과 특히 선촌마을에서는 쌍둥이가 태어나지 않았는데 왜 그런 것인가. 그것은 같은 산이라도 보는 방향에 따라 그 형국도 다르고 그 정기도 다르기 때문이다. 경북 선산군 금오산을 예로 들면, 선산(善山) 쪽에서 보면 붓을 거꾸로 세운 것처럼 보여 문필봉(文筆峰)이라 부르며 그곳에서는 문인이 많이 나온 반면, 다른 쪽에서 보면 남성의 성기처럼 보여 이 마을에서는 음란한 일이 많았다는 것과 같다'고 말했다.

　인류가 살아오면서 깨달은 땅의 이치와 사람과 땅의 관계를 풍토의 환경원리에 맞도록 정립한 것이 풍수지리이므로 풍수지리적 관점에서 중촌부락의 쌍둥이 발현 이유를 찾고자 한다.

　중촌, 선촌, 오룡부락은 같은 산을 등지고 있어 주산이 같다.

　풍수지리의 좌향론(坐向論)과 정혈법(定穴法) 그리고 형국론에 따라 조사해본 바 중촌부락에서 쌍둥이를 낳은 35가구는 모두 부엌의 좌향이 동남쪽을 향하고 있어 부인들의 일상적인 생활과 밀접한 장소인 부엌에서 쌍태산을 볼 수 있었다. 중촌마을 자리는 완만한 경사도의 동일 평면상에 있고 집들이 밀집한 양상을 보여 거의 동일한 자연조건에 놓여 있다. 그러므로 중촌부락의 쌍둥이 다산은 지자기의 자력선 방향, 태양에너지, 산의 모양과 유사한 통상물형(通常物形)의 이미지가 잠재의식 속에 느껴지는 생리적인 영향이 동일하기 때문이라고 말할 수 있다.

　중촌부락에서 정면으로 보이는 안산은 1989년도 백광도로를 내면서 잘린 신곡재가 있는 산이고, 조산은 2km 가량 앞에 있는 쌍태산인데 실제로는 두 개의 산이 겹쳐 쌍봉을 이루는 것같이 보인다. 신곡재가 잘린 후 쌍태산의 형태가 변하였는데 쌍태산이 바뀐 후에는 쌍둥이를 낳은 집이 없다고 한다.

　쌍둥이 마을 중촌부락의 의문을 풍수지리적 관점으로 해석하는 것이 필자의 현장답사 결과 제일 합당한 접근방법이라 생각한다.

■ 사신사론

어떤 터의 전후좌우 사면에 있는 산을 사신사(四神砂)라 한다.

주산을 등지고 지대가 낮은 곳을 향한 자세에서 앞에 있는 산을 주작(朱雀), 뒤에 있는 산을 현무(玄武)라 하고, 왼쪽에 있는 산을 청룡(靑龍), 오른쪽에 있는 산을 백호(白虎)라 한다.

청룡이나 백호가 여러 산으로 겹쳐 있을 때에는 가까운 쪽을 내청룡, 내백호라하고, 그 뒤의 산을 외청룡, 외백호라 한다. 청룡과 백호를 함께 말할 때는 용호(龍虎)라 부른다.

청룡 가운데 주산에서 맥이 연결된 청룡을 본신청룡(本身靑龍)이라 하고, 다른 산에서 연결된 청룡을 외산청룡(外山靑龍)이라 하는데 백호도 마찬가지이다. 본신용호는 외산용호보다 명당에 생기를 많이 발생시킨다.

> 생기 있는 명당구도는 북쪽에 주산인 현무가 있고 좌우용호는 명당을 향해 산의 앞면을 보고 있으며 안산과 조산이 있는 형태이다.

사신사의 위치를 볼 때 북쪽에 주산인 현무가 있고, 명당을 향해 산의 앞면을 보고 있는 용호가 있으며, 전주작인 안산이 있고, 안산 뒤로 겹겹이 조산이 있는 형태가 생기 있는 명당구도이다.

• 사신사의 기능은 명당에 생기를 만드는 것

터에 생기를 만들려면 주변 사신사가 적당한 바람막이의 기능인 장풍(藏風) 기능과 오목거울 기능을 할 수 있는 반원형곡면 형태를 이루어야 한다.

만약 좌우용호가 등을 지고 있은 배반격(☽☾)에서는 밝은 기운이 모이지 않고 용호 사이에 골짜기 바람이 일어나 모였던 생기도 흩어져 버린다.

태양빛이 사신사에 비춰지면 일부는 반사되고 반사된 빛의 초점이 맺히는 곳이 혈이며 혈 주변의 너른 터가 명당이다. 그래서 양택은 명당을 중요시하고, 음택은 혈지점을 중요시하는 것이다.

용호의 형태에 의해 좋은 터가 되기도 하고, 나쁜 터가 되기도 한다.

용호가 감싼 형태는 바람을 적당히 막아주고, 햇빛을 모아주기 때문에 명당이 되는 것이며, 용호가 등진 배반격은 골짜기에 바람을 일으키고 빛의 산란을 초래하여 흉한 터가 되는 것이다.

• 사신사의 기운

청룡의 기운에는 자손 번창의 기운, 권력과 지도자의 기운, 재산의 기운이 내재되어 있다. 청룡이 좋은 형태이면 청룡 앞쪽 터에 사는 사람들의 건강이 좋고, 재물이 모아지며 특히 남자들의 발전운에 많은 영향을 준다.

이는 양택(살아있는 모든 것 포함)에서 좌상우하(左上右下)라는 원칙이 적용되기 때문이며, 왼쪽을 양기운(남자)으로 보고 꿈틀거리는 용맥을 살아있는 것으로 본 것이다.

> 사신사의 이상적인 구도는 주산인 현무가 크고 우뚝 솟아야 하며, 좌우용호는 길고 거칠지 않아야 하고, 앞의 주작인 안산은 작아야 하고, 안산밖의 조산은 평범해야 한다.

음택은 반대로 우상좌하이다. 백호는 재산과 여성의 발전운에 영향을 주며, 주작은 혈판하부부터 조산 사이의 산을 모두 일컫는데 터 가까이의 안산은 재산, 지위, 평판의 기운과 연관된다. 물론 주작이 좋은 형태이면 그 안의 터에 사는 사람은 재산을 모으고, 높은 지위에 오르게 된다고 보는 것이다.

주작은 손님 또는 보조자로서 현무보다 규모가 작고 낮은 형태가 이상적이다. 생기를 만들어 주는 기능에서는 가까이 있는 안산이 멀리 있는 조산보다 기운이 먼저 작용하고 훨씬 더 중요한 역할을 한다.

주작의 일부이며 주택에 가까운 안산은 형태가 안정되고 힘이 있으면 그 주택의 거주자에게 좋은 일이 생겨나는 반면 안산의 형태가 불안하고 흉하면 나쁜 일이 발생한다고 보는 것은 집 앞의 매일 보는 안산 형태가 미감작용 등과 연관이 있기 때문이다.

현무는 명당이나 혈에 지기를 직접 전달해 주며, 바람을 막고 햇빛을 받는 직접적인 역할을 하여 사신사 중에 가장 큰 영향력을 갖는다. 따라서 주변산세 중에 현무가 가장 규모가 크고 힘차야 좋다. 현무는 내부적 힘을 만들어 주기 때문에 사회적 지위의 성패와 관련이 크다.

서울 지세에서 삼각산이라 부르는 북한산을 조산(祖山)으로 하면 북악산이 주산이고, 안산은 남산이며, 조

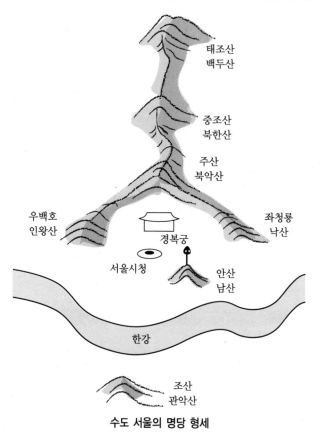

수도 서울의 명당 형세

산(朝山)은 관악산이고, 좌청룡은 낙산, 우백호는 인왕산이다.

대명당을 이룬 서울이 광범위하게 번창한 것은 풍수의 명당지세 때문이 아닐까.

• 용호의 길이와 거리가 미치는 영향

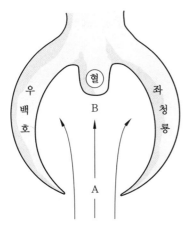

용호 감싼형의 바람

※ A지점을 통과한 바람은 B지점에서 속도가 느려지고 체감온도가 높아져 좋은 터임

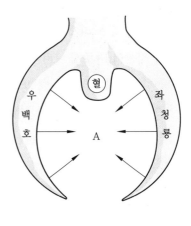

용호 감싼형의 햇빛

※ 좌우용호가 오목거울이 되어 빛의 반사로 A지점에서 빛의 초점이 형성되어 기온이 올라가고 밝아져 좋은 터임

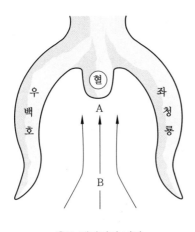

용호 배반격의 바람

※ B지점에서 불어온 바람이 A지점을 통과하면서 골짜기 바람으로 변해 바람의 속도가 빨라지고 체감온도가 낮아져 흉한 터임

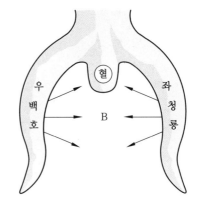

용호 배반격의 햇빛

※ 좌우용호가 볼록거울이 되어 빛의 산란으로 B지점은 기온이 〈용호 감싼형의 햇빛〉에서의 A지점보다 상대적으로 낮아져 흉한 터임

용호의 형태에 따른 바람과 빛 현상

지세에서 청룡과 백호의 길이가 같은 좌우대칭형이 이상적이지만, 명당에서 보는 좌우용호의 길이나 거리가 지세에 따라서 다른 경우가 많다. 용호의 길이는 사신사의 기능인 장풍과 오목거울의 기능 효과가 크고, 짧은 용호는 사신사의 기능 효과가 작다.

그리고 용호가 터와 가까운 경우에는 그 영향이 빠르게 나타나는 반면, 멀리 떨어져 있으면 영향이 느리게 나타나는데, 청룡과 백호의 거리가 다를 때도 가까운 측의 해당 사신사 기운이 빠르게 나타나고 멀면 느리게 나타난다.

사신사의 규모가 크면 큰 도시가 형성되고, 작으면 사찰이나 묘지 정도의 터로 적합한데 이는 마치 어른의 옷과 갓난아이의 옷이 크기나 기능이 다른 것과 같다.

■ 산의 형태론

산의 형태론은 주산과 안산의 형태에 대한 가늠으로 산이 3품격에서 주인격이고 형체는 강체이며 오행산으로 볼 때 목산형일 경우 기운이 생겨 좋다. 이것은 형태에 대한 강한 이미지를 보고 분별한 결과이다.

형세론이 명당으로 이어지는 용맥의 기운을 판가름하는 잣대라면, 산의 형태론은 주산(현무)과 안산(주작)의 기운을 주로 가늠하는 것이다.

산은 형태에 따라 품격이 다르고, 오행산 형태별로 성질이 각각 다르다.

그 외 국지적인 산의 형태를 닮은 물형(物形)의 이미지도 연상작용(聯想作用)을 하는 것에 대해 분석해 보고, 길흉과 관계된 산의 앞뒤에 대해 말하고자 한다.

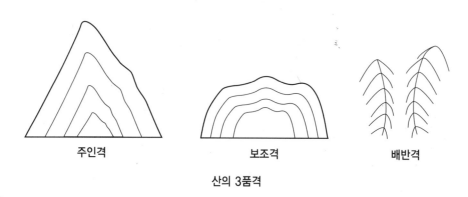

주인격   보조격   배반격

산의 3품격

산의 3품격을 볼 때
• 주인격은 산의 형태가 피라미드와 같이 중심에 강한 기운이 모여 균형이 잡힌 산으로 산의 능선이 평지까지 힘차게 뻗어 있는 형태를 말한다. 이런 산 아래는 대명당이 될

수 있다.

- 보조격은 산의 중심 봉우리가 낮고 빈약하여 중심에 기운이 모이지 않고 기운이 분산된 형태로 산 정상 부위가 수평지형이다. 이런 산 아래는 보통 명당 정도가 될 수 있다.
- 배반격은 주산에 등을 지고 있는 안산에서 주로 볼 수 있는데 산의 뒷면과 같이 명당 조건과 어긋나는 산의 형태이다.

산의 4체형을 볼 때

- 강체(剛體)는 힘이 강하고 단단하게 뭉쳐져 통통하게 보이는 산으로 왕성한 생기를 발산하는 산이다.
- 중체(中體)는 능선이 곧게 내려오는 산으로 부드러운 기운을 만들며 일반적인 산이 여기에 해당된다.
- 약체(弱體)는 산의 경사 능선이 힘없이 늘어진 형태로 골짜기가 발달되어 있고 약한 기운이 흐르는 산이다.
- 병체(病體)는 안정감이 없고 균형이 깨진 산의 형태로 바위가 많이 노출되어 있고, 사람을 불안하게 만드는 기운이 발생되는 흉한 산이다.

오행산 형태는 오행(五行)이 나타내는 형태 이미지를 가지고 다섯 가지로 분리한 산의 형태를 말한다.

> 오행산 형태는 오행(五行)이 나타내는 형태 이미지를 가지고 다섯 가지로 분리한 산의 형태를 말한다.

- 목산(木山△)은 수직상승하는 기운을 많이 품은 산으로, 붓끝과 같은 정상 부위의 산을 문필봉이라 하여 학문과 주관이 강한 기운이 연상작용으로 나타나 자주 보는 사람에게 영향을 미친다.
- 화산(火山△)은 산의 봉우리가 마치 불꽃이 여러 갈래로 갈라져 솟은 것과 같은 형태의 산으로, 서울의 관악산이 여기에 해당된다. 관악산의 화기를 다스리기 위해 해태상을 경복궁 앞에 세워 놓은 것이다.
- 토산(土山△)은 정상 부위가 평탄한 형태로 안정되어 있으며 고 박정희 대통령의 선산 앞에 있는 천생산이 안산인데 바로 이 산이 토산 형태이다. 토산은 안정된 큰 기운이 모아지는 곳이다.
- 금산(金山△)은 종을 엎어 놓은 형태로 재물이 모이는 연상작용을 하는데, 서울의 인왕산이 금산에 속한다.
- 수산(水山△)은 정상 부위가 마치 물결처럼 보이는 산으로, 여러 봉우리가 비슷한 크기로 연결되어 있다. 평화로운 느낌을 주는 산으로 서울의 남산이 이에 속한다.

해태상에 대한 얘기

광화문 앞의 해태상

※ 해태상의 무서운 형상은 화기를 억누르는 것 외에 궁궐을 드나드는 관리들에게 위엄을 주기 위한 것으로 사찰 입구의 사천왕상과 유사한 의미를 갖고 있다.

해태는 '해치'라고 불리기도 하는데, 해태는 옛부터 전해내려오는 우리 민족의 '상상의 동물'이다. 성품이 바르고 곧아서 옳고 그름을 정확하게 가려내는 신성한 동물로 산양이나 사자와 비슷하게 생겼고 머리 한가운데 뿔이 솟아있다. 해치란 이름은 "햇님이 보낸 벼슬아치"란 뜻으로 해의 신이라 할 수 있다.

해태는 또한 불을 다스리는 신이기도 하다.

상상의 동물인 해태는 정의를 지키고 사악함을 물리치며 화기(火氣)를 눌러 화재를 막아주는 영물(靈物)로 여겨져 왔다.

서울 종로구 세종로 광화문 앞 해태상은 19세기 말 흥선대원군 섭정시절에 제작했다는 설이 유력하다.

조선조 국도를 한양으로 정했을 때 정도전의 주장대로 백악(북악산)을 현무로 하여 화산(火山)인 관악산을 정면으로 보는 것을 피해 경복궁을 임좌병향(壬坐丙向)으로 궁궐을 지었는데, 태종 때 왕자들의 골육상쟁과 선조 때 임진왜란으로 경복궁은 몇 번의 화재를 겪게 되었다. 궁궐과 관악산 사이에 한강 물이 있어 수극화(水剋火)의 이치에 의해 관악산의 화기가 한강 물에서 소멸된다 하여도 풍수에서 볼 때 보이는 살(殺)은 해가 되고 멀리 보여도 방어를 해야 된다는 것이다. 그래서 대안으로 화기를 다스리는 해태를 궁궐 앞에 세워두고 관악산의 각처에 물항아리를 파묻었던 것이다. 이렇듯 해태는 모든 재앙을 물리치고 정의와 평화를 지켜주는 민족의 수호신으로 여겼던 것이다.

일제는 경복궁 앞 해태상을 1923년 10월 철거하여 방치하다가 1929년 조선총독부건물(현재 광화문 뒤 홍례문 자리) 앞으로 옮겼던 것을 해방 후 1968년 광화문 복원 때 사진상의 현재 위치인 광화문 앞에 놓은 것이다.

2007년 들어 광화문 자리를 원래의 위치로 이전하는 복원공사가 한창인데 지금의 해태상 자리 또한 공사완료와 동시에 제자리를 찾아갈 것이다.

물형(物形)과 닮은 산의 형태는 산을 볼 때 모든 사람이 연상하기 쉬운 물형을 닮은 것으로, 이는 물형의 이미지가 보는 사람에게 발현작용을 한다는 것이다.

전남 여천의 쌍태산(雙胎山)과 관련하여 쌍둥이 마을이 생겨났고, 여근곡(女根谷)은 여자의 하체와 같은 형태로 갈라져 있는 산을 말하는데 이곳에서는 음기가 강하게 나타나며, 규봉(窺峰)은 조산이 보일듯 말듯 내다보는 산으로 도둑이 들끓는다 하여 흉산으로 친다.

산은 앞면과 뒷면이 구별되어 있는데 산의 앞면은 완만하고 밝으며 거칠지 않고 부드러운 느낌이 들면서 지반이 안정되어 있고 들판을 향하고 있으며 높은 산을 등지고 있다. 산의 뒷면은 굴곡이 심하고 바위가 불규칙하게 솟아 있으며 여러 갈래로 골짜기가 있고 낭떠러지가 있어 험한 느낌이 들고 어둡다.

물론 산의 뒷면은 흉하여 명당이 없다.

산의 앞면과 뒷면을 구분할 때 방향과는 상관이 없으나 남향이나 남동향을 한 앞면의 산이 더 좋은 조건이라 보면 된다. 특히 전원주택은 북고남저의 지형과 산의 앞면에 비중을 두고 선정하는 것이 좋다.

8. 생리에 맞는 건물 만들기

우리나라에 서양의 건축기술이 유입된 후 대도시에 우후죽순처럼 솟고 있는 대형건축물을 보면 최신공법을 동원한 철골구조로 시공하는 등 건축의 신기술과 건축 신소재 개발에 힘을 얻어, 건축의 3요소(견고성, 공간 활용성, 미관)에 대해서는 상당히 만족할만한 성과를 이루고 있다.

요즘 부각되는 웰빙의 물결로 인해 건축에서도 건강하게 잘사는 방식으로 생리에 맞는 건축물을 추구하고 있다. 그러기 위해 건물의 내장재를 자연소재로 바꾸고, 공간 활용성에 대해서도 생리적인 공간 구조에 맞도록 배치하며,

> 건축의 3요소인 견고성, 공간 활용성, 미관이 충족된 건축물에 생리적 적합성까지 갖추기 위해서는 환경응용이론인 풍수지리를 건축에 적극 활용해야 한다.

햇빛과 공기의 흐름을 좌우하는 창의 크기와 위치를 활용적이면서도 생리에 맞도록 꾸며야 한다. 그리고 각방의 색채는 사용자의 생리에 맞추고, 가구나 벽지의 무늬 그리고 실내 인테리어는 거주자의 마음을 안정시키고 유쾌한 기분이 들도록 하여야 한다.

생리적 만족지수에 대해 세분된 사항은 해당 절에서 심도있게 다룰 것이며, 여기서는 현대 건축에 있어서 생리에 맞는 건축, 즉 건강을 생각하는 건축의 이론적 바탕을 어디에서 찾을 것인가, 서양 건축에서 아니면 현대 미학에서 찾을 것인가, 그러나 서양 학문에서는 그렇다할 논리적 방식을 찾기란 힘들다.

반면 동양의 풍수지리는 자연과학인 천문학을 바탕으로 한 자연환경과 경험적 미학(美學)을 응용한 것이다. 사람이 혈거생활을 시작으로 수천 년 간 생활 거처를 만드는 방법 중에 경험을 통해 실험검증된 것이 풍수지리이기 때문에 과학적 사고에 길들여진 현대인들에게는 일부 추상적으로 비쳐질 수 있으나, 분명 풍수지리는 자연과학을 토대로 만들어진 환경응용이론으로 건축의 네 번째 요소인 생리적 적합성에 대한 교과서이며 원론이다.

이와 같은 논리를 거듭 강조한 까닭은 풍수지리의 가치에 대해 이해를 돕고자 한 것이다.

🪷 장인정신이 담긴 건물 만들기

건축가들은 여러 용도의 건물을 짓는다. 기념비적인 건물에서부터 수명이 짧은 모델하우스까지, 건물을 지어 파는 업자는 설계담당자에게 건축규정 안에서 최대 용적률(대지면적에 대한 건물연건평의 비율)이 나오도록 설계를 요구하고, 이익을 챙기는 데 주안점을 두며 건축을 시작한다.

최소의 투자로 최대의 이익이라는 경제논리속에서 건축의 3요소가 부실화된 일례로 와우아파트, 삼풍백화점, 성수대교 붕괴 등 사람들의 뇌리에 쉽게 지울 수 없는 슬픈 흔적들이 있어, 건축가들에게 장인정신을 요구하고 건축 관련자들의 공사원칙 준수라는 양심을 바라는 것이다. 더군다나 건축의 네 번째 요소인 생리적 적합성을 장인정신이 없는 건축종사자에게 바라는 것은 손바닥으로 부쳐 부채같이 시원하기를 바라는 격이다.

주거에서 생리적 욕구 결과로 일조권 문제, 조망권 문제에 대해 신축건물 시공자와 주변 거주자들 사이에 갈등이 끊이지 않고 있다.

장인정신이란 거주자나 이용자에 대한 생리적 적합성까지 건축에 적용시킨 것으로 이윤보다는 건축가적 양심이 살아 있는 것이다.

장인정신에 대해 중요무형문화재 제74호 대목장 신응수 선생의 말을 빌리자면 "장인이란 손으로 여러 가지 물건을 만드는 일을 업으로 살아가는 사람으로 요즘 말로 손으로 만드는 전문가를 지칭하는 것이다. 장인정신이란 이러한 장인들이 가지고 있는 정신, 즉 자기가 하고 있는 일에 전념하거나 한 가지 기술에 정통하려고 하는 철저한 직업정신을 뜻하며, 이러한 장인정

> 장인정신 속에는 건축의 3요소와 거주자나 이용자에 대한 생리적 적합성까지 건축에 적용시킨 것으로 이윤 극대라는 경제적 논리보다 건축가적 양심이 살아 있는 것이다.

신은 자기분야에 대한 해박한 지식을 얻기 위해 꾸준히 공부하고 옳다고 판단된 바를 밀고 나갈 수 있는 고집, 그리고 자신의 명예를 지키는 자세이며, 모든 면에서 최선을 다하는 성실성이 가장 중요하다. 물건을 하나 만들어도 돈과 직결해서 손익을 따지고, 바로 눈앞에 보이는 작은 이익에만 급급하다 보면 결국 장인의 명예는 잃게 되고 천년 후를 내다보며 작업에 임하면 명예는 살 것이라 하며, 물러날 때 기술을 아낌없이 후배에게 전달하는 것도 명예라 하였다."

신응수 대목장께서 지었던 구인사 대조사전은 좋은 자재를 구입하고 잘 지으려는 건축주의 의지와 일에 참여하는 사람들의 정성이 한데 모아진 장인정신의 걸작이라 보인다.

구인사 대조사전은 연건평 169평 3층 다포집으로 전통 건축의 우아함과 기품 있는 빛깔의 장엄함과 단청무늬의 섬세함이 함께 어우러진 우수한 건축물이다.

> 장인정신에서는 최선을 다하는 성실성이 가장 중요하며 명예를 잃는 행동을 하지 말아야한다고 대목장 신응수 선생은 말했다.

구인사 대조사전은 최상의 자재로 지었는데, 주초석은 강화애석, 목재는 200~300년 자란 적송을 3년 이상 건조시켜 사용하였고, 건물의 구조 중 추녀곡선은 저고리의 소매곡선과 여인네의 버선코 선처럼 율동적인 아름다움이 물씬 풍기며, 3층의 팔작지붕을 비롯한 전체적인 좌우대칭구조는 안정감을 주고, 들어올린 추녀 끝은 바람과 햇빛을 받아들인 자연친화성이 좋으며, 율동적인 전체 모서리 선은 우아한 승무의 자태인데, 용머리 휨선은 풍수적 기운이 이분되는 단점보다 전체적으로 보인 율동적이라는 순화의 의미가 큰 아름다운 면에 치중한 예술적인 건축물이다.

필자는 남고북저형 지형에 부득이 주택을 신축하면서 북쪽의 찬바람을 막고 남쪽의 햇빛을 최대한 집안에 끌어들이며 높은 지형의 조망을 살리는 집 구조로 건물을 짓고자

하였는데 환경풍수를 적용시켜 사진에서와 같이 설계 · 건축한 것은 잘한 결정이라 생각하고 있다.

환경풍수를 적용시켜 설계 · 건축한 인천시 중구 운북동 799번지 주택

10. 구조적으로 위치가 좋은 집이란

주거용 건물의 구조를 눈여겨 보자.

무형의 생기운인 공기가 집안으로 들어오고 외부와의 통로인 출입문, 겨울 찬바람과 여름 열기가 외부로부터 들어오는 것을 막아주는 벽체, 조망과 공기를 순화시키고 하늘의 기운(세계 각처의 전통 토속 태양신과 실질적인 태양의 각종 에너지를 승화시킨 표현)인 햇빛을 받아들이는 창문, 가족의 화합 장소인 거실, 가장의 수면을 담당하는 씨방인 안방, 자연에서 얻어지는 기(氣)인 음식물을 조리하고 섭취하는 부엌, 몸에 들어온 음식물 찌꺼기를 버려야 하는 화장실로 크게 구분 지을 수 있다.

여기서는 양택3요(안방, 대문, 부엌)의 위치 관계에 대해서만 간략히 알아보자.

■ 거실과 안방의 위치

> 거실은 전 가족이 골고루 기운을 흡수할 수 있도록 집의 중심부에 두어야 하지만 가족 수가 적으면 거실과 안방의 크기를 비슷하게 하여 부부의 안방을 집의 중심부에 둔다.

먼저 건물의 중심에서 볼 때 안방의 위치는 어디가 좋을까.

가족 수가 많을 때(5명 이상)는 거실이 안방보다 커야 하고, 거실이 집의 중심부에 위치해야 전 가족이 화합하기 쉽다. 집의 기운이 거실에 모여 있으므로 전 가족이 골고루 기운(신선한 공기 등)을 흡수할 수 있다.

그러나 가족 수가 적을 때는 거실과 안방의 크기를 비슷하게 하여 집의 중심부에 안방을 배치시킨다. 집의 중심 기운이 모이는 안방에서 부부가 많이 머물러야(수면시간 포함) 가족이 늘어나게 되어 좋다.

■ 대문 · 출입문의 위치

출입문의 위치는 집의 중심에서 보아 길한 위치에 잡아야 좋은데 동선이 짧아지는 것만을 고려한 대문－출입문－안방이 일직선상에 놓이는 것은 피해야 한다. 이는 대문을 열 때 순화되지 않은 외풍이 직접 안방까지 들어오고 안방이 외부의 시야에 쉽게 노출되기 때문이다.

복층 건물의 경우 계단이 출입문에서 정면으로 보이면 흉격으로 피해야 한다. 첫째 마당의 '동사택과 서사택, 방위의 음양오행'에서 대문(대문이 없는 아파트 등은 라인별 주출입문)의 위치를 보면, 집의 중심점이 북쪽인 남향집인 경우 대지의 중심에서 보아 남동쪽의 대문이 제일 좋다.

출입문이나 대문에 대한 상세한 내용은 해당 절에서 참고하여 판단하기 바라며, 출입문은 항시 청결하고 장애물이 없이 잘 정돈되어야 드나들 때 기분이 상쾌하고 바깥 생기운(새 공기)도 잘 들어온다.

■ 부엌의 위치

부엌은 조리할 때 불을 사용하므로 화(火)로 보는데, 부엌과 욕실은 기온과 관계가 깊어 음양오행에서 음양의 조화, 즉 음과 양은 서로 화합한다는 이론을 취하며, 양은 양끼리 음은 음끼리 관계가 잘 순화된다는 이론(기름과 물 관계에서 같으면 서로 혼합이 잘되고, 다르면 혼합이 안된다는 것)은 배제된다.

> 부엌은 동쪽이 제일 좋고 남동쪽도 무난하지만, 남쪽이나 서쪽은 햇빛의 열기로 음식물이 상하기 쉬워 좋지 않다.

예를 들면, 북쪽은 수(水)로 욕실을 두면 겨울에 춥고 배관의 동파 위험이 따르며, 남쪽은 화(火)로 불을 사용하는 부엌을 두면 화와 화가 겹쳐 음양의 조화가 맞지 않아 흉하다는 이치이다.

동쪽의 부엌은 아침 햇살을 받으며 조리하는 아내, 조리를 돕는 남편의 모습, 충실한 아침식단이 주는 가족건강과 사랑이 있어 길한 위치이다. 그리고 남동쪽 부엌도 무난한데 남동쪽은 오행상 나무(木)이고 부엌이 불(火)을 사용하므로 목생화(木生火)의 상생관계로 길하다고 볼 수 있다.

기타 방위상 부엌의 길흉을 볼 때, 서쪽은 아침에는 춥고 오후 내내 햇빛이 들어 음식물이 상하기 쉬워 부엌 방위로 좋지 않으며, 남서쪽 방위나 북동쪽 방위는 귀문 · 이귀문 방위로 좋지 않다. 북서쪽 방위는 아버지 방위로 부엌과 맞지 않고, 북쪽이나 북서쪽은 기온으로 보아도 한랭하여 부인의 건강에 좋지 않으며, 남쪽도 서쪽과 마찬가지로 음식물이 상하기 쉬워 좋지 않다.

음식을 조리하는 부엌은 음식냄새가 심하기 때문에 문을 설치해 공기를 차단하는 개별공간으로 두는 것이 좋다.

11. 조경 및 건물 주변 꾸미기

사람이 건물을 지으려면 진입로가 확보되어야 하고, 터를 고르거나 터파기를 해야 하는데 건축에 쓰여지는 건축 자재가 대부분 모래·나무·돌·흙 등 자연자원이므로 건축 자재의 소비는 자연환경의 손상을 불러온다.

그러므로 건물의 신축이나 도시의 건설은 자연환경의 측면으로만 볼 때 자연환경의 훼손행위라 할 수 있다.

그리고 사람은 문명과 과학기술이 발달할수록 시설의 확대, 기능 공간의 변경 등 쉴 새 없이 환경을 변화시키고 있으며, 삶의 질 충족이 주거공간과 편의시설 확장으로 이어져 인공요소는 확대되는 반면 자연적 요소는 축소되고 있는데, 한정된 지구 내에서는 풀기 힘든 과제로 갈수록 형평성이 깨지고 있다.

한국의 주택 건설만 보아도 1990년도 초에 200만호 주택건설 보급의 산물로 집과 집 사이가 겨우 50cm 떨어진 집, 어두침침하고 습한 서민공간인 반지하, 주차장 없이도 건축허가가 난 것에 따른 골목 주차 전쟁, 한 집에 몇 그루 있던 정원수마저도 밀집주택 틈바구니에서 설자리를 잃어버리는 현상이 나타나 삭막한 도시로 변해버린 것이 현실이다.

이것은 20세기 후반의 근시안적인 건축규정에서 빚어진 산물이며, 약삭빠른 상업논리가 낳은 땅주인과 건축업자들 사이의 합작품이다.

사방이 시멘트벽으로 둘러싸인 주거, 그곳에서는 창연한 햇살, 초록의 나무 등 자연의 혜택은 찾아볼 수 없다. 자연과 격리된 감옥 같다고나 할까.

21세기 들어서도 나만 햇빛 받고 조망 따져 돈 벌자는 욕구로 인해 일조권, 조망권 피해문제가 법정싸움으로 비화되자, 급기야 정부는 건물 간 이격거리와 아파트 동간 간격을 넓히려는 등 좋은 발상을 모으고 있다. 그러나 일조권 관련 건물 간의 간격은 대지효용성의 극대화란 과제 속 주택정책에 따라 조령모개(朝令暮改 : 법령을 자꾸 고쳐 가늠하기가 어려움)법이 될 수밖에 없었다.

요즘 주거문제에서 분쟁이 되고 있는 일조권과 조망권을 볼 때, 일조권과 조망권이 확보된 주택의 환경가치는 2004년 서울고등법원에서 집값의 20%라고 판결했다. 그것은 주거의 참살이(웰빙) 요소 가운데 일조권과 조망권의 중요성을 높이 평가한 사례이다.

주거의 환경 인식에 대해 신도시 계획을 보더라도 친환

> 주거문제에서 일조권과 조망권의 환경가치가 집값의 20%라는 판결은 주거의 참살이 요소로서 환경의 가치를 법적으로 인정한 것이다.

경적이며 생태공존의 도시를 만들겠다는 의지의 표현에 공감대를 형성하고 있어 다행이라 여겨진다.

자연에서 축적된 에너지인 음식을 먹고 생명을 유지하는 인간은 자연의 에너지를 2차적 방법으로 흡수하기 때문에 친자연적인 개체이다. 그래서 집이라는 인공물 안에 화초를 기르며, 집 주변에 자연석으로 화단을 조성하고 수목을 심어 자연적인 요소들을 불러들여 함께 어울려 살고자 하는 것이다.

식물은 잎의 기공을 통하여 호흡을 한다. 식물이 일상생활을 하는 데 필요한 에너지는 태양의 빛에너지가 변화한 탄수화물에서 얻을 수 있는데, 이때 공기 중의 이산화탄소와 뿌리에서 빨아올린 물로 탄수화물을 만들고 녹색식물이 받아들인 태양빛으로 글루코스(포도당)를 합성한다. 식물이 공기 중의 이산화탄소와 뿌리에서 빨아올린 물을 원료로 해서 탄수화물을 만드는 일을 탄소동화작용이라 한다.

탄소동화작용에는 광합성과 화학합성이 있는데, 광합성에서는 공기 중의 이산화탄소가 기공을 통해 흡수되고, 식물의 잎 세포 속에 있는 녹색식물의 엽록소가 태양빛을 받아들여 뿌리에서 빨아들인 물을 산소와 수소로 나누는 명반응을 한다. 이때 명반응으로 생긴 산소는 잎의 기공을 통해 밖으로 나오게 되고, 명반응에서 나누어진 수소는 여러 효소 작용에 의해 기공을 통해 흡수된 이산화탄소와 반응하여 녹말 등을 합성하는 암반응을 하게 된다.

녹색식물은 온도가 일정하면, 거의 빛의 세기에 비례해서 흡수되는 이산화탄소의 양과 산소의 양이 증가한다. 그러나 빛이 어느 정도의 한계에 도달하면 광합성작용이 약해진다.

광합성은 온도에 의해서도 영향을 받는데 20℃에서부터 활발해져 30℃에 이르면 가장 활발하고 30℃가 넘으면 갑자기 약해진다.

식물은 동물과 마찬가지로 기공을 통해 밤낮을 가리지 않고 또 빛이 있건 없건 간에 산소를 흡입하고 이산화탄소를 배출하는 호흡작용을 한다. 잎은 낮에 햇빛을 받아 활발한 광합성작용으로 산소를 만들어 내보내고, 밤에는 이산화탄소를 내보내는 것이다. 그래서 안방 근처에 수목이 있으면 수면 중에 나무에서 내보낸 이산화탄소로 인해 건강에 나쁜 영향을 받는다.

> 식물은 산소를 흡수하는 호흡작용 때문에 안방 근처의 큰 정원수는 건강에 불리한 점이 있는 것에 반해 수목은 광합성 작용을 통해 대기 중으로 더 많은 산소를 내 보내어 유익성이 크다.

사람은 공기 중의 산소(대기 중에 20.95 부피%)를 흡입하여 세포로 보내고, 세포에서 나온 이산화탄소는 호흡 등으로 다시 몸 밖으로 내보낸다. 호흡을 통해 들어온 산소는 우리 몸의 세포에 공급되어 체내에서 에너지를 만들어 내고 노폐물 제거 등 신진대사를 활발하게 한다. 이와 같은 산소는 우리 몸에 꼭 필요한 것으로 공기 중 산소는 식물의 광합성작용에서 대부분 충당된다.

그러면, 충분한 산소 공급을 위해 수목이 많아야 한다는 단순 논리를 접어두고 볼 때 식물이 산소 공급을 많이하려면 광합성작용이 잘 되야하므로 해당 조건은

• 식물의 잎이 크고 많으며 녹색일수록 엽록소가 많아 광합성을 잘한다.
• 빛이 밝을수록, 일조량이 많을수록 광합성 작용을 잘한다.
• 기온이 섭씨 30℃ 전후일 때 광합성이 활발해진다.

이와 같은 논리를 집 주변의 화단이나 조경에 응용해 보자. 산소가 많은 곳에서는 건강할 수 있다고 하지만, 수목이 집 주변에 너무 울창하면 화재 위험이 따르고, 집보다 크면 나무가 쓰러질 위험 등이 있다. 우리 생활 주변 식물의 이상적인 식재(植栽) 및 배치에 대해 하나하나 알아보자.

■ 정원수의 식재 기준

크게 자랄 정원수는 건물에서 15미터 이상 이격(離隔)하여 심어야 한다. 이는 대부분의 수목의 키가 다 자랐을 때 15미터 높이에 머무르는 경우가 많기 때문이다. 수목은 지상의 줄기와 지하의 뿌리 크기가 비슷하며, 이는 수목이 바람 등에 넘어질 때 건물이 손상을 입지 않게 함과 동시에 식물의 뿌리가 건물의 지반 아래로 파고들어 지반의 변형을 막기 위함이다. 그리고 수목이 고사되거나 베였을 때 뿌리가 썩으면서 지반을 약화시키는 것을 방지하기 위해서 건물과 떨어지게 심어야 한다.

또한 집 가까이에 수목이 있으면, 여름에는 잎에 있는 해충이 사람에게 피해를 줄 수 있고, 가을에는 지붕 위에 낙엽이 떨어져 지붕관리에 문제가 생길 수 있다. 특히 안방 근처에 나무가 있으면 햇빛을 가려 습할 수 있고, 사람이 땅의 생기를 받아야 하는데 중간에 수분을 함유한 나무뿌리가 있으면 뿌리가 좋은 항상성(恒常性) 지자기(보통 지표에 흐르는 0.5가우스 지자기는 수분에 의해 일부 차단되기 때문에 지자기의 항상성이 깨질 수 있음)를 흡수하여 수면 장애 요인이 된다. 그리고 지자기의 항상성이 깨지면 혈액순환

(피를 붉게 하는 헤모글로빈은 철성분으로 자성체이기 때문임)에 문제가 되어 건강에 해롭고, 밤에는 나무의 호흡작용으로 대기 중 산소가 줄며, 나무 그림자로 인해 주변이 어두워지는 등 여러 가지 피해가 따르기 때문이다.

그래서 집 주변의 수목은 성목이 되어도 3미터 이내인 수종이 좋고, 항시 수목의 키를 3미터 이내가 되도록 가지치기를 해야 한다.

이는 집이 단층일 경우 높이를 3미터 정도로 보는데 집보다 수목의 키가 크면 심리적으로 수목이 집을 억압하게 되고, 통풍의 방해와 햇빛의 차단으로 그늘이 많아져 피해가 따르며, 낙뢰의 위험이 있기 때문이다.

북쪽이나 북서쪽은 뿌리를 깊게 내리고 줄기가 강한 수종을 방풍림으로 식재하는 것이 좋은데 항상 푸른 사철나무 계통도 무난하다. 이는 겨울의 삭풍을 막을 수 있는 방풍효과를 얻기 위한 것으로 방풍효과는 나무 키의 1.5배나 된다.

나무뿌리내림이 얕거나 나무줄기가 약한 나무는 바람에 나무가 넘어지거나 나뭇가지가 찢어져 피해를 입을 수 있기 때문에 방풍림 수종 선택이 요구된다. 방풍림으로 심은 북쪽의 사철나무는 겨울 동안 방풍효과가 뛰어나고, 나무의 푸르름으로 운치가 있으며 따뜻한 공기를 집안에 머무르게 하는 등 조경 효과가 배가 된다.

뿌리와 줄기가 강하여 북쪽이나 북서쪽 조경수로 권장되는 수종으로 대나무, 소나무, 잣나무, 삼나무가 아주 좋고, 은행나무, 느티나무, 팽나무, 참나무, 가시나무, 밤나무, 호두나무, 살구나무도 좋다. 북쪽의 방풍림 수목은 건물에서 많이 떨어질수록 수목의 흉작용인 화재, 해충, 습기, 낙뢰, 낙엽 등 피해가 줄어든다.

북쪽에 여유공간이 적어 집과의 경계가 10m 내외일 때는 사철 푸르면서 키가 작은 사철나무, 측백나무, 신우대나무가 방풍림으로 좋은데, 신우대나무는 강한 번식력을 차

단하는 지중(地中) 장애물(틈이 없이 벽돌을 지상으로 노출되지 않도록 40cm 가량 깊이로 매설)을 설치해도 무방하다.

방풍림 수종은 건물에서 15m 이상 이격하여 심어야 하고, 가로수는 대기오염에 강한 수종을 선택하여 심어야 한다.

방풍림 성목의 키가 3미터를 넘기 때문에 건물에서 꼭 15미터 이상 이격시켜야 하고, 30미터를 이격시키면 흉작용이 더 반감되어 좋다.

반대로 뿌리와 줄기가 약해 방풍림으로 좋지 않은 수종으로는 포플러, 미루나무, 벚나무, 아카시아, 가문비나무 등이 있다.

도심에서는 대기오염에 강한 수종이 정원수나 가로수로 좋다. 우리나라 대도시 도심에는 차량 배기가스 등 대기오염이 심각하여 정원수나 가로수를 식재할 때는 대기오염에 저항력이 강한 수종의 선택이 필요하다.

대기오염에 강한 수종으로는 편백, 비자나무, 향나무, 은행나무, 측백나무, 태산목, 서향, 물푸레, 플라타너스, 개나리, 무궁화, 쥐똥나무 등이 있으며, 대기오염에 약한 수종에는 삼나무, 소나무, 단풍나무, 호랑가시나무, 벚나무, 목련, 백합, 매실나무, 감나무, 무화과나무, 자목련, 산수국, 고광나무 등이 있다.

또한 정원수는 열매의 색깔이 주변 색채와 조화를 이루는 관상용으로 취향에 맞게 선택하는 것이 좋다.

빨간색 계열의 열매는 기운을 상승시키는데 옥매, 오미자, 해당화, 마가목, 동백나무, 산수유, 대추나무, 보리수나무, 석류, 감나무, 찔레, 감탕나무, 식나무 등이 있고, 노란색 계열의 열매는 풍요를 느끼게 하는데 살구나무, 매화, 복사나무, 자두, 명자나무, 탱자나무, 치자나무, 모과나무 등이 있으며, 흑자색 계열의 열매는 생강나무, 분꽃나무 등이 있다.

■ 정원수 식재 방법이 잘못된 경우

정원수가 자연적인 미관이나 산소의 공급 그리고 기온의 조절효과 등에서 이로운 점이 많지만 식재 방법의 잘못으로 인해 정원수가 흉물 또는 피해목이 될 수도 있기 때문에 잘못된 식재 방법을 피해야 한다.

피해야 할 식재 방법으로

첫째, 나무가 자신의 집이 아닌 남의 집 쪽으로 가지가 많이 뻗어 있거나 기울어 있는 경우로, 이럴 때는 가지치기를 해야 한다. 이런 것을 방지하기 위해서는 처음 심을 때

주가지를 자기 집 방향으로 잡거나 기울게 하여 성장 후를 고려해 심어야 한다.

둘째, 큰 수목이 대문 가까이 있거나 처마에 닿으면 사는 사람에게 갑작스런 나쁜 일을 유발시킬 수 있다. 대문을 가린 큰 나무 그늘 때문에 집밖 동정을 살피기 어려워 도둑의 침범이 우려되고, 대문 쪽에서 들어오는 생기(새 공기)가 차단되며, 처마 가까이 있는 수목은 음습하여 나쁜 기운을 만드는 등 피해가 클 수 있다.

옛말에 '지붕 위를 덮는 고목의 가지는 귀신을 불러들이고 대문 옆 수목이 두 가지로 갈라져 있으면 도둑이 끓는다.'고 하였다.

이 내용은 실학의 거두 홍만선 선생께서 『산림경제』에 기록한 바 있다.

셋째, 정원수 중에 나무 밑쪽 또는 줄기가 부풀어 오르거나 뒤틀리고, 등나무와 같이 꼬여 나무의 가운데가 고목으로 비어 있는 형태는 연상작용이 좋지 않아 베어야 한다.

> 정원수를 심을 때에는 남의 집으로 가지가 넘어가지 않아야 하고, 처마나 대문에 닿지 않아야 하며, 줄기가 꼬이거나 부풀어 있지 않아야 한다. 또한 너무 키 큰 나무는 건물 가까이 심지 않아야 한다.

넷째, 가옥에서 특히 15미터 이내 울타리 안에는 성목이 될 때 키가 크고 수명이 긴 수종은 심지 말아야 하는데, 집 근처에 100년 된 나무가 있다면 함부로 베어서는 안 된다.

심신이 약한 자는 벌목(伐木) 작업 중 목살(木殺)을 당할 위험이 있고, 가장(家長)에게 변괴가 닥칠 수 있는 등 재앙이 따를지 모르니 벌목업자에게 의뢰하거나 직접 벌목할 때도 베려는 나무와 다른 나무를 물에 축인 새끼줄로 연결한 후 벌목하면 나무가 저항하는 힘(저항파), 일명 목살 위험이 없어지고, 자른 나무 그루터기 위에도 함부로 걸터앉으면 안된다 하였다.

생나무를 자르는 순간에 저항하는 힘이 높은 파장으로 나타난다는 것이 측정기를 통해 과학적으로 입증되었다.

새끼줄 방법은 옛날부터 내려온 벌채꾼들이 쓰던 비방으로, 미신처럼 보이지만 저항파를 다른 나무로 유도하는 선조들의 지혜에 감탄할 만하다.

■ 방위별로 유리한 정원수

방풍림 수종은 집의 중심을 기준으로 북이나 북서방향 외에는 맞지 않은 수종이다. 향나무 같이 키가 작고 사철 푸른 관목(灌木 : 키가 작은 나무)은 어느 방향이든지 맞는 수종이라 할 수 있다.

8방위별 맞는 수종을 보면,

> 8방위별로 유리한 정원수 수종을 볼 때 북·서·북서쪽은 키 큰 교목이 맞고, 동·남·동남·북동쪽은 키가 작은 관목이 맞다.

- 북쪽 : 살구나무, 홰나무, 개암나무가 가장 좋고, 기타 방풍림 수종이 좋다.
- 북동쪽 : 매화나무, 기타 작은 관목이 좋고, 키가 크게 자라는 교목(喬木)은 피해야 한다.
- 동쪽 : 복숭아, 오얏나무가 좋다. 벚나무, 매화나무, 소나무, 수양버들, 은행나무는 크게 자라므로 집과의 거리를 기준 15미터보다 두 배 이상 거리를 두고 한 그루 정도 심는 것은 가능하다.
- 남동쪽 : 매화나무, 대추나무, 자양화, 뽕나무, 사과나무
- 남쪽 : 복숭아, 매화, 석류나무
- 남서쪽 : 구기자, 대추나무, 목단, 작약, 매화 등 교목
- 서쪽 : 느릅나무, 소나무, 떡갈나무가 가장 좋고 대추나무, 석류, 산뽕나무도 좋다.
- 북서쪽 : 소나무, 측백나무, 감나무, 밤나무, 은행나무, 느릅나무, 석류, 사철나무가 가장 좋고 기타 방풍림 수종도 좋다.

■ 주의해야 할 수종 선택

집의 울타리 안에는 무궁화나무를 심지 않는 것이 좋은데 진딧물 등 병충해가 극심하기 때문이며, 오얏은 동쪽이 좋지만 다른 방향은 꺼리는 수종이다. 남쪽에는 거목이나 상록수는 피해야 하는데 이는 햇빛이 차단되지 않아야 하기 때문이며, 살구나무는 동남쪽을 꺼린다.

나무끼리도 서로 싫어하는 상극이 있으니 아카시아나무와 소나무 관계에서 보면, 아카시아는 속성수이기 때문에 소나무가 받아야 할 햇빛을 막아 소나무를 말라죽이는데, 서울 근교 야산의 소나무가 아카시아나무에 치어 고사된 것을 볼 수 있다. 향나무 곁에는 배나무를 심지 말아야 하는데 이

먼 계단 입구에 핀 능소화

는 배나무 잎에 피해를 주는 붉은별무늬병의 중간 숙주가 향나무이기 때문이다.

이런 상극관계의 나무는 정원수로 혼합해서 심어서는 안된다.

옛말에, 집안에 복숭아나무를 심으면 잡귀를 불러들이고 엄나무, 지피나무는 잡귀를 막아준다고 했으며, 정자나무로 심는 홰나무(느티나무)는 마을에 들어오는 잡귀를 막아주는 수호목으로 옛날부터 심어왔기 때문에 지금도 마을 입구에 큰 느티나무가 떡 버티고 있는 경우가 많다.

정원에 많이 심는 능소화(금능화)는 중국이 원산지로 가지가 흡착력(吸着力)이 있어 다른 나무나 벽을 타고 올라간 가지 끝에 원추꽃차례를 이루며 7~8월에 주황색 꽃을 피우는데, 이 꽃의 꽃가루는 독성이 강하여 눈에 들어가면 실명될 정도로 위험하여 사람의 접근이 어려운 울타리 옆에는 식재가 가능하나 사람의 접촉이 쉬운 정원수로는 부적격한 수종이다.

> 정원수로 배나무와 향나무는 섞어 심지 말아야하고 능소화는 꽃가루의 독성이 강해 사람과 접촉이 안 되는 장소에 심어야 한다.

음양학적으로 정원수의 수형(樹形) 선택법을 생각해 보면, 집은 양택(陽宅)으로 양이며 수목은 부동(不動)이므로 음이고, 음 중에서 큰 수목은 양의 형태(작용)로 나타나기 때문에 소양(少陽)이고, 작은 수목은 음의 형태(작용)로 나타나기 때문에 소음(少陰)인 것이다.

그러므로 집은 양으로 음의 작용인 소음과 더 조화를 이루기 때문에 집과 가까운 거리의 앞뜰에는 작은 수목이 좋고, 집과 먼 거리에 있는 방풍림은 키 큰 수목이 좋기 때문에 성목의 키를 예상하고 수종을 선택해야 한다. 이것이 집과 음양의 조화에 맞는 수종 선택 방법이다.

다시 한번 더 강조하지만 수목은 산소를 생산하는 공장으로 산소를 흡수하기 위해 호흡하는 사람과는 떼어 놓을 수 없는 관계이지만, 큰 나무가 문전을 가리는 등 노랫말처럼 '잘못된 만남'이 안 되도록 방향에 맞는 수종으로 정원수를 선택하여 식재해야 한다.

■ 실내 장소에 맞는 관엽식물

실내에서 햇빛이 드는 곳에 놓인 녹색식물은 엽록소가 태양빛을 받아 명반응(明反應) 과정에서 생긴 산소를 잎의 기공을 통해 뿜어낸다.

또한 식물은 동물과 마찬가지로 산소를 흡입하는 호흡작용을 24시간 동안 하는 등 실내에 놓아둔 화초는 호흡을 통해 산소를 흡수하고, 태양빛을 받아 명반응 과정에서 산소를 뿜어내는데 잎이 크고 무성할수록 산소 배출량이 많아서 관엽식물은 특성에 따라 한 집안에서도 놓아야 할 장소가 다르다.

기본적인 성질이 있고, 잎이 크고 무성할수록 산소배출량이 많기 때문에 식물의 종류에 따라 특성의 차이를 보이므로 실내장소에 맞는 수종의 화분을 놓는 것이 현명하다.

아울러 실내에서 식물을 기르는 집은 2개월 만에 포름알데히드 농도가 49% 감소한 반면, 식물을 기르지 않는 집은 23% 감소하는데 그쳤다는 실험 결과를 연세대 환경공해연구소에서 발표하였다.

"① 거실의 햇빛 잘 드는 곳에는 공기정화 효과가 큰 벤저민·고무나무가 좋고, ② 화장실에는 암모니아 냄새를 잘 흡수하는 관음죽이 맞고, ③ 화장대 옆이나 세면대 옆에는 집중력을 향상시키고 잡념을 없애주는 히아신스·국화·프리지어 등이 좋고, ④ 주방에는 요리하면서 나오는 이산화질소와 음식냄새를 없애주는 스파티필름·벤저민 등이 어울린다. ⑤ 주방 창가에는 찌든 음식냄새를 중화시킬 수 있는 허브 화분이 좋고, ⑥ 아이들 공부방에는 졸음을 쫓아주는 로즈마리 등의 허브 식물이 좋고, ⑦ 새집증후군이 염려되는 집에는 스파티필름·싱고니움 등이 효과적이고, ⑧ 치자나무나 라벤더는 우울증과 신경질을 줄이는 효과가 있어 가족 간의 화목에 도움이 된다."

이와 같이 관엽식물의 특성에 따라 놓아야 할 장소를 손기철 교수께서 소개하였다.

이제 독자들이 생활 주변의 수목을 볼 때 조금 더 깊은 안목으로 보게 될 것이며, 모든 생명체는 자의식이 있어 식물도 주인의 손길을 알아보기 때문에 사랑과 칭찬이 필요하다.

현재 우리나라의 식목일이 4월 5일인데 이 날짜가 과연 적합한지에 대해 관찰한 소견을 말씀드리고자 한다.

요즘 들어 해수온도의 상승으로 적조 띠가 차츰 북쪽으로 올라오는데 연안해수의 부영양화(富榮養化)라는 오염 요인도 있지만, 기온과 해수온도의 비례관계의 요인이 크다.

남부권에서만 생육되던 온난성 식물인 백일홍이 요즘에는 서울의 정원수로 식재 가능한 것 또한 기온 상승 때문이다. 이른 봄의 기온 상승은 해동기를 앞당기고 식물의 발육활동 시기를 앞당길 것이다. 보통 그해 봄철 기온이 높으면 벚꽃 피는 시기가 빨라지는데 그것만 보더라도 이해가 될 것이다.

현재의 식목일보다 최소한 20일 전부터 중부권(서울)의 나무들은 춘절기 생육활동이 시작되어 싹트고, 현 식목일에는 이미 상당수의 수종은 잎이 나오기 시작한다.

중부권의 식목 적기는 땅의 해동이 끝나는 3월 10일에서 3월 20일 사이가 적당하고, 남부권의 식목 적기는 벚꽃이 피는 시기를 감안할 때 3월 5일에서 3월 15일 사이가 적당하다고 본다. 이는 우리나라 지표의 해동기와 관련하여 개구리가 땅에서 나온다는 경칩(驚蟄 : 양력 3월 5일경)을 지온(地溫)의 변화 시점으로 볼 때 타당성이 있다.

우리나라 초봄 식목의 시기는 해동기와 관련하여 경칩인 3월 5일경을 넘겨 남부권은 3월 10일경, 중부권은 3월 15일경이 적기라 보며 평균기온이 상승되면 더 앞당겨야 할 것이다.

가을철의 식목은 뿌리내림 전에 동절기를 맞이하여 뿌리까지 냉해를 받아 나무가 죽을 가능성이 있어, 추운 중부권에서는 가을 식목을 할 때 냉해대비를 같이 해야 한다.

평균기온의 상승[2001년 기후 변화에 관한 정부간 협의체(IPCC)의 발표에 의하면 20세기에 지구 평균기온이 0.6℃ 상승하였고, 한반도는 같은 기간에 평균기온이 1.5℃ 상승하였다. 미래의 기후 변화는 이산화탄소 등 온실기체의 농도변화에 따라 21세기 말까지 1.4~5.8℃ 가량 높아져 온난화 현상은 산업화로 인해 장기간 지속될 것으로 보이며, 우리나라는 차츰 아열대기후로 변화하고 있다는 연구 발표가 있다.]에 식물은 민감하게 반응하는데, 수십 년 전 식물에 대한 연구가 부족했던 시대에 채택된 식목일을 앞당겨 조정하지 못한다면, 식목일이 마치 나무를 심는 적기로 알고 있는 국민과 생리에 어긋난 식목에 따른 수목의 아픔을 누가 보상하겠는가.

12. 대문, 담장, 마당의 조성

■ 대문의 조성

양택3요 중의 하나인 대문은 외부와의 통로로 새로운 기운인 맑은 공기, 외부의 새로운 정보 · 지식까지 새것이 들어오는 집의 관문인 동시에, 대문은 사람이 집으로부터 인간사회로 나가는 출발점이며, 인간사회에서 돌아와 쉬는 귀결점을 구분짓는 구조물이라 볼 수 있다.

선조들은 대문과 부엌의 일직선상 방향 배치를 흉택이라 여겼는데, 이는 부엌에서 밥을 퍼내는 오른손이 대문을 향할 때 대문쪽을 향해 밥을 퍼낸다는 의미가 가난을 상징하기 때문이다.

이런 나가는 의미와 반대로 대문은 복이 들어오는 곳이라 생각하여 복을 비는 의미로 조선후기에는 입춘(立春)날 두 짝 대문에 '건양다경 입춘대길(建陽多慶 立春大吉)' 이라는 춘첩자(春帖子)를 붙여 놓았는데 여기에서 건양은 대한민국 광무(光武) 1년 전 연도의 연호로 1896년에 해당된다.

대문은 복뿐만 아닌 흉한 액(厄)이 들어오는 곳이기도 하여 출산을 하면 다른 사람의 출입을 막기 위해 대문에 금줄을 쳐서 산후조리 중인 산모와 신생아를 질병으로부터 보호하였다.

> 대문은 외부와의 통로로 안과 밖을 구분짓는 구조물이다. 대문을 통해 외부의 기운이 들어오는데 나쁜 액을 차단하는 방법으로 산후에 금줄을 치기도 하였고 과거에는 신분에 따라 대문의 크기를 달리한 경우도 있었다.

또한 액을 막기 위해 문 윗인방[상인방(上引枋)]에 엄나무 가지 다발을 걸어둔 것은 잡귀가 엄나무 가지를 보고 도망갈 것이라 여긴 것이다.

문밖과 문안의 상징성은 도성(都城)이나 궁궐, 사찰 등에서도 집의 대문과 비슷한데, 도성과 읍성(邑城)의 성문은 성의 안과 밖을 구분하는 구조물로서, 성 안쪽에 사는 사람들이 성 바깥쪽에 사는 사람들보다 신분상 우위에 있음을 나타내는 말로 문안사람, 문밖사람이라 칭하였다.

궁궐에서 보면, 궁궐 중앙의 어간대문은 왕만 출입할 수 있고, 좌우의 협문(夾門)은 신하들의 품계(品階)에 따라 출입하는 문을 달리하기도 하였다. 사찰에 들어가는 문은 일주문(一株門)-금강문(金剛門)-천왕문(天王門)-불이문(不二門)인데 이를 뭉뚱그려 산문(山門)이라 한다. 이 산문을 지나야 불국정토에 이를 수 있고, 산문 밖으로 나간다는 말은 스님생활을 청산하고 속세로 나간다는 의미이다.

대문 또는 출입문의 역사적 변천을 통해 선조들의 생활상과 주거문화의 발전 과정을 이해하는 데 도움이 되리라 여겨 사학적 추정과 현존 자료를 바탕으로 나열해 보겠다.

● 집 구조와 출입문의 역사

한반도에 사람이 살기 시작한 것은 지금으로부터 70만 년 전인 전기 구석기시대로 평안남도 상원군 검은모루(黑偶里) 동굴유적과 같은 자연동굴에서 생활한 것으로 보이며 이때는 자연동굴의 상태여서 문이라는 시설은 없었을 것으로 보인다.

> 인간은 처음에 동굴생활을 시작하였고 구석기시대에는 이동식 막집이나 한뎃집을 짓고 살다가 신석기시대에 원시농경생활을 하면서부터는 움집을 짓고 살았다.

중기 구석기시대(기원전 15~3만 년 전)의 유적으로 경기도 연천군 전곡면 전곡리 유적과 함경북도 웅기군 굴포리의 제1기층의 유적이 있는데, 굴포리 유적은 10만 년 전의 것으로 이때 사람들은 사냥이나 나무열매를 채집하는 이동식생활로 이동이 쉽도록 평지에 막집을 짓고 살았던 것으로 보인다.

후기 구석기시대(기원전 3~1만 년 전)의 유적은 굴포리 2기층이나 공주 석장리, 제천 창내 등에서 발견되었는데, 이 시대에는 가운데 기둥을 하나 세우거나 양쪽에 기둥을 세우고 보를 걸친 다음에 나뭇가지나 풀섶으로 비바람을 막은 막집과 비슷한 한뎃집을 짓고 살았던 것으로 보인다.

중석기시대(기원전 1만 년 전~6,000년 전)의 것으로 공주 석장리와 강원도 홍천군 하화계리에서 유적이 발견되었는데, 이 시대까지도 문이라는 개념이 없는 막집이나 한뎃집을 지어 개구부(開口部)만 뚫어서 출입한 것으로 보인다.

신석기시대(기원전 6,000년 전 이후)부터 원시 농경생활이 시작되었고 이 시대 유적으로는 강원도 양양군 손양면 오산리, 평안도 광량만 해안의 궁산, 황해도 봉산군 지탑리, 서울 강동구 암사동 등 전국적으로 많은 분포를 보이며, 신석기시대 사람들은 강가나 해안가 그리고 강을 낀 언덕 등지에서 생활하였다.

이들은 원형·타원형·네모에 가까운 말각방형이나 큰 장방형(직사각형)을 이루는 움집[수혈주거(竪穴住居)]을 지어 생활하였다.

움집의 구조를 유적으로부터 추정해 볼 때 하나는 지면에서 30cm~1m 깊이로 땅을 파서 자리잡은 바닥을 기반으로 하여 기둥 없이 서까래만으로 지붕을 만드는 구조였고, 또 다른 구조는 맨땅에 2개 또는 4개 혹은 그 이상의 기둥을 세워 기둥 위에 도리(기둥과 기둥 위에 돌려 얹히는 굵은 재목으로 그 위에 서까래를 얹는데 가구구조를 표현하는 기준이 되며 이것의 높낮이에 따라 지붕물매가 결정됨)와 보(들보 : 칸과 칸 사이의 두 기둥 위를 건너지른 나무)를 걸친 다음 그 위에 나뭇가지나 풀섶 등을 올려 지붕을 만든 움집이었다.

이런 형태가 초가집의 초기단계라 볼 수 있으며, 움집에서는 풀섶으로 엮어 만든 거적이나 나뭇가지로 얽어맨 '삽짝'과 같은 출입문이 설치되었을 것으로 추정된다.

> 우리나라 대문의 역사에서는 신석기시대 원시농경생활을 시작으로 움집을 지어 생활하기 시작하면서 삽짝 같은 출입문이 초기단계의 대문이라 볼 수 있다.

기원전 4,000년 전의 것으로 보이는 황해도 봉산군 지탑리 유적에는 동북벽 중앙에 길이 110cm, 폭 25cm, 높이 15cm 정도 되는 내려가는 계단이 움 안에 만들어져 있는데 여기서 계단 위에 문이 설치되었던 것을 예상할 수 있다.

기원전 1천년 전경부터 기원전 300년에 이르는 청동기시대의 집 또한 움집이었다.

가야시대에는 집 모양 토기가 출토되어 당시의 집과 창호의 모습을 알려 주는데 집

모양 토기를 볼 때 전면 중앙에 두 짝문의 출입구가 있고 출입구 좌우에 빛과 공기를 받아들이는 살창이 있다. 이와 같은 고찰을 통해 우리나라는 문이 창보다 먼저 그리고 외짝지게문이 두 짝문보다 먼저 생겨났다는 것을 짐작할 수 있다.

문에 관한 최초의 기록은 삼국사기의 '고구려 본기 제1유리왕 11년 여름 4월초… 선비가 과연 문을 열고 군사를 내어 추격하므로(鮮卑果開門出兵追之)' 라는 기록에서 알 수 있다.

고구려의 사찰건축양식인 유구(遺構) 가운데 정릉사지와 금강사지에서는 중문(中門)의 존재가 입증되었고, 정림사지의 중문에는 정면 3간(間, 1간은 여섯 자로 1.81818m), 측면 2간의 문이 있었음을 알 수 있는데 고구려의 여러 건축관계 자료를 볼 때 건축양식은 원주심포식(原柱心包式) 건축에 우진각지붕(네 면에 모두 지붕면이 만들어진 형태로 전후에서 볼 때 사다리꼴 모양이고 양 측면에서 볼 때는 삼각형의 지붕형태를 지니고 있어 용마루와 추녀마루만 있고 내림마루가 없는 지붕)이었을 것으로 추측한다.

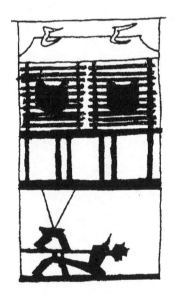

마선구 1호분 벽그림

다음의 고구려 퉁구 12호분에는 커다란 기와집 앞 양쪽으로 문짝들이 그려져 있고, 왼쪽의 작은 기와지붕 아래의 문짝에는 둥근 문고리가 그려져 있는데 원래 두 짝문으로 그려져 있으나 벽화의 탈락으로 한 짝만 남은 것으로 보인다. 오른쪽에는 문울거미 속에 세 개의 문짝이 있는데 양쪽 문짝에는 손잡이가 그려져 있고, 가운데 문짝에는 고리가 없는 것으로 보아 판자로 막았고 양쪽은 외짝문짝이라 여겨진다.

마선구 1호분 벽에는 바닥이 높은 고상(高床) 구조의 창고가 하나의 지붕 아래 두 채의 귀틀집 구조로

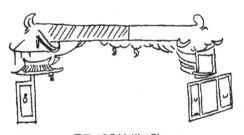

퉁구 12호분 벽그림

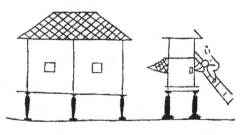

덕흥리 고분 벽그림

나누어진 가운데 두 짝의 문짝이 그려져 있는데 이들 두 짝의 문짝은 그 아랫부분의 높이로 볼 때 창인 듯하다. 이는 조선시대의 판장(板墻)으로 된 창호라 판단되는데, 강서 덕흥리 고분벽 그림(408년)에서도 이와 비슷한 두 개의 작은 창이 분명하게 그려져 있는 것을 볼 수 있다.

> 창은 문 이후에 만들어진 것으로 보이며 고구려 408년에 그려진 덕흥리 고분 벽화에서 찾아볼 수 있다.

● 문과 창호의 종류

문과 창호(窓戶)의 개념에 대해 알아보자.

문은 어떤 건물을 드나들기 위해 설치된 시설물이고, 창(窓)은 건물의 내부 공간에 빛과 공기를 받아들이고 조망을 위해 설치된 시설물이다.

문과 호는 출입에 필요한 시설로, 집의 출입에 필요한 입구가 문이고, 방에 드나드는 데 필요한 시설이 호인데, 대문은 주로 두 짝으로 구성되어 있고 호는 외짝으로 구성되어 있다.

한국 전통건축에서는 창과 호를 합쳐 창호로 부르는데 이것은 건축의 한 구성요소가 된다.

한국의 전통 목수를 부를 때, 대목장은 집과 같은 건축물을 짓는 목수이고, 소목장은 가구와 같은 작고 섬세한 것을 만드는 목수이다. 대목장이 만드는 것은 문이고, 소목장이 만드는 것은 창호이기 때문에 문과 창호를 구분하는데 도움이 될 것이다.

문과 창호를 열고 닫는 방법에는 여러 가지가 있는데, 그 중 어떤 방법을 적절하게 선택하여 공간의 기능성과 심미성을 높여 한국 전통건축의 특성을 이루었던 것이고, 현대 건축에서도 기술상 발전을 거듭하면서 본연의 특성이 유지되기 위해서는, 전통건축의 문과 창호의 종류를 구분하여 이해하는 것이 필요하다.

열고 닫는 방법에 의해 전통문과 창호의 종류를 여닫이, 미닫이, 미서기, 들어열개 등으로 나눈다.

• 여닫이

문틀의 선대인 문선(門線)과 문짝의 울거미선대에 돌쩌귀를 달아 여닫게 만든 것으로 안여닫이, 밖여닫이와 바깥여닫이, 외여닫이, 두짝여닫이와 쌍여닫이, 쌍닫이 등이 있다.

안여닫이는 집의 바깥에서 집안이나 방안으로 밀어 열게 되어 있으며, 궁궐 및 주택의 대문이나 중문들은 모두

> 대문으로 새 기운이 잘 들어오게 하려면 안여닫이 방식이 좋고, 건물의 전면 창호로는 밖여닫이가 공기의 순화를 위해 좋다.

두 개의 문짝을 달았는데 방으로만 드나들게 한 외짝 문짝인 지게문도 보통 안여닫이로 하였고 안쪽에서 빗장을 걸면 밖에서 열 수 없게 되어 있다.

밖여닫이, 바깥여닫이는 집 안쪽에서 집 밖으로 밀어 여는 여닫이인데, 주택이나 궁궐, 사찰의 요사채에서 벽체 위쪽으로 높게 설치된 창호들과 각 방의 바깥창호는 대개 밖여닫이로 되어 있다.

외여닫이는 문짝의 한 쪽만을 여닫는 방식으로, 대표적인 것이 지게문이다. 두짝여닫이, 쌍여닫이, 쌍닫이는 두 짝의 문짝 모두 여닫게 되어 있어 안여닫이나 밖여닫이 모두 두짝여닫이로 할 수 있다.

대문은 풍수적 관점에서 볼 때, 외부의 생기운(새 공기)이 들어오는 통로이므로 문을 열 때 생기운이 잘 들어오는 대문인 안여닫이 방식이 제일 이상적이라 볼 수 있다.

중문과 흡사한 출입문이나 건물의 전면 창호는 밖여닫이로 창호를 설치하는 것이 이상적이다. 그것은 대문을 통해 들어온 생기가 대문과 창호 사이인 마당에서 잠시 머무르게 하는 동안 순화(純化) 과정이 필요하기 때문인데, 음식을 섭취하여 소화가 잘 되도록 이로 씹는 과정과 흡사하며 이 공간에서 외부의 흉한 외기를 순수하게 하는 것이다.

• 미닫이

문틀을 짤 때 한 줄 또는 두 줄의 홈을 판 홈대를 아래 위에 가로로 만들고 홈대에 문짝을 끼워 두껍닫이(미닫이를 열 때 창이 들어가 가리게 된 빈 곳)나 벽체 속으로 밀어 넣어 개폐하는 방식의 문이나 창호를 '미닫이'라 일컫는다.

미닫이에는 외미닫이, 쌍미닫이, 맞미닫이 등이 있는데, 외미닫이는 문 한 짝을 벽체 속이나 두껍닫이 속으로 밀어 넣고, 쌍미닫이와 맞미닫이는 두 짝의 문을 같은 방식으로 사용하게 만든 것이다.

> 미닫이나 미서기는 집 내부의 방에 주로 설치하여 사용하고 들어열개는 폐쇄적인 대청을 개방적인 공간으로 바꿀 수 있다.

미닫이창은 보통 주택과 궁궐의 침전을 비롯한 내전과 사찰의 요사채 같은 방에 설치한다.

• 미서기

문틀의 아래 위 홈대에 문짝을 끼워서 문 한 짝을 밀어 다른 한 짝 옆에 붙여 여닫는 방식으로 두짝미서기, 세짝미서기, 네짝미서기 등이 있다.

세짝미서기는 문틀에 세 줄의 홈대를 만들어 세 개의 문짝을 끼운 다음 두 개의 문짝을 나머지 문짝 옆으로 밀어 여닫는 방법이고, 네짝미서기는 문틀의 두 줄 홈대에 네 개의 문짝을 끼워서 가운데 두 개의 문짝을 각각 옆으로 밀어 바깥쪽 문짝 옆으로 붙여 여 닫는 방법이다.

일반적으로 넓은 방 사이에 미서기를 설치할 때는 윗방이 되는 쪽에는 양 벽면 쪽에 문짝을 끼워 넣고 중앙의 두 짝 문짝은 아랫방 쪽을 향하게 한다.

• 들어열개

문짝의 윗울거미(문을 부착하기 위해 보에 덧대는 구조물)와 문틀의 윗문틀에 돌쩌귀를 달아 문짝을 달고 이 문짝의 돌쩌귀 반대편을 들어서 서까래나 기타 천장 쪽 건축 부재 에 매단 들쇠에 얹어 열어 놓는 방법으로 '들장지' 또는 '들창이' 라고도 한다.

들어열개 창호는 고려 말 이전부터 건축에 사용하였고 조선시대의 주택이나 궁궐 및 사찰의 전각 등 건축 전반에 널리 쓰였으며 살림집에서는 대청과 방 사이에 설치하였고 큰집에서는 대청 전면에 들 어열개를 네 짝 또는 여섯 짝을 설치하였다. 네 짝일 경우 는 두 짝씩 접어 들쇠에 매달아 놓는 방법을 사용하였는 데, 들어열개 창호는 폐쇄적이던 대청을 개방적인 공간으

> 문과 창호는 집이라는 칸이 있는 공간 내에서 공간의 연결과 구분역할을 하고 옛날 서민주택은 난방연료의 절약을 고려하여 문과 창호를 작게 만들었다.

로 바꿔 주었고, 대청과 방이 하나의 공간으로 통합되어 통풍이 원활하고 시원하며, 여 러 사람이 얼굴을 맞대고 앉을 수 있는 장점을 살린 창호방식이다.

● 주거 건축의 문과 창호

원시 농경생활을 시작으로 정착생활을 하면서 생겨난 움집이라는 옛 주거 형태가 조선시대에 이르러서는 엄격한 신분제도 때문에 신분에 맞는 주거 건축의 양식구조로

바뀌게 되었다. 상류층 사람들은 손님들과의 접촉이 많아 큰 대청 등 개방된 공간이 요구되어 문과 창호가 연결된 공간은 물론이고, 공간의 연속성을 이루기 위해 '들 어열개 창호' 등이 적극 설치되었 다. 대청이 건물의 중심에 놓여 요 즘의 거실과 같은 구실을 하게 된 것이다.

그 당시의 서민주택은 난방연료

제주지방의 옛날 일반주택

의 절약 등을 고려하여 문과 창호를 작게 만들었다. 추운 함경도 지방에서는 음식조리 아궁이가 있는 부엌에 붙은 정지방이 안방의 역할을 하였고, 제주도 지방에서는 집의 중앙에 마루인 상방을 두었으며 상방의 오른쪽에 부엌과 작은 구들방을, 상방의 왼쪽에는 큰 구들방과 고방(庫房)을 둔 평면구조의 집을 볼 수 있다.

조선시대 상류층의 주거 건축은 규모가 크고 문과 창호도 그에 비례해서 크며 개방적 구조를 갖춘 반면, 서민의 주택은 규모가 작아 문과 창호도 협소하여 폐쇄적인 느낌을 준다.

그 대신 서민주택에서는 사립문 같은 틈새문을 설치하여 울타리 안과 밖의 공간이 서로 통하도록 하여 공간적으로 확장되어 보이는 효과를 얻었으며, 제주도의 민가에서는 대문을 아예 달지 않고 '정낭'이라는 긴 나무장대를 걸쳐두는 구조물로 대문 구실을 대신하였다.

정낭에 대해서 덧붙여 말하면, 제주도에서는 대문간인 이문(耳門 : 귓문)에 문짝이 없거나 이문 자체가 없을 때 올래(이웃)의 담장 양쪽에 기둥(정주목)을 세우고 정낭 또는 정살이라 부르는 긴 장대를 세 개 걸쳐 놓았다. 집안에 사람이 있을 때는 정낭 세 개를 모두 내려놓고, 집을 오래 비울 때는 정낭 세 개를 다 걸쳐놓고, 들에 일보러 나가서 곧 돌아오지 못할 때에는 아래 두 개만 걸쳐두고, 잠깐 집을 비울 때는 제일 아래 한 개만 걸쳐놓아 주인의 귀가에 대해 방문객이 알 수 있도록 한 지혜로운 출입시설이다.

● 성곽과 궁궐의 문

삼국시대부터 조선시대에 이르기까지 성곽과 궁궐의 건립을 보면, 새 왕조는 도읍을 정한 다음 궁궐과 종묘사직을 건축하고 도성을 축조하면서 성문을 설치하였다.

특히 조선시대에는 도읍 내의 시설 배치를 '전조후시(前朝後市) 좌묘우사(左廟右社)'에 따라 궁궐과 종묘사직의 건립 위치를 정하는 등 대부분의 도읍과 궁궐 건립에 풍수지리의 원리를 적용시켰던 것이다.

태조 이성계는 조선을 개국하자 도읍을 옮길 필요성을 느꼈는데, 이는 고려를 추종하던 수구세력이 개경에 뿌리를 내리고 있어 새로운 왕조는 새로운 도읍지에서 시작해야겠다는 일념 때문이었다.

처음에는 계룡산에 있는 신도안인 지금의 육군본부자리를 새로운 도읍지로 정하였으나, 그 후 신도안은 새 도읍지로 맞지 않다는 판단에 따라 지금의 서울인 한양으로 결정하고, 도성조축도감(都城造築都監)을 설치하여 정도전으로 하여금 성 쌓을 터를 정하게 하여 한양 도성에 성곽 축조가 시작된 것이다.

한양 도읍을 정하게 된 일화를 보면 매우 흥미롭다.

에세이 16

한양 도읍 선정 일화

개성의 수창궁에서 즉위한 태조 이성계는 서둘러 개성에서 천도하고자 당시 명승이며 지리와 음양오행에 밝은 무학대사에게 신도읍지를 찾도록 명하였다.

대사는 충청도 계룡산에 이르러 산세를 보고 신도안이 신도읍지로 적합하다고 태조 이성계에게 건의하여 신도읍지로 확정되었는데, 공사를 시작한 지 한 달 만에 태조가 현장시찰을 하게 되었다.

태조 일행이 새 도읍지 공사장 입구에 다다르자 떡장수 할머니가 태조에게 여기는 정씨 터인데 왜 이씨가 와서 도읍지를 정하느냐고 도읍공사를 못마땅하게 여겼다. 태조는 의아해하면서 그러면 이씨 터는 어디에 있느냐고 물으니 이씨 터는 한양에 가면 배나무 많은 곳이 있으니 그 자리가 이씨 터라 하였다.

돌아보니 떡장수 할머니는 홀연히 사라져 버려 이는 분명히 신의 계시라 생각한 태조는 신도읍 공사를 중지시켰다.

그 후 태조는 신의 계시에 대해 감사하다는 뜻으로 신은사(神恩寺)라는 절을 건립토록 하였는데, 지금의 신원사(新元寺)를 일컫는다.

태조는 무학대사에게 한양 땅에 가서 신도읍 자리를 찾도록 명하였다.

무학대사가 한양 땅에 이르자 해는 서산에 기울고 갈 곳을 몰라 이리저리 헤매다가 동쪽으로 향하는데, 마침 검은 소로 밭을 갈고 있던 백발 노인이 큰 소리로 외치면서, "무학보다 미련한 소야 해는 지는데 언제 이 밭을 다 갈고 십리 길을 가겠느냐"라고 호통을 치는 것이다.

그 말을 들은 무학대사는 놀라면서, "노인이 어찌하여 나를 아는가"라고 범상치 않은 사람이라 생각하며 정중하게 가르침을 청하였다.

노인은 "보아하니 대사는 지금 태조의 명을 받아 도읍지를 찾으려는 모양인데 천시(天時)가 가리키는 왕도를 버리고 어디로 가느냐. 한양에 가면 지금 동풍이 불고 있어 깃발이 서쪽으로 나부끼니 여기서 깃발을 따라 10리를 가면 대사가 가히 짐작할 곳이 있을 것이오."라고 말하였다. 대사가 고개 숙여 답례를 하고 고개를 드니 소와 백발 노인은 사라지고 없었다.

지금의 왕십리(旺十里)는 그때 얻어진 이름이며 왕십리 서쪽 10리가 한양 도읍인 것이다.

앞에서 떡장수 할머니가 말한 배나무 있는 곳이 이씨 터란 말은 배이(梨)자와 오얏이(李)자는 음과 뜻이 공통이라 하여 같은 이(李)자로 해석하고, 계룡산을 정(鄭)씨 터라는 것은 계룡산(鷄龍山)의 계자가 닭계자이며 성씨(姓氏)의 자획 가운데 닭 유(酉)자가 들어 있는 성씨가 정씨이기 때문이다.

새 도읍지였던 한양의 지세는 북한산을 조산(祖山)으로 하여 북(현무)인 주산을 북악산(北岳山)으로 하고, 좌(청룡)는 낙산[낙타산(駱駝山)]이고, 우(백호)는 인왕산(仁旺山)이고, 남(주작)인 안산(案山)은 남산[목멱산(木覓山)], 조산(朝山)으로는 관악산(冠岳山)이 둘러쌓여 있다.

또한 서쪽인 지금의 청운동과 삼청동에서 흘러나오던 내수(內水)가 동대문에서부터 외수(外水)로 흘러들었고, 이 외수는 좌측인 동쪽에서 우측인 서쪽으로 흘러나갔다.

조선시대에는 법궁(法宮)인 경복궁(景福宮)을 축조하기 위해 태조3년(1394) 9월 1일 신도궁궐조성도감(新都宮闕造成都監)을 설치하고, 그해 12월 4일부터 공사를 시행하여 태조4년 9월 29일 경복궁이 준공되어 같은 해 12월 28일 입궐하였으며, 도성은 태조4년 윤9월 13일 도성축조도감을 설치하여 도성의 성곽 축조가 시작되었다.

숭례문(남대문)의 경우 태조5년(1396) 1월에 공사를 시작하여 그해 9월에 준공하였다는 것은 1962년 완전해체보수 때 발견된 상량문(洪武二十九年丙子十月初六日)에 나타나 있으며, 그 뒤 세종30년(1448)에 지대가 낮아 볼품이 없고 또 풍수지리설에 합당치 않아 개축한 바 있다.

도성의 성곽둘레에는 동서남북 정방위에 사대문인 남대문[숭례문(崇禮門)], 동대문[흥인지문(興仁之門)], 서대문[돈의문(敦義門)], 북대문[숙정문(肅靖門) : 1413년 풍수지리상 이유로 폐문]을 세우고, 정방위 사이에 사소문인 동남에 광희문(光熙門, 수구문, 시구문이라 하여 도성 내 시신이 나가는 문으로 1469년 풍수지리설에 따라 폐문), 동북에 홍화문[弘化門, 후일 혜화문(惠化門)], 서북에 창의문(彰義門, 1413년 폐문), 서남에 소덕문(昭德門)을 건립하였다.

● 사찰건축의 문

우리나라의 사찰건축은 불교가 들어오게 되면서부터 시작되었는데, 삼국사기에 의하면 고구려는 소수림왕 2년(372)에 들어와 전파되었고, 소수림왕 5년에는 초문사(肖門寺)

를 지었으며, 그 후 광개토대왕 2년(392)에는 평양에 아홉 개의 사찰을 창건하였다.

사찰의 문을 보면, 사찰 내 불국정토(佛國淨土)에 들어가는 첫째 문을 '일주문'이라 하는데 일주문이라 부르는 것은 주택의 일작대문처럼 좌우에 기둥은 하나씩 세웠기 때문이며 불교에서는 일심(一心)을 의미한다고 말한다. 일주문은 경역을 표시하고 사찰의 권위를 나타내며 두 기둥 사이에는 문짝을 설치하지 않는 것이 일반적이다.

일주문 다음은 금강문(金剛門), 천왕문(天王門)이고 이것을 지나면 마지막 문인 불이문[不二門, 해탈문(解脫門)]이 나오는데 불이(不二)란 생사(生死)와 열반(涅槃), 번뇌(煩惱)와 보시(菩提), 세간(世間)과 출세간(出世間), 선(善)과 불선(不善), 색(色)과 공(空) 등 모든 상대적인 것이 둘이 아니라는 경지를 천명한 것이다. 따라서 해탈을 추구하는 구도자가 마지막 불이문에 들어서면 불국정토에서 해탈을 얻을 수 있다는 것으로 통도사, 범어사 등에서 문짝이 없는 불이문을 볼 수 있다.

불이문을 지나면, 때로는 문과 같은 기능을 하고 사물(四物)인 목어(木魚), 운판(雲版), 북(鼓), 범종(梵鐘)을 걸어두기도 하는 첫째 건물인 누(樓)와 접하게 된다. 누를 통과하거나 옆으로 지나서 대웅전에 이르는데 일주문부터 대웅전에 이르기까지의 중심축선이 직선에서 어긋나 있는 것을 볼 수 있는데, 이는 풍수지리에 부합된 살아있는 형태인 갈지자(之)형을 구사한 것으로 부석사의 문 배치에서 확연히 나타나 있다.

● 한국문과 창호의 특성

한국 창호의 특성은 개방성과 폐쇄성의 공존을 가능케 하는데 외부 공간과 접하는 문에서도 창살과 같은 틈새문을 설치하여 외부 공간과의 융합성(融合性)을 이룸으로써, 한국건축이 자연과 융합하려는 공간을 만드는데 가장 커다란 역할을 문과 창호가 담당해왔다.

> 한국의 문과 창호는 건축 공간이 외부인 자연과 융합되게 하였는데 요즘 현대 건축물에서는 폐쇄적인 기능으로 전락되어 공기순환에 문제가 있으므로 환기가 필요하다.

곧 한국의 건축은 자연으로부터 할애받은 자연공간을 여럿으로 분화하고, 하나의 채를 또 간으로 분화하였다. 이들 분화된 공간은 창호를 통해 다시 커다란 하나의 공간으로 통합되어, 이 통합된 공간이 개방된 문(예로 제주도의 정낭)을 통해 자연친화적이며 융합적인 주거공간을 이루었다. 터도 자연이고 집도 자연이니 그 안에 사는 사람도 자연물이다.

한국의 문과 창호가 집과 인간 사이의 모태인 자연의 순화를 돕는 구실물인데, 현대건축의 창호는 복층유리로 된 이중단열창과 이중커튼으로 겹겹이 외부와 차단하려는 결과로 자연과 동떨어져 심신의 피폐를 불러올지도 모른다.

● 이상적인 문의 형태

앞마당이 있는 주거형태에서는 건물의 중심에서 보아 출입문이 있는 현관의 방향이 건물의 방향이 된다. 그러므로 향방에 따라 드나드는 건물의 출입문을 통해서 들어오는 기운인 지자기파가 미립자(현대과학으로 입증)로 구성되어 있기 때문에 문을 통해 이동 순환이 가능하다.

이와 같이 출입문을 통해 들어오는 지자기는 용맥에서 더 세게 나타나므로 넓은 대지에서는 용의 맥이 통과하는 장소에 대문을 설치하는 것이 이상적이다.

전자파는 미립자라는 현대과학의 규명 아래 지기가 뭉쳐진 용맥의 기운이 지나가는 통로에 대문을 설치하는 것이 이상적이고 대문으로는 모든 기운이 드나들기 때문에 적당히 통기성이 있어야 한다.

사람이 출입문을 통해 나설 때 받는 기운인 공기는 햇빛과 지면의 각도나 방향에 따라 변화하여, 바람의 세기에 의해 출입문 앞의 대기는 온도의 차를 보이는데, 이 온도차로 인해 산소 또는 오존의 함량에 차이가 나서 공기의 질에 영향을 미친다.

즉 강한 햇빛과 고온으로 공기 중 유해오존 함량이 높아지고, 차량 배기가스와 대기의 온도차가 적어져 대류에 의한 오염공기의 비산이 어렵게 되는 것이다. 그래서 한여름 늦은 오후의 햇빛이 건물 깊숙이 들어오는 정서향 건물은 현대과학에 비춰볼 때도 방향만 주안점으로 보면 흉택에 가깝다.

주택의 대문은 사람뿐만 아니라 가축 그리고 물건, 공기까지 유입되는 통로이므로 일반적으로 틈새문인 통기성 대문 구조가 좋으나, 차량 소통이 빈번한 도로나 통행이 혼잡한 인도와 접해 있는 주택은 적절히 폐쇄된 담장과 대문이 방음 및 분진의 유입 방지 등을 위해 더 유리하다고 본다.

일반주택의 경우 대문이 높고 폭이 넓으면 웅장해 보여 좋아 보일 수 있지만 이로 인해 거주자는 허세를 부리게 되고, 방문객도 위압감으로 거부감을 느껴 마음을 터놓을 수 없는 심리적 장벽이 생길 수 있다.

대문의 크기는 집의 규모에 맞추는 것이 좋다. 최고의 권위가 필요한 청와대 대문은 장엄하고 위엄을 느낄 수 있는 큰 규모여야 격에 맞지만, 아담한 가정집은 집보다 대문의 규모가 작아야 집의 기운을 살리게 된다. 집은 작은데 대문만 크면 집의 기운이 대문에 압도당해 집과 대문의 균형이 깨져 흉택구조로 변하므로 집과 대문의 크기는 서로 격에 맞는 규모여야 한다.

2003년 들어 주차장확보의무규정 건축법 시행 전에 지은 단독주택 중에서 신청을 받아 담장을 철거하고 주차장을 확보하면서 대문을 없애고 미니조경을 하는 '그린파킹' 시설을 정부지원 사업으로 시행하였는데, 개방적인 문화에 익숙한 현대적 사고로 인해 좋은 반응을 얻게 되었다.

아파트를 비롯한 현대 주거형태에서는, 대문은 없어지거나 간편

그린파킹

화되고 개인 또는 가족의 프라이버시와 안전을 극대화한 출입문 형태가 각광을 받고 있는데, 이는 개방적이면서도 철저한 개인주의 사고로 전환되는 주거형태의 변화라 여겨진다.

● 대문의 위치에 대한 풍수적 해석

• 대문과 현관 출입문의 중심선이 일직선상으로 서로 마주보고 있으면 외부의 기운이 순화되지 않은 상태로 직접 안방에 닿게 되고, 대문에서 집안의 내부가 들여다 보이므로 개인의 사생활 침해 및 도둑의 침입이 쉬워 흉한 일을 당할 수 있다. 그러므로 대문과 현관 출입문은 일직선상이 아닌 어긋난 위치로 서로 맞보지 않아야 좋다.

> 대문은 현관 출입문과 일직선상에 있지 않아야 하고 골목 사이에 마주한 집은 대문이 빗겨서야 하고, 대문과 건물의 중심은 같은 사택이어야 한다. 대문은 담의 모서리가 아닌 평탄한 곳에 있어야 좋다.

• 골목의 양편에 있는 두 집의 대문이 마주보고 있게 되면 두 집 사람들이 서로 경계심이 생겨 좋지 않으므로 가능하면 골목을 사이에 두고 마주한 집의 대문은 빗겨서는 것이 좋다.

• 대지의 중심점이나 앞마당의 중심점에서 볼 때 건물의 중심점이 팔방위 중 어느 사택에 해당하는가를 알아본 후, 건물과 대문의 방위가 같은 사택 즉 둘 다 동사택이거나 또는 둘 다 서사택이면 좋으므로 대문을 설치하기 전에 방향을 체크하고 정하면 좋은 위치에 배치할 수 있다.

• 대문은 지형적으로 평탄한 곳에 배치해야 하고, 건물이나 담장의 모서리 부분에 대문

을 만들면 주변 건물의 벽이나 담장을 따라 몰아치는 센바람이 담장의 모서리 부분에서 맞닿아 분진이 모인다. 또한 공기의 흐름이 안정적이지 않아 기가 흩어져 좋은 기운이 대문을 통해 들어올 수가 없어 좋지 않다.

■ **담장의 조성**

지세(地勢)에서 사신사가 바람막이와 오목거울의 역할을 하듯이 담장도 이와 비슷한 역할을 하며, 특히 담장은 바람막이의 역할이 크다.

집은 피로를 풀어 재충전하는 휴식의 공간인데 사람이나 차량의 통행이 빈번한 도로와 접해 있는 주택일수록 도둑이나 분진, 차량의 통행에 의한 돌풍을 막기 위해서 담장이 꼭 필요하다.

자기 땅과 남의 땅의 경계를 지적법에서 필지(筆地)와 획지(劃地)로 나눠 지적도면상에 나타내고 있지만, 이는 사실상 무형의 공간이기 때문에 실질적인 경계를 나타내기

> 담장은 바람막이 역할이 큰데 적당히 통기성이 유지되어야 하고 북쪽 담장은 한랭한 북서풍을 차단할 수 있는 기능이 요구된다. 담장은 개인 재산보호 및 사생활보호 기능이 있다.

위해서는 울타리나 담장을 만든다. 담장은 개인 재산을 보호하고, 타인으로부터 사생활을 보장받으며 짐승들의 난입을 막기도 한다. 또한 거친 비바람이나 겨울 찬바람이 직접 건물에 닿는 것을 약화시켜 주어 건물을 보호하고 그곳에 사는 사람의 건강에도 도움을 준다.

담장이나 방풍림은 높이의 1.5배까지 살풍 차단효과가 있다. 우리가 차가운 바람이 몰아칠 때 직접 마주해서 숨을 쉬면 코끝이 아리고 숨을 제대로 들이킬 수 없는 것과 같이, 담장이 없는 경우에는 외기의 영향을 그대로 받아들이게 되므로 이럴 때 사람이 마스크를 쓰면 차단되는 것과 같이 담장이나 방풍림이 있으면 그런 효과를 얻을 수 있다. 마스크는 너무 꽉 막힌 것을 착용하면 호흡이 곤란하거나 내뿜은 공기를 다시 들이키게 되므로 통기성이 양호한 재질의 마스크를 쓰는 것이 적절한 것처럼, 담장도 외기(外氣)와 내부의 기류가 상호 순환되도록 환기에 초점을 맞추어 설치해야 한다.

풍수학에서 주택의 중심점 잡기를 할 때는 실질적 경계인 담장의 경계를 가지고 결정하는 것이다. 이러한 요건을 감안할 때 지적도상 택지가 요철(凹凸)이 심한 경우라 할지라도 옆집과 협의하여 기본경계대로 기초석을 설치해 두고, 담장의 대용으로 수목울타리나 간이 담장을 설치하게 되면 요철을 충분하게 커버할 수 있어 길택으로 바꾸는 비

보풍수(裨補風水)의 기술을 발휘하게 된다.

담장이 겨울에는 집 내·외부의 기온을 따뜻하게 하는 역할을 하게 되므로 북쪽이나 북서쪽 담장은 튼튼하고 높게 세우는 것이 좋고, 남쪽의 담장은 따뜻한 햇빛과 온화한 기운이 들어오도록 틈새가 있는 낮은 담이나 통기성이 좋은 울타리가 좋다.

외풍의 자연 차단이 어려운 동고서저, 남고북저 지형이나 허허벌판인 평지의 집에서는 담장의 차단효과를 감안한 담장 설치에 역점을 두어야 한다.

> 북쪽이나 북서쪽의 담장은 찬바람을 막기 위해 적당히 높게 하는 것이 좋고 남쪽의 담장은 햇빛이 들어오도록 틈새가 있는 낮은 담장이 좋으며, 허허벌판인 평지나 남고북저지형에 지어진 집은 튼튼한 북쪽담장이 필요하다.

• 담장의 설치기준

- 담장은 외부인의 시선을 차단할 수 있는 최소한의 높이여야 하며 너무 높거나 너무 낮으면 외부로부터 관심을 집중시키는 결과가 되는데, 특히 높은 담장을 쌓을 때는 집안으로 접근이 불가능한 구조로 하고 방범시스템을 병행해야 한다. 단순히 높게만 쌓을 경우 담을 넘은 도둑이 창문이나 잠금장치를 마음 놓고 파손할 수 있도록 외부 시선만 가려주는 결과를 낳을 수 있다.

- 집 주변에 타인의 건물이 없는 넓은 대지에서는 돌이나 시멘트 재질의 담장보다 틈새가 많은 나무울타리 등이 담장 시설비용 절약측면이나 주변 자연과의 연속성을 감안할 때 더 효과적이다.

- 대지가 좁은 집일수록 담이 높으면 흉하게 보이는데, 이는 새 공기가 집으로 들어오려는 것을 막으며 담 가까이서 와류되는 센 기류로 비중이 높은 분진 등이 집안으로 들어오기 때문이다.

- 금이 가거나 기울어진 담은 빨리 개설해야 하는데, 이는 붕괴위험이 따르고 불안감을 조성하여 흉작용이 되기 때문에 담이 허술한 집은 5허(五虛)의 주택에 속하게 된다.

- 요철이 심한 대지는 담을 낮게 할수록 요철에 대한 흉이 드러나 보이지 않으며, 틈새가 많은 담장 구조가 적합하다.

- 생목(生木)이 아닌 경우에는 울타리의 형태를 틈새가 있도록 하여 통기성을 좋게 하고 주변 자연과 연속성이 있어 전원주택에 적합하다.

- 정원이 좁을 때 정원에 연못이 있는 경우에는 담이 낮고 통기성이 좋은 울타리로 설치해야 공기나 습기의 순환이 잘되어 좋다.

- 집과 담 사이가 가까운 경우 차양을 담에 붙여 설치하면 햇빛과 공기가 차단되어 내

부가 눅눅하고 폐기가 고여 살고 있는 사람에게 좋지 않은 영향을 준다. 이럴 때는 벽면 일부에 방범창살시설(알루미늄 재질은 설치비용이 적게 들고 미관은 좋으나 요즘 범죄 추세가 공격적으로 변하고 있어 제거가 쉬운 단점 때문에 방범 효과가 미미한 반면 스테인리스 재질은 설치비용이 많이 드나 견고성이 있음)을 하여 통기성을 확보하든지, 햇빛이 드는 방향의 벽면을 빛 통과 재질의 벽으로 윗부분의 일부를 개방하여 보완해야 한다.

- 매립지는 매립 전의 대지가 낮아 습지일 경우가 허다하므로 땅속의 나쁜 가스 배출을 위해서도 통풍이 잘되는 울타리나 틈새가 많은 낮은 담이 무방하다.

- 주변보다 낮은 대지는 담을 높게 설치하면 흉이 배가 되고, 대지가 넓은 경우에는 담이 높아도 흉이 중화(中和)된다. 넓은 대지의 높은 담은 낮은 대지의 높은 담보다 흉작용이 적게 나타난다. 일례로 서대문구 홍은동 소재 그랜드힐튼 호텔의 드높은 돌담은 북고남저형의 큰 대지에 잘 어울리는 경우이다.

그랜드힐튼호텔의 견고한 외부담장

통기성이 좋은 담장

그 아래 사진은 종교 건물의 담장으로 큰 틈새는 외부인과의 개방성을 의미하고 통기성이 좋아 많은 신도들이 모이게 되며, 이런 담장은 생기인 햇빛과 맑은 공기를 충분히 나눠 얻을 수 있는 형태로 건물의 용도에 맞는 적절한 담장이다.

요즘 들어 학교나 관공서가 앞장서 그린운동의 일환으로 담장을 허물고 내부에 녹지를 조성하며 오가는 시민들(행인)이 쉽게 접할 수 있도록 개방하고 있는데, 청소나 녹지관리 문제가 따르는 등 애로가 많다는 점으로 보아, 시각적으로 녹지는 보이되 미적감각을 살린 개방형의 낮은 담장(철

망형, 문양주물형 등)을 설치하는 것이 이상적이라 여겨진다.

■ 마당의 조성

우리나라 조선후기의 집은 대문에 들어서면 앞마당이 있고 앞마당을 지나면 본채가 있고 본채 뒤편에 뒤뜰이 있는 구조이며, 행랑채나 뒷간, 창고 등 부속 건물이 앞마당을 중심으로 본채와 분리되어 있는 것이 집 배치의 기본 틀이다.

그러나 현대건축에서는 단독주택의 경우 대문에 들어서면 앞마당이 있고 부속 건물이 본채에 속해 있는 본채집합구조로 되어 있다. 공동주택의 경우에는 공동 사용 공간인 앞마당이 있고 대문과 중문이 합쳐진 형태의 공동출입문이 있으며 세대마다 개별출입문이 있는데, 앞마당은 대체로 조경과 거주자들의 건물 밖 이동 공간 및 주차장으로 사용되고 있다.

공동주택의 경우 마당은 공유화되지만 어떤 형태의 집에서든 사람들이 큰 마당을 선호하는 것은 변함이 없으며, 마당은 조경과 관련하여 안정된 분위기를 느낄 수 있는 구도가 중요하다.

생활편의 시설 및 생활용품이 늘어나면서 실내공간의 확충이 요구되는 반면, 자연을 즐길 수 있는 마당은 축소되거나 마치 학교운동장 같은 개념으로 공유화되어 가는 추세이다.

그렇지만 마당이란 가치에 대해 대다수 사람들은 마당이 있는 집을 선호하는 일반적 사고를 보이고 있어, 마당이 예나 지금이나 필요한 존재라는 인식은 여전한다.

서양의 직설적이고 실용적인 면의 사고로 비춰볼 때 그들의 집을 도로에서 보면 전면에 주차장 겸 작은 마당이 있고 집 뒤에 사적공간인 큰 마당이 배치되어 있는 경우가 흔하다. 반면 우리나라의 마당은 집안에 들어가기 전에 넓은 마당이 있어 앞마당을 거치는 동안 외부에서 유입되는 모든 것들이 순화(純化 : 불순한 분자를 떨쳐 버리고 순수하게 되는 것)되며, 특히 외부의 공기가 대문과 담장을 타고 마당에 유입되면 집안으로 들어가기 전에 온화해진다.

건물에서 발생하는 기운은 삶과 관련된 직접적인 양의 기운이라면, 마당의 기운은 하늘·땅·바람 같은 자연의 기운으로 음의 기운이다.

여기서 음의 기운은 건강, 재물, 여성과 연관된 기운으로, 마당의 좋은 기운이 집안으로 흡수되어 집의 양기운과 결합되면 생기가 발생되어 그곳에 사는 사람들은 생기를 흡수하게 되어 좋지만, 뒷마당만 있거나 마당이 집의 측면에 있으면 집의 앞면을 통해 받아야 할 생기의 흡수를 원활하게 받을 수 없어 흉한 배치구조가 된다.

이상적인 마당은 첫째, 건물의 앞쪽에 위치해야 하는데 건물의 앞쪽에서 건물과 마주보고 있으면 외부에서 들어온 기운이 마당을 통해 건물 앞면의 출입문이나 창을 통해 건물 안으로 쉽게 들어갈 수 있기 때문이다.

둘째, 건물은 진입로나 마당보다 약간 높게 짓는 것이 좋은데 건물의 바닥은 마당에서 3계단(15cm×3) 또는 5계단(15cm×5) 정도 높은 것이 적합하다. 즉 마당은 건물보다 낮아야 수해 위험도 적고 마당의 기운이 건물로 들어오기에도 좋다.

셋째, 마당의 형태가 정사각형이면 담이나 울타리 내에서 공기회전이 자유로워 생기가 충만하고, 직사각형도 황금분할비(1 : 1.618) 내이면 무방하다.

넷째, 단독주택은 마당의 크기가 연건평의 3배 정도면 정원수식재에 문제가 없어 이상적이고, 다층공동주택은 연건평의 2배 정도가 무방한데 건물의 규모에 비해 너무 큰 마당은 생기가 흩어지고 황량한 느낌이 들어 좋지 않다.

단독주택의 경우, 마당이 너무 넓으면 연건평의 3배 정도만 앞마당으로 하여 내부울타리를 설치해서 생기가 흩어지지 않도록 하고 울타리 밖의 대지는 집의 중심에서 보아 남쪽에 채소밭을, 북서쪽이나 북쪽에는 방풍림을 심으면 땅을 잘 활용했다고 평가할 수 있다.

18. 창은 건물의 얼굴

어떤 건물이든 그 안에는 내부 공간에 빛과 공기를 받아들이고 또 조망을 위해 설치된 창이 있다.

창이 있는 건물에 거주하는 사람의 성격은 설치된 창의 이미지와 같이 나타나는데, 투명한 창은 깨끗한 마음을 상징하기 때문에 항시 깨끗히 해야 한다. 창의 크기를 볼 때 마음이 넓은 사람은 큰 창을 내고, 마음이 좁은 사람은 작은 창을 낸다고 한다.

창은 만들어진 건축물 안에서 바깥 세계를 바라보는 시설물로 세상을 바라보는 생각의 틀이기도 하다. 그래서 마음의 창이 넓은 사람은 도량(度量)이 큰 사람으로 인식되나 보다.

건물은 창을 통해서 숨을 쉬고 그 속에 있는 사람 또한 창을 통해 들어온 공기로 숨을 쉬므로 창은 큰 콧구멍과 같으며, 창을 통해 밖을 보고, 창을 통해 소리를 듣고, 창을 통해 냄새도 맡으니 창은 오감이 모여 있는 얼굴과 같다. 건물에서 창은 얼굴이라 할 수 있다.

창은 햇빛이 들어오는 시설로 동쪽창과 서쪽창의 밝기에 따라서 낮 시간을 짐작할 수 있고, 밤에는 창에 비친 달빛의 밝기에 따라 날짜의 흐름도 느끼기 때문에 창은 시간성을 상징하기도 한다. 시구 중에 "동창(東窓)이 밝았느냐 노고지리 우지진다"에서 동창은 아침을 뜻하는 것이다.

창살의 짜임새에서 용자(用字), 완자[만자(卍字)], 귀자창(貴字窓)은 모두 길상(吉祥)을 뜻한다.

살창[전창(箭窓)]은 부엌에 설치하고, 꽃살창은 궁궐의 정전(正殿)과 사찰의 대웅전 같은 여러 전각에 설치한 것을 보면 창과 호의 살 짜임새로 건축물의 격을 나타냈음을 알 수 있다.

창의 역사를 볼 때 기원전 1,000년 전부터 기원전 300년에 이르는 청동기시대에는 일반인의 주거형태(움집)에서 창을 발견할 수 없었으나, 당시 형성된 성읍국가인 고조선이나 삼한의 성과 궁의 건축물이 나타나기 시작하면서 문의 종류가 다양해지고 그때 창이 만들어졌을 것으로 추정된다.

가야시대의 집모양 토기가 출토되어 당시의 문과 창호의 모습을 알 수 있는데 집모양 토기의 전면에는 두짝문이 있고 좌우에 빛과 공기를 받아들이는 살창이 있었다.

창은 공간의 연속성을 나타내고 문과 마찬가지로 안과 밖의 공간이 서로 통하는 시각적으로 상호 관입되어 공간적 확장이 이루어지는 기능을 하였다.

■ 창의 종류

창의 용도는 환기, 채광, 의장 및 대피용으로 사용되는 창과 사람이 드나들면서 사용하는 창인 호(戶)가 있는데, 아파트에서 거실과 발코니 사이의 큰 창과 거실과 다용도실 사이의 유리 넣은 미닫이문을 호라고 부른다.

일반적으로 사람이 드나들지 않으며 창의 용도로만 사용하는 것을 '창문'이라 하고, 사람이 드나드는 목적과 창의 용도를 겸한 건물 내에 있는 것을 모두 '문'이라 하는데, 설치된 장소에 따라 발코니의 안쪽에 설치된 것을 '발코니문', 발코니 외부에 설치된 창을 '발코니창' 이라 부른다. 그리고 건물에 진입하는 초입문을 '현관문' 또는 '출입문' 이라 하며 마당에 진입하기 위해 따로 설치된 문을 '대문' 이라 부른다.

교회나 성당의 전면에 설치된 창문에는 모자이크가 들어 있으며, 열리지 않는 창문은 채광을 겸한 의장용 창문이다.

창문은 여닫는 방법과 모양새에 따라 이름이 붙여졌다고 볼 수 있는데, 여닫는 방법으로 구분하는 것은 문과 흡사하여 여닫이창, 미닫이창, 들창, 오르내리는창이 있고, 모양과 용도를 합친 이름으로 내민창(돌출창), 천정고정창, 한옥부엌에 주로 환기 목적으로 설치된 '살창', 부엌의 벽이나 광의 벽 또는 대청 전면의 분합문 상부에 가로로 길게 설치된 '교창' 등이 있다.

창과 문으로 혼용되는 '발코니문' 과 같이 전통한옥에서도 창과 호로 혼용되는 문이 있는데, 띠살창이나 문을 수직으로 긴장방형의 울거미를 짠 다음 그 속에 세로로 긴 살대를 촘촘하게 짜 넣고 장방형의 위, 아래, 가운데의 세 곳에 세로로 서있는 살대들과 직교되게 가로로 살들을 짜 넣은 것이 창호이다.

띠살창호를 세살창호라고도 하는데 사대부집에서는 방의 덧 창호로 사용하였고, 서민주택에서는 띠살창호 하나만을 설치하여 방의 출입문과 들창으로 사용하여 채광창과 조망창으로 쓰였다.

창호의 울거미 속에는 한자의 용(用), 아(亞), 만(卍), 귀(貴), 정(井)자 등을 문양화하여 살대를 짜 넣었다. 문양의 의미와 짜임새에 따라 건물창호의 용도에 맞춰 사용하였는데, 예로 남쪽 창은 채광과 조망을 겸하여 쌍여닫이 띠살창호나 두짝미닫이용(用) 자살창호를 즐겨 사용하였다.

전통한옥의 창문은 창호지를 사용한 반면 지금의 창호는 유리를 소재로 한 차이점이 있는데, 현대건축의 창은 실용성을 강조하여 소음, 결로 방지와 단열 위주로 설계·제작하였다. 앞으로 전통한옥의 소재인 창호지의 통기성이나 문자문양살대의 아름다운 짜임새 등을 응용한 새로운 창호를 개발하는 것도 바람직하다고 본다.

● 해인사의 대장경판전의 창호

해인사에 있는 수다라장과 법보전이라는 두 채의 판전이 대장경판전(大藏經版殿)이다. 대장경판전에는 고종23년(1236)부터 38년(1251)까지 16년간 조성한 대장경판 81,258장, 663함, 1,562부, 6778권이 현재 보관 중이다. 대장경판전의 향(向)은 서남향인데 이는 해인사에 불어오는 습기찬 동남풍이 서남향을 한 전각을 돌아 판전의 옆을 스쳐지나가게 함으로써 경판을 잘 보존하기 위한 것으로, 선조들의 건물 배치에 대한 지혜를 엿볼 수 있다.

대장경판전의 기단과 내부는 숯과 횟가루, 소금을 모래와 함께 차례로 섞어다진 흙바닥으로 실내의 습기를 빨아들이고 내뿜어 자연스럽게 습도를 조절할 수 있도록 하고 있다.

수다라장과 법보전 모두 사면벽체 아래, 위에 살창이 설치되어 있는데 전면과 두 측면은 위의 살창이 작고 아래 살창이 크며, 뒷면은 반대로 위의 살창이 아래의 살창보다 크다. 특히 법보전의 뒷면 살창은 전체적으로 수다라장의 살창보다 큰데, 이처럼 전면과 후면·측면 그리고 앞의 전각과 뒤의 전각 사이의 살창 크기에 차이를 두었던 것은 공기의 이동을 원활하게 하기 위해서이다.

다시 말해 전면에서 불어온 바람이 원활하게 뒷면으로 빠져 나가면서 공기의 흐름이 전면 아래의 큰 창으로 유입되어 대류가 일어나 뒷면의 높고 큰 창으로 쉽게 빠져나가게 하였던 것이다.

판전 내부의 온도를 외부보다 0.5~2℃ 낮게 하고, 습도는 5~10% 낮은 상태로 유지하여 경판이 잘 보존되도록 한 것이다.

1975년에 박정희 대통령의 특별지시로 공중습도조절 시설을 갖춘 반지하 철근콘크리트 구조의 새경판전을 신축하여 일부 경판을 옮겨 놓았다.

이 새경판전은 전쟁 등 돌발적 재해를 대비하는 데 너무 치중하였고 당시의 기술 부족과 경판 재질 특성에 대한 고려가 없어, 실내에 응축수(凝縮水)가 생기면서 경판이 갈라지고 비틀어져 갑작스럽게 결함이 나타나, 결국 1979년 9월부터 1980년 12월에 걸친 기술 검토 끝에 경판전 건물로 부적격하다는 결론을 내리고 폐쇄하였다.

지금 이 건물은 선원으로 사용하고 있다. 기존 경판전에 대한 선조의 지혜를 단적으로 비교·입증한 사실이다.

■ 생기를 만드는 창호구조

이 장은 전통창호를 응용하면서 자연과학적인 실용성 창호에 주안점을 두고 구성하였다.

우리나라는 1년 중 여름에는 태양열의 방사량이 과다하지만 나머지 계절에는 열의 방사량이 충분치 못한 온난성 기후이다.

즉 과열과 과냉의 계절변화가 있지만 양쪽 다 별로 심하지 않다. 서울의 경우 최한월인 1월의 월평균기온이 영하 1.2℃이고, 최난월인 8월의 월평균기온은 25.4℃이다. 전자는 한대지역과 비슷하며 후자는 고온지역에 가깝다.

우리나라 연간 최저ㆍ최고 기온은 -30℃에서 37℃에 이르는데 기온이 20℃ 부근일 때 습도가 86%를 넘는 경우는 거의 없고, 1년을 통해 강수현상이 일어나며 겨울에는 눈이 내리는 나라이다.

건물이 위치하는 지역기후 및 미세기후, 대지지형, 건물의 형태, 내부배치 및 외부마감, 설비, 설계 및 시공방법 등의 차이에 따라 건물 내 생활환경이 달라지는데 일별ㆍ계절별로 변화하는 외부 기후조건을 적절히 조화시켜야 질 좋은 생활을 할 수 있고, 기후요소의 영향을 잘 알아야 대처가 가능한 것이다.

사람이 생활하는 건물에 영향을 주는 기후요소는 다섯 가지가 있는데,

첫째는 기온으로 대기온도를 말하는데, 우리나라의 연평균 기온은 남부해안지방이 약 14℃이고, 북부해안지방이 약 8℃로 평균기온의 차이가 약 6℃이다.

주택과 같이 외피부하위주(외벽이 집의 기능을 하는데 맡은 역할량에서 가장 큰 비중으로 삼음)의 건물에서는 에너지부하(負荷 : 맡은 역할)와 외부기온이 어느 정도 비례관계에 있는데 제주도와 서울의 난방도일(煖房度日 : 평균 실내 온도와 바깥 온도와의 차를 난방기간 동안 합산한 것을 말하는데 도일은 적산 온도의 단위로 1도일은 어떤 표준값으로부터 일 평균기온의 편차가 하루에 1℃임) 차이가 약 1,400℃ day 이상을 보이고 있어, 건물 설계 시 기후조건에 따른 지역구분은 매우 중요하다. 대기는 열수용 능력이 아주 작으므로 주변 환경의 미세한 온도 변화에도 민감하게 반응한다. 그래서 실내ㆍ외의 기온 차는 건물에서의 열손실과 열획득을 야기하여 에너지소비에 직접적인 영향을 미치는데 벽체의 단열 및 축열 성능에 따라 에너지소비의 정도를 어느 정도 완화시킬 수 있다.

둘째는 습도로, 우리나라는 삼면이 바다로 둘러싸여 비교적 연중 다습한 기후조건을

갖고 있으며 계절적으로 7월이 가장 습하여 전국적으로 80% 이상의 분포를 보이고, 습도가 가장 낮은 4월 중 서울은 60% 이상의 습도를 유지한다.

습도는 대기 중에 포함되어 있는 수증기의 양을 나타내는 것이며, 기상 상태에 따라 변화하지만 그 절대량은 아주 미미하여 대기에 대해 불과 5% 미만이다. 그러나 습도가 포함하고 있는 에너지량은 매우 커서 쾌적조건을 만족하기 위해서는 가습 또는 감습이 필요한 것이다. 기온은 습도가 높아질 때 더욱 덥게 느껴지고, 기온이 높더라도 습도가 낮으면 더위를 덜 느끼게 된다. 그래서 가열식 사우나실에서는 높은 온도지만 견딜 수 있는 것이다.

셋째는 바람인데, 지역적인 풍속과 풍향 그리고 계절풍의 빈도는 지표면의 온도와 건물의 표면온도 변화에 작용하고, 또 건물의 환기량에 영향을 주며 겨울에는 에너지소비를 발생시킨다.

우리나라는 겨울철엔 대체로 북서풍이 많고, 여름철에는 남풍이 많으며, 봄 · 가을에는 뚜렷하게 일정한 바람의 방향이 없다.

풍속도 연평균 2~3m/sec 정도의 분포를 보이지만 지역적으로 또 계절적으로 차이를 보인다. 그러나 풍향과 풍속은 특히 대지의 지형적인 조건에 큰 영향을 받으므로 건물대지에서의 미세기후에 대한 섬세한 검토를 통해서 대지의 상풍향을 확인한 후 건물 내부의 배치 및 창호를 계획해야 하는데, 여름의 상풍향은 크게 개방하여 자연냉방효과를 높이고 겨울철의 상풍향은 가능한 차단하여 틈새바람에 의한 열손실을 방지해야 한다. 그리고 풍수에서 바람은 좋은 상태에서는 생기이나 문제로 작용할 때는 살풍이 되는 것이다.

풍향과 창문에 대해 오른쪽 그림에서 볼 때, 겨울철에 대지의 지형적인 조건으로 상풍향이 북서쪽에서 불어오거나 보편적으로 북서풍이 부는 지역일 때, 찬 공기는 (A)방향인 아래로 흐르고 따뜻한 공기는 위(B)로 대류되면서 실내기압은 상승되고, 북서의 찬기운도 작고 높은 문 때문에 실내의 공기압을 받아 침투에 저항을 받게 되어 실내기온의 유지에도 유리하다.

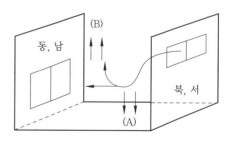

풍향과 창문

반대로 여름에는 동남쪽의 상풍향이나 보통 부는 남풍에도 동남쪽 창호가 크고 낮게 설치되어 시원한 공기를 원활하게 소통시켜 실내공기압이 상승되어 생기운을 만들게 된다. 동남쪽의 창 크기는 벽면과 비교하여 1 : 1로 비등하거나 창이 약간 큰 것이 무난하다.

넷째는 일사열인데, 이는 지구가 받아들이는 유일한 에너지원이며 일사량에 따라 모든 기후를 결정하게 된다. 일사량은 태양의 위치와 하늘의 상태 그리고 주변 환경조건에 따라 결정되며 겨울 난방기간 중에는 일사열의 적극적인 활용이 요구되지만 여름철에는 오히려 냉방에 걸림돌이 되는 이중적 요소를 지니고 있다. 일사열은 기온과 함께 건물의 냉·난방 부하에 가장 큰 영향을 미치는 요소로, 기온과는 달리 건축설계를 통하여 처마와 창호의 상하 높이를 조절함으로 대처할 수 있다.

일사량은 지역의 위도와 계절, 하루 중의 시간에 따라 결정된다.

일사열의 최고집열 방향은 정남에서 6° 서쪽이며, 집열창의 기울기는 태양과 90°일 때 열흡수율이 최대이기 때문에 경사도가 55°에서 연중 열효율이 가장 높고, 지표면 반사율도 0인 경우에는 효율이 10% 떨어진다.

다음 그림에서 보면, 지붕 처마가 동지인 동절기에는 햇빛을 가리지 않아 일사열을 충분히 받고, 하지인 하절기에는 지붕 처마가 창호 전체에 그늘을 만들어 시원하게 되는데 '남향에 배산임수와 복사열' 항에서 태양의 남중고도에 대해 앞서 언급했던 내용을 참고하면 이해가 될 것이다.

다섯째는 강수량인데, 건물의 에너지관계와 직접 연관성은 적으나 강수에 따른 기온, 습도 및 일사열의 변화와 함께 외피의 습윤에 따른 단열성능변화 등으로 간접적 영향을 미친다.

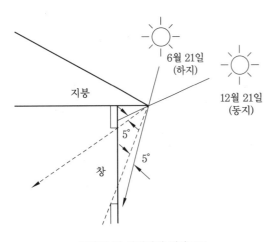

동절기 및 하절기의 태양고도

이 다섯 가지 기후요소에서 창호와 관련이 깊은 것은 바람과 일사열인데, 창호는 이것을 적절히 받아들이기도 하고 차단하기도 하여 내부 환경에 큰 영향을 주는 건축구조물이다.

현대 건축물에서 보면, 창과 문에 유리를 넣어 유리창, 유리문이라 명명할 정도로

창과 문에는 절대적 구성 재료로 유리가 필수적이다. 더군다나 상업용 대형건물의 외벽마감재로 사용하는 유리는 깨끗한 광택 질감과 큰 창의 조망 이점과 더불어, 유리를 투과한 자연광의 효과를 톡톡히 봄으로 인해 유리 소재가 큰 건물에서 널리 사용되고 있다.

외벽을 유리로 마감한 비대칭 구도로 특별한 각인효과를 살린 서울 상암동의 사진 속 건물이 인상적이다.

외벽을 유리로 마감한 비대칭 구도의 건물 외형

■ 아름다운 우리 창호

우리나라 한옥은 동일 건축의 동일 입면상에서도 각 주간(住間)마다 서로 다른 창호를 설치하여 용도에 맞게 다양한 변화를 주고 있다. 이런 창호의 살짜임에서 기본이 되는 살대들은 일본의 살대처럼 날카롭고 섬약하지 않으며 중국처럼 기계적이고 딱딱한 것이 아니라 두툼하게 살 오른 살대로 간결하고도 소박하며 정겨운 모양을 하고 있다.

특히 한국 창호의 가장 두르러진 특징은 창호의 호지법(糊紙法)인데, 우리는 안쪽에 창호지를 발라 마무리하고, 중국과 일본은 바깥쪽에 창호지를 발라 마무리한다. 한국 건축은 외적으로 선적(線的) 구성을, 내적으로 면적(面的) 구성을 이루는 것이 중국이나 일본과 다르다.

> 우리나라 창호는 창호지를 안쪽에서 바르는 호지법의 독창성과 창호지의 통기성으로 창호방식에 따라 개방성과 폐쇄성이 공존한다.

한국의 호지법은 내부 공간에 독특한 한국적 공간 정서를 만들어 왔는데, 창살과 창호지의 면 사이로 비치는 햇살과 달빛은 아기자기한 정을 불러일으키고, 뜰에 심은 파초 잎이 달빛 그림자를 드리울 때 한 폭의 묵화를 이루고, 밤낮으로 다른 창살의 그림자 두께를 통해 시간의 흐름을 알게 하는 정감의 대상이었다.

예전에는 창호를 열고 안산을 조망하면서 산 숭배의식이 싹텄고, 대자연과 집 그리고 인간은 통기성이 우수한 창호지를 통해 상호 연계된 일체감을 이루었으나, 지금의 창문은 통기성이 없는 유리로 이중삼중 설치하여 폐쇄성이 너무 강해졌다. 한국건축의 창호는 개방성과 폐쇄성의 공존(共存)을 가능케 해주는 기능적 요소로 특징이 있다.

그리고 한국건축은 고대로부터 온돌과 마루라는 이중적 바닥구조를 이루어 왔는데 온돌은 폐쇄성을, 마루는 개방성을 요구해 온 바 이들 온돌과 마루 사이 그리고 마루와 외부 사이를 덧창, 쌍창, 문염자(門簾子 : 무렴자, 몰면자라고도 하는데 추위를 막기 위해 창문이나 장지문에 치는 방장의 한 가지) 등으로 닫아 폐쇄성을 이루는 반면 열어서 개방성을 이루는 것인데, 마루 전면의 들어열개호는 개방성을 나타냈다.

이처럼 자연과 친화적이며 융합적인 한국건축을 완성하는 기능적 역할은 창과 호를 적극 활용함으로써 자연스럽게 이룰 수 있었던 것이다.

요즘 들어 너무 밀폐된 창호 기술로 인해 실내공기가 외부와 순환이 되지 않아 내장재인 석유화학제품의 휘발물질이 인체에 피해를 주는 새집증후군이 나타나게 되자 강제공기순환장치를 설치하는 사람들을 볼 때, 현대건축과 어울리는 자연친화된 창호방식이 더 연구개발되었으면 하는 바람이 앞선다.

14. 자연친화적인 황토집이 좋은 이유

주택의 개념인 혈거생활을 시작으로 현대주택에 이르기까지 생활문화의 변화와 생활의 편리성 욕구에 맞춘 건축 기술의 향상 및 건축 재료의 발전에 따라 주거의 내부적 환경이 변화를 거듭하고 있다.

인테리어 부분에서 인조실크벽지 등 석유화학제품의 사용은 말끔하고 좋아 보이지만 사람은 자연에서 얻어진 식품(에너지원) 및 산소, 물 등 자연물질의 흡수로 생명을 유지하고 성장하는 불변의 원칙이 있기에 사람은 인공적인 요소보다 자연적 요소에 더 친근함을 느낀다.

현대주택시공에는 나무에서 얻어진 원목을 용도에 적합하도록 합판, 접합목, MDF, 무늬목 등으로 가공하여 사용하기에 목공작업이 쉽고 시설물의 미관이 아름다운 장점이 있으나, 목재가공자재는 대부분 화학본드를 사용하여 부착함으로 이런 자재 사용 건축물에는 시공 후 화학물질이 공기 중으로 휘발되어 피부나 호흡기 개통의 발병 가능성과 발암물질의 체내흡수로 체질에 따라 건강상 문제가 야기될 수 있다. 이들 석유

건축기술의 발달에 따라 주거환경이 변하고 있는데 실내에 사용하는 건축자재가 석유화학제품으로 바뀌면서 인체에 유해한 물질이 휘발되고 있는데 무해한 자연소재를 사용이 쉽게 가공하는 기술개발이 요구된다.

화학물질은 상당기간 동안 휘발이 되며 인체에 해롭다는 것은 입증된 사실이다.

그렇다면 자연 상태에서 얻어진 원목, 흙, 돌 등을 사용하기 쉽게 가공하여 건축 자재로 사용하면 어떨까.

자연소재는 인류역사 속에 줄곧 사람이 사는 집을 만드는 재료로 사용되어 왔기 때문에 자연적 요소에 대한 신체적 거부감이 적고, 사람의 생존시스템인 원시적 본능(원시인류가 다른 동물과의 싸움에서 출혈이 생길 때 순간적 지혈작용이 필요한 생리적 조치가 현생인류에서도 혈소판에 의한 지혈작용이 그대로 이어져 내려오는 것과 같이 원시인류부터 진화과정에서 소멸되지 않고 내려오는 신체적 본능) 체계가 지금까지 대부분 그대로 이어지는 것으로 볼 때 인간은 자연친화적 환경생물임에 틀림없다고 본다.

흙이나 나무를 건축 재료로 한 한옥집이 좋은 이유가 뭘까?

우리조상들이 움집을 짓고 정착생활을 한 것이 지금으로부터 8,000여 년 전인 신석기시대였다.

움집부터 시작된 주거형태가 1970년 새마을운동 때 중점 실시된 주택개량사업 전까지 대다수의 주거형태인 초가한옥은 건축재료가 주로 흙이나 나무였으며 인체와 접촉이 많은 방 내부는 주변에서 얻기 쉬운 황토를 대부분 사용하였다.

주거환경에서 오랫동안 인체와 접촉된 황토는 인체와 적응항상성을 갖기에 충분한 시간이 경과되었다고 본다.

현재 주 건축 재료로 사용되고 있는 시멘트의 역사는 200여 년이 되었는데 우리가 시멘트를 주택에서 사용한 것은 새마을운동 때 주택 개량을 위해 시멘트를 무상 배급하면서 확산되었다. 특히 새마을 연탄보일러 보급이 방 내부 시멘트 사용에 한몫했던 것이다.

인체가 주거 재료 중에 적응항상성을 갖고 있는 것은 황토인 반면 시멘트를 집 짓는데 사용한 기간은 짧기 때문에 인체가 시멘트에 대한 적응항상성을 갖지 못한 상태라 여겨진다.

그런데 시멘트의 특성은 황토에 비해 차가운 성질이 있고 통기성이 없으며 강알칼리성 및 유독성 등이 있는데 이에 대해 인체가 적응능력이 없어 인체의 메커니즘에 문제가 생길 수 있다.

그러나 황토에 대해서는 인체가 적응능력을 갖고 있기에 요즘 황토침대 등 황토를 이용한 건강 생활용품이 많이 출시되고 있다.

> 콘크리트의 특성은 차가운 성질이 있고 강알칼리성 및 6가크롬 등 유독성 물질이 있는데 시멘트의 사용 역사가 짧아 사람이 적응항상성을 갖지 못한 상태지만, 황토는 오랫동안 인체와 접촉해 사람과 친화성이 있다.

이와 같이 주거역사관에서 볼 때 황토집이 인체와 친화력이 있기에 우리 한민족은 황토집에서 사는 것이 건강에 이롭다고 보면 틀림없다.

특히 요즘 세균에 의한 질병은 예방 및 치료방법이 괄목할 만큼 나아진 반면 인체의 메커니즘 이상과 관계된 암, 성인병 등은 급증하고 어린이들의 아토피성 피부병 또한 면역체계의 손상으로 생긴 질병으로 주거환경문제가 심각한 현실이다.

현대적 질병은 주거환경의 문제가 일조했다고 여겨지기 때문에 집은 공간 활용성을 높인 현대적 구조물로 하되, 특히 내장건축 재료는 황토와 목재 등 천연재료의 사용을 적극 권장한다.

> 사람은 자연물질의 흡수로 생명을 유지하고 자연소재의 집에서 살아온 항상성 때문에 인체와 자연은 친화적이며 자연물인 황토로 지은 황토집이 사람에게 좋다.

자연적 요소 중에서 특히 흙은 오행을 방위로 분류할 때 중토(中土)라 하여 만물의 모태이고, 요즘 들어 황토가 사람의 생체활동을 촉진하는 원적외선을 많이 발산하여 황토방 등 사람들의 생활에 황토 이용이 많아졌다.

옛 한옥주택의 황토 방바닥과 황토벽이 시공의 편리성과 관리가 쉬운 시멘트에 의해 현대건축에서 아주 밀려나는가 싶더니만, 요즘 일부 관심있는 사람들에 의해 다시 부활되기 시작하였다.

인체 유·무해에 대해 시멘트와 황토를 여러 실험 비교로 평가가 가능하겠지만 앞에서 말한 자연적 요소인 황토와 자연환경친화성인 인간과의 동질적 순화(順和 : 순탄하고 화평함)에 비춰봐도 쉽게 해답을 알 수 있다.

특히 우리의 유전적 인체메모리는 주거공간에서 흙 물질(주로 황토)에는 적응항상성이 있으나 시멘트에 대해서는 전혀 인체적응능력이 없어 시멘트의 주거 재질은 인체건강상 심각한 유해성 문제가 따르게 된 것이다. 산화철과 각종 화학물질로 이뤄진 콘크리트에서는 알레르기 물질이며 암을 유발하는 6가크롬이 토양보다 5배~25배 함유되어 있다. 그리고 콘크리트의 차가운 느낌이 주는 환경스트레스 때문에 사람의 자율신경계, 호르몬계, 면역체계에 타격을 받고 있다.

콘크리트보다 훨씬 좋은 황토가 건축자재로서 활용유익성을 간추려 보면, 첫째 산이 많은 우리나라에는 질 좋은 황토가 전국에 골고루 매장되어 있어 황토 채취가 쉽고, 둘째 황토 관련 건축자재로는 황토벽돌, 황토구들장, 황토페인트, 황토모르타르 등인데 황토로 내부 벽을 바르고 방바닥을 바르는 것만으로도 상당한 효과를 얻을 수 있으며 시공 후 갈라지지 않도록 잘게 자른 짚 등을 황토에 넣고 물과 반죽하여 사용하는데 이와 같이 가공기술이 쉽고, 셋째 황토는 반죽하면 시멘트 모르타르보다 접착력이 좋아 시공이 쉽다는 점이다.

다음은 황토의 성분과 효과에 대해 알아보자.

불가시광선의 일종인 적외선은 인체에 이로운 광선인데 그 중 원적외선은 파장이 매우 긴 빛(5.7~10미크론)으로 물질에 침투력이 강해서 피부의 심층 3~4cm 깊이까지 침투하여 열작용으로 모세혈관을 확장시켜 혈액순환과 세포조직 생성에 도움을 준다.

또 세포를 구성하는 수분과 단백질분자에 닿으면 세포를 1분에 2,000번 정도씩 미세하게 흔들어 줌으로써 세포조직을 활성화시켜 노화방지, 신진대사 촉진, 만성피로 예방 등의 효과가 있다고 알려져 있다.

절대온도 0K(섭씨영하 273°에 해당) 이상의 온도를 갖는 물체들은 모두 적외선을 방사하고 있으며 방사하는 최대 파장은 물체의 온도가 높아짐에 따라 적외선에서 가시광선(450℃ 이상)으로 변화한다.

이렇게 유익한 원적외선이 황토에서 다량으로 방출되는데 원적외선은 인체세포의 생리작용을 활발하게 하고, 열작용으로 유해물질을 방출하는 광전효과를 보이며 세균의 작용을 약화시키고 세포조직 생성을 촉진시켜 준다.

황토아궁이에서 나무를 태워 밥 짓던 옛 시절의 여자들은 부인병 관련 질환이 현재보다 적었던 점이 원적외선과 연관성이 큰 것 아닐까.

요즘 황토를 이용한 생활문화가 확산되면서 기존에 활용한 고온의 증기요법사우나보다 황토를 이용한 황토사우나와 참나무숯불가마, 황토방이 크게 유행하고 있는데, 이것들은 체감온도 38~39도에서도 땀을 낼 수 있는 원적외선이 피부심층까지 열작용을 일으켜 건강에 좋기 때문이다.

황토에 들어있는 일라이트(illite) 성분은 중금속 및 독소제거 효능이 있으며 황토에는 인체에 유익한 효소인 카탈라아제(catalase), 포르타아제(protease), 디페놀 옥시다아제(diphenol oxiase), 사카라아제(saccharase) 등이

> 황토에서는 건강에 유익한 원적외선이 다량 방출되고 황토에 함유된 일라이트 성분은 중금속 및 독소 제거 효능이 있다.

함유되어 있는데 이 중 카탈라아제는 노화현상을 불러오는 체내독소인 과산화지질을 중화 내지 희석시킴으로 노화를 억제하고 젊음을 유지시켜 주는 효능이 있다. 그리고 전남 무안군 현경면과 해제면에 속하는 해제반도 일대의 황토에는 인체의 생명력을 높이고 유해물질을 몸 밖으로 배출하는 효능을 가진 게르마늄성분이 많이 들어있다.

시멘트 바닥이나 벽면을 황토로 덧바르기할 때는 두께 3cm 이상 발라야 시멘트 독성이 차단되고 황토효과를 볼 수 있다.

우리조상들은 아픈 사람에게 황토를 이용한 민간요법을 써왔는데 황토의 우수성은 본초강목(本草綱目), 향약집성방(鄕藥集成方), 동의보감(東醫寶鑑), 동국이상국집(東國李相國集) 등 옛 문헌에 잘 나타나 있다.

황토 이용 민간요법의 하나로 지장수(地獎水 : 황토를 걸러 받은 물) 만드는 법과 효능을 알아보자.

만드는 방법은 항아리 위에 대나무소쿠리를 놓고 소쿠리 위에 삼베를 펼쳐놓은 상태에서 오염되지 않은 깨끗한 황토 20kg 정도를 삼베 위에 고르게 펼친 후 황토 위에 물을 골고루 천천히 부어 황톳물을 만든 다음, 하룻밤 재워 흙을 가라앉힌 뒤 항아리에 담겨져 있는 맑은 윗물을 사용하면 된다.

이 지장수는 눈이 피로해 눈곱이 끼거나 안질에 걸렸을 때 닦으면 효과가 있고, 채소나 과일에 묻어있는 농약성분을 씻어내는 데도 화학세제보다 안전하다. 또 차를 끓이거나 요리할 때 사용하면 맛을 더 해주고, 태열기 있는 신생아의 목욕물로도 좋으며, 수돗물로 지장수를 만들어 먹으면 수돗물 속에 들어있는 여러 유해물질이 제독된다.

이와 같이 황토는 농사를 짓기 위한 토양으로서 가치뿐만 아니라 건축재료, 옹기재료, 황토의류, 민간요법의 재료 등으로 다양하게 사람들의 삶 속에 파고든 가치있는 자연물이다.

황토는 원적외선 방출과 유익한 성분 등으로 인해 사람들의 건강에 도움을 주는 물질로 각광을 받아 황토집, 황토방이 인기를 얻고 도시의 고급아파트에서는 황토바닥, 황토벽 시공을 하는 등 웰빙물결을 타고 선호도가 급상승하고 있다.

황토는 건축 재료, 옹기 재료, 황토 의류, 황토방 등을 만드는 웰빙 재료로 각광을 받고 있다.

이는 그 동안 각종 유해성분을 뿜어내는 시멘트 일색의 생활공간에서 살다보니 알레르기성 질환, 어지럼증 등 원인 규명이 쉽지 않은 신체의 이상 현상이 나타나고, 이른바 새집증후군이라는 병명까지 만들어지게 되었기 때문이다.

오염되지 않은 곳, 즉 수목의 뿌리가 닿지 않은 깊이에서 채취한 양질의 황토에 화학물질을 첨가하지 않고 건축 내부재료로 활용하는 다양한 황토제품과 황토시공기술의 발전을 바라면서 여러분들에게 황토의 유익성을 거듭 강조한다.

15. 택리지로 보는 명당

조선시대에 들어 유교의 융성으로 명당을 찾아 조상의 묘를 잘 쓰는 것이 효행이고, 길지에 묘를 쓰면 후손이 발복하는 반면 흉지에 묘를 쓰면 후손이 피해를 입는다는 음택풍수론이 사회 전체에 만연하였다.

그 당시 어떻게 해서든 길지에 조상을 모시기 위해 안간힘을 쓰다보니 두 집안 사이에 묘지쟁탈전이 벌어지고, 심지어 명당이라 하면 땅임자 모르게 밤에 조상의 시신을 봉분 없이 이장하는 사건이 발생하기도 하였다.

이런 장례문제에 대해서는 조선총독부 촉탁으로 간행된 『조선의 풍수』 내용 중에 사례와 함께 서술되어 있다.

이와 같이 묘지풍수에 대한 폐단이 날로 심화되었다.

조선후기가 되면서 조선시대의 정치와 교화의 근본이념이던 주자학(朱子學)이 실속 없는 이론으로 전락하고 민생이 도탄에 빠지게 되자, 일부 몰락한 양반계층에서 실사구시(實事求是)와 경세치용(經世致用)을 목적으로 하는 새로운 실학(實學)이 대두되었다.

이때 청담(淸潭) 이중환(李重煥 1690~1752)은 24세에 증광병과(增廣丙科)에 합격하여 병조정랑(兵曹正郞)으로 봉직하다가 경종3년(1723) 무고사건에 휘말려 관직이 박탈되고 신임사화(辛壬士禍)에 연루되어 1726년 귀양살이를 하게 되었다. 이때부터 떠돌아다니는 생활을 하면서 살만한 곳을 물색하게 되었다. 특히 생리(生利)를 중요시한 『택리지(擇里志)』는 그가 말년(1750년경)에 저술한 책으로 실학에 근거를 두고 서술하였다.

이 책은 사민총론(四民總論), 팔도총론(八道總論), 복거총론(卜居總論), 총론(總論)으로 구성되어 있는데, 사민총론

> 『택리지』에서 길지를 잡는 조건에 지리, 생리, 인심이 좋아야 하고 아름다운 산수가 있어야 한다고 했다.

에서는 사대부의 신분이 농·공·상으로 달라지게 된 원인과 내력을 서술하였고, 팔도총론에서는 국토의 역사와 지리를 서술한 다음 당시의 행정구역인 팔도의 산맥과 물의 흐름을 말하고 지역과 관계된 인물과 사건을 설명한 인문지리적 성격을 띠었다. 복거총론에서는 사람이 살만한 조건을 들어 설명하였는데 상업·경제관계를 많이 거론하였다. 총론에서는 고려가 삼한을 통일하자 중국의 씨족을 본떠 성씨가 생기고 사대부의 생성·존재·폐단을 서술하였다.

■ 팔도총론

팔도총론의 서두에 "곤륜산(崑崙山) 한 가닥이 대 사막 남쪽으로 뻗어 동쪽으로 의무려산이 되고 여기에서 크게 끊어져 요동들이 되었으며 들을 지나 다시 솟아 백두산이 되었는데 산해경(山海經)에서 말한 불함산(不咸山)이 바로 이곳이다."라는 내용은 우리나라의 허리격인 백두대간의 태조산인 백두산이 생성된 지리적 배경을 말해주고 있다.

팔도의 지리적 위치와 역사적 흐름, 그리고 지역의 경제적 활동상에서부터 지역에 내려오는 민담까지 내용을 담고 있어 저작자의 열정을 느끼게 한다.

> 『택리지』의 팔도총론에는 서두에 우리나라 태조산인 백두산이 생성된 지리적 배경을 서술하였고, 내용은 역수와 산의 오성관계 등 우리나라 산수에 대한 풍수적 해석을 담고 있다.

전라도 편에서 보면 고려 태조는 "차령 이남의 물은 모두 산세와 어울리지 않고 엇갈리게 흐르니 차령 이남의 사람은 등용하지 말라."는 명을 남겼다는 역수(逆水)에 대한 역사적 고찰과 전라도는 땅이 기름지고 서남쪽은 바다에 접해 소금, 벼, 김, 솜, 모시, 닥, 대나무, 귤, 유자 등이 생산된다고 하였다.

인물로는 과거에 오르는 자가 적으나 인걸은 땅의 영기로 태어나므로 고봉, 기대승, 이항 등 도학자가 많다는 내용과 월출산은 깨끗하고 수려하여 화성(火星)이 하늘에 오르는 산세라고 산의 오성(五星)관계를 논하였고, 해남·강진은 산아지랑이와 찌는 듯한 바다 기운으로 장기(瘴氣 : 축축하고 더운 땅에서 일어나는 독기)가 있으며 일본과 가까워 땅은 비록 기름지나 살기 좋은 지역이 아니다라는 풍토에 대한 기술도 하였다.

■ 복거총론

풍수지리를 실학적인 안목으로 보아 길지를 잡는 조건에 대해 '복거총론'에서 기술하고 있다.

무릇 살터를 잡는 데는 첫째 지리(地理)가 좋아야 하고, 다음은 생리(生利)가 좋아야 하며, 다음은 인심(人心)이 좋아야 하고 또 아름다운 산수(山水)가 있어야 한다 했으며 이 네 가지 중에 한 가지라도 모자라면 살기 좋은 땅이 아니라고 하였다.

첫째, 지리를 논할 때는 먼저 수구를 보고 그 다음으로 들의 형태를 보라 하였으며, 그리고 산의 모양을 보고 다음에는 흙의 빛깔을, 또 조산(朝山)과 조수(朝水)를 본다 하였다.

집터를 잡으려면 반드시 수구가 꼭 닫힌 듯하고 그 안에 들이 펼쳐진 곳을 눈여겨본 후 구하라 했고, 수구가 찾기 어려운 들판에서는 거슬러 흘러든 물이 있어야 한다 하였다.

판국(板局 : 집터 또는 묏자리 등의 위치와 혈을 중심으로 주위의 산과 물 등을 복합하여 생긴 하나의 유형)을 여러 겹으로 가로막으면 좋다는 것은 조산을 말하는 것이다.

사람은 양명한 기운을 받아서 태어나므로 하늘이 조금 보이는 곳은 살 곳이 못된다 하였는데 이는 넓은 명당이 좋다는 것이다.

밤에 북두칠성이 안 보이는 곳을 가장 꺼려야 한다는 것은 산골짜기가 들판보다 못하다는 것이다.

산 모양은 다락집이 치솟는 형세처럼 주산(主山)이 수려하고 단정하며 청명하고 아담한 것이 으뜸이라 했으며, 주산의 형세가 온중(穩重 : 하는 짓이 조용하고 침착함)하고 풍대(豊大 : 풍성하고 큰 것)하여 겹집이나 높은 궁전 같은 곳이 다음이라 하였다.

그리고 사방의 산이 멀리 있어 평탄하고 넓으며 산맥이 평지에 뻗어 내렸다가 물가에서 그쳐 들판 터를 만든 곳이 좋은 반면, 꺼리는 곳은 산의 내맥(來脈)이 약하고 둔하여 생생한 기색이 없거나 혹은 산 모양이 부서지고 비뚤어져 있으면 길한 기운이 적은 곳이라 하여 산 모양을 살피는 것이 중요하다 하였다.

시골살이는 사토(砂土)의 토질로서 곧고 촘촘하면 우물물도 맑고 차다하여 살만한 곳이고, 붉은 찰흙과 검은 자갈 누런 질흙이면 죽은 흙이라 이런 땅의 우물물에는 반드시 장기가 있어 살만한 곳이 못된다 하였다.

물은 재록(財祿)을 나타내므로 큰 물가에 부유한 집과 유명한 마을이 많다 하였다.

조산에 돌로 된 추악한 봉우리가 있든가 비뚤어진 외로운 봉우리가 있거나 무너지고 떨어지는 형상, 그리고 엿보고 넘겨보는 모양이 있거나 이상한 돌과 괴이한 바위가 산 위나 밑에 보이든지 긴 골짜기로 된 충사(沖砂)가 전후좌우에 보이면 살 수 없는 곳이라 하였다.

산은 멀리서 보았을 때 밝고 빼어나 보이고, 가까이 있으면 맑고 깨끗하여 기쁨을 느끼는 산이 좋다고 하였다.

조수는 물 너머의 물을 말하는데 작은 시냇물은 역으로 흐르는 것이 길하나, 큰 냇물이나 큰 강물이 역으로 흐르는 곳은 처음에는 흥하나 나중에는 패하여 경계해야 하며 흘러드는 물은 반드시 산맥의 좌향과 음양이치에 합치되어야 한다.

물은 꾸불꾸불하게 길고 멀게 흐르는 곳이 좋고 일직선으로 활을 쏘는 듯한 곳은 좋지 못하다 하여 집을 지을 때 수구, 들 형세, 산 모양, 흙 빛깔, 물길, 조산조수인 여섯 가지를 잘 살피라고 하였다.

둘째, 생리인데 사람은 입고 먹는 일에 종사하지 않을 수 없으니 위로는 조상과 부모를 봉양하고 아래로는 처자와 노비를 길러야 하니 재리(財利)를 경영하여 넓혀야 함으로 땅이 기름진 곳이 제일이고, 배와 수레와 사람과 물자가 모여들어 있는 것과 없는 것을 서로 바꿀 수 있는 곳이 다음이라 하였으며 배편이 닿는 포구가 있는 곳이 교역장소로 번창한다 하였다.

> 집을 지을 때 수구, 들 형세, 산 모양, 흙 빛깔, 물길, 조산조수를 꼭 살피고 생리에서는 땅이 기름진 것이 제일이고 다음이 교통 요충지라 하였다.

셋째, 인심은 어찌하여 논하는 것인가. 공자는 "마을 인심이 착한 곳이 좋다. 착한 곳을 가려서 살지 않으면 어찌 지혜롭다하랴."한 것이나 맹모 삼천지교(三遷之敎)에서 보는 것과 같이 집터를 잡을 때는 그 지방의 풍속을 살피라 하였다.

넷째, 산수는 왜 논해야 하는가. 우리나라 모든 산의 시조인 백두산을 시작으로 큰 줄기의 백두대간이 산과 나지막한 영을 이루면서 태백산까지 힘 있게 뻗어 내렸는데, 우리나라 물은 철령 등성이 너머 함흥에서 남으로 동래까지 모두 동쪽으로 흘러 바다로 들어가고 섬진강 물만 남해로 가는 것이 우리나라 산수의 대략이다.

옛사람들은 우리나라를 해좌사향(亥坐巳向)이어서 서쪽으로 얼굴을 들어 중국에 읍하는 상으로 중국과 친하다 하였다.

금강산은 모두 돌이 맺혀서 된 것으로 산의 이름이 개골(皆骨)인 것은 흙이 없다는 까닭으로 온통 하나의 돌이고, 태백산과 소백산은 토산(土山)으로 흙빛이 수려하며 병란을 피하여 사람을 살리는 산이라 하였다. 속리산은 돌 화성(火星)이라 형세가 드높으며 겹쳐진 봉우리가 처음 피는 연꽃과 같다 하였다. 지리산은 백두대간 산맥이 끝나는 산으로, 다른 명칭은 두류산(頭流山)인데 세간에서는 금강산을 봉래산, 지리산을 방장산, 한라산을 영주산이라 하여 이 산들을 가리켜 삼신산(三神山)이라 하였다. 지리산은 흙이 두텁고 기름져서 온산이 사람살기에 알맞다 하였다.

한양의 삼각산은 도봉산과 연달아 얽힌 산세로 봉우리가 한껏 맑고 수려하여 만 줄기 불꽃이 하늘에 오르는 것 같고 특별하게 이상한 기운이 있어그림으로 나타내기 어렵다 하였다. 이 산은 기세를 도와주는 옆 산이 없고 또 골이 적다 하였다.

백악산과 인왕산은 돌 형세가 사람을 두렵게 하는데 다만 남산 한 가닥이 강을 거슬러서 판국을 만들었고, 수구가 낮아 허하며 앞쪽으로 관악산이 강을 사이에 두고 있으나 너무 가깝고 비록 화성(火星)이 앞을 받치고 있으나 감여가는 정남향으로 위치를 잡는 것은 좋지 못하다 하였다. 그러나 판국 안이 명랑하고 흙이 깨끗하여 길에 밥을 떨어뜨렸더라도 다시 주워 먹을 수 있을 것이라 하였다. 그러므로 한양은 인사가 막히지 않아서 좋으나 기상이 없는 것이 유감이라 하였다.

장흥 천관산(天冠山)은 돌 형세가 기이하고 훌륭하여 항상 자줏빛 구름과 흰 구름이 산 위에 떠있다 하였다.

그 외 조선팔도의 큰 산은 하나하나 모양새를 비롯한 풍경을 서술하였다.

산수의 경치가 훌륭한 곳은 강원도 영동을 첫째로 꼽는 것이 마땅하고 고성의 삼일포(三日浦)는 맑고 묘하면서 화려하고 그윽하여 고요한 가운데 명랑하다는 등, 조선팔도의 강이나 냇물을 끼고 수석이 기이하거나 고운 산과 이름난 호수가 서로 어울려 훌륭한 경치를 이룬 곳을 두루 서술하였다.

속담에 "시냇가에 사는 것이 강가에 사는 것만 못하고 강가에 사는 것이 바닷가에 사는 것만 못하다."는 것은 다만 화물을 통할 수 있고 생선과 소금을 채취하는 이익이 있는 것만 가지고 논한 것으로 실제로 바닷가는 바람이 많아 사람의 낯이 검기 쉽고 각기(脚氣), 수종(水腫), 학질(瘧疾) 등 여러 가지 병이 많다고 하였다. 샘물이 모자라는 땅 또한 갯벌이며 탁한 조수가 들어와서 맑은 운치가 적다고 하였다.

우리나라 지세는 동쪽은 높고 서쪽은 낮으며 강은 산골에서 나와 유유하고 한가한 모양이 없으며 항상 거꾸로 말려들고 급하게 쏟아지는 형세라 하였다. 오직 시냇가에 사는 것이 평온한 아름다움과 시원스런 운치가 있고 관개와 농사짓는 이점이 있다 하였다.

> 우리나라 지세는 동쪽은 높고 서쪽은 낮으며 강은 급하게 쏟아지는 형세로 시냇가에 사는 것이 평온한 아름다움과 시원스런 운치가 있고 농사짓는 이점이 있다고 하였다.

그러므로 바닷가가 살만하다는 속담은 옳지 못하다고 하였다.

산수는 정신을 즐겁게 하고 감정을 화창하게 하는 것으로, 산수가 좋은 곳은 생리가 박한 곳이 많으니 산수만 취해서 삶을 영위할 수 없으므로 기름진 땅과 넓은 들에 지세가 아름다운 곳을 가려 집을 짓고 사는 것이 좋다고 하였다.

■ 총 론

총론에서 보면 신라말엽부터 중국과 통하여 비로소 성씨를 정하게 되었으나 벼슬한 선비족만 대략 성이 있고 일반 서민은 성이 없어, 고려가 삼한을 통일하자 중국의 씨족을 본떠 성을 내려주어 사람들은 성을 가지게 되었다고 한다. 다만 같은 본관만을 같은 성씨라 하여 친족이라 하고 친족끼리 혼인도 금지시켰던 것이다.

『택리지』를 통해 저자는 사대부가 살만한 곳을 택할 수 있도록 기술(記述)한 것이다.

전국 팔도 방방곡곡의 지형, 풍토, 풍속, 교통에서부터 역사와 지리, 인물, 토산품에 이르기까지 폭넓은 내용을 담고 있는 『택리지』는 인문지리적 가치를 지닌 역사적 기록물로 평가되고 있다.

16. 해안과 섬의 풍수

삼면이 바다와 접해 있는 우리나라는 3,400여 개의 크고 작은 섬을 지니고 있어 상당수의 사람들이 바다와 밀접한 생활을 하고 있을 뿐만 아니라 해안을 기점으로 큰 항구도시가 발달해 있고, 부산해운대 등 해안유락시설은 바닷가의 자연경관을 잘 접목시켜 자연과 건축물에 대한 상생의 가치를 극대화시킨 산물이다.

> 삼면이 바다인 우리나라는 크고 작은 섬을 잇는 연륙교가 갈수록 많아져 섬 자체의 가치뿐만 아니라 섬이 해양개발의 발판으로 그 가치가 상승되고 있다.

특히 전라남도는 유인도 280개, 무인도 1,689개로 전국 도서(島嶼) 수의 62%를 차지하는 섬의 천국이며, 1999년부터 연륙, 연도교 98개를 건설해 관광자원화한다는 야심찬 프로젝트를 세워놓고 순조롭게 추진하고 있다.

바다가 단지 어민들의 생계의 터전에 불과했던 과거와는 달리, 앞으로는 섬이 인간의 삶에 휴식처 또는 관광자원으로 제공되거나 더 나아가서 노후안식처가 될 수 있는 등 무궁무진한 개발의 여지가 있다.

그 동안 개발의 뒷전에서 인간의 발길이 뜸했던 섬이 교량설치기술의 발달, 선박관련 기술의 발달 등으로 점차 우리들의 삶속에 자리매김하고 있다.

또한 바다는 인간 식생활의 보고(寶庫)로 끝없는 활용가치를 갖고 있으므로 하천의 생태 파괴에 따른 아픔이 바다로 이어지는 것을 방지하기 위해서도 하천의 오염을 막아야 하고, 바다생태 환경보전을 염두에 두어 무절제한 해안도로 개설이나 골프장 개발, 영리 위주의 위락시설의 개설 등 난개발이 이루어지지 않도록 해야 한다.

난개발의 예로 편의 위주에 치우친 무절제한 해안도로의 개설은 자연경관을 흐트러지게 할 뿐만 아니라 사구의 파괴 등 해안환경파괴의 주범이다. 이것은 해안생태환경과 해안사구의 보전에서 볼 때 환경 저해행위이다.

바다는 식생활의 보고로 바다생태 환경보전을 위해 하천의 오염을 막아야 하고 무절제한 해안 난개발이 사라져야 한다.

해안도시나 어촌취락 형성에 있어서 풍수적 길지조건은 앞쪽에 넓은 바다가 있으며 오염되지 않은 맑은 바닷물에 수산자원이 풍부해야 한다. 아울러 꿈틀거리며 내려온 용맥과 힘 있는 주산은 물을 만들어 충분한 수원(水原)을 공급해주고, 좌청룡·우백호의 사신사에 의해 닫힌 파구는 항구의 구비조건인 선박의 안전 정박을 위한 방파제 구실을 해야 하며, 전주작·조산은 거센 해풍을 잠재우고 막아주어 해안 취락을 보호하는 구실을 해야 한다. 이런 조건을 갖춘 해안 취락은 길지임에 명백하다.

사진은 관광지 선유도에서 본 고군산군도로 점 같은 섬이 푸른 바다 위에 아름답게 펼쳐져 있다.

목포의 경우도 좌청룡인 용당, 우백호인 압해도, 안산인 고하도, 조산인 화원반도가 있어 명당의 형세로, 해안가의 양택적 해석이 일반적인 명당론의 연장이라 보면 된다.

섬이나 해안가의 취락 앞에 사신사의 주작에 해당하는 안산과 겹으로 보호해

관광지 선유도에서 바라본 고군산군도

주는 조산의 역할을 할 수 있는 크고 작은 섬이 없을 때는 태풍이나 해일의 위험에 노출되게 된다. 이럴 때는 장풍 구실을 할 수 있는 방풍림을 식수하여 피해를 줄여야 할 것이다.

[에세이 7]에서 해안 방풍림의 효과에 대해 잘 드러나 있다.

태풍 매미의 교훈

2003년 9월 6일 괌섬 북서쪽 부근에서 만들어진 제14호 태풍인 매미는 북한에서 제출한 태풍의 이름이 붙여진 것이다.

태풍 매미는 2003년 9월 11일 오후 4시 제주도를 강타하고 저녁 8시 경남 삼천포 부근 해안에 상륙하여 함안, 대구, 청송 등 내륙지방을 통과한 중심기압이 910헥토파스칼에 달하는 초강의 태풍이었다.

매미는 제주도에서 초당 최대풍속 51.1m, 최대순간풍속 60m/sec로 기상관측 100년 이래 가장 강했다. 이 태풍으로 인해 일본 오키나와에서는 90여 명의 사상자가 발생하는 엄청난 피해를 입었고, 우리나라는 제주도를 시작으로 삼천포와 청송을 지나 울진까지 진출하면서 사망 85명, 실종 30명, 총 피해액 5조 2천억 원의 엄청난 인명과 재산 피해를 안겨준 기록적인 태풍이었다.

태풍 매미가 휩쓸고 지나간 지역 가운데 경남 남해군 삼동면 물건리 200여 가구는 400여 년 전 조성된 인공조림숲인 '물건방조어부림(勿巾防潮魚付林)' 덕분에 태풍 피해를 거의 입지 않았다. 이 방풍림은 전체 길이 1.5km, 너비 30~40m로 팽나무와 상수리나무, 느티나무 위주로 조성되어 있고 특히 큰 나무는 중심부에, 작은 나무는 양쪽에 심어 바람의 저항을 덜 받도록 식재되어 있다.

이와 같이 방풍림이 보존된 마을은 태풍의 피해가 줄어든 반면, 방풍림을 훼손한 경남 남해군 상주면 금전마을은 태풍 매미의 피해가 컸다.

태풍과 해일의 피해를 막아주는 해안 방풍림은 우리 조상들이 대대로 내려준 선물이고, 환경재해 방어수단이며 풍수비보인 것이다.

우리 풍토에 맞은 풍수가 중국 풍수문헌 이전부터 우리 삶속에 자리매김되었는데 해안마을의 방풍림 조성을 보면 여실히 드러난다.

에세이 내용과 같이 우리 선조들이 방풍림의 가치를 익히 알고 지혜로운 재해 대처 수단으로 이용했던 점으로 보아 환경풍수가 초자연적인 예전부터 인간생활에 절대적 방책으로 이용되었던 것이다. 단지 기록과 문헌정리에 인색한 우리 한국인의 성향 때문에 마치 풍수가 중국이 종주국으로 비칠지 모르나 한국적 풍토에 적합한 풍수가 중국풍수문헌 이전부터 우리의 삶속에 자리매김되었던 것이다.

방풍림은 수목의 키보다 1.5배의 높이까지 방풍효과가 있기 때문에 그 영향력은 대단하다.

방풍림은 살풍을 순화시키며 앞쪽의 허한 느낌을 보완해 주는 심리적 효과와 수목이 주는 녹색의 안전적 색감으로 보는 사람들을 이롭게 하는 등 그 가치가 크다고 할 수 있다.

섬이 작아도 열도와 같이 점점이 이어져 있으면 수중 산맥이 기복을 보이는 것으로 지상 용맥이 기복을 보이면 길상으로 여기는 것과 같다. 수중의 기복은 바다 속에 많은 수중생물을 서식할 수 있도록 환경을 제공하므로 길상으로 본다.

특히 해안마을에서 바다를 볼 때 수직형으로 보이는 안산의 섬은 흉상이고, 평행형을 이룬 안산의 섬은 길상이다.

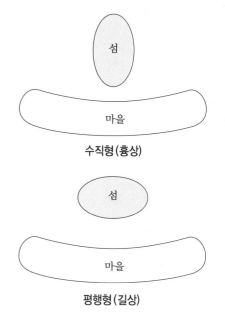

수직형 (흉상)

평행형 (길상)

이는 섬과 연장선상을 이룬 해저산맥이 융기되는 과정에서 대부분 일(一)자형 산맥을 이룸으로 인해 마을을 향한 간만조 해류의 흐름 저항효과가 커 곡류천의 물 흐름 작용효과와 같기 때문이다.

해안의 해류는 대부분 썰물과 밀물의 반복적 영향을 받지만, 해안의 조건에 따라 해류의 흐름이 일방적 방향으로 세차게 흐를 경우가 있다. 이때도 강의 명당수는 곡류천이어야 한다는 것처럼 흐름에 저항을 받아야 한다. 난바다의 해류가 저항 없이 바로 밀려오면 제자리에서 물이 부서지는 파도의 성질이 아닌 해류의 흐름을 받아 파도의 힘이 강해져 해변 토양이나 암석에 삭박작용이 커져 해안 침식이 더 심해지는 것이다.

명당수는 맑은 명경수(明鏡水 : 거울같이 맑은 물)여야 길하다는 것과 같이 해수가 오염물질에 의해 탁해지면 과질소에 의해 적조현상이 생기게 되어 어패류가 상하는 등 문제가 생기기 때문에, 탁한 해수는 흉으로 치는 것이다.

해안이나 섬의 양택 또는 양기풍수는 일반적인 양택·양기풍수와 같은 맥락으로 해석하여 판단하면 어긋남이 없다.

> 강의 명당수는 곡류천이고 명경수여야 하는 것처럼 갯마을 앞 명당수도 섬들이 막아 곡류흐름으로 되어야 하고 바닷물 또한 오염되어 있지 않아야 한다.

2004년 12월 지진해일(쓰나미)이 남아시아를 휩쓸고 간 참상을 볼 때 해저에서 지진이나 화산활동이 일어날 때는 해일이 발생한다. 진도 8~9일 때 파도 10m 높이 정도의 해일이 발생할 수 있어 난바다와 접한 주택은 만조 때의 해수면보다 10m 이상 높게 주거지를 잡아야 안전하다.

특히 우리나라에서 서해와 영동해안지역은 판구조의 가장자리에 접해 있어 지진해일 위험이 따르기 때문에 대비가 요구된다.

그러나 우리나라의 내륙이 판 경계에서 상당히 먼 거리에 위치해 있을 거라는 입증은 2007년 1월 20일 강원도 평창군 도암면과 진부면의 경계지역에서 발생한 리히터 규모 4.8의 지진이 제주도를 제외한 전국에 지진파가 감지된 점으로 볼 때, 한반도의 판 내부가 암반 덩어리로 되어있는 결과라고 서울대 김재관 교수는 설명하고 있다.

지진파의 진동수(1초당 진동을 반복하는 횟수)는 보통 0.5~10Hz가 많은데 진동수는 물체를 외부에서 흔들면 물체는 자기의 고유진동수에 따라 진동하려고 한다. 지진파는 각기 다른 진동수를 가진 파동이 여럿 섞여 있는데 그 중 가장 우세한 파동의 진동수와 건물의 고유진동수가 일치하면 공명현상으로 진동이 높아져 더 흔들리게 된다. 즉 20층 건물의 고유진동수는 0.5Hz로 1985년 멕시코시티 외곽에서 발생한 리히터 규모 8의 강진에서는 주로 20층짜리 건물이 무너졌으며, 1995년 리히터 규모 7.2의 일본 고베지진 때는 주로 5~6층 건물의 피해가 많았다고 한다.

국내에서 발생하는 지진파의 진동수는 높은 쪽에 편중되어 있어 고층보다 저층 건물의 피해가 클 수 있다.

참고로, 썰물 때도 아닌데 바닷물이 갑자기 빠져나가면 몇 분 뒤에 해일이 닥칠 전조징후이므로 이럴 때에는 즉시 높은 곳으로 피해야 한다.

만조 때 해수면보다 낮아 제방에 의존하는 간석지의 터는 안전성이 보장되지 않아 흉한 터이므로 이런 흉터를 양산하는 간척사업보다 갯벌을 그대로 두어 어패류를 얻으면서 갯벌의 자정효과와 관광자원화를 기대하는 것이 모든 생물이 함께 사는 길이다.

06 생활공간 꾸미기

1. 용도와 색채의 궁합

　사람은 무의식적으로 자기가 좋아하는 색상에 끌린다. 그것은 그 사람에게 부족한 물질에 해당하므로 그에게 필요로 한 것이다. 뚱뚱한 남자가 날씬한 여자를 좋아하는 심리와 같으며, 뚱뚱한 여자는 대부분 뚱뚱한 남자를 좋아하지 않는다.

　옷은 사람과 접하기 쉬운 색의 집합체로, 같은 모양의 옷이라도 끌리는 색상의 옷이 사람마다 다르다. 그래서 어떤 사람이든 즐겨 입는 색 계열의 옷이 따로 있다. 또한 계절에 따라서도 선호하는 색의 분포가 다르다.

　이것은 자연적 현상 중에 수목이 계절에 따라 변화하는 색과 흡사해 보인다. 보통 봄에는 밝고 엷은 계통, 가을에는 단풍과 낙엽을 연상케하는 갈색계통의 옷을 즐겨 입는다.

　빛은 색의 모체로 색의 선호는 빛의 열에너지와 관련이 있다. 태양열이 강한 여름에는 빛의 반사율이 가장 높은 흰색을 정점으로 하여 태양열을 피하고, 겨울에는 빛의 반사율이 가장 낮은 검정색을 정점으로 하여 태양열을 흡수

> 사람마다 좋아하는 색상이 따로 있다는 것은 물질에 있는 색의 유인효과와 관계되고 색의 선호는 빛의 열에너지와도 관련이 있다.

하고자하는 것이 그대로 색상에 의해 나타나고 있다. 그래서 대다수가 여름에는 밝은 계통의 옷을 즐겨 입고, 겨울에는 짙은 계통의 옷을 즐겨 입는 것이다.

　사람이 눈을 통하여 외부세계를 지각하는 것은 모두 빛에 의한 현상인데, 색은 빛의

소산(所産)이다.

빛이 지상의 만물에 비칠 때 일부는 흡수되어 열로 변한다. 그러나 흡수되지 않고 반사되거나 투과한 빛의 일부는 우리들의 눈에 들어와서 밝기와 색을 느끼게 하는 것인데, 예를 들면 어떤 천이 붉게 보이는데 붉은 빛은 반사하고 그 밖의 빛은 거의 흡수해 버리기 때문이다.

빛은 전자파로서 파동적인 면과 광량자(光量子)라고 하는 입자적인 면을 모두 가진 것으로, 전자파 중에서 대략 380~780nm(nano meter) 범위의 파장을 가진 가시광선(可視光線)이 있다. 사람의 눈으로 식별이 가능한 가시광선이 프리즘을 통과하면 파장에 따라 굴절각도가 다르므로 분광색대(分光色隊)를 얻을 수 있는데 분광에서 긴 파장 부분은 붉은색으로, 짧은 파장 부분은 푸른색으로 보인다.

이 가시광선은 인체에 영향을 끼치는데 피부를 통하거나 눈을 통해 들어오는 두 가지 방법으로 가시광선의 방사효과에 대해 알아보면 다음과 같다.

- 송과선(송과체)기관의 활동 : 송과선 기관은 뇌하수체가 있는 중뇌 뒤에 민감한 원추모양의 조직으로 밝고 어둠에 따라 수면을 조절하는 호르몬인 멜라토닌호르몬을 분비한다.

- 내분비선과 자율효과 : 내분비선은 호르몬을 생산하고 도관을 거치지 않고 직접 피 속으로 보내는 작용을 하는데 그것이 피와 함께 조절·통제기능을 지휘하는 신체의 다른 부분으로 운반된다.

  내분비선의 호르몬 분비 조절 기능을 빛이 관여한다는 것은 파장이 긴 빨강이 심장박동 촉진 호르몬을 분비시켜 혈액순환 강화를 유도하는 것에서 알 수 있다.

- 24시간 주기리듬의 변화 : 24시간 체계는 행동적·생리학적(신진대사, 분비선, 잠) 리듬의 네트워크이며, 각 24시간 사이클에 시간을 맞추기 위해서 보통 태양빛에 의해 동기화(同期化, 일정한 같은 상태)가 된다.

- 피로에 관한 회복효과가 있는데 빛의 열작용으로 혈관을 팽창시켜 혈액순환을 도움으로써 세포내 노폐물 배출을 촉진하는 효과 등이다.

- 인식, 수행 그리고 감정적인 상호관계에 관여하는데, 예를 들면 빨간색의 군 깃발이 강렬함과 정복을 나타내는 것이라 인식하는 것을 보면 알 수 있다.

■ 빛에 의한 24시간 주기리듬

우리 인간은 24시간 주기리듬이라 불리는 시간대를 유지하는 생물학적인 생체시계를 개발시켜 왔다. 그 체계는 24시간이 하루라는 순환에 신체를 적용시키는 내부의 생물학적인 시계의 네트워크이다. 인체 생체시계의 초점은 태양과 밤낮이라는 순환의 연속이며 음양조화 상생불멸의 이치 속에서 존재하는 것이다.

난해한 생체리듬 프로그램은 태양, 달, 지구의 세 우주물의 주기적 순환관계에서 작용되는 힘에 의해 종속된다고 본다.

그 힘은 중력으로 모든 물체는 중심에서 끌어당기는 힘이 있는데 이를 인력 또는 만유인력이라 하고 물체의 질량이 클수록 그리고 가까울수록 인력은 크게 작용한다. 자전에 의해 지구 중심의 반대 방향으로 튕겨 나가려는 원심력이 인력과 합쳐지면 이것을 중력이라 하는데, 원심력이 가장 큰 적도상에서는 중력이 가장 작고 위도가 높아질수록 중력이 커진다. 중력은 밀도가 높은 물질에서는 힘이 커지고 밀도가 낮은 물질에서는 힘이 작아진다.

> 인간은 주기리듬이란 시간대를 유지하는 생체시계를 개발시켜 왔는데 주기리듬의 힘은 태양, 달, 지구 그리고 모든 천체가 발하는 중력과 전자파이다.

그러므로 태양·지구·달의 중력이 하루 또는 보름 그리고 1년이라는 순환의 주기를 갖고 있는 것으로, 하루 중 태양과의 거리가 가장 가까울 때가 남중시간대이고, 달의 중력에 의해 하루 2회의 밀물·썰물 주기와 한 달에 2회의 조금주기가 생기는 것도 달의 중력에 의한 것이다.

달의 순환주기에 의해 나타나는 조금은 매달 음력 8일과 23일인데 조금 때만 되면 발정한 암소가 울어대며 구애의 소리를 지르는 것을 필자가 유년시절에 시골에서 자주 보아왔던 것으로, 소와 같은 포유동물의 임신에서 분만까지의 소요기간이 사람과 비슷한데 남자들이 프러포즈할 때 시기 선택에 있어서 음력 조금 날을 참고하는 것은 어떨까 한다.

다른 하나의 힘은 전자파에 의한 것이다.

태양빛과 반사되는 달빛 그리고 지구로부터 복사되는 빛은 모두 전자파의 범주에 속한다. 이처럼 순환과 주기의 주체인 태양, 달, 지구에 의해 발하는 중력과 전자파는 순환과 주기리듬의 객체로 우주자연의 소산물인 인간의 생체에 그대로 작용하는 것이다.

이 순환과 주기적인 힘은 인간의 정신과 육체적인 면을 결정짓고, 탄생에서 사망에 이를 때까지 순환의 주기는 고정된 반응의 상태로 인체를 기능화시킨다고 가정할 수 있다.

생물학자들은 현대적인 감각기술을 이용하여 탄생과 관계없이 생체기능을 조절하는 수백 개의 생체리듬을 발견해 왔다. 그들은 낮 시간에 따라 다양해지는 체온, 집중력, 잠재력, 생식, 영리함, 듣는 능력 등의 변화를 체크한 것이다.

생체리듬은 빛의 환경시간표에 적용된 리듬에 맞춰져 있는데 인간은 시간대별로 호르몬의 분비를 달리하여 환경에 적응되도록 스스로 일정한 생체리듬시간표 대로 신체기능을 바꾼다.

시간 생물학의 개척자인 위르겐 야쇼프(Jrgen Aschoff) 교수는 모든 생물의 우주 생체시계를 이용해 시간을 알 수 있다 하였는데 모든 인간의 기능은 환경시간표에 적용된 리듬에 맞춰져 있는데, 그 중 인체에 가장 중요한 것은 빛이나 또는 빛의 부재(部材)를 의미하는 일출과 일몰이라 하였다.

24시간 주기리듬은 우리에게 하루의 시작을 준비시킨다. 예를 들어, 밤의 어둠이 서서히 걷히기 시작하면 심장박동수, 혈압, 체온이 올라가 행동을 개시하도록 준비시킨다. 이때 몸은 내부기관을 충전시키는 코티솔(cortisol)호르몬으로 스트레스를 증가시킨다. 이것들은 우리 조상들의 사냥 행동에서 나온 원시적 본능으로 유전적인 잔재이다.

물고기도 이 시간대에 왕성한 입질을 보여 해뜨기 전에 조과(낚시로 고기를 낚는 성과)가 좋기 때문에 바다낚시를 할 때 해뜨기 수시간 전에 출조하는 것과 상관이 있다고 본다.

빛 그리고 수면과 관련된 멜라토닌호르몬은 해 뜨는 시기부터 감소되고 오후 5시경에 상승하기 시작하며, 노르아드레날린은 정오까지 증가시켜 활동을 촉진시킨다.

자율신경세포의 분열과 교감신경계는 혈관과 심장, 소장, 분비선을 통제하는 내부환경을 정상화시키는데 교감신경계는 스트레스를 받는 상황이나 응급한 상황을 통제하여 혈당량, 심장박동률, 혈압, 소화의 정진 등을 증가시켜 소비에너지를 활성화시키는 방법으로 반응한다. 부교감신경계는 안정된 상태를 지배하면서 에너지를 보존한다.

생체시계의 환상적인 발견의 예로 손의 힘은 아침 9시와 10시 사이에 절정을 이루고, 뇌는 아침 10시와 정오 사이에 활발히 활동하고, 낮 1시경에는 위산의 분비량이 최대가 되기 때문에 위가 쓰린 사람은 점심식사를 낮 1시경에 꼭 챙겨먹는 것이 중요하다.

우리의 단기 기억은 오전 10시부터 12시까지가 최고이므로 학교수업에서 집중을 요하는 과목이 유리하고, 반면에 새로운 용어를 기억하는 암기과목은 저녁 6시부터 자정까지가 효과적이다.

결론을 내리자면, 우리 인간은 빛(주로 태양의 자연광)의 주기리듬에 의해 생체시계가 작동하는 것이고, 빛 중에서 가시광선의 범위에 나타나는 색 또한 인간의 생리에 영향을 끼치기 때문에 색채 치료가 가능한 것이다.

인간은 가시광선의 범위에서 나타나는 색에 대해 생존의 연관성이 있으며 오행, 오장, 오체색은 상호관계하며 오체색이 인체 해당 장기에 영향을 끼친다.

이처럼 색은 자연의 이치와 깊은 연관이 있기 때문에 자연에서 얻어지는 에너지로 생존을 영위하고 있는 사람 또한 색채와 연관이 있다.

음양오행에서 오행과 오장(五臟)관계를 보고 오체색을 대입해 보면, 검은색은 신(腎), 녹색은 간(肝), 빨간색은 심(心), 노란색은 비(脾), 흰색은 폐(肺)와 관련있으며, 검은색을 좋아하는 사람은 신기(腎氣)가 부족하여 생기는 현상 등으로 해석된다. 즉 부족한 것을 채우기 위해 해당 색에 끌리는 것이다.

오행과 자연의 순리를 색채에 대입하여 얻어진 오체색에 대해 음양오행에서 상생상극관계로 풀어보겠다.

첫째, 검은색은 주위의 에너지를 흡수하여 음양의 밸런스를 맞추는 효과가 있다. 오행상생에서 금생수(金生水)이므로 수(水)인 검은 옷에 백금 등 흰색계통의 금(金)에 해당하는 목걸이 등 장식품이 시각적으로 어울리고, 어울리는 의상을 입게 되면 기분이 좋아질 것이며 기분이 좋아지면 당연히 건강에도 좋다.

둘째, 노란색이 과다하면 식욕부진, 피로, 나른한 증상이 나타나며 몸이 습해진다. 이럴 때는 상생관계인 빨간색을 잘 조화시키면 좋고, 체내 습기가 너무 많을 때는 상극관계인 녹색으로 습한 기운을 제거하는 것이 처치 비방이다. 즉 비만인 사람을 습이라 볼 때 녹색계열의 옷이 살을 빼는데 도움이 된다고 볼 수 있다.

셋째, 빨간색 중에서 붉은색, 핑크, 자색을 같은 계통의 색으로 보고 이런 색은 시신경을 흥분시켜 식욕이나 성욕을 자극하는 작용을 한다. 빨간색은 녹색이 상생관계이므로 빨간계열의 옷에 녹색계열 스카프를 하면 어떨까.

빨간색의 열정을 진정작용이 있는 녹색과 조화시키면 효과를 볼 수 있다. 너무 빨간색을 좋아하면 감정이 넘쳐 심리적 불안 등 마음의 병이 생기고 있는 징후라 볼 수 있다.

넷째, 녹색을 좋아하는 사람은 간장 체크를 해보는 것이 좋다. 한의학적 견해로 보면, 간 기능이 안 좋고 눈이 피로해 보이는 사람은 성을 잘 내어 미간이 찌그러진 험한 표정의 모습이다.

간기(肝氣)가 부족하면 눈에 힘이 없어지고 피로감에 시력이 저하되는데 간장은 눈을 통하여 외계와 교류하며 녹색을 눈으로 본다는 것은 간장이 녹색의 어떤 영향을 받게 되는 것이다. 간은 목(木)에 해당되기 때문에 야외에서 술을 마시면 얼른 취하지 않고 쉽게 깨는 것과 상관관계가 있는 것은 아닐까.

뭐든 과하면 부족함만 못하다는 진리가 적용되어 녹색이 과하면 간에 힘이 넘쳐 무리가 따르게 되는 것이니 이럴 때는 엷은 녹색 정도가 무방하다. 녹색은 검은색이 상생관계이니 검은색과의 조화도 좋을 듯싶다.

다섯째, 흰색을 좋아하는 사람은 호흡기계통이나 피부관리에 주의해야 한다. 흰색은 폐이므로 호흡기계통인 폐결핵, 감기 등이 열을 동반하며 양의 성질인 질환이기 때문에 상극인 차가운 겨울에 문제가 되기 쉽다. 그리고 발병이 되면 겉으로는 열이 발산되고 대류와 같이 속에서는 열을 빼앗기므로 춥고 떨리는 현상이 나타나는 것이다. 즉 흰색을 좋아하면 호흡기계통이

> 흰색을 좋아하는 사람은 호흡기 계통이 약한 사람으로 폐결핵, 감기 등에 걸리지 않도록 겨울 동안 건강 관리에 주의해야 한다.

약한 경우라 볼 수 있기 때문에 흰색과 상생관계인 노란색을 조화시킨 색이 폐기(肺氣)를 돕는다고 본다.

몸에서 열이 나면 피부에 열꽃이 생기고 뻘겋게 되는 것을 보아도 폐와 피부는 열과 관계가 있다는 것을 짐작할 수 있다.

색은 우리 몸에 어떤 영향을 미치는가.

첫째, 색은 존재하는 것과 존재하지 않는 것을 대부분 규정하기 때문에 물체색이 있는 것이다.

둘째, 색은 사람의 건강상태와 운세를 알려준다. 피부가 너무 검은 사람은 간이 안 좋은 상태이고, 안색이 너무 창백하면 피의 적혈구 상태에 문제가 될 때 나타나는 증세이며, 어두운 그림자가 깔린 표정과 얼굴색은 앞으로의 운세가 불투명한 상태의 징후와 연관이 있다고 본다.

> 색은 우리 몸의 존재를 인식시켜 주고 건강상태와 운세를 알려주고 정서에 영향을 미치며 태도를 형성한다.

셋째, 색은 우리의 정서에 영향을 미친다. 즉 초록색은 생명력을 상징하여 의욕을 심어주기 때문에 학생 방에는 엷은 초록색 계열의 벽지가 좋다. 흰색은 순수와 파멸 그리고 죽음을 상징하고, 검은색은 경이로움과 웅장함을, 빨간색 계통은 정열을 상징하기

때문에 우울한 상태에서는 빨간색을 꺼리게 되는 것이다.

넷째, 색은 사람의 태도를 형성하는데 무채색은 획일성을, 다양한 색채는 변화를 의미한다. 그 외 색채는 자연과 우주의 작용하는 힘의 형태로 나타나서 우주 내 모든 요소의 상호작용의 결과로 인간에게 영향을 미치며 이는 영(靈)이며 기(氣)인 것이다. 여기서 기란 소멸되지 않은 자아(自我)로 지구의 기, 환경의 기 등이다. 그래서 색채는 우주의 큰 에너지의 기, 다

> 색깔은 태양의 가시광선 내에 있는 일곱 가지 무지개색이 삼라만상에 배어 있으면서 색깔이라는 기(氣)현상으로 표출되는 것이다.

시 말해서 태양의 가시광선 내에 있는 일곱 가지 스펙트럼인 무지개색(빨강, 주황, 노랑, 초록, 파랑, 남, 보라색)이 삼라만상에 배어있어 색이라는 기 형태로 표출되는 것이다. 꽃 중에서 흰색 꽃이 향기가 짙은 이유와 무관하지 않을 것이다.

색채에서 검은색은 명도가 가장 낮아 빛의 흡수율이 높기 때문에 검은색 등산복을 입고 겨울 산을 등산한다면, 태양에너지가 흡수되어 따뜻하고 건강에 좋은 효과를 볼 수 있다. 건강을 위한 조깅에 검은색 조깅복은 찰떡궁합이라 하겠다.

석유나 가스의 노출저장탱크를 흰색이나 은색으로 하면 팽창과 증발을 방지하여 시설물의 용도와 궁합이 맞는 색이다.

밝은 곳에서 어두운 곳으로 옮겨갈 때 물체색의 밝기는 어떻게 변하는가.

밝은 데에서는 단파장인 녹·청색의 감도가 좋다. 그래서 어두운 곳으로 옮겨간 물체색이 붉은색은 어둡게 보이고 녹색과 청색은 밝게 보이는 푸르킨예 현상을 참고하면, 비상계단은 녹색이나 청색계통으로 밝게 처리하는 것이 식별을 용이하게 해줄 것이다.

총체적으로 보아 색채는 우리의 기분과 행동, 정신건강과 육체건강에 영향을 미치므로 생활 주변에 있는 색채는 깊이 있게 연구해야 할 대상인 것이다.

■ 색채를 음양오행 그리고 팔괘에 대입

음(陰)은 여성이며 공(空)이라 흡수한다. 색채로는 명도가 가장 낮은 검은색으로 빛에너지를 흡수한다. 양(陽)은 남성이며 만(滿)이라 넘쳐 반사한다. 양의 색깔로는 명도가 가장 높은 흰색으로 빛에너지를 반사한다.

색의 분류는 여러 가지가 있어 음양의 원리에 대입시킬

> 색은 명도차를 가지고 음양으로 구분짓는데 검은색은 음이고, 흰색은 양이며 오행과 사상 그리고 8괘방위와 8괘에 따른 상징색 분리가 이루어진다.

수 있으나 크게 명도차를 가지고 음양으로 본다. 오행색채와 사상(四象) 그리고 8방위와

팔괘에 따른 색 분리가 이뤄지는 것이며, 색의 특징이 다르기 때문에 색에 따라 상징성
이 있는 것이다.

8방위에 따른 해당 방위의 색채와 해당 방위의 신체 부위는 서로 관계가 깊어 신체나
색을 상생관계로 배치하는 것이 바람직하므로 '8방위에 따른 색채, 신체 부위도'를 참
고하여 색을 배정하면 된다.

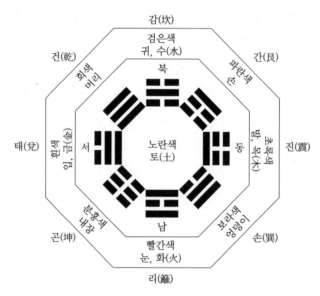

8방위에 따른 색채, 신체 부위도

그리고 각 색마다 갖는 상징성을 이용하여 음양오행 상생관계와 상극관계를 이해하
고 색상의 이미지에 대해 '색상별 상징성'을 나타낸 표를 참고하면 효과적인 색 연출이
가능할 것이다.

• 인종에 따라 피부색은 왜 다를까

사람의 피부색은 크게 흰색, 황색, 검은색으로 분류되며 지구의 5대양 6대주의 지역
풍토에 의해 피부색이 달라진다고 볼 수 있는데, 그 이유는 지구의 위도 차에 따라 태양
빛의 일조량이 다르기 때문이다. 풍토를 제일 크게 좌우하는 것은 태양빛을 받는 조건
에 의한다.

즉 스칸디나비아와 같이 북쪽에 살고 있는 사람은 비타민 D를 만들어 내는 자외선 B
흡수를 위해 피부가 얇으며, 적도 부근의 인종들은 강렬한 자외선 B 흡수를 막기 위해
검은 피부를 가지고 있는데, 자외선을 차단하는 멜라토닌 색소는 피부가 검은 사람일수

색상별 상징성

색 상	상징성
빨 강	불, 따뜻함, 원기, 명성, 행복, 열정, 힘, 활동성, 흥분
노 랑	금전, 희망, 지혜, 권력
초 록	신선함, 평온함, 희망, 단조로움
보 라	존경
파 랑	봄, 탄생, 희망, 평온, 깨끗함, 안정, 고요, 수동성
검 정	어두움, 좌절, 슬픔, 비탄, 기 부족, 신분, 품위, 존경함
청 록	푸르름, 시작
회 색	황량함, 지루함, 균형, 좌절, 고요함, 보수적
갈 색	안정감, 시간의 경과
황갈색	시작, 출발
주 황	행복, 권력, 외향적, 활발, 사교적
분 홍	감정, 기쁨, 낭만, 행복
흰 색	순수, 청결, 결백, 희망, 빛, 하늘, 숭고함
자 주	당당함, 외로움, 슬픔

록 많기 때문에 충분한 비타민 D를 생성하기 위해서는 장시간(백인의 5~10배) 햇빛을 쬐는 것이 필요하다.

미국 마이클 홀릭 교수는 사람이 지닌 비타민 D의 90~95%는 평소 햇빛 노출에 의해 만들어 진다고 말했으며, 비타민 D는 뼈를 튼튼하게 유지하고 심장박동 능력을 향상시키며 항암기능을 높인다고 말했다.

■ **식품과 색**

어떤 식품이든 색이 있다. 식품의 색채는 식품의 성질과 무슨 관계가 있을까.

색의 모태는 빛이기 때문에 식품이 색을 나타내는 것은 그 빛이 투과되지 않고 반사될 때 나타나는 빛으로 스펙트럼의 색은 파장으로 분류된다. 예를 들면, 파장이 긴 빨간색은 불·열·정열을 상징하며, 빨간색 식품에는 뜨거운 성질이 넘치기 때문에 빨간색을 반사한다고 볼 수 있다. 이런 원리로 볼 때 초록색 풋고추보다 빨간색 고추가 더 뜨거운 성질이 많아 매운 것과 상관있다고 볼 수 있는 것이다.

색은 빛의 파장이 길고 짧은 차이에서 구분지어지는 것이며, 식품의 색은 오행색에 따라 해당되는 오장에 더 힘을 실어주기 때문에 같은 오행색이 같은 오장을 돕는다. 예를 들면, 붉은 토마토는 심장기능을 개선시켜 주는 식품군에 속한다.

오장에 이로운 오행색별 식품은 다음과 같다.

건강한 식생활을 위한 식품색

오행	오행색	오장	식 품	상생보완관계의 색
화	붉은색	심 장	새우, 빨간고추, 토마토, 바다가재, 팥	파란색, 초록색, 노란색, 주황색, 황갈색
토	노란색, 주황색, 황갈색	비 장	계란, 호박, 카레, 당근	빨간색, 흰색
금	흰색	폐	가리비, 달걀 흰자위, 생선, 오리고기, 도라지	노란색, 주황색, 황갈색, 검은색, 짙은 갈색
수	검은색, 짙은 갈색	신 장	검은콩, 소고기, 양고기, 간장, 가지, 갓, 검은 쌀	흰색, 초록색, 파란색
목	초록색, 파란색	간 장	완두콩, 파, 시금치, 셀러리, 양배추, 오이	검은색, 짙은 갈색, 빨간색

※ 오행에 해당하는 오장(五臟)은 오행색이라는 상징색이 있고 해당 오장이 약할 때는 오행색에 해당하는 식품을 섭취하여 기운을 보충해 준다는 것으로 색은 태양빛의 파장 차이에 따른 기운인데, 식품을 통해 색으로 축적된 태양에너지 중 가시광선의 범주를 색이 다른 음식으로 골고루 섭취하면 태양에너지의 폭이 커져 건강에 좋다.

채소와 과일의 색에는 건강을 유지하는 특효약이 들어있다.

암을 예방하는 빨강, 간을 소생시키는 초록, 심장에 힘을 주는 보라, 콜레스테롤을 없애주는 노랑, 회춘을 돕는 검정 등이다.

채소와 과일은 강렬한 태양빛 아래서 자신을 보호하기 위해 짙은 컬러를 나타낸다. 특정한 색소 성분이 세포에 직접 상처를 주는 활성산소의 해를 막아주어 세포를 건강하게 유지시킨다. 따라서 컬러를 만들어 내는 채소와 과일의 생리작용 속에는 인간에게 젊음과 건강을 지켜줄 수 있는 신비의 물질이 생성되고 있다.

최근 미국에서는 색채별 채소와 과일의 섭취를 통해 암, 당뇨병 등 특정 질병 발병률을 32%나 낮출 수 있다는 연구 발표가 있었다. 그리고 독일의 힌리히 새퍼 등이 야생에서 나는 과일은 색에 따라 영양 성분이 다르다는 연구 결과를 영국왕립학회에서 발행한

《바이올로지 레터스》 최신호에 실었다. 베네수엘라 열대우림에서 야생으로 자라는 과일 45종의 색과 영양성분 관계를 조사한 것이다.

조사 결과 노란색 과일은 단백질 함량이 높고 당분 함량이 낮은 반면, 파란색 과일은 단백질 함량이 낮고 당분 함량이 높은 것으로 밝혀졌다. 하얀색 과일은 단백질과 당분 함량이 중간 정도이고, 빨간색과 검은색 과일은 영양 성분과 특별한 관계가 없는 것으로 드러났다.

이런 결과는 과일이 자신의 색으로 영양 성분을 광고해 새 등 동물들을 유인하고 과일을 먹은 동물이 과일의 씨를 퍼뜨린다는 것을 어느 정도 증명한 셈이라 볼 수 있다.

천연색소가 시각적 유인 수단뿐만 아니라 영양상태와도 연관성을 말해주는 결과이다.

> 야생에서 나는 과일은 색에 따라 영양성분이 다르고 컬러를 만들어 내는 채소와 과일의 생리작용 속에는 인간의 건강을 지켜줄 수 있는 파이토케미칼 같은 신비의 물질이 생성되고 있다.

최근 미국 암학회에서 제시한 '5a day(하루에 다섯가지)'는 하루에 다섯가지 색상의 야채와 과일을 섞어 먹자는 뜻으로, 과일과 채소에는 비타민 · 무기질뿐만 아니라 각각의

다섯가지 색에 따른 야채와 과일의 구분

오 행	함유성분	생리학적 기능	야 채	과 일
빨강	라이코펜, 안토시아닌	암 예방, 기억력, 심장과 혈관(심혈)기능 강화	비트, 적양배추, 토마토, 래디시, 붉은고추, 팥	사과, 딸기, 수박, 라스베리, 석류, 앵두
노랑	비타민C, 카로티노이드, 바이오플라보노이드	암 예방, 시력보호, 면역력 심혈기능 강화	호박, 당근, 노란순무, 고구마, 단호박	오렌지, 복숭아, 감, 귤, 살구, 파인애플, 레몬, 파파야, 망고
녹색	루테인, 인돌	암 예방, 시력보호, 치아골격 형성	케일, 배추, 겨자, 시금치, 양상추, 아스파라거스, 브로콜리, 완두콩, 오이	키위, 라임, 아보카도, 청포도, 청사과
보라	안토시아닌, 페놀	컬러 푸드 속 안토시아닌은 암 예방 탁월, 기억력 유지	가지, 꽃상추, 붉은양배추	포도, 블루베리, 자두, 무화과, 체리, 건포도, 건자두
흰색	알라신, 셀레늄	암 예방, 심혈기능강화, 정상 콜레스테롤 유지	버섯, 콜리플라워, 양파, 마늘, 생강, 순무, 감자	바나나, 배, 대추야자, 백도

색을 나타내는 '파이토케미칼'이라는 색소 성분이 있는데 색깔별로 효능이 다른 영양소를 가진다고 하였다. 이 다섯가지 색은 빨강, 노랑, 녹색, 보라, 흰색으로 동양의 오행색 중 검정은 유사한 보라로 대처된 것이다.

채소 중에 새싹채소는 본 잎이 5~6장 자란 어린채소로 이 어린채소에는 성장과 생명유지에 필요한 영양소가 응집되어 있기 때문에 완전히 자란 것에 비해 비타민, 무기질 등이 4배 이상 들어 있는 것으로 알려져 있다. 새싹채소에는 소화를 도와주는 효소가 풍부하고, 혈액 내 지방의 산화를 방지하는데 좋은 식품이라 하였다.

'다섯가지 색에 따른 야채와 과일의 구분'을 참고하여 하루 섭취하는 야채와 과일을 골고루 먹어 건강을 유지하기 바란다.

지금부터 식품의 뒷얘기를 덧붙일까 한다.

잘먹고 잘살아 보자는 웰빙문화는 건강함을 전제조건으로 하고 환경풍수 또한 건강하고 행복한 삶에 목적을 두고 있다.

암은 정상세포에 있는 유전자가 발암물질이나 음식물을 에너지로 바꾸는 신진대사 과정에서 활성산소가 과다 방출되어 신체조직을 파괴할 때 대항하려는 반응으로 정상세포가 돌연변이되어 암세포가 생기는 것이다.

암은 현재 국내사망원인의 1위로 2002년도 통계자료에서 보면 암으로 한해 동안 6만여 명이 숨졌고 지금도 30~35만 명의 암환자가 사투를 벌이고 있다.

암은 왜 생길까? 정상세포에 있는 유전자가 발암물질이나 음식물을 섭취해 에너지로 바꾸는 신진대사 과정에서 발생한 활성산소 등에 의해 손상받으면 돌연변이가 일어난다.

유전자에 이상이 있는 세포는 발암촉진물질의 영향을 받아 매일 수천 개의 암세포로 바뀌고 5~20년 동안 서서히 진행하면서 발병하는 것이다.

암은 성인들이 가장 두려워하는 질병으로 조사되었으며, 암은 66% 이상이 주변 생활환경이나 식습관 때문에 발생한다. 특히 스트레스를 받는 생활이 지속되면 교감신경에서 분비하는 아드레날린의 과다로 백혈구 중 상대적으로 과립구를 증가시키고 과립구가 수명을 다하고 죽을 때 방출하는 활성산소의 강한 산화력에 의해 신체 조직이 파괴된다. 이로 인해 암을 비롯하여 염증성 질병, 장염 등이 발생한다.

그러나 과립구의 비율이 정상이면 활성산소의 독성은 인체시스템에 의해 해소되어 큰 문제는 없다. 암에 걸리지 않기 위해서는 직장, 사회, 가정, 학교생활에서 지속적으로 과한 스트레스를 받지 않아야 하며 받은 스트레스는 즉시 해소해야 한다.

암 전문가들은 육류와 인스턴트 식품의 소비 급증 등 식습관의 문제라고 보는데 육류의 공급원을 볼 때 집단사육의 좁은 공간으로 인해 운동량이 줄어든 가축들은 스트레스를 받으면서 성장한다. 그리고 가축의 먹이에는 몸집을 불리기 위해 사료에 성장촉진물질을 첨가하고, 질병 예방을 위해 항생제를 과다 사용함으로 인해 단백질과 지방공급원인 육류의 생성 자체가 큰 문제인 것이다.

육류의 질도 문제이지만 육류 속의 지방 성분은 우리 몸에서 활성산소를 만들어 체세포를 파괴하며 염증 및 암을 유발하기 때문에 염증이 생기면 특히 돼지고기를 먹지말라고 하는 것이다.

식생활은 암 발생 원인의 1/3을 차지한다.

미국국립암연구소는 인간을 빨리 늙게 만들면서, 암을 일으키는 활성산소로부터 인체를 보호하고, 암 발생을 억제하는 황산화 물질은 카로틴류(당근, 시금치, 부추, 호박, 파슬리 등), 폴리페니류(적포도주, 인삼, 참깨, 초콜릿, 녹차, 생강 등), 라이코핀(토마토, 수박 등), 황화합물(양배추, 마늘, 순무, 양파 등)이 대표적이고, 13종의 비타민 중에서 C군(키위, 딸기, 레몬, 귤 등), E군(장어, 참기름, 아몬드, 옥수수기름, 올리브유 등)이 암 억제작용에 도움을 준다고 하였다.

식이섬유는 대장암, 직장암을 예방하는데 섬유질이 발암 및 유해물질과 엉겨서 밖으로 배출되기 때문에 예방효과가 있다고 했으며 식이섬유는 야채, 곡물, 콩류, 코코아, 우엉, 새우, 밀기울 등에 많이 들어있다.

> 식이섬유는 직장암을 예방하고 미네랄성분 중에 활성산소의 독을 없애는 셀레늄이나 효소의 작용을 돕는 몰리브덴은 항암효과가 뛰어나다.

미네랄성분 중에 활성산소의 독을 없애는 셀레늄(참깨, 콩류, 곡류, 마늘, 버섯류, 어패류 등)이나 효소의 작용을 돕는 몰리브덴(간, 곡류, 콩류, 우유 등) 등은 암 예방효과가 뛰어나다. 그러나 최근 암과 관련 식품의 발표에서 콩 관련 식품이 호르몬작용에 의한 전립선암에 걸린 사람에게는 해롭다는 등 상반된 이론을 펴고 있다.

항암식품류에 대해 알았다면 이제는 어떻게 식품을 손질하고 조리하여 식사를 하면 항암효과를 높일 수 있을까에 대해 알아보자.

첫째, 식품손질법을 보면
• 과일이나 채소의 잔류농약은 40%가 겉껍질에 묻어 있으므로 믿을 수 있는 무농약 과일이나 근채소가 아니면 껍질을 깎아야 하고, 야채는 흐르는 물에 여러 번 씻고 포도 같은 과일은 약간의 소금이나 소다를 탄 미지근한 물에 담가두면 농약성분이 줄어든다.

- 고사리 등 산나물은 떫은맛이 사라질 때까지 물에 담가둔다.
- 햄, 소시지, 어묵은 끓는 물에 2~3분 삶거나 뜨거운 물을 끼얹는다.
- 육류의 비계는 칼로 떼어내고, 닭고기는 껍질을 벗긴 뒤 조리한다.

둘째, 식품을 조리할 때는
- 야채조리는 전자레인지를 이용하면 비타민C의 손실을 막을 수 있다.
- 등푸른 생선은 요리할 때 참기름을 쓰면 DHA EPA의 산화를 막을 수 있다.
- 양파는 가능하면 날것으로 먹으며 매운맛은 생된장을 곁들이면 사라진다.
- 토마토는 채소류이므로 날것으로 먹거나 조림요리에 넣으면 좋다.
- 양배추는 생것으로 먹는 것이 좋고 삶으면 항암효과가 반감된다.
- 마늘은 항암효과와 위궤양의 원인인 헬리코박터파이로리균의 감염 예방에 뛰어나며 생마늘은 하루에 한쪽, 익힌 마늘은 2~3쪽이 표준섭취량인데 공복에 생마늘을 먹으면 위가 손상되므로 피해야 한다.
- 당근은 껍질부분에 β카로틴이 많으므로 칼등으로 가볍게 긁어내고 생것으로 먹는 것이 좋고, 생당근을 다른 야채와 함께 먹으면 당근에 들어있는 효소 아스코르비나아제로 인해 비타민C가 파괴된다.
- 육류는 굽는 것보다 찜이나 삶는 요리가 좋으며 요리하기 전에 한 번 끓여 기름기를 뺀 후 요리한다. 특히 건강에 문제를 일으키는 붉은 살코기인 소고기보다 영양학적으로 우수하고 건강에 문제가 적은 흰 살코기인 돼지고기를 기름기 제거 후 먹으면 체력증진을 위한 영양분 섭취에 도움이 되며 건강유지에 좋다. 굽는 고기의 문제는 높은 온도에서 고기가 타거나 검게 그을린 부분에서 PAH(다환 방향족 탄화수소로 벤조피렌 등)와 아미노산 열분해 부산물이 생성되는데 이러한 생성물질은 발암성 물질로 인체에서 암을 유발할 수 있다.

셋째, 항암효과를 높이는 식사법은
- 음식의 탄 부분은 발암물질이 있으므로 떼어 버리거나 탄 껍질부분은 벗겨 버리고 먹는다.
- 와인엔 황산화물질이 들어있지만 과음은 해롭다.
- 곰팡이에는 발암물질이 있으므로 건과류나 빵을 구입할 때는 유통기한 표시를 확인한다.
- 당분이 많은 주스보다 항암성분이 많이 든 녹차, 홍차, 코코아를 즐긴다.

- 햄, 소시지에는 발암물질로 변하기 쉬운 아질산이 있으므로 야채와 함께 먹는다.
- 뜨거운 음식은 식도를 자극하여 식도암을 일으킬 수 있을 뿐만 아니라 치아를 상하게 하므로 어느 정도 식힌 상태에서 먹는다.
- 과식은 비만으로 이어지고 비만 또한 암의 원인 중 하나이다.
- 음식을 골고루 먹으면 암 발생 위험이 낮춰진다.

> 항암효과가 있는 식품조리법에서 육류는 굽는 것보다 찜이나 삶는 요리법이 건강에 좋으며 요리 전에 잠깐 한번 끓여 기름기를 뺀 후 요리하면 더욱 좋다.

미국국립암연구소가 발표한 대표적 항암식품에 대해 '항암물질과 함유식품'을 보고 이를 토대로 한 '항암작용으로 본 식품의 그래프에서 상단에 위치한 식품일수록 항암작용이 크다.

항암물질과 함유식품

	종 류	함유식품
카로티노이드	α카로틴, β카로틴 γ카로틴 라이코핀 아스타잔틴 캡사이신 제아잔틴 크립토잔틴 푸코잔틴 루테인	시금치, 당근, 브로콜리, 호박 살구, 토마토 토마토, 수박 새우, 게 붉은고추 망고, 파파야 옥수수 미역, 녹색채소 옥수수, 달걀노른자
황화합물	아호엔 알라신 알릴엘캡탄 알린 아이소타이오사이안산염	마늘 양파 양배추, 무, 브로콜리
폴리페놀	안토시아닌 아이소플라본 카테킨 타닌 카카오마스플리페놀 퀘르세틴 시네올 세서미놀 루틴	가지, 적포도주 대두 녹차 녹차, 커피 코코아, 초콜릿 양파, 사과 생강 참깨 메밀국수

식이섬유	셀룰로오스 펙틴 알긴산 리그닌 이눌린 키틴 키토산	야채, 곡물, 콩류 덜 익은 과일 코코아, 콩류, 밀기울 우엉 새우, 게 껍데기
테르페노이드	카르본 리모닌 글리시르리진 디터핀	감귤류 감초 로즈마리, 세이지

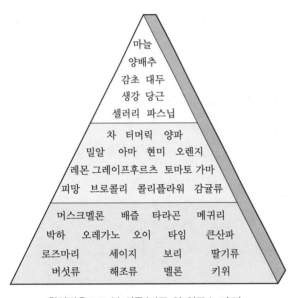

항암작용으로 본 식품(미국 암 연구소 자료)

※ 상단에 위치하는 식품일수록 항암작용이 크다.

그러나 가공식품 같은 황산화작용이 많은 것을 과잉섭취하면 몸 안에 산화물이 정체하게 되고, 활성산소를 발생하기 때문에 대량섭취는 발암을 촉진시킬 수 있다. 그리고 건강보조식품이나 약성추출액은 과장광고가 많으므로 혼합해서 과량 복용할 경우 독성으로 간에 부담을 줄뿐만 아니라 갖은 약초와 육류의 중탕으로 해로운 상승작용이 생겨 치료가 어려운 췌장염 등이 발병될 수 있다.

음양학적으로 암의 성질과 식품군의 성장 특성을 분석해 볼 때 한 겨울을 땅속에서 자란 속살이 흰 마늘, 양배추 그리고 무, 양파 등이 항암효과가 뛰어난 것으로 보인다.

주변 환경을 생각하는 것과 질 좋은 먹거리는 행복 추구라는 공통된 목적뿐만 아니라 중요한 건강과 관계된 문제이므로 강조해도 지나치지 않다는데 의미를 두었다.

■ 집 내부 구분공간에 맞는 색채

집은 사람이 사는 공간으로 인체의 부위와 흡사하다.

현관은 인체에 있어서 얼굴로 그 집의 첫인상과 같아서 밝은 표정이 호감을 주듯 색깔도 밝고 옅은 색으로 칠하면 좋다. 집에 들어오고 나갈 때 상쾌한 기분이 들어 직장에서 받은 스트레스도 현관을 통과하면서 전환될 수 있고, 처음 방문하는 손님에게도 상쾌한 첫인상을 심어주어 대인관계에 득이 될 수 있다.

현관은 적당히 밝은 조명이 효과적이다.

> 현관은 색상이 밝고 옅은 색이 좋고 적당히 밝은 조명이 효과적이다. 부엌은 흰색이 어울린다.

불을 가지고 조리하는 부엌은 심장과 같은 화(火)이기 때문에 화극금(火剋金 : 화는 붉은색이며 금은 흰색으로 불이 흰색을 이기는 관계로 순조로움)으로, 흰색 부엌은 불의 화기가 시들지 않아 이상적이고, 검은색의 부엌은 수극화(水剋火)로 부엌의 화 기운이 물(검은색)에 의해 압도당해 좋지 않다. 또한 붉은색의 부엌은 화의 기운을 너무 배가시켜 극왕(極旺)으로 인해 좋지 않다. 흥분과 열정을 상징하는 색감은 주부들의 마음을 조급하게 하여 가족의 건강을 책임지는 조리의 분위기를 흐리게 할 수 있다. 옅은 녹색 정도는 목생화(木生火 : 녹색은 화기를 돕는 관계임)로 무난하다고 본다.

안방은 젊은 남녀에게는 열정(빨간색)과 결실(가을, 자녀, 흰색)의 중간인 분홍색이 길운을 부른다.

거실은 중앙으로 토(土)에 해당되어 노란색, 베이지색, 황갈색이 어울리며 밝은 색이 좋다.

어린이방은 희망을 상징하는 옅은 초록이나 파란색이 어울린다.

이와 같이 집 내부 각 실의 적합한 벽의 색상을 참고하여 선정하면 좋을 듯싶다.

각 실의 적합한 벽의 색상

색 깔 용 도	파란색 초록색	갈 색	빨간색	분홍색	흰 색	회 색 검은색	베이지색 노란색	기 타
현 관	밝게○	×	×	○	○	×		
부 엌			×		○	×		
침 실	밝게○		×	○		×		
아이들방	○		×			×		
거 실	○	○	×		○		○	
서 재	밝게○	○	×	○				
식 당	○		아주 옅게	○		×		
화장실			×	○	○	○		

■ 외부시설, 건물 외벽의 색상

도로는 안전운전을 위해 도로변 조경이 중요하다. 교통사고는 때와 장소를 가리지 않고 순식간에 일어난다.

도로변이나 중앙분리대는 녹색식물과 꽃으로 꾸미면 눈의 피로가 덜하고 운전자가 졸지 않도록 적절한 자극을 주어 안전운전에 도움을 준다.

그런데 광화문 앞 세종로 중앙분리대에 심어진 수십 년 된 은행나무를 인도 쪽으로 옮기고 도로 중앙에 광화문 광장을 조성하기로 한 서울시의 계획도 좋지만, 오래된 수목은 역사적 가치를 지니고 있는 만큼 옮기는 결정은 신중해야 한다.

광화문 앞 중앙분리대에는 29그루의 은행나무군이 있는데 나라가 어려울 때면 나무들이 시들었다고 한다. 지금은 야간 조명까지 설치되어 더 멋들어졌고 광화문의 고색과 큰 은행나무가 잘 어울린다. 추억과 역사적 가치가 있는 시설이나 나무들을 개발이란 미명 아래 헐고 베고 하는 것만이 능사가 아니라고 본다.

가령 시골 어귀에 덩그러니 버티고 있는 큰 바위덩어리가 거추장스럽지만, 어린 시절에 그 바위를 보면서 웅장함과 큰 뜻을 품었던 추억의 발자취를 실용성의 가치만 가지고 평가해서는 안될 것이다. 실용성에 너무 치우쳐 우리 자신들의 마음속에 쌓아둔 가치의 산물을 부수고 지우는 일에 앞장서는 것이 개발의 찬사로 미화되어서는 안 된다고 본다.

우리나라를 침범했고 강하다는 기마민족 몽고는 민족정신을 갖추지 못해 민족이 약화된 현실만 보아도 정신적 가치는 보이지 않지만 힘의 본질인 기(氣)와 같은 것이다.

아스팔트 도로의 검은색은 도로변의 녹색수목과 색순환에서 수생목(水生木 : 물을 상징하는 검은색은 나무를 상징하는 녹색과 서로 돕는 관계임)으로 좋은 관계이다. 색과 건축은 함께 발전하는 것으로, 형태와 색은 분리될 수 없으며 형태가 살아나는 색이란 물체가 지닌 감성의 표정이라는 말로 색의 의미를 함축할 수 있다.

> 건축에서의 색은 형태를 살리고 용도에 따른 이미지를 부각시키며 단조로움으로부터 해방시켜 건물의 가치와 기능을 높인다.

건물 외벽의 색채는 건물의 용도에 따라 이미지를 부각시킬 수 있고, 주변 환경과 조화를 이뤄 그 지역을 아름답게 만들 수 있으며, 같거나 비슷한 디자인의 건물들은 다양한 색상을 배정하여 단조로움으로부터 해방시킬 수 있다. 또한 대부분의 사람들은 이웃 건물과 색다른 개성적인 무늬를 지니는 것에 대해 만족스런 반응을 보인다. 색은 형태의 특성이자 언어이며 환경에서의 색은 다른 곳에서 얻을 수 없는 심리적 가치를 제공한다. 건축적인 환경의 세 가지 주요소인 인공광, 색, 시각적 유형과 관련하여 심리적이고 생리적으로 우리 인간에 끼치는 색의 기능에 관해서도 더 많은 것들이 개발될 것이다.

건물의 종류에 따른 외관의 색상을 볼 때 사업장의 이미지를 부각하기 위해 사용하는 건물 외부 색상은 업종에 맞은 색을 선택해야 한다. 문구점은 밝은 갈색, 흰색, 노란색을 사용하면 업종 이미지에 맞고, 딱딱한 느낌이 드는 검은색은 피해야 한다.

이와 같이 건물의 용도별 종류에 따른 외관의 색상이 서로 맞는 것과 어울리지 않는 색이 있는데, 아래 도표를 참고하면 효과적인 외관 연출이 가능할 것이다.

건물의 용도별 종류에 따른 외관의 색상

색상 \ 용도	초록색	파란색	분홍색	빨간색	회색 검은색	흰색	노란색 베이지색	자주색	기타
도서관	○			○	○				
건설회사	○			○		○			황토색○
화랑			○	○		○			
문구점					×	○	○		
미용실			○			○			
부동산중개소	짙거나 엷게○					○	○		
노래방			○	엷게○					
세차장						○	○		
슈퍼마켓	○	엷게○						○	
약국	엷게○	엷게○	○			○			
에이전트 사무실			○	○		○			
영화, TV, 녹음스튜디오	짙게○	엷게○						○	
예술가의 작업실	○				회색× 검은색○			○	
장의사		○				○	○		
조명가게				○				○	

사업	초록색	파란색	분홍색	빨간색	회색검은색	흰색	노란색베이지색	자주색	기타
장난감가게			○			○			
음반가게	○				○				갈색○
주차장	엷게○	엷게○			○	○			
잡화점	엷게○	엷게○					○		
주류판매업소			○	×	○	○	○	×	
제과점						○			복합색
음식점			○	엷게○	×				
컴퓨터, 소프트웨어업	○					○	○		

건물 내 인테리어색은 시설물의 용도와 궁합이 맞은 색채가 따로 있다.

예를 들어, 도서관은 독서를 통해 어떤 주제를 여러 각도로 살피는 깊은 사고가 요구되는 곳으로 내부 인테리어색을 흰색, 회색, 밝은 초록색, 엷은 파란색으로 단장하면 기대 이상의 효과를 볼 수 있다.

다음과 같이 '업종별 실내 인테리어색상'을 참고하여 선별하면 실내 공간을 더 기능성 있는 곳으로 업그레이드할 수 있을 것이다.

업종별 실내 인테리어 색상

사업 \ 색상	초록색	파란색	분홍색	빨간색	회색 검은색	흰색	노란색 베이지색	자주색	기타
노래방			○	엷게○					
건축설계 사무실	엷게○	엷게○							
가구점	○	○		포인트○					
구두가게				○	회색○		갈색○		
도서관	○	○			회색○ 검은색×	○			
음식점			○	엷게○		○			횟집은 빨간색×
서점	○	○				○	○		
문구점	엷게○	엷게○	○			○			

보석상		○			○	○	○		
변호사 사무실	○	○				○	○	○	
병, 의원		밝게○	○			○			
미용실					검은색○	○			
부동산 중개소	엷게○					○	○		
비디오 가게	엷게○	엷게○	○			○	엷은 노랑○		
무역회사	○								
서 재	○					○			
슈퍼마켓					회색○	○	엷게○		여러 색깔 가능
철학관				엷게○		○			오행색 혼용 가능
약 국		엷게○	○						
영화관	엷게○		○		○	○			
녹음스튜디오	○								
옷가게	여성복○	밝게○							밝은색이 유리
음반가게		○	○		검은색○	○			
세차장						○			
장난감 가게	엷게○		○			○	엷은 노랑○		여러 색깔 가능
한의원		밝게○	○			○			
화 랑		○		○		○	엷은 노랑○		
조명가게	엷게○	엷게○	○			○			
주류 판매업소	엷게○	엷게○	○						
주차장	엷게○	엷게○				○	엷게○		밝은색이 유리
출판사	○	○						○	
세무, 회계 사무소						○	노랑○		

시각표지물(視覺標識物)인 교통표지나 광고물 등은 눈에 띄기 쉽고 알기 쉬워서 보다 빨리 정보를 전달해야 하는데, 그러려면 그 어떤 색과 이웃하는 주위 색과의 관계에 의해 결정되고 또한 보는 사람의 흥미 차이와 그때의 기분에 의해서도 다분히 영향을 받는다. 그러므로 색이 잘 보인다는 것은 그 색이 보여진 자극측의 조건과 그것을 보는 사람의 심리조건에 의해 결정된다고 보는 것이다.

즉 백색 배경 위의 흑색은 잘 보이지만 백색 배경 위의 황색은 잘 보이지 않는다. 이와 같은 것을 명시성 또는 가시성이라 한다. 명시성은 배경색과 글씨색의 명도 관계에 의해 결정되며 다음 표는 '색의 명시성 비교표'로 서열1이 제일 잘 보이고, 서열30은 잘 보이지 않아 식별시간이 많이 소요됨을 알 수 있다.

색의 명시성 비교표   Karl Borggrafe

서 열	글씨색	배경색	자연광	인공광	서 열	글씨색	배경색	자연광	인공광
1	흑	황	1.31	1.33	16	흑	적	1.42	1.45
2	황	흑	1.34	1.40	17	청	주황	1.42	1.45
3	녹	백	1.35	1.30	18	황	녹	1.42	1.46
4	적	백	1.36	1.26	19	청	적	1.43	1.40
5	흑	백	1.36	1.32	20	황	적	1.44	1.50
6	백	청	1.36	1.37	21	백	적	1.47	1.43
7	청	황	1.36	1.39	22	적	흑	1.48	1.43
8	청	백	1.37	1.35	23	백	주황	1.48	1.45
9	백	흑	1.40	1.35	24	흑	녹	1.48	1.54
10	녹	황	1.40	1.38	25	주황	백	1.50	1.50
11	흑	주황	1.40	1.40	26	주황	청	1.52	1.60
12	적	황	1.41	1.38	27	황	주황	1.52	1.62
13	주황	흑	1.41	1.40	28	적	주황	1.54	1.64
14	황	청	1.41	1.42	29	적	녹	1.57	1.50
15	백	녹	1.41	1.45	30	녹	주황	1.58	1.47

■ 색의 이미지

색이 우리의 감정이나 기분에 미치는 효과를 실생활에 이용하여 색채조절(色彩調節)과 색채요법(色彩療法)을 수행하는데 형태보다는 색채 쪽이 더 명확하게 감정 전달이 되기 때문이다.

첫째, 색의 온도감(溫度感)으로, 불을 연상하여 따뜻하게 느끼는 난색(暖色)은 적색, 주황색, 황색, 귤색으로 이 색들은 팽창과 진출성이 있으며 생리적으로 느슨함과 여유

> 색 효과를 실생활에 이용하여 색채 조절과 색채요법을 수행하는데 형태 보다는 색채쪽이 명확하게 감정 전 달이 된다.

를 느끼게 하는 색이고, 푸른 바다를 연상하여 차게 느끼는 한색(寒色)은 청록색, 청색, 청자색으로 이들 색은 수축, 후퇴성, 생리적으로 긴장감을 느끼게 하는 색이다. 그리고 녹색, 자색, 자주색, 황록색 등은 중간색이다.

둘째, 중량감(重量感)으로, 색의 밝기와 어두움에 따라 무거움과 가벼움을 느끼는데 명도가 낮은 검정색은 무겁게 느껴지고, 명도가 높은 흰색은 가볍게 느껴지는 것이다.

셋째, 강약감(强弱感)으로, 채도가 높다는 것은 순색에 가까운 것을 말하는데 채도가 높은 색은 강한 느낌을 주고, 순색에 다른 색을 혼합할수록 채도가 낮아지는데 이와 같이 채도가 낮은 색은 약한 느낌을 준다.

넷째, 경연감(硬軟感)으로, 색의 딱딱한 느낌과 부드러운 느낌의 차이이며, 밝고 채도가 낮은 난색계통의 색은 부드러운 느낌을 주고, 어둡고 채도가 높은 한색계통의 색은 딱딱한 느낌을 준다.

다섯째, 흥분과 진정작용으로, 주로 난색계통의 색상에 높은 명도와 채도를 사용하면 흥분감을 주고, 한색계통의 색 중에서 저명도의 색상을 사용하면 진정효과를 기대할 수 있다.

여섯째, 시간의 장단(長短)으로, 장파장계통의 붉은색의 실내에서는 시간의 경과가 길게 느껴지고, 단파장계통의 푸른색의 실내에서는 시간의 경과가 짧게 느껴진다. 이것만으로 볼 때 대합실이나 병원대기실의 벽은 지루한 시간을 잊어버리도록 한색계통으로 하면 색궁합이 잘 맞는다.

일곱째, 계절을 느끼게 하는 색으로, 나무의 색과 하늘의 색 변화를 보고 계절을 느끼는데, 즉 연분홍색을 보면 봄을 느끼는 것과 같이 계절에 따른 주변 자연색을 보고 계절감을 느끼는 것이다.

색이 장소의 환경을 설정하는데 중요한 구실을 하며 색은 공간 감각과 외형, 공간의

색은 공간감각, 외형, 공간의 크기, 재료, 빛분포, 가구 등에 영향을 주고 색은 양극성을 나타낸다.

크기, 형태, 재료, 빛 분포, 가구 등에 영향을 준다.

열과 관련된 상황에서 빨간색이 이로울 수도 있고 아니면 반대적인 효과를 낼 수도 있는데 보일러실의 보일러관은 빨간색이 어울리는 반면, 주변 색까지 빨간계통의 색이면 보일러실 상주 근무자는 뜨거운 색감에 대한 고통을 느끼게 되는 것과 같다.

색은 양극성을 나타내는데 밝은 느낌과 어두운 느낌이 다른 색의 속성, 차분한 것과 자극적인 상반된 느낌이나 영향, 적합한 것과 적합하지 않은 기능적, 즉 그 색이 시각적 인공학의 기준점에 적합한가의 여부를 가리키는 것이다.

■ 색채조절(色彩調節)

건축물은 사용 목적에 맞는 색채환경을 만들어야 하는데 색채조절에 있어 능률성, 안전성, 쾌적성, 감각을 만족시켜야 한다.

사무실, 공장, 도서관 등 공공적인 건축 공간은 불특정 다수의 사람들이 이용하는 공간이기 때문에 이러한 건축물은 사용 목적에 맞는 색채환경을 만들어야 한다.

색채환경을 만들기 위한 색채조절을 위해서는 다음의 네 가지 요인을 만족시켜야 할 것이다.

• 능률성을 높여야 한다.

즉 머리 위를 밝게 하고 다리 부분은 어둡게 실내광의 조도분포(照度分包)를 만들고, 적절한 배색으로 시각적인 판단을 쉽게 한다.

• 안전성을 높여야 한다.

눈의 긴장 원인이 되는 형과 색의 격렬한 대비를 없애 눈의 피로를 줄여야 하고 화재, 충격, 사고, 오염 등을 방지하도록 위험장소에 안전색채를 표시해야 한다.

• 쾌적성을 높여야 한다.

기분을 쾌적하게 하는 색채환경을 만들고 작업심리에 어울리는 기능적인 배색을 하여야 한다.

• 감각을 높인다.

스마트한 색채환경을 만들고 건축을 나타내는 시각 전달의 목적에 맞게 채색해야 한다.

앞의 네 가지 요인을 모두 만족시킬 수 있는 세부색채조절의 기준을 볼 때 천정은 반사율이 높은 흰색계통이 적합하다.

벽은 천정보다 명도가 낮은 색이 좋다.

징둘이 벽의 색은 없어도 좋지만 실내의 천정과 바닥 사이의 조도의 계층을 만들고 벽 하부의 더러워짐을 방지하는 역할 및 안정감 등의 이미지 전달 목적에 따라 좁은 공간은 후퇴색, 북향의 교실은 난색이 좋은데 명도를 조금 낮추는 것이 무난하다.

걸레받이는 바닥 면적의 스케일을 명료하게 하고 작업 활동을 능률화한다. 바닥은 아주 밝으면 불안감이 생기고 어두우면 빛의 발산을 저해하여 조명률이 저하된다. 명도가 높은 흰색바닥은 청결감과 상품을 돋보이게 하는 장점이 있다.

기계나 설비 등 장시간 보여지는 대상물은 알맞은 명도대비와 명도차가 필요하며 높은 채도는 피해야 하고, 밝은 디자인은 시각적 집중을 요하는 작업을 심각하게 방해하여 생산성을 떨어뜨린다.

■ 색채반응

색은 만물이 자신의 성질을 표현하는 것이며, 빛은 운동의 표현이고, 조명은 기의 원천인 태양을 조금 흉내낸 것이다.

우리는 색을 보는 순간 마음속에 공감, 반감, 즐거움 또는 불만을 가지게 되며 색은 의식, 잠재의식 및 무의식의 일부이며 인간의 행동에 필수적인 체험이다.

색, 색채배합, 환경에 대한 인간의 반응은 항상 처음에는 심리적인 반응으로 시작한다. 결론적으로 색은 인식적이며 감각적인 요소를 가지고 있는 것이다.

색은 심리적·생물학적 유산의 일부로 생활에 필수적이며, 색은 환경에 속해있고 인간은 환경에서 80%의 정보를 얻으며 색을 본다는 것은 외부세계에서 받은 색자극이 내면세계(심리)의 반응과 관련이 있으며 색을 인식한다는 것은 체험한다는 것이다.

> 색은 사물을 인식하는 체험에서 얻어진 감각적인 지식이다. 인간은 색의 생물학적 반응에 민감하다.

동물은 생물학적으로 색이 있는 빛과 색채신호에 반응을 보인다고 알려져 있으며, 특히 인간은 이러한 색의 생물학적 반응에 민감하여 여자들이 붉은 립스틱을 바르는 것은 지능성을 발휘한 성적 유혹의 색표시이다.

각 지역과 각 나라가 갖는 색의 매너리즘(일정한 기법이나 형식이 되풀이되어 독창성과 신선한 맛을 잃어버린 것으로 기교주의를 말함)은 풍토의 물상에서 갖는 색의 보편성이 표현된 연상과 상징화 때문이다.

인간이 색을 체험하게 되는 것을 요약해 보면, 빛에 의해 만들어진 색은 에너지라 볼 빛에 의해 만들어진 색은 에너지와 같으며 신체기능에 영향을 줌으로써 나타난 색채반응은 심리적·생리적인 환경작용이다.

수 있으며 에너지는 정신과 감정에 영향을 미치는 것과 같이 신체기능에 영향을 주는 것이다. 색이 피질을 활성화(뇌파)하는데 이는 자율신경계(신체의 내부환경을 조절함)와 호르몬 활동의 기능에 영향을 미치며 무한한 감각적·미적 연상작용을 일으킨다. 다시 말하면, 색채반응은 심리적·생리적 영향을 끼치는 환경작용인 것이다.

이러한 색의 특성을 이용하여 식품에 인공색소를 첨가하여 먹음직스런 연출로 상업성을 높이지만 인공색소로 인해 인체에 피해를 주는 아픔이 없도록 식품업계와 소비자가 대안을 마련해야 한다.

■ 색으로 공간꾸미기

자연환경과 색 그리고 생활공간은 환경논리 틀 속에서 한 식구이어야 한다. 생활공간이 자연과 순화된 색채 배치로 사람들의 행복지수가 높아질 수 있기 때문이다.

색의 성질을 적극 활용한 공간꾸미기에 대해 항목 하나하나를 실용성에 맞게 열거해 보겠다.

첫째, 외부 벽의 아래 부분에 징둘이보다 폭을 넓게 하여 적갈색 같은 짙은 색으로 구분되는 벽면마다 한 번은 짙게, 다음 번은 옅게 반복하여 칠하면 땅 위의 건물구조물이 견고해 보이고 변화를 느낄 수 있어 효과적이다.

둘째, 직선이 긴 복도보다 적당하게 1~2번 꺾이는 복도가 멀리보이는 목적지의 지루함을 해소시킬 수 있다. 이는 마치 병풍을 쳐놓은 통로로 이동하는 느낌과 같다. 그리고 꺾이는 벽면에서는 다른 색상으로 변화를 주는 것도 지루함을 없앨 수 있다.

셋째, 층이 있는 주차장에서 각 층별마다 색상을 구분해 주면 주차장 이용객들이 층을 찾기가 훨씬 쉬워진다.

넷째, 원목색이 노출된 실내에서 파랑을 보색대비로 이용하면 목재의 미감을 강조하고, 좁은 통로를 넓게 보이게 하며, 친근하고 품위있는 분위기를 연출할 수 있다.

색은 바라던 공간 경험을 만드는 데 있어 중요한 요소이다.

색의 선택에서 고려해야할 첫 번째는 어떤 환경이 어떤 기능을 요구하는지에 대한 질문이다. 즉 공간의 사용목적에 부합되는 적당한 색을 가져야 한다. 예를 들어, 병원의 회복실은 조용하고 차분하며 평화로운 분위기를 자아내면서도 따뜻하고 다소 활동적인 환경으로 기운을 되찾게 하여 삶을 일깨워 주는 분위기가 필요하다.

색은 바라던 공간경험을 만드는데 중요한 요소로 공간의 사용목적에 부합되는 적당한 색을 가져야 한다.

의료시설의 색상을 보면, 큰 종합병원이나 소규모 의원에 이르기까지 규모의 차이가 있을 뿐 많은 문이 있는 부분별 구조물로 된 집합체로 상호통일성 있게 환자의 체력유지에 좋은 시각적 환경을 만들어 주어야 한다. 의사와 간호사 그리고 환자가 친근감을 느끼게 하는 색상이 좋은데 지나치게 강렬한 색과 패턴은 시각적 혼란을 증가시키고 업무수행에 방해를 일으키므로 배재해야 한다.

복도는 차분한 분위기의 색상이 적합하다. 단순히 차가운 색만이 차분한 느낌을 주는 것이 아니고 엷은 주황이나 복숭아색은 밝고 강렬한 녹색보다 더 차분해 보인다. 바닥의 색과 복도에 접해있는 문은 주조색(主調色 : 회화나 어떤 한 공간에서 가장 많은 부분과 넓은 면적에 쓰이는 색으로 전체적인 분위기를 결정한 색이다.)이나 보색과 잘 어울려야 하는데 어떠한 경우도 복도의 벽부분에 너무 지나치게 다양한 색을 사용하지 않아야 한다.

병실의 천정색은 항상 밝은 색이어야 하고 천정의 녹색은 피부에 반사될 수 있으니 주의해야 한다. 환자가 누워서 바라보는 벽은 흥미와 색채 변화를 주기 위해 벽면 끝 쪽이나 한 면의 벽을 전체 벽과 다른 색으로 사용할 수도 있다.

병실은 부드러운 색조가 좋으며, 장기 입원환자의 병실은 순색이 좋다.

수술실은 최적의 시각조건을 갖추어야 하기 때문에 수술용 가운 등은 녹색으로 한다. 푸른빛을 띤 녹색이 피의 빨강과 보색관계로 상처에 오래 집중함으로 생기는 잔상을 없애준다. 벽의 색은 가운 등 색과 색상면에서 비슷하게 해도 무난하다. 수술실 벽은 빛 반사율이 40%(30~35%가 이상적)를 넘어서는 안 되며 바닥은 15%, 천정은 80%가 좋다.

수술실은 녹색이나 푸른색을 띤 녹색이 유리하며, 소아과는 선명하고 밝은색, 산부인과는 옅은 푸른색이나 분홍색이 좋고 분만실은 밝은 청록색 정도가 무난하다.

소아과는 선명하고 밝은색, 따뜻하고 친근감이 있으면서 다양한 색을 사용하되 색이 너무 혼란스럽지 않아야 하며, 벽장색은 지나치게 공상적이지 않은 평범한 분위기로 꾸며야 한다. 삐에로나 무서운 괴물인형은 어린이들의 치료에 도움이 되지 않는다.

산부인과의 복도는 기쁜 날을 기대하는 옅은 푸른색이나 분홍색 정도가 무난하며, 분만실은 주조색으로 너무 강한 색이나 너무 따뜻한 색조를 사용하지 말고 긴장을 풀어주는 편안한 분위기의 밝은 청록색 정도가 적합하다.

신생아실은 유아 피부의 심한 반사작용으로 주변의 색에 영향을 받을 수 있으므로 노랑, 핑크, 파란, 녹색, 회색은 피해야 한다. 이런 색은 의사나 간호사가 청록증, 황달, 빈혈 등을 식별하는데 반사빛에 의해 지장을 초래할 수 있다. 채도가 낮은 엷은 베이지색이나 모래색과 같은 중간색에 빛 반사율이 적은 색상이 적합하다.

치료실의 색채는 환자가 치료를 받을 때 기분이 좋은 상태로 유지되는 것이 중요한데 심장병, 정형, 비뇨기 치료에는 엷은 녹색이나 초록빛을 띤 파랑색이 좋고, 피부과와 산부인과는 산호색이나 복숭아색이 적절하다. 물리치료에는 초록빛을 띤 파랑색이 근육의 긴장을 풀어주고 피부에 생기를 더해 준다. 의료시설의 모든 대기실은 창문을 통해 바깥 풍경을 보며 지루함과 불안감을 진정시킬 수 있도록 하는 것이 이상적이다.

■ 산업현장의 색

> 산업현장에서 올바른 색은 지각력을 개선시키고 일의 효율성이 높아지며 직원의 사기가 진작되고 고도의 안전성과 질서가 유지된다.

산업현장에서 색의 올바른 선택이 어떤 이점을 줄 수 있을까?

첫째, 올바른 색은 지각력을 개선시키고 시력과 생리적 건강상태를 보호하고 또한 좌절감이나 스트레스를 줄이는 데 도움이 된다.

둘째, 일의 효율성이 높아지고 실수가 줄어드는 것은 단조로움, 초조함, 빠른 피로를 줄여주는 올바른 색을 선택했기 때문이다.

셋째, 적절한 색은 더 좋은 근무환경을 만들어 주기 때문에 직원의 사기를 높여준다.

넷째, 고도의 안전성과 보다 나은 방향표시, 오리엔테이션, 그리고 빈틈없는 질서, 이 모든 것은 올바른 색을 선택하는 것에서 생겨난다.

현대의 생산속도는 더 빨라지고 고도의 정확성과 꼼꼼함이 요구되어 근로자의 눈에 많은 피로를 주게 된다. 그래서 눈의 피로를 줄이는 것이 중요한 과제인 산업현장에서 눈의 피로를 줄이는 방안 몇 가지를 열거해 보겠다.

- 작업표면과 조립하고 검사해야 하는 물품 간에는 적당한 대비가 요구되는데, 예를 들면 초록인 작업표면에 초록물품을 조립하는 것은 물품의 식별이 안되어 눈을 피로하게 하는데 약 30%의 반사율이 있는 중간색(회색 같은)의 작업표면이 좋다.

- 배경보호물(스텐드와 같이 갓을 씌운 전등)은 빛을 반사시켜 주고 물품을 구분시키고 눈을 작업대에 고정시켜 주고 고립감을 주어 배경움직임을 작업대 가까운 곳에서 없

애준다.

- 작업표면과 벽면은 광택이 없는 흐릿한 표면이어야 하고 닦을 수 있는 내구성 있는 페인트칠이 좋다.
- 기계가 고정되어 벽면 가까이에 있다면 비슷한 밝기의 색으로 주위를 배치하고 눈에 불편함을 주는 대비가 없도록 하는 것이 중요하다.
- 작업 주위의 환경은 작업표면과 비슷한 밝기를 유지해야 하는데 30~55%의 반사율이면 무난하다.
- 기계, 장비, 테이블, 책상은 25~40%의 반사율이 적합하다.
- 창문이 있는 벽은 밝은 색이어야 하는데, 일광이 지나치는 창에 인접한 어두운 벽은 불필요한 밝기 대비를 일으킨다. 색일치(증가)와 색보정(중화 또는 감소)은 산업현장에서 색을 선택하는데 중요하며, 예를 들어 열에 대한 문제에 있어 주황과 같은 따뜻한 색에 의해 강조되고 차가운 청록색에 의해 중화되는데 여기서 주황은 일치되는 역할을 하고 청록색은 보정하는 역할을 한다. 온도감에서 따뜻한 느낌은 빨강부터 주황까지의 범위에서 느껴지고 밝은 파랑 · 청록색 · 밝은 녹색 · 흰색에 의해 보정된다. 차가운 느낌은 청록색과 흰색에 의해서 느껴지고 주홍 · 갈색에 의해 보정된다.

소음에서 고음은 노랑에 의해서 느껴지고 올리브색, 녹색에 의해 보정되며, 저음은 어두운색에 의해 느껴지고 밝은 색에 의해 보정된다.

냄새에서 달콤한 냄새는 빨강과 핑크에서 강조되고 녹색과 파랑색에 의해 보정되며, 마취성이 짙은 냄새는 적갈색과 보라에 의해 강조되고 연두색과 귤색에 의해 보정된다. 쓴 냄새는 갈색, 보라, 연두색에 의해 강조되고 자주색에 의해 보정되며 사향냄새는 초록빛을 띤 갈색에 의해 강조되고 밝은 파랑에 의해 보정된다. 습하고 축축한 상태는 청록색에서 느껴지고 모래빛에 의해 보정되며, 마른상태는 모래빛에 의해 강조되고 청록색에 의해 보정된다.

■ 음식과 색의 연상

식욕을 자극하는 색은 따뜻한 빨강(주홍색, 플라밍고, 산호빛), 주황(복숭아빛, 호박빛), 따뜻한 노랑, 밝은 노랑, 선명한 녹색인 반면 자줏빛보라, 자줏빛을 띤 빨강, 귤색, 연두, 겨자색, 회색계열은 식욕 호소력이 적다.

식욕을 자극하는 색은 빨강, 주황, 따뜻한 노랑, 밝은 노랑, 선명한 녹색인데 이런 색으로 음식점에서 광고물, 실내장식을 하면 효과적이다.

맥도날드의 매장 전면

맥도날드의 노랑과 빨강 상징색이나, 롯데리아의 빨강 상징색은 식욕을 자극하는 색으로 광고물, 음식포장지, 실내장식에 이르기까지 색 선정이 음식과 관련하여 잘된 사례이다.

음식점에서 식욕을 자극하는 색을 주조색으로 배정하면 영업 번창에 도움이 되리라 본다.

■ 색 요법

인간은 옛날부터 치료에 이용하는 색의 힘을 믿어왔다.

고대인들은 태양과 무지개의 힘을 신성하게 여겨 일광욕을 하는 등 색의 모태인 태양빛의 효과를 감지했다. 색에 대해서도 녹청, 초록빛의 구리소금과 밀랍의 혼합물이 백내장의 치료를 위해 쓰였고, 멍든 눈은 붉은 고기의 회반죽으로 치료를 했다.

현대의학은 히포크라테스(B.C 460~377)의 의해 발견되었다고 전해지는데, 심장과 창백함에 관련하여 그는 색을 내적인 상태의 외적 표현으로 보고 색을 이용한 진단의 창시자로서 "여자가 임신했을 때 아들이면 피부색이 좋고, 딸이면 피부색이 나쁘다"고 하였다.

푸른빛이 피의 움직임을 둔화시키고 붉은빛이 움직임을 자극한다는 것은 파랑의 안전성과 빨강의 자극적인 행동이라는 연구가 계속 유지되고 있는 것이다.

> 히포크라테스는 색을 내적인 상태의 외적표현으로 보고 색을 이용한 진단을 처음 했었다. 색요법의 근거는 인간의 발기로 감각을 말한다.

색 요법, 즉 색을 이용한 치료를 고수하는 대다수의 이론적 근거는 '인간의 발기(發氣)' 라는 것인데 이러한 발기는 의학에서 주장하는 인간을 감싸고 있는 감각이다. 인간의 발기는 인체가 어떤 전기나 자기를 발산하며 이러한 발산은 뇌파를 측정하는 뇌파전위기록계(EEG) 같은 현대장비로 측정이 가능하다. 사진에너지를 통하여 반으로 갈라진 잎이 갈라지지 않은 잎과 일치하는 에너지를 보이는 사진에서 입증된다.

또 하나는 몸 주위의 에너지를 색으로 볼 수 있게 만든 발기사진에서 보여주고 있다. 색 요법에서 우리 몸의 외부에 존재하는 에너지의 중추인 기(氣)에너지가 자율신경계와 호르몬 분비의 조절과 관련되고 있다고 믿으며 이러한 에너지 중추는 일곱 가지의 기로 구분되며 각각의 기는 일곱 가지 무지개색의 하나와 통한다고 보는 것이다.

신체 부위에 의한 색상과 나타내는 상징 그리고 영향을 주는 기관에 대한 구분을 인체도의 숫자와 같이 열거하였다.

신체 부위별 상징색상과 영향을 주는 기관

기 호	신체부위의 기	무지개색	나타내는 상징	영향을 주는 기관
①	머리끝	보라	현명함, 영적에너지	뇌하수체
②	이마	남색	직관(제3의 눈)	송과체
③	후두	파랑	영감, 창조성, 언어	갑상선, 동맥
④	심장	녹색, 핑크	사랑, 동정, 조화	흉선
⑤	명치	노랑	지식, 지적 능력	명치, 부신
⑥	비장	주황	에너지	비장, 췌장
⑦	근본	빨강	생명, 재생	생식선, 생식기

색상을 잘 활용하면 육체의 경미한 고통을 감소시킬 수 있다.

이런 논리는 팔괘에 의한 색채와 오행상응 색채, 그리고 신체 부위를 오행에 서로 관계시켜 색요법으로 건강유지를 하는 방법인데, 즉 배는 화와 토의 빨간색과 노란색이 관련되어 복통의 치료에 효과적이라는 것이다.

인후염은 화가 너무 많아 발생하는 질병이기 때문에 수의 검은색으로 통증을 가라앉히는 것 등으로 질병과 치유색상 관계는 다음 페이지의 '질병과 치유색상' 표를 참고하여 활용하면 효과를 기대할 수 있다.

환경풍수는 외적인 환경과 내적인 공간구조를 자연적 환경과 결부시켜 자연과 동화될 수 있게 인간에게 맞는 생리적인 구조물을 만들어 생활함으로 인해 건강하고 행복한 삶을 영위하려는데 그 의의가 있다.

이런 생리적인 구조물을 만들기 위해서는 자연의 빛인 무지개색 스펙트럼에서 얻어진 색의 기운이 물체색의 작용력과 관계하는 데서 색의 이미지, 색의 조절, 색의 반응을 이해하여야 한다.

질병과 치유색상

질 병	치유 색상
복통	노란색, 빨간색
우울증	푸른 사과빛, 붉은빛의 보라색
두통	초록색, 분홍색
심기증	무지개색
자살충동	초록색
비만	흰색
고혈압, 심장병	검은색, 흰색, 엷은 파란색, 엷은 초록색
인후염	검은색, 엷은 초록색, 엷은 녹청색
안면경련	흰색, 초록색
몽유병	초록색, 엷은 초록색

색을 우리생활에 활용하는 방안으로 공간을 꾸미고 산업현장이나 음식 그리고 색요법에 이르기까지 색의 적용가치가 갈수록 커지고 있다.

이 책에서도 이와 같은 색의 활용가치를 높게 평가하여 삶의 주변에 있는 색과 인체와 관련된 색의 지식 중에 실용적인 것만 간추려 열거한 것이다.

앞으로 색채연구가들에 의해 더욱 폭넓고 깊이 있게 연구되리라 믿으면서 독자 여러분께서 색에 대한 실용적인 눈이 조금이나마 뜨이길 기대한다.

2. 조명으로 실내기운 살리기

최적의 수준으로 기능할 수 있는 눈의 능력은 빛과 직접적인 연관성이 있다.

갈수록 조명 사용이 많아지고 구조물의 연상미를 살린 색조명의 설치도 증가되고 있다. 상업용 건물의 조명 효과는 상당하여 두드러지게 발전되고 있다.

요즘 와서 건물의 공간이 커지고 다양해져 낮에도 조명을 사용하고, 일몰 후에도 업무가 진행되어 24시간 영업하는 곳이 상당수 있으므로 조명 사용이 많아지고, 구조물의 영상미를 살린 색조명의 설치도 증가되고 있다.

서울 한강의 성산대교, 가양대교, 방화대교의 교량 조명은 아름답고 매우 인상적이다. 상업용 건물은 조명효과를 높여 건물의 기운을 살리려는 기술이 두드러지게 발전되어가고 있는데 서울 동대문에 있는 두타건물의 야경이 돋보인다.

시각구조를 볼 때 눈은 각막, 홍채, 수정체, 망막으로 구성되어 있다. 눈에 들어오는 빛은 각막을 거쳐 동공을 지나 눈의 중심에서 확

동대문 두타건물의 조명

산된다. 동공을 통해서 얻어진 빛의 양은 홍채(홍채색소가 눈의 색을 결정함)라는 반지모양의 근육에 의해 통제되며 빛이 들어오는 경로는 빛의 초점을 맞추기 위해 굴곡을 정상화시키는 수정체를 통해 계속 진행된다.

망막은 눈의 내부표면에서 빛이 두뇌를 향하는 신경계의 자극으로 전환되는 뉴런과 수신세포의 복잡한 망으로 간상체와 원추라는 두 가지 형태의 수신자 세포를 포함한다. 희미한 빛에서는 눈에 약 1억2천만 개가 들어 있는 간상체가 색이 아닌 빛에 반응한다.

간상체는 원추에 들어 있는 광염색체보다 좀 더 빛에 민감한 로돕신이라는 광염색체를 포함하고 있다. 따라서 희미한 빛에 원추가 소용없을 때 간상체가 그 기능을 발휘한다. 눈에 약 6백만 개가 있는 원추는 증가하는 빛에 반응하며 시각을 보존하고 색을 구별하는 책임을 진다.

빛의 위치가 광학적으로 등록된 뒤에 간상체와 원추는 중추세포에 있는 양극세포를 전기적이고 잠정적으로 지나가게 된다.

중추세포의 축색은 시각정보를 두뇌에 전달하는 시각신경계를 형성하며 두뇌가 이러한 자극에 반응하고 입수된 정보를 분석할 때 우리는 색을 구별하고 물체를 식별할 수 있게 되는 것이다.

눈의 피로는 망막신경계 때문이라고 하는데 사실은 신경이 아니라 눈의 근육피로 때문이다. 눈부신 빛은 눈의 고정을 지속시켜 눈을 빨리 피로하게 하여 두통, 긴장, 불안의 원인이 되기 때문에 범죄자를 추궁하는 조사실은 조도가 높은 전구를 많이 설치하는 것이다.

빛과 어둠의 대비가 불규칙적이면
홍채 근육이 지나치게 피로하기 때
문에 생활공간에서의 강한 빛의 대
조는 피해야 한다. 그래서 창문이
있는 벽은 색상이 밝으면 좋다.

빛과 어둠의 대비가 불규칙적이면 동공이 지속적인 적응을 견뎌야 하기 때문에 홍채 근육은 지나치게 피로하게 된다.

시각은 빛과 반사율이 3 : 1되는 중간지점에서 보여야 한다. 이것은 벽, 가구, 마루의 빛 반사율을 통제할 수 있으며, 표면에 대해 추천할 만한 반사율은 마루가 20%, 가구가 25~40%, 벽이 40~60%, 천정이 80~90%이다. 이러한 비율은 3 : 1의 비율에서 약간 올라갈 수도 있다.

눈을 괴롭히거나 복잡성을 더하는 강한 대조는 피해야 한다.

창문의 벽은 어두운 빛과 들어오는 태양빛 사이에서 강한 빛의 대조를 없애기 위해 색상은 항상 밝아야 한다. 즉 눈부신 빛은 빛나는 표면 위에서 강한 빛이 반사되어 생기기 때문에 광택이 없는 작업표면과 벽이 추천되는 것이다.

그래서 작업표면은 따뜻한 빛이 도는 회색(빛 반사율 30%) 정도가 좋다.

색온도에서 온광(적외선) 또는 냉광(자외선)을 보면, 사람들이 강렬한 조명에서는 차가운 색온도를 좋아하고, 낮은 조명에서는 따뜻한 색온도를 좋아한다는 것을 알 수 있었다.

색표시지수(CRI : 자연광에 비해 인공광에 나타나는 물체모양을 포함한 색이 어떻게 잘 나타날 수 있느냐의 비교수치)에서 자연광의 CRI측정값은 100이고, 완전한 스펙트럼의 광은 90%, 냉백색은 68%, 은백색은 56%, 다른 형태는 50% 이내이다.

색온도는 자연광에 의해 빛을 발하는 광의 색을 묘사하기 위한 것으로, 색온도는 오직 자연광(태양, 하늘, 백열금속 등)에 적용되지만 형광등과 같은 광원을 언급할 때도 적당하다.

백열형광등은 온광(주황빛)의 형태를 띠면서 3,000°k의 색온도와 연관되고, 대낮의 형광등은 냉광(푸르스름한 빛)으로 6,500°k를 나타낸다.

창문 유리는 자외선 스펙트럼이 통
과하고 자동차 유리는 차단 효과가
있으며 표준 백열등과 형광등은 자
외선을 방출하지 않는데 자외선은
유익성이 있는 반면 해로운 점도
있다.

표준형광등의 빛은 자연광의 동일한 스펙트럼 구성이 함유되지 않은 백색광을 발산하며, 형광등에서 나오는 인공광의 감도증가가 빛 스트레스를 증가한다.

보통의 창문유리는 근본적·생명적으로 활동적인 자외선 스펙트럼이 통과하고, 자동차용 유리는 차단효과가 있으며, 표준 실내 백열등과 형광등은 자외선을 방출하지 않는다.

자외선이 건강에 해로운가 아니면 좋은가에 대해 찬반논란이 있는데, 자외선은 피부

암을 유발시키고 피부노화를 촉진시키는 등 해로운 면과, 인체에 필요한 비타민 D를 생성하고 살균작용을 하는 등 이로운 면이 있다. 자외선의 상반된 역할에 대해, 우리 몸의 생물학적 시계는 태양에 의존하고 우리 몸은 자외선 방사의 긍정적인 효과에 익숙해져 있기 때문에 적당량의 자외선을 받는 것이 이롭다고 할 수 있다.

백열전구의 스펙트럼은 가시영역 안의 자연광 스펙트럼과 차이가 크지 않은데, 이는 백열전구의 낮은 색온도 때문으로 백열등빛은 불, 촛불, 석유램프, 가스램프와 매우 유사하고 따뜻하다. 이 따뜻한 빛은 피로회복과 연관시킬 수 있다.

눈은 황록색 영역에서 밝기를 잘 인지한다.

존오트 박사는 오트-라이트(ott-lite)라는 완전스펙트럼의 빛을 개발했으며, 오하이오 주립대의 시각전문가인 R 블랙웰(R, Black Well) 교수는 완전스펙트럼 빛 아래에서 전반적인 일의 성과가 12% 증가하고 시각작업을 크게 향상시킨다는 사실을 발견하였다.

예민한 시각과 생리적 효과를 향상시키기 위해서 램프는 완전스펙트럼과 높은 색표시지수(CRI) 등급을 가져야 한다.

전등이 너무 많아 밝기가 세면 시력을 저하시키고 또한 너무 적어 어두우면 눈이 피로하게 된다. 실내의 환경공간을 설계할 경우 시각적 효율성과 편안함 그리고 공기의 흐름이 최우선이다.

작업장에서 전등이 너무 많아 밝기가 세면 시력을 저하시키고 너무 어두우면 눈이 피로하게 되는데 목적물의 식별이 쉬울 정도의 밝기가 시력 유지에 좋다.

목적물의 식별이 쉬울 정도의 중간 정도 밝기가 시력 유지에 좋다.

컴퓨터 작업장의 적절한 밝기는 문서의 내용을 컴퓨터 단말기로 옮기는 작업에는 35~50풋캔들[foot candles : 어떤 면에 입사된 빛의 세기를 정의하는 양으로 1풋캔들은 1칸델라의 광원으로부터 1피트 거리에 있는 점의 조명도인데 칸델라(candela)는 주어진 방향으로 광원이 방사하는 빛의 세기단위임]이 좋고, 문서와 관계되지 않은 작업은 밝기가 낮아야 한다는 논문의 발표가 있는데 컴퓨터실의 조도는 일반 사무실보다 낮아야 한다는 것이다.

컴퓨터 사용자가 입은 밝은 색의 옷, 밝은 벽, 조명 또는 컴퓨터 앞뒤의 사물로 인해 컴퓨터 모니터에 반사된 광선과 반사된 이미지가 생기지 않도록 해야 한다. 이러한 반사현상은 화면의 대비현상이 줄어들기 때문에 화면의 글씨가 잘 보이지 않게 된다.

컴퓨터 단말기의 이상적인 배치는 보는 방향, 창문, 조명의 배열이 서로 평형을 이루도록 컴퓨터 단말기를 위치하는 것으로, 즉 사용자의 바로 앞뒤에는 창문이나 조명이 없어야 한다.

명암대비와 광도대비를 알기 위해서는 재질의 밝기 조절과 반사율 조절에 대해 이해를 먼저해야 한다.

밝기조절이란 재질이나 색상의 명도값을 조절하는 기능으로 빛을 발하는 것처럼 아주 밝게 표현할 때 사용하는 것이다. 조절값은 0~100까지 가능하며, 값이 100에 가까운 높은 값일수록 본래의 재질이나 색상보다는 밝은 흰색에 가까워져 빛을 받는 것처럼 밝아지는 효과를 얻는 반면, 재질 자체의 패턴모양은 흐려진다. 천정의 밝기를 40~60 정도만 주면 빛을 받는 것처럼 밝아지는 것이다.

반사율 조절이란 금속이나 유광타일같이 주변의 공간을 거울처럼 밝게 하는 속성을 말하는 것으로 조절값은 0~100까지 조절이 가능하다. 반사율 조절값이 60 이상이 되면 주변의 반사율이 높아져 뿌옇게 보이게 된다. 주변이 어두울수록 반사율 값은 더 높일 수는 있으나 적당히 조절하는 것이 가장 효과적이며, 유광효과는 반사값을 5~20 정도로, 거울효과는 90~100 정도를 적용해 주면 된다.

명암대비가 심하지 않도록 장비, 가구, 바닥을 조절해야 하며 중간색으로 일정한 밝기를 유지하면 시력이 보호된다.

명암대비의 이상적인 비율은 3 : 1로 이는 작업하는 곳의 휘도(輝度 : 물체의 표면에서 관측자 쪽으로 어느 정도의 빛이 오고 있는지를 나타내는 심리물리량으로 단위면적당 광원이 방사하는 발광체표면의 밝기나 피사체의 반사율을 말하는데 흰색은 검은색보다 휘도율이 높음)가 작업장소와 가장 가까운 곳의 휘도보다 3배 이상 넘지 않도록 해야 눈이 가장 편안하게 된다.

휘도라는 말은 조명등의 광원과 반사광 모두에 해당되는데 컴퓨터실의 벽에는 50~60%의 빛, 바닥에는 20~30%의 빛, 가구에는 30~50%의 빛을 반사해야 한다는 것으로, 낮은 반사율 20%와 높은 반사율 60%의 비율이 3 : 1이 된다. 벽지의 빛 반사율을 없애려면 무광택 마감재를 사용해야 하는데 직물, 종이, 목재가 있으며 광택이나 반광택 페인트는 금물이며 벽은 적당히 낮은 반사율을 지켜야 한다.

수술실의 광도대비를 볼 때 수술용 침대보의 녹색은 빛 반사율이 8~10%로 상처부분의 반사율과 동일하기 때문에 상처 주변과 혼란스런 잔상이 없게 되고, 수술실의 벽은 빛 반사율이 40%를 넘어서는 안되며(30~35%가 이상적), 바닥은 15%, 천정은 80%여야 한다.

어떤 공간이든 바닥은 벽보다 어두운 것이 이상적이다.

조명 전문가들은 의료시설에 고급램프(높은 CRI등급을 가진 것)와 같은 조명으로 사용할 것을 권유하고 있다.

조명은 인간이 만든 아주 작은 태양의 닮은꼴로 자연광에 가까울수록 생리에 맞으며, 낮에는 자연채광(自然採光)을 최대한 활용하는 것이 에너지 절약과 환경오염 방지 측면 그리고 지금까지의 빛의 논리로 볼 때 이상적인 조명수단이다.

즉 지붕의 투광창, 남향의 큰 창은 자연광을 직접 활용하는 방식이고, 작은 북향창도 외부의 반사 자연광을 받아들이는데 필요하며, 어두운 실내에는 적당히 밝은 인공조명과 색조명이 실내의 기운을 살리고 좋은 실내분위기를 연출하는 것이다.

색조명에서 붉은 빛은 짧은 시간 동안에 혈압을 상승시킨다.

> 조명은 자연광에 가까울수록 생리에 맞는 조명이 되고 낮에는 자연 채광을 최대한 활용해야 환경오염 방지가 된다. 어두운 실내에는 인공조명과 색조명이 필요하다.

이와 같이 눈에 들어간 빛은 시력을 활성화할 뿐만 아니라 동물과 인간에게 생물학적 기능을 야기시켜 시각적 경로의 활동적인 부분을 경유해서 일어나고, 시상하부의 중뇌 부분으로 보내지게 되며 결과적으로 호르몬의 생성과 분비에 영향을 미치게 된다.

이 분야를 연구하는 현대의학은 인공적인 스펙트럼 조합이 태양빛의 자연광과는 다르다는 사실에 기인하여 몇몇 인공적인 백광(자연광의 반대)에 생물학적 관련이 있다고 본다.

인공적인 색조명에 대한 의학적인 연구가 활발하게 전개되고 있는데 전체적인 실험 결과를 요약하면,

• 빨강이 주는 자극은 교감신경계의 자극과 비교할 수 있으며 압박감 등을 느끼게 한다.
• 노랑은 긴장과 해소를 동시에 주며 운동신경의 움직임을 증가시킨다.
• 남색(파랑)은 신경 내부를 다시 활발하게 만들고 평온함으로 이끌며 집중력을 증가시킨다.
• 녹색은 이질적 성향을 균형화하는 빛의 자극과 유사한 효과를 보인다.

이상은 빛과 색의 일치된 의학적 작용을 보이는 것으로 색조명에 응용할 수 있는 부분이다. 조명은 빛으로 생기를 일으키고 온도로 공기의 흐름을 유도시켜 기의 순환을

발생하게 하고 집안에 맑고 따뜻한 기운을 생성시키는 기능을 한다.

구석진 장소나 밀폐된 장소가 어두우면 접근을 꺼리게 되므로 이런 장소는 밝은 조명이 절대적으로 필요한데 조명 빛은 생기를 만들고 온도로 공기의 흐름을 유도시켜 생기공간으로 만든다.

자연채광이 안 되는 장소에 조명상태까지 어두우면 심리적으로 위축되고 긴장되어 생활하는 사람들의 기가 억눌리게 되며 심신의 건강에 좋지 않다. 특히 구석 쪽이나 밀폐된 공간이 늘 어둡고 침침하면 차갑고 싸늘한 기운이 느껴져 접근을 꺼리는 공간이 된다. 이런 어두운 곳에 밝은 조명으로 바꿔 설치하면 불순하고 탁한 한기(寒氣)를 순화시켜 실내 전체에 온화한 생기를 흐르게 해준다. 조명은 태양의 역할을 일부 수행하기 때문에 습하고 탁한 기운을 맑게 해준다.

조명은 꺾인 구석이나 뾰족한 모서리 부분에 설치하거나 경사진 대지의 아래쪽에 설치하면 기운을 살리는 최대의 효과를 볼 수 있다.

인공조명은 현대문명 공간에서 생활의 도구로 꼭 필요한 존재이며 이상적인 조명효과를 위해서는 사용 목적에 맞는 적절한 밝기와 3파장, 백열등, 형광등, 수은등, 할로겐 색조명, 고급자연광램프 등 수많은 종류 중에서 용도에 적합한 조명의 선택이 요구되며, 조명 관련 생산자들은 조명상품의 이상적인 사용법에 대해 명료하게 표기를 해야 한다.

3. 화분과 벽걸이 글씨, 그림의 효과

사람과 식물은 생물이라는 공통점이 있으면서, 사람은 동물이라는 동적(動的)인 존재로 음양측면으로 보면 양에 해당되고, 식물은 정적(靜的)인 존재로 음에 해당되어 사람과 식물은 음양의 조화가 필요한 관계이다. 식물은 사람의 호흡에 필요한 산소의 공급원으로 사람의 생명유지와 건강에 꼭 필요한 가치를 지니고 있다.

식물은 사람의 호흡에 필요한 산소의 공급원으로 사람의 생명유지와 건강에 꼭 필요한 존재이며 식물의 녹색은 심기를 진정시키고 눈의 피로를 풀어준다.

식물은 사시사철 색상이 변하지만 대부분 녹색이며 사람의 심기를 진정시키는 색감으로 눈의 피로를 풀어 주는 효능이 있다.

현재 갈수록 주거조건이 도시화되어 생활 주변에는 아스팔트와 시멘트로 인해 녹지가 사라지면서 도시환경의 문제가 대두되고 있다. 기온의 상승이 오존의 증가를 불러 대기가 오염되고 녹지율이 감소되면서 삭막한 도시환경으로 전락되어 생리에 역행하는 환경에서 우리가 생활하고 있는 것이다. 이와 같은 현실을 조금이나마 보완하는 방법으로 화분을 집안이나 사무실에 장식하는 것이다.

꽃이나 관엽식물 화분을 어디에 어떤 종류를 놓아야 할 것인가에 대해 알아보자.

관엽식물은 햇빛 또는 자연반사광이 들어오는 창문 옆에 놓아야 광합성작용으로 산소를 만들어내어 사람에게 이롭고, 화초도 영양분을 만들 수 있어 이상 없이 성장한다. 대기의 환경 개선을 도맡아하는 식물은 사람의 건강에 공헌하기 때문에 사람과 가까이 있을수록 좋지만 조건에 따라 약간의 차이가 있을 수 있다.

> 관엽식물은 햇빛 또는 자연반사광이 들어오는 창문 옆에 놓아야 하고, 알레르기성 질환이 있는 사람 가까이는 화분을 놓지 말아야 한다.

화장실의 창문 쪽에는 벽에 거는 화분이 좋고, 알레르기성 질환이 있는 사람 가까이에는 화분을 놓지 말아야 하는데 인조꽃이나 식물장식으로 꾸미면 심리적 효과를 볼 수 있다.

욕실은 습한 공기 때문에 화분 놓는 것을 피해야 한다. 어린이 방에는 화분을 놓으면 위험이 따르고 화분에 담은 토양에서 벌레나 진드기 등이 생기기 때문에 화분 놓는 장소로 적합치 않다. 노인방에는 식물의 음기로 인해 양기가 부족한 노인의 건강과 밸런스가 깨지기 쉬워 화분을 놓는 장소로 적절치 않다.

실내에서 화분을 놓을 때 하단의 바닥색 그리고 중간의 화분색과 상단의 벽색이 오행 상생의 색 관계를 유지할 때 조화를 이루어 보기좋다. 즉 하단은 중간을 중간은 상단을 받쳐주는 상생의 관계가 이상적인 관계라 볼 수 있는데, 예를 들어 바닥이 파란색 계통(木)이면 화분색은 분홍색(火)이 좋고, 화분색이 분홍색이면 벽색은 노란색 계통이 어울리는 색 관계인데 다음 페이지의 '오행상생 주기에 따른 색상 구성'을 참고하여 화분을 선택하면 인테리어 효과를 극대화할 수 있다.

화분용 화초나 관엽식물도 줄기나 잎의 모형에 따라 어울리는 장소가 따로 있다.

진취적이고 도전적인 사무실은 줄기가 곧고 잎이 뾰족한 것이 공간 이용자의 기운을 북돋아 준다. 즉 정치나 세일즈 사무실은 소철화분이나 관음죽 화분이 맞는 반면 잎이 처지고 느슨한 느낌을 주는 고무나무 화분 등은 분위기에 맞지 않는다.

요즘 어린이 방에 선인장이 전자파를 흡수한다하여 놓는 경우가 있는데 '전자파의 인

오행상생 주기에 따른 색상 구성

바닥색	화분색	벽 색
파란색, 초록색(목)	분홍색, 빨간색(화)	황갈색, 갈색, 노랑,주황(토)
분홍색, 빨간색(화)	황갈색, 갈색, 노랑, 주황(토)	흰색(금)
황갈색, 갈색, 노랑,주황(토)	흰색(금)	회색, 검은색(수)
흰색(금)	회색, 검은색(수)	파란색, 초록색(목)
회색, 검은색(수)	파란색, 초록색(목)	분홍색, 빨간색(화)

체영향'에서도 말했듯이 전자파 발생기기와 인체 사이에 식물화분(수분 함량이 높은 선인장은 전자파 흡수효과가 높음)이 놓일 때만 전자파 차단효과를 기대할 수 있다고 설명하였다. 그러나 어린이 행동 반경에 가시 돋친 선인장 화분을 놓는 것은 위험천만한 발상이다.

관엽식물이나 화초가 심어진 화분은 집안이나 어떤 공간 전체에 생기를 발산하여 활기찬 분위기를 만들어낸다. 조화(造花)도 마찬가지의 인테리어 효과를 볼 수 있다.

화분에 심은 관상수의 크기는 사람의 가슴 높이를 넘지 않은 적당한 크기가 좋고, 구석진 곳은 작은 화초에 조명을 받도록 놓아두면 생기가 생긴다.

관상수의 크기는 사람의 가슴 높이를 넘지 않는 크기가 적당하다. 사람의 기운을 짓누르지 않고 산소공급원으로 공기를 순화하는데 좋다. 너무 크거나 무성하면 병충의 발생 원인이 될 수 있고, 특히 밤에는 식물의 호흡작용으로 이산화탄소를 배출하게 되어 침실 주변에 식물을 두는 것은 좋지 않다.

집안 공간이 좁을 때는 관엽식물보다는 작은 크기의 화초가 적당하다. 구석진 곳은 작은 크기의 허브꽃 화분이나 음지식물 화분에 조명을 받도록 배치하면 탁한 기운이 맑은 기운으로 바뀐다. 골동품이나 고가구는 밝은 곳에 두어야 하는데 이때 화초가 심어진 밝은색 화분을 옆에 두면 서로 어울려 생기의 순화작용을 하게 된다.

꽃은 향기와 색상에 의해 사람의 건강에 이로움을 주고 식물을 보는 것만으로 뇌의 반응이 좋게 나타난다는 것을 입증하고 있다.

아트플라워는 돌출되거나 구석진 곳 그리고 노출전선이나 배관을 감추면서 이미지 효과를 살리는 데 좋다. "꽃을 기르면 얼굴색도 좋아진다."는 것은 꽃을 바라보기만 해도 활력이 생겨 건강이 좋아지기 때문이다.

중국 삼국시대의 명의 화타는 꽃향기주머니를 만들어 환자의 몸에 지니게 하여 폐결핵을 치료했다고 한다. 일본에서는 1970년대에 이미 꽃치료법이라 하여 음양오행을 토대로 한 오색(빨강, 노랑, 파랑, 하양, 검정)이 사람의 오장(간, 심장, 비장, 폐, 콩팥)과 서로 깊게 관련되어 영향을 미친다는 이론을 활용하였다. 미국과 유럽에서도 원예치료라는 대체요법을 치료에 이용하고 있다.

요즘은 꽃잎을 욕탕에 띄워 향기를 맡는 스파나 반신욕을 즐기는 건강요법이 유행하고 있다.

원예학자들은 똑같은 조건의 공간에서 식물을 보는 사람은 식물을 보지 않은 사람보다 뇌에서 알파파가 증가되고 델타파가 감소한다는 사실을 알아내었는데, 알파파는 뇌가 안정될 때 델타파는 뇌질환이 있을 때 증가한다고 하였다. 꽃은 우선 색깔이 있어 꽃 색깔이 인체에 영향을 미치기 때문이며 최근 과학자들은 이런 현상을 '공명(共鳴)이론' 또는 '색채이론'으로 설명을 하고 있다.

색채에서 볼 때 어떤 물체가 색이 있다는 것은 특정한 전자파(빛)를 흡수하지 않고 방출한 것이 육안으로 감지되기 때문이다.

꽃의 색소 '안토시아닌'은 우리 몸의 산화를 막고 모세혈관이 잘 기능하도록 하며 피부를 탱탱하게 한다. 또 식물의 엽록소는 인체의 적혈구 속에서 산소를 옮기는 헤모글로빈과 성분이 비슷해 체내 혈액을 잘 흐르게 한다는 주장이 있는데, 숲속에서 삼림욕을 하면 피로가 쉽게 풀리고 뒤엉킨 피도 잘 흐른다는 입증 자료가 있다.

사람이 좋아하는 색상에 따라 성격이 다르고 색상이 신체에 미치는 영향을 다음 표에서 참고하여 활용하면 건강에 도움이 될 것이다.

색상별 성격유형과 사람에게 미치는 영향

색 상	좋아하는 사람의 성격	색상이 신체에 미치는 영향
빨 강	외향적, 적극적, 충동적, 정력적 성격	감각을 자극, 혈액순환에 도움, 정신질환·고혈압 환자나 고열이 있는 사람에게는 좋지 않음
주 황	사교적, 상냥하고 과장된 표현을 즐기고 외톨이로 남는 것을 겁냄	갑상선 기능을 자극하고 맥박수를 증가시키지만 혈압엔 영향을 미치지 않음
노 랑	모험가 기질, 타인에게 따뜻하게 대하고 자유분방형, 책임회피형	운동능력을 높이고 들뜨게 만듦. 급성염증, 흥분상태, 고열, 부정맥이 있는 사람에게 안 좋음

녹 색	솔직하고 사회의식이 있음 도덕심이 풍부하고 나서기를 좋아하지 않음	심신을 시원하게 하고 마음을 가라앉히며 혈압도 낮춤. 화상, 두통, 피로회복에 좋음
파 랑	사교적이며 굽힐 줄 모르는 의지가 있지만 독선적인 면도 있음	염증을 완화하고 흥분을 가라앉히며 불면증 치료에 효과있으나 감기, 마비, 통풍에는 좋지 않음
남 색	지성적이고 권위를 좋아하며 보스적 기질이 있음	혈액을 정화하고 지혈효과, 근육을 강화시킴
보 라	문화에 대한 취미가 많으며 천부적 직관을 지님. 자만심이 강할 수도 있음	정신질환을 완화시키고, 감수성을 조절, 배고픔을 덜 느끼게 하며 백혈구를 생성함

출처 : 동아일보 게재내용(건국대 출판부 발행 '꽃색의 신비' 손기철, 윤재길 공저)

화초나 관엽식물을 생활 공간의 유효적절한 장소에 두는 것은 자연을 실내에 불러들여 인공요소를 순화시킨 것으로 사람의 생리와 실내분위기 개선에 효과가 뛰어나다.

식물과 장소 선택의 지혜가 생기길 바라며 식물이 시들지 않고 생육상태가 좋게 유지되어야 화초로서 가치발휘가 가능하므로 화초생육에 대한 관리 요령의 습득이 필요하다.

벽걸이 글씨와 그림은 어떤 것으로 하면 좋을까?

글씨나 그림을 아무것이나 걸면 안 거는 것보다 못하고, 무조건 비싼 것만이 좋다고 할 수도 없다.

그러나 어떤 물건이든 있어야 할 곳이 따로 있으며 놓는 방향이 따로 있는 법이다.

붓글씨를 볼 때, 한글은 크게 궁체와 필기체로 분류하고, 한문서체는 오체(五體)로 분류하는데 전(篆), 예(隸), 해(楷), 행(行), 초서(草書)를 말한다.

> 역동적인 문구를 넣어 크고 강한 느낌으로 속도감을 보인 종서로 쓴 벽걸이 글씨는 양의 기운을 상승시키고 반대로 느슨한 느낌의 횡서는 음의 기운을 상승시킨다.

음양학에서 크고 강하게 보이며 속도감이 있는 것을 양으로 본다. 한글서체에서는 필기체가 양이다. 한문은 오체 중에 강한 속도감을 지닌 행서와 초서가 양의 성질을 지니고 있고, 전서와 예서가 음적 성질에 더 기울어져 있다고 분류할 수 있다.

글씨의 배열에서 종(從)으로 쓰면 목기(木氣)로 양의 기운이 상승되고, 횡(橫)으로 쓰면 수기(水氣)인 음의 기운이 상승된다. 즉 행서를 종으로 쓰면 목기를 극대화시킨 효과가 생기는 것이다. 예를 들어, 태음체질로 수기(水氣)가 많아 뚱뚱한 편의 가족은 행서나 초서를 종으로 하여 역동적으로 표현하고 활동적인 문구를 넣어 쓴 편액(扁額) 등이 느슨한 심신을 동적(動的)으로 다스려 체질 개선의 심리적 효과를 얻을 수 있다. 반면에 마르고 신경질적인 태양체질의 사람은 한글의 궁체가, 한문 서체는 예서나 전서를 횡으로 쓴 것과 궁합이 맞는데 문구도 유유자적의 풍광을 노래한 문구가 제격이다.

예를 들어, 세일즈 사무실에 淸風明月(맑은 바람과 밝은 달-유유자적에 맞는 글)이란 전서체 문구를 횡으로 쓴 벽걸이는 사무실 환경에 어울리지 않아 역효과를 낼 수 있다. 작은 글자크기에 예서를 횡으로 쓴 글씨는 수기를 돕는다고 볼 때 산 위에 세워진 누각의 현판으로 적합하다.

남대문과 동대문 현판의 제작유래와 선조들의 생각에 대해 [에세이 8]을 통해 알아보자.

남대문과 동대문의 비보현판

지금의 서울인 한성에는 8대 성문이라 해서 숭례문(崇禮門 : 남대문), 흥인문(興仁門 : 동대문), 돈의문(敦義門 : 서대문), 숙정문(肅靖門 : 북문), 혜화문(惠化門 : 동소문), 창의문(彰義門 : 자하문), 광희문(光熙門 : 남소문), 소의문(昭義門 : 서소문)이 있었다. 그 중 현존하는 것은 숭례문, 흥인문, 숙정문, 창의문인데, 남대문은 국보 제1호로 1395(태조4년)년에 창건하여 1947(세종29년)년에 개축한 것이 현재에 이른 것이며, 동대문은 보물 제1호로 1396(태조5년)년에 건립하여 1869(고종6년)년에 개축한 것이 현재에 이른 것이다.

서울의 비보적 풍수에 이용된 남대문의 정면에 걸려있는 현판은 종서(縱書)로 쓰였는데 숭례문의 예(禮)자는 오행으로 나누면 화(火)에 속하기 때문에 남쪽 방향이란 뜻을 나타냄과 동시에 남쪽에 솟아있는 화산인 관악산의 화기를 누르려 했던 것이다. 이는 숭(崇)자의 상형(象形)과 종서에 의해서 센 불이 타오르는 것을 나타내고 불로써 관악산의 화기를 대항하고자 했던 것은 불은 불로서 맞대응한 맞불전략의 예이다.

동대문의 흥인지문(興仁之門) 현판에는 之자를 첨가해 4자로 쓰고 있는데 여기서 仁자는 오행으로 나누면 목(木)에 속하여 동쪽을 의미한다. 之자의 첨자는 서울의 동쪽이 낮아 허전하기 때문에 허한 기운을 메우기 위한 것으로 이 성문의 바깥에 곡성(曲城)을 부설한 것도 마찬가지이다.

풍수에서 지현자형(之玄字形)의 물상(物像)은 기운의 흐름이 굴곡이란 저항효과로 인해 기운을 머무르게 한다는 생기원리에서 나온 것이다. 결국 동쪽의 약한 기운을 현판으로나마

이와 같이 남대문과 동대문의 현판에서 선조들의 깊은 비보사상을 엿볼 수 있다.

벽에 거는 그림도 마찬가지이다.

만약 바위를 딛고 이빨을 드러낸 호랑이 액자를 가정집의 거실에 걸어둔다면 가족 간의 불화를 부채질하는 것이다. 하지만 진취성이 요구되는 정치 관련 정당 사무실에 걸어두면 분위기와 어울려 그림을 보고 힘을 얻어 그림의 효과를 십분 활용한 좋은 결과가 나타날 것이다.

가정집의 거실에 걸어둔 추상화는 명료하지 않은 암시로 가족 간의 신뢰를 해치고 방문객에게 의구심을 불러일으켜 좋지 못한 대인관계를 만들 수 있어 장소에 어울리지 않는 물건으로 전락할 것이다. 가정집의 거실에는 아름답고 한가로운 풍경화나 풍성한 가을의 옛 풍속화가 어울리고, 식탁 근처에는 꽃병이나 과일을 소재로 한 정물화가 어울린다.

> 사상체질에서 태양인, 소양인은 양의 성질이 작용하는 사람으로 음성의 성질이 있는 글씨나 그림이 맞고, 태음인·소음인은 음의 성질이 작용하는 사람으로 양성의 글씨나 그림이 음양조화에 맞아 효과적이다.

앞에서 언급한 '사상체질에 따른 자리배치'에서 사상체질별 특징을 참고로 가족의 체질 그리고 자신의 체질을 분별하여, 태양인·소양인은 양의 성질이 작용하는 사람이고, 태음인·소음인은 음의 성질이 작용하는 사람으로, 양성인 사람은 음성의 성질이 있는 글씨나 그림이, 음성인 사람은 양성의 성질이 있는 글씨나 그림이 서로 음양조화(중화작용)를 이뤄 궁합이 맞아 효과적이다.

🌸 주택의 공간 배치방법

주택의 3요소인 안방, 부엌, 대문의 배치 방향을 동·서사택과 오행상생·상극관계 등을 기준으로 하여 배치하는 방법은 '동사택과 서사택 방위의 음양오행'에서 설명한 바와 같이 집이라는 하나의 공간에서 현관, 거실, 방, 부엌, 화장실 등 생활에 필요한 구분공간 요소를 적소에 배치함으로써 주거생활을 안락하고 편리하게 할 수 있다.

주거공간 내에 잡다한 시설물을 공간활용이나 미관에 맞지 않게 배치하면 흉물이 될 뿐만 아니라 심신의 건강에도 좋지 않다.

공간의 배치방법이 잘못되어 화장실이나 주방의 자연통풍이 안 되면 외부의 맑은 공기와 내부의 탁한 공기의 순환에 문제가 생겨 거주자의 건강에 나쁜 영향을 줄 수 있다.

공간의 배치방법에 대해서는 여러 각도의 주안점에 따라 앞에서 언급하였고, 여기서는 8괘에 의한 상징 위치를 토대로 정방위 개념에서 건물의 중심을 기준으로 집 내부의 각 구분공간에 대한 이상적인 위치를 다음과 같이 제시해 보았다.

- 북 · 감(坎) : 세면장, 욕실(동절기에는 상 · 하수도 시설의 결빙이나 동파에 대한 완벽한 설비대책이 이뤄졌다고 볼 때 적합)
- 동북 · 간(艮) : 현관, 욕실, 주방, 가사실
- 동 · 진(震) : 부엌, 침실, 현관, 어린이방
- 동남 · 손(巽) : 부엌, 주부의 방, 서재, 침실, 노인방
- 남 · 리(離) : 어린이방, 안방, 거실
- 남서 · 곤(坤) : 현관, 거실, 가재도구실
- 서 · 태(兌) : 침실, 세면장, 욕실, 화장실
- 서북 · 건(乾) : 현관, 차고, 아버지방, 가재도구 창고, 욕실

안방의 위치는 풍수에서 말하는 혈자리와 같은 맥락으로 생각하여 무게를 두어 정하면 된다.

음양으로 구분하자면, 거실은 온가족이 대화를 나누고 활동의 공간으로 양에 가깝고, 침실은 수면의 잠재의식이라는 비활동성인 장소로 음에 가깝기 때문에, 거실은 양기의 근원인 태양과 순화관계로 햇빛이 잘 드는 곳이 좋고, 침실은 음의 성질에 가까운 조용하고 안정된 장소가 순화관계로 좋다는 근본 이론에 따라 다음의 구분공간별 좋은 구조를 응용하여 정하면 된다.

> 주택의 3요소 중 특히 안방은 혈자리와 같은 맥락으로 무게를 두어 정하면 되고, 거실은 햇빛이 잘 드는 곳으로 정해야 온가족 건강에 유리하다.

5. 좋은 안방(침실)의 구조

안방은 가족 중에 장년의 가장(家長)이 기거하며 수면과 휴식을 취해 기운을 얻어 가족의 생계를 책임지고 자식을 생산하는 공간으로 한 가족의 흥패를 좌우할 수 있는

중요한 장소이다.

그러므로 안방은 지형상 길지(吉地)인 혈자리에 위치해야 지기를 가장 많이 받을 수 있어 좋다.

가장은 합리적인 생각과 세상을 살아가는 지혜가 깊어야 하고 건강이 잘 유지되어야 가족을 이상 없이 이끌어 갈 수 있기 때문에 안방은 가장 좋은 위치에 두어야 한다.

한 건물의 중심은 공기 대류현상의 중심으로 공기의 순환이 가장 좋아 기운이 모이는 기점으로 전 가족이 모이는 거실이나 가장이 생활하는 안방이 위치해야 할 장소이다.

큰 공간일수록 공기의 대류현상이 원활하여 공기의 순환이 좋아져 생기가 충만하기 때문에 안방이나 거실은 적당히 커야 한다.

가족 수가 많다면(5명 이상) 거실이 커야 하고, 가족 수가 적다면 안방이 커야 생리적으로 좋은데 4명 정도는 거실과 안방의 크기를 비등하게 하는 것이 좋을 듯싶다.

생리적 공간은 알과 같은 형태의 원형이 제일 좋다고 앞에서 언급하였는데, 건축·기술면과 생활의 편리성에서 실현이 어려운 형태로 이와 비슷한 정육면체가 공기 흐름이나 소리 울림으로 볼 때 현실적인 최고의 생리적 공간이라 할 수 있다.

장방형의 방구조에서 가로·세로의 비가 황금분할비(1 : 1.618) 이내여야 생리적 공간이 되는 것이다. 장방형안방의 천정 높이는 바닥의 가로와 세로를 합친 길이에서 절반에 해당하는 높이가 적당한데 작은방이라도 최소한 천정의 높이는 2.4m가 요구된다.

삼각형의 방이나 실내 공간 그리고 두 개의 방을 합친 ㄱ자형 방은 공기의 흐름이 안 좋고 안정감이 없어 심리적 불안감이 생기므로 안방의 형태에 맞지 않아 생리적 공간으로 개조하여 사용해야 한다.

가족들의 방은 주역8괘의 가족상징 방위에 맞춰 배치해도 무방하다. 그러나 주역8괘는 형이상학적인 상징성에 치우치고, 방위는 형이하학적인 물리적 현상과 연관시켜 구분지어진 것으로 주역8괘의 가족상징 방위에 맞춰 가족의 방을 구분짓는 것은 약간 무리라는 생각이 들지만 심리적인 측면에서 볼 때 참고할 가치는 있다.

주역8괘의 건(乾)은 아버지를 뜻하기 때문에 집의 중심에서 볼 때 북서방위에 아버지의 방을 두는 것이 좋고, 어머니는 남서방위, 장남은 동쪽방위, 장녀는 남동방위, 차남은 북쪽, 차녀는 남쪽, 3남 이하는 북동쪽, 3녀 이하는 서쪽에 있는 방을 사용하면 좋다는 것이다. 여기서 아버지의 방위인 북서쪽에는 안방을 두고, 어머니의 방위인 남서쪽에는 옷수선하는 가사실이나 부인의 서재를 두는 것 등으로 상징방향을 참고하여 응용하는 것도 바람직하다.

아울러 젊은 가장은 남·동남 방향의 안방이 좋고, 나이든 가장은 서·북서 방향의 안방도 무난하다고 본다.

방위에 따른 길흉도 그대로 적용되어 북서쪽이 약간 돌출된 집(한 변 길이가 1/3이내로 돌출⌐)은 아버지에게 더욱 좋고, 북서쪽이 들어간 집(⌐)은 아버지에게 나쁜 영향을 미친다했다. 이와 같이 8괘에 의한 상징위치를 방위에 적용하여 해당 가족의 영향력에 대해 건축물을 개조할 때 참고하면 도움이 될 것이다.

최근에는 안방의 독립을 위해 안방 옆에 별도로 침대방을 두는 경우가 있는데, 침대 놓는 자리가 구석지고 공간이 협소하면 공기의 흐름이 좋지 않을 뿐만 아니라, 자는 동안 안방이 비게 되어 곰팡이 균이 번식하여 공기가 탁해지기 때문에 좋지 않다. 따라서 안방과 침대방을 서로 구분지어 사용하는 것은 바람직하지 않다.

안방은 가장의 생활공간이면서 수면실이다. 음양으로 구분할 때 수면은 무의식 상태로 음에 해당된다. 따라서 침실은 안정된 장소여야 하고 폐쇄성이 높은 곳일수록 좋으므로 현관문 바로 옆이나 주차장 진입로와 접해 있으면 사람의 움직임과 소음으로 좋지 않다. 또한 안방은 음식조리대와 인접해 있으면 음식물의 잔류냄새로 수면이 방해되고, 욕실이나 화장실과 함께 있으면 습해지고 악취가 들어올 수 있어 좋지 않다. 부득이 안방과 접한 부엌, 욕실, 화장실은 절대적으로 자연 환기창이나 강제 환기시설이 필요하다.

안방은 방음이 가능한 이중문에 이중커튼을 설치해야 좋다. 이중커튼을 설치할 때 창 유리 쪽은 두꺼운 천소재로 하고 중간명도 정도의 색상으로 하면 빛 흡수효과와 방

> 안방은 수면의 장소로 방음된 창에 이중커튼이 설치되에 있으면 좋고 음식조리대와 떨어져 있어야 한다.

음효과가 있어 좋고, 방안 쪽은 부드러운 감이 드는 얇은 천소재로 명도가 높은 색의 커튼을 이중으로 설치하면 커튼의 효용성과 인테리어 효과를 모두 충족할 것이다.

이것이 바로 비보풍수 인테리어 방법이다.

안방의 침대방향은 '이귀문 흉방의 과학적 입증'과 '잠자리가 편한 방'을 참고할 때 자전축상의 남북으로 길게 놓은 것은 좋지 않다고 하였다.

활동적인 젊은 부부나 늦잠꾸러기로 지나친 저녁형의 사람은 동쪽에 머리를 두고 자

면 아침의 햇살기운을 받아 아침활동이 좋아지리라 본다. 노인들이나 지나친 아침형의 사람은 서쪽에 침대머리를 두고 자면 수면시간이 길어져 건강에 좋을 듯싶다.

안방의 색상은 분홍색계통이 무난하다고 본다.

기타 침실에 대한 것은 '잠자리가 편한 방'을 참고하기 바란다.

6. 좋은 거실의 구조

온 가족이 함께 모여 오순도순 대화하고 함께 TV를 시청하는 가족의 공동장소가 거실이다.

집안에서 거실은 활동하는 양(陽)적 공간으로 집 공간에서 햇빛이 잘 드는 남향 쪽에 위치해야 좋고, 투명유리의 큰 창이 조망 및 외부의 기운을 불러 들이는데 용이하여 좋다.

요즘의 거실은 전통가옥에서 대청과 같으며, 내방객과 담소를 나누고 가족구성원들의 공동체 의식을 가질 수 있는 곳이다. 그래서 거실은 항시 밝은 기운이 가득차 있어야 하는데 밝은 기운이란 자연채광이 잘 들고 깨끗한 공기의 유입이 순조로운 상태를 말한다.

거실의 기운이 밝으려면 현관이 깨끗해야 가능한 것인데 신발장이 잘 정돈되고 신발의 악취가 거실로 들어오지 말아야 한다. 현관 안 밖의 이중문 설치는 밖의 거친 공기를 순화시키고 신발의 악취가 바로 거실로 들어오는 것을 차단하는 효과가 있다.

일단 거실에 유입된 새 공기는 장애물을 만나면 흐름이 순조롭지 못하므로 거실 규모에 비해 물건이 너무 크고 많으면 공기흐름의 걸림돌이 되어 문제가 될 수 있다. 거실에는 소파, 책장, 오디오, 텔레비전, 장식장, 화분 기타 가전제품이 주로 있는데 빈틈없이 물건이 있으면 공기의 순환을 방해하고 가구 사이에 먼지가 쌓이게 되며 전자제품의 집진현상과 전자파로 인해 거실이 살기(殺氣)공간으로 전락하게 된다.

거실의 창문 앞에는 자연채광이 들어오는데 장애가 되지 않도록 잡다한 물건을 놓지 말아야 한다. 거실의 장식물은 기의 흐름을 막아서 답답한 느낌을 주지 않아야 하

> 거실은 햇빛이 잘 드는 남향 쪽에 위치해야 하고 투명유리의 큰 창이 조망 및 햇빛유입효과에 좋으며 거실 내의 가구는 적당히 듬성하게 배치한 것이 유리하다.

고, 그렇다고 장식물이 거의 없다면 거친 외풍이 순화되지 못한 채 들어와 그대로 가족들의 호흡을 통해 흡수되어 나쁜 영향을 주게 된다.

이는 마치 여과와 침전과정으로 탁한 물이 정제된 물로 바뀌는 작업과 흡사하다.

거실은 소파의 상태와 놓는 위치가 중요한데, 소파는 중후함과 깨끗함을 따져 구입하되 나이가 있는 부부의 큰 거실에는 어두운 색의 중후한 엔틱 스타일이 격에 맞으며, 젊은 부부가 사는 작은 거실에는 밝은 색의 심플하고 모던한 스타일이 어울린다.

소파 놓는 위치는 기가 순환되도록 벽면과 10cm 가량 떨어지게 놓고, 소파의 뒤쪽이나 바로 옆에 현관문이 있으면 심리적으로 불안하고 밖의 공기를 직면하게 되어 좋지 않으며, 현관문과 소파가 마주보고 있어도 좋지 않다. 현관문에서 대각선으로 마주보고 소파를 놓으면 거실이 넓어보이고 조망거리도 길어지며 현관문을 통해 들어온 공기도 순화된 상태에서 호흡하게 되어 좋다.

밝은색 계통이 기분을 상쾌하게 하므로 거실의 벽지나 커튼색은 밝은 것이 좋고, 커튼은 얇은 천이 부드럽고 아늑한 느낌을 주어 좋다.

아울러 복층구조의 집은 거실에서 2층으로 통하는 내부계단이 노출되어 있는데 현관 출입문에서 정면으로 보이는 곳에 내부계단이 설치되어 있으면 아늑한 기분이 들지 않고 어수선하게 보여 좋지 않다.

> 소파는 벽면과 공기 소통이 되게 약간 띄우고 현관문과 대각선상에 놓으면 시각적으로 거실이 넓어보이고 공기 순환에도 좋다.
> 내부계단은 현관 출입문에서 정면으로 보이는 곳에 설치되어 있으면 어수선하게 보여 좋지 않다.

환경풍수 배치구도에 맞춘 거실

환경풍수 관점에서 설계단계부터 필자가 관여하여 건축한 거실의 배치구도 사진을 눈여겨 보자.

7. 부엌 꾸미기

부엌은 양택3요(陽宅三要) 중의 하나로, 주부가 음식을 조리하고 가족이 식사를 하는 장소이다. 특히 주부의 주된 공간이라 말할 수 있으며, 주부가 즐겁게 조리하고 가족이 기분 좋게 식사할 수 있는 밝은 분위기가 요구되는 장소이다.

현대의 부엌은 가족이 함께 모여 가사를 돕고 대화와 식사의 즐거움을 느끼는 가족공동체의식을 키우는 거실과 유사한 제2의 가족 문화공간인 셈이다. 부엌은 화기(火氣)를 이용하여 조리하는 장소로 화기를 살려주는 목기(木氣)가 이롭기 때문에 부엌은 건물의 중심에서 보아 동쪽이 제일 좋고 남동쪽도 무난하다.

> 부엌은 건물의 중심에서 보아 동쪽이 제일 좋은데 자연통풍이 잘되어야하고 화기를 누르는 환경조성이 유지되어야한다.

반면에 서쪽의 부엌은 오후 늦게까지 건물 깊숙이 들어오는 햇빛의 열기로 음식은 쉽게 상하게 되고, 오행상생·상극으로 보아도 서쪽은 금기(金氣)로 부엌의 화기와는 상극관계이다.

부엌은 가족의 건강을 책임지는 공간으로 부엌의 조건 중에 첫 번째 중요한 것은 음식물을 상하지 않게 보관하는 것과 조리를 즐겁게 하는 분위기이다. 그러기 위해서는 부엌의 방향이 맞아야 하는데, 동쪽은 아침의 자연채광 조건에 맞고 아침햇살이 찬 기운을 따뜻하게 변화시킨다.

두 번째는 부엌이 화기를 다루는 곳이므로 화재의 위험을 감소시켜야 한다. 부엌에는 가스누출감지기를 설치해야 하는데 도시가스(LNG)는 공기보다 가벼워 중간밸브 상단 천장에서 10cm 아래 벽면에 설치해야 한다. 도시가스는 악취물질을 함유하고 있어 외출하고 귀가할 때 이상한 악취냄새가 나면 가스누출로 보고, 전등점화 스위치의 불꽃에 의해 화재사고 위험이 있으므로 이럴 때는 전등 스위치를 작동하지 말고 현관문을 열어 환기를 먼저해야 한다.

세 번째, 부엌에는 자연통풍과 자연채광이 함께 되는 창이 있어야 하는데 그래서 햇살이 들어오는 동쪽 부엌이 최적의 위치인 것이다.

부엌의 구비조건을 간추려 열거하면

- 부엌의 방향은 건물 중심에서 보아 동>남동>북의 순으로 동쪽이 제일 좋고 북쪽의 경우 겨울철에는 배관의 동파방지와 찬 공기의 유입에 주의해야 한다.
- 서쪽 부엌은 서쪽 벽면을 완벽하게 단열을 하고 유리창에 블라인더를 달아 차광하는

것이 중요하다.

- 음식물 조리 때 불의 사용으로 산소가 소모되고 음식냄새로 인해 공기가 탁해져 자연 환기창이 꼭 필요하다. 동쪽의 부엌은 창이 클수록 좋고 북쪽의 부엌은 환기가 가능할 정도의 작은 창이 좋다.

- 현관문을 열고 들어올 때 조리대 쪽이 바로 보이면 좋지 않다. 아무리 취사도구 정리에 신경을 써도 조리대 주변은 어지럽기 마련이다. 집에 들어올 때 정리되지 않은 주방을 보면 기분이 산만해져 좋지 않다.

- 부엌의 밥솥이 오른손으로 밥 푸는 방향에 대문과 마주보고 있으면 예부터 식복이 달아난다하여 흉하게 봤다. 이는 외부의 분진이 부엌으로 날라와서 건강상 좋지 않고, 부인이 필요 이상으로 대문 밖의 외부인에 대해 신경을 쓰게 되어 안 좋다는 것이다.

- 식탁은 사각형보다 타원형이나 원형이 가족들을 화목하게 하여 좋다.

- 동쪽 부엌의 창문 앞은 전자레인지나 냉장고, 인테리어 소품 등이 막지 않아야 한다.

- 남서쪽의 부엌은 태양열기와 부엌의 화기가 더해져 음식물이 상하기 쉽고 화재위험이 가중되기 때문에 피해야 한다.

> 부엌은 자연환기창이 있어야 하고 현관문에서 바로 보이지 않아야 하며 전자렌지와 식탁 사이에 화분을 놓아두면 전자파 차단 효과와 식사 분위기에 어울린다.

- 부엌은 화기를 다루는 곳으로 화기와 상생관계에 있는 목기(木氣)인 화분을 놓으면 좋은데, 전자파가 많이 발생하는 전자레인지와 식탁 사이에 화분을 놓으면 전자파 차단 효과가 크다.

- 부엌의 벽면 색상은 식욕을 북돋아주는 노란색계열이 좋고, 다이어트 차원에서 식욕을 감퇴하기를 원한다면 녹색계통 식탁보가 효과적이다. 흰색은 부엌 벽면 색으로 청결감을 주어 적합한 색채이다.

8. 성적을 오르게 하는 공부방 만들기

요즘은 초등학교부터 대학까지 무려 16년을 책상 앞에서 책과 싸우는 장기전을 펼쳐야 하는 것이 숙명처럼 되어 버렸다.

또한 공부의 성패가 청장년기의 인생을 가름할 수 있는 척도가 되므로 너나할 것 없이 자녀들의 공부에 신경을 곤두세우고 있다.

여기서는 공부하기 좋은 분위기의 공부방을 만들려는 항목이므로 학생자녀를 둔 부모들의 관심이 클 것이라 생각한다.

장기전에 유리한 공부방 분위기는 건강과 컨디션을 유지할 수 있는 환경이어야 하고, 인내심과 공부에 대한 흥미를 끌어 학습효과를 높일 수 있는 안정된 분위기의 조성이 관건이다.

사람의 생리적인 측면에서 중학교 2학년 초를 기준점으로 하여 총 학업기간을 이분하고자 한다. 초등학교 입학부터 중학교 1학년 말까지를 '학업1단계'라 칭하고, 중학교 2학년부터를 '학업2단계'라 해보자. 학업1단계와 학업2단계 사이에서 생리적 심신의 변화가 큰데 특히 성적인 변화가 크다.

> 학업1단계인 중학교 1학년 말까지는 원기를 북돋아주는 남향의 공부방이 좋고 학업2단계부터는 양기를 식힐 수 있는 북쪽의 공부방이 유리하다.

학업1단계 기간에는 원기가 왕성하여 성장이 빠르고, 학업2단계에서는 초기에 사춘기를 맞고 이성에 대한 관심이 고조되어 가는 시기이다. 학업1단계에서는 성장을 촉진할 수 있는 방향으로 집의 중심에서 보아 동쪽이나 남쪽·동남쪽 공부방이 햇빛의 기운을 받아 유리하다. 햇빛은 양기인데, 그럼 학업2단계에서는 햇빛과 공부방 관계에서 어떤 문제점이 있을까?

학업2단계에서는 호르몬의 작용에 의해 신체적으로 양기가 왕성한 시기인데 양기의 특성을 좋게 다스려 쓰면 좋은 에너지이지만 관리가 안될 때는 용기가 만용으로 바뀌는 것과 같다. 즉 과도한 양기는 문제를 야기할 수 있으며 특히 공부는 안정된 인내심을 요구하는 것으로 과도한 양기와는 궁합이 맞지 않다. 그래서 중학교 2학년 때부터는 양기를 식혀야 하기 때문에 동쪽이나 남쪽보다는 북쪽 방향의 공부방이 이롭다. 그러나 허약체질인 학생은 동·남쪽 공부방이 무방한데 이는 건강이 우선돼야 공부도 잘할 수 있기때문이다.

공부방의 벽지는 희망과 진정효과가 있는 엷은 파란색이나 엷은 녹색계통이 좋다.

공부방에는 바깥을 보기 쉬운 큰 유리창이 있으면 밖에 나가려는 충동이 생기고 산만해지므로 남쪽 창은 적당한 크기면 되고 북쪽 창은 작아야 좋다. 공부방의 유리창에는 외부와 이중적 차단효과를 주는 안방과 같이 이중커튼의 설치가 필요하다.

공부방에는 침대, 책꽂이, 책상 등 가구가 기본인데 가구를 놓을 때 가능하면 벽면에서 10cm 이상 이격시켜 공기의 순환이 구석까지 이루어지게 하는 것이 탁한 공기를 없게 하고, 침대는 20cm 이상 벽과 이격시켜야 벽에 매입한 전선으로부터 전자파 피해를 줄일 수 있다.

컴퓨터는 창문 옆에 설치하는 것이 컴퓨터 열기를 밖으로 내보낼 수 있어 좋은데 침대 가까이는 피해야 하며 공부방의 전자제품에는 전자파 차단 콘센트나 전체 전원 메인 스위치가 있어야 취침할 때 끄기가 쉽고, 반드시 전원을 끄고 자야 전자파 피해를 줄일 수 있다.

건강하고 컨디션이 좋아야 공부의 성과가 큰데, 충분한 숙면은 기억력을 증가시켜 주고 건강을 유지시켜 준다.

책상 놓는 위치는 방문을 등지거나 방문을 향하지 않아야 좋은데 방문을 등지면 불안감이 생기고 방문을 향하여 책상을 놓으면 문을 열고 나가려는 충동이 방문을 볼 때마다 생기기 때문에 책상의 측면이 문을 향하는 게 좋다. 창문은 책상의 측면에 있으면 무방한데 시력보호와 컨디션 조절을 위해 밖의 녹색나무를 간간히 조망하는 것도 효과적이다.

조명은 반자연광이나 인공3파장이 시력보호에 좋고, 책상에 앉아있을 때 왼쪽에 적당히 밝은 조명을 설치하는 것이 그림자를 만들지 않아 좋다.

집의 중심에서 볼 때 8방위별 공부방의 길흉작용을 간략히 열거해 본다.

공부방의 방위별 길흉과 보완책

방위	길흉 작용 (길 / 흉)	대비책
북	중학교 2학년부터 공부방의 방위로 좋고 장시간 정신집중이 잘됨 / 내성적인 성격으로 되기 쉬움	벽지는 흰색이나 엷은 녹색계통이 어울림
북동	귀문방(鬼門方)인 지구의 자전축상으로 지자기의 영향이 크며 변화, 암흑, 고립 등 철학적 의미를 내포한 까다로운 방위임	피하는 것이 상책임
동	초등학교 시작부터 중 1학년 때까지 성장기의 어린이에게 좋은 방위 / 중 2학년부터는 양기가 넘쳐 주의력이 산만해져 공부방의 방위로 부적격함	학업2단계 대상 학생 공부방은 창에 이중 커튼을 설치하여 햇빛을 차단할 것
남동	동쪽과 흡사하나 특히 여자아이들에게 좋은 방위임	상동
남	어린이들의 공부방으로 좋고 양기가 많아 창조성 · 예술성을 높임 / 신장이 약하고 시력이 약한 어린이들은 증세가 악화됨	상동

남서	북동의 방위와 흡사함	피하는 것이 상책임
서	해질녘의 열기가 강해 성장기 어린이들의 건강에 해로운 방위임	완벽한 벽 단열시설이 되어야 하고, 창문은 이중커튼이 필요함
북서	고집이 강하고 참견하려는 성향이 강해져 공부방으로 부적격, 겨울의 강한 북서풍으로 감기 등 호흡기 질환이 우려되는 방위임	창문을 작게 하고 방한용 두꺼운 이중커튼 설치가 필요함

9. 아름다운 화장실

예전의 전통가옥에서는 화장실이 본채와 분리되어 있어 화장실은 멀수록 좋다고 했다. 당시의 상황으로 볼 때 악취나 위생적인 면에서 이치에 맞는 말이다.

현대주택은 화장실의 변기를 욕실에 설치하여 사용하는 집 구조가 대부분이므로 욕실과 화장실을 같은 개념으로 생각해도 괜찮다고 본다.

화장실은 욕실과 분리될수록 좋고, 건물의 외벽창과 접해져 있어서 자연환기가 되는 것이 중요한데 강제 환기시설 또한 필요하다.

화장실은 악취와 관련된 본래의 느낌 때문에 위치의 선정이 까다로운데 풍수상 바람직한 집 구조는 욕실과 화장실이 따로 분리되어야 좋고, 화장실은 청결이 최우선이다. 화장실은 무엇보다 환기가 중요한데 자연환기가 1차적으로 되어야 하고 부득이한 경우에는 강제 환기시설이 있어야 한다.

환기의 조건에서 볼 때 화장실이 건물의 외벽창과 접해 있지 않으면 자연통풍이 되지 않고, 건물 중앙 쪽에 위치해 있으면 순환되지 않은 탁한 공기에 의해 질병이 생기거나 불쾌한 냄새로 인해 기분이 상하게 된다.

이럴 경우 강제환기시설이 필요한데 환풍기의 작동에 따른 전기소모 및 소음이 생겨 좋지 않고 완벽한 시설을 장담해도 자연환기를 따를 수 없다. 공기오염문제가 된 지하철역 내를 볼 때 강제 환기시설을 아무리 잘 갖춰도 지상 노출 공간보다 공기가 탁하다는 것은 다 아는 사실로 이해가 쉬울 것이다.

화장실은 청결하고 건조한 상태로 유지하여 습기에 의한 곰팡이가 생기지 않도록 해야 하며 환기를 잘 시켜 냄새가 배지 않도록 해야 한다. 화장실의 문은 현관문과 마주보지 않아야 하고 현관문과 맞닿아 있으면 미관에 좋지 않다. 화장실의 냄새가 출입문을 통해 들어오는 새 공기를 탁하게 하여 탁한 공기가 건물의 중앙에 모이면 가족 전체의 공동생활공간인 거실의 기운이 흉해져 가족구성원 전체가 피해를 보게 되고, 악취가 건물 내 흉작용을 주도하게 되어 좋지 않다.

　건물의 중심점에서 보아 방위별 화장실의 길흉에 대해 알아보자.

- 동 · 남동쪽 화장실은 적절한 일광이 유입되어 활력을 제공함으로 적합한 방위이다.

- 북 · 북서쪽 화장실은 햇빛이 들지 않고 겨울에는 한랭한 계절풍을 받아 냉기로 습기가 마르지 않아 좋지 않다. 벽면의 철저한 단열과 상 · 하수도 시설의 동파에 대비해서 이중단열창 시설이 혹한기에는 요구되는데 환기관계를 적절히 맞춰야 한다.

> 화장실은 자연통풍이 잘 되도록 외벽에 접해 있어야 좋은데 부득이 자연통풍이 어려운 조건에서는 강제 환기시설을 잘 갖춰야 한다.

- 북동 · 남서쪽의 화장실은 귀문(鬼門) 방위로 화장실이 위치하는 것을 꺼리는 방위이나 청결과 정리정돈이 잘 되면 가능한 방위이다.

- 남 · 서쪽 화장실은 강한 햇빛으로 양기가 넘쳐 물을 사용하는 수기(水氣)와 만나면 상극관계로 좋지 않은데 특히 남쪽은 햇빛을 받아야 이로운 공간인 거실 등이 놓여야 하는데 화장실이 막고 있으면 좋지 않다. 서쪽 환기창은 블라인더를 사용해서 석양의 태양빛을 적절히 차광해야 한다.

　화장실에서 변기의 색상 선택은 가족의 건강상태를 체크하여 어느 색상이 맞는가를 생각해서 선택해야 하는데 대체로 흰색이 최적이다.

　왜냐하면 소변이나 대변의 색깔을 살필 수 있기 때문인데 소변색이 붉으면 잠혈을 의사에게 확인해 봐야 하고, 검은 대변은 장기 출혈 의심이 가기 때문에 즉각 의사의 진료가 요구된다.

　검은색 변기는 검은색이 오행상 물의 기운이므로 화장실 자체의 물기와 혼합되어 항시 물에 젖어있는 느낌이 들어 좋지 않고, 기타 짙은 유채색도 바람직하지 않다.

　건강상태가 좋은 젊은 사람들의 변기, 욕조, 세면대는 미색이나 연한 녹색 또는 아이보리 색상이 채택 가능하다.

　화장실 내 세면용품 진열장은 내부의 흐트러진 모양이 노출되지 않은 불투명 문을 다는 것이 좋으며, 색상은 청결감을 주는 흰색이나 아이보리색 톤이 좋고 청결하게 정돈되어야 기분이 좋다.

　화장실 출입문은 변기와 일직선으로 놓으면 용무를 볼 때 불안감이 생기므로 가능한 출입문과 측면 위치에 놓는 것이 바람직하다.

화장실 벽면의 맑은 거울은 내부를 밝아지게 하고 공간을 넓어 보이게 함으로써 시각적 확장 효과를 준다. 그러나 거울이 사방이나 두 벽면을 맞보고 있으면 사람이나 물체의 형상이 이중, 삼중으로 보여 정신을 혼란시키고 불안감을 조성하여 좋지 않다.

거울은 한쪽 면에만 설치하고 상반신이 보일 정도의 크기가 적당하다.

화장실에서 사용하는 물품은 밝은 색상에 화려한 꽃무늬 문양이 어울리는데 진열장 내에 잘 정돈해 두어야 한다.

화장실의 조명은 적당히 밝은 것이 좋은데 화장실에 들어가면서 변기 속의 물에 조명 빛이 반사되지 않은 위치에 조명을 설치해야 한다.

결론적으로 화장실은 건물의 중앙이 아닌 건물 외벽과 접해져 자연통풍창이 있어야 하고, 고온에서는 곰팡이 균이 번식하기 쉬우므로 적당한 채광 및 차광이 필요하다. 북·북서쪽의 화장실은 창을 작게 하는 등 동절기 방한 대비가 필요하고, 화장실은 습하지 않도록 항상 청결이 유지되어야 화장실 특유의 불쾌한 느낌이 사라지게 된다.

아울러 생기 방향인 동쪽이 아무리 화장실의 방위로 맞다하여도 부엌을 두는 것이 더 우선이라는 점도 참고해야 하며 집의 방향, 가족 수, 집의 공간 크기 등을 고려하여 생활 구분공간의 방향을 정하는 것이 바람직하다.

07

건물 종류별 풍수

🪷 1. 아파트 풍수는 있는가

　우리나라는 최근 건축업자들에 의해 도시의 낡은 단독주택은 공동주택인 다세대 주택으로 재건축되고, 낡은 주택지역은 대·소단위의 고층아파트로 재건축 또는 재개발되는 실정이다.

　아파트 단지는 대지의 형태에 맞춰 건축법의 테두리 내에서 용적률(대지면적에 대한 건축물 연면적의 비율)의 최대

> 아파트는 주거구조가 친환경적이고 접근의 편리성과 관리 및 가사의 편리성이 확립된 배치구도여야 한다.

한도로 아파트를 지으려는 건설회사측의 영리목적이 최우선되고 있다. 그러다 보니 친환경적이고 접근의 편리성을 강조한 거주자 위주의 복합적 주거문화는 도외시(度外視)되고 있는 현실이다.

　아파트 주거구조에서 친환경적이라는 것은 가능한 전체 동을 남향으로 배치하여 태양열과 자연채광의 혜택을 극대화시켜 에너지를 절약하여 환경을 이롭게 하고, 탁 트인 조망권 확보까지를 일컫는 것이다.

　접근의 편리성이란 진입도로에서부터 도보나 차량주차 후 각 동 출입구를 통해 자신의 집까지 들어오는 과정이 전체 거주자에게 공통으로 최대의 편리성이 이루어지는 동 배치구도와 이동시설물의 구조가 전체적으로 접근하기 편리한 상태를 말한다.

　아파트의 최대 장점인 편리성이란 집 내부를 제외한 전체를 공동관리함으로 인해 집 관리가 쉽다는 것이다.

요즘 들어 주차장 확보 및 방범 여건이 좋고 전체 주차장을 지하에 두어 지상의 동간 여유 공간을 휴식처 및 문화공간으로 적극 활용하기 때문에 아파트가 친환경적인 신 주거문화구축의 주거공간으로 인정받아 더욱 인기가 치솟고 있다.

서울 강남구 도곡동에 세워진 주상복합상가형 초고층아파트인 타워팰리스는 G동이 69층까지 있는데 고가인데도 신흥부자들이 모이는 것은 탁월한 일조와 조망 그리고 아파트의 장점이 극대화되어 있고, 양질의 주변 여건 때문이다.

현 주거문화를 대변하는 공동주택인 아파트에서도 단독주택과 같이 풍수적 길흉 판단이 가능할까? 아파트 풍수를 고전풍수에 대입해 보자.

아파트 진입도로나 아파트 단지 밖 도로는 물로 보고, 아파트 단지 내 다른 동이나 단지 주변 큰 건물을 산으로 보며, 자신의 아파트 동과 주변 산(다른 동이나 큰 건물)의 배치관계를 사신사(四神砂)의 개념으로 보고 판단하면 된다. 이와 같이 아파트 풍수에서 길흉판단은 가능한 것이다.

아파트 길흉을 분석하는 주안점을 보면

첫째, 대지의 지형 및 동(棟) 전체의 입지조건

둘째, 동의 좌향

셋째, 아파트 동에서 거주자의 호(號)가 위치한 방위

넷째, 아파트의 평면 및 건물형태

다섯째, 아파트의 층수와 평수에 따른 차이점

여섯째, 다른 동이나 인접한 건물의 영향력

일곱째, 건물 골조재료와 내부 인테리어 소재의 영향 등

다음은 구체적인 길흉을 분석하는 방법에 대해 살펴보기로 하겠다.

■ 대지의 지형 및 동 전체의 입지조건

대지의 형태가 북고남저·서고동저형이 혹한기에 한랭한 북서계절풍을 자연적으로 막을 수 있고, 햇빛을 받는 지면의 경사도를 볼 때 태양열 활용시설 집열창의 기울기가 55°에서 태양열 흡수율이 가장 높다했는데, 토목작업하기 전 대지경사도가 15°를 넘으면 높은 축대가 생기고, 급경사인 주변지형은 지반붕괴위험 등 문제점이 많아진다.

그러므로 최적 집열창의 기울기는 참고가 될 뿐이고, 안전하고 건축이 용이한 완만한 경사지형이 대지로 무난하다. 물론 남고북저, 동고서저형은 흉상의 대지이다.

속칭 나홀로 아파트로 주변에 큰 건물(주변 산 포함)이 없고 도로(냇물)가 있으면 명당론에서 말하는 사신사 원리를 적용시키되 양택에서는 길이 물과 같이 해석되므로 도로를 냇물과 같이 보고 길흉관계를 명당과 흉당으로 나눠 분석하면 된다.

아파트도 일반주택과 같이 건물의 방향, 일조권과 조망권의 확보 등 양택의 길흉조건이 그대로 적용된다.

대단위 아파트 단지나 건물 밀집지역의 아파트는 본인 아파트 동을 중심으로 라인별 전체 출입문 쪽이나 앞 베란다 쪽을 전면으로 보고, 뒤쪽의 제일 가까운 큰 건물을 후 현무로 하고 왼쪽 건물을 좌청룡, 오른쪽 건물을 우백호라 하며, 전주작은 앞쪽에 위치한 건물로 남향 동일 경우 일조권과 관련하여 적당히 먼 거리일수록 좋고, 조망권 또한 탁 트인 듯하고 아름다운 풍경을 볼 수 있으면 좋다. 서울의 경우 도도히 흐르는 한강이 보이고 도시 야경을 한눈에 볼 수 있다면 좋겠죠.

명당론에서 볼 때 혈 앞에서 합수(合水)되면 길지라 했는데 앞쪽에 냇물이 흐른다거나 길이 나있는 조건은 상당한 조망거리가 확보된 상태라고 볼 수 있어 길지에 가깝다. 아파트는 공동주택이라는 차이뿐 주거하는 목적이 일반주택과 같기 때문에 집터의 길흉관계와 같은 개념으로 판단하면 거의 맞을 것이다.

아파트 단지는 대지면적이 크기 때문에 일단 좋지 않은 곳을 피하여 건물자리를 선택하는 것이 바람직하다. 아파트 부지로 피해야 할 곳을 가려보자.

첫째, 공동묘지였던 곳은 많은 시신이 부식될 때 땅에 스며든 부식균이나 독기가 잔존하여 이런 곳에서는 정신질환이나 투신자살과 같은 변고(變故)가 발생할 수 있다.

둘째, 쓰레기 매립지나 유류저장시설이 있었던 곳 또는 화학공장이 있었던 터는 오염물질에 의해 토양은 독성을 갖고 있어, 폐기가 공기 중으로 발산되기 때문에 천식 환자나 알레르기 환자가 많이 발생한다.

셋째, 지하에 수맥이 흐르는 곳은 지자기 흐름이 교란되어 지상 거주자에게 건강상 문제를 일으킬 뿐만 아니라 지반침하를 가져와 지상건물을 균열시키고 지반을 불안정하게 만든다.

넷째, 죽은 땅이라 함은 토색(土色)이 거무튀튀하고 썩은 냄새가 나는데 이런 곳은 과거 늪 또는 시궁창이었다고 볼 수 있고, 지력이 없이 부슬부슬하여 꺼지는 땅 또한 죽은 땅으로 이런 땅은 아파트 부지로 맞지 않다.

다섯째, 과거에 형무소, 도살장, 화장터 자리는 심리적으로 좋지 않아 사는 사람에게 정신적 문제를 일으킬 가능성이 높다.

여섯째, 아파트 부지가 풍수지리 이론상으로 용(龍), 혈(穴), 사(砂), 수(水)의 길지조건에 맞지 않는 곳은 아파트 입지로 좋은 땅이라 볼 수 없다. 여기서 풍수의 용, 혈, 사, 수 이론은 양택과 음택에서 공통으로 적용되는 환경논리이다.

아파트의 용, 혈, 사, 수 명당조건에서 용은 아파트 뒤쪽의 수려한 산줄기이고, 혈은 생기있는 부지를 말하며, 사는 감싸 안은 주변 건물 등이고, 수는 물길이나 진입로가 좋은 조건을 말한다.

용, 혈, 사, 수의 명당조건을 아파트 풍수와 연관시켜 살펴보겠다.

용이란 명혈자리, 즉 집터 또는 묘자리가 형성되는 곳까지 생기를 타고 꿈틀거리듯 내려오는 산줄기를 말한다. 이러한 점을 아파트 기준으로 볼 때 아파트 뒤쪽에 수려하고 숲이 좋은 산이 있는 조건이면 길하다고 보는데, 이때 지나치게 산세가 험하고 높으면 아파트의 기운을 압박하므로 좋지 않다.

혈이란 힘차게 뻗어내린 용의 생기를 이어 받아서 좋은 기맥이 융결된 터를 뜻하는데 아파트 부지가 바로 혈자리 개념이다.

사란 혈을 둘러싸고 있는 주변의 산세나 물, 언덕 등을 가리킨다. 주변의 형국형세(形局形勢)가 터를 잘 감싸고 있어서 장풍득수(藏風得水)가 잘되는가를 보는 것으로 주변의 사신사가 잘 갖춰진 상태를 보는 것과 같다. 아파트 주변의 산 또는 건물 그리고 물 또는 도로가 전후좌우 사방을 둘러싸고 있으면 이들의 역할을 분석하고, 산 또는 건물에 의한 오목거울 원리로 안마당이 밝고 따뜻하며 한랭한 북서계절풍을 막아줘 생기(동절기에는 따사롭고 하절기에는 시원하면서 부드러운 공기)가 가득차게 되는 것이다. 그러나 앞에 물길(도로 포함) 없이 산(큰 건물 포함)으로 둘러싸여 공기의 흐름이 차단된 분지형은 오염된 공기인 폐기가 고여 있어 좋지 않다.

수란 명당이 형성되려면 땅의 기운이 모일 수 있도록 혈을 좌우로 감싸듯이 흘러내리는 물길이 있어야 하는데, 물은 재물이 모이는 조건으로 옛날 운송수단이 배일 때는 물이 바로 운송로이고 현재의 육로인 도로와 같은 맥락의 운송 개념인 것이다.

그래서 재물을 얻기에 쉬운 조건의 득수는 아파트 풍수에서 볼 때 아파트 부지 앞쪽으로 도로가 합류되어 지리적 조건을 갖추고 아파트 진입로가 양호한 상태를 말하는 것이다.

■ 아파트 동 및 세대별 방향

자신이 살고자 하는 동에서 앞 베란다가 위치한 곳이 향(앞) 쪽이고, 뒷 베란다 쪽이 좌(뒤) 쪽이라 보면 된다. 동의 출입문은 경우에 따라서 꼭 앞쪽에만 있지 않고 측면이나 뒤쪽(좌 방향)에 있는 경우가 있는데 자신의 호에서 주로 드나드는 문이 동 출입문(대문)으로 보고 판단하면 된다.

아파트는 출입구조에 따라 복도식과 계단식으로 나누는데, 공동복도를 쓰는 복도식에서 자기 동의 중심점이 아파트 동의 중심점으로 보아 동쪽에 있다면 나경4층 24방위로 볼 때 묘방(卯方 · 동쪽)에 해당하는 집(호)이라고 볼 수 있다. 그리고 양쪽에서 가운데 공동복도를 사용하는 복도식은 좌 · 우의 2열을 합한 동 전체의 중심점을 자기 동의 중심점으로 보고 방향을 파악하면 된다.

아파트의 방향별 길흉관계를 보면 하나는 아파트의 앞 베란다를 기준으로 한 동(棟) 방향을 찾는 방법이 있고, 다른 하나는 아파트 동 중심에서 보는 동의 방향이 있다.

아파트에서 자기호 방향을 보는 것은 양택에서 집과 대문의 배치 방위에 따른 길흉 분석과 같다. 동사택과 서사택의 지자기원리와 음양오행에서 상생상극의 원리를 적용하는데 방향의 기준으로 삼는 지하환경을 중시한 방향인 것이다.

아파트 방향을 찾는 방법은 자기호 중심점에서 보아 거실쪽 앞 베란다의 길이 방향으로 그은 가상 일직선과 수직으로 교차하는 점을 찾는 것이다.

자기호 중심점에 나경을 놓고 볼 때 자기호의 중심이 집 중심점이 되고 베란다쪽 교차점의 방향이 향방향이다. 다른 방법은

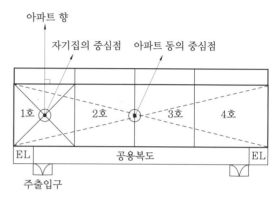

하나의 공동복도를 쓸 경우 (복도식)

※ 본인이 1호에 살 경우 아파트 동의 중심점에 나경을 놓고 볼 때 자기집의 중심점 방향의 해당 방위가 자기집의 방향이 되고, 자기집의 중심점에서 보는 주출입구가 대문의 방향이 된다.

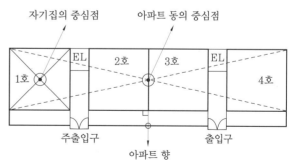

좌우 양쪽집이 계단 또는 복도를 공용으로 쓸 경우 (계단식)

※ 본인이 1호에 살 경우 (EL : 엘리베이터)

아파트 구조에 따른 중심점 구하기

아파트 동 중심에서 보아 동 주출입구와 아파트 진입로가 같은 방향에 있을 경우 주출입구 쪽 외벽의 지면 가상 수평선과 아파트 동 중심점에서 그은 선이 수직으로 교차하는 점을 찾는 것이다.

여기서 아파트 동 중심에 나경을 놓고 볼때 아파트 동 중심점에서 주출입구 외벽의 가상선과 수직으로 교차하는 점의 방향이 향방향이다.

그리고 자기호의 가까운 주출입구를 대문으로 보아 자기호의 중심에 나경을 놓고 주출입구 방향을 재면 대문의 방향을 알 수 있다. 자기호의 향과 주출입문(대문)의 방향을 찾아 앞의 첫째마당 05장 2절 「동사택과 서사택 방위의 음향오행」에서 '집과 대문의 배치방위에 따른 길흉 분석표'를 참고하면 자기호의 길흉을 찾을 수 있다.

■ 아파트의 평면 및 건물형태

아파트(빌딩, 기타 건물 포함)의 동 외형(棟外形)이 지나치게 오목하거나 볼록한 형태 즉 ㄱ자형 등은 생기를 중앙에 모아줄 수 없어 흉상으로 친다. 특히 꺾이는 안쪽은 옆 라인과 서로 노출될 수 있고 채광이나 조망에도 안 좋기 때문이다.

> 아파트 동 외형이 지나치게 돌출된 ㄱ자형 등은 흉상으로 치는데 특히 꺾이는 안쪽은 채광이나 조망 조건이 안 좋아 더 흉하다.

요즘은 아파트를 휘어진 형이나 부채꼴로 짓는 경우가 있는데 이런 형태에서는 채광에 무게를 두고 조망조건을 분석하여 입주 여부를 결정해야 하고, 하나의 복도에 양쪽으로 개별 호를 배치한 조건에서는 볼록하게 나오는 쪽 세대가 휘어져 들어간 세대보다 좋다는 점을 염두에 두어야 한다. 아파트는 한 세대의 평면형태를 보면 앞면길이와 깊이가 거의 1 : 1 비율로 이루어져 정사각형에 가까운 형태여서 좋으나, 하나의 동 형태를 볼 때는 횡으로 5세대 이상이 이어진 경우가 있어 동 전체 외형은 직사각형을 이룬 형태가 많다.

이런 형태는 보기에도 아름답지 못할 뿐만 아니라 바람길을 흐트러지게 하여 공기 흐름을 막거나 돌풍을 일으키고, 방향에 따라 그늘진 면적이 크게 생길 수 있어 그늘에서는 조경수목이 생기를 잃게 되고, 여름에는 습하고 겨울에는 한랭하며 주변과 조화를 이루지 못한다.

전용면적 $85.95m^2$(26평), 높이 20층에 10세대가 횡으로 배치된 아파트의 경우는 동 외형의 전면 길이가 110m이고, 바닥을 포함한 한 층의 층고를 2.7m로 볼 때 높이 54m의 아파트로 한 동 크기가 마치 작은 산과 같다.

동 배치가 잘된 서울 상암동 아파트

　최근에 건축한 서울시 마포구 상암동 디지털미디어 시티의 아파트 형태는 기존의 횡이 긴 동 형태가 아닌 횡이 짧은 일자형으로 지어 주변 동과의 일조권과 조망권이 저해되는 문제점을 개선하고, 바람길의 흐름이 순조롭도록 동 외형의 크기를 줄여 이상적인 동 평면배치 형태를 추구하였다. 그리고 앞으로는 아파트와 단독주택의 장점을 살린 저층연립형 단독주택인 타운하우스가 지가 부담이 적은 수도권 외곽에서 각광을 받을 것으로 예상된다.

　아파트의 지붕 형태에 있어서 평슬래브지붕은 기운이 중심에 모이지 않고 분산되는 형태에 속해 좋지 않고, 지붕의 방수처리에서도 평면이 물 흐름의 물리적 현상 때문에 영구적 방수가 잘 안 되는 것이다.

　최근에 시공된 아파트의 중심부를 높인 맞배지붕 형태는 풍수학적 환경원리를 적용하고, 지붕의 경사도를 높여 방수문제도 안정되도록 환경을 살린 이상적인 아파트 지붕 형태라 여겨진다.

　5세대 이상이 횡으로 배치된 아파트 동 형태는 병풍형

> 아파트 동 외형의 가로·세로 비는 횡으로 이어지는 세대수가 많을수록 공기의 흐름, 그늘, 대지의 온도 및 습도 등에서 문제를 야기시켜 좋지 않다.

으로 산에 비교할 때 품격으로 보조격에 해당되고 체형으로는 약체이다.

보조격과 약체인 아파트는 약한 인물이 나고 종속적인 성격의 소유자로 변하게 되는데 그것은 아파트 동의 폭과 길이를 비교해 볼 때 폭이 상대적으로 짧아 외풍에 대항하는 힘이 약해져 종속적으로 된다고 볼 수 있다.

아파트의 건물 형태를 오행산(五行山)에 비유해 보면, 직사각형을 세워놓은 듯한 목형(木形 □) 아파트는 거주자에게 정확성, 근면성, 지구력을 배양시키고 목형의 기가 너무 지나치면 소인배적 기질, 완고함, 협동심 결여, 개인주의와 질투심을 갖게 한다. 화형(火形 ⌂) 아파트는 뾰족한 삼각형의 불꽃형태로 속성속패(速成速敗), 혁명, 개혁의 기운을 갖게 하고, 토형(土形 ▭) 아파트는 직사각형이 옆으로 누운 평탄한 형태로 후덕함, 존엄, 부귀를 가져다주는 기운이 있으며, 금형(金形 ⌒) 아파트는 둥근 종을 엎어 놓은 형태로 재물운을 갖게 해주고, 수형(水形 ⌒) 아파트는 물결이 흘러가는 형태로 예술적 재능이나 선비의 고결한 심성을 갖게 해준다.

현대의 아파트나 빌딩은 주로 목형건물이 대부분으로 대지의 이용효율을 극대화하기 위한 결과라 본다.

오행산 형태를 적용하는 것은 아파트뿐만 아니라 빌딩이나 일반 건축물에도 그대로 적용된다. 요즘 서울에는 하루가 다르게 재건축 고층아파트와 고층빌딩이 세워지고 있다.

고층건물은 목형으로 보고 이는 양의 성질이 강하게 작용하고, 평슬래브지붕은 산으로 볼 때 민둥산에 해당되며, 고층에 평슬래브지붕이 많이 들어설수록 도시는 살기(殺氣)가 많아진다. 그러므로 아파트 지붕은 평슬래브지붕 형태를 지양(止揚)하고, 부족한 점은 파고라 설치로 보완하며, 도심의 고층빌딩은 옥상녹화사업을 활발히 벌여야 한다.

요즘 대형건물 옥상을 녹지공원으로 조성하여 새로운 휴식공간을 만들어 효과를 보고 있는데 서울 압구정동 현대백

현대백화점 본점의 옥상에 조성된 하늘공원

화점 본점의 하늘공원이 좋은 예라 볼 수 있다.

그리고 건물이 높아진 만큼 생긴 여유 대지에는 수목을 심어 소공원으로 조성하여 도시의 화기(火氣 : 실제 서울시내는 외곽보다 2~3℃ 온도가 높음)를 줄여야 한다.

서울은 이제 8대문(현존 4대문) 안의 도성이 아닌 한강을 끼고 있는 한 나라의 주장(主場)이고, 큰 강을 낀 지기의 속성으로 볼 때 재화와 사람이 모이는 경제도시이다.

> 고층아파트나 고층빌딩일수록 양기운이 강하다는 것은 도시의 공기 흐름을 막아 대기온도가 상승되고 시각적으로 압박감을 느끼게 하므로 옥상에 파고라를 설치하거나 옥상녹화를 해야 한다.

서울의 지기는 도시가 확장되면서 큰 산이 도시 안으로 들어오게 되어 지형이 화기를 키우고 고층건물이 늘어나면서 화기가 더해져 더욱 양(陽)의 기운이 커지기 때문에 음양조화가 깨져 지기가 쇠약해지고 있다.

그래서 음양조화가 이루어지도록 도시녹화사업을 충실히 하고, 서울이 계속 팽창됨으로 인해 도시환경이 변하고 있는데 도시로 들어오는 바람길을 적당히 열어주어 공기의 순환을 유도해야 한다.

서울은 특히 서쪽이 넓은 들로 이루어져 생기운이 빠져나가기 쉬울 뿐만 아니라 순화되지 않은 찬 북서풍이 겨울 동안 몰아칠 수 있다. 이를 방지하려면 월드컵공원과 행주대교 주변에 사철나무 방풍림수종을 식재하는 것이 좋은데 이는 앞의 '방위별로 유리한 정원수'를 참고하기 바란다.

■ 아파트 층수와 평수에 대한 차이점

요즘 아파트는 대지 이용률을 높이려다보니 고층(15층 이상)으로 상당부분 건설되고 있는데 고층의 문제는 안전성과 환경으로 환경에 대해서는 지자기의 인체영향관계 그리고 장풍(藏風)문제 등이 있다. 그리고 고강도 철골구조의 고층아파트는 내진과 견고성은 보장되나 고비용의 문제가 따른다.

건물의 안전성을 입주자가 확인한다는 것은 사실상 어려운 점이지만 간단히 육안으로 보았을 때 벽체가 지면과 수평으로 갈라진 곳이 많다면 부실공사 우려가 있는 건물이다. 특히 기둥이나 보에 금이 나 있으면 안전성 문제를 눈여겨봐야 한다.

지자기는 우리나라의 경우 지표면에서 평균측정값이 0.5가우스인데 우리나라 사람은 0.5가우스 지자기에 항상성이 있다고 본다. 이 항상성 수치에서 현저하게 벗어난 곳에서 생활하면 건강에 해롭다고 볼 수 있다.

특히 철근이나 철골골조건물의 철 성분에 의해 모아진 높은 지자기는 인체리듬에 해롭다는 점을 앞의 '지구의 지자기 원리'에서 설명하였다.

지표면의 0.5가우스 지자기는 지상 15m 높이에서 0.25가우스로 떨어지는데 대부분의 나무가 15m 높이까지 크면 성장이 더디게 되는 것도 지자기 세기와 연관성이 있다는 학계의 주장이 있다.

아파트 1개층의 층고가 보통 2.7m라면 6층에서 지자기의 수치가 반감되므로 지자기 측면에서 볼 때 5층까지가 인체생리에 유리한 층이라 볼 수 있다. 단, 실리적으로 보면 1층은 혹한기에 지표면의 냉기를 직접 받아 하수결빙으로 오수역류 피해를 입을 수 있다. 그리고 혹서기에는 지표면의 열기를 직접 받을 뿐만 아니라 상층에서 사용하는 오수의 낙수소리가 심야에는 요란하게 들릴 수 있다는 점 등 1층이 가지고 있는 거주환경의 문제도 만만치 않다.

> 고층아파트의 6층 이상에서는 높이만으로 볼 때 지자기가 반감되는데 지자기 항상성이 현저하게 벗어난 곳에서 생활할 경우 건강상 문제가 따른다.

지자기는 혈액순환을 촉진하여 세포에 산소공급을 원활하게 하는데, 특히 신경통이나 관절염이 있는 노인들은 지자기 감소로 혈액순환에 문제가 생길 우려가 있으므로 아파트 초고층은 피하는 것이 좋다.

요즘은 주상복합상가건물이나 오피스텔을 많이 짓고 있는데 주로 1~3층까지는 상업용, 그 위층은 주거용이며 차량소음이 고층에서는 어떻게 들릴까하는 궁금증이 있으리라 본다. 대답은 고층에서도 차량소음이 생각만큼 줄어들지 않는다는 것이다.

> 차량통행이 빈번한 대로변에 있는 고층아파트의 상층에서도 생각만큼 소음이 줄어들지 않고, 아파트 평수는 가족 간 스킨십이 유지될 정도의 적당한 크기의 공간이 좋다.

환경적인 시야로만 볼 때 차량통행이 빈번한 대로변은 풍수에서 마치 직류수가 급히 흐르는 하천으로 비유되는 흉터로 주거용 건물이 들어설 자리가 아니다.

아파트의 크기와 거주자 관계를 볼 때 식구 수에 비해 지나치게 넓은 평수 아파트는 빈방이 생기게 마련이고 "빈방에 귀신이 산다"는 옛사람들의 말은 빈방을 꺼리는 풍수지리관과 일맥상통한다고 본다.

식구 수에 비해 아파트가 지나치게 작아도 좋지 않지만 지나치게 큰 집은 더 좋지 않다고 보는 풍수적 안목은 가족끼리 어느 정도 부대끼며 얼굴을 부비고 살아야 가족 간 사랑이 더해지고 대화를 나누는 시간도 많아지기 때문이다. 특히 가족구성원 간의 신체적 스킨십은 사랑을 확인하고 사랑을 느끼게 하는 중요한 사랑의 표현으로 스킨십이 잘

되는 조건은 큰 공간보다 작은 공간이 이상적이다.

성격이 내성적이고 편협하며 우울증이 있는 사람은 비교적 큰 방이나 넓은 공간에서 거주하게 하면 잘못된 성격이 완화되고 개선된다고 한다. 그러나 방이 지나치게 넓으면 과대망상과 경솔한 성격이 형성된다.

따라서 주위가 산만하고 집중력이 결여된 어린 자녀의 방은 다소 작은 방을 사용하도록 하고, 밖에 나가려하지 않는 내성적인 아이는 햇빛이 잘 드는 큰 방에 공부방을 배정하면 밝고 쾌활하게 되어 성격적인 결함을 어느 정도 해소시킬 수 있다.

사람들의 일반적인 심리는 사생활이 보장된 혼자만의 공간에 있으면 처음에는 긴장이 풀리고 스트레스가 해소되어 당분간은 정신건강에 이롭다고 느끼지만, 이런 생활이 길어지면 심리상태가 너무 이완되어 권태감에 사로잡히게 되고 삶의 의욕이 상실된다. 이것은 '사람 간의 경쟁심 유발이 발전을 갖게 된다' 는 진리를 충분히 증명해 주는 것이다.

합리적으로 봐서 1인당 19.83m²(6평)가 적절한 생활공간으로 본다면 5인 가족의 경우 전용면적 99.17m²(30평) 정도가 이상적이라 본다.

부득이하게 가족 수에 비해 큰 집에서 살 경우 빈방을 드레스 룸이나 서재로 사용하여 사람의 기운을 심어주고 빈방 문은 항시 열어두어 공기를 순환시켜 탁한 공기가 빈방에 머무르지 않도록 한다.

■ 다른 동이나 인접한 건물의 영향력

아파트 동 배치는 거주자의 입장에서 최상이 되도록 설계해야 하는데 건설사의 이익 극대화라는 상업성에 밀려 편의성과 최적 환경조건이 무시된 채 동 배치를 할 경우 거주자는 두고두고 불편함을 겪어야 한다.

건축의 생태적 배려가 거론되기 시작한 요즘 생리에 맞는 주거문화가 이루어지기를 기대하면서 동 배치와 인접한 건물의 영향력에 대해서 함께 생각해 보기로 하겠다.

아파트 동 배치에서 유념해야 할 사항들은 어떤 것들이 있을까?

첫째, 동 사이의 통행길이 아파트 동의 앞면을 향해 직각으로 오는 구도는 좋지 않다.

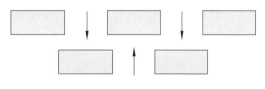

① 길과 동이 마주치는 구도

※ 길과 동이 마주한 구도는 살풍을 길과 마주치는 동이 직접 받아 위층까지 도로의 분진이 바람을 타고 올라와 해롭고, 차량 전조등 불빛이 창문으로 들어와 수면장애를 줄 뿐만 아니라 차량 돌진 사고 위험도 따르기 때문에 흉한 배치구도이다.

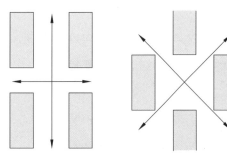

② 십자형 길 구도   ③ 다이아몬드형 동 배치구도

※ ②와 같은 십자형 길 구도는 좌·우 동간 이격거리가 확보되고, ③의 다이아몬드형 동 배치는 부지가 넉넉하여 동간 여유 공간이 충분한 경우로 ②와 ③의 구도는 환경 여건을 고려할 때 이상적 배치구도이다.

아파트의 동 배치 구도

양택풍수에서 길은 물로 보기 때문에 직류수가 찌르는 형국은 흉으로 치는데, 순화되지 않은 살풍(殺風)이 강타하여 문 소리가 난다거나 문을 열어놓으면 큰 분진까지 바람을 타고 날아와 실내로 유입되고, 야간에 차량 라이트가 직접 비칠 뿐만 아니라 차량 돌진사고 위험도 따르므로 흉한 배치로 본다.

동과 동 사이 공간이 일조권 확보가 가능한 거리('남향에 배산임수와 복사열'에서 태양의 동지 때 남중고도를 측정한 결과 동간 이격거리에 문제가 없는 상태)라면 아파트 동과 동을 나란히 배열하여 동 사이의 길이 십자로 교차되게 하는 것이 바람직하다고 본다.

아파트 부지가 다소 넉넉하다면 동을 다이아몬드형으로 배치하여 외부에 공동 문화 공간 및 휴식공간을 두어 편의를 제공하는 것이 이상적인 배치구도라 할 수 있다.

> 아파트 동 배치에서 동 사이의 통행 길이 아파트 동의 앞면을 향해 직각으로 된 경우나 지그재그식 동 배치 구도는 좋지 않다.

최근에는 일조관계와 조망을 확보하려고 아파트 단지 내 동 배치를 지그재그형(◇◇◇) 구도로 하는 경우가 있는데 이럴 경우 산만한 배치를 보일 뿐만 아니라 바람의 흐름을 교란시켜 좋지 못한 결과를 불러올 수 있다.

아파트 단지 중심에 상가나 어린이 놀이터 등 근린시설이 있으면 아파트 단지 전체가 산만해 보이고 오물에 의한 환경침해가 되어 좋지 않으므로 이런 저층 근린시설은 단지의 남향에 배치하면 일조와 조망이 확보되는 이점이 생길 수 있다.

아파트 동 배치는 사는 사람의 환경문제, 접근의 편리성을 고려하여 배치하되, 특히 전면 남향구도는 에너지 절약 차원에서도 우선 고려되어야 할 사항임을 염두에 두길 바란다.

■ 건물골조와 건축재료의 영향

아파트에 국한된 것만이 아니라 대다수의 현대 건축물에 적용되는 항목으로 건물의 붕괴나 화재 등으로부터의 안전성 문제는 건물의 골조와 관계되고, 거주하거나 사무를 보는 장소의 내부 환경문제는 주로 건축재료와 관계된다.

건물 뼈대인 골조는 철근콘크리트조와 철골조 중 하나인데, 철골조는 건축 비용이 골조부분에서 30% 가량 상회(실제 저층건물에서 낮은 규격의 철빔 사용과 저가방열소재의 시공으로 전체건축비가 10% 감소될 수도 있음)한 것 때문에 주저하는데 철골조의 특징은 내진 구조이고, 골조의 부피가 철근콘크리트조보다 감소되며, 기둥을 줄일 수 있어 공간 활용성을 높일 수 있고, 강도나 내구성도 뛰어나다.

철골조의 화재에 대한 안전성은 화재발발 후 단지 1시간 정도 보장될 수 있도록 철골에 모르타르나 방열소재로 내화피복을 입히는 정도이기 때문에 방화시설에 신중을 기해야 한다.

아울러 철골에 모르타르로 피복할 때는 결로나 불완전한 방습으로 인해 철 부식현상이 심할 수 있다는 점을 대비하여 $5cm^2$ 이상 두께로 시공해야 한다.

철근콘크리트조는 콘크리트의 특성이 지면과의 수직강도는 강하지만 보와 같은 수평강도가 약하기 때문에 보가 중간에 처져 있는 건물(육안으로는 중간이 처져 보이지만 실제 안 처진 경우가 많음)은 안전성 문제를 재차 관찰해 봐야 한다.

건축재료는 시멘트, 나무, 모래, 돌, 흙, 철, 석유화학물질 등 여러 가지 원재료에 의해 모르타르, 나무각재, 흙벽돌, 시멘트벽돌, 판석, 철근, H빔, 유리, 각종 도료, 무늬목, 목재무늬필름 등 여러 가지 건축용 재료가 만들어지고 이들을 조합하여 건축물을 만든다.

건축재료는 원목 같은 천연자재와 분쇄한 나무가루에 접착제를 첨가하여 목형을 만드는 MDF와 같은 인공자재로 대별할 수 있는데, 천연자재는 본래의 재질에 따라 질감과 용도가 한정되어 있고, 인공자재는 용도에 맞게 가공되어 있어 작업이 손쉽다.

천연자재는 자연적인 질감에 따른 깊은 미감과 시간이 지날수록 옛스러움이 뚜렷해져 색다른 인테리어 효과를 볼 수 있고, 인공자재는 깨끗함·미려함 등 장점을 살려 자연적 미감을 보완한 우드톤 바닥재 등이 많이 등장하고 있다.

그러나 중요한 문제는 내부 인테리어 자재가 천연자재냐 인공자재냐에 따라 인체건강에 미치는 영향이 다르게 나타나는데, 인공자재 중 특히 석유화학 관련 건축자재는 건강에 막대한 지장을 주어 문제가 되는데 이 점에 대해서는 부록의 '실내공기 오염과 대책'에서 상세하게 다뤄질 것이다.

건축재료는 각각 고유한 기운을 갖고 있어 건축물의 기운 형성에 중요한 요소가 된다.

인체에 맞는 기운은 현생인류(호모사피언스)의 역사인 195,000년 동안 이어진 채집, 수렵, 영농이란 생활양상에서 나타난 자연친화적 항상성 조건인 자연에 가까운 천연재료에서 나온 기운이다. 나무와 흙은 따뜻한 기운이며 철과 유리는 찬 기운으로 실내에는 천연자재가 균형 있게 섞인 것이 이상적인 기운을 형성하여 좋다. 이와 같은 천연자재와 인공자재를 적재적소에 사용하여 조화를 이루면 훌륭한 건축물이 된다.

아파트가 공동주택이 갖는 장점에 건축미, 자연과의 조화, 생리에 맞는 건축물이 될 수 있도록 풍수적 이론을 더하여 이상적인 주거형태로 거듭 발전할 수 있도록 건축종사자들에게 희망을 걸어 본다.

요즘 대도시 건축시장을 보면 재건축, 재개발 사업의 상업적 논리로 건설된 고층아파트 일색의 도시주거형태는 과밀화에 따른 교통문제뿐만 아니라, 특히 공기의 흐름이 차단되어 공기오염도가 높아지고 지상시야가 좁아지는 폐단이 우려되고 있다. 수도권의 경우 고층아파트 단지를 만들려는 재개발계획이 꼬리를 물고 있어 글로벌도시로서 생태도시, 미감도시를 지향(指向)하려는데 심각한 걸림돌로 지적된다.

국토개발업무관계자는 도시내 녹지가 부족한 현실에서 주택공급확대 목적으로 부족한 택지 확보를 위해 녹지를 잠식하는 우를 범하지 않아야 한다.

그리고 서울의 경우 주변과 상대적인 고지대는 반드시 저층주택지구로 도시계획을 세워 두어야 서울에서 사는 다음 세대들의 아픔이 적을 것이다.

2. 상업용 건물 풍수

풍수에서 물은 재물로 본다.

터의 앞쪽에서 합수(合水)가 이루어지면 명당조건의 하나를 충족하는 셈인데, 물은 깨끗하고 유유히 흘러야 좋다고 했다.

양택론에서 길은 물길과 같은 맥락으로 본다고 했는데 정지 신호등이 없는 자동차 전용도로인 고속도로, 서울의 내부순환로, 올림픽대로 등은 직류수와 같다고 볼 때 이러한 도로는 주변 터에 흉작용을 한다.

빌딩숲을 양쪽에 둔 테헤란로

반면에 서울의 종로나 테헤란로 같은 길은 유유히 흐르는 큰 강과 같아 주변에 재물이 모이는 형상이므로 풍수관과 현실이 맞아 떨어진다.

합수가 되는 지점은 도로가 교차하는 곳으로 코너에 있는 건물터가 길지이다. 도로가 교차하는 지점은 차량과 사람이 집결되는 장소로 재물(상업성이 좋은 점)이 모이게 된다.

직류수와 같은 신호등이 없는 도로는 주변건물에 흉작용을 주고 유유히 흐르는 강과 같은 도로는 주변건물에 상업적 기운을 준다.

부동산 가치를 평가할 때도 상업용 건물의 가치를 결정하는 가장 큰 요인은 사람의 집중도(보행자들의 밀집도)인데 사람의 집중도에 가장 영향력이 큰 것은 교통망으로 그 중에서도 대중교통망이다.

고속철도는 기존 교통망과 비교하여 접근시간을 단축함으로써 부동산의 가치를 상승시키는 인구집중요소로 상업용 건물의 풍수에서 강한 기운에 해당된다.

한 국가를 볼 때 크고 작은 도시가 분산되어 있는데 도시의 기운은 어떻게 이동될까?

지방마다 거점도시가 있고 거점도시 주변에 위성도시가 있다. 도시의 기운은 지리적 위치에 따라 좌우된다고 볼 수 있는데 거점도시 중심으로 기운이 모인다. 위성도시는 거점도시의 기운에 흡수되는 성질이 있는데 이는 마치 평면조건 위의 물방울과 같아서 큰 물방울에 작은 물방울이 흡수되고 큰 물방울일수록 응집력이 센 이유에서 비롯된 것이다.

기운은 뭉칠수록 강해지고 또다른 약한 기운을 흡수하려는 물리적 성질과 흡사하다.

이러한 교통망, 지리적 위치에 따른 기운의 흐름이 상업용 건물 풍수에서는 길·흉으로 크게 작용하여 건물의 가치를 판가름하게 되는데 상업용 건물에 미치는 풍수적 요소를 간추려 보면 보행자의 수, 차량속도의 저항인자, 상업용지의 형태 및 건물의 형태, 주변 건물의 규모, 대중교통망의 접근성, 도로와 건물 간의 이격거리, 도로의 경사도 등이다. 이런 풍수적 요소의 정도에 따라 상업용 건물은 길·흉이 구분된다. 세부적 상업용 건물의 길·흉 관계는 둘째 마당에서 상세하게 설명할 것이다.

상업용 건물매입의 실전 재테크 측면에서 보면 시세보다 낮은 가격, 높은 수익률, 낮은 공실률, 좋은 위치 및 방향, 양호한 주변환경과 교통망, 발전 잠재력, 재건축의 높은 부가가치가 있어야 좋다.

상업용 건물을 매입하고자 할 때 실전 재테크 측면에서 보면, 시세에 유리한 부동산의 가격, 임대소득의 수익률, 현재의 공실률, 부동산의 위치, 건물의 방향, 주변 환경, 대중 교통망, 향후 발전 잠재력, 건축법에 의한 최대 재건축 가치 등을 체크하여 종합적으로 건물의 상업성을 따져봐야 한다.

기타 법령의 규제 등을 알아봐야 하는데 일례로 학교의 보건위생 및 학습환경 보호를 위해서 정한 정화구역은 학교경계로부터 직선거리 200m 내가 규제대상임으로 상업성 가치가 약화되는 지역이다.

상업용 건물의 형태는 아파트의 형태에서 거론한 형태별(오행산) 특징이 그대로 적용된다는 점을 참고하기 바란다.

우리 속담에 "보기도 좋은 떡이 먹기도 좋다"는 말이 있는데, 이를 건물에 비유할 때 건물의 외관이 깨끗하고 내부공간 구조가 아름다운 건물은 멋지다는 의미만으로도 좋은 기운이 모이는 건물이라 하겠다.

3. 업무가 잘되는 사무실 풍수

어떤 사무실이든지 최고책임자의 책상은 직원들과 같은 실에 놓여 있거나 개별실로 직원들 사무실 안에 딸려있다.

사장이나 책임자의 자리위치가 좋아야 업무성과가 좋고 사업도 잘된다. 물론 사무실 내의 자리배치와 사무실꾸미기가 잘되어 있으면 업무의 성과를 높일 수 있다.

그러면 어떻게 사무실을 만들어야 좋을까. 좋은 사무실을 꾸미는 방법으로 사무실 풍수에 대해 생각해 보자.

건물에서 자신의 사무실 위치를 결정하기에 앞서, 좋은 조건의 건물에 사무실을 구하는 것이 중요하기 때문에 사무실용 건물의 길·흉 관계를 대략적으로 알아보겠다.

첫째, 건물의 외부윤곽이나 외관이 깔끔한 사각형(외부 윤곽선을 유선형이나 돌출형태로 변화를 준 것은 시각적으로 깊은 인상을 심어주고, 햇빛과 바람관계에서 조화되어 좋은 효과를 얻을 수도 있음)이 좋고, 대지의 모양이 좋지 않아 대지의 모양에 맞춰 요철이 심하게 지어진 건물은 사무실로 맞지 않다.

둘째, 건물의 남쪽이나 동쪽에 높은 빌딩이 가까이에 있어 시야와 햇빛을 가리게 되면 우울한 분위기를 만드므로 좋지 않다. 그러나 높은 빌딩이 있어도 멀리 떨어져 있거나 더 낮은 건물이면 상관없다.

> 사무실은 먼저 건물 자체가 좋아야 하는데 건물의 외부윤곽이나 외관이 깔끔한 사각형이고 건물의 남쪽이나 동쪽에 높은 빌딩이 시야를 가리고 있지 않아야 한다.

기타 교통망의 접근성, 건물의 형태, 주변 건물과의 관계, 도로와 건물의 배치 간격, 인접도로의 경사도, 차량 운전자와 보행자의 시선집중 위치관계 등은 '상업용 건물 풍수'를 참고하여 결정하면 된다.

건물이 결정되면 사무실을 꾸며야 하는데 여러 사람이 함께 근무하는 사무실에서는 우선 책임자를 최고 좋은 자리에 배정하고, 그 다음 중요한 부서를 순서대로 배치하면 된다.

실내 배치에서 책상은 오래 앉아서 중요한 일을 수행하는 공간이므로 사무실에서 생기가 많은 지점에 놓아야 한다.

특히 회사 경영주나 사무실 책임자의 좌석배치는 회사 전체나 사무실의 발전과 성공에 큰 영향을 미치므로 위치 선정이 중요하다.

책임자의 자리 선정기준에 대해 열거하겠다.

- 배산임수 이론에 맞게 벽을 등지고 창문이나 출입문을 향해 앉아야 한다. 산과 벽은 같은 부동(不動)이고, 물과 창호는 같은 유동(有動)으로 창문이나 출입문을 등지면 마치 전술에서 배수진을 친 것처럼 절박하고 불안한 느낌이 들어 관리업무가 순조롭지 않다.

특히 출입문과는 멀리 있는 것이 좋다. 출입문 가까이는 사람의 출입이 빈번하여 사무의 집중도가 떨어지고 차가운 외풍이 순화되지 않은 상태로 직접 닿게 되어 건강상으로도 좋지 않다.

> 회사경영자나 사무실 책임자의 책상자리는 중요하므로 최고 좋은 자리에 놓아야 하는데 벽을 등지고 창문이나 출입문을 멀리 보고 앉아야한다.

- 실내에 전용화장실이 있는 경우는 화장실과 먼 위치에 책임자의 자리를 정해야 한다.
- 책상 방향은 실내 중심을 바라보게 하는데 중심의 생기를 5감이 있는 앞쪽으로 받기 때문에 좋다.
- 실내 가로·세로 길이가 다른 경우는 시야를 확보하기 위해 긴 쪽을 전면에 보이게 하고, 천장높이가 다른 경우는 천장이 높은 곳에 기운이 집중되므로 그곳에 배치되는 것이 더 좋다.
- 응접용 소파는 책상과 약간 떨어져 측면에 배치하는 것이 편안한 마음으로 내방객과 대화를 나눌 수 있어 좋다. 응접용 소파는 테이블을 중심으로 삼면에 놓을 경우 중심 자리가 상좌이고 상좌에서 앉을 때 왼쪽이 차상좌이다. 그러나 상좌의 좌우 자리 중에 벽을 등진 안정적인 자리가 더 비중이 큰 차상좌에 해당된다.
- 원형테이블은 출입문에서 멀리 떨어져 있어야 하며, 벽을 등지는 자리가 상석이고 상석을 중심으로 왼쪽이 차석이 되고 다음이 오른쪽이며 출입문을 등지고 있는 자리가 말석이다.
- 고층건물에서 사장실은 내방객의 불편이 감소되고 지기(地氣)의 힘이 강한 2~3층에 두는 것이 좋다.
- 건물형태나 공간형태에서 길이와 폭의 비율이 1 : 2 미만이면 중심에 생기가 모이고, 1 : 2 이상이면 끝 부분에 모이는 것을 참고하여 자리를 배치하는 것도 무방하며 이는 공간의 실내공기 회전운동과 관계가 있다.
- 햇빛이 잘 드는 건물은 건물의 중심에서 남쪽이 환경학적으로 밝고 양의 기운이 충만하여 좋다. 햇빛이 안 드는 사무실은 건물 전체의 중심이나 사무실의 중심에서 보아 팔괘 상징방위에서 아버지 방위(乾方) 즉 북서쪽의 귀퉁이에 기운이 강하여 그곳에 배치하면 좋다.
- 철(凸)형의 사무실은 귀퉁이에 있을수록 길함이 더하고, 요(凹)형의 사무실은 코너와 코너 사이인 벽의 중간에 있을수록 흉기운이 크다.

동사택과 서사택, 음양조화, 오행 상생상극으로 책임자의 책상자리를 선정하는 방법에 대해 분석하는 순서는 다음과 같다.
- 사무실의 네 모서리에 대각선을 그어 대각선이 만나는 지점을 사무실의 중심점으로 잡아 나경 관측지점으로 한다.

- 출입문의 방위가 동·서사택 방위 중 어느 방위인가 구분한다.
- 출입문의 방위와 책상 방위가 같은 사택이면 좋은 배치이고 서로 다르면 좋지 않으므로 출입문 방위에 맞게 책상 위치를 맞춘다.
- 중심점에서 출입문과 책상 위치를 측정해서 8방위의 음양을 구분하여 출입문과 책상 위치가 음양으로 서로 다르면 음양조화를 이뤄 좋지만 같으면 좋지 않다.
- 중심에서 출입문과 책상 위치를 측정해서 오행방위로 구분하여 출입문과 책상 위치의 오행방위가 상생관계이면 길하고, 상극관계이면 흉하다. 예를 들어, 출입문이 동쪽에 있으면 목(木)이고, 책상이 서쪽에 있으면 금(金)으로 금극목(金剋木)인 상극관계가 되어 좋지 않지만, 책상을 남쪽으로 옮기면 목생화(木生火)로 좋다.
- 각자에게는 본명성이 있다. 자신에게 유리한 천기를 받고자 하면 신체의 전면이 본명성의 방향을 향하도록 책상을 배치하면 된다.

각자에게는 본명성이 있으며 본명성의 방향을 향하여 책상을 놓으면 신체의 전면이 천기를 받을 수 있어 신체적 리듬이 순조로워 좋다.

본명성의 방향을 찾는 방법은 다음의 표 '생년의 간지별 본명성으로 찾는 책상의 길방'에서 쉽게 찾을 수 있다.

생년의 간지별 본명성으로 찾는 책상의 길방

12지신상	간 지	출생 연도	길 방	출생 연도	길 방
자년생 (子年生) 쥐띠	갑자(甲子)	1984	서	1996 2008	남동 북
	병자(丙子)	1936	북		
	무자(戊子)	1948	서		
	경자(庚子)	1960	남동		
	임자(壬子)	1972	북		
축년생 (丑年生) 소띠	을축(乙丑)	1985	북서	1997	동
	정축(丁丑)	1937	남		
	기축(己丑)	1949	북서		
	신축(辛丑)	1961	동		
	계축(癸丑)	1973	남		
인년생 (寅年生) 호랑이띠	갑인(甲寅)	1974	북동	1998	남서
	병인(丙寅)	1986	중앙		
	무인(戊寅)	1938	북동		
	경인(庚寅)	1950	중앙		
	임인(壬寅)	1962	남서		

묘년생 (卯年生) 토끼띠	을묘(乙卯)	1975	서		
	정묘(丁卯)	1927	북	1987	남동
	기묘(己卯)	1939	서	1999	북
	신묘(辛卯)	1951	남동		
	계묘(癸卯)	1963	북		
진년생 (辰年生) 용띠	갑진(甲辰)	1964	남		
	병진(丙辰)	1976	북서		
	무진(戊辰)	1928	남	1988	동
	경진(庚辰)	1940	북서	2000	남
	임진(壬辰)	1952	동		
사년생 (巳年生) 뱀띠	을사(乙巳)	1965	북동		
	정사(丁巳)	1977	중앙		
	기사(己巳)	1929	북동	1989	남서
	신사(辛巳)	1941	중앙	2001	북동
	계사(癸巳)	1953	남서		
오년생 (午年生) 말띠	갑오(甲午)	1954	북		
	병오(丙午)	1966	서		
	무오(戊午)	1978	남동		
	경오(庚午)	1930	서	1990	북
	임오(壬午)	1942	남동	2002	서
미년생 (未年生) 양띠	을미(乙未)	1955	남		
	정미(丁未)	1967	북서		
	기미(己未)	1979	동		
	신미(辛未)	1931	북서	1991	남
	계미(癸未)	1943	동	2003	북서
신년생 (申年生) 원숭이띠	갑신(甲申)	1944	남서	2004	중앙
	병신(丙申)	1956	북동		
	무신(戊申)	1968	중앙		
	경신(庚申)	1980	남서		
	임신(壬申)	1932	중앙	1992	북동
유년생 (酉年生) 닭띠	을유(乙酉)	1945	북	2005	남동
	정유(丁酉)	1957	서		
	기유(己酉)	1969	남동		
	신유(辛酉)	1981	북		
	계유(癸酉)	1933	남동	1993	서

	갑술(甲戌)	1934	동	1994	북서
술년생	병술(丙戌)	1946	남	2006	동
(戌年生)	무술(戊戌)	1958	북서		
개띠	경술(庚戌)	1970	동		
	임술(壬戌)	1982	남		
	을해(乙亥)	1935	남서	1995	중앙
해년생	정해(丁亥)	1947	북동	2007	남서
(亥年生)	기해(己亥)	1959	중앙		
돼지띠	신해(辛亥)	1971	남서		
	계해(癸亥)	1983	북동		

※ 본명성(구성)이 오횡인 사람은 8방위중 특정 방향이 없다.

본명성의 방위는 태어난 해에 따른 천문의 자기력 방향으로 책상에서 앉는 향 방향으로는 활동중이어서 본명성 방향이 유리하나 머리를 두는 잠자리 방향으로는 수면 뇌파 상태 유지에 지장을 초래하여 불리하다.

책상의 자리로 피해야 하는 위치는

• 책상이 출입문이나 창문에서 가까운 거리에 정면(正面)으로 있으면 외기(外氣)가 순화되지 않는 상태로 직접 맞닿고 출입자나 외부의 동향 때문에 정신이 집중되지 않아 좋지 않다.

• 책상이 출입문이나 창문을 등지고 있으면 허기(虛氣)를 느껴 불안하여 좋지 않고, 외부의 찬 기운이 등 쪽의 풍문(風門)을 통해 몸으로 들어와 감기에 걸릴 우려가 높아 건강에도 좋지 않다. 자연광 활용면에서도 등 뒤

> 책상자리로 가까운 거리에 창문이나 출입문을 정면으로 마주 보는 위치 또는 등지고 있는 위치는 외기의 나쁜 기운을 직접 받아 좋지 않다.

의 역광을 받게 되어 어둡고 음산한 모습으로 비춰져 좋지 않다. 사무실의 벽 색상 및 조명을 밝게 하여 상쾌한 기분으로 업무를 볼 수 있도록 분위기를 조성하면 일의 능률을 높일 수 있다.

앞에서 설명한 '용도와 색채의 궁합'은 인테리어 색채에 대해 색채미학의 관점에서 다룬 것이고, 여기서는 동양철학과 오행색채를 인테리어에 이용하는 방법에 대해서 서술하겠다.

사람은 태어나는 순간 생년, 월, 일, 시의 사주(四柱)를 갖고 태어나며 시공(時空)과 우주만물의 이치를 8괘(八卦)로 요약하여 8괘 이론에서 생겨난 구성(九星)의 영향을 받아

자신의 본명성(本命星)을 갖게 된다. 본명성이란 태어난 해의 간지(干支)가 기(氣)의 순환 노선이라 할 수 있는 구성에서 어디에 해당하는지를 보고 찾는 것이다. 본명성 찾는 요령은 앞 표에서 출생년도별 간지를 먼저 찾는다. 다음 표에서 보면 태어난 해의 간지로 삼원에서 구성(본명성)을 찾게 될 경우 자신의 해당 구성이 무엇인지를 확인해야 한다.

태어난 해의 간지로 찾는 본명성

삼원(三元) 및 간지	태어난 해의 간지와 구성(九星)								
상원(上元) (1864~1923)	일백 (一白)	구자 (九紫)	팔백 (八白)	칠적 (七赤)	육백 (六白)	오황 (五黃)	사록 (四綠)	삼벽 (三碧)	이흑 (二黑)
중원(中元) (1924~1983)	사록 (四綠)	삼벽 (三碧)	이흑 (二黑)	일백 (一白)	구자 (九紫)	팔백 (八白)	칠적 (七赤)	육백 (六白)	오황 (五黃)
하원(下元) (1984~2043)	칠적 (七赤)	육백 (六白)	오황 (五黃)	사록 (四綠)	삼벽 (三碧)	이흑 (二黑)	일백 (一白)	구자 (九紫)	팔백 (八白)
	갑자 (甲子)	을축 (乙丑)	병인 (丙寅)	정묘 (丁卯)	무진 (戊辰)	기사 (己巳)	경오 (庚午)	신미 (辛未)	임신 (壬申)
	계유 (癸酉)	갑술 (甲戌)	을해 (乙亥)	병자 (丙子)	정축 (丁丑)	무인 (戊寅)	기묘 (己卯)	경진 (庚辰)	신사 (辛巳)
	임오 (壬午)	계미 (癸未)	갑신 (甲申)	을유 (乙酉)	병술 (丙戌)	정해 (丁亥)	무자 (戊子)	기축 (己丑)	경인 (庚寅)
간지(干支)	신묘 (辛卯)	임진 (壬辰)	계사 (癸巳)	갑오 (甲午)	을미 (乙未)	병신 (丙申)	정유 (丁酉)	무술 (戊戌)	기해 (己亥)
	경자 (庚子)	신축 (辛丑)	임인 (壬寅)	계묘 (癸卯)	갑진 (甲辰)	을사 (乙巳)	병오 (丙午)	정미 (丁未)	무신 (戊申)
	기유 (己酉)	경술 (庚戌)	신해 (辛亥)	임자 (壬子)	계축 (癸丑)	갑인 (甲寅)	을묘 (乙卯)	병진 (丙辰)	정사 (丁巳)
	무오 (戊午)	기미 (己未)	경신 (庚申)	신유 (辛酉)	임술 (壬戌)	계해 (癸亥)			

구성(九星)이란 우주를 순환하는 기의 변화 형태를 아홉 가지로 구분한 것으로, 이 구성을 방위의 개념으로 정리한 것이 8괘에 의한 8방위이고, 8방위에 중앙 방위를 더하여 만든 것이 구궁(九宮)이다.

8괘방위나 구궁의 위치개념은 기의 순환과정을 표현한 것으로, 방위에 따라 구성이 변화하는 이유는 지자기의 자력(磁力) 변화에 기인하고 있으며 방향의 길·흉 관계는 지자기 변화와 달, 태양, 화성 등 지구 주변 위성체의 만유인력변화와 관계된 것이다.

순환되는 아홉 가지의 변화를 구성이라 하고, 고정된 원궁(元宮) 아홉 개를 구궁이라 한다. 구성은 해당 원궁의 방위에 따라 각각의 오행(五行)과 색채를 갖고 있다.

본명성이란 바로 구성을 말하는 것으로, 사람은 태어난 해의 간지로 자신의 오행과 그에 따른 고유의 색채를 다음 표와 같이 갖게 되는 것이다.

자신의 본명성에 의해 갖게 되는 상징적인 색채는 친화성과 동화욕구를 갖는다고 보는 것이다.

구성과 오행 색채, 방위

오행(五行)	구성(九星)	오행색(五行色)	구궁(九宮)	방위(方位)
수(水)	일백수(一白水)	흑색(黑色)	감(坎)	북
토(土)	이흑토(二黑土)	황색(黃色)	곤(坤)	남서
목(木)	삼벽목(三碧木)	청색(靑色)	진(震)	동
목(木)	사록목(四綠木)	청색(靑色)	손(巽)	남동
토(土)	오황토(五黃土)	황색(黃色)	중앙(中央)	중앙
금(金)	육백금(六白金)	백색(白色)	건(乾)	북서
금(金)	칠적금(七赤金)	백색(白色)	태(兌)	서
토(土)	팔백토(八白土)	황색(黃色)	간(艮)	북동
화(火)	구자화(九紫火)	적색(赤色)	리(離)	남

예를 들어 1956년생의 본명성과 오행 색채를 찾아보자.

'태어난 해의 간지와 구성'에서 삼원은 중원에 해당되고, 간지(60갑자)는 병신으로 구성이 팔백(八白)에 해당되며, '구성과 오행 색채, 방위'에서 보면 구성은 팔백토(八白土)이고, 오행색은 황색이다. 따라서 1956년생은 사무실벽, 커튼, 의상, 벽지, 간판, 사무집기, 자동차 등의 인테리어색으로 황색계열의 색을 채택하면 적응이 잘된다는 논리이다.

본명성을 상징하는 색과 상생(相生) 관계의 오행색도 좋다고 본다. 가령 본명성(구성)이 팔백토라면 오행이 토이고, 토의 오행과 상생관계인 화생토(火生土), 토생금(土生金)

의 화와 금의 색인, 적색(火), 백색(金)도 맞는 색으로 다음 표에서와 같이 인테리어색으로 사용하면 좋다.

본명성에서 상생관계로 맞는 색과 상극관계로 안 맞는 색

본명성(구성)	오행색	맞는 색	안 맞는 색
일백수	흑색	백색, 청색	적색, 황색
이흑토, 오황토, 팔백토	황색	적색, 백색	청색, 흑색
삼벽목, 사록목	청색	흑색, 적색	백색, 황색
육백금, 칠적금	백색	황색, 흑색	청색, 적색
구자화	적색	청색, 황색	흑색, 백색

오행에서 상극(相剋)관계이면 이에 대한 색채도 맞지 않아 흉으로 보는데 본명성이 팔백토(황색)이면 목극토(木剋土), 토극수(土剋水)이므로 안 맞는 색은 청색(木)과 흑색(水)이다.

그러므로 사무실의 색상은 책임자의 본명성에 맞는 오행색으로 채색하면 좋다.

4. 장사가 잘되는 상가 풍수

장사가 잘되는 상가조건을 갖추기 위해서는 먼저 상업용 건물의 좋은 입지조건의 상가를 선택하는 것이 중요하다.

상업용 건물을 선택할 때 길·흉을 판가름하는 방법은 앞의 '상업용 건물 풍수'에서 터득하여 상가 풍수에 십분 활용하기 바란다.

> 상가 업종별로 유리한 방위가 있는데 상가의 전면 출입문 방위에 맞춘 8괘의 속성과 업종의 특성에서 상생상극을 보고 상생관계이면 방위에 맞는 업종이 된다.

상가 업종별로 유리한 방위가 있는데 이는 8괘의 오행에 따른 상생상극(相生相剋)관계와 8괘의 속성 등에 의해 상가(점포)의 방향을 보고 길·흉을 판단하여 장사가 잘되는 유리한 방향을 찾아내면 되고, 점포들이 일렬로 되어있는 소규모 상가는 건물의 앞면이 어느 방향을 향하고 있는가에 따라 상가 업종별 유리한 방향을 찾으면 된다.

상가 업종별로 유리한 방위(출입문 방향과 일치)

• 정북 : 병원, 생수대리점, 주점, 주류도매업, 음료수대리점, 수산업

- 북동 : 숙박업, 버스터미널, 보험사, 물품하치장, 주차장, 등산용품판매점, 분양사무소
- 정동 : 전기재료상, 전자제품상, 음반판매점, 과일점, 화원, 아트플라워점, 악기점
- 남동 : 화장품점, 예식장, 운송회사, 수출입상, 시장, 가스판매대리점, 무역회사, 가구점, 택배사무실, 물류유통업
- 정남 : 카메라수리 및 판매점, 안경점, 인쇄소, 출판사, 연구소, 신문사, 잡지사, 판촉대행점, 극장, 미장원, 이발소, 화장품점, 안과
- 남서 : 곡물판매점, 택지분양사무소, 보육원, 골프용품점, 산부인과 병의원, 유아원, 놀이방, 부동산거래사무소
- 정서 : 다방, 커피전문점, 음식점, 오락실, 철물점, 목욕탕, 은행, 전당포, 치과, 극장, 증권사, 디스코텍
- 북서 : 각종 정부기관이나 유관기관, 공공단체사무실, 교회, 사찰, 성당, 귀금속상, 제철관련업, 광공업사무소

앞의 상가별로 유리한 방위는 직종에 따른 출입문의 길한 방향과 유사한 것으로 보며, 출입문 방향은 상가(점포)의 방향을 측정하는 방법과 같다.

상가의 입지조건에서 가장 비중을 두는 조건은 상가(점포) 바로 앞을 통행하는 유동인구의 수이다.

풍수에서 유유히 흐르는 물을 길격(吉格)으로 보는 것과 같이 물과 도로상의 유동인구는 같은 맥락의 재물로 간주하며 쇼핑의 욕구를 갖고 서서히 이동하는 사람은 상가의 특성으로 볼 때 생기인 것이다. 유유히 흐르는 큰 강(길)이 합수(교차)되는 지점은 길로 보면 교차로의 코너로 재물이 많이 모이는 곳이며 상가 위치로 최고이다.

출근 시간에 쫓기는 사람이 많은 지하철 출입구 주변은 통행인은 많으나 장사가 잘 안 되는 이유는 물로 볼 때 속도감이 높은 폭포수와 같아 두리번거릴 수 있는 심리적 여유가 없기 때문이다. 그러나 속도감을 맞출 수 있는 패스트푸드점 같은 업종은 잘 될 수 있다. 도로와 접해진 상가의 경우 상업이 번창하도록 출입구를 선정하는 기준에 대해 열거하겠다.

- Y자형이나 T자형의 교차로 중심 코너건물은 상가 위치로 좋으나 도로의 차량배기가스, 분진 등 흉기(凶氣)가 점포의 중심부로 찌르듯이 들어오는 형국이므로 흉기를 피하기 위해 출입구를 갓 쪽으로 빗겨 설치해야 한다.

코너 건물의 점포 출입구는 한쪽으로 몰아 설치하면 좋은데 시야가 넓고 남향이나 남동향에 통행인이 많은 도로 쪽으로 내어야 한다.

이 경우 방비책으로 점포 앞의 인도 끝과 차도 사이에 가로설치 화분이나 키 작은 사철나무를 심어 흉기를 차단하면 효과적이다.

- 상가 건물은 전망이 넓게 트인 장소에 있는 것이 좋다. 이런 장소의 상가는 차량운전자나 통행인의 시야에 잘 들어오기 때문이다. 그러므로 코너점포의 출입구는 통행인이 비슷할 경우 전망이 넓은 장소를 택해야 한다. 점포 앞에 전주나 지하철 환풍기 등 장애물이 있으면 기의 흐름이 원활하지 못하므로 이럴 때는 보완책으로 출입문의 크기를 적당히 키우면 생기의 유입이 잘 되어 좋다.

- 점포의 출입구를 남향이나 남동향으로 하면 좋다. 낮 동안 점포 내부까지 자연광이 들어와 진열된 물건이 잘 보여 통행인의 시선을 끌 수 있고 햇빛은 양기이므로 특히 겨울철 장사가 잘 되어 좋다. 그러나 서쪽 출입문은 직사광선을 점포 깊숙이 받게 되므로 적절한 차광시설이 필요하고 업종에 따라 북향점포(생선가게 등)가 유리할 수도 있다.

- 점포의 출입구는 통행인이 많은 도로 쪽에 둔다. 상가의 입지조건 중에 유동인구의 수에 비중을 둔다고 한 것과 같이 출입구는 유동인파의 수에 따른 선정이 최우선되어야 한다. 환경풍수의 모티브가 '주변환경과 이상적인 조화'이므로 당연히 유동인구는 상업의 대상요소로 점포의 입지조건 선정에서 비중이 큰 기준을 차지한다.

5. 종교건물 풍수

종교 건물이란 신앙 대상이 가질 수 있는 절대적인 능력의 발현(發現)을 희구(希求)하는 장소이면서 신앙의 상징물로 해당 종교의 이미지 표현에 주안점을 두고 발전한 건조물이다.

우리나라는 불교의 사찰과 성당이나 개신교 교회가 주된 종교건물이며 전통 한옥의 건축 특징이 가미되어 발전되었다. 특히 불교사찰은 터 잡기부터 건축양식에 이르기까지 풍수적 방식이 크게 작용했으며 성당의 입지선정에도 풍수기법을 적용했다는 주장이 있다.

인간의 삶 자체가 과거로 갈수록 자연환경과의 동화가 더 절대적이었던 점으로 봤을 때 어찌 보면 오래 보존된 종교건물일수록 환경논리에 맞는 풍수적 장점을 더 많이 적용했다는 해석이 당연하다고 볼 수 있다.

■ 사찰 풍수

사찰을 짓는데 풍수지리적 원리를 광범위하게 적용시킨 도선국사(827~898년)는 우리나라의 풍수지리를 체계적으로 정리하였고, 실용적인 사찰 건립에 응용하여 신라 말부터 고려 초에 창건된 사찰의 많은 터를 잡는데 괄목할 만한 풍수지리의 업적을 남겼다.

종교건물 중에 불교사찰은 터 잡기부터 건축양식에 이르기까지 풍수적 방식이 크게 작용했으며 오래 보존된 종교건물일수록 환경논리에 맞춘 풍수적 장점을 더 많이 적용했던 것이다.

사찰은, 명당조건에 맞는 터 잡기에 주안점을 두었기 때문에 세속과의 왕래조건보다 산세 등 풍수적 길지조건을 우선하여 택한 점(물론 조선시대의 억불정책을 피해서 세속과의 거리가 먼 깊은 산속을 택한 점도 있음)에 대해 여러 사찰의 지리적 위치에서 드러난다.

산야에 세운(지금의 도시근교 사찰도 사찰건립 당시에는 대부분 산야였음) 사찰의 풍수적 길지조건을 열거해 보겠다.

• 산세가 사신사(四神砂)의 구비조건에 합당해야 한다.
• 주변 풍광이 아름답고 산세는 균형과 조화를 갖춰야 한다.
• 주변에 수목이 울창하고 토질이 좋아야 한다.
• 한랭한 북서풍을 막아주는 산을 등지고 있어야 처마 끝에 매단 풍경소리가 요란스럽지 않고 아름답다.
• 대웅전 자리는 지기(地氣)를 받을 수 있는 혈자리에 위치해야 한다.
• 지세가 허(虛)한 곳에는 비보림, 비보탑으로 보완하면 좋아진다.

대표적인 불교건물은 사찰의 대웅전이며, 우리나라 대웅전의 지붕형태는 팔작지붕(🏠) 형태가 주류를 이룬다.

대웅전은 앞에서 보면 건물의 높이는 얕고 양옆으로 길게 벌어진 직사각형 형태가 많다. 직사각형 형태가 황금분할비(1 : 1.618) 범위 내이면 문제가 되지 않으나 이 비율을 넘으면 기운이 중앙 부처상에 모이지 않고 양끝으로 분산되어 좋지 않다. 더군다나 용마루의 가운데가 낮게 늘어진 지붕형태는 기운이 분산되는 것이 더 심하게 나타난다. 이런 건물 아래서는 파벌싸움이 심할 수 있다.

불교건축물에서 대웅전은 가로, 세로의 평면비가 황금분할비 내이어야 하고 용마루의 가운데가 낮게 늘어진 형태는 곡선미는 있을지 몰라도 기운이 용마루 끝 쪽으로 분산되어 좋지 않다.

주창하는 우주–지구–집–인체의 본질일치론(인체가 우주의 환경적 작용에 적용하기 위해 닮아서 서로 본질이 같다는 이론)으로 볼 때 곧은 허리에서 강체의 기운이 나오는 것은 의사들의 정형외과적 견해와도 맞아 떨어진다.

태국의 사찰건물은 전면의 폭보다 깊이가 긴(황금분할비 1 : 1.618 내) 형태로 사찰공간이 생기공간 형태를 이루고 있다. 그래서 불교지도자와 승려들이 지금까지 존경받고 숭상받는 이유와도 연관이 있다고 볼 수 있다.

■ 성당과 교회 풍수

성당이나 개신교 교회의 건물은 십자가가 세워진 건물 중앙이 대부분 높이 솟아 있어 왕성한 기운이 모이는 형태이다.

이러한 지붕형태는 가운데 한 정점으로 기운을 집약시키고 사람들을 모이게 하는 영향력이 있어 종교측면에서 장점이 된 반면에 배타적이고 독선적일 수 있다. 이런 건물은 종합적으로 볼 때 이상적인 종교건물형태에 해당된다.

성당이나 교회의 풍수적 길격(吉格)에 대해 알아보자.

모서리연속효과를 살린 영락교회성전

• 본당의 중심이 가장 높아야 기운이 중앙에 모인다.
• 본당의 성단(聖壇)과 건물 중심(십자가)이 지면의 수직선상에 놓이면 성령의 힘이 강해진다.
• 주출입문의 방향은 성단의 반대쪽 양모서리에 가까운 곳이 무방하다. 성단의 반대쪽 벽면의 중앙에 설치하면 득이 있는 반면 실내분위기가 어수선하고 외기가 순화되지 않은 상태로 성단에 직접 맞닿게 되는 실(失)이 있다. 만약 중앙출입문을 설치할 경우 이중출입문으로 외기를 순화시키면 일부 보완이 가능하다.

종교건물은 신앙의 주체에 대한 절대적 존엄심을 유발시키고 종교지도자를 정점으로 마음을 집중시킬 수 있게 건물 중앙이 높고 황금분할비율 내의 사각형 평면구도에 높은 천장구조(공간의 천정높이는 정신세계를 의미함)가 이상적이다.

그러나 요즘은 종교건물의 이미지 전달과 개성을 살린 건축물의 각인효과 등을 기대해 예술적인 종교건물을 짓는 데 더 무게를 두고 있다. 사진에서 성전외형에 모서리연속효과를 살린 점이 두드러진다.

08

집의 신축과 개축의 풍수

1 택지의 지반 다지기

산을 끼고 있는 경사지에서 북서고(北西高), 동남저(東南低), 전저후고(前低後高) 지형은 한랭한 북서풍을 막아주고, 앞쪽이 트여 따스한 햇살을 충분히 받을 수 있는 명당조건을 말한다.

이런 지형은 전체적인 지면의 조건이 약간 경사진 형태를 보여 집을 짓고자 할 때는 평평하게 대지를 조성해야 한다.

지반(地盤) 다지기란 경사면에서 대지의 높은 쪽 땅을 깎아주는 절토(切土)와 낮은 쪽 땅에 흙을 메워 주는 성토(盛土)를 하면서 성토부분의 땅을 다지는 토목공사를 말한다.

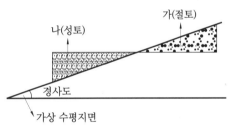

경사진 터의 절토와 성토

그림에서 '가' 부분의 절토한 잔토를 '나'의 위치로 옮겨 성토할 경우 절토와 성토한 상하경계선에 절벽이 생겨 옹벽작업을 해야 하고 특히 빗물의 배수관리를 철저히 하여 토사가 흘러내리는 것과 절벽붕괴사고 예방에 심혈을 기울여야 한다.

성토부분은 아무리 잘 다진다해도 시간이 흐르면서 빗물이 스며들어 흙 하중에 의해 자연적으로 다져지는 것만큼의 효과를 얻기 힘들다.

지반 다지기를 한 상태에서 시멘트옹벽이나 자연석 쌓기를 마친 후 3년 정도 방치해

두면 빗물이 스며들고 땅의 조절능력에 의해 지반이 자연적으로 굳게 다져진다.

앞의 그림의 대지가 북서고(北西高), 동남저(東南低)에서는 '가' 부분(절토지)에 건물을 세우고 '나' 부분(성토지)을 앞마당으로 쓰는 토목작업을 단기간에 마쳐도 큰 문제가 없으나, 남고북저(南高北低)의 지형일 때는 자연적 지반 다지기 기간(약 3년 가량)이 경과한 후에 성토한 '나' 부분에 튼튼히 기초를 하고서 건물을 세운다. 이때 성토옹벽 쪽은 뒷마당이 될 정도로 건물과 옹벽 사이에 여유공간을 두어 북쪽에 맞는 방풍림('건물주변 꾸미기, 조경' 참고)을 식재하면 보완(비보)이 된다.

만약 절토와 성토작업이 끝남과 동시에 건물을 지어야 할 때는 절토부분에 건물을 세우고 배산임수 방향으로 집의 방향을 선정하는 것이 원칙이나 배산이 완만한 작은 산이면 건물을 남향으로 하고 뒷마당을 크게 하는 것도 무방하다. 그러나 성토부분에 완벽한 조치 없이 건물을 세우는 것은 지반침하가 우려되기 때문에 가능한 한 절토의 생땅(본토) 위에 건물을 세우는 것이 바람직하다.

> 좋은 지세는 경사 각도가 크지 않고 북고남저, 북서고, 남동저형이어야 하며, 대지 중심이 솟았거나 꺼진 지형은 피해야 하고 그늘진 곳이 없어야 한다.

지면의 경사도 등에서 중요한 다음의 몇 가지를 종합하여 좋은 지세(地勢)의 판단기준으로 삼으면 유리하다.

• 외형적으로 보아 경사 각도가 크지 않은 대지를 구할 것
• 북쪽이 높고 남쪽이 낮은 곳 또는 북서쪽이 높고 남동쪽이 낮은 지형을 택할 것
• 대지 중심이 솟아오르거나 움푹 꺼진 듯한 지형은 피할 것
• 지어질 자신의 집 앞쪽(남쪽)으로 고층빌딩이나 건물이 들어서 있는 경우 동지 때 한낮(남중시간)에 자신의 집 앞마당에 그늘이 드리워지므로 이런 고층건물 뒤는 피할 것

이상 네 가지를 참고하여 대지를 선정하면 무난할 것이다.

8방위별 경사도를 볼 때 북고남저(北高南低)가 상길(上吉)이고, 북서고·남동저가 차길(次吉)이며, 서고동저도 무방하다. 반면에 남고북저가 대흉(大凶)이고, 남동고·북서저가 차흉(次凶)이며 동고서저도 흉격이다.

2. 흉가를 명당으로 바꾸는 방법

앞으로는 재건축 시 건물폐기물 처리에 따른 환경오염문제로 환경 관련 부담금이

증가되고, 건축자재의 재원고갈 등으로 구획정리를 위한 재건축 사업이 완료된 이후에는 증축이나 리모델링(건축물 개보수) 관련업이 급신장할 것으로 내다본다.

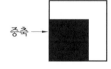

앞으로는 증축이나 리모델링 관련업이 급신장할 것이며 기존의 건물형태가 개축으로 인해 길하거나 흉하게 바뀔 수 있어 더 좋은 명당형태로 바꾸는 것이 중요하다.

낡은 건물을 환경친화적인 실내구조로 만들어 새로운 기운을 불어넣고, 실내인테리어 소재도 환경친화적인 무공해 천연소재로 단장하는 것 또한 중요하다.

주거다운 주거를 만드는 지혜로 풍수적 잣대가 주거의 생리적 환경논리에 맞다고 볼 때, 풍수적으로 잘 되어있는 명당조건을 증축이나 리모델링과정에서 흉가형태로 바꿔버림으로 인해 살고 있는 사람이 생리적이나 정신적으로 환경의 핍박을 받게 되면 사는 사람의 건강, 재물운, 직장생활, 가족관계 등에서 환경적 흉작용으로 나쁜 결과가 나타난다.

반대로 좋지 못한 주거구조를 증축이나 리모델링을 통해 명당으로 바꾸게 되면 건강, 가족관계, 직장생활 등에서 좋은 결과를 얻게 된다.

■ **건물형태의 개조**

집의 흉한 기운은 건물의 형태에 의해 발생하는 비율이 높으므로 다음과 같이 증축하면 명당이 될 수도 있고 또한 흉당이 될 수도 있다.

- ㄱ자형이나 요철(凹凸)이 심해 풍수적으로 문제가 되는 평면 형태를 정사각형에 가까운 평면 형태로 증축하면 호전된다. 정사각형이나 황금분할비(가로·세로의 비가 1 : 1.618) 내 직사각형은 공간의 중앙에 생기(生氣, 좋은 공기)가 모여 명당이 된다. 현 건축법에는 리모델링에서 평면의 면적을 늘리는 외벽확장공사가 불가하므로 증축허가를 받아 공사하면 된다.

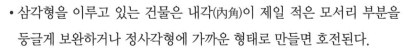

- 중간 공간이 비어있는 ㅁ자형 건물은 집 중심에 투명지붕을 높게 덮고 적절히 통풍시설을 하면 건물 전체가 생기 있는 정사각형 건물이 된다.

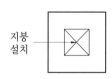

- 삼각형을 이루고 있는 건물은 내각(內角)이 제일 적은 모서리 부분을 둥글게 보완하거나 정사각형에 가까운 형태로 만들면 호전된다.
- 증축할 때 정사각형의 양쪽을 늘려 긴 직사각형 평면으로 변하거나 모서리 한쪽만 크게 늘려 ㄱ자형이 되면 흉가로 변한다.

- 기존 직사각형 건물에 나란히 건물을 증축하면 흉가형태(▢ ▉) 가 된다.
- 두 채 사이의 담을 헐어 한 채로 합치면 흉작용이 생긴다. 두 채를 한 채로 만들어 흉작용이 생기는 주원인은 화장실, 욕실 등의 공간이 두 개씩 되어 공간배치에 맞지 않을 가능성이 많고 실용성이 떨어지기 때문이다. 이런 공간을 바꾸어 방으로 쓴다는 것 또한 이롭지 못하다. 이런 경우 실내 개보수공사비 또한 만만치 않을 것이다.

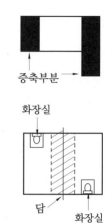

증축부분

화장실

담

화장실

■ 지붕 개조

> 지붕은 좌우대칭형, 돔형, 피라미드 형태이거나 용마루 길이가 짧으면 기운이 중심에 모여 좋은데 층고가 다른 지붕은 가운데나 북서쪽을 높게 하면 좋아진다.

지붕은 건물의 기운을 모아주는 공간으로 지붕형태에 따라 길택과 흉택을 구분 지을 수 있기 때문에 지붕형태는 양택의 중요한 요소이다. 인체가 대칭이듯이 주거공간 특히 지붕은 좌우균형이 맞는 대칭형이 좋다.

지붕은 중심부분에 기운이 모이는 형태인 돔이나 피라미드형태가 길한 지붕이기 때문에 용마루 길이가 짧으면 좋다. 집의 구조상 층고가 다른 지붕구조에서 북서쪽 지붕이 높고 남동쪽 지붕이 낮은 이중구조는 한랭한 북서풍을 막아주어 예외적인 길한 지붕형태이다.

요즘 스틸구조 전원주택 등에서 일체형 지붕이 아닌 미관을 살린 분리형 지붕형태가 유행되면서 지붕이 겹쳐지고 층고가 다른 지붕외형이 생기는데 이럴 경우도 마찬가지이다. 제일 높은 지붕을 건물 전체의 중앙에 두면 전체 공간의 기운이 살아나면서 안정감이 있어 보이고, 북서쪽에 두면 한랭한 북서풍을 막아주는 생리적으로 이로운 지붕형태가 된다.

평슬래브지붕은 마당 대용의 이용가치를 고려할 수 있지만 주거용의 낮은 건물에서 평평한 슬래브지붕은 수산(水山)형태로 좋지 못하고, 전통한옥기와지붕은 용마루가 길고 중심부분이 낮아 기운이 분산되는 흉가형태(처마선과 조화를 이루는 한옥 용마루 곡선은 한국의 곡선미가 두드러진 건축미를 보이는 장점이 있으나 단순히 기운만을 가지고 단정할 때임)로 친다. 이러한 지붕형태를 길(吉)한 지붕형태로 바꾸면 좋다.

사람들의 생활이 다양해지면서 넓은 실내공간이 요구되며 이로 인해 도시의 한정된

대지 때문에 녹지는 갈수록 잠식되어
가는 실정으로 옥상녹화의 필요성이
설득력을 얻고 있다.

지붕을 개조할 때 사진에서와 같이
경사를 두면서도 녹지를 만드는 기술
을 발전시키면 새로운 녹지확장 효과
를 기대할 수 있다.

지붕을 녹화한 주택

■ 실내 개조

집의 중심부분에는 거실이나 안방
같이 넓은 공간이 자리잡고 있어야 중심에 생기가 모이고 내부공간의 기운이 안정되어
좋다.

각 실의 형태는 정사각형 평면이나 바닥의 가로·세로
비가 황금분할비(1 : 1.618)내 이면 좋기 때문에 실내를 개
조할 때 각 실의 위치나 크기를 그에 맞게 조정하면 된다.

실내를 개조할 때 거실이나 안방은
크게 하고 각 실의 형태는 정육면체
에 가까운 형태로 개조하며 남동쪽
의 벽은 과감히 복층유리로 확장하
면 좋아진다.

천장은 건축 후 세월이 지나면 중심부가 처질 수 있으므
로 시각적으로 처져 보여 중심부분을 2~3cm 정도 높게
보완하고, 화장실은 건물의 중심부나 현관 출입구에 접해 있으면 실내 전체에 악취가 퍼
져 가족의 건강 및 기분이 좋지 못하므로 외벽에 접한 적절한 위치를 선정하여 옮긴다.

1995년 전에 지은 건축물은 복층유리(페어글라스)창의 사용이 적어 단열문제 때문에 유
리창의 크기를 작게 했지만, 남동쪽 벽면에 유리창이 있으면 복층유리로 크게 키워 자연
광의 유입을 최대화하는 것이 좋다.

■ 마당 개조

마당의 형태는 정사각형이나 원형에 가까운 형태가 좋다.

삼각형 마당은 조경이나 울타리시설로 내각이 작은 모서리 부분을 둥글게 보완해 주
면 훨씬 좋아진다.

대문은 도로에서 집으로 진입하기 쉬운 도로 부분에 설치하지만 코너에 있는 대지의
경우 코너에 대문을 두면 도로의 나쁜 기운(차량 배기가스나 노면에 떠다니는 분진)이 바람

을 타고 집안으로 들어오므로 좋지 않다.

그리고 코너를 도는 차량 운전자의 시야가 확보되는 거리가 짧아 대문 출입자들에게 교통사고 위험이 따르는 등 좋지 못한 흉작용 때문에 집과 대문이 상생방향에 맞으면서 출입이 자유로운 대문 위치 선정을 고려하여 보정(補整)해 주는 것이 좋다.

대문 옆에 외부 화장실을 두는 것은 편리성에서는 모르나 좋지 않으므로 화장실을 없애든지 부득이 필요한 경우에는 대문 주변을 피해 화장실의 위치와 방향을 살펴 대문 옆에서 멀리 떨어지게 한다.

도로보다 건물이 1m 이상 높을 경우에는 도로-앞마당-건물 간에 단계별 균등 안배로 높이의 차를 두는 것이 무난한데 마당의 상세한 내용은 앞의 '마당의 조성'을 참고하기 바란다.

■ 진동음이 아름다운 공간으로 개조

> 정육면체에 가까운 공간형태에서는 아름다운 소리진동이 생기고 공기순환까지 좋은 생기공간이 되는데 개조할 공간형태에서 염두해 두어야 한다.

둥근 형태나 둥근 형태에 가까운 정육면체 공간 안에서는 소리의 울림이 아름답게 들린다.

건물의 중앙에 위치한 구분공간에서 가로·세로·높이의 비율이 이상적인 황금분할비 내이면 가족들이 모여 대화를 나누거나 어떤 물건의 소리도 아름다운 진동과 소리를 갖게 된다. 그러나 불균형이 심하고 작은 공간에서는 흉한 반사음으로 인해 모든 소리가 흉한 소리로 변한다.

특히 창호를 열고 닫을 때 창문틀에서 나는 마찰음이나 유리가 덜커덩거리는 소리는 기분을 상하게 함으로 즉시 수리해야 하고, 실내 개보수 과정에서 울림이 좋은 공간으로 만드는 것이 공기순환까지 좋게 하므로 꼭 보완이 필요하다.

건물을 개조하고 수리하는 데는 시기가 있다.

미국 하버드대 석좌교수인 존 코티는 『변화의 기술』이란 책에서 "집을 사서 6개월 이내에 수리하지 않으면 자기도 모르게 익숙해져서 거실에 시체가 누워 있어도 밟고 지나간다."고 말했다.

이처럼 구 건물을 개조하고 수리하는 시기는 타성에 익숙해지기 전인 건물매입 직후 이사 들어가기 전이 적기이다. 살면서 개조하고 수리한다는 것은 경비나 번거로움을 고려할 때 결코 쉬운 일이 아니다.

둘째마당

좋은 땅 좋은 건물 찾기

지금까지 서술한 첫째마당의 환경풍수론에서는 풍수와 관련된 세부논리에 대해 과학적인 사실 검증을 하고, 입증이 어려운 논리는 발현(發現) 사례를 보면서 많은 사람들이 장기간 체험한 사실에 의존하여 통계적으로 우위에 있는 풍수논리의 가치를 현실에 맞춰 실용적인 환경 지혜로 거듭나도록 하였다. 아울러 풍수와 연관된 여러 분야의 지식을 대입시켜 풍수의 가치를 입증하는 데 주안점을 두었다.

이는 지난 3000여 년 간 우리의 의식과 생활 속에 어떤 방식으로든 깊게 관여한 풍수가 단지 과학적 입증이 미미하다는 이유로 서구적 학습사고(學習思考)에 익숙한 신세대로부터 멀어진다는 것에 대해 너무 안타까운 생각이 들었기 때문이다.

그래서 풍수를 동양학문 중 특히 한의학의 기초원리이면서 자연과학에 뿌리를 둔 음양오행과의 연관성을 재정립시켰지만, 과학적 입증과 경험 통계를 풍수논리에 대입시키다보니 내용을 이해하는 데 약간의 어려움이 있었을 것이다.

그러나 풍수이론이 자연과학적이라는 것과 실용의 당위성을 입증하기 위한 것이기 때문에 연관 학문에 대해 전체적으로 습득에 미치지 못하였더라도 풍수의 가치를 이해하였다면 족할 따름이다. 풍수가 환경논리의 교과서로 인간 생리에 맞는 자연친화적 생태건축에 적극 응용되기를 바란다. 아울러 우리생활에서 환경풍수가 탈무드와 같은 지혜로 활용가치가 충분하다고 생각한다. 이는 오랫동안 우리 생활 양식의 실험과정에서 얻어진 최선의 주거지혜로 우리 생리에 맞는 주거의 틀에 대한 논리이기 때문이다.

일부 중국 위주의 풍수관이 우리 현실에 맞지 않거나 너무 탁상논리에 그쳐 효과를 기대할 수 없는 것에 대해서는 반박보다는 게재하지 않음으로써 진리의 옥석(玉石)을 가렸다.

첫째마당의 논거(論據)를 바탕으로 둘째마당에서는 궁금한 단어를 사전에서 쉽게 찾는 것과 같이 실용적인 풍수 관련 문제를 쉽게 찾아 활용할 수 있도록 구성하였다.

살기좋은 땅 찾는 요령

우리가 거주하고 머무르기 좋은 터는 내형은 어머니의 자궁 속과 같고, 외형은 어머니의 품 안과 같다.

이렇게 아늑하고 안전하면서도 오염되지 않은 깨끗한 곳이 명당이며, 다음 열거한 여러 항목 중에 좋은 점이 중복될수록 최고의 명당이 된다.

利 1 햇빛이 잘 드는 곳

명당(明堂)의 첫째 조건은 밝아야 한다. 그러기 위해서는 일조량이 많아야 하는데 남쪽이 트여 있고 동쪽 또한 높은 산이나 건물이 가까이에서 막고 있지 않아야 한다. 특히 대지에서 봤을 때 동지(양력 12월 22, 23일) 때 태양의 남중각도(서울 : 28.98°)인 고도 위에 햇빛을 가리는 장애물이 없는 곳이어야 한다.

태양빛은 동절기 동안 기온을 따뜻하게 해주고 생명체의 먹이사슬에서 최하단에 위치한 식물의 광합성작용을 돕는 핵심요소로 모든 생명체의 생존에 꼭 필요하기 때문이다.

상세한 것은 첫째마당의 03장 '8. 남향에 배산임수와 복사열'을 참고하기 바란다.

利 2 산의 앞쪽일 것

대다수 산은 산맥을 따라 크고 작은 봉우리의 형태로 이어져 있어 산은 앞뒤가 있게 마련인데 산에서 앞쪽은 산색이 밝고 광채가 나며 부드러운 느낌을 준다. 형태가 평탄

01 살기좋은 땅 찾는 요령 325

하고 안정적이며 큰 산을 등지고 있어 명당과 유정(有情)하고 거칠게 보이는 골짜기나 바위 등이 없는 것이 특징이다.

이러한 산의 앞쪽에는 태양빛의 산란현상이 없어 생기(生氣)가 모아지는 좋은 터이다.

3 집터는 북서고 · 동남저 지형

집이란 낮에는 가사의 장소이고 밤에는 휴식을 취하는 공간이며 아울러 후세를 잇는 종족 번식의 장소이기도 하다. 그 집의 바탕이 되는 것을 집터라 한다.

태양빛이 물체면에 직각으로 비칠 때의 온도가 가장 높다.

여기서 물체면이 지면이라고 볼 때 서울지역의 위도는 37.52°이고, 1년 중 태양의 남중고도가 중간인 춘 · 추분 때의 서울지역의 남중고도는 52.48°(90°–37.52°)이다. 이때 지표면과 태양빛이 직각이 되기 위해서는 지표면의 경사도가 37.52°(90°–52.48°)가 되어야 한다.

결국 북고남저(北高南低)인 남향대지의 경사도가 37.52°일 때 1년 중 평균적으로 지면이 따뜻하게 되고, 추운 동지(서울지역 남중고도 28.98°)에는 61.02°(90°–28.98°)의 지표면 경사도에서 지면이 최고 온도가 된다. 그리고 실질적으로 춥다는 추분부터 동지까지 요구되는 지표면 경사도는 서울의 경우 37.52°부터 61.02° 사이로 동절기 에너지 수요와 기온을 감안하면 평균 49.27°가 최적 경사도라 볼 수 있다.

그러나 이런 지표면 경사도에서는 생활이 불가능하기 때문에 북고남저, 서고동저 지형이면서 지표면 경사도가 5~15° 사이가 배수관계, 햇빛 그리고 생활의 전체적인 면을 고려할 때 좋다는 것이다.

아울러 산사태 등을 배제한 배산임수의 명당조건만을 본다면 북서쪽 뒷산의 경사도가 서울의 경우 37.52°부터 61.02° 사이가 최적의 배산이라 볼 수 있다. 그리고 우리나라에서는 태양열 이용시설의 집열창의 기울기가 55°(우리나라 평균치로 지역에 따라 위도차가 있어 각각 차가 생김)일 때 효율성이 가장 높다는 연구결과와 비교해 볼 때 위 지표면 경사도의 분석과 근소한 차이가 있을 뿐이다.

지표면의 경사 방향과 경사도는 집터에서 길흉 판가름의 중요한 요소인 반면, 상업용 건물의 터에서는 경사도가 높을수록 흉격으로 치기 때문에 지표면의 경사도는 건물의 용도에 따라 항시 미묘한 문제요소가 된다.

4 주변 산이 감싸고 있는 아늑한 곳

집터를 중심으로 볼 때 전후좌우 사방에 산이 있어 아늑한 곳이 명당인데, 별장이나 사찰, 기도원 등 터가 작은 곳은 명당 규모가 작아도 되고, 마을은 더 넓은 명당이어야 하며, 읍이나 시는 훨씬 방대한 규모가 필요하다. 명당에 사는 사람은 생기(生氣)로 인해 번창한다.

산이 있으면 물이 있듯이 음래양수(陰來陽受)라 하였다. 큰산(太陰)에 큰물(太陽)이 따르는 법, 안산 뒤로 조산이 겹겹이 싸여 조밀하고 포근한 곳은 물도 굽이굽이 감아 돌아 수원이 풍부하여 사는 사람에게 이롭다.

풍수에서 말하는 장풍(藏風)이란 이와 같이 주변에 산이 감싸되 골짜기나 분지형과 같이 밀폐되어 사방이 막힌 곳이 아니라, 앞이 트여 물길 너머 낮은 안산이 있어 밝고 공기가 신선한 곳으로 명당 터의 규모에 따라 터의 용도가 다를 뿐, 아늑하고 포근한 곳을 명당이라 한다.

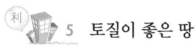
5 토질이 좋은 땅

물 빠짐이 좋으면서 적당한 보습과 비옥한 표토에 적당한 토심이 있으면 대부분의 수목이 잘 자라는 생기 터이다. 그러나 토심이 너무 깊은 저지대로 미립토사의 유입이 진행되는 곳은 비가 오면 질척거리고 물 빠짐이 좋지 않아 음습한 곳으로 생기 터라 볼 수 없다.

예로부터 명혈(名穴)은 비석비토(非石非土)이면서 오색토(五色土)로 되어있다고 했는데, 비석비토는 지반이 단단하며 물 빠짐이 좋고, 오색토는 여러 가지 색의 기운을 가진 살아있는 토질을 말한다.

집터로서 생기 터는 밝은 흙색에 물 빠짐이 좋고 지반이 견고한 토질을 말한다.

6 살아있는 산세를 타고 내려오는 곳

생명체가 살아있다는 것은 그 움직임을 느끼는 것인데, 태조산에서 시작하여 주산(主山) 그리고 혈까지 뻗어 내려오는 산줄기가 마치 살아 꿈틀거리는 용과 비슷하다하여 산을 '용(龍)'이라 칭하였다.

사람은 살아 움직이므로 생동감을 느끼게 되고 생동감으로 인해 활력을 얻게 되어 건강하게 사회생활을 할 수 있는 것이다. 살아있는 산세를 타고 내려오는 물줄기 또한 곡류천(曲流川)으로 물의 흐름을 억제하고 물을 군데군데 가두어 두기 때문에 자연적인 저수로 인해 연중 물이 흐른다. 그래서 곡류천을 사행천(蛇行川)이라 부르기도 한다.

살아 꿈틀거리는 산세는 산의 형태를 보는 사람으로 하여금 움직이게 하는 충동을 일으켜 생활의 활력을 유도하고, 곡류천은 연중 마르지 않고 물이 흘러 물 공급이 충분한 좋은 생기 터이다.

7 앞쪽에서 물이 합류되거나 길이 교차되는 터

산은 물을 부르고 물은 산을 감싸 안아 흐르니 산수는 자웅(雌雄)과 같이 친교한다.

좌청룡과 우백호의 끝점이 명당 앞쪽에서 만나는 것은 두 줄기의 물이 만나 합수되는 것으로, 합수되어 흐르는 물을 볼 때 명당에서 물이 안 보이는 지점을 파구(破口)라 한다.

좌청룡과 우백호의 끝이 벌어진 열린 파구보다 끝이 만나거나 겹쳐 닫힌 파구가 더 길격(吉格)이라 하였다.

이처럼 물이 터의 앞쪽에서 합류된다는 것은 물이 모여 물 사정이 풍족하다는 것을 말하며, 물을 재물과 같은 맥락으로 연관시켜 볼 때 재물이 많다는 것이다.

길은 물과 같은 의미이며 길이 집터의 앞쪽에서 교차되는 것은 곧 물이 합류된다는 것과 같아 터 앞쪽에서 물이 합류되거나 길이 교차되면 재물이 모이게 되므로 이런 터는 길지(吉地)에 해당된다.

8 터 주변이 오목거울 형태

명당의 첫째 조건은 햇빛이 잘 들어 밝고 따뜻해야 하는데, 오목거울은 거울 앞 초점에 햇빛이 모여 주변보다 더 밝고 따뜻하여 이 지점이 명당의 혈에 해당한다.

지형이 오목거울과 같으려면 좌청룡-주산-우백호로 이어지는 전체 지형이 오목해야 하고, 아울러 토색이 밝아 햇빛이 잘 반사되고, 깊은 골짜기나 거친 암석이 없어야 한다.

그러나 차량통행이 많고 사방이 큰 건물이나 산으로 가려진 분지형은 공기의 순환이 잘 안되어 배기가스로 인해 대기오염이 심각해져 문제가 된다.

9 터 앞에 있는 도로의 차량 흐름이 완만한 곳

하천의 형태가 일직선에 가까울수록 직류수가 형성되는데 빠른 유속으로 인해 하류에서는 갑작스럽게 불어난 물 때문에 범람하기 쉽고, 조금만 가물어도 하천이 말라 수원(水源)이 고갈된다.

직류천은 물의 저항이 작아 빠르게 흘러 하천에 문제가 따르는 반면, 물의 저항이 큰 곡류천은 물의 흐름이 느려 홍수 때 자연적 방어구실을 톡톡히 한다.

물길은 도로와 같아 터 앞에 있는 물(수자원, 재물)의 흐름이 완만(緩慢)한 하천이 있거나 차량 흐름(또는 인파의 이동)이 완만한 도로에 인접한 터는 길지이다.

차량의 흐름이 빠른 고속도로나 자동차 전용도로 주변의 발전이 더딘 이유는 재물의 흐름을 잡을 수 없기 때문이다.

10 남향에 배산임수형의 터

전통풍수에서는 지기(地氣)를 풍수의 주요소로 보아 어떤 방향에 주산이 있든지 배산임수(背山臨水)를 따져 산을 등지는 것을 최우선으로 판단하였다. 이는 특히 묘지풍수(음택)에서 지하에 시신을 매장하는 것 때문에 땅속의 지기를 중요하게 여기는 것과 같다.

그러나 지상 건축물은 지기보다는 햇빛과 바람의 작용에 의해 크게 좌우되어 남향(북고남저) 지형에 배산임수일 때 좋은 명당이 되는 것이다.

앞에 강이 있고 뒤에 산이 있으면 탁 트인 조망과 한랭한 북서풍을 막아주어 최상의 터이다. 뒷산의 경사도는 태양의 남중고도와 지면이 90° 각에 가깝게 될수록 태양열 효율이 좋아진다.

지형에서 낮은 쪽이 남향이 되는 배산임수형은 최상급의 명당인데, 여기서 물을 길로 보아 도로의 접경(接境)이 터의 남쪽이면 건물의 방향을 남향으로 하고 대문은 남동쪽으로 두면 가상학에서도 손색 없는 길택이 된다. 동향에 배산임수형의 터는 차상급이다.

11 토양이 오염되지 않은 터

공장이 도시 외곽에 무분별하게 변칙으로 설치 가동되고, 관리 또한 허술하여 독성

폐기물이 공장 터나 주변 흙에 유입되어 공장시설이 철거된 후에도 토양 속에 유해화학물질이 계속 남게 된다.

그리고 시설축산에서 나오는 분뇨는 가축공장의 곡물사료로 인해 토양오염과 수질의 부영양화에 끼치는 문제가 심각하고, 농약의 과다살포로 토양이 오염된 과수원 터는 즉시 사용할 경우 표토교환이라는 토목작업이 필요하다.

이와 같은 유해물질에 의해 오염된 토양은 계속적으로 나쁜 물질이 공기나 물을 통해 인체에 흡착되므로 오염된 땅 위에 집을 짓고 산다는 것은 위험천만한 일이다.

갈수록 오염된 흉한 터가 상대적으로 증가하고 있어 길지를 고르는 조건에서 토양의 오염 여부를 짐작하기 위해 주변 거주자에게 과거시설물의 종류를 확인하는 것이 필요하다.

미국의 경우 부동산 거래 과정에 토양오염 측정기관의 확인서가 첨부된다는 사실만 보아도 토양오염 여부 확인의 중요성이 짐작될 것이다.

길지는 오염되지 않은 땅이나 과거에 오염 관련 시설이 없었던 터를 말한다.

12 물과 공기가 맑아야 길지

인체의 구성물질 중 70%가 물이다.

성인의 경우 매일 2리터 이상의 물이 음식 또는 마시는 물로 몸에 채워지고 시간이 흐르면 오줌과 땀 등으로 배설된다.

물은 인체의 대사작용을 돕는 중요한 자연물질로, 적당한 양의 무기물이 들어 있으면서 오염되지 않은 천연상태의 맑은 물이 좋다. 맑은 물이 되기 위해서는 물의 순환과정에서 오염된 대기와 만나지 않아야 하는데 만약 부유 중인 대기의 오염물질이 떠다니는 수증기에 흡착되면 물 또한 오염된다.

요즘 산성비는 이와 같이 연기와 안개가 결합하여 스모그의 정도가 높을 때 내리며, 산성비 속의 황산과 질산이 나뭇잎에 묻으면 광합성작용에 문제를 일으켜 수목이 죽게 된다. 그리고 물은 공장폐수, 광산폐수, 시설축산폐수 그리고 쓰레기 매립지의 침출수에 의해 순식간에 오염되는데 이런 수질오염원이나 시멘트공장과 쓰레기소각장 등 공기오염 관련 시설이 인접해 있는 곳은 흉한 터이다.

물과 공기의 오염 주범이 아닌 시설은 상관이 없으며 물과 공기의 정화장치가 완벽한 곳은 길지도 흉지도 아니다.

길지는 물이나 공기의 오염 관련 시설이 없는 곳으로 물과 공기가 맑아야 한다.

 ## 13 소음이 없어야 길지

'원하지 않는 음'이 심한 곳에서 잠깐 머무르는 것 자체만으로도 기분이 상하고 스트레스를 받게 된다. 어떤 음이든지 듣는 사람에 따라서 음감의 차이가 있으며, 소음 유무는 주관적·심리적 요인으로 좌우된다고 볼 수 있다.

소음은 감각공해로 음은 어느 물체가 진동할 때 발생되며 공기, 물, 고체와 같은 매개체를 통해 매개체 내의 분자들의 압축과 팽창에 의한 연속적인 사이클로 전달된다.

음속은 20℃ 공기 내에서 340m/sec이며, 물속에서는 1,470m/sec, 철에서는 5,000m/sec이다.

단위 시간당 연속적인 사이클 수를 진동수라 하는데 진동수가 80~15,000Hz는 사람들이 쉽게 들을 수 있는 범위이며, 사람에 따라 더 낮거나 높은 소리도 들을 수 있다. 대부분의 음은 파장이 서로 다른 복합음이다.

소음은 공장소음, 자동차소음, 건설소음, 철도소음, 항공기소음, 생활소음으로 크게 나누며, 소음에 의해 청각이 둔화되고 불면증이 생길 수 있다. 소음으로부터 해방되는 최상책은 소음원으로부터 멀리 떨어지는 것이다. 이러한 소음원의 경계에 방음벽을 설치하여 피해를 줄이는 대책 등이 필요하다.

역시 길지는 '소음 없이 조용하고 아름다운 소리만 존재하는 곳'이라 말할 수 있다.

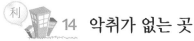 ## 14 악취가 없는 곳

나쁜 냄새인 악취는 일종의 대기오염물질이며 공기 중에 포함되어 후각에 의해 감지되는 화학적 자극이다.

악취에 의한 불쾌감은 컨디션을 저하시켜 일의 능률을 떨어뜨리고 가슴이 답답한 호흡장애 현상을 일으키며 머리가 무거워진다. 악취물질의 계속적인 호흡만으로도 호흡기계통 질환이 발생할 수 있어 화학공장 주변의 악취에 대해서는 주의가 요망된다.

악취의 배출원인 대형축사시설, 페인트제조공장, 화학공장, 폐기물소각장 등의 주변은 흉한 터로 주거지나 사무실 등 머무르는 시간이 많은 장소로는 적합하지 않다.

15 지자기가 안정된 터

지구의 자전운동에 의해 만들어지는 지구의 자기에너지는 사람의 혈액순환 등 신진 대사에 영향을 주는 것으로 알려져 있다.

우리나라의 지표에 나타나는 지자기는 평균 0.5가우스로 이런 조건에서 인체가 이상 없이 적응하는 항상성(恒常性)이 유전적인 인체 메모리로 내재되어 있으며 지자기 환경 의 지표이다.

지자기가 지하수맥과 만나면 공명현상 등으로 지자기 교란 현상이 일어나는데 이런 교란된 지자기를 수맥파라 부른다. 지자기 교란은 안정되지 않은 지층구조와 지하물질 에 의해 교란이 일어나며 특히 건물의 철골구조에서 심하게 일어나는 경우가 있다. 저 층의 목조나 흙벽돌 건물에서는 안정된 지자기를 보인다.

물론 안정된 지층구조나 수맥이 없는 곳이 안정된 터이다. 지자기가 항상성을 유지하 며 교란되지 않고 안정된 터가 길지인 것이다.

16 전자파의 위험이 없는 곳

우리의 현실은 전자파의 홍수시대에 살고 있으며 이제는 피할 수 없는 현실이 되었다.

전류 사용량이 큰 일부 전동모터에는 전자파 차단장치가 부착된 제품으로 전환되고 있으나 휴대전화의 보급 확대와 공중파의 증가로 전자파의 작용이 문제되는 것이다.

전도체인 물이 체내 70%를 차지하고 있으며 특히 체내 순환작용을 담당하는 피 구성물 질인 헤모글로빈이 철 성분함유물이고 철은 강자성체이다. 피에 대한 전자파의 영향은 전 자파의 문제대상인 컴퓨터 앞에서 피가 뒤엉키는 특수 동영상에 의해 입증된 사실이다.

이러한 전자파의 문제가 생활 속에서 이루어지는데 고압선의 전계선은 도체인 인체 로 흘러 선로에서 가장 가까운 머리 쪽으로 향한다.

물론 고압선에 전류가 흐르면서 자계가 발생하여 고압선로 근접 거리에는 전계 및 자 계에 의한 전자파 피해가 크며 고압선의 전자파에 의해 백혈병 등 질병이 발생된다는 조사 자료가 발표되었다.

고압선 아래나 공중파 중계탑 주변 등은 전자파의 위험이 높은 곳으로 이런 전자파 위험요소에서 안전하게 떨어진 곳이 명당이다.

17 인공환경이 좋은 곳

물리적 환경 중에 인공환경에 해당하는 학교, 야외 공연장, 지하철역, 공원 등은 사회 전체뿐만 아니라 인접거주자에게 유익한 인공시설이다.

풍수적 관점에서 보면, 이런 유익한 인공시설물에는 사람이 모이므로 생동적인 좋은 기운이 응집되어 좋은 터가 되며, 인접 터 또한 길지에 해당된다. 유익한 인공시설물로는 공원, 관공서, 학교, 쇼핑몰, 공연장, 도서관, 지하철역 등 대중교통 연계시설이 여기에 해당된다.

18 주변 경치가 아름다운 곳

'택리지'에서는 살만한 곳을 가리켜 주변에 아름다운 산수(山水)가 있는 곳이라 하였다. 아름다움은 윤택함과 결부되고, 추함은 빈곤과 상관된다. 주변 경치가 아름답다는 것은 자연의 미소로 윤택함을 표현한 것이다. 즉 잘 관리된 공원의 풍광에서 대다수 사람들이 좋은 느낌을 받는다.

땅이 오염되지 않고 토질이 좋으면 자라는 식물에 윤기가 흐르고 아름다운 꽃과 향기를 피우며 아름다운 경치를 선보인다.

아름다운 풍광은 시신경을 통해 뇌를 자극하여 건강에 좋은 영향을 준다. 그래서 주변 경치가 아름다운 곳은 길지이다.

19 대지의 형태가 정사각형에 가까운 터

대지의 형태가 정사각형 또는 직사각형으로 황금분할비(가로 · 세로의 비가 1 : 1.618) 범위 내에서만 울타리나 담 안에 생기운이 모이는데, 이는 정사각형에 가까운 모형에서는 공기 회전이 쉬워 대기순환이 잘되기 때문이다.

이런 대지 위에는 생리적 공간인 정육면체의 건물을 짓기가 용이하여 좋은 형태의 터라고 볼 수 있다.

20 택지보다 낮은 쪽에 도로가 있는 경우

배산임수형 대지는 상황에 따라서 비탈이 심한 장소에 집을 지어야 할 경우가 발생하게 된다.

이런 경우 터에서 볼 때 뒤쪽에 도로가 있으면 집을 쉽게 들여다볼 수 있어 도둑으로부터 피해를 입을 수 있고, 도로의 분진이 낮은 집안으로 날아들기 쉬우며, 집쪽으로 차량전도사고의 위험이 있다. 반면 도로보다 높은 터는 통행차량이나 보행자들로부터 안전하고 분진이나 차량 배기가스의 피해가 전자보다 상대적으로 줄어든 좋은 터이다.

21 중심도시에서 뻗어 나갈 수 있는 터

주거용 집터는 산으로 둘러싸인 집이 공기도 좋고 조용하여 좋은 집터인 반면, 상업용지는 중심도시에서 뻗어나갈 수 있도록 산이 막혀 있지 않은 터가 도시 확장 개발 기대로 인해 지가 상승 잠재력이 있어 좋은 터이다. 경제적인 측면을 우선으로 할 때는 지가 상승 잠재력이 있는 뻗어나갈 수 있는 곳에 위치한 집터가 도시의 확장 기대심리로 인해 투자가치가 충분한 터이다. 재산 가치가 높은 터 또한 길지에 해당된다.

22 혈의 지점이 중심에 놓인 터

한의학에서 인체 내의 혈이란 경혈(經穴)을 말하는데, 경락(經絡)은 우리 몸에 기가 흐르는 통로를 말하고 이 경락 중에 기가 모이는 곳을 경혈이라 한다. 이곳에 침이나 뜸을 놓는다.

신체를 자극하여 아픈 부위의 혈액, 림프구, 호르몬의 흐름을 원활하게 하여 치유하는 방법이 지압이나 침인 것이다. 이와 같이 인체의 부위에 따라 혈지점이 따로 있는 것처럼 지표에도 지기가 모이는 혈(穴)이 있다.

양택은 양기와 관련하여 지상을, 음택은 지중을 중요시하는데 풍수에서 혈은 음기인 지기(地氣)와 양기인 태양에너지가 최대인 지점으로 음·양 기운이 조화되면서 새로운 기운인 생기를 계속적으로 만들어 내는 지점이다.

산맥의 흐름, 물의 흐름, 바람의 흐름, 햇빛의 흐름이 생기를 만들기에 가장 이상적인 조건을 갖춘 곳이 명당으로, 사신사의 바람막이와 오목거울 원리, 태양빛의 산란과 관련하여 터 주변 산의 모양과 산의 앞·뒤 길흉관계를 따져 터 잡기를 하는 것이다.

혈의 지점이 터의 중심에 위치한 명당은 건물의 중요 부분을 혈지점에 둘 수 있어 최고의 길지인 것이다.

02
피해야 할 흉한 터

처 음 방문한 곳이, 여름에는 음습하여 불쾌한 냄새가 나고, 겨울에는 찬 바람이 음산한 소리를 내며 불면 더 이상 그곳에 머무르고 싶은 생각이 없어진다.

풍수적 관점도 환경의 변화에 따라 바뀌는 것이므로 사방이 산으로 둘러싸인 분지형이 옛날에는 장풍의 의미에서 크게 문제되지 않았다.

그러나 오늘날은, 도로 비율이 높아지고 차량이 늘어나는 등 인공환경이 급변하면서 도시 대기오염의 40%를 차지하는 차량 배기가스가 분지형 도시에서는 공기의 순환이 안되어 빠져나가지 못하고 갇히게 된다. 갇힌 대기로 인해 미세먼지에 의한 스모그현상과 오존주의보가 발령되는 등 대기환경 조건이 악화되는 것이다.

그러므로 풍수적 옛 관점에서 보는 분지형 장풍지세가 옛날에는 별 문제가 안되었으나 요즘에는 대기오염 때문에 흉한 터로 전락된 것과 같이, 인공환경의 급변으로 인해 풍수적 길흉 잣대도 시대적 문명의 변화에 따라 변하는 것이다.

그럼, 피해야 할 흉한 터에 대해 알아보자.

1 건물이 가려져 있거나 햇빛이 안 들어오는 터

햇빛이 잘 들고 밝은 곳이 명당이라면, 산이나 건물이 동지 때 온종일 햇빛을 가려 그늘지고 어두운데다 춥고 습한 곳은 흉한 터이다.

또한 해가 늦게 뜨고 일찍 지는 높은 산에 가린 깊은 골짜기 안의 터는 일조량이 적고 습하며 한랭한 골짜기의 바람이 불어와 좋지 않은데다, 시야가 좁아 가슴이 답답하여 옹졸하게 변하기 쉬워 흉한 터이다. 이런 발현작용을 하는 골짜기 안의 터는 산사태나 낙석이 우려되어 특히 주거지로 맞지 않는 곳이다.

햇빛이 적은 곳에 집을 짓고 살 경우 생리적으로 건강상에 문제가 생길 뿐만 아니라 겨울 동안 난방비가 햇빛이 잘 드는 곳에 비해 상대적으로 많이 들며, 실내도 어두워 조명 비용도 더 들어가 환경 조건이 열악한 흉한 터이다.

2 물이 범람하여 새로운 직류천이 생길 수 있는 터

하구의 범람원에는 취락이 형성된 곳이 많은데, 물 흐름이 자연 곡류천일 때는 물의 흐름을 벗어나 있어 물의 피해를 입지 않을 것이라 생각한다.

그러나 예기치 못한 집중 호우로 인해 여러 산골짜기로부터 합류된 물줄기가 커지면서 범람한 물이 직류천을 새로 만들 수 있다. 이때 곡류천의 굽이잘림으로 인해 물과 부유된 돌들이 관통하는 곳은 큰 피해를 입게 되어 흉한 터이다.

1999년 8월 삽시간에 내린 집중호우로 경기도 파주, 동두천 일대는 이와 같이 산골짜기의 물 흐름이 관통하는 터에서 인명과 가옥의 피해가 컸다.

당시 일년 전에 전원주택을 지어 살았던 가족의 부자가 집을 관통한 물벼락에 휩쓸려 순식간에 유명을 달리했던 것으로 볼 때 지형학적 환경풍수의 터 잡기가 중요하다는 것을 실감할 수 있다.

3 습지나 늪, 호수를 매립한 땅

습한 토질은 수분 함량이 많아 지반이 약하고, 이런 지반에는 많은 유기질이 쌓여 있어 부패한 토양의 냄새가 날 수 있다. 눈에 보이지 않지만 독성의 가스가 지표로 방출하게 된다.

호수를 매립할 때 대다수는 표토(表土)를 파내지 않고 객토(客土)로 메우기 때문에 주의를 요하며, 두꺼운 자갈층으로 기초를 다지고 주변 평지보다 높게 객토하여 배수시설을 하고, 인공 지반다지기와 빗물 등에 의해 자연적으로 다져지는 기간을 넘긴 후 건물의 하중과 지반상태를 고려한 기초공사가 이뤄져야 한다.

아무리 보완대책을 잘하여도 자연적으로 지반이 좋은 터보다 상대적으로 습지나 늪,

호수를 매립한 땅은 지반이 약해 좋지 않다. 물론 쓰레기 매립지를 비롯하여 모든 매립지는 자연상태의 땅보다 지반상태가 불량하다.

4 절벽의 근처나 지반이 약한 언덕의 위아래에 있는 터

자연절벽이나 절개지는 위험성과 함께 불안한 느낌이 드는 곳이다.

이와 관련하여 제일 안 좋은 터는 절벽의 위와 아래이고 그 다음은 절벽을 맞보고 있는 곳이며 마지막으로 절벽 근처이다.

경사지에 터를 닦을 경우 부득이 절개지가 생겨나게 되는데 절개지로 인해 옹벽이 생긴 터는 안전성이 미흡해 좋지 못하다. 지반이 약하면서 경사도가 30° 이상인 언덕과 같은 지형의 위, 아래에 있는 터 또한 안전성이 보장되지 않아 좋지 않다.

언덕이 붕괴되면서 아래 주택을 덮쳐 복구 중인 작업장

※ 2006년 여름 폭우로 언덕이 붕괴되면서 흙더미 아래 주택을 덮친 서울 은평구 응암동 소재의 붕괴 피해 현장

언덕이 붕괴되면서 흙더미가 아래 주택을 덮쳐 피해가 큰 사고 현장 사진을 통해 언덕 아래 있는 터의 흉작용을 실감할 것이다.

5 너무 건조한 땅

너무 습한 땅이 좋지 않듯이 지나치게 메마른 땅 또한 좋지 않다.

조금만 비가 내리지 않아도 푸석푸석하고 밟을 때 흙먼지가 날리는 땅은 적은 양의 빗물도 잘 스며들지 않는다. 이런 땅은 암석, 점토, 사토 중 한 가지로만 형성된 토질로 습도 조절이 잘 안되는 경우이다. 따라서 가장 좋은 토질은 사토와 점토가 알맞게 섞여 있는 지질이며, 이런 땅은 습도조절이 균형적으로 잘 이루어진다.

6 풍화가 덜 되어 척박한 땅

깨진 상태의 뾰족뾰족한 자갈이 많이 섞인 땅은 아직 풍화가 덜 된 미숙한 토양으로 안전한 지반조건을 갖추지 못한 터이다.

이런 토양은 경사가 심하고 산기슭에 암석이 돌출되어 있는 등 험한 산과 근접한 터에서 보이는 현상으로 붕괴위험이 있으며, 수목이 잘 자라지 않는 척박한 토양으로 흉작용이 큰 터이다.

7 재래식 화장실이나 우물자리가 중심인 터

재래식 화장실은 토양이 오염되어 있어 흙으로 메워도 독성가스를 방출하고, 우물자리는 습하고 찬 기운이 올라와 좋지 않다.

이런 자리가 터의 중심부에 있게 되면 그 위에 건물을 지어야 하고 건물 안에 사는 사람은 계속된 피해를 보게 되어 흉한 터이다. 이런 자리가 터의 가장자리에 있을 때는 피해서 건물을 짓고, 오염된 흙은 파낸 후 객토를 해야 한다.

8 화학공장, 공동묘지 등을 철거한 터

화학공장, 도살장, 대형축사, 공동묘지, 쓰레기 관련 시설 등이 있었던 터는 과거 토지 사용 중에 토양이 오염되고 그 오염의 잔재가 쉽게 사라지지 않는 곳이다. 오염물질 배출시설물을 철거한 터는 오염잔류물로 인해 그 위에서 생활하는 사람에게 흉작용을 일으키며 상당기간 동안 나쁜 영향을 끼치게 된다.

이런 장소는 표토를 걷어낸 다음에 좋은 흙으로 객토하여 인공다지기와 빗물에 의한 자연다지기 기간이 경과된 후에 토지를 사용하는 것이 좋다.

9 형무소, 전쟁터, 화장터 등 나쁜 기운이 있는 곳

심리적 작용력은 보이지 않은 힘으로, 일의 성패와 건강관계에서 40%를 좌우한다는 연구 발표가 있다.

생활하는 터가 흉측한 사연과 관계된 곳은 심리적으로 나쁜 작용을 하게 마련이다.

예전에 화장터여서 자살하는 사람이 이어지고 있다는 소문으로 인해 터에 대한 나쁜 감정을 갖게 되고 이런 말을 들은 거주 당사자는 심리적으로 불안하게 된다. 그래서 과거의 나쁜 기운이 있었던 터는 현재까지도 나쁘게 작용하여 좋지 않다.

10 분진, 악취, 소음이 심한 곳의 터

정도의 차이에 따라 분진, 악취, 소음이 사람의 건강과 생활의 안정을 침해하게 되며, 악취나 소음은 사람에 따라 심한 부작용을 초래하게 된다.

시멘트공장, 레미콘공장 등의 분진 문제나 공장형 축사, 쓰레기 소각장 등의 악취, 그리고 금속가공공장, 제트기 이륙장소 등의 소음은 그 자체의 나쁜 성분이 미치는 문제와 심리적 압박감이 혼합되어 건강을 해치는 공해요소에 해당된다.

이런 공해 발생 시설의 인접지역은 응당 좋지 않은 터이다.

11 인공환경이 안 좋은 곳

물리적 환경 중에 인공환경에 해당하는 고가도로, 원자력 발전소, 납골당 등이 궁극적으로 사회에는 유익한 시설이 되는 반면, 인접 거주자에게는 혐오 시설에 해당될 수도 있다. '나만은 안된다' 는 지역 이기주의에 의한 님비(NIMBY) 현상의 대상물일 때, 즉 풍수적 관점에서 말하자면 쓰레기 소각장 등 흉물이 있는 곳은 오염물질 등에 의해 흉한 기가 발생하여 흉한 터가 된다는 것이다.

혐오시설로는 쓰레기 소각장, 쓰레기 집하장, 공장형 축산시설, 핵 관련시설, 변전소, 고압선 철탑, 철로, 고속도로, 고가도로, 도시가스 집중시설, LPG 충전소, 주유소, 도살장, 자동차 정비공장, 납골당, 화장터, 공중파 중계소, 하수종말처리장, 화학공장, 시멘트공장, 레미콘시설, 석물공장 기타 분진, 악취, 소음 발생시설 등이다.

물론 이런 시설이 있는 주변은 흉한 기운으로 인해 좋지 않다.

12 공기, 토양, 물이 오염된 지역의 터

부동산의 가치를 배제한 주거지만의 조건으로 볼 때 공장 주변이나 차량 배기가스로 인해 공기오염이 심한 간선도로의 교차로 주변 주택지는 환경적으로 문제가 많다.

쓰레기 매립장이나 공해물질 발생 공장 주변은 공기와 토양·물이 오염된 지역으로 이런 문제 지역 안에 있는 터는 어떤 용도의 터로도 좋지 않다.

13 지자기 교란이 심한 터

우리나라에서 지자기는 0.5가우스가 보통 세기로 안정 지자기라 볼 수 있다.

항상성의 원리로 볼 때 인체는 조건이 일정한 상태에서 문제가 없지만 일정 기준을 넘거나 미치지 못할 때 좋지 않은 문제가 발생하게 된다.

지자기는 지층구조가 안정되지 못하거나 철광석과 같은 특정 지하물질 또는 수맥과 같은 물질의 운동에 의해 달라진다.

지자기는 전자파의 일종으로, 교란된 지자기는 인체의 생리에 나쁜 영향을 끼치게 되므로 지자기 교란이 심한 터 위에서 생활하는 사람은 건강에 문제가 생길 수 있고, 교란된 지자기인 수맥파는 지반 침하를 일으켜 지반의 안정에도 흉하게 작용한다.

그러므로 지자기 교란이 심한 터는 흉작용이 있어 좋지 않다.

凶 14 전자파의 유해 영향권 내의 터

고압선이나 변전소 주변은 높은 전계(전기장) 및 자계(자기장)로 인해 인체에 영향을 미치는데, 전계는 전하의 세기에 의해 형성되고 자계는 전하의 이동에 의해 형성된다.

도선에 전류가 흐르면 도선 주위에 자계가 형성되고 또한 이 자계에 의해 근처의 도선에 유도 전류가 흐른다. 이러한 원리로 인체 주위에 자계가 존재하면 인체는 공기와 같이 자성이 거의 없기 때문에 큰 전류는 흐르지 않지만 미세한 전류가 흐르게 된다.

이와 같이 인체에 흐르는 전계와 자계는 혈액 내 철 성분 함유물인 헤모글로빈에 영향을 미쳐 혈액순환에 지장을 초래하고 기타 전자파의 피해를 입게 되는 것이다.

이 전자파의 피해는 거리가 가까울수록 크게 작용하기 때문에 고압선로 근처에서 장기간 노출된 사람 중에 백혈병 환자가 많았다는 통계자료를 눈여겨 볼 필요가 있다.

요즘 들어 이동통신 사용자가 늘어나면서 우리나라는 산악이 많은 국토이지만 2005년 초 현황에 보면 8만2천여 개의 이동통신 중계기지국이 전국에 산재해 있어 전국 어디서든 핸드폰 사용이 가능해졌다. 이동통신 중계기지국 근처에는 강한 송출전자파(SBS 방송사가 전문가를 통해 측정한 전자파 수치는 고주파 기준의 3.72v/m)가 발생되는데 이는 통신 중계기지와 떨어진 거리에서 측정한 수치의 10배 정도 된다.

정부의 통신주파수대 안전기준(40.08v/m)은 강한 전자파의 노출조건에서 일시적으로 노출됐을 경우 1시간 안에 급성적인 효과가 나타나는 것을 전제로 하기 때문에 장시간 노출되는 통신 중계기지국 근처의 거주자와는 비교할 수 없는 조건이라 본다.

이동통신 중계기지국의 근처에서 거주한 산모의 태아가 덴디워커증후군이라는 환경

성질환에 걸려 2005년 1월 말 양평동에 설치된 중계기지국을 철수한 사례만 보더라도 심각성을 짐작할 것이다.

이와 같이 이동통신 중계기지국 또한 유해전자파의 발생시설이다.

사람이 전자파의 피해를 받지 않고자 한다면 가급적 발생원으로부터 멀리 떨어져 있는 것이 최상책이다.

그래서 고압선, 변전소, 이동통신 중계기지국이 있는 전자파의 유해 영향권 내의 터는 흉작용이 있어 좋지 않다.

흉 15 도로보다 낮은 터

경사지에서 택지보다 높은 쪽에 도로가 있는 경우, 건축 후 집의 뒤쪽에 도로가 있게 되면 도로를 통행하는 사람들이 집안을 들여다보고 살피기 쉬워 사생활 보장이 어렵다.

이와 마찬가지로 도로보다 낮은 터는 도둑이 들기 쉽고, 운행 중인 차량에서 날린 분진이 낮은 쪽으로 날아들기 쉬우며, 전도 사고가 날 경우 덮칠 위험이 따를 수 있어 도로보다 낮은 터는 위험과 불안감이 생겨 좋지 않은 터이다.

흉 16 토색이 어둡고 물기가 고여 질척거리는 땅

토색이 어두운 것은 수분 함량이 많을 경우에 일반적으로 나타나는 현상이다. 토양의 색상은 모암의 성질에 의해서도 달라진다. 화강암과 같은 산성암에서 유래된 흙은 담색이고, 중성암에서 유래된 흙은 암색이며, 염기성암에서 유래된 흙은 농적색이다. 여기서 토양을 구성하는 고상, 액상, 기상 중에 액상의 비율이 상대적으로 높아지면 토색이 더 어두운 색을 띤다. 점토 비율이 많은 토양은 물 빠짐이 안 좋고, 물이 솟아 표토가 젖어 있는 곳은 항시 질척거리고 주변 공기도 습하다. 이런 터 위에서 사는 사람은 건강과 생활에 나쁜 영향을 받는다.

이런 토질의 터는 흉작용이 커서 좋지 않다.

흉 17 삼각형 또는 긴 직사각형의 대지

삼각형 대지는 모서리 부분의 활용도가 떨어지고, 가로·세로의 비가 황금분할비를 넘어선 긴 직사각형의 대지는 건물을 지을 때 생기의 형태인 정사각형에 가까운 건물 설계가 어렵다.

물론 대지가 큰 경우에는 분할이나 수목울타리와 담으로 모서리진 부분을 보완할 수 있지만 근본적으로 삼각형이나 긴 직사각형 대지는 정사각형 대지에 비해 상대적으로 대지 활용도가 떨어지는 흉한 터이다.

18 사방에 감싸주는 산이 없어 허전한 땅

허허벌판에 몇몇 집들만 있는 작은 부락은 뭔가 외롭고 허전해 보인다.

"누운 소도 기댈 곳이 있어야 비비고 일어선다."는 속담과 "사람도 기댈 구석이 있어야 큰소리 친다."는 말 속의 '기댈 곳'은 풍수에서 말하는 배산(背山)이라는 것과 상당관계가 있다.

기댈 곳이 없는 터는 외롭고 허한 장풍조건이 안 갖춰진 터이기 때문에 흉으로 치는 것이다. 그러나 도시의 대소에 따라 장풍조건이 달라야 하므로 큰 도시에서의 장풍지세는 넓은 명당 조건을 갖춰야 길지라 한다.

19 경사지에서 동쪽이나 남쪽이 높은 터

동쪽은 해 뜨는 방향이고 남쪽은 일조량이 많은 방향이다.

태양빛은 직각의 면과 마주칠 때 가장 열 흡수율이 높다는 실험결과를 참고하면, 북쪽으로 기울어진 경사지는 태양의 남중고도가 낮아진 동절기 동안에 지표온도 또한 낮아져(지면과 태양고도가 직각일 때 지면온도가 최고임) 태양광 열효율이 더욱 감소되는 지형이다.

동남고(東南高)로 경사진 터에 배산형 집을 짓고자 할 경우 길한 방향인 동쪽이나 남쪽을 등진 건물배치 구도가 되어 동절기 동안 태양에너지 혜택을 받기 어렵고, 건물의 앞면에 그늘이 생겨 실내가 어두워 조명 비용이 많이 든다.

그러므로 동쪽이나 남쪽이 높은 경우에는 지형조건이 안 좋은 터이다.

20 동쪽이나 남쪽을 큰 산이 막고 있는 터

"동창이 밝았느냐 노고지리 우지진다."라는 시조의 구절에서 본 바와 같이 동창은 하루 시작을 알리는 여명(黎明), 즉 희망의 빛이다.

남쪽이 일조량이 제일 많은 방향인데 동쪽과 남쪽을 큰 산이 가까이서 막고 있는 터는 흉상이라 볼 수 있다.

큰 산의 그림자 때문에 어둡고 습할뿐만 아니라 조망거리가 확보되지 않아 답답하고 큰 산의 압박감에 시달리게 된다. 그러나 일정거리 이상 떨어진 경우는 풍광 등 이점으로 인해 문제가 상쇄(相殺)된다.

큰 산이 동쪽이나 남쪽을 가까이서 막고 있는 터는 흉한 터에 해당되며 만약 이런 곳에 집을 짓고 살게 되면 노상 접하는 중압감으로 인해 우울증에 시달리게 될 수도 있다.

21 산의 뒷면에 위치하거나 주변 자연경관이 흉한 터

산의 앞뒤 판별은 방향과는 무관하나 산의 앞쪽이 남향이면 더 좋다. 산의 뒷면은 앞면에 비해 경사가 급하고 골짜기가 험하며 주로 낭떠러지이고 바위가 돌출되어 있다.

이런 지형에서는 태양빛이 산란되어 빛이 명당에 모이지 않아 겨울에는 산의 앞쪽에 비해 상대적으로 한랭한 대기상태를 보인다.

또한 돌출된 바위가 빗물 등에 의해 지반이 약해지면 굴러 내려가거나 불안한 느낌을 준다.

주변에 급류나 폭포가 있고 물소리가 심한 곳, 절개지 등 낭떠러지가 있는 곳 또한 대부분 거친 산의 뒷면으로 자연조건이 안 좋다고 볼 수 있다.

그 외 자연경관이 안 좋다는 것은 심미감 측면에서 볼 때도 자연풍광이 주는 유쾌감이 떨어진 곳을 말한다.

결론적으로 산의 뒷면에 위치하거나 주변의 자연경관이 안 좋은 터는 환경적인 흉작용을 받는다.

22 곡류하천의 공격면에 있는 터

곡류하천은 산골짜기를 벗어나 유로 변동을 자유롭게 할 수 있는 완만한 경사 지형에서 잘 발달되어 있다.

곡류하천의 공격면은 수심이 깊고 유력이 세기 때문에 삭박작용에 의해 대지면적이 줄어 후퇴되므로 지반이 안정되어 있지 않다. 반면에 곡류하천에서 굽이잘림 위험이 없다면 후퇴면은 공격면에 비해 물의 공격으로부터 안전하고 지반도 안정되어 길한 위치의 터이다.

　제방에 의존하고 있는 하천의 공격면에 있는 터는 주거용 대지로 개발하는 것보다 토질의 특성상 수목원을 조성하는 것이 적격이다.

　하천의 공격면은 큰 홍수 때 범람의 위험이 있어 항시 불안정한 터로 흉작용이 아주 크다.

 ## 23　바람이 직통하는 도로 끝이나 직류수가 맞닿는 하변의 터

　바람이나 물이 이동할 때 맞닿는 면이 직각에 가까울수록 작용하는 힘이 크다.

　바람이 직통으로 부는 도로 끝은 도로의 분진과 쓰레기가 모이게 되고, 차량의 질주로 생겨난 배기가스를 포함한 살풍이 불어와 좋지 않다.

　직류수가 맞닿는 하변(河邊)의 터는 흐르는 물의 힘에 의해 삭박작용을 크게 받아 영구적인 지반의 안정을 보장받을 수 없어 좋지 않다. 심리적으로도 유유히 흐르는 강물의 풍광은 더할 나위 없이 좋으나 직류수가 흘러들어오는 장면은 홍수를 연상케 하여 불안감을 느끼게 한다.

　특히 하천의 물이 불어날 때 하천수면보다 낮은 하천변의 터는, 제방이 붕괴될 경우 홍수 피해가 예상되므로 불안하고 재산손실이 크게 발생할 수 있어 가장 흉한 터이다.

살기좋은 집 찾는 요령

03

우리 조상들이 10만여 년 전 수렵이나 채집생활을 하던 구석기 중기 때 평지에 이동식 막집을 지어 생활하기 시작한 이래 사람들은 생명과 건강을 유지하고 편안하게 살기 위해서 자연조건이 좋은 터를 물색해 왔다. 또한 물색한 터의 조건과 기후환경에 어울리는 집을 짓고자 구상하고 그로 인해 목수라는 집 짓는 전문가가 생겨났던 것이다.

최근에 와서 설계, 시공 등 건축 관련 분야가 세분화되어 급 발전하기에 이른 것이다.

주변에서 쉽게 구할 수 있는 건축자재를 잘 활용하여 편안하고 생리적인 집을 짓기 위한 제안의 뜻으로 집에 대해 풍수적 길흉을 판가름하고자 한다.

살기 좋은 집이란 '살기 좋은 터 찾는 요령'에서 열거한 좋은 터의 조건을 먼저 갖춰야 한다.

이 장에서는 집이라는 건물 자체만을 환경풍수적 판단으로 좋은 집을 가려 보겠다.

1 햇빛이 잘 드는 집

양택이라는 말의 의미와 같이 집은 햇빛이 잘 들어야 한다.

그러나 어느 방향의 햇빛이든 다 좋은 것은 아니다. 아침 햇살과 낮의 햇빛은 좋으나 저녁에 석양빛이 깊숙이 들어오면 한 여름에 실내 기온이 높아져 좋지 않은 점도 있다.

햇빛은 온열작용을 하는 적외선과 체내 비타민D를 생성하고 살균작용을 하는 자외선의 이로운 면이 있는 반면, 과다한 자외선이 피부노화와 흑색종 등 피부암을 발생시킨다. 석양빛이 건물 깊숙이 들어오면 햇빛의 영향으로 건강에 해로운 이산화질소를 생성하는 등 해로운 작용을 하기 때문에 집의 동·남방은 채광(햇빛을 받는 것)을 하고 서방은 차광(햇빛을 가리는 것)을 해야 한다. 적당한 햇빛은 모든 생물에 유익하므로 햇빛이 잘 들어야 길지이고, 햇빛이 가려진 큰 건물 뒤쪽은 음습한 흉지이다.

주의할 점은, 집을 살피러 갈 때는 햇빛이 있는 날의 낮 시간에 가야 한다. 이는 일조권이 확보된 집인가를 확인하기 위한 것으로 충분한 일조권이 확보된 집일수록 좋은 집이다.

2 집의 사방이 건물에 적당히 감싸져 포근한 집

사신사론으로 볼 때 좌청룡, 우백호, 전주작, 후현무라는 사신사가 터를 감싸고 있어 장풍(藏風)형국일 때 명당이라 하였다.

양택론에서는 자기 집에서 가까운 큰 건물이 사신사와 같다고 하였는데 이는 산뿐만 아니라 큰 건물(아파트의 경우는 다른 동)도 사신사와 같은 역할을 하기 때문에, 집의 주변에 적당히 통풍을 유지하면서 앞은 트이고 산이나 큰 건물로 뒤와 좌우를 적당히 감싸고 있는 포근한 집은 살기 좋은 집에 해당된다. 반면에 고층아파트 단지와 같이 큰 건물이 너무 조밀하게 사방을 감싸고 있는 집은 공기의 흐름이 차단되고 오염된 공기가 갇히게 되어 흉택이 된다. 이는 아파트나 일반 주택의 저층에서 흉작용을 더 받는다.

3 집의 뒤쪽이 높고 앞이 트인 경우

산의 형태가 어느 정도 높으며 산의 주변 경사도가 30°에 가깝고, 집터의 높은 쪽이 남쪽이면서 동쪽도 막혀 있고 낮은 쪽이 북쪽일 경우는 집의 방향을 어떻게 잡아야 할까?

첫째, 햇빛을 받기 위한 방향을 염두에 두고 남, 동쪽을 향하게 한다면 높은 쪽의 산이 햇빛을 가려 필요 일조량을 받을 수 없고 특히 산이 앞의 시야를 가려 답답한 느낌이 들 것이다.

둘째, 북쪽을 향하게 한다면 전면이 햇빛을 거의 받지 못해 음습한 느낌이 들 것이다.

이런 경우 첫째도 문제이고 둘째도 문제인데 적절한 대안은 무엇일까.

북향을 하면 집의 진입로와 대문 그리고 마당의 위치가 낮은 쪽에 있게 되고, 집이 배산형으로 안정감과 지기(地氣)를 받을 수 있는 조건이 되며 탁 트인 시야가 확보되는 장점이 있다. 보완책으로 이런 집은 층고가 높지 않은 단층으로 지어야 북쪽의 차가운 바람을 적게 받을 수 있고, 마당에 그림자가 작게 생겨 따뜻하게 된다. 아울러 건물의 동·남쪽에는 큰 채광창을 두어야 하고, 북서쪽에는 방풍림과 한기 차단형 방풍방음 담장으로 보완해야 한다.

결론적으로 집의 뒤쪽이 높고 앞이 트인 집은 일단 길하다고 본다.

 ## 4 집 주변 지형이 남·동쪽은 낮고 북·서쪽이 높은 경우

집 주변의 지형이 북고남저(北高南低)가 제일 좋고, 차상이 서고동저(西高東低)이다. 이런 지형은 앞이 트여 햇빛이 드는 남향이나 동향으로 집을 배치할 수 있기 때문이다.

햇빛을 많이 받고 탁 트인 시야 확보의 측면에서 남·동쪽의 낮은 지형에 남·동향의 집이 좋다. 아울러 북, 서쪽이 높으면 동절기 동안 한랭한 북서풍을 막아주기 때문에 온화한 기후 상태가 유지되어 좋다.

 ## 5 집의 앞면이 남·동쪽을 향하고 있는 집

온종일 기거하는 집은 낮에 햇빛이 잘 들어야 밝고 따뜻하며 적절한 습도 조절이 되어 좋다.

추운 동절기에는 낮 동안 햇빛을 벽체 등 건물구조물이 받아 축열해 두면 밤 동안 방한효과를 얻을 수 있다. 이때 더운 하절기의 햇빛문제를 적절히 보완하는 방법으로 처마의 길이를 맞추어 그늘지게 하는데, 이 방법은 '창은 건물의 얼굴' 편에서 제시한 바 있다. 특히 남향의 집은 북향의 집과 비교해 태양광의 이점으로 연료비 및 조명 비용이 절감되고 거주자의 건강에도 좋아 남향벽 쪽에는 큰 창을 낼 필요가 있다.

집의 정면이 남쪽을 향하면 제일 좋고 동쪽을 향하면 차상이다.

 ## 6 집의 진입로 및 대문이 마당보다 낮은 경우

물은 낮은 데로 흐르기 때문에 집의 진입로 및 대문이 마당보다 높을 경우에는 집중호우 때 집 밖의 물이 집으로 모이게 되어 침수의 위험이 따른다. 이런 조건에서는 하수시설이 갖추어져 있어도 홍수 때 산 아래는 잡풀과 함께 내려온 갑작스런 물에 하수구가 막히는 경우가 생기는데 이럴 때 도로보다 낮은 집은 문제가 생겨 홍수 피해를 입게된다.

또한 지하수면이 주변에 비해 상대적으로 마당 지표면과 가까워 마당이 습하며 습기에 의해 건물의 내구성에 지장을 초래하고 거주자의 건강에도 좋지 않다.

대지 평면 조건에서 대문보다 마당이 높고, 마당보다 집 자리가 높은 수평구도가 이상적이며 물로부터 안전하다. 그러므로 집의 진입로 및 대문이 마당보다 낮아야 길상이다.

7 마당이 낮고 집 자리가 높은 경우

마당과 집과의 관계를 음양론으로 분류하면, 집은 양이고 마당은 음이다.

음양대별의 표본인 하늘과 땅을 볼 때 집은 양인 하늘처럼 높아야 하고, 마당은 음인 땅처럼 낮아야 음양의 조화가 맞다.

음양의 차이는 균형의 조화이면서도 서로 다른 공간과 역할이 다르다. 마당은 음으로서 내조자의 위치에서 집의 규모와 어울려야 한다. 그래서 마당은 집 자리보다 낮아야하고 앞마당이 뒷마당보다 커야 하며 집의 규모에 비례한 크기여야 한다.

집은 작은데 마당이 너무 방대하거나 집은 큰데 마당이 너무 협소하면 음양의 조화가맞지 않으므로, 단독주택의 경우 앞마당의 크기는 연건평의 3배 정도가 적당하고 마당은 집 자리보다 3~5계단인 45~75cm 정도 낮아야 길상이다.

8 대문의 크기가 집의 규모와 조화를 이룬 경우

집은 규모가 작고 형편없는데 대문만 웅장하게 클 경우 마치 허세로 위장한 것처럼보기 싫고 대문은 평범한데 집 규모가 크고 잘 관리되어 있으면 그 집에 사는 사람들이실속있어 보인다.

대문은 집보다 전체적으로 낮고 규모도 집과 비등하게 조화를 이룬 것이 가장 이상적이다. 대문이 집 규모보다 과도하게 웅장하거나 형편없이 소규모일 때는 부조화로 흉상이다.

9 담장의 구조가 집과 조화를 이룬 경우

담장의 역할은 대지 사이의 경계를 표시하고, 외부 침입자에게 장애를 줌과 동시에 경계(警戒)의 효과를 얻으면서, 찬바람과 분진·소음 등을 막거나 공기가 순화되도록 적절한 통풍을 유지하는 효과가 있다.

요즘 관공서나 학교에서 담장을 허물어 공간의 연속성과 내부 녹지공간을 공간 밖의 사람들에게 제공하는 것에서 시작된 후 개인주택의 그린파킹 등 담장 허물기가 확대되는 가운데, 외부의 쓰레기 유입 등 관리상 문제로 인해 철망식 담장으로 보완하는 일이 생겨나고 있다.

담장은 집의 기운에 영향을 주는 사신사의 기능을 한다. 북서쪽이 노출된 집은 적절한 높이의 방풍형 담장이 필요하고, 동·남쪽 특히 남쪽은 높지 않은 통풍형 담장이 유리하며, 마당이 작은 집은 경계 표시 정도의 틈새가 큰 나무울타리가 어울릴 듯싶다.

담장은 집의 규모 특히 마당의 규모에 비례한 높이로 설치하되 분진과 소음이 따르는 대로변 주택은 방음효과 등을 고려하여 성인의 눈높이보다 약간 높게 해도 무방하며, 보통의 주택은 적절한 통풍형이 좋고, 전원주택은 낮은 울타리가 어울린다.

물론 담장이 없는 전원단지가 개방적이고 접근성이 강조되어 좋아 보이기도 한다. 이처럼 담장의 규모가 집의 규모와 조화를 이룬 것이 좋다.

10 건물의 형태가 정육면체에 가까운 집

정육면체 공간은 공기의 대류현상 및 울림이 좋고 공간 활용성이 좋다.

어떤 양변의 비율이 황금분할비인 1 : 1.618 이내이면 정육면체와 비슷한 효과를 얻을 수 있으나 이 비율을 벗어난 직육면체는 공간 나눔에 따른 공간 활용효과 및 이상적 공간으로서의 가치가 떨어진다.

그러나 실제적으로 햇빛의 활용면이나 각 실의 넓어진 조망과 바깥공기와의 순환에 이로운 방사형(放射形※)이나 신개념의 부분확장형 전원주택의 구도(⬚)가 경제력 향상에 힘입어 냉·온방기술 및 단열기술의 발전이 가속되면서 더 생리적인 공간으로 진화하고 있는 것이라 여겨진다.

또한 우리나라의 전통한옥 형태가 연중 따뜻한 남부지방에서는 일자형, 중부지방에서는 ㄱ자형, 추운 북부지방은 ㄷ자형이었던 점을 볼 때 어떤 지역의 풍토와 기후에 따라 주거형태도 달랐다는 것을 알 수 있다.

건축공사비, 공간이동성, 냉·난방 효율성 등 총괄적인 면에서 보면 아직까지도 정육면체에 가까운 건물의 형태가 길상인 것이다.

11 내부 공간 형태가 정육면체에 가까운 경우

한 가정의 가장은 생계를 책임지므로 건강이 무척 중요하다. 가장이 건강을 유지하려면 안방이 생기공간이어야 한다. 또한 가족 전체가 모여 같이 보내는 시간이 많은 거실도 중요하다.

안방과 거실은 공간이 크면서 생기공간인 정육면체에 가까워야 공기의 대류 및 울림이 좋고 부득이한 경우 가로·세로·높이의 어떤 양변의 비율이 황금분할비 내에 있어야 무난하다.

주택에서 중요 공간인 안방과 거실의 공간 형태가 정육면체에 가까울 경우 길상에 해당된다.

12 안방이나 거실이 집의 중심에 있는 집

건물의 중심에 건물 전체의 생기가 모이게 되는데 이는 질량이 큰 물체나 구조물일수록 중력장과 같은 기운의 힘작용이 더 크게 중심부로 모이기 때문이다. 그러므로 가족구성원 중 가장이 거처하는 안방이나 가족 전체가 공동으로 생활하는 거실은 기운이 집중되는 집의 중심에 위치해야 좋다.

협소한 공간보다 큰 공간이 생기(새 공기 등)가 잘 순환되기 때문에 안방과 거실은 한변의 길이가 3.6m 이상 되어야 하고, 안방이나 거실은 집의 중심에 놓여야 길상이다.

13 주택의 지붕형태가 돔이나 용마루가 짧은 형태

건물의 전체 공간 형태를 볼 때 정육면체에 가까워야 좋고, 지붕의 형태는 공기의 회전 및 배수가 잘되는 돔형이나 피라미드 형태가 좋다.

지붕은 중심부분이 높고 용마루가 짧으면 중심에 기운이 잘 모이고 안정된 대칭구도가 되어 보기에도 좋다.

건물 내 구분공간에서 중심부분이 높은 천장은 길상이다.

실내 공간은 가로·세로·높이가 같은 정육면체 형태에 가까우면서 평면의 천장이 무난하다.

천장이 낮으면 답답해 보이나 난방의 열효율은 좋아진다. 그래서 한랭한 지방에서는 천장을 약간 낮추고, 기온이 높은 지방에서는 천장을 약간 높이는 것이 이상적이다.

주택의 지붕형태는 평면슬래브보다 돔이나 피라미드 또는 용마루가 짧은 형태가 길상이다.

 ## 14 창문의 배치와 크기가 기후조건에 맞는 집

창문은 건축물 안에서 바깥세계를 바라보는 생각의 틀이며, 창을 통해서 숨을 쉬고 바깥소리도 듣고 밖의 냄새도 맡으니 건물에서 창은 사람의 얼굴과도 같다.

건물에서 창과 외벽면이 차지하는 비율에 따라 건물의 앞과 뒤를 짐작할 수 있고, 북쪽면에 창문이 많은 경우에는 실질적으로 방한의 문제가 따르며 보기에도 건물이 추워 보인다. 그래서 창문은 사람의 얼굴처럼 건물의 앞쪽에 많이 있어야 하고, 햇빛을 받을 수 있는 방향에 맞춰 남·동쪽은 창을 크게 북·서쪽은 창을 작게 만들어야 한다.

벽면과 창문이 차지하는 비율을 볼 때 남·동쪽은 창과 벽면이 비등하고, 북·서쪽은 창이 작으면서 벽면의 상단에 위치하는 것이 겨울 동안에 부는 북서풍을 적절히 막을 수 있다. 이런 창문의 구조가 여름에는 남풍이 많은 계절적 바람의 특성과 기후에 맞는 길상이다.

 ## 15 충고가 다를 때 남쪽 충고보다 북쪽이 높은 경우

ㄱ, ㅜ 자형 건물에서는 충고가 한쪽은 2층이고 한쪽은 1층으로 서로 다를 수 있다. 한집에서 충고가 다를 때는 길상조건인 북고남저(北高南低)에 맞도록 북쪽은 충고를 높게 하고 남쪽은 낮게 하면 겨울 동안 한랭한 북서풍을 막고 각 실에 골고루 햇빛을 받도록 큰 창을 내기가 쉽다.

하나의 건물에서 북고남저형 충고가 효과적인 지형은 완만한 남고북저형으로 한랭한 북서풍에 노출된 지형이다.

일반적으로 한 건물의 층고가 다를 때 남쪽 층고보다 북쪽이 높은 경우 길하고, 반대로 남쪽이 높고 북쪽이 낮으면 그늘진 공간이 늘어나 춥고 습해 좋지 않다.

利 16 주택의 중요 공간인 안방이 혈에 위치한 집

인체에서 기가 모여 있어 침을 놓는 지점이 혈이라 했다.

풍수에서 혈은 햇빛인 양의 기운과 지기인 음의 기운이 집중되어 두 기운이 만나 생기운이 뭉친 곳으로 침점과 같아 길한 곳인데, 주택에서는 이 지점에 안방과 같이 중요한 공간이 배치되어야 한다.

예를 들면, 사찰에는 요사채 등 여러 건물이 운집해 있으나 혈자리에는 경내에서 제일 중요한 대웅전을 앉혀야 하고 혈의 정중앙에는 중심불상이 놓여야 한다. 이처럼 주택에서는 중요 구분 공간인 안방이나 거실을 혈자리에 놓으면 길상이다.

利 17 건축재료를 천연재료로 사용한 경우

주거용 건물의 외부에 사용하는 외벽 마감재료는 풍화작용에 대한 내구성이 강하면서도 거칠게 또는 매끄럽게 미감을 연출할 수 있는 자연석재나 흙벽돌이 좋다. 석재나 흙벽돌은 축열효과도 상당하여 남쪽 벽면에 활용하면 더욱 좋다.

집 내부에는 시멘트의 독성을 차단하고 가열 시 원적외선이 방출되면서 습기조절능력이 뛰어난 황토 등 천연소재가 좋은데, 대부분 내부 인테리어 마감재로 석유화학제품을 쓴다. 여기에서는 포름알데히드 등 유독성 물질이 휘발되어 건강을 해칠 수 있다.

새집증후군을 유발할 수 있는 이런 유독성 휘발물질로부터 대처하는 방법은 입주 전부터 실내 난방을 최대로 가동하여 유해물질을 강제로 휘발시키고, 수시로 환기하는 것을 15일 이상 시행하면 유해 환경요소로부터 피해를 훨씬 줄일 수 있다. 건축자재로 돌, 흙벽돌, 황토, 원목, 종이 등 천연재료를 사용한 집이 거주자의 건강을 지켜주는 길택이다.

利 18 양택3요소가 동·서사택론에 맞고 음양조화, 오행상생 관계인 집

양택3요소는 안방·부엌·대문을 말하고, 동사택은 8방위 중 동·남동·남·북으로 동기(東氣)가 흐르며, 서사택은 서·남서·북서·북동으로 서기(西氣)가 흐른다.

주택은 대지의 중심점이나 앞마당의 중심점에서 보고, 아파트나 빌라는 구분가구의 중심점에서 볼 때 중요한 안방의 위치가 어느 방위에 해당되는가를 보고 동·서사택을 구분짓는다.

양택3요소 중에 비중이 큰 안방과 대문(출입문)이 하나의 기운에 해당하는 사택에 있으면 길하고, 동, 서사택 기운이 섞여 있으면 흉하다는 원리가 동·서사택의 길흉관계이다.

진(동)·감(북)·건(북서)·간(북동)은 양에 해당되고, 이(남)·태(서)·곤(남서)·손(남동)은 음에 해당되는 방위인데 음양조화(음과 양은 서로 끌어당겨 좋은 관계임)는 길하고, 같은 성(性)은 흉 관계로 보는 것이다.

즉 집의 중앙이나 안방이 음이면 대문이 양이어야 길하다는 것이다.

오행상생 관계는 북은 수, 북동·남서는 토, 정동·남동은 목, 정남은 화, 정서·북서는 금인데, 집의 중앙이나 안방과 대문의 방위는 서로 상생관계를 이루면 좋고 상극관계를 이루면 나쁘다는 것이다.

안방과 대문의 위치를 보고 동·서사택이 맞고 음양조화와 오행상생이 모두 맞으면 최길상인데, 예를 들어 남향집(집의 중심이 북)에 대문이 남동쪽에 있으면 3가지 모두 맞는 길상의 집이다.

19 인공환경이 좋은 곳에 위치한 집

인접거주자에게 유익한 인공시설인 공원, 관공서, 학교, 쇼핑몰, 지하철역 등이 집 가까이에 있으면 인공환경이 좋은 집이다. 사회 간접시설인 각종 교통망 또한 인공시설로 접근성이 좋은 IC근방은 인공환경이 좋은 지역이다. 그러나 인공시설도 공해인자 발생 시설인 님비 대상 시설일 경우 이런 시설과 지역은 흉지이다. 물론 흉지 위에 지어진 집 또한 흉택이다.

유흥가 주변이나 우범지역으로 지목된 사회적 환경이 안좋은 지역에 비해, 주변 거주자의 수준이 높고 서울의 8학군과 같이 말 그대로 학군이 좋은 지역은 사회적 환경이 좋은 곳인데 '택리지'에서 인심이 좋아 살만한 곳이라는 것과 흡사하다. 사회적 환경을 포함한 인공환경이 좋은 지역 내의 집은 길택이다.

20 경사지나 평지에서 도로보다 높은 집

완만한 경사지(5~15°)에서 도로보다 높은 집은 통행차량에 의한 분진이 집으로 날아 들어오는 것이 도로보다 낮은 집에 비해 훨씬 적다. 도로보다 높은 집은 차량전도사고나 보행자가 집안을 살피는 프라이버시 침해 피해 및 강도·절도 발생 가능성 또한 희박하다.

그러므로 경사지나 평지에서 도로보다 높은 집은 좋은 위치 조건이라 할 수 있다.

21 집의 앞쪽에 아름다운 풍광이 있는 집

2005년 국내 전체 주거에서 아파트가 차지하는 비율이 53%라는 통계를 발표했다.

아파트의 장점은 편리성과 방범의 용이성 외 층수 등 조건에 따라서 탁 트인 시야를 확보할 수 있다는 점이다.

2004년 서울고등법원은 조망권 등 주택의 환경가치를 집값의 20%라는 판결을 내렸다. 이는 탁 트인 전망과 산, 강, 바다, 공원 등을 조망할 수 있는 집이 안되는 집보다 가격이 20%가 높다는 것이다.

집의 앞면 시야에 아름다운 풍광이 들어오는 집은 사는 동안에 즐겁고 부가가치가 있기에 서울에서 한강을 내려다보는 아파트는 선호도가 변함없이 높다. 그러나 온통 수면만 보이는 집은 심리적으로 우울증을 유발할 수 있다는 지적을 감안하길 바란다.

결론적으로, 집의 전면이 탁 트이고 아름다운 풍광이 펼쳐져 있으며 햇빛이 잘 들어오면서 진입도로의 사정이 좋고 인공 및 자연환경 요소가 좋은 곳이 최길상의 집이다.

피해야 할 흉한 집

사냥꾼들이 짐승을 포획할 때 짐승에 따라 먹이를 구하고, 낮잠자는 곳, 노는 장
소 등 그들의 습성을 알고 있으면 쉽게 포획의 성과를 거둘 수 있다.

이에 반하여 짐승에게는 쉬기에 편안하고 안전한 곳을 택하는 생존의 지혜가 본능적
으로 내재되어 있다. 짐승의 입장에서 보는 편안한 장소는 먹이사슬 상단의 천적과 포
획자로부터 안전하면서 낮잠을 즐길 수 있는 최적의 환경을 갖춘 곳이다.

여기서 사냥꾼과 짐승의 관계를 볼 때, 짐승의 입장에서 보면 안전한 곳이 길지이고,
포획자에게 유리한 곳이 흉지인 것이다.

사람의 거처 공간인 집은 안전성, 공간효용성, 아름다움이라는 건축의 3요소가 갖춰
지고, 생리적 공간으로 완성될 때 길지인 것이다.

환경풍수에서는 생리적 공간을 만들어 삶의 질을 향상시키고 행복하게 사는 것을 목
적으로 하기 때문에, 이 장에서 말하는 항목들은 흉한 조건으로 이런 조건에서 사는 사
람은 건강이 안 좋아지고 심신의 불안으로 일의 성취도가 떨어진다. 결국 흉격의 상호
연관 작용으로 가족구성원 전체가 실패를 겪게 될 수 있는 집에 대한 조건들을 지적한
것이다.

흉은 피하는 것이 상책이고 차선책은 보완하여 무마시키는 것이다.

"죽을 약 끝에 살 약이 있다."는 말의 의미를 비보풍수 측면에서 짚어가면서 앞서 기
술한 '피해야 할 흉한 터'를 눈여겨 판단한 후에 흉한 집의 조건 하나하나를 따져봐야
흉택에서 사는 아픔을 피할 수 있다.

1 제방을 막아 수면보다 낮거나 홍수 때 범람의 위험이 있는 집

우리는 장마철만 되면 홍수 피해에 대한 뉴스를 자주 접하게 된다. 물살에 하천 둑이 쓸려가 물 위로 지붕만 보이는 집들을 보면서 인재냐 천재냐를 놓고 책임을 전가하려 한다. 예견 가능한 홍수의 가옥 피해는 터잡기 지혜로 막을 수 있는 것인데도 지혜롭지 못한 터잡기 때문에 많은 사람의 목숨을 앗아가게 된 것이다.

1999년 8월 파주, 동두천 물난리가 그렇고, 2005년 미국 뉴올리언스 시의 대재앙이 그렇다. 80%가 미시시피강 수위보다 낮은 뉴올리언스 시는 처음 양기(陽基) 간택부터가 잘못됐으며, 수면보다 낮아 홍수 피해를 입은 지역은 아예 도시 재건을 하지 말아야 한다는 견해가 올바르다고 생각된다.

분명히 수면보다 낮거나 홍수의 피해가 예상되어 제방의 보호를 받고 있는 집은 물난리의 위험에 노출된 가장 흉한 집이다.

2 햇빛이 안 드는 집

주거의 환경요소 중에서 가장 지배적인 것이 햇빛이다.

햇빛은 광합성이나 물의 순환작용 등 생명체 생존의 절대적 역할 외에도 기온, 밝기, 살균, 비타민 D 생성 등 우리의 생활 속에 없어서는 안될 환경요소이다.

일조권이 침해되면 동시에 조망권도 침해되는 경우가 많다. 집에서 이러한 햇빛의 가치는 얼마 정도 될까.

2004. 10. 18 서울고등법원이 일조권과 조망권의 침해에 관해 손해배상판결에서 동지날에 완전히 햇빛을 받을 수 없다면 집값의 20%를 변상해 주어야 한다는 구체적인 기준을 제시하였다. 그러므로 일조권과 조망권의 가치는 법의 판례로 보아 집값의 20% 선인 것이다.

이것은 배상에 따른 액면가 산정이 가능한 가치이고, 실질적으로는 거주자의 건강 침해 등 산정이 어려운 가치가 많기 때문에, 앞이 산이나 건물 등으로 가려져 햇빛이 잘 들어오지 않으면 흉한 집이다.

도시에서 완전하게 일조권이나 조망권을 확보하기란 쉽지 않으며 동짓날 낮 시간 중 50% 이상 햇빛을 받을 수 있다면 도시형 길택이라 보고, 낮 시간 중 20% 미만 햇빛을 받는다면 심각한 흉택이라 볼 수 있다.

이는 인체가 비타민 D를 생성하기 위해 하루에 30분 이상 햇빛에 노출되어야 한다는 것으로, 생활 중에 햇빛을 받으려면 3시간 이상 집에 햇빛이 들어와야 인체에 필요한 햇빛을 흡수할 수 있다는 점에 근거한 것이다.

 ## 3 집 앞을 산이나 큰 건물이 막고 있는 경우

전저후고(前低後高)의 길택 조건은 심리적 안정감과 조망권에 주안점을 둔 조건이다. 방위에 관계없이 집의 앞쪽에 산이나 큰 건물이 막고 있으면 조망거리가 짧아 답답한 느낌을 주어 좋지 않다. 설령 일조권이 확보되어도 집 앞면과 산 또는 큰 건물 사이의 거리가 가깝고 규모가 크고 높을수록 흉작용이 크며, 집의 정면을 향해 앞쪽에서 산줄기가 직선으로 달려들거나 건물의 모서리가 찌르듯이 보이면 더 흉작용이 크다.

그러나 멀리 보이는 산이나 큰 건물은 문제가 되지 않는다.

 ## 4 집의 주변에 바람막이가 없는 경우

집은 양팔로 감싸안은 어머니의 품속 같은 곳에 있어야 따뜻하면서 편안하다. 집 주변에는 산이나 건물들이 적당히 감싸고 있어야 겨울의 한랭한 북서풍을 막아주고 햇빛과 땅의 조화로 만들어진 생기가 흩어지지 않으며 폐기 또한 고이지 않고 순환이 되어 좋다. 그러나 집이 고지대나 평지에서 섬처럼 홀로 있으면 좋지 않다. 이럴 경우 북쪽과 북서쪽에 촘촘히 방풍림이나 인공 둔덕을 만들어 보완하면 흉작용이 완화된다.

 ## 5 집의 남·동쪽을 큰 건물이 막고 있는 경우

집의 남쪽에 근접하여 큰 산이나 웅장하고 높은 건물이 막고 있으면 햇빛이 차단되고 남향집이라면 조망까지 어렵게 되어 흉작용이 크다.

만약 동쪽을 막고 있다면 남향으로 집을 배치하고, 남쪽을 막고 있다면 동향으로 집을 배치하여 조망을 확보한 후 동쪽이나 남쪽에 채광창을 크게 내면 흉작용이 무마된다.

 ## 6 산의 뒷면에 있으면서 풍광이 좋지 않은 집

우리나라는 남북한을 통틀어 75%라는 산지 비율을 갖고 있기에 산 주변에 거주지가 많이 형성되어 있다.

　도시의 경우도 주변에 산이 있거나 산으로 인해 경사진 곳이 많다. 어떤 산이든 앞과 뒤가 있으며, 옛 풍수용어로 앞은 서로 조화를 이뤄 친근감이 드는 상태인 유정이라 하고, 뒤는 살기를 띠고 등을 돌린 상태인 무정이라 하는데, 산의 앞면은 경사가 완만하고 매끈하며 뒷면은 경사가 조급하고 거칠다. 그래서 산의 앞면은 명당 터가 되고 산의 뒷면은 흉한 터가 되는데, 만약 산의 뒷면에 집터를 잡았는데 집의 전면에 또 앞산의 뒷면이 보이면 낭떠러지나 거친 바위가 나뒹구는 듯한 풍광이 보여 흉이 가중된다.

　산의 앞쪽은 명당 터이지만 흉한 인공시설물인 공장굴뚝이나 철탑 등이 보이면 좋지 않으므로 흉물이 보이는 방향에 상록수를 심어 흉가림(비보)을 하면 흉이 상쇄된다.

 7　지반이 습하여 집안이 눅눅한 집

　집안에 습기가 차면 곰팡이나 진드기 등의 번식이 쉬워져 거주자의 건강에 좋지 않다. 물 빠짐이 좋지 않은 지질이나, 집터가 낮은 지대는 집터 자체가 습하여 올라온 습기로 집안까지 눅눅할 수 있어 흉한 터이다.

　이런 습지에 건물을 세울 때는 바닥을 철저하게 방수 처리하여 습기가 올라오지 못하도록 차단하고, 기초 바닥 위에 약 75cm(계단 5개) 가량 기둥을 세워 통풍을 유지한 상태에서 바닥을 만들면 지면에서 올라오는 습기를 피할 수 있다.

　미국 마이애미는 습지가 많아 이와 같은 건물로 짓는 경우가 흔하다.

　우리 선조들은 이렇게 습한 장소에 건물을 세울 때 건물 바닥에 방습효과가 있도록 숯을 깔았는데 전남 장흥 보림사의 터 다지기에 숯을 이용했다는 구전이 있다.

　지반이 습하여 올라온 습기로 집안이 눅눅한 집은 흉택이다.

 8　집의 정면을 향해 도로가 일직선으로 맞닿은 경우

　어느 도로든 차량 통행량이 늘어난 요즘 도로 주변은 차량운행으로 배출된 배기가스의 대기오염이 심각하다.

　특히 바람이 직통으로 들어오는 도로 끝과 맞닿아 있는 집은 차량 질주로 생긴 오염된 살풍으로 바람에 날린 쓰레기와 입자가 큰 분진이 담을 타고 넘어와 집안에 쌓이게 된다. 이런 집은 차량소음과 차량돌진에 의한 교통사고 위험까지 있다.

집의 좌우측면과 뒤쪽이 도로와 일직선으로 맞닿으면 좋지 않고 집의 정면이 도로와 일직선으로 맞닿으면 더 안 좋다. 보행자가 적당히 있고 차량소통이 빈번하면 주거용 건물도 근린생활시설용 건물로 전환하는 것이 유리하다.

물길이 집을 향해 일직선으로 들어와 맞닿은 경우 갑작스런 폭우로 인해 유수가 범람하면 집의 안전을 보장받을 수 없고 홍수 위험 등에 대해 불안감을 갖게 된다.

이렇게 집의 정면을 향해 도로나 물길이 일직선으로 맞닿은 경우 집에 사는 사람은 흉작용을 받게 된다.

 ## 9 산골짜기에서 합수된 물줄기의 공격면에 있는 집

산골짜기를 타고 내려온 물줄기는 평소에는 물길 흐름대로 잘 흐르나 집중호우 상태일 때는 여러 골짜기에서 합류된 물로 인해 넘치기 쉽고, 범람한 물은 새로운 직류천을 형성한다.

하천의 하류에 발달된 곡류천도 계속된 유수의 힘에 의해 공격면은 삭박작용을 받게 되는데 집중호우 때 범람으로 인해 굽이잘림이 생길 수 있으며, 이와 같이 산골짜기에서 내려와 합수된 물줄기가 곡류천을 이룰 경우 공격면에 있는 집은 언제 일어날지 모르는 범람의 위험이 도사리고 있어 안정되지 못한 흉한 집이 된다. 이런 경우 흉한 곳을 피하는 것이 제일 좋다.

 ## 10 집의 앞쪽이 높고 뒤쪽이 낮은 경우

집의 뒤쪽이 낮다는 것은 전저후고(前低後高)라는 명당의 입지조건에 맞지 않으며 "뒤가 든든해야 좋다."는 세간의 말에도 어긋나 주거의 조건뿐만 아니라 여러 가지로 불리한 상태를 의미한다.

방풍, 태양빛의 복사, 조망, 심리적 안정 등 여러 가지를 종합해 볼 때 집의 앞쪽이 높고 뒤쪽이 낮은 경우는 흉한 터이다.

 ## 11 집의 앞면이 북쪽이나 서쪽을 향한 집

집의 방향이 북쪽을 향하고 있는 집은 앞면이 항시 그늘져 음습하고 어두우며, 서쪽을 향한 집은 하절기에 뜨거운 석양빛이 집안 깊숙이 들어와 실내에 머무는 열기가 밤까지 이어져 좋지 않다. 또한 북서향집은 겨울 동안 한랭한 북서풍을 정면으로 받게 되어 집이 북쪽이나 서쪽을 향하고 있으면 흉상이다.

남쪽과 동쪽에 큰 산이나 큰 건물이 있어 시야를 차단할 때는 집의 정면을 막고 있는 남·동쪽은 피하고, 막아선 쪽과 빗겨서는 방법 등으로 진입로의 방향에 맞춰 집의 방향을 정한 후 남창이나 동창을 크게 내어 보완하면 흉이 상쇄된다.

 12 집의 바닥면이 마당보다 낮은 경우

집의 바닥면은 마당보다 계단이 3~5개(45~75cm) 정도 높아야 건물이 지면의 습기 영향을 덜 받고, 작은 물의 침수를 피할 수 있다. 아울러 미관적인 측면에서 볼 때도 대문에서 보는 집의 전체적 외관이 층고가 높아야 시원스럽게 보이므로 지면의 기준인 마당보다 집이 약간 높은 것이 좋다.

반면에 집의 바닥면이 마당보다 낮은 집은 물이나 습기의 피해가 예상되고 마당에서 보는 집의 외관도 답답해 보여 미관이 떨어져 흉택으로 친다.

 13 마당이 진입로나 대문보다 낮은 집

물은 낮은 데로 모이고 주변 지면보다 상대적으로 낮은 지점은 지하수면이 지표와 가깝기 때문에 땅이 축축하다. 땅이 습하면 지상대기의 습도가 높아지고, 그 위에 세워진 집의 건축재인 나무와 흙 등은 습기를 흡수해 풍화작용이 촉진되므로 내구성을 잃기 쉽고, 실내에 유입된 습기는 곰팡이나 진드기의 번식을 촉진시켜 흉하다.

그러므로 마당이 진입로보다 낮고 집의 바닥면이 마당보다 낮은 전체 평면 구도는 더 흉작용이 커진다.

 14 경사지나 평지에서 도로보다 낮은 집

집의 뒤쪽은 든든하고 안전해야 사는 사람들이 자신감을 갖고 일을 추진하는 마음이 생긴다.

그러나 경사지에서 집의 뒤쪽에 도로가 있다면 통행차량의 전도사고로 집을 덮칠 수 있고, 바람이나 이동 차량이 일으키는 바람으로 분진이나 쓰레기가 집으로 날라들기 쉬우며, 집 뒤에서 집안의 동태를 살펴 강·절도범이 침입하기 쉬워 집의 안전도가 떨어진다. 이는 평지에서 도로보다 낮은 집도 마찬가지이고 특히 이런 집은 집중호우의 수해 위험이 따른다.

집이 안전상 문제가 있으면 그 집에 사는 사람 또한 불안하여 좋지 않으므로, 집보다 높은 뒤쪽에 도로가 있거나 전체적으로 도로보다 낮은 집은 흉한 조건을 갖고 있어 좋지 않다.

15 집에서 보이는 시야 내에 흉한 시설물이 있는 집

흉한 시설물이란 넓게는 인공환경 요소 중에 님비 대상시설물이 대부분이다.

쓰레기소각장 굴뚝, 치솟은 공장 굴뚝, 화장터, 납골당, 고가도로, 고압선, 철탑, 핵관련 시설 등은 시설물 용도가 갖고 있는 이미지 및 시설 형태의 감정이 흉하게 느껴지는 것으로 이런 시설물이 보이는 집은 흉하다.

특히 거실이나 앞마루에서 보이는 시야 내에 이런 흉물이 있다면 상록수나 앞가림 시설을 하여 보이지 않도록 하는 것이 좋다.

16 집 근처에 오염물질 발생 시설이 있는 집

환경오염은 크게 대기오염, 수질오염, 토양오염으로 나눈다.

오염별 발생 시설을 볼 때, 대기오염 발생원은 화석연료 사용시설인 화력발전소, 공장, 쓰레기소각장, 광범위하게 문제되는 경유자동차의 통행량이 많은 도로 등이다. 수질오염 발생원은 차량정비소, 광산, 공장형축사, 염색공장, 도금공장, 화학공장, 돌가공시설, 원자력발전소 등이다. 토양오염 발생원은 화학공장, 차량정비소, 쓰레기집하장, 주유소 등이다.

오염 발생원 중에 각종 오염이 복합적으로 문제되는 쓰레기 처리시설, 초산관련공장, 공장형축사 등은 주변에 날아든 악취로 살기 힘들어 인접 거주자들의 피해가 크다.

집의 남쪽에 이런 오염시설이 있으면 문을 열고 사는 여름 동안에는 잦은 남풍으로 인해 악취가 더 심하고, 오염 발생 시설이 집보다 높게 있어도 봄·여름의 습한 하강기류가 생길 때는 악취가 비산되지 않아 살기 힘들다.

겨우내 북서풍이 잦은 우리나라의 특성에 비춰볼 때 집보다 낮은 곳에 이런 악취 발생 시설이 근접해 있으면 집은 대흉으로 전락된다.

그리고 염소가 함유된 화합물을 소각할 때 발생하는 다이옥신(dioxin)은 발암물질인 환경호르몬의 일종이며, 다이옥신 발생원인 쓰레기 소각장은 대기오염물질 발생 시설로 생활이 다양화되어 쓰레기 배출량이 증가되고 있다. 쓰레기 감소가 자신뿐만 아니라 전 생명체를 위한 것이라는 절박한 심정으로 쓰레기 분리수거를 철저히 이행함으로써 결국 쓰레기 소각에 따른 오염물질의 배출이 줄어들어, 환경을 살리는 실천을 스스로 하게 되는 것이다.

凶 17 소음, 악취, 진동 발생원이 집의 근처에 있는 경우

소음, 악취, 진동 발생원은 금속가공공장, 석물가공공장, 공장형축사, 쓰레기소각장, 채석장, 레미콘공장, 화학공장, 항공기이륙지역, 재래시장 주변 그리고 광범위하게는 자동차전용도로, 철도 등으로 이런 환경유해요소 발생원에서부터 유해영향권 내 거주자는 오감에 자극을 받아 불쾌감을 느껴 건강에 해롭다.

덧붙여 이런 오염 발생원에서는 각종 오염물질을 동시에 배출하여 흉작용이 커지므로 집 근처에 이런 시설이 있는 집은 흉택이다.

凶 18 집의 중심에 화장실, 욕실, 부엌, 내부계단이 있는 경우

집의 중심에는 생기가 모인다. 생기가 모이는 공간은 공간이 클수록, 원에 가까운 형태인 정육면체에 가까울수록 생기가 잘 모이고 폐기도 잘 순환된다. 집의 중심에는 집의 중요 공간인 안방이나 거실이 놓여야 생기 공간이 된다.

집의 중심에 만약 습기나 악취가 발생하는 화장실, 욕실, 부엌이 놓이거나 공기의 대류순환을 방해하는 내부계단이 놓이면 흉하다. 이런 흉 관련 공간이나 시설물은 집의 중심에서 벗어나도록 설계 단계부터 고려해야 한다.

凶 19 집 내부 공간이 구조적으로 방향에 맞지 않는 경우

집 내부 구분공간의 방향을 알려면 먼저 집의 중심점을 찾아야 한다. 집의 중심점을 구할 때는 돌출창이나 외부창이 없는 베란다는 배제하고 중심점을 잡는다.

집 내부 구분공간은 용도에 따라 기본 방향을 다르게 잡는데, 예를 들어 집의 중심점에서 볼 때 안방은 남쪽에 두고, 어린이 방이나 부엌은 동쪽에 두며, 고등학생 공부방은 북쪽에 두면 좋다. 방향에 어긋나게 서쪽에 부엌을 둔다면 석양빛의 열기로 음식이 상하기 쉽고, 남향의 고등학생 공부방은 방향에 의해 열기가 넘쳐 잡념만 쌓이고 집중력이 떨어져 성적 향상에 걸림돌이 될 수 있다. 그러므로 내부 구분공간이 구조적으로 방향에 맞지 않은 집은 가족구성원들이 사용하기에 힘들어 흉택이다.

방은 사용자의 나이와 가족구성원의 각자 역할 등을 고려하여 설계해야 한다.

20 평면슬래브지붕으로 된 집

지붕 형태가 수평형이면 오행산(五行山) 기운 중 수형산(水形山)에 해당되어 기운이 가라앉은 형태의 이미지를 내포하고 있다. 그리고 평면슬래브지붕 건물이 단층일 때는 집의 전체적 외관이 낮아 보이고 수평면은 경사면보다 빗물 배수가 더디어 방수에 신경을 써야 한다.

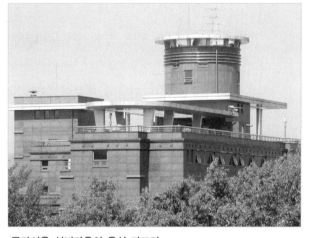

클라시온 실버타운의 옥상 파고라

천장까지 낮을 경우 내부 공간형태도 기 순환이 원활하지 않아 흉상에 해당된다.

주택에서 돔이나 피라미드형 지붕은 생기가 모이는데 반해, 평면슬래브지붕은 기운이 흩어져 흉상으로 친다. 그러나 상업용 건물은 지붕 형태에 구애를 거의 받지 않으며, 평면슬래브지붕은 파고라를 설치한 옥상정원으로 꾸미면 좋은 효과를 얻을 수 있다.

주거용에 가까운 클라시온 실버타운의 파고라가 새로운 지붕예술을 예견해 준다.

21 전자파 · 수맥파 피해가 예상되는 집

가정에서 사용하는 가전제품에서 발생하는 전자파의 피해를 줄이려면 안방이나 침대 가까이에 가전제품을 놓지 말고, 전기장판 등 침구 관련 전자제품의 사용을 피하면 생활 중에 진자파 피해를 상당부분 줄일 수 있다.

그러나 고정된 시설인 고압선 아래나 변전시설에 인접하여 집이 있는 경우는 전자파에 노출되어 전자파 피해가 예상된다.

지자기는 우리나라의 경우 지표상에서 감지되는 0.5가우스 정도가 문제 없는 항상성의 범위인데 지중에 흐르는 수맥에 의해 교란된 수맥파와 지자기의 공명진동(共鳴振動)으로 항상성의 범위를 초과할 때 수면장애 등을 초래하여 건강을 해친다.

고압선 아래의 집은 전자파의 피해를, 수맥 위의 집은 수맥파의 피해를 입을 수 있어 흉한 집이다.

㉑ 22 양택3요가 동·서사택 순화 및 음양조화, 오행상생관계에 어긋나는 경우

가장이 사용하는 안방, 생기운이 들어오는 대문, 음식을 조리하는 부엌은 집의 구성 요소 가운데 중요한 양택3요(陽宅三要)이다.

양택3요 중에 특히 안방과 대문이 8개 방위 중 동사택(동, 남동, 남, 북)과 서사택(서, 남서, 북서, 북동)이 섞여 있으면 순화가 되지 않고, 안방과 대문이 음방위(남, 서, 남서, 남동)와 양방위(동, 북, 북서, 북동)에서 같은 성끼리 놓이면 부조화를 이루며, 오행방위(북은 수, 북동과 남서는 토, 정동과 남동은 목, 정남은 화, 정서와 북서는 금)에서 안방과 대문의 방위가 오행상극[수극화(水剋火), 화극금(火剋金), 금극목(金剋木), 목극토(木剋土), 토극수(土剋水)] 관계로 배치된 상태면 흉택이다.

결론을 내리면 안방과 대문과의 관계에서 동사택과 서사택이 섞여 있지 않아 순화되고 음양이 다른 성끼리 만나 조화되며 오행이 상생관계에 있으면 길하다는 것이고, 이와 반대로 순화되지 않고 부조화와 상극이면 흉하다는 것이다.

동·서사택 순화 영향력이 50%로 가장 크고, 음양조화가 25%, 오행상생 여부가 25% 정도로 길흉의 영향력을 갖는다.

㉑ 23 큰 강이나 바다가 집 앞에 있어 항시 내다보이는 집

물은 수평을 이루는 성질 때문에 낮은 데로 흐른다. 그러므로 물은 마음을 침하(沈下)

시키는 작용을 하는 환경요소이다.

거실에서 내다보이는 것이 물이고 앞마당에서도 마찬가지로 바로 눈앞에 물이 내다보이는 집은 물의 침하작용을 계속 받게 된다.

결과는 어떨까. 정신과 의사들은 침하작용을 되풀이해서 받으면 마음이 침울해지고 결국에는 사람에 따라 우울증이 나타날 수 있다고 한다. 물소리가 은은한 작은 강, 멀리 섬이 보이는 바다는 시시때때로 표정이 다른 바다를 보여주어 문제가 없다.

옛 한양시대에 4대문 안이 왜 한강변을 끼지 않았던가를 주시해 보자.

요즘 한강 조망권이라 하여 거실에서 강이 보이는 아파트가 안 보이는 아파트보다 수억 원이 비싸다는 것은 사람에 따라서 돈으로 병을 살 수도 있다는 우려를 갖기에 충분하다. 물론 대부분의 한강변 아파트의 시야가 단순히 수면만 보이는 정도로 우려할 조건은 아니다.

온종일 보이는 것이 물이고 철렁거리는 소리도 물소리뿐이라 이런 물가는 잠시 들려 즐길 곳이지 뼈를 묻기 전까지 살 곳은 못된다.

큰 강이나 바닷가가 집의 앞면에 있어 수면이 항시 내다보이는 집은 어린 자녀가 있는 집이라면 더욱 얻는 것보다 크게 잃는 것이 생길 수 있는 위험성이 있어 흉으로 보는데, 이는 탁 트인 조망효과와 상충된다.

비보책으로 집은 물과 최대한 거리를 두고 지어 물 쪽에 나무를 심어서 물이 나무 사이로 보이게 하고, 물이 집의 정면과 맞부딪치지 않도록 빗겨 방향을 잡으면 조석으로 변하는 물가의 풍광에 시심(詩心)이 가득찰지 모른다.

凶 24 경사가 심한 터의 옹벽 바로 위·아래나 낭떠러지 끝에 있는 집

옹벽 아래의 터는 습한 곳이 많고 위쪽에서 무언가가 굴러 떨어진다거나 옹벽이 허물어질 수 있다는 불안감에 휩싸이게 되며 낭떠러지 끝에 있는 집 또한 붕괴위험이 도사리고 있어 불안 심리를 증폭시킨다.

이런 옹벽 위·아래의 집이나 매달리듯 낭떠러지 끝에 있는 집은 흉하다.

凶 25 집의 내부 공간이 정육면체에서 심하게 벗어난 경우

공간 형태가 알과 같은 구형이면 생기공간인데 구형과 흡사한 정육면체 공간은 일단 공간 활용이 용이하며, 실내공기의 대류순환이 순조롭고, 울림이 좋다. 삼각형, 사다리꼴 등은 90°가 못되는 모서리 부분이 생기는데 이런 모서리는 사람의 행동이 미치지 못해 먼지가 쌓여 나쁜 기운이 생기게 되고, 공간 활용이 좋지 않다. 평면이 긴 직사각형도 이와 흡사하다.

천장의 높이 또한 너무 낮으면 공기순환이 어렵고 답답한 느낌이 든다.

이와 같이 집 내부 구분공간이 정육면체 형태에 심하게 벗어난 형태는 흉상이다.

26 집의 모서리 내각이 90°가 안되는 경우

집의 전체적 외형을 볼 때 지붕은 용마루가 짧고 돔형이나 피라미드형이 좋다고 하였고, 지붕을 제외한 형태는 정육면체에 가까운 형태가 좋다하였는데 실제 건물 전체의 형태보다 구분공간이 정육면체에 가까운 형태인 것이 중요하다.

집의 평면형태 중 모서리 내각이 90°가 못되는 모서리 부분은 흉하다고 했다. 이런 전제조건에 견주어 볼 때 집의 평면형태가 정사각형에 가까우면 길하고 삼각형이나 사다리꼴은 흉하다고 본다. 그러나 오각형이나 육각형 평면은 실내공간 용도에 따라 좋을 수도 있다.

결론적으로 모서리의 내각이 90°가 안되는 평면 형태는 흉하다고 보면 된다.

27 건축자재를 환경오염물질 배출 자재로 사용한 집

집의 건축자재는 내구성(耐久性) 및 내화성(耐火性)이 있고, 종합적으로 아름다움을 연출할 수 있는 것을 건물에 사용해야 한다.

실내 인테리어 자재는 천연재료를 사용해야 거주자의 건강상 문제가 없어 좋은데 만약 매끄러운 질감만을 보여주기 위해 분양주택 등에서 석유화학제품 위주로 치장했다거나 본드를 첨가하여 가공한 MDF 제품(주로 몰딩재 등)을 사용하고, 우드바닥재 부착에 유해본드를 과다 사용했다거나 사용이 금지된 유해성 석면단열재를 사용할 경우 유해환경문제가 따른다.

내구성이 문제되는 드라이비트 외벽 등 질 낮은 건축자재나 환경오염물질 배출 건축재를 사용한 집은 흉택이다.

집은 가족들이 머무르는 시간이 길고 특히 수면상태에는 저항력이 급감하여 배출된 오염물질이 호흡으로 흡입되거나 인체에 접촉되면 건강상 피해가 크다.

돌, 흙, 흙벽돌, 목재, 종이 등 천연상태가 유지되는 건축자재가 제일 좋은데, 만약 석유화학 관련 건축자재가 실내에 사용되었다면 시공 후 상당기간 동안 적극적인 환기가 필요하다.

28 집 앞이나 도로의 통행차량 속도가 빠른 경우

집 앞에 있는 물의 흐름이나 도로의 차량 흐름이 완만해야 길하다고 했다.

반대로 물의 흐름이 빠르고 통행차량 속도가 빠른 경우는 물소리와 차량의 엔진소리 및 타이어 마찰음이 크고, 시야에 비친 빠른 속도감 때문에 계속 보는 사람은 조급하고 불안해져 좋지 않다.

도로의 통행차량 속도가 빠르다는 것은 횡단보도가 없거나 건널목 수가 적어 보행자가 희박하다는 증거이다.

요즘은 지하도만이 아닌 보행자 편의 우선으로 횡단보도가 지하도와 동시에 설치된 곳이 많고 육교 증설이 드문 것으로 볼 때, 통행차량 속도가 빠른 도로 주변은 주거조건으로 맞지 않는데 도시고속화 도로 주변이 이에 해당된다.

차량속도와 마찬가지로 물 흐름이 빠른 직류천은 완만한 곡류천보다 하천의 저수능력이 떨어져 홍수나 가뭄 피해가 더 생기고, 유속에 의한 삭박작용도 더 크다.

그러므로 집 앞에 흐르는 물의 유속이나 도로의 통행차량 속도가 빠른 경우는 적당히 느린 경우보다 흉하다.

29 경매로 주인이 자주 바뀌거나 집주인마다 담보설정이 많았던 집

경매로 주인이 자주 바뀐 집이란 가산을 탕진한 상태라고 짐작할 수 있는데, 망한 이유야 피치 못할 사정이 있었겠지만 풍수적인 관점으로 볼 때 집 자체에도 어떤 문제가 있을 가능성이 많다.

살았던 집 주인마다 집을 담보로 빚을 냈다는 것은 가세가 기울고 망했다는 것으로, 우연의 일치라기보다 집에 대한 문제를 전제로 보고 피하는 것이 상책이며 이런 집은 흉택으로 친다.

30 거주했던 사람들 중 이사 직후에 사고나 질병으로 죽거나 불구자, 중병자가 많았던 집

교통사고의 경우, 편안한 잠을 이루지 못해 피로가 겹쳐 졸음운전 중에 대형 참사를 냈다는 보도를 가끔 접하게 된다.

이처럼 편안한 잠을 잘 수 없는 집은 풍수상 문제가 있고, 주거환경이 좋지 않으면 질병에 걸리기 쉬우므로 예전에 사람들이 사고나 질병으로 죽거나 불구자·중병자가 많았다면 흉택에서 살고 있던 중에 발생된 것뿐만 아니라, 흉택에서 받은 흉작용이 상당 기간 잔존하여 다른 곳으로 이사간 직후에도 영향을 미쳐 나쁜 일이 발현되는 것이다.

그래서 이와 같이 살던 중이나 오랫동안 거주하다가 다른 집으로 이사한 직후에 사고나 질병으로 죽거나 불구자·중병자가 많았다면 거주 중이나 직전에 살았던 집은 흉택이라 볼 수 있다.

31 벽이 종횡으로 갈라지고 집 내·외부에 얼룩이 심한 경우

벽이 지면과 수직으로 갈라지는 것은 건물바닥의 지반이 약해서 건물의 기초가 지탱하지 못한데 따른 건물이 자리를 잡으면서 생기는 것이 대부분이고, 지면과 수평으로 갈라지는 것은 건물의 구조상 문제로 부실공사 가능성이 많기 때문에 수평으로 갈라지는 것이 더 문제이다.

아무튼 벽이 종횡으로 갈라지는 것은 지반이 약하고 기초공사가 튼튼하지 못한 점 등 제반 부실공사의 결과라 볼 수 있다.

집 내·외부에 곰팡이가 생기고 검게 얼룩져 있으면 외부 벽에 실금이 생길 수 있고, 벽 외부 방수가 잘못 되었거나 단열이 잘 안되어 결로현상이 생긴 것으로 이는 동절기 결빙 및 철근 부식에 따른 부피팽창 등으로 인해 건물이 쉽게 망가지고 곰팡이 균에 의해 거주자 또한 건강상 좋지 않다.

건물이 종횡으로 갈라지고 집 내·외부가 상한 흔적으로 얼룩이 심한 경우는 건물의 흠점으로 집 관리가 어렵고 보수가 단순하지 않을 수 있으며 거주자가 흉한 기운을 받게 되어 취택의 대상에서 제외시켜야 할 집이다.

건물이 낡을수록 이런 현상이 드러날 수 있으므로 이런 집은 지붕 및 외벽 방수작업 관계와 단열 보완작업 등에 대해 여러 전문기술자에게 진단을 받아 즉시 보수해야 건물의 내구성이 유지되고 흉작용도 상쇄된다.

 32 낡은 건물에 둘러싸인 고급주택

주변에 낡은 주택이 많아 지구단위 개발이 가능한 지역 내의 고급주택은 흉하다고 본다.

이런 고급주택은 주변 거주자가 위화감을 느낄 수 있으며 외형이 눈에 띄어 강·절도 등의 대상으로 주목받기 쉽다.

특히 신축건물의 상태에서도 재개발, 재건축사업에 휘말리게 되어 건물사용 연도가 짧아져 자원낭비와 건축 원자재의 해외의존

은평뉴타운 재개발 철거 전의 주택

도가 높은 국내사정으로 볼 때 외화낭비가 되고 건축폐기물처리 및 목재 등 건축원자재 공급이 가중되어 환경파괴문제를 떠안게 된다.

우리 현실은 국가지방자치단체나 정부투자기관의 생존과 관련하여 계속 개발사업진행을 위한 무리한 사업진행으로 개발 이익의 사회 재공급이라는 공영개발의 본질과 거리가 먼 자기 가족 챙기기에 바빠 이익창출에 초점을 둔 개발 사례가 많이 드러나는데, 토지구입 원가절감을 위해 보전녹지나 그린벨트의 녹지를 모두 잠식하는 폐해를 보고 2006년 조성원가 공개의 필요성을 사회가 요구하게 되었다.

민영개발 또한 집단 이기주의가 소수의 희생을 강요하게 된다.

지구단위 개발은 한 가족의 보금자리가 찬성률식 개발법으로 인해 집단 이기주의에 밀려 타의에 의해 파헤쳐져 주거의 안정에 따른 헌법에 보장된 행복추구권까지 침탈당할 수 있다. 그래서 낡은 건물에 둘러싸인 고급주택은 위의 사진에서와 같이 주변의 흉기운을 받게 되어 좋지 않다.

05 황제택경 5실, 5허론

집 터의 위치나 집 구조의 길흉을 구분짓는 가상(家相)에 있어서 가장 오래된 문헌으로 알려진 『황제택경(黃帝宅經)』에 나오는 말로 5실(五實)을 갖춘 집에 사는 사람은 경제적으로 윤택하고, 오허(五虛)인 집에 사는 사람은 점차 궁핍해진다고 하였다.

이 이론은 조선후기 실학자 홍만선이 지은 『산림경제(山林經濟)』에도 거론되어 있고, 촌산지순(村山智順)이 저술하여 1931년 조선총독부가 간행한 『조선의 풍수』에도 게재된 내용이다.

과거의 이론을 짚어보고 현대적 관점으로 해석해 보자.

1 5실한 좋은 집

- 집은 작은데 거기에 사는 사람이 많은 경우 : 사는 사람은 적은데 집이 크면 안 좋다는 것은 빈방이 생겨 폐기 즉 먼지 등이 쌓인다는 풍수흉작용을 말한 것이고, 집은 작은데 사는 사람이 많다는 것은 가족 간 스킨십이 이루어져 친화력이 생겨 좋다는 것이다. 즉 가족 1인당 19.83m²(6평)이 적정 사용공간이란 논리에 부합된다.

- 집의 규모는 큰데 대문이 작은 경우 : 대문은 외부에 보이는 집 규모의 표시와 같은 것(조선시대에는 신분에 따라 집 칸수와 대문의 규모를 정해둠)인데 대문에 비해 집의 규모가 크다는 것은 내실(內實)을 말하는 것으로 실용적인 양택풍수 사고와 맞아 떨어진다.

- 담장이 안전한 경우 : 담장의 역할은 대지 사이의 경계 표시이며, 외부로부터 침입자나 나쁜 기운인 찬바람·분진 등을 막고, 듬성듬성한 울타리는 적절한 통풍을 유지하면서 담장의 구실을 하는 것이다. 이러한 담장의 관리가 튼튼하게 잘된 집은 거주자가 성실하고 성공적으로 일이 진행되고 있다는 발현으로 보아 길상이다.

- 집은 작은데 가축이 많은 경우 : 집의 규모에 비해 가축이 많다는 것은 가축이 번성할 수 있는 좋은 환경조건으로, 요즘 친환경 주택에 해당되며 같은 포유동물군인 사람에게도 주거환경 특히 풍토환경이 맞는 길지에 지어진 길택에 해당된다고 본다.

- 수구(水口)가 동남방으로 흐르는 경우 : 수구란 물줄기가 빠져나가는 낮은 지역을 말하는데, 용호의 안쪽에서 생긴 물줄기가 빠져나가는 위치라 볼 수 있으며 지형에 따라서 열린 파구와 같은 경우는 용호 밖의 물이 안산 안쪽에서 합수되어 수구와 파구가 같은 위치일 수도 있다.

흘러가는 물줄기가 마지막으로 보이는 지점이 파구(破口)라는 점이 수구와 동일한 지점으로 보기도 한다.

파구는 물줄기가 보이는 위치인 득수가 있을 때 쓰이는 말이고, 수구란 수문이나 항문처럼 그냥 하나의 물줄기가 혈에서 보이고 안 보이고와 관계없이 빠져나가는 지점을 말한다.

여기서 동남방의 수구는 좌청룡에서 만들어지는 양수구라 볼 수 있고 좌청룡의 끝에서 좁은 수구로 역수를 해야 생기가 모아진다는 것인데, 즉 명당 내의 물을 가두는 작용을 동남방의 좁은 수구가 수행하는 지형이 실리가 있다는 뜻으로 수자원 확보가 지형적으로 용이하여 샘이 있고 땅이 메마르지 않은 좋은 토질의 조건을 갖춘 길지를 말하는 것이라 여겨진다.

역수

![凶] 2 5허한 흉한 집

- 집은 큰데 사는 사람이 적은 경우 : 빈 방이 있는 큰 집은 청소 및 냉난방이 힘들어 관리가 잘 안되고, 집의 규모에 비해 사는 사람이 적으면 빈 방이 생겨 먼지가 쌓이고 곰팡이 균이 번식할 수 있으며 큰 건물에 기가 눌려 심신이 편치 못해 결국은 건강을

잃을 수 있는 흉 조건에 해당된다.

- 집은 작고 대문이 큰 경우 : 집의 규모에 비해 대문이 큰 집은 거주자가 허세만 부리고 내실(內實)이 없는 허풍쟁이로 변할 수 있어 흉상이다.

- 담장이 불완전한 경우 : 담장이나 울타리가 허물어지거나 기울어져 관리가 안된 집은 거주자의 제반 상태가 나쁘다는 것을 짐작할 수 있는 흉상이다.

- 우물과 부엌이 제자리에 있지 못하여 위치가 안 맞는 경우 : 원래의 의미는 우물인 수(水)와 부엌인 화(火)가 마주보고 있으면 수극화(水剋火)로 오행상극이 된다고 하여 서로 위치 선정이 잘못된 경우라는 것인데, 이는 음양오행에 치우친 옛 당시의 사고로 현재와 안 맞는 상상적 해석으로 볼 수 있다.

  자연현상에 비춰볼 때 우물의 방향이 물일하기에 힘든 추운 북쪽에 있다거나, 부엌이 서쪽을 보고 있으면 한여름 동안 깊게 드는 햇빛으로 실내온도가 높아져 음식물이 상하기 쉬워 모두 안 좋은 흉방 위치이다.

  요즘엔 우물은 없어지고 양택3요에 해당되는 부엌은 가족 건강과 직결된 조리장소이며 가족끼리 오붓한 식사장소로 병용되어 오히려 옛날보다 더 중요한 구실을 하는데, 집의 중심에서 봤을 때 아침햇살을 받을 수 있는 동쪽이 제일 좋다. 그러므로 중요한 우물과 부엌이 제자리에 있지 못하여 제 구실에 문제가 생기는 것은 흉으로 친다.

- 집에 비해 마당이나 정원이 너무 넓은 경우 : 집은 작은데 앞마당이 집보다 3배가 넘게 넓으면 청소 자체도 쉽지 않고 정원 또한 너무 크면 잡풀 제거 등 정원 관리가 쉽지 않다. 아울러 마당은 음의 기운이며 부인을 상징하는데 양의 기운이며 남편의 기운인 집의 기운을 큰 마당의 기운이 압도하면 남편의 기가 죽게 된다. 또한 음양의 기운이 대등해야 조화를 이루는데 집에 비해 마당이나 정원이 너무 넓은 경우에는 밸런스가 깨져 흉상이다.

상업성이 좋은 건물

상업성이 좋은 건물이란 첫째, 건물의 가치가 주변 건물보다 상대적으로 높아 건물 소유 욕구가 많고, 임차 선호도가 좋아 공실률이 없으며, 상거래 용어로 바닥권리금이 많은 점포만으로 된 건물로 가격이 꾸준히 오르고 있는 건물을 말한다.

둘째, 대지 가격이 비싼 반면 용적률이 높아 매입하려는 건물가에 비교해 임대수익률이 시중금리보다 상대적으로 높은 건물이다.

셋째, 잘 지어진 건물이면서 건물을 완공하여 사용한 기간이 짧고 관리가 잘되어 유지 관리가 쉬워 제반 비용이 적게 들면서 수익은 높아 경제논리에 부합하는 건물을 말한다.

넷째, 대지의 조건은 추후 재건축이 용이하고, 주변 상업적 환경은 지속적으로 발전 가능성이 있는 지역에 위치한 건물이어야 한다.

다섯째, 건물 내 영업 관련 입주자들이, 상가는 상가대로 사무실은 사무실대로 이득을 높일 수 있는 상업환경이 좋아 건물주와 임차인 모두 부자가 되는 좋은 조건을 갖춘 상업용 건물(근린생활시설용 건물 포함)을 가리킨다.

그러면 상업성이 좋은 조건의 건물 찾는 요령을 풍수와 실전을 종합해서 하나하나 짚어 보기로 하자.

1 건물 앞쪽에 교차로가 있는 경우

양택에서 길은 물길과 같은 의미로 해석하기 때문에 득수가 재물을 얻을 수 있는 조건이라면 길 또한 재물과 관련이 있게 된다.

터의 앞쪽에 합류된 물길이 있으면 명당의 조건이 되는 것처럼 건물 앞쪽에 합수와 같은 교차로가 있을 경우 길을 따라 재물이 모이게 되며, 재물이 모이는 장소를 앞쪽에 둔 건물은 상업성이 뛰어나 길하다.

옛날에는 물길을 이용한 배가 주된 운송수단이었으나 지금은 육로를 이용한 차량이 주된 운송수단이기 때문에 재물이 운집할 수 있는 길이 있느냐 없느냐가 곧 상업성을 좌우하게 되므로 여러 갈래의 교차로가 건물 앞쪽에 있는 경우 그 건물은 상업성이 높아지는 조건에 해당된다.

2 사람이 모이는 인공환경 요소와 가까이 있는 건물

사람을 모이게 하는 인공환경 요소는 지하철역, 고속철도역, 버스터미널, 정부기관, 다국적기업본사, 대형마트 등이다.

사람이 재원이라고 보는 상업논리에 의해 사람을 모이게 하는 이런 인공환경 요소와 근접거리에 있는 건물은 상업성이 좋다.

3 구매력을 가진 사람이 많이 모이는 지역에 있는 건물

서울의 명동거리

사람이 많은 곳은 그 만큼 재화가 모여 있는 상태라고 볼 수 있는데, 사람이 북적거려도 교통연계구간은 바쁜 이동의 목적이 있는 사람들뿐이어서 돈 쓰는 사람이 적다.

구매력을 가진 사람이 많이 모이는 명동거리와 같은 지역은 재화가 모여 있는 상태로 보며 이런 지역에 있는 건물은 상업성이 아주 높다.

인파로 가득 메워진 명동거리의 사진이 좋은 상업성을 말해 준다.

4 횡단보도 대기지점이나 차량일시 정지선에서 잘 보이는 건물

건물은 사람들의 시야에 잘 들어와야 좋다. 스치듯 지나가면서 보는 건물이나 상호는 기억에 남지 않지만, 횡단보도 대기지점이나 차량일시 정지선에서는 순간적으로 무료감을 느껴 두리번거리게 된다.

이 순간에는 전면의 건물이나 상호를 반복해서 보기 때문에 기억에 오래 남고 광고효과를 얻을 수 있다. 이런 위치에 놓인 건물은 상업성이 좋다고 본다.

 5 대중교통 이용이 쉬운 곳에 있는 건물

지하철역 주변은 도시생활에 이로운 점이 많다.

두 개의 노선이 만나는 환승역은 마치 교차로와 같이 상업적으로 더할 나위 없이 좋다. 여기에 다른 교통수단인 고속철도가 연계되어 있는 서울 용산역 같은 곳이나 출구를 나오면 여러 방향으로 가는 버스노선이 집중되어 있다면 더욱 더 좋다.

사람을 재원(財源)과 같은 맥락으로 볼 수 있기에 어떤 목적의 군집이든 많이 모인다는 것은 뜸한 것보다는 상업성이 더 있다고 볼 수 있다. 단 구매력을 가진 사람이 머무르는 곳보다는 상업성이 좀 떨어지리라 본다.

그러나 건물의 종합적인 활용가치를 볼 때 대중교통 이용이 쉽고 여타 교통수단과 연계성이 좋은 곳에 있는 상업용 건물은 사무실로 이용하기 좋은 점이 많아 상업적 가치가 높다.

 6 건물의 앞쪽 도로가 휘어져 있어 도로에서 잘 보이는 건물

상업성을 가리는 조건에서 도로의 분진이나 소음은 간과(看過)하고 사람이 모이는 것이 더 중요하기 때문에 주거용 집의 길택 조건과는 상당부분 상반된 특징이 있다.

길에서 노출이 잘되면 흉택이라는 것이, 상업용 건물에서 길상이 되는 것은 주거가 목적인 집은 조용해야 하지만 상업용 건물은 번잡해야 하기 때문이다.

건물의 앞쪽에서 완만하게 휘어져 있는 도로(⊃ ▣)는 건물이 잘 보여 옥외광고 효과의 가치만 따져도 사업성이 주변 건물보다 상대적으로 높다.

 7 차량 통행속도가 느린 도로변의 건물

직류수가 급하게 흐르는 것은 흉상이고, 유유히 흐르는 곡류천은 길상이라 하여 보이는 물길의 흐름에 따라 판이한 차이를 보인다.

서울의 테헤란로나 종로는 직선도로지만 곡류천 역할을 하는 교차로의 막힘과 횡단

보도 신호등의 흐름 저항으로 인해 유유히 흐르는 큰 강물과 같이 통행 차량 속도가 느려 재화가 머무를 수 있는 이런 도로 주변의 건물은 전반적으로 상업성이 높다.

 ## 8 건물이 교차로의 코너에 있는 건물

건물의 앞쪽에 교차로가 있는 상업용 건물은 길상이라 했는데, 그 중에서도 교차로에 가까울수록 더 좋으며 특히 교차로 코너에 있는 경우 사람들과 접하기 쉽고 눈에 띄어 제일 좋다.

교차로 코너에 위치한 상업용 건물이 주변 건물 중 최고 길상이다.

미국 맥도날드의 설립자인 레이 크록 사장은 인터뷰에서 본인은 햄버거를 잘 만들어 성공한 것이 아니라 햄버거가 잘 팔릴 수 있는 상업성이 뛰어난 장소를 잘 물색한 결과 성공한 부동산 전문가라고 자평한 점을 참고해 보자.

 ## 9 교차로 옆 횡단보도, 귀가방향 버스승강장, 지하철역 주출입구에 접해 있는 건물

사람의 통행이 국지적(局地的)으로 빈번한 곳은 교차로 옆 횡단보도, 버스승강장 중에서도 귀가방향 버스승강장, 하나의 지하철역에서 승객의 왕래가 가장 많은 주출입구 주변이라 볼 수 있다.

이렇게 국지적으로 사람의 왕래가 많은 곳에 접해 있는 건물은 상업적으로 길하다.

 ## 10 중간에 교차로가 없는 긴 도로의 시작점에 위치한 건물

관통하는 도로지만 같은 도로 옆에 나열된 건물의 상업성이 똑같을 수는 없다.

사람을 모을 수 있는 인공시설의 위치(학교의 정문 앞 등)에 따라 약간의 차이는 있지만, 보편적으로 교통의 중심점(국지적인 교통 중심이 우선함)에서 볼 때 중간에 교차로가 없는 긴 도로의 시작점에 위치한 건물이 상업성이 좋아 길상의 상가건물에 해당된다.

여기서 국지적인 교통 중심이 우선한다는 말은, 어떤 지역에서 거주자나 이동인구가 제일 많이 이용하는 교통수단이 있는 곳을 말하는데 현재 지하철역인 역세권이 국지적 교통의 중심이다.

11 막힌 긴 도로에서 안쪽보다 초입 쪽에 있는 건물

한쪽이 막힌 도로는 관통하는 도로에 비해 전체적으로 상업성이 떨어지기 때문에 선택의 발길도 막혀 있다. 그러나 막혀 있지만 긴 도로라면 어떨까.

긴 도로 중에서도 막힌 안쪽이 아닌 초입(初入) 쪽은 상대적으로 안쪽보다 더 나은 상업조건에 해당되기 때문에 영리적으로 길상이다.

 12 주거지 방향으로 들어가는 우측차선 쪽에 있는 건물

단순한 생각에서 2차선 정도야 중앙차선이 있다 해도 어렵지 않게 건널 수 있고, 출퇴근 자가 비슷하기 때문에 도로를 가운데 둔 양편 상가는 상업성의 차이가 별로 없을 것이라 생각될 것이다. 그러나 실제는 어떨까.

국민보유 승용차 대수가 천만 대를 넘어선 지금은 상당수의 사람들이 출퇴근하거나 가정주부들이 쇼핑을 갈 때나 기타 여러 목적으로 승용차를 이용하기 때문에 보행자 못지 않게 차량 이용자가 많다.

차량은 우측통행이기 때문에 귀갓길에 뭘 살 것이 없나 두리번거리게 되고 주차하기 쉬운 우측상가를 이용하게 되므로, 중앙차선이 있는 도로에서 주거지 방향으로 들어가는 우측차선 쪽에 있는 상가건물이 출근길 방향의 상가건물보다 상업성이 우수하다.

13 특화지구의 중심부에 위치한 건물

사람들은 어떤 특화된 곳을 갈 때 호기심으로 인해 중심부까지 도달하게 되는데, 예를 들어 문화지구로 특화된 서울시 종로구 인사동 거리를 볼 때 여러 방향에서 사람들이 중심부로 모인다.

이와 같이 특화지구의 중심부에 위치한 건물은 상업성이 좋다.

서울 인사동 중심부의 거리 사진에서 실감할 수 있다.

서울 인사동 거리

14 메인로드를 사이에 둔 건물

어떤 지역이든지 메인로드[본도(本道)]가 있다. 중앙로는 통행자가 많고 재화가 모이게 되며 상업 기운이 충만한 길이기 때문에 당연히 흘러다니는 재물운을 가둘 수 있는 위치에 해당되는 중앙로를 사이에 둔 상가건물은 상업성이 좋게 마련이다.

메인로드는 어떤 국지적 교통중심지에서 뻗어나가는 방향(예로 지하철역에서 주출입구와 주변 중심시설인 대학교 등과 지름길로 이어지는 도로나 지하철역에서 주거지로 이어지는 지름길)에서나, 어떤 특화된 중심권과 다른 중심권이 이어지는 지름길에서 형성된다.

15 색상이 주위 건물보다 돋보이는 미적인 건물

상암동 디지털 미디어 시티의 DMC 홍보관

어떤 형상물의 미적인 면이 그 형상물의 가치에 대한 비중을 갈수록 크게 만든다.

하나의 상품을 볼 때 디자인의 우수성이 가격을 초월하여 크게 구매 욕구를 자극하는 것과 같다. 큰 건물은 외벽 마감이 끝난 후에는 쉽게 고치기 힘드므로 최초 시공단계에서부터 외부디자인의 결정이 중요하다.

백미(白眉)나 홍일점(紅一點)이 돋보이듯이 주변 건물과의 색상 비교에서 팽창되어 보이는 색상(명도가 높은 색)이 수축되어 보이는 색상(명도가 낮은 색)보다 돋보이고, 배경색보다 앞으로 진출하는 것처럼 느껴지는 진출색(난색계는 한색계보다 진출성이 있고, 배경색의 채도가 낮은 것에 대하여 높은 색은 진출해 보이며, 배경색과의 명도차가 큰 밝은색이 진출되어 보임)은 후퇴색보다 돋보여 건물의 색상에 의해 상업성이 향상된다.

외벽 마감재는 색상뿐만 아니라 질감·입체감에 따라 건물의 미감을 좌우한다. 갈수록 디자인이 건물부분에서 가치를 크게 좌우하게 되는데, 외형적 디자인을 주변 건물과 차별화시켜 미적으로 돋보이게 만들면 기억에 오래 남아 상업성이 좋고, 건물의 아름다움이 살아있어 사람의 시선과 발길을 끌어들여 생기있는 길상의 건물이 되는 것이다.

서울 상암동 디지털 미디어 시티에 신축한 DMC 홍보관은 사진에서와 같이 외형이 입체적으로 아름답게 만들어진 건축물이다.

서울 수색 기차역은, 수색(水色)이란 지역명과 어울린 배 형태와 갑판의 지붕과 물결을 이룬 부속건물 지붕형태가 아름답고 인상적이다.

어떤 건물이든 세월이 흐르면 역사성의 가치는 접어두고 볼 때 낙후라는 낙인을 떨칠수 없다. 이럴 때 새 옷을 입히고 리모델링을 잘하면 상업적으로 시선을 집중시켜 가치 상승을 꾀할 수 있다.

16 건물의 전면이 남쪽을 향하고 있는 경우

남쪽은 8방위 중 연중 태양이 가장 많이 머무르고 있어 남쪽을 향하고 있는 건물은 햇빛을 많이 받아 전면과 실내가 밝다.

햇빛은 빛과 온열에 의해 조명 및 난방효과를 볼 수 있어 이용 효과에 따라 에너지 비용이 절감된다. 외부에서 볼 때도 햇빛을 받고 있는 건물은 생기가 있어 보여 아름답다.

그러므로 전면이 남쪽을 향하고 있는 건물은 그늘져 어두운 북향건물보다 상대적으로 상업성이 좋다.

17 평지에 있거나 경사도로가 끝난 평지에 위치한 건물

경사진 곳에서는 중심이 안정되지 못한 관계로 사람마다 불안한 마음이 들어 머무르고 싶은 생각이 없다.

차량운행 중에도 내려가고 올라가는 비탈진 데는 빨리 지나가고 싶어 휴게소가 있어도 마음의 여유가 없어 그냥 지나쳐 버린다.

보행 중에도 마찬가지로 경사진 도로에 있는 건물에는 들어가고 싶어하지 않는다. 반면에 평지는 안정되어 사람들의 마음이 여유로워 어디든 머무르고 싶어한다.

경사진 도로가 끝나면서 완만한 도로를 만나면 경사진 도로에서 느낀 불안한 심리가 느슨해지면서 두리번거리게 되고 사람의 발길이 느려져 구매심리가 생긴다. 사람도 모이고 재화도 모여 평지나 경사지가 끝나는 지점에 위치한 건물은 상업성이 좋은 자리로 길상이다.

18 인도와 사유지의 경계선으로부터 적절히 들어간 건물

인도와 사유지 경계선으로부터 건물과의 간격을 말할 때, 경계선에 건물 앞쪽 끝을 맞춘 것을 전면배치라 하고, 경계선에서 볼 때 도로의 반대쪽 사유지 경계에 건물의 뒤쪽 끝을 맞춘 것을 후면배치(실제 건축법상 경계선과 건물 간 이격거리가 생김), 건물의 앞뒤에 비슷한 빈 터를 둔 것을 중간배치라 한다.

높고 규모가 큰 건물을 전면배치해 두면 인도를 걷는 사람들이 건물로부터 중압감을 느껴 건물에 대해 거부감이 생기고, 저층 상가건물을 후면배치로 했다면 앞 빈공간은 주차장이 되어 혼잡하고 인도와 거리가 멀어 시각적 호기심 유발이 되지 않아 구매충동을 기대하기 어렵다.

그러므로 고층건물은 후면배치를 하고, 저층건물은 전면배치를 해야 하며, 10층 정도된 건물은 중간배치를 하는 것이 이상적인 건물배치이다. 이렇게 건물의 규모에 맞게 배치가 잘된 상업용 건물이 길상이며, 양 측면에 있는 건물 앞선에 맞춰 비슷한 건물배치를 하는 것도 무방하다.

19 건물의 각 층간 층고가 높은 경우

건물의 구분공간이 정육면체에 가까운 형태일 때 공기의 순환도 잘되고 소리 울림도 좋다고 했다.

반면에 바닥 면적은 큰데 높이가 낮은 불균형의 공간은 답답한 느낌이 들고 근무자들의 사무환경이 나빠 좋은 생각이 도출되지 않는다. 층고가 높은 상업용 건물은 층간 공간 활용이 좋고 생기측면과 미관 등이 층고가 낮은 건물에 비해 상대적으로 좋아 상업성 또한 향상된 건물이라 본다.

20 외관이 항시 깨끗한 건물

건물에서 외관은 얼굴이다. 외벽의 색깔은 얼굴빛이고, 유리창은 빛과 관련하여 눈이며, 떨어진 외벽타일 흔적은 흉터와 같다.

밝은 얼굴빛과 초롱초롱한 눈, 티 없는 얼굴은 모든 사람들이 좋아하는 얼굴이다. 보기 좋은 얼굴과 같이 외관이 깨끗한 건물은 상업용으로 뛰어나다.

상업용 건물은 외모의 비중이 크기 때문에 미인과 같이 남들이 보고 탐내야 상업적 가치도 상승된다. 백옥 같은 피부, 이목구비가 정연한 얼굴은 관리도 중요하지만 일단 원판이 좋아야 한다.

처음 건축단계에서 내구성이 있고 청결하며 색감이 좋은 소재로 외벽 시공을 한 관리가 잘된 건물은 상업성이 뛰어난 길상이다.

 ## 21 폭과 깊이의 비가 황금분할비 범위 내의 건물

단일건물을 통틀어서 하나의 용도로 사용하고자 할 때는 도로에 접한 폭이 깊이보다 약간 작은 황금분할비의 범위 내이면 공간 기운이 좋다.

그리고 영업효과 측면에서 볼 때도 진열창 밖에서 진열상품을 보고 구매욕구를 느껴 매장에 들어와 보니 안쪽에 더 좋은 상품이 가득 찬 것을 보고 밖으로 나갈 생각은 커녕 들어올 때 생각보다 매장 내에서 구매충동을 더 느껴 더 많은 물건을 사들고 나가게 된다.

그러나 전면 폭이 길고 깊이가 짧은 매장은 어떨까.

밖에서 보고 구매욕구가 생겨 매장에 들어왔는데 들어와서 봐도 더 볼 것이 없으면 실망하게 되어 다시 매장 밖으로 나가고 싶어한다. 건물 폭과 깊이 관계는 한 건물에서 칸막이된 개별 매장에도 그대로 적용된다.

그러므로 건물 전체를 하나의 용도로 사용할 때나 한 건물 내를 개별 매장으로 나눌 때에도 전면 폭과 깊이의 비가 황금분할비 이내에 있으면 상업성이 좋으며, 정사각형 평면도 용도에 따라 다르지만 보편적으로 볼 때 좋은 길상이다.

 ## 22 건물 앞면이 도로와 평행한 경우

건물 앞면이 도로와 평행하면서 사각형 평면 형태를 유지해야 공간 활용성이 좋고 미관 또한 좋다.

대지의 모형이 도로와 평행하지 않거나 네모 반듯하지 않을 경우 전체 대지활용률을 최대화하기 위해 도로와 평행하고 네모 반듯하게 하거나 ㄴ자 등의 모양으로 건물의 질에 흠집이 가지 않도록 조정하는 것이 좋다.

물론 건물자리 외 남은 대지는 지상주차장이나 그린공간을 만들어 정자를 지어 두면 친환경적인 건물이 될 것이다.

그러므로 건물 앞면이 도로와 평행한 경우 길상의 상업용 건물에 해당된다.

23 바다나 호수 등 아름다운 풍광이 내다보이는 건물

물의 피해가 예상되지 않는 조건이라면 섬이나 호수 주변에서 바다나 호수의 아름다운 풍광이 내다보이는 건물은 물이 안 보이는 건물에 비해 물과 어우러진 빼어난 풍광으로 상업성이 좋은데, 특히 바닷가나 호숫가는 물이 보여야 하는 것이 상업용 건물의 입지 전제 조건이기도 하다.

사면이 바다이면서도 바다가 안 보이는 곳에 상업용 건물을 지은 영흥도 내 건물주들의 실패 사례를 봐도 알 수 있다.

24 도시계획선이 도로 쪽으로 끝선에 물려진 도로 안쪽의 건물

도시계획이란 인간의 주거와 활동 기능을 능률적이고 효과적으로 이루어지도록 도시공간을 배치하는 계획으로, 도시계획법에 보면 특별시장, 광역시장, 시장은 20년을 단위로 하여 도시기본계획과 광역도시계획을 수립하여 건설교통부 장관의 승인을 얻어야 한다. 도시계획은 특별시장, 광역시장, 시장, 군수가 입안하며 이들은 5년마다 도시계획에 대한 타당성 여부를 전반적으로 재검토한다. 그러므로 도시계획에 잡혀 있는 신설도로 계획은 여건만 맞으면 단기간에 실행할 수 있다.

실행에 착수됨과 동시에 신설도로의 끝선과 나란히 도로에 접한 건물은 호가가 치솟기 시작하며, 도시계획선이 도로 쪽으로 끝선에 놓인 도로 안쪽의 건물은 도로의 새 기운을 받아 호전되는데, 간선도로와 동시 교차로가 생기는 곳이면 몇 곱절의 상업적 기운을 받아 새로 태어날 가능성이 있는 건물이다.

작은 소방도로 계획이라 하여도 전체적으로 도시계획선이 도로 쪽으로 끝선에 물려진 도로 안쪽의 건물은 길상이다.

상업성이 떨어지는 건물

어떤 건물은 들어온 업체마다 사업이 안되어 부도가 나거나, 또 어떤 점포는 업종이 주변과 같은데도 유독 영업이 안되고 점포주가 자주 바뀌면서 공실(空室)이 생겨 경매로 넘어가는 건물이 있다.

이런 건물은 상업성이 떨어지는 여러 가지 조건을 갖고 있는 것이다.

상업성이 떨어지는 건물은 건물주뿐만 아니라 그 안에서 사업을 하는 사업주와 영업을 하는 업주까지 실패할 가능성이 높기 때문에 영업의 여러 실패 요인 중의 하나인 다음에 열거한 건물의 흉에 관한 사항들을 눈여겨보고 건물이나 점포를 구하는 것이 좋다.

図 1 좌우 측면 건물보다 훨씬 들어간 저층 건물

건물이 인도와 사유지 사이의 경계선으로부터 얼마만큼 들어갔느냐에 따라 이 경계선에 건물의 전면이 맞닿아 있으면 전면배치라 하여 적은 층수의 건물에 맞는 배치구도라 언급한 바 있다.

그런데 앞쪽을 주차장으로 사용하려는 의도로 저층 건물에 전면배치가 아닌 인도에서 들어간 후면배치일 경우, 특히 양 측면 건물보다 들어가 있으면 보행자와 거리가 생겨 상가에 진열된 상품의 가시적 광고 효과가 떨어져 좋지 못한 배치구도이다.

그러나 건물의 용도에 따라 차이가 있는데 음식점이면서 승용차 이용 고객이 많을 경우에는 큰 주차장을 전면에 두어 주차장의 덤 PR효과를 보는 것도 좋은 방법이다.

건물의 용도와 주변 여건에 따라 약간의 차이는 있겠지만 결론적으로 인도에서 볼 때 좌우 측면 건물보다 훨씬 들어간 저층 건물은 상업성이 떨어지는 건물이다.

2 큰 건물 사이에 눌려 샌드위치된 건물

도로를 보는 남향 건물일 때 뒤쪽에 있는 큰 건물은 산을 등지고 있는 것처럼 해가 되지 않으나, 좌우측 큰 건물 사이의 작은 건물은 마치 샌드위치된 것처럼 보여 큰 건물의 중압감에 눌려 좋지 않다.

큰 건물 사이는 그늘져 어둡게 보이고 그로 인해 습하다. 큰 물방울 사이에 놓여 언제 어느 물방울에 흡수될지 모르는 위태롭고 힘없는 작은 물방울 처지 같다고나 할까.

희생될 먹이 형상으로 큰 건물에 샌드위치된 작은 건물은 허약해 보여 큰 건물에 비해 상대적으로 상업성이 떨어진다.

3 옆 건물의 모서리가 찌르듯이 보이는 건물

건물의 모서리가 칼날이나 흉기의 끝과 같은 형상을 하고 있는 것이 있다.

옆 건물의 모서리가 찌르듯이 자신의 건물을 향하고 있으면 공격을 받는 느낌이 들어 흉하다고 보는데, 이런 배치구도는 구획정리가 안된 낙후된 지역에서 볼 수 있다. 대지의 모양이 각양각색이고 그에 따른 건물의 배치 또한 어수선하여 마치 흐트러진 블록 모양과 같아서 이런 지역의 건물은 상업성이 떨어지고 흉하다.

4 건물의 전면이 도로와 평행이 안되는 경우

건물의 이미지와 미감을 살리기 위해 전면을 유선형이나 기하학적 모형으로 연출한 경우는 예외로 보고, 전면이 도로와 평행이 안되는 상업용 건물은 대지의 모양이 바르지 않거나 구획정리가 안된 지역으로 볼 수 있다.

도로에서 볼 때 전면이 비스듬히 보이면 공간의 활용성이나 안정된 미감이 떨어져 상업성이 낮아진다. 도로와 접한 건물의 좌우측면 앞 모서리에서 도로 경계와 거리가 먼 쪽의 건물 앞면에는 좌판형 진열대(또는 이동식 간의 탁자)를 놓을 수 있는 간이 시설(투명 소재로 한 칸막이 등)을 하면 흉이 상당부분 상쇄된다.

5 앞면도로가 5° 이상 경사진 곳에 있는 건물

경사진 곳에서는 미끄러지거나 넘어지기 쉬운데 이는 무게중심이 쉽게 이동하는 물리적 현상으로 경사가 심할수록 안정되지 않아 불안심리가 커지는 것이다.

사람들은 보행 중이나 운전 중에 오르막길이든 내리막길이든 경사진 곳에서는 머무르기를 싫어한다. 반면 고갯길의 정상은 부분적으로 평평하므로 머무르고 싶어하는 것이다. 이런 심리 때문에 고갯길 정상에는 휴게소가 많은가 보다. 물론 정상은 전망 등 장점 요인도 있어 휴게소로 명당자리이다.

사람의 마음이 머물지 않으면 몸도 떠나고 사람의 수중에 든 재물 또한 함께 흘러가 버린다.

물론 경사진 전면도로의 건물은 건물 한쪽 끝에서 계단이 1개지만 건물 다른 쪽 끝에서는 계단이 3개가 생기는 등 경사가 클수록 낮은쪽 계단이 많아진다. 계단이 많으면 건물 내부로 들어오고 나가기가 불편하게 되고 이로 인해 상업성이 떨어진다.

결론적으로 앞면 도로가 5° 이상 경사진 곳에 있는 상업용 건물은 재물이 빠르게 흘러가 버려 재물을 가둘 수 없어 지형적 불합리로 인해 흉한 취급을 받는다.

 ## 6 차량 통행속도가 빠른 도로변의 건물

직선도로상에 있는 교차로와 횡단보도는 차량의 속도를 제어(制御)하는 구실을 한다. 마치 하천의 물이 사행(蛇行)굽이에 의해 흐름의 저항을 받아 조절되는 것과 같다.

풍수에서 급히 흐르는 직류수를 흉이라 치는 것과 마찬가지로 차량속도가 빠른 도로 주변에는 재물의 이동만 보이고 실제 재물이 쌓이지 않는다.

교차로와 횡단보도가 적어 차량 속도가 빠를수록 반비례하여 도로변의 건물은 상업성이 낮아진다.

 ## 7 대중교통의 이용거리가 먼 건물

교통이 안 좋다는 말은 어떤 대중 교통수단의 이용이 어렵다는 말로 통용된다. 즉 대중교통 탑승장소와 거리가 멀다는 뜻과 같다.

대중교통의 이용이 어려우면 사람이 모이기 힘들고 보행자 수가 적으며 당연히 재화가 안 모이게 된다. 그러므로 대중교통 이용거리가 멀고 교통수단과 연계가 어려운 곳의 상업용 건물은 떨어진 거리만큼 비례하여 상업적 가치가 떨어진다.

8 주거지 반대 방향인 나가는 차선 쪽에 있는 건물

출퇴근에 승용차를 이용하거나 차로 외출할 경우 주거지 중심에서 볼 때 중앙차선이 있는 도로는 출근길 방향과 퇴근길 방향의 차선이 따로 있다.

출근길은 출근시간을 맞추기 위해 길을 재촉하게 되어 길에서 머물 여유가 없는 반면, 퇴근길은 가족과 대화의 촉매로 뭔가를 구입하고 싶은 마음의 여유가 있어 두리번거리게 된다.

그래서 주거지 중심에서 볼 때 출근길 방향의 우측차선에 있는 상업용 건물은 귀가길에 차량을 주차시키고 반대편으로 움직여야 하는 번거로움 때문에 귀가 차선 쪽에 있는 건물보다 상업성이 떨어진다.

9 특정상권의 중심부에서 제일 먼 쪽에 위치한 건물의 경우

상업특화지구는 어떤 특정된 상업의 발전을 위해 지방자치단체로부터 지원을 받는 이점이 있다. 서울의 인사동과 같은 특화지구를 처음 방문한 사람들은 중앙로를 훑어보고 보통 중심부에서 발길을 멈추게 된다. 사람은 심리적으로 초입에 들어서면서 호기심이 발동하고 다시 초입쪽으로 되돌아가서 마지막 구매욕구를 불사른다.

이런 특화지구도 교통중심지에서 볼 때 제일 먼 쪽은 사람의 발길이 뜸하여 중심부나 초입에 있는 건물에 비해 상업성이 떨어진다.

10 메인로드에서 벗어난 건물

어떤 상권이든 메인로드[본도(本道)]가 있게 마련이다. 이 메인로드에서 건물 하나 벗어난 샛길에 위치한 건물의 상업성은 어떨까.

정말 몇 발짝에 불과하지만 벗어난 건물과 메인로드에 있는 건물과의 상업성 차이는 생각보다 크다.

사람들은 발품의 가치를 알면서도 발품 사는 것을 싫어한다.

구매력에 영향이 큰 것은 마치 유행심리와 흡사한 사람들의 군중심리이다. 이는 한국 사람들의 사고에서 개성보다 유행에 민감한 사회적 정서라 할까.

요즘 다국적 기업들이 출시된 상품의 성공 여부 실험장으로 한국을 선택하고 있다는 것과 상관성이 있다고 본다.

사람들의 시선과 마음을 끄는 군중심리는 뭔가 좋으니까 모일 것이라는 막연한 기대로 구매심리에 상당한 촉매작용을 한다.

메인로드는 사람이 모여 서성거리고 기웃거리다 즉각 군중심리에 빠져들 마음의 여유가 있는 자들이 활보하는 거리이므로 이런 재화가 있는 메인로드에서 벗어나 멀어질수록 상대적으로 상업성이 낮아진다.

凶 11 막힌 도로의 초입보다 안쪽의 건물

도로가 막혀 있다는 자체만으로도 상업용 건물의 입지조건은 흉이 된다.

길은 차량과 사람의 흐름과 관계되기 때문에 관통되어 흘러야 좋다. 마치 물이 흘러야 썩지 않아 살아있는 물이 되는 것과 같다. 더군다나 막힌 도로의 안쪽은 초입(初入) 쪽에 비해 상업성이 더 떨어지며 상업용 건물로서 최흉상의 군에 속한다.

이런 곳에 있는 건물은 맛깔난 특정음식으로 사람들의 입맛에 마술을 걸어 승부를 거는 음식점 용도로써 사용하는 것이 좋다.

凶 12 초저녁에 볼 때 어두운 도로변에 있는 건물

도시의 거리는 적정거리를 두고 가로등이 설치되어 있다.

약간의 차이는 있겠지만 가로등 조명 외 건물에서 발산되는 네온사인 등 건물 내·외부의 조명 차이에 따라 거리의 밝기가 현저히 다르다.

초저녁의 거리가 밝다는 것은 인공 조명 요소가 많고 생기가 많다는 것과 같다. 즉 밝은 거리에는 생기가 넘치고 사람이 모이며 결론적으로 상업성 좋은 건물들이 밀집해 있다는 것이다.

반면 초저녁에 어두운 거리는 으스스하고 사람의 발길도 뜸해 이런 도로변에 있는 건물은 상업성이 떨어진다.

13 폭과 깊이의 비율이 황금분할비를 벗어난 건물

　하나의 전체 건물이 도로에 접한 폭보다 깊이가 약간 긴 황금분할비(1 : 1.618) 이내이면 상품 진열효과 및 공간 활용성이 좋고, 손님들이 매장에 들어와서 새로운 상품에 대한 구매충동이 더 생겨 상업성이 좋은 공간이다.

　그러나 건물이 전면 폭에 비해 깊이가 짧으면 점포 내에 들어와도 밖에서 본 것뿐이어서 새로운 구매충동이 사라져 발길을 돌리게 되는데 이런 공간 형태의 건물은 상업성이 떨어진다.

　이런 현상은 하나의 큰 건물보다 작은 개별 점포에서 영향력이 크게 나타나기 때문에 한 건물을 구분공간으로 나눌 때 참고하여 보완하면 흉을 피할 수 있다.

 14 요철이 심한 외형의 건물

　건물의 외형은 요철(凹凸)이 심하면 공간 활용성이 떨어지고 미관 또한 좋지 않다.

　대지 형태나 방향에 의해 부득이 요철 부분이 생길 때는 본 형태와 돌출 부분의 비가 3 : 1 범위 내이면 문제가 안되고 경우에 따라서 어떤 방향의 기운을 상승시키는 효과가 있다. 그러나 이 범위를 벗어나 요철이 심하면 흉하여 상업성이 떨어지는 건물이 된다.

 15 층고가 낮은 건물

　상가건물의 층고는 보를 제외한 실제높이가 3.5m 이상이 되면 용도에 따라 천장에 냉·온풍시설 및 강제 환풍시설의 설치가 용이하고 수납공간확보 등 공간 활용성이 좋다. 아울러 층고가 높으면 공기의 대류가 잘되고 시원스런 느낌이 들며, 층수가 적은 건물에서도 외형이 보기 좋다.

　반면에 층고가 낮은 상업용 건물은 공간 활용성이 좋지 않고 멋진 인테리어 작업도 힘들뿐만 아니라 답답한 느낌이 드는데, 특히 층수가 적은 건물에서 두드러지게 나타난다.

　이처럼 층고가 낮은 건물은 상업성이 떨어진다.

 16 외벽 상태가 불량하고 색상이 퇴색된 건물

　외벽의 타일이 흉터처럼 떨어져 나갔거나 드라이비트가 외부 충격에 의해 손상되고, 흙벽돌에 곰팡이가 끼어 흉하게 보이는 경우는 시공연도가 경과된 5층 이하 주상복합 상가건물에서 어렵지 않게 볼 수 있는 현상으로, 이는 건물의 내구성과 미감에 흠이 된다. 고풍스런 분위기 용도의 건물이 아닐 경우 외벽 색상이 우중충하게 퇴색된 건물은 빗질하지 않은 부스스한 여자의 형상과 같다.

상업용 건물의 외벽에 올린 담쟁이 넝쿨은 겨울 동안 잎이 진 앙상한 줄기가 벽면을 볼품없게 만들고, 하절기에도 건물이 습해 보여 깨끗하지 않아 전체적으로 상업적 분위기를 떨어뜨린다.

결론을 내리면 외벽 상태가 불량하고 외벽의 색상이 우중충하게 퇴색된 건물은 상업성이 떨어진다. 건물의 사용기간의 경과로 이와 같이 건물이 노후된 경우에는 즉시 보수공사를 하거나 리모델링으로 성형을 하고 새 옷을 입히면 건물에 생기를 되찾게 된다.

 ## 17 건물 벽이 지면과 수직 · 수평으로 갈라진 경우

건물의 벽이 지면과 수직 · 수평으로 갈라진 것은 지반이 약하고 튼튼하지 못한 기초 위에 부실공사가 이뤄졌다는 결과이다.

건물의 내 · 외부에 얼룩이 심한 경우는 외벽 방수 결함 및 단열 부실 시공에 의한 결로현상에서 빚어진 결과라 볼 수 있다.

이렇게 부실 시공된 건물은 삼풍백화점처럼 붕괴될 수도 있고 건물가치도 떨어져 전반적으로 상업성이 낮아지게 된다.

 ## 18 건물의 바닥평면 형태가 사각형이 아닌 경우

정육면체가 이상적인 공간 형태라 하였고 점포의 바닥평면에서 앞면 폭과 깊이의 비가 황금분할비 이내의 사각형이 좋다고 하였다.

어떤 공간에서 평면 한 모서리의 내각이 90°가 못될 때 그 모서리 공간은 활용성이 떨어진다. 그러므로 건물의 바닥평면 형태가 삼각형이거나 사다리꼴 등 사각형이 아닌 경우의 상업용 건물의 가치는 떨어진다. 그러나 아름다움을 연출하여 건물의 각인효과를 살리고자 한 개성적인 건물은 길한조건 평면구도의 기본 틀에서 예외로 본다.

凶 19 건물의 전면이 북향인 경우

전면이 북향인 건물은 연중 햇빛을 받지 못해 입구 쪽이 음습하고 건물의 내부도 어두우며 전면 색상이 죽어 보여 건물이 눈에 들어오지 않는다.

건물의 전면이 북향이면 에너지 비용도 많이 들어 경제적으로 불리하다. 이런 건물은 전체적으로 색상을 밝게 하고, 야간 영업 위주로 하는 업종을 선택하는 게 좋다. 이때 야채나 생선가게 등 햇빛을 싫어하는 업종을 선택하여 업장의 조명을 밝게 하면 건물의 단점을 보완할 수 있다.

집을 짓고자 땅을 물색하고 집을 보러 다닐 때, 상업이나 건물임대업을 하고자 한 사람들은 지금까지 둘째마당에서 대상에 따라 제안한 길과 흉의 분별방법을 익혀 두면 상당한 실리를 얻게 될 것이다.

셋째마당

부 록

환경 풍수 이야기

●● 묘지풍수와 유교관

우리나라는 단일 민족으로 혈연관계를 중요시 여기기 때문에 족보라는 혈연구성 기록문화를 갖고 있다. 아울러 매장 풍습에서는 묘지의 발복이 혈연관계의 전체 후손에게 미친다는 확장해석에 의해 묘지의 발복에 대한 절대적 의존 심리가 작용하여 묘지명당을 찾고자 분투했던 것이다.

우리의 의식 속에는 유교에서 말하는 장유유서(長幼有序)라는 어른 공경사상 등이 뿌리 깊게 내려 있으며 잘 되면 조상 덕, 못 되면 조상 탓이라는 선조에 대한 생각이 신앙과 같은 의존적 심리로 조상이 의탁의 대상이 된 것이다.

특히 우리나라의 경로효친 미덕은 세계 사회학자의 연구대상이 될 정도로 항구 존속 가치를 인정받고 있는 미풍양속이다.

사회의 노인문제와 청소년의 탈선문제는 대가족 단위에서 경로효친 실천으로 상당히 완화될 수 있으나, 차츰 핵가족화 되어가는 추세에 밀려 대가족에 따른 좋은 기대는 염원에 그치게 되었다.

핵가족화로 인해 부모 생전에 못한 효를 부모 사망 후에 떠들썩하게 봉분을 치장하는 것으로 대신하는 허례행위는 풍수관념이나 산하의 자연경관 보호측면에서 볼 때, 사리에 어긋난 처사로 그들의 발상에 안타까움을 금할 길 없다.

우리나라의 장례법의 자취를 더듬어 보면서 앞으로의 장례 방법은 우리의 전통풍습과 현 사회정서 그리고 후손들의 행복, 더 나아가 자연환경 등에 가장 부합된 장례 방식으로 발전되기를 희망한다.

아울러 산야의 아름다움을 유지하고 집단묘지의 공원화 및 국토효율 극대화를 꾀할 수 있는 대안으로, 안장작업이 간편하고 묘지관리가 쉬운 장례 방법이 될 수 있는 수평 비문만을 세운 평장(平葬 : 봉분이 없는 묘를 쓰는 것) 문화로 공원묘지나 가족묘지에서부터 바꿔야 할 것이다.

■ 삼국시대의 장례법

삼국유사에서 보면, 신라의 시조 박혁거세는 나무 위에 풍장(風葬)한 다음 7일 후에 부패한 뼈만 모아 매장이라는 2차장을 하였다는 장례법의 기록이 있다.

그 후에는 1차 빈장(殯葬 : 나무나 풀로 사체를 덮어 임시로 장사 지낸 것)의 장소에 2차 매장이 동일하게 이뤄진 점을 엿볼 수 있다.

신라 24대 효성왕(741년), 신라 51대 진성여왕(887년) 등은 불교의 영향으로 장례를 다비(茶毘 : 화장)로 하였다.

그러나 화장(火葬)은 일반적으로 행한 것이 아니고 유덕한 승려나, 악질자(惡疾者)의 장례 때 하였으며, 앙화(殃禍 : 재앙과 불행)를 없게 하거나 전장(戰場)에서 사체를 처리하기 위해 하였다.

신라시대에 행한 장례는 1차 빈장 또는 풍장 후 뼈만 모아 2차 본 매장을 한 것이 일반적이다.

■ 고려시대의 장례법

신라시대의 2차 본 매장처럼 사람이 죽으면 1차 화장을 하고 권빈 또는 권안이라 해서 사자를 일정장소(사찰)에 두었다가 나중에 매장하였다.

본 매장 전 권빈, 권안은 불력(佛力)에 인도되어 극락왕생을 바라는 불교에 바탕을 둔 것이다.

신라후기부터 중국의 풍수지리가 우리나라에 보급되면서 1차 장례 후 2차 매장 전까지 길지(吉地)를 찾아 뼈만 본 매장을 한 것이다.

■ 조선시대의 장례법

숭유배불(崇儒排佛)로 사회가 바뀌면서 조상 숭배의 관념으로 유해를 오래 보존하는 것이 효자의 의무로 되어 있었으며 화장 풍습의 흔적은 없었다.

조선시대는 일족의 사망자를 선산과 같이 하나의 산에 매장하는 족분제가 행해졌으며 유교의 융성으로 음택(陰宅)인 무덤풍수가 성행하였다.

숭유배불에 의한 전통풍수법맥의 단절과 효 이념에 편승한 무덤풍수 성행은 천문과 자연환경 원리를 응용한 실용 풍수(양택론)의 본질을 타락시켰고, 무덤 신봉주의와 토속 신앙의 결속은 풍수를 상업화시켜 이장을 조장하였다. 이와 같은 묘지풍수에 대해 실학 자들은 유교와 같은 병폐라 하여 비판하기에 이르렀다.

조선후기 실학자들은 무덤풍수를 비판의 대상으로 삼았으나 풍수지리 자체를 공박하 지 않았으며 당시 실학자 이중환은 『택리지(擇里志)』를 지었고, 홍만선은 『산림경제(山 林經濟)』를 편찬하였는데, 내용 중 집터를 잡는 요령은 모두 풍수지리 원리를 바탕에 두 고 있다.

우리나라의 매장 풍습에서 삼국시대와 고려시대에는 뼈만을 2차 영구 매장하고 조선 시대에는 시신을 전체 매장하였으나 매장의 본질은 조상의 시신을 길지에 묻어 시신의 뼈가 오래 보존되어 땅의 생기를 많이 받게 되면, 살아있는 후손한테 동기감응(同氣感 應 : 조상과 후손은 본질이 동일하여 조상의 시신을 명당에 묻어 편안하게 해주면 살아 있는 후 손이 복을 받아 잘된다는 음택풍수의 주장)이 되어 좋게 발복이 된다는 것이다.

그럼, 사체가 후손에 영향을 끼칠 수 있다는 '동기감응론'에 대해 검증적 논리로 생 각해 보자.

질량이 있는 모든 물체(우리의 몸이나 지구 등) 주위에는 중력장이라 불리는 힘이 작용 하고 있다. 자연이나 모든 전기적인 것들은 양전하와 음전하를 갖고 있으며 이 모든 전 하들은 '전계'라는 것에 의해 둘러싸여 있고 각각의 전하는 전계에 의한 힘을 받는다. 이 전계는 중력장과 같다. 그리고 양전하와 음전하는 청춘남녀와 같이 서로 끌어당긴다.

우리 몸의 구성분자들이나 생명체 또는 무생물도 전계를 갖고 있기 때문에 이 전계는 특정 사이클의 전자파로 작용하며 뇌파도 같은 주파수끼리 서로 통하는 작용력을 지니 고 있다. 즉 유전학적으로 같은 혈족은 무의식의 수면상태에서 작용하는 뇌파인 같은 주기의 알파파 작용이 서로 간에 두드러질 수 있는 가능성이 있다.

사체의 뇌를 볼 때 물질이란 자체만으로도 소멸 전 일정기간 동안 전자적 힘인 일종 의 사뇌 전자파 발생이 가능할 수 있다. 그러므로 같은 체질구조(DNA 등)인 부모와 자 식 간은 사망자와 생존자 간에도 뇌 물질이 존재하는 동안은 전자파(일명 사뇌파)의 전 달이 가능하지 않을까. 그러나 사뇌파의 작용력은 미미하며 가능성에 대한 언급일 뿐

확증은 할 수 없다.

만약 미미하나마 동기감응의 작용력으로 후손에 영향을 줄 수 있다면 시신의 상태가 나쁘게 된 여건에 따라 나쁜 작용력의 영향이 나타날 것이다.

그러나 화장(다비)에 대한 동기감응론의 설명이 쉽지 않은 점 등으로 보아 산 자와 죽은 자 간의 물리적 작용력은 추측에 그칠 수 있으며 연구가 더 요구된다.

우리나라에서 산을 배경으로 한 명당론의 대두(擡頭)를 살펴보면, 신라 29대 왕인 태종무열왕릉이 경주시 서악동 선도산 아래에 위치해 있는데 무열왕릉 뒤로 양쪽 능선 한가운데 언덕을 따라 앉아 있는 4개의 왕릉급 고분군이 일직선으로 배열되어 있다. 이 고분군의 주변 산세는 좌청룡 · 우백호로 대칭을 이루는 완벽한 명당구도이며, 이 고분은 무열왕릉보다 위쪽에 있는 것으로 보아 무열왕의 조상인 김씨 성을 가진 왕 또는 왕족으로 추정된다.

동해의 대종천(大鐘川) 앞 바다에 대왕암이 있는데 이 곳은 무열왕의 아들 문무왕이 사망 전 노략질하는 왜구로부터 나라를 지키려는 의도로 화장을 하여 바다에 뿌려달라는 유언을 남긴 것으로 볼 때, 대왕암은 유골을 안치한 수중릉이거나 유골을 뿌린 곳으로 문무왕과 연관이 있다.

신라 천마총 등은 평지의 능인데, 신라 태종무열왕(654~661) 시대를 전후하여 묘지가 산으로 옮겨간 것으로 본다.(그러나 전남 화순 고인돌군은 산 중턱에 있어 고인돌과 장례가 상관된다는 역사적 고증으로 볼 때 산과 장지의 관계는 매장과 함께 지역에 따라 산지에 장지를 두지 않았겠느냐는 반론이 예견됨) 무열왕릉 뒤쪽의 위치와 구도를 볼 때 묘지풍수가 적용돼 명당을 찾아 묘분을 쓴 것이라 추정된다.

묘지에서 명당이라 함은 오렴[五廉 : 목(木), 수(水), 화(火), 풍(風), 충(蟲)에 의한 다섯 가지가 원만하지 않는 것]이 없고, 안정적이면서 물 빠짐이 좋은 토질이어야 하며, 방향이 맞고 주변과 잘 조화되어 있으며, 앞이 트여 밝은 곳을 좋은 터라 한다.

현대적 사고로 볼 때, 명당 묘지는 햇빛이 잘 들어 온화하고, 토질이 사납지 않아 잔디가 잘 자라며, 물이 질척거리지 않고, 산사태 등 자연재해로부터 피해 위험이 없어 후손들이 성묘할 때 상쾌한 기분이 드는 자연조건을 갖춘 곳을 말한다. 묘분은 자연과의 연관이지 화려한 석물인 인공요소와의 결부는 아닌 것이다.

음택의 발복은 후손들이 느끼는 행복감에서 얻어지는 심리적 만족의 결과와 같다.

결국 명당 터는 묘분이든 납골당이든 산골터이든 간에 육감으로 느끼는 인간에게 좋은 기분을 자아내는 환경조건을 갖춘 곳이라 말할 수 있다.

병 치유에도 심리적 작용이 40% 정도인데 조상의 묘 자리가 육감에 좋은 느낌을 받으면 후손은 기분이 좋고 심신이 안정되며 당연히 하는 일마다 잘 풀리게 된다. 그러므로 조상 묘 자리에 대한 좋은 느낌과 효 심리에 대한 만족이 더해지면 매사에 좋은 결과로 나타나는데 이것이 발복이라 생각된다.

그래서 유교의 효사상은 묘지풍수와 맞물려 절대적 존재로 자리매김했던 것이며, 조선시대는 묘지풍수가 절대적인 토속신앙으로 부상되어 의존 심리가 너무 커서 병폐라는 평을 받게 된 것이다.

그러나 현행 형법 제159조에 사체 등의 오욕죄(사체, 유골 또는 유발을 더럽히거나 욕되게 하는 죄)를 정해둘 정도로 사체에 대한 신앙적 인식은 이 시대에서도 중요한 사안이다.

●● 풍수지리와 불교문화의 연관성

바람으로부터 땅의 생기운을 흩트리지 않도록 산세로 막고 맑은 물줄기로 땅의 기운을 모이게 하여 매장된 시신이나 사람에게 좋은 환경의 거처공간을 누리도록 염원하는 천문사상(天文思想)을 기초로 한 풍수지리가 학문적으로 발전을 거듭해왔다.

중국은 한대(漢代)에 적송자가 『청오경(靑烏經)』을 저술하여 풍수지리에 대한 체계적인 기틀을 만들었으며, 우리나라에서는 도선국사(道詵國師, 827~898년)를 시조로 풍수지리를 학문화시켰고 무학대사 등 고승들이 맥을 이었으며 맹사성(1360~1438년) 등 많은 유학자들이 풍수지리 발전에 큰 공헌을 하였다.

한 나라의 건국신화에는 그 구성 민족이 가지고 있는 기본 정신이 담겨져 있는데, 삼국유사에서 고조선을 건국할 때 단군왕검의 아버지인 환웅이 태백산 신당수 밑에 신시(神市)를 정하면서 삼위태백을 살폈다는 의미는 주산·좌청룡·우백호를 말함이니, 우리 선조들은 주산을 진산(鎭山)이라 하여 자연숭배의 근원으로 한 산신숭배사상을 갖고 있었다.

불교에서는 자연의 본질인 지수화풍(地水火風) 중 수(水)가 자회(子回)에서 물로 시작하여 각 10,800년을 돌아 열두 번째의 해회(亥回) 10,800년 끝에 물로 끝난다고 풀이하고 있다. 이것은 물의 근간사상이 불교사상과 관계깊다. 또한 물의 흐름을 다루는 학문이 풍수지리라는 점에서 불교와 연관성이 있다.

중국의 풍수는 국토가 방대하여 아름다운 산을 찾고자하는 전미(全美)사상 위주였는데, 중국의 풍수가(風水家) 자경진인의 혈법(穴法)을 보면 36파(두려워 하는 것)에 숯 구덩이를 두었다.

그러나 한국의 산천은 중국처럼 방대하지 않아 비온 후의 실도랑도 물이라 했으며, 도선국사는 독창적인 비보사상(裨補思想) 풍수로 한정된 산천을 좋게 고치고 보완해 주려는 원리로 불교와 땅에 대한 사랑을 결부시켰다.

당시 비보사상의 흔적을 봤을 때 전남 장흥군 유치면의 보림사의 '보림사적기'에 따르면, 759년 원표대덕(元表大德)이 창건했으며 840년 보림사를 증수하려고 절터를 물색 중이던 보조선사는 절터로 잡은 물웅덩이를 메우고자 안질에 효험이 된다며 숯가마 시주를 받아 흙과 혼합하여 절터를 다졌다. 숯은 탄소 성분으로 된 다공성(多孔性) 재료로 습도 조절과 방부·방충효과가 탁월하여 간장을 담글 때 사용하며 건축물의 보존에 유용한 물질다. 동양철학에서도 숯은 곧 목(木)으로 목재 건축물과는 천부(天符)의 융화가 있음직하다. 이와 같이 중국의 풍수학에서는 숯 구덩이를 파로 간주했으나 우리나라에서는 숯이 비보용으로 쓰였다.

비보사상 풍수를 예로 들어보면, 불교에서 석탑이나 석불을 세워 허한 곳을 비보했는데 도선국사는 고려중기 12세기에 창건한 전남 화순군 도암면 대초리에 있는 운주사를 배 형국인 우리나라의 중심이라 하였다. 우리나라를 배 형국이라고 한 것에 의아해 할지 모르나 이는 물속에도 산맥이 있다는 풍수형국론으로 제주도를 포함한 섬까지 보아 배 형국으로 치고 중심부인 일등성별을 그대로 배열한 천불천탑을 세워 배의 무게 중심을 잡는 비보라 간주된다.

탑이나 불상뿐만 아니라 숲을 조성하는 방법을 쓰기도 하였는데 전남 순천의 조계산에 있는 선암사 앞의 동백나무 숲은 장풍법(藏風法 : 화살같이 쏘는 바람을 막아주는 비법)으로 볼 때 사신사(四神砂)로 분류하면 전주작(前朱雀) 중의 안산(案山)에 해당된다.

그럼, 필자의 고향인 장흥군 대덕읍의 사신사를 살펴보면 신월리와 도청리를 마을 중심으로 보고 부격(父格)의 주산인 천관산이 현무요, 가학 뒷산이 좌청룡, 도청 뒤의 천태산이 우백호이며, 신리 옹암리 일대의 능선이 전주작인 안산이다.

좌청룡 일부인 회진 방향의 삼거리 뒤편 산이 낮아 허(虛)하여 회진이 분면(分面)되는 등 기운이 설기(泄氣)되었으나 또한 광주로 뻗는 통로 역할이 되는 등 삼거리가 득실이 상충(相沖)되는 위치이다.

대덕읍 소재지는 전남 5대 명산이고 주산인 천관산을 뒤로 한 배산임수(背山臨水)격인 고을로 좋은 형국을 갖고 있으며 천관산은 웅장하면서도 거칠지 않은 생룡으로 주산 아래 소재지 일대는 명당지세이다.

우리나라의 풍수지리 사상은 도선국사 이후 1천여 년 간 우리 생각에 깊숙이 뿌리내리고 있으며 땅을 보는 것이 풍수지리인데 왜 풍(風)과 수(水)라 했는가.

바닷가의 사구(砂丘 : 해송이 주로 있는 모래언덕)는 바람과 물에 의해 만들어진 것이며 땅의 기(氣)인 전자력만 보아도 자전속도가 적도의 지각에서는 463m/sec로 지구의 중심부와는 속도 차가 큰데, 이로 인해 지구중심부에 있는 고열의 액체 상태인 물(在泉)에서 만들어진 열성의 광선입자인 전자력이 지표면을 통해 대기권으로 분출된다.

이 전자력이 우리나라 지표면에서는 0.5가우스이며 이 지기(地氣)는 생명체의 발육성장에 이로우나, 수압을 받아 물의 흐름으로 발생된 지하 수맥파는 방사선의 일종인 감마선으로 정신을 교란하는 등 생명체에 해롭다는 주장이 현대과학에서도 일부 입증되고 있다. 땅속 물의 흐름에 대해 땅의 성향(性向)이 바뀌고 또한 바람의 힘에 의해 공간의 길흉을 변화시키니 곧 풍(風)과 수(水)에 의해 인간의 삶이 지배된다고 볼 수 있다.

풍수지리는 동양철학에서도 후천(後天)이나 공간, 물질, 오행(五行) 등의 형이하학적 세계를 암시한 문왕 8괘를 토대로 삼고 있음은 과학성을 추구하고 있기 때문이다.

풍수지리는 건국신화에서 보듯이 멀게는 약 5000년의 발전 과정을 거듭하면서 검증된 학문으로 천문우주학, 지리학, 음양오행 자연학의 과학성과 인체의 대칭된 균형, 조화의 미를 산수형국 등에 결부시킨 조형미학임에 반박의 여지가 없다.

그런데 일제 36년 간의 강점기에는 한민족 사상으로 자리매김한 풍수지리 사상의 사회적 두터움 때문에 일본 정부가 고의적으로 이를 허물기 위해 허구화시켰으나, 조선총독부 문서과의 촉탁으로 일본인 촌산지순(村山智順)이 『조선의 풍수』를 펴낸 것을 보면 풍수지리에 대한 그들의 관심을 절실히 나타내고 있으며, 일본은 현재 양택풍수가 발달된 나라 중의 하나이다.

풍수지리는 묘 자리나 집터를 보는 학문으로 국한된 것이 아니라, 공간 환경의 좋고 나쁨과 집이나 지형의 형상이 인간에게 심리적으로 어떤 영향을 주는가를 다루는 교과

서로 동서고금을 통틀어 고전 생태건축학의 최고이며, 현대적 생태건축으로, 그리고 환경풍수로 진화되어 가고 있다.

아울러 최근에는 풍수지리와 도시계획을 접목시키려는 시도가 있으며 풍수지리의 환경원리를 감안해 도시의 개발 방향을 정하는 것은 나름대로 의미가 있는 것이다.

풍수지리는 중국에서 전적으로 전수된 학문이 아니며 풍수지리의 지남(指南)인 음양론도 원래 고도의 고대문명과 함께 태평양에서 수장(水葬)된 MU(母)대륙이 발원지라는 고고학설이 많이 주장되고 있다. 만상의 변천과정을 다룬 음양오행론(陰陽五行論)이 지형학적으로 볼 때 고대한국과 고대중국으로 분리 전파되어 우리 실정에 부합된 살아 있는 자와 죽은 자의 거처공간을 다루는 풍수지리로 발전하면서, 우리에게는 자생의 동티(흙을 잘못 다루어 지신을 노하게 하여 받는 재앙) 풍습 등이 있게 된 것이 아니겠는가 하고 의문을 가져 본다.

불교의 칠성탱화에서는 북극성이 부처의 자리이며 이는 풍수지리의 모태인 천문학을 불교에서 수용한 근거로 해남의 대흥사에 있는 칠성탱화에서도 확연히 드러난다.

풍수지리가 양택풍수[일명 가상학(家相學)] 위주로 발달된 일본 그리고 홍콩을 지배하면서 동양학문과 접한 관계로 발달된 영국 등과 음택풍수 위주인 한국, 싱가포르 등이 풍수지리가 발달된 주요 국가이다.

그러나 한국도 마찬가지이지만 생명체가 공생하는 생태건축과 사람의 건강한 삶을 거처 공간의 배치나 공간 형태를 가지고 실현하려는 생리건축이 건축문화의 한 장으로 진화되어 가는 현실이 세계적 추세로 생리건축의 근간원리는 풍수지리이다.

음택풍수에서 주창하는 시신의 동기감응론(同氣感應論 : 조상과 후손의 동질성으로 조상 시신의 전파가 후손에게 영향을 준다는 논리)이 효 사상과 결부된 가치도 중요시되지만, 앞에서 여러 가지로 언급한 것과 같이 풍수지리의 실체성을 겸허하게 인정하는 것에 그치지 말고 더욱 발전시켜야 함은 우리 생활이 좋은 환경으로 안정되어야 하기 때문이다. 우리 전통 터 잡기 풍수가 구식이라는 이유로 정체되어 있는 편견을 없애고, 도시계획이나 건축학에서 응용할 수 있는 현실성 있는 학문으로 진화시켜야 한다.

유네스코 세계문화유산 463호인 팔만대장경판을 보관 중인 합천 해인사의 경판전이 화(火), 수(水), 풍(風)의 재해로부터 건재함은 곧 환경풍수가 갖는 효용가치의 실증이며, 풍수지리는 불교문화 속에 깊숙이 용해되어 있고 우주의 조화력을 가진 땅의 생기(生氣)가 인간과 만물의 운명을 지배한다는 풍수지리의 생기론은 순환불멸의 이치로 불교의 윤회사상과 상통한다고 본다.

"3대를 적선해야 남향집에 살 수 있는 복을 누린다"는 풍수지리관에 담긴 속담은 우리 민족성을 선도한 지침이라 생각된다.

1987년도 고려대학원에서 '풍수지리설 발생 배경과 건축'의 논문에 박사학위를 준 것이나 경산대 풍수지리학과 등에서 풍수지리의 체계적 학습이 이제라도 이뤄지는 것은 다행이며, 현재 각 아파트 분양에서 생태건축, 바람길, 웰빙자재, 환경건축, 생리적 주거조건 등을 내세운 광고가 큰 이슈로 작용하고 있다.

결론적으로 풍수지리는 음양오행이라는 자연환경 순환논리로 우주-지구-인간을 동질일체로 보고, 행성 궤도 운동, 자전과 공전, 지구와 인간 체내에서 물의 이동 등이 순환 사이클에서 항구 존속되어 불교의 윤회사상과 흡사하다. 대흥사의 칠성탱화와 운주사 천불천탑의 배치에서 천문학을 바탕으로 한 불교문화가 풍수지리와 동질논리로 시작되었을 뿐만 아니라, 사찰의 터 잡기와 건물배치 방향선정에서 풍수지리를 도선국사가 이미 활용한 점 등은 풍수지리와 불교가 우리나라에서 장기간 함께 존속하면서 융화된 결과이다.

●● 음용수(飮用水)의 음양 분류 식음에 대해

건강은 모두에게 소중한 의미를 갖고 있는 낱말일 것이다.

건강을 유지하기 위해 물은 필수요소인데, 어떤 물을 먹어야 할 것인가에 대해 색다른 음양론(陰陽論)을 대입시켜 생각해 보자.

우리가 살고 있는 지구는 뜨거운 양성인 태양의 힘과 차가운 음성인 달의 힘을 동시에 받으면서 마치 생명체처럼 순환의 운동을 계속하고 있는 조화로운 행성이다.

지표에서 현세(現世)의 전성기를 누리고 있는 인간은 지구와 닮은 생리적 구조를 갖고 있는 작은 지구라 볼 수 있는데, 지구표면의 71% 정도가 수면이고 인체도 구성물질 중에 물이 차지하는 비율이 이와 비슷하다. 지구의 물과 인체 속의 물은 각각 순환과정을 거치며 큰 역할을 하는데, 지구와 인체구조를 비교해 보면 지각은 살갗이고 암석권은 뼈이며 중심부인 핵은 골수에 비유된다.

지구의 운동이 신비로운 만큼, 생명체 중에 군림하고 있는 사람 또한 신체작용이 신비로운 존재이다.

태양, 지구, 달은 46억 년 전에 거의 같이 생성되었으며, 지구의 내부는 용융된 핵이 있어 바탕이 열성이고, 지표의 작용은 차가워 빛을 못 내는 행성으로 사상(四象)으로 분류하면 지구의 근본인 내부는 열성이나 작용은 냉성이므로 소음(少陰)에 가깝다고 본다.

지표에 있는 것을 음양적으로 분석해 보겠다.

첫째, 땅에서 자라는 식물은 어떨까? 양성인 태양빛과 이산화탄소 공기, 그리고 음성인 물(단, 흐르는 물은 운동으로 보아 바탕은 음이나 작용은 양으로 해석됨)이 화합하는 탄소동화작용을 하므로 두 개의 양과 하나의 음이 합쳐져 전체 비율은 양에 가까우나, 뿌리채소일수록 땅인 소음의 작용을 받아 음성이 더해진다고 볼 수 있다.

즉 뿌리채소는 소음이라 해두자.

둘째, 그럼 사람과 물과의 관계를 얘기해 보겠다. 인체는 70% 가량이 수분으로 구성되어 있고 그 중 5%만 손실되어도 혼수상태에 빠지며, 소변량이 적고 진노란색일 땐 물부족 경보이다. 물은 갈증을 느끼기 전에 수시로 마시는 것이 좋다. 갈증을 느낀다는 것은 혈액 내 염분의 양이 많아져 뇌에 갈증 신호를 보낸다는 것이다.

보통 성인의 경우 땀과 대소변으로 하루 2리터 정도의 수분을 잃게 되고 여름철에는 땀만으로도 하루 1.5리터 정도의 수분이 인체에서 빠져나간다.

그렇다면 사람은 빠져나간 수분만큼 섭취해야 하는데 식사 때 많은 양의 물을 마시는 것은 소화작용에 부담을 주게 되므로 적당량만 섭취하고 아침 공복을 비롯하여 활동 중에 자기 체질에 맞는 물(열성인 태양인이나 소양인은 음양조화가 되는 냉성인 찬물이 좋다)을 수시로 마시는 것이 좋다. 물론 땀을 많이 흘린 후에는 맹물보다 염분이 함유된 물을 섭취하는 것이 필요하다.

사람 몸 속의 피는 체중의 8% 정도로 체중 60kg의 경우 피는 4.8L 가량이며 피 중의 55%는 혈장이고 혈장의 90%는 물이다. 혈장은 체세포에 영양소와 산소를 공급하고 이산화탄소와 노폐물을 폐와 콩팥으로 실어 보내 몸 밖으로 배출하는데 콩팥은 신체 내의 수분 균형을 조절하는 장기(臟器)이다.

이처럼 물은 우리 몸에 절대적으로 필요한 것이며, 물에 따른 건강이 새롭게 부각되어 물값이 석유값에 맞먹게 되고, 일부에서는 프랑스 '에비앙' 생수를 먼 나라에서 수입해 먹기에 이르렀다.

수돗물, 생수, 정수기물, 지하수의 질적 공방은 해당 분야의 전문가가 평가할 문제이므로 필자는 음용수를 음양학적인 측면에서 생각해 보고 특히 암으로 인한 사망률이 사망 요인의 국내 1위인 점을 염두에 두어 식수의 성분 중 이산화탄소의 용해 비율이 높을수록 인체에 어떤 영향을 줄 수 있을까에 대해 음양의 방법으로 분석해 보고자 한다.

음양의 기준 중 양성(陽性)은 열성이고 음성(陰性)은 냉성이다. 양성은 동적(動的)이고 속도감이 클수록 큰 반면 음성은 정적(靜的)이고 정체감이 클수록 크다.

이산화탄소(CO_2)는 화산활동과 마그마의 변성작용 때에 상부 암석권에서 제일 많은 양이 방출된다. 빗물은 차츰 지표층을 투과하면서 기반암의 공극(空隙) 사이를 채우고 나면 토양의 공간에 채워지는데 포화대가 되면서 이산화탄소가 용존된 지하수층을 형성한다.

지하수는 지구상 물의 1% 이하이지만 지하수는 천천히 그리고 연속적으로 이동하므로 오염원으로부터 보호 관리해야 할 중요한 자원이며 생명수이다.

우리나라 토양의 모암(母岩)으로 2/3를 차지하는 화강암은 절리와 단열을 갖고 있어 물을 함유하기 쉽다. 그런 화강암이 우리나라에서는 중생대(6,300만~2억 3,000만 년 전)에 생성되어 내륙지방에 많이 분포되어 있고, 현무암은 신생대 4기(10,000년 전 이내)에 생성된 제주도, 울릉도, 동남해안, 한반도 중앙부, 백두산 부근에 분포되어 있는데 우리나라 국토의 5.24%를 차지하고 있다.

대륙 지각의 화학적 조성비율 중 무게 백분율로 환산하면 산소가 45.2%로 제일 높고, 이산화탄소는 산화물로 미량 함유되어 있다.

대기 중에는 이산화탄소가 0.03% 함유되어 있지만 토양 중에는 0.3~1%를 차지하며 땅속에서 물과 이산화탄소가 화합하여 탄산화작용을 하면 1차 암석광물을 2차 암석광물로 바꾸는데 이처럼 이산화탄소가 화학적 조성이 다른 새로운 물질로 변화하는 분해작용에 관여한다. 그럼 이산화탄소의 특성은 어떨까?

공기 중의 이산화탄소는 유리온실처럼 태양의 방출에너지를 복사(輻射)하고 일부 흡수하기도 하여 온실효과를 나타내는 기체이다. 태양은 큰 양성인데 이를 복사하는 기체는 음양순화(陰陽順和)의 원리로 비춰볼 때 여러 기체 중 양성의 성질이 더 강하다고 볼 수 있다.

화산활동 중의 마그마의 용존(溶存) 가스는 대부분 수증기이나 약간의 이산화탄소가 포함되어 방출된다.

물론 암석에는 잔류된 이산화탄소가 소량은 남아 있게 되고 현재 수권(水圈) 내 용존된 이산화탄소는 생성과정이나 특성으로 견줘볼 때 양성이라 본다.

우리나라의 경우 화산활동이 제일 늦은 신생대 4기에 생성된 현무암 토질인 곳은 수권 중 지하수에 용존된 이산화탄소의 양이 타 모암에 비해 상대적으로 많아 주시해 보아야 할 문제이다.

우리 몸에 치명타를 주는 암은 왜 생길까?

정상세포에 있는 유전자가 활성산소 그리고 발암물질이나 음식물이 탄 활성탄소 등에 의해 손상 받으면 돌연변이가 일어나 암세포가 된다.

유전자가 고장난 세포는 발암촉진물질의 영향을 받아 인체구성 세포보다 수십 배의 속도로 번식하기 때문에 속도가 빠를수록 힘이 강하다는 것에 비춰 볼 때 암세포는 양성이다. 암세포는 포도당과 육식의 동성(同性)에서 힘을 얻기 때문에도 양성이라고 보고, 식물성에 들어있는 성분 중 카르티노, 황화합물은 항암물질로 마늘·당근·양파 등 뿌리채소에 많이 들어있으며 이들 채소는 땅속에 주부분을 감춘 토성이고 작용이 음성이다.

항암물질이 많이 들어있는 채소는 암과의 이질성 때문에 암세포 번식을 저해하는 작용을 하여 식용가치가 더 큰 것이다.

지하수에서 이산화탄소의 용해에 대해 따져 보면, 이산화탄소의 용해에 의한 탄산의 생성은 H_2O(물)$+CO_2$(이산화탄소)$=H_2CO_3$(탄산)이다.

물의 용해성분 중 이산화탄소는 청량감을 주어서 물맛이 좋지만 암세포 번식의 활성에 대해서 음양론으로 풀어보면 몸에 해로운 평가로 음용에 한 번쯤 재고의 가치가 있다고 생각된다. 특히 골수조직의 염색체 일부를 비정상적으로 변형시키는 성질이 지하수에 용존된 이산화탄소에 있는지 과학적 검증이 요구되는 사안이다.

우리 몸의 뼈는 신체를 지탱하는 역할 외에 칼슘·인 등의 무기질을 저장하고 체내에 공급하는 역할 및 골수에서 피를 만드는 조혈작용 등을 하는데, 이런 뼈는 35%의 유기질, 45%의 무기질, 20%의 물로 구성되어 있다. 그 중 무기질은 뼈에서 시멘트와 같은 역할을 하는데 여기서 무기질은 칼슘·인·마그네슘 등이고 뼈는 인체 내의 99%의 칼슘을, 90%의 인을 가지고 있으며, 인 성분은 신경 전달에 필수적이고 수소이온농축에도 관여한다.

음료수를 만들 때 넣은 탄산은 뼈의 구성 성분인 인을 몸 밖으로 배출시켜 뼈 성장에 심각한 영향을 미치기 때문에 성장하는 청소년기에는 탄산음료를 피하는 것이 좋으며, 결국 탄산이 뼈 성장을 저해한다는 것은 피 공장인 골수를 문제화시키는 것과 상관이 있다고 본다.

탄산에 대해 문제성이 제기되었다면 해법도 있어야 한다.

모든 물질은 열을 가하면 변화한다. 물을 끓이면 이산화탄소와 수돗물을 소독하는 염소로 인하여 발생하는 트리할로메탄이란 가스 형태의 미량 발암물질도 같이 휘발되는데 기체는 온도가 높을수록 용매 안에 얼마나 녹을 수 있느냐 하는 용해도가 낮아지기 때문에 휘발되는 것이며, 끓일 때 살균도 되면서 유해한 양성물질이 순화되지만(가열하면 실제 센물이 단물로 바뀜) 일부 유익한 무기물도 파괴된다.

현재 수질검사에서 지하수 46개 항목과 먹는 샘물 49개 항목 중 용존 이산화탄소는 시험 항목이 아니므로 지하 암반인 모암으로 판단해야 할 것이다.

그렇다면 물은 어떤 음용 방법이 최선일까?

권하고 싶은 방법은 세균이나 발암 가능성이 있는 물은 꼭 끓여 먹되 둥글레차, 오미자차, 녹차(성장기 어린이들에게는 권하고 싶지 않음) 등을 넣어 취향에 따라 건강음료화하여 마시는 것이고, 태양인·소양인 체질인 사람은 수질 합격 판정된 생수를 5도 정도 차게 하여 마시는 것이 좋다.

●● 해안사구의 가치

사구(砂丘)란 바람에 의해 이동된 모래가 퇴적하여 언덕이나 둑 모양을 이룬 지형을 말한다.

육지로부터 모래의 공급이 충분한 사빈(모래로 된 해변)에서 건조해진 모래가 강한 해풍에 의해 이동하다가 갯잔디, 갯메꽃, 모래지치, 통보리사초, 해당화 등 사구식물이나 해송에 의해 모래 이동이 멈춰 해안에 형성된 것이 해안사구이다. 이러한 해안사구 형성의 최대 원인은 기후의 습윤화이다.

해안 습윤지역의 사구는 사방림을 심어 모래의 이동을 저지시켜 사구농업을 할 수 있는데 사구토양은 95% 정도가 사토(砂土)로 수분 보존력과 지온(地溫)의 변동이 심한 토질이다. 이런 토질에서는 호기성 작물인 담배, 토마토 등이나 깊이갈이가 필요한 마, 우엉 등이 재배된다.

해안사구의 기능을 보면, 다음과 같다.

첫째, 사빈으로부터 공급되는 모래를 저장하고 사빈의 모래가 해일 등으로 유실되면 사빈에 모래를 공급해 주는 모래창고이며 자연적인 방파제 역할을 한다.

둘째, 사구는 공극률이 높은 모래에 지하수를 저장하는데 밀도가 높은 바닷물 위에 상대적으로 가벼운 민물이 머무르게 된다.

사구 위에 건물을 세우면 건물의 하중으로 민물과 바닷물이 섞여 지하수가 짠물로 되기 때문에 사구 위에는 인공시설물을 세우지 말아야 한다.

셋째, 희귀 동·식물의 서식지 역할을 하는데, 이는 강한 일조량, 강한 바람과 염분, 수분 부족에 따른 일반 토질과 다른 특성 때문이다.

넷째, 모래톱 위에 사구식물과 해송이 자라는 사구는 천연의 자연경관을 만든다. 이러한 해안사구는 육지에서 강의 하구를 통해 바다로 이동한 모래 중에 파도에 의해 사빈에 모인 작은 입자의 모래가 해풍에 날아가다 사구식물에 의해 저지당해 쌓인 모래가 언덕을 이루면서 생성된다. 사구모래는 바람에 의해 이동되기 때문에 일정한 미립자이다.

해안사구는 자연적인 상태에서는 감소되지 않지만 해안도로나 해저모래 채취로 인해 훼손되고 있어, 태안반도에 있는 기지포 사구에는 사진과 같이 모래포집기를 설치하여 인위적으로 해안사구를 복원하고 있다.

기지포 사구의 모래포집기

특히 사구는 해안도로로 인하여 훼손될 뿐만 아니라 사빈까지 자취를 감추게 되는데 이는 사구식물이 있어야 할 곳에 도로가 개설되어 사구인 모래창고가 없어지기 때문이며 오른쪽 사진과 같은 결과가 나타난다.

사빈을 보존하여 해수욕장 관광사업을 지속하기 위해서는 편의를 위한 해안도로 건설이나 사구 위에 시설물을 설치하는 것을 자제해야 한다. 유익하고 아름다

해안도로로 훼손된 사빈

운 해안사구나 사빈을 보호하려면 자연 그대로 주변을 놔두는 것이 최선이다.

●● 실내 공기오염과 대책

2004년 초 모 방송에서 신년 대기획 환경의 역습 '집이 사람을 공격한다'와 '내 집이 무섭다'에서 우리 실내 생활환경의 보이지 않는 문제로 인해 피해를 입고 있는 상황을 보도하였다.

문명의 발달은 사람들을 도시로 집중시키고 밀집된 도시구조는 일상생활의 90% 이상을 실내의 닫힌 공간에서 머물게 하며, 이동하는 차속에서 보내는 것이 5%, 실외활동은 5% 정도라고 한다.

도시문명의 화려함 뒤에 많은 사람들은 건축업자들의 상업적인 논리로 제시한 공간에서 생활하는데 실내 인테리어는 석유화학제품으로 범벅되어 있다.

이는 시공의 편리성과 대다수 사람들이 선호하는 화려한 외관 때문이다. 목공작업에서 사용되는 천연접착제인 아교는 오공본드에 의해 밀려 사라지고, 원목 대신 쓰는 MDF는 화학접착제 덩어리이다. 무늬목코팅지, 화학벽지, 접합목에 쓰인 접착제, 바닥제 부착에 사용된 본드, 가구 및 목재에 칠한 각종 화학도료, 포르말린으로 처리된 무늬목 등은 화학기술 발전의 산물로 미려한 유혹 뒤에 말 그대로 사람을 공격하는 또다른 무기일 따름이다.

실내꾸밈제로 사용된 석유화학물질의 과다는 실내공기를 오염시키고 특히 접착제에 다량 함유된 포름알데히드 물질은 서서히 휘발되어 인체의 허용농도인 0.08ppm을 훨씬 넘도록 장기간 동안 실내에 존재하며 여타 신경독성과 발암작용을 하는 포르말린, 톨루엔, 벤젠, 자일렌 등도 과다 검출되고 있다.

국립환경과학원이 최근 전국 신축아파트를 대상으로 조사한 결과 이들 총휘발성유기화합물질(TVOC) 농도는 아파트의 저층보다 고층(12층짜리일 경우 9~12층)에서 오염물질의 농도가 더 높게 나타난다고 하였는데 원인에 대해 오염물질을 강하게 퍼 올리는 '굴뚝효과'와 상관 여부를 조사 중이라 하였다.

한국건설기술연구원 이윤구 박사는 "상대적으로 햇빛을 많이 받는 높은 층의 실내온도가 올라가면서 가구나 건축자재 등에 포함된 오염물질이 낮은 층보다 더 쉽게 방출되기 때문"이라 하였다. 환경부는 다중이용시설의 총휘발성유기화합물질 농도가 400~500㎍ (마이크로그램은 100만분의 1그램)을 넘지 못하도록 규제하고 있는데 신축아파트에서는 1년 이 지난 시점에도 오염농도가 562㎍까지 측정되었다는 발표가 있었다.

실내에 잔존된 유해물질은 신축 후 3년을 경과해야 거의 휘발되는데 신축 1년 내에는 창문을 자주 열어 바깥공기를 유입시키는 환기가 무엇보다 중요하다.

보기 좋은 화려함과 함께 안 보이게 변장한 유해독소의 공격에 사람들은 각종 암과 아토피성 피부병을 떠안는다면 화려함의 선택에 대해 다시 한번 더 깊이 생각해 볼 문 제이다.

건강을 잃으면 모든 것을 잃는다는 말을 되새기며 상업성에 목 맨 석유화학제의 실내 치장을 심각한 눈으로 바라보면서 아름다움에 대해 건강을 대입한 관념의 변화가 필요 하다고 본다.

포름알데히드는 방부제, 접착제, 합판 등에 널리 쓰이는 화학물질로, 눈과 코를 자극 하여 천식, 알레르기를 일으키고 신경계와 장기 등에 영향을 주며 이러한 휘발성화합물 (VOC)은 발암물질로 알려져 있다.

미국 화학물질과민증 전문클리닉 원장 '그레이스 짐'은 실내에서 적은 양이지만 화 학물질을 장기간 흡입하고 신체를 노출시키면 수개월 또는 수년이 지나서도 아픈 상황 이 오며 사무실 내에 들어오면 머리가 아픈 증세는 경과 시간에 해당되는 것이라 말하 고 있다.

분당서울대병원 피부과 박경찬 박사의 말에 의하면, 맥관부종(두드러기 일종)은 음식 이나 공기의 영향으로 나타나는데 집에만 들어오면 증세가 악화될 경우 건축재료와 관 련성이 많다고 지적하였다.

성인이 섭취하고 마시는 음식의 분량은 일일 6kg 정도인데 더 많은 20~30kg의 공 기를 몸 안에 흡입하고 있으며 특히 어린이들은 체중당 호흡량이 많고 키가 작기 때문 에 바닥제의 영향을 많이 받는다.

새집을 짓거나 수리한 집에 입주했다가 발병하기 쉬운 '새집증후군(sick house syndrome)'은 포름알데히드 등 실내 유독성 화학물질 때문에 일시적으로 눈과 목이 따 갑거나 기침 등의 증상을 보이며 심해지면 천식, 비염, 아토피성 피부병에 걸리고 화학 물질과민증으로 악화되기도 한다. 이와 같은 화학물질과민증은 집에 머무는 시간이 많은 전업 주부인 30~40대 여성들한테서 많이 발생하고 있다.

유해화학물질은 지은 지 1년 경과한 집에서도 허용치를 넘게 검출되고 있으며 요즘 건축 시공은 이중단열창 구조로 되어 있어 공기유통이 차단되어 24시간 창문을 닫아 놓으면 바깥보다 오염도가 무려 5배나 높아진다. 이 때문에 새집이나 실내인테리어 공사를 한 집에서는 하루에 3회 이상 30분씩 창문을 열어 환기시키고, 외출 후에는 귀가 즉시 전체 창문을 열어 환기시키는 것이 최선의 방법이다.

집 내부공사를 할 때 유해한 석유화학제품보다 천연재료를 활용한 제품을 선택하는 것이 가족 건강을 위하는 길이다.

신종화학물질이 인체에 대한 안전을 검증받지 않은 채로 1년에 1,000여 개씩이나 발생되고 있는 것은 국내에서 2003년도 사망통계의 경우 암 사망 환자가 1위이고 그 중 폐암이 1위였던 점과 무관하지 않다고 본다.

결론적으로 환경은 사람의 행위에 따라 사람을 보호하기도 공격하기도 하는 것이다.

●● 환경친화적 삶을 권하며

자연환경과 가장 흡사한 친환경적이고 친생리적인 주거 구조에 건축의 3요소인 견고성, 공간 활용성, 아름다움을 극대화한 시설공간에서 거주한다면 주거조건에 대해 거의 완벽한 성취라 볼 수 있다.

밀폐된 살균 공간보다 환경친화적 공간이 더 건강을 위한 접근방법으로 해석되고 있는 응용과학적 판단이 각광을 받고 있다.

이는 병충해를 없애려고 강력하게 만들어 살포한 농약이 결국은 병충해보다 더 무섭게 생명의 위험요소로 먼저 우리에게 다가오는 것만 보아도 생물과 관련된 문제는 친환경적 방식으로 풀어야 결말이 순조롭다는 것을 알 수 있다.

공간모형은 공기순환과 소리의 울림이 좋은 원형을 응용한 정육면체 모형을 추구하고, 시설물의 재료는 인체에 부작용이 적은 천연재료를 사용하는 것이 바람직하다. 주거용 실내 건축자재는 매끄러운 상업적 질감이 아닌 다소 투박하더라도 건강의 질적인 면에 더 비중을 두고 선택하는 것이 나중에 후회가 없을 것이다.

건물의 방향은 최대한 남향을 전면으로 하고 남쪽에 거실을 배치하여 낮 시간에 실내 활동을 하면서 햇빛을 받아 자연의 기운을 흡수하는 지혜가 요구된다.

협곡이나 분지는 공기유통이 원활하지 못해 스모그의 피해가 우려되는 자연조건이며 고가도로 주변, 터널 입구는 차량 배기가스로 인한 공해지역이고, 대형차량 통행이 잦은 대로변은 분진과 경유사용 차량의 미세먼지로 인해 대기오염이 배가 되어 이들 지역 거주자는 건강을 해치기 쉽다.

급경사로 내려오는 급커브 길의 공격면에 노출된 건물은 차량 돌진에 의한 교통사고 위험이 도사리고 있어 불안감이 가중되고 고압선 아래, 변압기 주변, 송전철탑 주변은 전자파 및 구조물에 대한 심리적 압박으로 좋지 않다.

햇빛이 잘 들고 맑은 물이 지상과 지하에 흐르며 공기의 흐름을 적절히 조절할 수 있는 산세이고 주변 풍광이 아름다우면서 지반이 안정된 곳이 명당이며 환경친화적 생기터이다. 도시화된 주거문화 또한 햇빛이 잘 들고 공기의 흐름이 순조롭도록 바람 길이 열려 있고, 고층이든 저층이든 잘 정돈된 아름다움을 창조한 계획도시로 녹지비율이 높고 각종 공해요소가 적으면서 많은 편익시설이 근접해 있는 도시환경을 갖춘 생태도시가 명당이다.

그러나 산업화된 사회구조의 변화가 도시밀집으로 이어지는 현실에서 볼 때 큰 건물에 샌드위치된 주거, 분진과 매연 범벅인 대기, 각종 소음에 시달려야 하는 열악한 도시 주거환경이 되어 버렸다.

이에 대처하여 인위적 방편으로 공기청정기를 쓰고 생수를 구입해 마시거나 정수기를 사용하는 등 거의 몸부림에 가깝게 건강을 지키기 위한 생활을 하고 있는 것이 현실이다. 이 또한 경제적 부담으로 서민생활에는 버거운 일이다.

사람이 편안하고자 발전시킨 공업화는 많은 산업폐기물 및 각종 오염을 유발시켜 아픈 결과를 낳고 있다. 기술의 발전과 병행하여 환경문제를 먼저 생각하는 의식을 모든 사람들이 가져야 지구상 모든 생명체가 상호공존하면서 건강하게 살 수 있는 것이다.

2004년도는 모든 분야의 화두가 웰빙이었고, 건강한 삶의 방법으로 자연친화적인 생활이 웰빙인 것이다.

우리 생활 방식에서도 한 장의 종이라도 아끼고, 목재가구를 구입할 때는 항구적으로 쓸 수 있는 것을 구입하며, 비닐 제품이나 플라스틱 제품은 꼭 필요한 것만 구입해 쓰고, 버릴 때는 재활용되도록 처리하는 것이 좋은 자연환경을 보전하는 생활방식이다.

몸속에 들어온 물은 시간이 지나면 나가서 물의 순환 사이클을 따라 돌아다니다가 다시 몸속으로 들어오는데 환경의 오염요소를 묻혀 들어오게 된다. 그래서 공기와 물을 오염시키면 바로 몸도 함께 오염되는 것이다.

의학의 발달이 생명나이를 연장시키지만 건강지수까지 높이려면 환경이 살아야 하는데 환경친화적 삶을 실천하는 길이 우리 모두 건강히 오래 사는 길이다. 한 사람 한 사람의 친환경적 실천의지가 이 시대의 전체 의식으로 자리 잡아야 한다.

역동적 과학기술의 발전시대를 만들고 있는 우리의 열정이 생명의 본질을 저버리는 절름발이 시대 유산을 남기는 우를 범하지 않도록 환경친화적 삶을 권한다.

과학문명의 선두에 선 자들도 양적 상업성에 얽매인 돈벌이 결과가 후손들에게 풀기 힘든 어떤 문제를 안겨주게 될 것인가를 생각해 봐야 한다. 마구잡이식 산업 발전이 부를 자연환경의 파괴는 환경복원 문제와 잔존 오염물질의 처리문제를 후세에 떠 넘기게 되며 이런 상업성의 과욕은 후세 생명체를 위협하는 덫이 될 것이다. 그러므로 우리 모두는 과학문명 발전의 전제 조건으로 '환경문제에는 이상 없는가'를 염두에 두어야 한다.

벌레 먹은 채소에 먼저 손이 가는 구매행동은 농약살포에 따른 농민의 고통을 줄여줄 뿐만 아니라 풍토에 맞는 친환경 농업의 발전을 촉진시키고, 농업 기반을 튼튼히 하여 안정된 먹거리를 확보할 수 있는 길을 소비자 스스로 만들 수 있다. 이와 같이 환경이란 생명체의 생존 방식에서 중요한 단어이다.

주거환경 또한 혈거시대부터 시작된 주거의 친환경적 방식인 양택 · 양기풍수가 생체리듬에 부합된 환경풍수로 거듭나면서 발전의 면모를 보이고 있다. 묘지풍수가 모든 풍수의 주체인 것처럼 왜곡된 우리 통념으로부터 탈피되길 바라면서 환경풍수의 활용이 후회 없는 삶이 될 것이므로 필자는 세상에 흩어져 있는 유익한 환경과 관련된 풍수 지혜를 하나하나 주워 이 책에 담아 삶의 묘안으로 제시해 본다.

용어해설

● 가상학(家相學)

양택풍수에 속하며 양택풍수 중에서도 방위론의 논리를 가지고서 길흉을 논하는 것을 가상학이라 한다.

이는 양택풍수 중에서도 터잡기가 아닌 간잡이 부분에 속하며 간잡이 중에서도 방위론의 영역에 속하며 일본에서는 양택풍수를 가지고 통상 가상학이라 칭한다.

사상으로 볼 때 태양과 태양(큰 건물과 큰 길)이 만나고 소양과 소음(작은 집에 골목길)이 만나면 길하고, 태양과 소음이 만나거나 태양과 소양이 만나면 흉상으로 보는 것이 가상학의 일부 논리이다.

● 간룡(看龍)

뻗어가는 산줄기가 변화무쌍하여 마치 살아있는 용처럼 움직이는 현상의 그 변화를 살피는 것을 간룡 또는 심룡(尋龍)이라 칭한다.

● 강(岡)

야지에 가까운 산발치를 강이라 하는데 신라 초기의 왕릉은 평지에 잡았고, 고려 때는 모두 산지에 잡았으며 조선왕릉은 강(岡)에 안치하였다. 이는 풍수목적인 승생기를 얻기 위한 음택의 터잡기 양식의 시대적 변천과정이다.

● 개장(開帳)과 천심(穿心)

개장이란 산줄기를 넓게 벌려 병풍처럼 펼친다는 뜻으로 산이 주산을 중심으로 좌우로 넓게 펼쳐진 것을 말한다.

나무의 가지처럼 한 지점에서 양쪽으로 뻗어나가는 것이 있는가 하면 마디에 층을 이뤄 양쪽으로 가지를 벌린 경우도 있고, 동일지점에서 가지를 뻗은 십자맥이 있는데 십자맥은 혈기가 왕성하다.

천심이란 주산의 기운이 혈에 이르기까지 맥이 통하는 과정을 말하는데 주산의 기운이 결혈처까지 전달되려면 주봉의 기운이 강해야 하고 생룡이어야 한다.

● 결혈(結血)과 성국(成局)

혈은 생기가 모이는 곳이고, 결혈은 생기를 모이게 하는 것이다.

성국은 혈을 중심으로 결혈에 영향을 미치는 국면을 범위로 하여 국면이 결혈을 도와주는 경우를 말한다.

● 경도(經度)

지구상의 위치를 나타내는 데 경도, 위도 두 가지 좌표가 사용된다.

지구상의 한 지점을 지나는 자오선과 런던의 그리니치 천문대를 지나는 본초자오선과의 각도를 그 지점의 경도라 한다.

원주는 360°인데 본초자오선을 중심으로 동서로 나누어 각각 동경 180°, 서경 180°로 한다.

● 곡류작용(曲流作用)

충적평야(퇴적평야)에서 흔히 볼 수 있는 현상으로 범람원이 하천의 크기에 비해 넓게 전개되는 하류지역의 자유곡류가 대부분이다.

자유곡류는 일정한 형태를 유지하며 하류부로 이동하나 제방의 침식, 저항력의 차이로 인한 커브의 불규칙으로 우각호나 직류하도가 형성되면서 하도가 불규칙한 변형곡류로 발전하는 경우가 많다.

곡류는 유량이 많고 경사가 커질수록 흐름 편향이 심하고 운반물질이 많을수록 곡류는 급격히 진전된다.

홍수 중 자갈이동에 따라 사주의 변형이 나타나면서 유로는 곡류를 일으키고 소와 여울의 수면경사의 차이와 분급현상으로 직선하도에서 에너지 소비의 불균형이 해소되는 과정 중 소(pool) 지점의 하도가 연장되어 곡류하게 된다.

하천의 평형화란 하폭, 수심, 경사들이 일정한 값을 가지는 상태로 향하려는 하도 내의 물질과 상류에서의 에너지 유입 사이의 상호조절작용이다.

곡류작용으로 볼 때 풍수지리에서는 직류수가 쏘듯이 터를 향해 흘러들어 오면 홍수의 범람 위험이 따르게 되어 흉한 터로 친다.

● 공간운동(空間運動)

은하계 내에서 항성은 은하회전에 의한 운동이나 각각의 별의 고유운동을 하고 있다.

별의 시선속도 성분 및 그 거리와 고유운동에서 구한 가로 성분의 두 가지 속도 성분으로부터 공간운동을 구할 수가 있다.

대부분의 별은 태양과 거의 같게 은하회전을 하고 있으므로 공간운동도 거의 동일하다.

● 과협(過峽)

기복과 비슷하나 기복과는 달리 용이 속기결연한 곳을 과협이라 하며 과협은 끈으로 묶인 형태를 이뤄 속기(束氣)라고도 한다.

호위가 주밀하고 분수가 명백하며 바람을 막아주어야 진정한 용이며 꿈틀거리는 용의 마디가 용의 목과 같이 가늘어야 강한 용이 된다.

● 광년(光年)

빛이 1년 동안에 도달하는 거리를 1광년이라 하며, 광속은 299,792km/s이고, 1년은 3,156만 초이므로 1광년은 약 9,460억km에 해당한다.

● 9성(星), 9궁(宮), 본명성(本命星)

북두칠성은 북극성을 중심으로 일주운동을 하고 있다.

북두칠성은 밝기가 2등성인 별 6개와 4등성인 별 1개로 되어 있는데 북두칠성의 자두(국자의 손잡이)가 계절과 시간에 따라 가리키는 방향을 우주의 기가 모이는 표준으로 삼았다.

9성이란 우주를 순환하는 기의 변화 형태를 아홉 가지 별로 구분한 것으로 일백(一白), 이흑(二黑), 삼벽(三碧), 사록(四綠), 오황(五黃), 육백(六白), 칠적(七赤), 팔백(八白), 구자(九紫)를 말한다.

9궁이란 구성을 팔 방위와 팔괘에 배당하여 정한 방위의 개념으로 일감(一坎), 이곤(二坤), 삼진(三震), 사손(四巽), 오황(五黃), 육건(六乾), 칠태(七兌), 팔간(八艮), 구이(九離)를 말하며, 그 위치는 변하지 않는다.

9성은 해마다 역행(逆行)하여 중앙에 기운이 모이는 별(북극성의 자두방향)이 있는데 이 별자리를 본궁으로 정하고 어떤 사람의 중심별을 중앙에 자리 잡았을 때 이 중심별의 구성을 본명성이라 한다.

본명성은 집의 중심에서 볼 때 자신에게 맞는 침실의 방향 또는 침실의 중심에서 보는 침대의 방향을 판단하거나 자신에게 맞은 색채를 선택하는 데 응용된다.

기본 구성, 구궁표

사록 손(四綠 巽)	구자 이(九紫 離)	이흑 곤(二黑 坤)
삼벽 진(三碧 震)	오황 중(五黃 中)	칠적 태(七赤 兌)
팔백 간(八白 艮)	일백 감(一白 坎)	육백 건(六白 乾)

● 구형공간(球形空間)

생명력의 표출인 회전운동이 용이하여 생명력이 가장 강한 공간형태로 알아나 태반이 구형이며 자전과 공전을 하고 있는 지구 또한 구형이다.

명당건물형태가 구형공간을 이루는 형태라 볼 때 구형은 순환이 잘되고 운동력 있는 생기가 충만하지만, 실용적으로는 어려워 정육면체를 유사형태로 본다.

● 국(局)

혈(血)과 사(砂)를 합한 곳으로 양기(陽基)이든 음택이든, 하나의 취합된 규모를 이룬 것을 국이라 한다.

● 기감(氣感)

기는 풍수의 태동원인이 되는 개념으로 땅속에 지자기라는 것이 일정한 경로를 따라 흘러 다니는데 추길피흉(趨吉避凶), 즉 길한 것은 쫓고 흉한 것은 피함이 풍수의 목적으로 풍수에서는 지기를 감지하는 기감이 중요하다.

● 기조력(起潮力)

이체(異體)가 있으면 한쪽의 천체는 다른 쪽 천체의 인력작용에 의해 잡아 당겨지는 상태가 된다.

지구의 경우에는 달에 의해 해수의 간만이 나타나며 이와 같은 현상을 일으키는 작용을 기조력이라 부른다.

● 나경(羅經)

약 3,000년 전 중국 전국시대에 전쟁터에서 지남차(指南車)를 시작으로 사용되었고, 풍수가들이 차고 다닌다하여 패철(佩鐵)이라고도 한다.

나경의 나는 포라만상(包羅萬象)이고, 경은 경륜천지(經綸天地)로 사상의 이치를 망라하여 천지의 이치를 통합한다는 뜻이다.

나경은 천시(天時)와 지리(地利)를 살펴 인사(人事)를 정하는 신기(神器)이며 자북은 나침반이 항시 가리키는 북쪽으로 붉은 침이 가리키는 방향이다.

자북은 일정한 지도상의 북쪽과는 달리 지역에 따라 그 편차를 달리하고 있는데 우리나라의 경인지역을 기준으로 도북에 비해 서쪽으로 6°정도 기울어져 북쪽(1970년 도자각 8°, 1980년 도자각 6°30′)을 가리킨다. 풍수학은 방위와 공간의 기운을 가늠하는 학문으로 방위를 가리고, 공간에 내재된 산천을 측정하는 데는 나경을 이용하여 분별하게 된다.

● 낙산(樂山)

탁산(托山) 또는 고산(皐山)이라고도 하며 산룡이 혈을 맺을 때에는 반드시 의지할 침락(枕樂)을 필요로 한다.

이 침략을 낙산이라 하고 혈의 뒤편에 있는 사(砂)로 혈의 베개가 되는 것이다.

● 납음오행(納音五行)

납음(納音)이라 함은 소리에 끌려서 지어진 표현인데 60갑자를 쌍간지(雙干支, 천간과 지지가 하나의 쌍이 된 것)로 묶어서 오행을 부여하고 그 뜻을 소리의 성질과 심정에 의하여 표현한 것이다. 풍수학에서는 망명(亡命)이나 산운(山運), 좌향결정, 택일에 사용하고 있으며 60갑자를 반으로 분류하여 갑자(甲子)에서 계사(癸巳)까지는 양(陽)에 차츰 나아가는 모양이고, 갑오(甲午)에서 계해(癸亥)까지의 30갑자는 음(陰)에 차츰 나아가는 모양으로 양 대 음을 상대적으로 분류한 것이다. 이 납음오행은 정오행이 주축을 이루면서 등한시되었다.

납음오행은 중국의 전국시대에 귀곡자(鬼谷子)라는 사람이 만들고 만정자(曼頂子: 일명 동방삭)가 상(像)을 붙였다는 오행(五行)으로서 십천간(十天干)은 6번 변하고, 12지지(地支)는 5번 변하는 것을 육기(六氣), 오원(五元 : 또는 오자원법)이라 하는데 「양간(陽干)＋양지(陽支)」와 「음간(陰干)＋음지(陰支)」의 형태로 「甲＋子」부터 「癸＋亥」까지 천간과 지지가 60번 만나서 만들어진 오행을 말한다.

● 내룡(來龍)

산의 주봉에서 혈까지 연결되어 있는 산줄기를 말한다.

내룡의 기운이 살아 꿈틀거리며 왕성하면 혈에도 기운이 왕성하게 되고, 내룡맥이 끊어지거나 빈약하면 혈의 기운도 쇠한다.

● 단층운동(斷層運動)

지각이 팽창하거나 압축되는 곳에서 일어나고 단층은 두 지괴가 어긋나는 방향과 경사에 따라 종류가 다르며 대규모의 층상단층은 두 지판(地板) 사이에서 압축작용을 강력하게 받은 조산대(조산운동이 있었던 띠 모양으로 길게 이어짐)에서 많이 발달한다.

단층운동은 일반적으로 지진을 동반하는데 우리나라는 단층지형의 발달이 빈약한 편이며 두 지괴는 상하방향으로 어긋나기도 하고 수평방향으로 어긋나기도 한다.

단층운동이 일어날 때 단층면 양쪽의 암석이 부서지면 단층 파쇄대가 형성되는데 이곳에서 다량의 지하수를 얻을 수 있다.

● 대기권(大氣圈)

대기권은 대류권, 성층권, 중간권, 열권으로 나누어지는데 지표면에서 1,000km까지는 공기가 있다.

대류권은 지표면에서 약 15km 높이까지를 말하며 적도 부근에서 16~17km로 가장 높고, 극에 가까워질수록 낮다. 대류권은 지표면에서 높아질 때마다 온도가 감소하는데 100m 올라갈수록 0.5℃씩 낮아지고 구름, 비, 번개 등 기상 변화가 있다.

여기서는 질소가 78%이고, 산소는 21%이며 기타 이산화탄소, 수증기, 오존, 암모니아 등이 함유되어 있다.

성층권은 지상 15km부터 50km까지로 성층권의 아래쪽에는 산소가 태양의 자외선을 흡수하여 생긴 오존층이 있어 태양의 강한 자외선을 막아 준다.

중간권은 지상 50km부터 80km까지로 대기 평균기온이 가장 낮다.

전리층은 지표에서 80km부터 800km까지로 지상에서 70~80km까지의 D층에서는 장파가 E층에서는 중파가, F_2층에서는 단파가 반사되어 되돌아오고 초단파는 돌아오지 않는다.

열권은 중간권 위에서 약 1,000km 높이까지
로 대기가 희박하고 태양열에 의해 온도가 급
변하며 기온차는 1,000℃ 이상이 된다.
열권 바깥을 외기권이라 하고 대기권에 포함
되지 않는다.

● 대류(對流)
유체 내부에 발생하는 상승류와 하강류를 조합
한 흐름으로 데워진 부분은 열팽창을 하여 주
위보다 비중이 작아지며 부력으로 떠오른다.
대류는 열 수송을 능률적으로 행한다.
중심에서는 핵에너지가 일어나고 전달한 열류
가 너무 크기 때문에 대류가 발생한다.

● 동궁(同宮)
24방위에서 음과 양을 하나로 묶어 12방위로
되는 각 음, 양 방위를 쌍산(雙山)이라 하는데
이 쌍산이 같은 방위에 있는 壬과 子, 甲卯, 丙
午, 庚酉 등을 동궁이라 한다. 정음정양(淨陰淨
陽 : 첫째마당의 4층지반정침 참조)에서 같은 정
음이나 정양인 것도 동궁이라 하는데 풍수에
서 동궁의 7방위는 같이 쓰지 않는다.

● 동기감응(同氣感應)
조상과 그 후손은 같은 혈통으로 같은 체질을
갖고 있으며 조상과 후손은 일종의 같은 파장
의 기운으로 느낌이 자유롭게 통하게 되는데,
이는 마치 무의식상태의 꿈에서 자꾸 나타나
는 것과 같은 현상이다.
좋은 땅에 매장한 시신에서는 좋은 기운이 후
손에게 전달되고 나쁜 땅에서는 시신이 안정
되지 않은 상태로 인한 나쁜 기운이 후손에게
전달되어 심리적 압박을 가한다는 음택풍수의
근간 이론으로 아직 과학적 분석이 이뤄지지
않고 있어 추정 이론에 머물고 있다.

● 동사택(東四宅)과 서사택(西四宅)
바닷물이 한류대와 난류대를 이루며 일정한
방향으로 흐르듯이 땅위에도 난류와 한류가
흐르며 인체에도 정맥과 동맥이 있다.
이와 같이 지표면에 흐르는 기운 중에 상승하
는 기운이 동기(東氣)이고, 하강하는 기운이 서
기(西氣)이다.
동사택은 동기가 통과하는 방위 위에 자리잡
고, 서사택은 서기가 통과하는 방위 위에 자리
잡은 집이다.
이 두 기운은 같은 기운끼리 잘 어울리는 성질
이 있는데 동기는 북, 동, 남동, 남쪽의 방위이
고, 서기는 북동, 북서, 서, 남서쪽의 방위이다.

● 동취병(東翠屛)과 서취병(西翠屛)
터잡이에서 터의 중심점에서 볼 때 왼편에 있
는 산을 동취병이라 하고, 오른편에 있는 산을
서취병이라 한다.
취병은 퇴계가 명명한 것으로 산이 푸른빛의
병풍처럼 첩첩한 것을 비유한 것이다.

● 두뇌(頭腦)
입수와 혈과의 접합점에서 조금 높고, 부풀어
오른 곳으로 마치 용머리의 이마와 비슷하다
고 하여 두뇌라 한다.

● 득파(得破)
득수와 파구를 말하는 것으로 득수는 물을 얻
는다 하여 혈에서 보아 처음 물이 보이는 위치
를 말하는데 득수처라고도 한다.
파구는 혈에서 보아 시야를 벗어 나가는 물줄
기의 지점을 말하는 것이다.
파구는 좌우용호가 겹쳐 항문과 같은 역할을
하는 지점으로 닫힌 파구는 생기를 모은다. 수
구(水口)는 용호 안쪽에서 나가는 물줄기로 파

구와 비슷하다.

파구는 바람이 가장 세게 불어올 수 있는 곳으로 명당의 국세에 구멍이 뚫린 곳인데 흉방에 놓여야 좋다. 즉 항문이 인체의 뒤쪽에 있어야 하는 것과 같다.

● 만두(灣頭)

취기처(聚氣處, 기운이 모이는 곳), 또는 분수척상(分水脊上)이라 하는데 이는 물이 나누어지는 등마루로 용맥이 내려오는 등고선의 중심선에 해당하며 나경으로 방향을 측정할 때 혈좌에서는 입수의 목표점이고 내맥에서 방향을 측정할 때는 나경의 중심이 된다.

● 만조(滿潮)

조석작용으로 인해 해변의 높이가 달라지는데 달 바로 아래와 그 연장인 지구 쪽에서 가장 높아지며 이를 만조라 한다.

보통 하루에 2회의 만조가 있게 되고, 태양과 달의 방향이 0°와 180°가 되는 신월(달과 해의 황경이 같아진 때로 음력초하루에 보이는 초승달)과 만월 때 가장 크므로 이를 대조(大潮) 또는 큰사리, 한사리라고도 하며 들물이 최고조에 이른 것이다.

반대의 간조(干潮)는 해수면이 가장 낮아진 상태로 간·만조의 현상은 바닷물에 함유되어 있는 3%의 염분 때문에 만유인력(우주만물이 그 질량의 곱에 비례하며 거리의 제곱에 반비례하는 힘으로 서로 끌어당기는 힘)의 작용이 용이해져 생긴다.

● 명당(明堂)

대명당은 안산 안쪽의 혈성 내, 외가 모두 명당이며, 소명당은 사람이 횡으로 누울 만한 크기이고, 중명당은 청룡, 백호 내가 명당이다.

명당은 혈 앞에 물이 모여 생기가 머무르며 분출되는 곳이고, 양택의 마당에 해당된다.

명당을 혈과 결부시키면 묘지풍수를 연상하나 명당은 정확히 말해 혈 바로 앞마당으로 환경풍수에서는 좋은 건물터나 어떤 좋은 지역을 위주로 지칭한다.

명당은 햇빛이 잘 드는 밝은 곳으로 양기가 충분하고 지자기 교란이 없는 양질의 음기가 있어 음양의 기가 순화된 맑은 생기가 계속 만들어져 생기가 충만한 곳이다.

● 몰(沒)

지구의 자전에 의해 모든 천체는 동에서 떠서 서쪽으로 진다.

천체의 외관이 모두 서쪽 시계에서 사라지는 것을 몰이라 하며 태양이나 달과 같이 크기가 있을 때 그 윗가장자리가 가리면서 지평에 접할 때를 말하는데 달의 경우는 윗가장자리 대신 중심을 취한다.

● 미사(眉砂)

미사는 입수에 있어서 두뇌로부터 혈로 옮아가는 조금 높은 반월형 혹은 판막상(瓣膜狀, 꽃잎같은 얇은 꺼풀 모양)을 이룬 곳을 말하는 것으로 그 형태에 따라 아미사(蛾眉砂 : 혈 위쪽의 작은 구릉이 판막상을 이루고 그 형태가 꼭 나방의 촉각과 흡사함), 팔자미사(八字眉砂 : 곡선이 좌우로 나뉘어 마치 초승달이 연속된 것 같음) 등의 명칭이 있으며 미사는 묘분에 물이 흘러들지 않게 하고, 또한 묘혈에 생기를 모으기 위한 것이다.

● 박환(剝換)

산줄기의 형태가 뿌리에서 새싹으로, 큰 것에서 가느다란 것으로, 흉에서 길로 변하는 용의 탈바꿈을 말하는 것인데 험한 용이 부드러운 형태로 변화하는 풍화작용 과정을 말한다.

● 방위(方位)
어느 지점에서 북쪽 방향을 기준으로 하여 측정한 방향을 방위라 하며 방위의 이름은 동서남북으로 시작하는데 8방위, 16방위, 32방위 등이 쓰여진다.
지도에는 측량의 기준이 되는 원방위(原方位, 지도상에 표기된 근본이 되는 방위)가 정해져 있다.

● 배산임수(背山臨水)
산을 등지고 물 있는 쪽을 향하는 건물배치 방법으로 지면에서 약간이라도 높은 지대에 건물을 짓고 지대가 낮은 쪽에 마당을 둬 건물에서 내려다보는 형태의 건물배치 모양을 말하는 것이다.
물길이 흘러내려가는 쪽을 바라보면 바다 쪽과 육지쪽의 바람이 교류되면서 집 뒤편에서는 산줄기의 생기를 받고, 앞바다 쪽의 팽창된 바람(오존풍)을 받으면 생기가 충만해진다.
낮에 활동하는 시간에는 물가에서 내륙으로 올라오는 바람이 불어 앞면의 문으로 공기를 받아 실내공기가 팽창하게 되면 공기압력이 높아져 생기풍을 만드는 집구조가 되는 배치 방법이다.

● 배합(配合)과 불배합(不配合)
열에너지는 기의 일종이며 지각의 용암분출 활동 또한 기 활동이다.
산은 용암의 분출구이거나 기운의 산물이므로 태조산부터 시작된 기운이 주산과 혈까지 잘 이동된 것이 생기이며, 산의 기운을 많이 받기 위해서는 용을 정확하게 판별해서 길한 방위에 일치시키는 것이 최선이다. 좋은 기운이 흐르는 방위를 배합방위라고 하는데, 이는 천간의 해당 음양기운과 지지의 해당 음양기운이 서로 다른 기운(음이면 양, 양이면 음)으로 음양조화가 이뤄져 배합된 것이고, 불배합은 천간과 지지 두 기운이 서로 같은 성질로 만나서 조화가 안 돼 생기를 이루지 못한 나쁜 기운이 흐르는 방위이다.

● 봉요처(蜂腰處)
산룡이 뻗어 오다가 짤룩하게 낮은 고개를 만들고 다시 큰 산으로 이어지는 것이 마치 벌 허리처럼 짤룩한 모양을 하기에 그 곳을 봉요처라 하는데 서울 도봉산과 북한산 사이의 우이령이 봉요처에 해당된다.

● 비보(裨補)
신라 말의 도선국사(道詵國師 : 827~898)는 도참원리에 바탕을 둔 비보사상으로 풍수를 학문화시키면서 허한 부분을 보완해 주고 감싸주는 비보풍수를 주창했다.
이는 중국풍수의 명당만을 찾는 전미(全美) 위주와는 다른 면을 보여주는 풍수보완 비방으로 풍수비보림(風水裨補林)이나 불견(不見) 처리가 일례이다.

● 사계(四季)
지구상의 4개의 계절로 봄, 여름, 가을, 겨울을 말한다.
단, 북반구와 남반구에서는 계절이 반대이며 북반구의 여름이 남반구에서는 겨울이 된다.
사계가 발생하는 것은 태양의 고도가 변화하기 때문인데 지구의 적도는 지구의 공전궤도면(황도면)에 대해 약 23.5° 기울어져 있어 그 결과 북반구에 사는 사람이 봐서 하지(夏至 :

24절기의 하나로 태양이 하지점을 통과할 때 주로 양력 6월 21경인 태양의 적도위치가 가장 북쪽에 오는 날이므로 북회귀선보다 북쪽지역에서는 1년 중 낮이 가장 길고 밤이 짧은 날이 됨)에 태양은 지구의 북반구 바로 위에서 비추어 여름이 되며 추분, 춘분에는 적도를 바로 위에서 비추고 동지에는 남반구를 바로 위에서 비추어 가을, 봄, 겨울이 된다.

● 사상체질(四象體質)

이제마 선생이 1900년 64세로 별세하면서 남긴 "동의수세보원"에서 말한 체질론으로 태양인, 소양인, 소음인, 태음인으로 분리하여 체질별 특성을 말하고, 체질에 따라 약제처방을 달리해야 한다는 맥락인데 한방의학에서 적극 활용하고 있다.

● 사상팔괘(四象八卦)

태극(太極)은 삼라만상의 본원으로 태극이 변화하여 음과 양으로 나누어진다. 음이 변하여 양이 되고 양이 변하여 음이 되는 순환과정에 밤과 낮이 있으며, 양은 ▬, 음은 ▬▬ 의 부호로 표시하고 양은 기(奇)라 하여 홀수, 음은 우(偶)라 하여 짝수이다.

양효는 하나로 이어져 남근(男根)의 상(象)이요 음효는 둘로 쪼개져 옥문의 형상을 하고 있다. 이 양의가 다시 변하여 이분하면 사상이다.

양의(陽儀 : ▬)를 본으로 하여 양으로 분화된 것이 태양(▬)인데 이는 양을 바탕으로 양으로 작용하고, 음으로 분화된 것이 소음(▬▬)으로 이는 양을 바탕으로 하되 음으로 작용한다.

음의(陰儀 : ▬▬)를 체로 하여 음으로 분화된 것이 태음(▬▬)인데 이는 음을 바탕으로 음으로 작용하고, 양으로 분화된 것이 소양(▬▬)인데 이는 음을 바탕으로 하되 양으로 작용한다.

태양은 여름이고 낮이며 소양은 가을이고 저녁이며 태음은 겨울이고 밤이며 소음은 봄이고 아침이다.

양의가 삼변한 것이 팔괘로 삼재(三才 : 천, 지, 인)의 법칙에 의해 팔괘의 세효는 삼재의 원리에 따라 정해진 것이다.

팔괘를 작용으로 봐 건(乾, 天, ☰)은 노양(老陽)이고, 진(震, 雷, ☳)·감(坎, 水, ☵)·간(艮, 山, ☶)은 소양이며, 곤(坤, 地, ☷)은 노음(老陰)이고, 태(兌, 澤, ☱)·이(離, 火, ☲)·손(巽, 風, ☴)은 소음(少陰)으로 팔괘를 이룬다.

● 사신사(四神砂)

사(砂)는 혈성의 전후좌우에 있는 산과 물을 말하며 사라고 부르는 것은 선인들이 풍수지리를 가르칠 때 모래로 지형의 모형을 만들어 설명하였던 데서 유래된 것이다.

우주의 5방(동, 서, 남, 북, 중앙)을 관장하는 영물(神)의 이름을 딴 것으로 주산을 등진 위치로 볼 때 북쪽을 뒤쪽으로 하며 신구를 현무라고도 하는데 현(玄)은 검은색으로 북방을 표방하는 색이며 앞쪽의 영작을 주작(朱雀)이라고도 하는데 주(朱)는 남방의 표상색이다.

풍수지리에서는 혈성의 뒤쪽을 현무(北), 전면을 주작(南), 좌는 청룡(東), 우는 백호(西)라고 이름 붙여 사신사라 한다.

이 사신사는 바람으로 인한 음양기운의 교란과 흩어지는 것을 막아주는 장풍역할을 주로 한다.

● 삭박작용(削剝作用)

물이 하천을 따라 흐르면서 지표면을 같은 수준 또는 높이로 이끌려고 깎아 닳게 하는 작용인데 삭평형작용과 같다.

이는 홍수 때 자갈과 모래를 내포한 하류(河流)

가 하상을 깎는 마식과 유사하며 이런 작용에 의해 홍수 때에는 힘이 커져 범람의 원인이 된다. 그리고 삭박작용은 지반 형태의 변화를 일으키므로 지반이 안정되지 못하게 하는 흉작용에 해당된다.

● 삼합수(三合水)

두 개의 물줄기가 합쳐지는 지점을 삼합수라 하고 좌수(左水)는 양, 우수는 음이 되며 삼합수 지점에서 음양조화가 이뤄지기 때문에 집이나 묘 자리 앞의 삼합수를 길상으로 친다.

● 상생(相生)과 상극(相剋)

상생이란 서로 순리에 따라 생겨나게 하여 돕는 질서관계를 말하는데 예로 물은 나무를 자라게 함으로 수생목(水生木)이라 하고, 계절을 볼 때 봄은 오행상 나무로 여름인 불을 생겨나게 하니 목생화(木生火)라 하는 것이다.

상생은 평화적, 순리적, 합리적 질서관계로 서로 돕는 관계이다. 즉 목생화(木生火), 화생토(火生土), 토생금(土生金), 금생수(金生水), 수생목(水生木)이 오행상생관계이다.

상극이란 다스리고 지배하는 약육강식의 법칙이 적용되는 관계인데 강약의 원리나 순서 그리고 질서를 무시하고 뛰어 넘는 힘의 지배법칙관계를 말한다.

즉 수극화(水剋火), 화극금(火剋金), 금극목(金剋木), 목극토(木剋土), 토극수(土剋水)와 같이 둘 사이가 서로 마음이 화합하지 못하고 충돌되는 오행관계이다.

● 상택(相宅)과 상지(相地)

중국 주(周, BC 11C∼BC 8C)나라의 주서(周書)에는 "태보주공상택(太保周公相宅)"의 기록이 있어 금낭경의 풍수용어전에서 상택이라 불렸

음을 알 수 있는데 상택은 길한 집과 흉한 집이라는 길택, 흉택을 뜻하여 길한 집을 설계하거나 가려 살핀다는 의미이고, 상지는 명당터와 흉당터를 구별하는 길흉지의 텃자리 개념으로 좋은 땅을 가려 살핀다는 의미이다.

● 생기(生氣)

기란 힘, 에너지, 영성(靈性), 물질에너지이며 우리 몸을 움직이는 작용력으로 기는 크게 양기와 음기로 나누고 그 생성근원을 볼 때 양기는 태양의 빛과 열, 태양지자기가 원천이 된다. 음기는 지구 내부의 외핵과 내핵의 자전으로 인한 속도 차에서 마찰로 인해 만들어지는 지자기가 원천이 되며 태양의 양지자기(열성과 강한 힘으로 작용)와 지구의 음지자기(냉성과 미미한 힘으로 작용하나 꼭 필요한 존재로 태양지자기를 막아주는 역할을 함)는 지표면과 대기권 사이에서 중립대를 형성하여 생명체가 생존할 수 있는 조건을 유지시켜 준다.

기의 근원인 천기(天氣)를 받아 모든 물질이 기 운동을 하고 생명체도 기 운동을 하는데 풍수학에서는 음, 양지자기의 기운 중 교란되지 않은 순수한 기운을 생기라 한다.

사람의 기가 12경락을 따라 흐르듯이 산과 물의 기도 12용맥을 따라 흐르고 머뭇거리는 것인데 잘 흘러 분출되는 것이 생기이고 교란된 것이 패절기(敗絕氣, 무너지고 끊어진 기운)이다. 결국 생기는 음양과 오행이 결합해 만들어지는 가장 본질적인 기로 만물을 구성하는 바탕이 되는 음기와 양기가 순화된 좋은 기운이다.

● 생룡(生龍)과 사룡(死龍)

태조산에서 시작하여 주산을 거쳐 혈성까지 내려온 용의 진행이 중간 중간에 형태의 변화과정을 통해 용의 기운이 전달되는데 용의 형

태가 변화하여 꿈틀거리는 형태를 이루면 생룡이고, 죽은 뱀이나 물 축인 헝겊처럼 직선으로 늘어지고 변화가 없는 형태를 이루는 산줄기는 사룡이다.

● 생성정배(生成正配)
동사택과 서사택에서 360° 방위를 45° 씩 나눈 8방위에서 동기(東氣)가 흐르는 동, 남동, 남, 북 방위와 서기(西氣)가 흐르는 서, 남서, 북서, 북동으로 각 네 방위씩 나눈 것은 마치 사람의 몸속에 흐르는 피가 동맥과 정맥으로 정확히 구분되어 순환하면서 산소와 영양소는 동맥을 통해 공급해 주고, 노폐물은 정맥을 통해 처리되는 것과 같다.
소음(동, 남)과 소양(북, 남동)은 생(生)이고, 태음(북동, 남서)과 태양(서, 북서)은 성(成)으로 생은 동기, 성은 서기에 해당된다.
동사택과 서사택은 각각 같은 기운끼리 제 위치에 나눠져야 생성정배를 이룬 것인데 양택삼요(陽宅三要)인 안방, 대문, 부엌이 동기나 서기 중 한 기운에 해당되면 배합관계로 생성정배이며 특히 안방과 대문은 한 기운에 있어야 길택으로 본다.
이는 마치 정음정양의 이치와 흡사하다.

● 성(城), 사성(砂城)
말 그대로 어떤 지역이나 사물을 둘러싸서 보호하는 역할을 하는 구조물을 성이라 하며, 두뇌(頭腦)에서 소맥을 일으켜 혈의 주위를 둘러싸고 지키는 것을 사성이라 칭하는데 이 사성은 자연히 생겨 있는 것이 드물기 때문에 대부분 인위적으로 조성한다.
묘지의 사성은 분묘의 후방과 좌우 측면을 둘러쌓으며 앞면은 쌓지 않는 것이 보통이고 돌 또는 흙으로 쌓은 것이 있다.

양기의 사성은 거의가 인위적으로 된 것으로 흙 또는 돌을 쌓아 올리며 사방이나 그 중간에 많은 문을 내고 사방을 둘러쌓은 읍성, 나성, 도성, 성벽이 이에 해당되는데, 양택의 울타리나 담장도 이와 같은 역할을 한다.

● 성진(星辰)
생기가 머무는 산봉우리를 말하며 산봉우리들이 지상에 배열된 것이 마치 하늘의 별들이 나열하여 있는 것과 비슷하다는 뜻에서 취한 용어이다.

● 소조산(少祖山)
태조산에서 시작된 산줄기가 높아졌다 낮아졌다하는 식으로 변화하다가 산봉우리를 만들어 좌우로 가지를 치고, 혈자리를 포용하는 중시조 산이다.

● 소지(小枝)와 방지(旁枝)
용의 지간(枝幹)이란 가지와 줄기를 말함이니 지간의 크고 작은 구별을 대간룡(大幹龍), 소간룡, 대지룡(大枝龍), 소지룡으로 분리하며 판별의 기준은 용을 끼고 도는 물의 길고 짧음과 조종산(祖宗山), 전호(纏護, 얽혀 보호하는 사신사와 조산)의 크고 작음이며 과협처의 물이 중요한 요소이다.
소지룡은 가지 중의 가지로서 대지룡의 과협에서 떨어져 나와 스스로 봉우리를 이룬 것이고, 방지는 소지 중의 작은 가지로 지룡의 요체는 봉우리가 뚜렷하고 아름다우며 보통은 용이 다하는 곳에 결혈하는 경우가 많다.

● 수구(水口)
청룡 백호의 사이에 물이 흘러나가는 곳이다. 주로 청룡, 백호의 끝지점이 겹쳐 닫힌 파구

형태에서 나타나며 혈에서 볼 때 나가는 물이 보이는 끝지점을 파구라 말하는데, 수구와 파구가 한 지점이 될 수도 있다.

순룡(順龍)과 역룡(逆龍)

산줄기가 높은 산봉우리에서 차츰 낮은 능선으로 연결되어 상하순서를 지키는 순한 산이란 뜻에서 순룡이라 하고, 역룡은 높은 산줄기가 조금씩 낮아지면서 내려오다 다시 높이 솟아올라 역봉을 이루는 형태의 산맥으로 순룡을 길, 역룡을 흉으로 친다.

습곡(褶曲)

퇴적암층 또는 지층은 퇴적물이 쌓여 만들어진 암석으로 처음에는 수평구조를 가지나 횡압력을 받아 지층이 주름을 지어 오르는데 지층에 잡힌 주름을 습곡이라 말하며 주로 산맥이나 산을 형성한다.

승생기(乘生氣)

생기를 올라탄다는 의미로 생기(生氣 : 生命之氣)는 지표면 아래에서 흐르는 지기(地氣 : 地中之氣) 중에서 이로운 기운으로 사람의 경우 땅위에서 생활을 영위함은 당연히 땅을 올라탈 수밖에 없기에 승생기로 표현한 것이다.

안산(案山)

혈 앞쪽의 가장 가까운 산으로 사신사의 전(前) 주작에 해당되고, 사람이 사용하는 책상과 같은 산으로 서울 경복궁의 안산은 남산이다.

양기(陽基)

마을이나 도읍이 형성될 수 있는 지역단위의 터를 말한다.

양성자반응(陽性子反應)

별 내부에서 에너지를 발생하는 열핵반응의 하나로 수소에서 헬륨을 만드는 것인데 CN반응(탄소, 질소 반응으로 최근에는 CNO 반응이라고도 한다. 항성 내부에서 수소로부터 헬륨을 합성하는 열, 즉 원자핵반응의 하나로 태양 질량의 2배 정도보다 무거운 주계열성의 빛으로 복사하는 에너지를 공급하고 있다. 1938~1939년에 베테와 바이츠제커에 의해 제창된 무렵에는 탄소와 질소를 매개로 하여 일어나는 반응이라는 의미였으나 최근에는 산소도 들어있다는 것이 밝혀져 CNO 반응이라 불리움)과 견주어진다.

반응은 3단계로 나뉘며 6개의 수소가 관계하여 1개의 헬륨을 만들고 2개의 수소가 되돌아오는 것이다.

반응을 일으키는 것은 CN보다 용이하나 늦은 반응이 포함된다.

그 때 태양 질량의 2배 이하인 별에서 이 반응이 주역이 된다.

에너지 발생은 온도의 4승에 비례하며 CN반응보다 넓은 범위에서 일어난다.

양택삼요(陽宅三要)

가상의 길흉을 논할 때 요체가 되는 대문(門), 주(主 : 안방), 조(灶 : 부엌)를 말하는데 동, 서사택에서 길사택은 문과 주와 조(주로 대문과 안방만을 따짐)가 배합으로 동택(同宅)이어야 하고, 흉사택은 양택삼요가 불배합인 서로 다른 사택에 위치하고 있는 것이다.

양택삼요결(陽宅三要訣)

① 배산임수(背山臨水 : 산을 등지고 낮은 곳을 향하는 것) ② 전저후고(前低後高 : 주 건물은 높게 위치하고 정원과 행랑채는 낮게 하는 것) ③ 전착후관(前窄後寬 : 출입하는 곳이 좁으면서 들어서면

넓어지는 것)으로 배산임수하면 건강장수하고, 전저후고는 출세영웅이라 하며 전착후관은 부귀를 가져다준다는 양택의 중요 3가지 조건을 말한다.

● 양택(陽宅)과 음택(陰宅)

사람이 거처하는 공간을 양택이라 하고, 시신이 묻힌 묘를 음택이라 한다.

● 열(원자)핵반응

행성의 중심부에서 수소가 헬륨으로 변하는 핵반응에는 PP(프로톤-프로톤)반응, CNO 반응이 있는데 이러한 반응은 고온일수록 왕성해진다.

반응속도는 PP 반응에서 온도의 4승, CNO 반응(CNO사이클)에서는 온도의 16승에 비례한다. 따라서 질량이 작은 별에서는 중심의 온도가 낮고, PP 반응이 주체가 되며 질량이 큰 별에서는 중심의 온도가 높고, CNO 사이클이 주체가 된다.

양자가 길항(拮抗, 맞서 대항)하는 온도는 2,000만℃ 정도이다.

● 염(廉)

묘 자리를 잘못 잡아 매장하면 좋지 않은 주변 기운에 의해 시신이 피해를 입는 현상을 염이라 말하는데 물이 분묘 내에 차면 수렴이라 말하는 것과 같이 물, 벌레, 불, 나무, 바람을 5염이라 하여 이들의 피해가 주택에서도 그대로 적용된다.

● 오성(五星)

하늘의 별들이 있는 자리에다 산을 만들어 놓았다하여 오산을 오성이라 칭하며 오행산(五行山)은 모양에 따라 목성, 화성, 토성, 금성, 수성으로 부르는데 오행의 상생, 상극법칙에 따라 혈 자리의 길흉을 가름한다.

● 오운육기(五運六氣)

오운육기는 우주의 표상(表象)이다.

1만2천 년 전 지구상에서 사라진 모[母(MU)]대륙 인간들이 천지창조사상으로 음양설을 적용시킨 이후 선성(先聖)들을 음양오행사상에 의해 발전시킨 것이 한방의학이다.

오운은 오행인 목(木), 화(火), 토(土), 금(金), 수(水)가 상생(相生)의 룰을 따라 매년 돌아오고 1년을 5등분하였으며 육기는 오행을 풍(風), 화(火), 서(署), 습(濕), 조(燥), 한(寒)으로 각각 속성을 갈라놓아 1년을 6등분했다.

수태일에 따라 우주 천기(天氣)의 힘에 의해 체질은 입태기(入胎期, 태아가 생기는 시기)의 객운객기(客運客氣 : 운은 하늘의 운행을 나누어서 보는 것인데 객운은 1년을 5등분하여 오행으로 구분하고, 같은 해라도 그 해에 땅의 기운은 어떻게 돌아가는가를 나누어서 살피는 것이 기인데 객기는 1년을 6등분하여 육기로 변화상을 구분함)에 의해 형성되나 자라는 동안의 영양환경과 거주지역의 풍토영향에 따라 변화가 가능하다는 천문우주학으로 체질론의 한 맥락으로 활용되고 있다.

● 온실효과

유리를 두른 온실은 밖에서부터 빛이 닿으면 유리는 빛을 통과시키므로 빛은 온실 내로 들어와 내부를 데운다.

그러나 유리는 적외선을 통과시키지 않으므로 온실 안의 열은 복사에 의해 밖으로 도망가지 못하기 때문에 온실 내의 온도가 상승하는 것이 온실효과이다. 지구 대기의 탄산가스 함량이 증가하면 탄산가스를 많이 함유한 대기가 유리 역할을 하여 기온이 상승하는 것이다.

와(窩), 겸(鉗), 유(乳), 돌(突)

혈의 형태에 따른 분류로 와형은 사상(四象) 중에서 태양에 속하며 모양은 혈 주위가 소쿠리나 굴처럼 벌어져 벌린 입의 절반부분을 닮았기에 개구혈(開口穴)이라고도 부른다.

겸형은 사상 중에 소양에 속하고 죄인의 목에 씌우는 형구와 비슷하며 길게 혈을 숨기고 있는 모양이 사람이 다리를 벌린 것 같다하여 개각혈(開脚穴) 또는 우각이라고도 한다.

유형은 사상 중 소음에 속하며 여자의 유방과 같다하여 유두혈(乳頭穴)이라고도 한다.

돌형은 태음에 속하며 평지에 우뚝 돌출된 형으로, 와형과 겸형은 여성의 생식기에 비유되고 유형과 돌형은 솟아올라 남성의 생식기에 비유된다.

외핵

지구 중심핵 즉 내핵의 바깥쪽에 있는 유체상태 부분을 말한다.

외핵 표면은 지하 2,900km에 위치하며 외핵의 두께는 약 2,200km이다.

전기의 양도체로 지구 자전에 의해 전자유체 역학적 작용을 행하며 지자기를 생성하고 있다.

용맥(龍脈)

용맥이란 기복(起伏)하고 굴곡하는 산의 능선이 마치 용이 살아 꿈틀거리는 것과 같다하여 산 모양을 따 용이라 부른 것이고, 맥은 생기의 측면에서 이름 지어진 것으로 맥은 용처럼 가지가 없고 인체의 경락, 신경, 혈관과 같이 산의 분수척(分水脊 : 물이 갈라지는 선)이 맥의 길이며 생기의 운행이라는 점에서 말할 때 맥이라 한다.

용세12격(龍勢十二格)

① 살아있는 기세를 꿈틀거림으로 보여주는 생룡(生龍) ② 맹호가 전진하듯 강한 기세의 강룡(強龍) ③ 살기를 내뿜지 않으며 그 흐름이 순서를 따르듯 온화한 흐름의 순룡(順龍) ④ 봉황이 두 날개를 치듯 날아오르며 힘차게 밀치고 나가는 진룡(進龍) ⑤ 유복한 사람처럼 후덕한 모양새의 복룡(福龍) 이상 5룡은 좋은 용세이고, ⑥ 죽은 형상처럼 길게 누워 있는 사룡(死龍) ⑦ 힘이 없어 보이는 약룡(弱龍) ⑧ 뒷걸음치는 역룡(逆龍) ⑨ 뒤로 물러서는 형세의 퇴룡(退龍) ⑩ 산이 허물어지고 흉한 병룡(病龍) ⑪ 무질서하게 나누어지고 쪼개진 겁룡(劫龍) ⑫ 바위들이 칼날과 흉기처럼 살기를 띤 살룡(殺龍)까지는 흉격의 용세이다.

위도(緯度)

위선의 위치를 나타내는 각도로 위선과 적도 사이에 포함되는 경선의 호가 중심에서 펼쳐진 각도이다.

적도로부터 남북으로 0~90°로 나타내며 위도 1°(경선호)의 길이는 1해리(1,852m)이다.

지구를 회전타원체라 하면 앞에서 말한 위도는 지심위도이고 그 밖에 지리위도, 측지위도, 천문위도가 있다.

위도에 따라 기온과 밤낮의 길이에 차이를 보인다.

유정(有情)과 무정(無情)

유정은 흐르는 물이 감싸고 향산(向山 : 좌향)이 합법하여 뒤의 낙사(樂砂)가 반드시 대응하고 사방주위가 주밀(周密)하여 서로 조화를 이뤄 친근감이 드는 상태이고, 반대적 관계가 무정인데 이는 살기를 띠고 등을 돌린 배반격의 용과 형국을 말한다.

음양오행(陰陽五行)

태양과 지구의 거리가 멀고 가까워지는 차이로 발생하는 변화과정을 말한다. 양기(陽氣)인 태양은 빛과 열의 원천으로 공기라 하는데 화(火)에 속하며 생명체의 정신을 키우는 근원이 되고, 음인 지구는 수(水)에 속하며 생명체의 육신은 음에서 생성되는 물질을 먹고 살아간다.

이 음양의 결합으로 생명이 탄생하고 운동하며 변화하여 존재하는 것이다.

오행에서 목(木·봄)이 방향으로는 동쪽이며 생명의 시초이고, 화(火)는 여름이며 남쪽으로 정신의 근원인 태양과 가까워져 정신이 커가는 시기이다.

토(土)는 성장된 여름이며 방향은 중앙으로 제2의 생명을 창조하고 육신이 팽창하는 시기이다. 금(金)은 가을이며 서쪽으로 결실의 시기이고, 수(水)는 겨울이며 북쪽으로 태양이 지구에서 멀어져 정신이 쇠퇴하는 시기이다.

만물의 생성은 음양의 결합이고 자연의 순환은 오행인데 이를 같은 맥락으로 결합한 것이 음양오행이다.

이귀문(裏鬼門)

귀신이 출입한다는 흉한 방위인데 북동과 남서를 잇는 방위로, 24산 방위로 정확히 말하자면 계축(癸丑)의 중심과 정미(丁未)의 중심을 잇는 방위를 말한다.

이귀문 방위선인 계와 축은 임자계(壬子癸)까지는 동기가 흐르는 동사택 방위이고, 축간인(丑艮寅) 방위부터는 서기가 흐르는 서사택 방위로 동기와 서기의 한계선이다.

정미(丁未) 방위도 동기와 서기의 한계선으로 동기와 서기는 화합하지 않는 기운으로 흉한 방위가 되며 또한 계(癸)는 오행상 수(水)방위이고, 축(丑)은 오행상 토(土)방위로 수와 토는 서로 상극이다.

이와 같이 이귀문 방위는 흉한 방위로 이 방위 선상에 건물의 중심점이나 침실의 침대를 놓으면 흉한 기운의 작용으로 피해를 입게 된다. 이 방위는 자전축의 중심선이며 지자기의 자력선 중심선으로 인체 건강과 관계가 깊다.

24절기

태양년을 태양의 황경(천구 위의 태양이 지나가는 길인 황도면을 따라 측정하는 경도를 말함)에 따라 24등분하여 계절을 나타낸 것으로 지구 둘레를 도는 태양이 15°를 옮겨갈 때마다 절기 한 개씩을 넣는 것이다.

즉 둥글게 그린 태양의 길을 시계바늘이 도는 방향에 따라 간다면 제일 위쪽이 하지가 되고 90°를 돌아가면 추분이다.

동지, 춘분, 하지, 추분은 바로 태양운동이 90° 옮겨간 자리이다.

다음에는 이 네 점 가운데에 다시 점을 찍어 두고 각 지점마다 입이라 쓰면 시계바늘이 도는 방향대로 바로 네 점이 입춘, 입하, 입추, 입동이 되는 것이다.

날짜는 연에 따라 1일 정도 변한다.

24산(山)

나경 4층에 표기된 24개의 기본방위를 말하는 것으로 1개 방위가 15°씩 나눠져 있다.

즉 8방위인 북쪽을 3등분한 임자계(壬子癸)로 나눈 것과 같이 나경을 24등분한 방위표기이다.

24산은 출입문이나 우물, 화장실 등의 방위에 대해 길흉을 식별하는 기준으로 삼는다.

입수(入首)

용의 머리가 혈로 들어간다는 뜻이며 주산과

혈을 잇는 산맥을 말하는 것인데 혈을 용의 머리에 비유하고 용맥을 용의 몸통에 비유하면 목 부분에 해당된다는 뜻과 생사의 요긴처라는 데서 붙은 이름이다.

그 부위는 내룡이 마지막 마디에서 조금 높은 두뇌로 옮겨가는 곳이다.

● 자기장(磁氣場)

자계(磁界) 또는 자장이라고도 하며 자석끼리나 전류끼리 혹은 자석과 전류 사이에는 힘이 작용하는데 그 힘이 미치는 범위를 자장이라 한다.

자기장 세기의 단위는 자하(磁荷)의 단위를 CGS 전자단위(가우스단위)로 할 때 에르스텟(전자단위계 또는 가우스단위계에서의 자장의 세기를 나타내는 단위로 기호가 Oe 임)을 사용한다.

● 장풍(藏風)

사신사가 나가는 바람을 막아주면 바람의 압력에 의해 생기풍이 되나 강한 바람은 오히려 지기를 교란시키고 생기를 분산시켜 해롭다.

사신사가 강한 바람을 부드러운 바람으로 만들어 주어야 하는데 이처럼 나가는 바람과 들어오는 바람을 적절히 막아 조절하여 생기를 흩어지지 않게 해주는 역할을 장풍이라 한다.

● 전묘후학(前廟後學)

텃자리가 평지일 때 전상후하(前上後下)라는 상하법칙을 적용한 것이고, 고저(高低)가 있는 배산(背山)의 텃자리에서는 고상저하(高上低下)가 적용되어 전학후묘로 배치되었는데 관학(官學)인 향교에서는 이와 같이 적용하였으나 사학(私學)인 서원에서는 학문에 중심을 두어 반대인 전묘후학으로 배치했다.

● 전자기파

전기장과 자기장이 시간적으로 변동하여 먼 곳까지 전파하는 파로 파장에 따라 γ선(파장 0.1Å 이하), x선(0.1~100Å), 극자외선(100~1,000Å), 자외선(1,000~4,000Å), 가시광선(4,000~8,000Å), 적외선(8,000~1mm), 전파(0.1mm 이상)로 나눠진다.

● 절(節)

용맥이 일어났다 엎드렸다 하거나 좌우로 굴곡하여 가지를 내는 것으로 나무로 말하면 새싹이 돋는 부위의 마디이다.

● 절리(節理)

암석이 조금 규칙적으로 갈라지는 틈새로 균열 상태인데 장소에 따라 일정하게 나타나는 경향이 있으며 절리는 습곡(褶曲 : 지각에 작용하는 횡압으로 인해 지층에 주름이 지는 현상) 및 단층운동과 같이 지각변동과의 관련에서 생긴다.

암석이 절리가 많이 발달해 있으면 하중의 제거로 자연의 힘에 의해 암석이 약간만 팽창하여도 틈이 벌어져 암괴가 붕괴하기 쉽다.

돔 지형을 잘 이루는 화강암과 같은 일부 암석은 괴상(塊狀 : 덩어리로 된 모양)으로 존재하는 경우가 많으며 지표의 침식으로 지하에서 지표로 노출된 큰 괴상은 판상절리(板狀節理, 화성암의 표면에 생긴 널판지 모양으로 갈라진 틈)가 잘 발달되어 있다.

이는 지표에 평행하게 동심원으로 배열되는 특색이 있는데 팽창률의 차이로 지표에 가까울수록 판 간격이 좁다.

판상절리가 잘 발달하면 박리현상(剝離現象 : 화강암괴에서 잘 나타나는 풍화현상으로 기반암에서 암괴가 양파껍질처럼 떨어져 나오는 현상)이 잘 나타난다.

● 정(精), 기(氣), 신(神)

한의학에서 사람의 3구성 요소로 정은 물질적으로 육체의 바탕이며 기는 육체 내부에 순환하는 기운으로 12경락과 같고, 신은 사람의 마음 및 정신세계를 말하는데 이는 자연을 구성하는 삼신사상인 천일(天一 : 하늘의 기운), 지일(地一 : 땅의 기운), 태일(太一 : 생명력의 근원인 영적인 힘)이 근원이며 생명체는 하늘 기운의 영적인 작용과 땅기운인 육체적인 구성, 신 기운인 하늘과 땅 사이를 연결하는 기운의 결합으로 생성되고 존재하는 것이다.

● 정오행(正五行)

만물생성의 기본요소가 서로 상생(相生)관계로 생겨나는 법칙으로 목생화(木生火), 화생토(火生土), 토생금(土生金), 금생수(金生水), 수생목(水生木)이라는 상생관계를 말한 것이다.

풍수에서 만고불역으로 후룡전변(後龍轉變)의 생극과 정음정양(淨陰淨陽)과 격룡(格龍 : 용이 오는 방향을 재는 것), 입향(立向 : 좌향을 보는 법), 소납[消納 : 물과 사(砂)를 보는 법]에 쓰며 지반정침(地盤正針)을 사용한다.

● 정음정양(淨陰淨陽)

선천팔괘로 봐서 사정방위인 건, 곤, 감, 리는 정양이고, 사우방위인 간, 손, 진, 태는 정음인데 정음정양의 법칙에서 정양으로 입수한 용은 좌향을 정할 때는 정양 향으로 놓아야 하고, 정음으로 입수한 용은 정음 향으로 좌향을 잡아야 길하다.

음택에서 파구를 볼 때 정음 좌일 때는 정음방위의 물이 길하고, 정양방위의 물은 흉하다는 것이다.

마찬가지로 정양 좌는 그 반대이다.

여기서 정양의 건[乾(甲)], 곤[坤 (乙)], 이[離(午 壬 寅 戌)], 감[坎(子 癸 申 辰)]은 각각 甲은 乾에 들이는 식이고 정음의 간[艮(丙)], 손[巽(辛)], 진[震(卯 庚 亥 未)], 태[兌(酉 丁 巳 丑)]는 각각 丙은 艮에 들이는 것이다.

● 조륙운동(造陸運動)

지반이 융기, 침강하여 넓은 육지를 만드는 것과 같은 지각변동으로 넓은 지역에 걸쳐 서서히 작용하며 조산운동과 같은 현저한 습곡이나 단층을 수반하지 않는다.

● 조산(朝山)

안산 너머의 모든 산을 말하는데 서울 경복궁의 조산은 관악산이다.

● 좌묘우사(左廟右社) 전조후시(前朝後市)

좌측에 종묘(宗廟 : 왕실의 신위를 두는 곳)를 두고, 우측에 사직(社稷 : 토지신과 곡식신)을 두며 앞에는 조하(朝下 : 신하들의 조례를 받는 곳)를 뒤에는 시장(市場)을 둔다는 것으로 이는 우리 전통가옥의 배치 기준이다.

● 좌선룡(左旋龍), 우선룡(右旋龍)

주산을 등지고 혈을 내려다 볼 때 산줄기가 우측 팔 쪽에서 들어와 좌측 팔 쪽으로 돌아가면서 입수처(入首處)가 되어 혈성을 이룰 때 좌선룡이고, 좌측 팔 쪽에서 산줄기가 들어와 우측 팔 쪽으로 돌아가면서 입수처가 되어 혈성을 이룰 때 우선룡이 된다.

산줄기가 좌선룡일 때는 포태법에 순행(順行)이 활용되고, 산줄기가 우선룡일 때는 포태법에 역행(逆行)이 활용되는데 좌선룡일 때는 용에서 내려 봤을 때 오른쪽이 앞면이고 왼쪽이 뒷면이다.

반대로 우선룡일 때는 오른쪽이 뒷면이고 왼

쪽이 앞면이며 앞면이 명당 쪽이다.

● 좌우(左右)

좌는 양, 우는 음이나 왕릉이나 일반묘의 음택자리는 혈자리에서 누운 시신으로 볼 때 우측에 남자, 좌측에는 여자가 자리 잡아 우상좌하(右上左下)로 배치하고 금줄에 왼손잡이 방식으로 꼰 새끼줄을 사용하는 것 등은 생(生)과의 반대로 사(死 : 거부)를 보는 관념 때문이며 생인 양택은 좌상우하이다.

● 좌향(坐向)

사람이 앉았다고 볼 때 등쪽을 좌, 보이는 쪽을 향이라 하고 앉아 있는 위치를 좌, 바라보이는 위치를 향이라고 하는 개념이다.

패철을 가슴 앞에 놓고 볼 때 가슴 쪽의 글자 방위를 좌방위, 반대편의 글자 방위를 향방위라 하는데, 이때는 자침이 자북과 일치한 상태에서 보는 방위이다.

건물에서는 대지의 중심에서 방향을 보아 건물의 중심점방향이 좌이고, 반대방향인 앞마당 쪽이 향이다.

● 주산(主山)

혈을 맺는 산의 한마디 뒤에서 봉우리를 이룬 산으로 부모산격의 산이다.

부락을 지켜준다는 의미에서 진산(鎭山)이라고도 불리운다.

● 주조색(主調色)

전체적인 분위기를 결정하는 색으로 한 공간에 가장 많이 쓰이는 색을 말하는데 한 공간을 따뜻한 분위기로 연출할 때는 난색계통 중 하나의 색이 주조색이다.

● 주필산(駐蹕山)

조종체계로 뻗어가는 산줄기가 잠시 옆으로 벗어나 쉬어가는 산이나 이 주필산이 가지를 치고 다른 곳으로 뻗어주면 뻗어가는 산줄기는 주필산이 태조산이 된다.

● 지구

지구는 태양, 달과 함께 약 46억 년 전에 탄생했으며 지표면에서 바다, 호수, 늪, 강, 하천을 통틀어 수권이라 하는데 대부분 바다가 차지하며 지표의 71%이다.

지구와 태양과의 거리는 1.471×10^8km에서 1.521×10^8km로 변하는데 평균은 1.496×10^8km이다.

지구적도에서 자전속도는 시속 1,670km이고 태양 주위를 회전하는 평균공전속도는 1초에 29.8km이다.

지구는 적도 반지름 6,378.2km이고, 극 반지름 6,356.8km인 구형으로 질량은 5.974×10^{24}kg에 평균밀도는 5.52g/cm³이며 지표면의 요철은 최대 약 10km이다.

지각의 두께는 육지일 경우 약 35km이고, 바다일 경우 약 5km로 지각 밑에서부터 약 2,900km 깊이는 암석대인 맨틀이, 다시 5,100km 깊이까지는 반 액체 상태인 외핵이, 5,100km 깊이에서 지구중심점까지는 내핵이 존재하며 압력에 의해 고체 상태이다.

지구 내부에서 맨틀과 외핵의 경계까지 1km 깊어질 때마다 0.5℃씩 올라가나 지구 구조 등을 바탕으로 보면 지구중심은 6,000℃ 가량 될 것으로 추측되지만 핵의 온도는 2,200~2,700℃로 보고 있다.

지구는 자전운동으로 지자기가 발생하고 지구 내부에는 양성자반응과 원자핵반응에 의해 열에너지 및 각종 파가 발생되는 것으로 추정하고 있다.

지구는 음양원리에서 음의 주체이고, 반면 태양은 양의 주체이다.

🌑 지구자기장

지구가 갖고 있는 자장을 말하며 중심핵에서 용해된 금속철이 회전함으로써 이것이 일종의 발전기(다이나모)가 되어 자장이 발생한다고 여겨지고 있다.

자장이 성장하거나 약해지거나 또는 극성이 발전하거나 후퇴하는 현상은 원인규명이 되지 않고 있으며 지구자기장은 행성 간 공간에도 퍼지며 태양풍(태양 코로나 홀에서 유출되어 태양 간 공간을 향해 방출되는 플라스마의 흐름으로 지구 근방에서 플라스마 입자의 밀도는 1cm³당 1~10개이고, 태양풍의 온도는 약 10만도이며 초속 수백 km의 고속임)에 눌려 태양 쪽에서는 구형태가 된다.

🌑 지자기(地磁氣)

인류 최고(最古)의 과학은 우주력(宇宙力)의 과학이다.

천체까지도 움직이는 크고 복합적인 힘에 의해 우리는 둘러싸여 있고 힘은 물체의 위치와 물체 자체까지도 바꾸어 놓으며 힘의 작용에 의해 변화하는데 힘에는 양성과 음성, 잡아당기고 반발하는 힘이 같은 중립성의 3가지 힘이 있다.

양성과 음성의 두 힘이 균형을 이루면 중립대를 형성한다.

힘에 대한 음양론에 의하면 사람이 살고 있는 땅위는 땅(陰)과 하늘(陽) 사이의 중립대이다.

지구는 적도에서 시속 1,670km 속도로 자전하고 이때 지구외핵이 부분적으로 이온화되어 있어 전도성 유체의 회전에 의한 흐름 때문에 지자기가 생기며 시간과 장소에 따라 변화하

나 한반도의 지표면에는 0.5가우스 정도의 지자기가 흐른다.

이 지자기가 교란으로 인해 배가 되거나 반감될 경우 항상성이 깨져 인체에 유해한 작용을 한다.

🌑 지현(之玄)

내룡이 장차 입수로 옮겨지려고 할 때 그 맥의 형태가 갈지자나 검을현자처럼 굴곡하여 진행되는 곳을 말하는 것인데 그 맥의 굴곡하는 모습이 마치 之, 玄자와 비슷한 모양에서 이름지어진 것이다.

🌑 천간(天干)과 지지(地支)

천간은 하늘의 기운으로 하늘에 분포되어 있는 기운을 열 개로 구분해서 갑(甲), 을(乙), 병(丙), 정(丁), 무(戊), 기(己), 경(庚), 신(申), 임(壬), 계(癸)로 나눈 것이며 지지는 땅에 흐르는 다섯 가지의 기운으로 수, 화, 목, 금, 토로 구분하고 있다.

여기에 강한 기운과 약한 기운을 구분해서 양과 음으로 나눠 물의 기운은 자와 해이고, 나무의 기운은 인과 묘이며 불의 기운은 사와 오이고, 쇠의 기운은 신과 유 그리고 흙의 기운은 진, 술, 축, 미로 도합 12지지인데 자(子), 축(丑), 인(寅), 묘(卯), 진(辰), 사(巳), 오(午), 미(未), 신(申), 유(酉), 술(戌), 해(亥)이다.

🌑 천문(天文)

일월성신(日月星辰)의 운행 및 비, 바람, 눈, 벼락 등 하늘에 일어나는 갖가지 현상과 만유인력, 분광 등 천체의 물리적 운동을 말한다.

🌑 청룡(靑龍), 백호(白虎)

주산을 머리 쪽으로 하고 혈에서 하늘을 보고 누울 때 왼팔 쪽으로 뻗는 산줄기를 좌청룡이

라 하며 오른팔 쪽으로 뻗는 산줄기를 우백호라 한다.

● 태(胎), 식(息), 잉(孕), 육(育)

주산으로부터 낙맥한 곳은 주산에서 혈에 생기를 넣어주는 내룡(來龍)의 산줄기가 마치 어머니가 태아에게 탯줄을 잇고 있는 현상에 비유하여 태라 하고, 태 아래 속기처인 식은 내룡의 산줄기가 꿈틀거리듯 갈지자형으로 오면 좋다.

잉은 식 아래 재기성봉한 작은 봉우리이며 식현상을 보여주는 태(산줄기)가 혈을 만들기 직전에 고개를 드는 것처럼 또는 임산부의 배처럼 볼록하게 형성된 지점을 말한다.

육은 혈장으로 부모(주산)가 키우는 자식(혈)이기 때문에 육으로 부른 것이며 이곳이 중심점이다.

● 태양(太陽)

지구에서 가장 가까운 항성으로 46억년 전에 지구와 같이 탄생했으며 지구로부터 평균 1억 4,960만km의 거리에 위치해 있고, 반지름은 69만 6,000km(지구의 109배), 질량은 1.99×10^{33}kg(지구의 33만 배)이다.

태양의 표면온도는 약 6,000℃이고 중심은 약 1,500만℃이며 코로나는 100만℃, 흑점은 4,000~5,000℃라 한다.

중심에서는 수소가 늘 헬륨이란 원자로 바뀌고 있어 이때 열과 빛을 내고 있다.

지구에 쏟아지는 태양에너지의 34%는 대기와 구름에 의해 흩어지거나 반사되어 우주공간으로 빠져나가고 나머지 66%는 지구표면의 육지나 바다 또는 대기에 흡수되며 이 태양의 복사에너지는 지구로 유입되는 에너지 중 99.986%를 차지한다.

태양은 핵융합반응으로 에너지를 내고 있는 중심핵을 중심으로 바깥쪽에 복사지역, 대류층, 광구, 채층, 코로나로 구성되어 있다.

태양은 73%의 수소와 25%의 헬륨 그리고 기타 2%의 원소로 이루어져 있으며 태양의 자전을 통해 태양에서는 북극에서 남극으로 일반 자기장(0.5가우스)이 흐르고 또한 흑점 자기장(1,000~3,000가우스)이 흐른다.

태양으로부터 전파, 가시광선, 자외선, 적외선, X선, 전자, 원자핵 그리고 방사에너지가 나오고 지구둘레에는 전리층이 있어 전파를 흡수한다.

태양표면에 플레어(커다란 흑점 부근에서 갑자기 밝게 빛을 내는 거센 폭풍으로 강한 자외선과 전기 알갱이를 뿜어내는 현상)가 발생하여 자외선과 X선이 매우 강해지면 전리층을 어지럽게 하는 자기폭풍이 일어난다.

태양의 코로나에서 행성 간 공간을 향해 방출되는 플라스마(고도로 전리된 이온과 전자의 혼합가스)의 흐름인 태양풍이 발생한다.

태양 빛과 열은 지구생물을 자라게 하는 근원이 되고, 태양열을 이용한 가정용 온수기 등 우리생활에 중요하게 이용되고 있다. 태양은 양기의 발원체로 양택의 방향 잡이에 직결되고, 우주기(宇宙氣)의 모태이며 음양원리에서 양의 주체이다.

● 태조산(太祖山)

용맥이 시작되는 시조산으로 우리나라에서는 백두산이 태조산이다.

● 택리지(擇里志)

청담(淸潭) 이중환(李重煥 : 1690~1752년)이 쓴 택리지는 사민총론(四民總論), 팔도총론(八道總論), 복거총론(卜居總論), 총론으로 구성되어 있고 복거총론에서 살만한 곳을 택할 때는 첫째 지리 [地理: 지리를 논하려면 수구(水口)를 보고 다음은 들의 형세를 보라는 내용으로 풍수지리를 논함], 둘째 생리(生利: 생산성), 셋째 인심(人心: 풍속), 넷째 산수(山水 : 아름다운 산과 들)가 좋아야 한다고 했다.

택리지는 베껴간 사람들이 팔역지(八域志), 팔역가거지(八域可居志), 동국산수록(東國山水錄), 진유승람(震維勝覽), 동국총화록(東國總貨錄), 동악소관(東岳小管), 형가요람(形家要覽)이라 이름을 붙였다.

● 팔요풍(八腰風)

산소나 건물 주변을 둘러싸고 있는 청룡이나 백호 중 일부에서 맥이 끊어져 골짜기 형태를 이루면 이 골짜기 사이로 바람이 불어와서 지기를 분산시킨다. 이와 같이 골짜기에서 부는 바람을 팔요풍이라 하며 모두 여덟 방위로 구분하고 꺼리는 바람이다.

● 풍수지리(風水地理)

동진(東晉)의 곽박(郭璞 : 276~324년)은 장경(葬經)에 기승풍즉산계수즉지(氣乘風則散界水則止 : 생기는 바람을 받으면 흩어지고 물을 만나면 멈춤)라는 장풍득수(藏風得水)의 장법(葬法)을 말하면서 고위지풍수(故謂之風水)라는 구절이 있는 것을 보면 풍수용어가 곽박 이전부터 사용됐다는 것을 알 수 있다.

풍수를 감여(堪輿)라고도 하는 것은 천지가 만상을 지탱하는 것을 의미하며, 천지의 뜻으로 땅의 조화를 다루는 분야가 풍수이다.

여기서 풍은 기(氣)와 정(精)으로 공기의 속도에 따라 온도차를 가져오므로 온도를 뜻하고, 수는 습도로 인체의 피와 상통한다.

지리는 산수의 지세, 지형 및 그 동정(動靜)의 뜻으로 생(生)적, 동(動)적으로 생각하여 땅에 존재하는 생기가 바로 생명체에 영향을 미치는 것으로 결국 풍수지리는 지구상 생명체의 존재에 영향을 미치는 기온과 지자력 등 땅의 생명력 활동을 다루는 자연과학이며 환경원리이다.

풍수지리는 약어로 풍수라 표기한다.

생물은 항상 같은 상태를 유지하려는 성질인 항상성이 있다. 거처에 대해 항상성의 기준을 다룬 것이 풍수이다.

지자기가 0.5~0.7가우스 상태에서는 몸이 평상으로 이상이 없지만 현저히 낮거나 높으면 몸이 적응하기 힘든 것은 기타 환경 또한 항상성이 있어 여행지에서 잠자리를 바꾸면 불면현상이 나타나는 것과 같다.

● 해풍(海風)과 육풍(陸風)

낮에는 태양열 때문에 육지가 바다보다 빨리 더워진다.

온도가 높은 곳은 공기밀도가 낮아 공기의 압력 또한 낮아져 바람은 기압이 높은 곳에서 낮은 곳으로 불기 때문에 더워진 육지의 공기는 가벼워져 위로 올라가고, 차가운 공기가 대류에 의해 흘러들어와 바다에서 육지로 향하는 해풍이 분다.

반면 밤에는 육지가 바다보다 빨리 식어 차가워지므로 육지의 공기가 바다로 향하는 육풍이 분다.

해가 진 후 육지와 해면의 온도가 같아지고 아침에는 육풍에서 해풍으로 바뀌는 잠깐 동안 바람이 멎는데 아침과 저녁에 해풍과 육풍이 바뀌는 사이에는 바람이 불지 않아 무풍상태가 된다.

낮에 부는 해풍에 의한 실내공기 팽창은 배산임수의 주택 앞쪽으로 불어온 바람이 실내공기압을 높여 활력을 갖게 하는 것이다.

● 핵반응

원자핵의 변환을 동반하는 물리현상으로 특히 무거운 원자핵이 분열하는 핵분열반응과 가벼운 원자핵과 원자핵이 융합하는 핵융합반응을 말한다.

그리고 천문학에서 별의 에너지원에 관여하는 핵반응은 후자이므로 핵융합반응과 동일한 의미로 쓰여진다.

● 혈(穴)

풍수에서 혈은 지세와 물의 흐름으로 인해 가장 많이 생기가 모이는 곳으로 침구학(鍼灸學)에서 말하는 경락이 기가 흐르는 통로라면 이 경락 중에서 기가 모이는 경혈(經穴)이 침을 놓는 자리인데 이 지점이 혈자리로 풍수에서 같은 자를 쓰는 것이며 길지(吉地)를 말하는 것이다.

혈자의 자원에서 보면 지붕이 덮어 씌워져 있는 모양(宀)이 서로 둘로 나누어 등지고 있는 형태(八)이다.

맞배지붕

이는 두 자의 뜻을 합성하여 만든 회의(會意)문자로 움을 파고 그 위에 마치 지금의 맞배지붕과 같이 나뭇가지나 풀섶 등을 덮은 혈거주택(穴居住宅)을 보인데서 널리 구멍을 뜻한다.

혈자는 고대인의 거주지와 관련하여 움, 구덩이, 굴, 동굴, 오목한 곳의 뜻이다.

혈은 양변음합(陽變陰合, 양과 음이 합하여 생기로 변함)의 자리이며 양래음수(陽來陰受) 혹은 음래양수(陰來陽受)로 이는 땅의 높은 곳을 음, 낮은 곳은 양으로 할 때 하늘은 양이고 땅은 음이다.

천지화합의 형상에서 하늘은 요(凹)이고 땅은 철(凸)인데 땅은 본위로 볼 때 성격은 음이고 형태는 凸이다.

이러하여 凸은 지상의 높은 산으로 음이라 보아 결국 낮은 산은 양이 된다.

음래양수란 결국 凸형의 용맥이 다가오면 이를 받는 곳은 凹형의 지형으로 한다는 것이다.

즉 凹형이기 때문에 사방호위는 장풍이 되어야 혈자리이다.

곧 혈은 지기(地氣)가 뭉친 곳으로 길지이다.

● 혈성(穴星)

용의 머리 부분에 해당되는 산으로 혈이 속해 있는 산의 전체를 말한다.

● 혈판(穴板)

혈을 중심으로 상하좌우에 둘러싸여 있는 전체를 말한 것이며 혈의 바탕이 되는 것이므로 당판(當坂)이라고도 한다.

혈판의 상부에는 입수가 주룡과 연결되어 있고, 입수 아래 중앙에 혈이 있으며 왼쪽과 오른쪽에 선익(蟬翼 : 매미날개라는 말로 입수에 모인 기운이 좌우로 뻗어 혈을 보호하는 토질로 지반을 이룸)이 있고, 하부에는 전순(前脣 : 입수 기운이 혈과 선익을 만든 뒤 남은 기운이 혈 아래로 평탄하게 모여 있는 공간의 토질이 단단해야 혈을 받쳐줘 혈에 모여지게 됨)이 있어 혈판의 힘이 크면 혈의 기운도 크고, 혈판의 힘이 약하면 혈의 기운도 약해진다.

● 형국(形局)

형국은 혈장을 중심으로 주위의 사(砂)를 복합하여 한 개의 유형으로 보는 것인데 형국은 역량의 대소와는 무관하며 형국을 판별하는 착안점은 용세(龍勢, 산줄기의 기세)와 겸구(鉗口, 집게의 입처럼 벌어진 모양)와 혈성이다.

금성에는 날짐승의 형이 많고 목성, 화성에는 사람의 형이 많으며 수성에는 용사(龍蛇, 용과 뱀)의 형이 많고 토성 아래에서는 짐승의 형이 많다했다.

형세(形勢)

용이 혈을 맺을 경우 내면적으로 생기의 내지 융결(來止融結, 지기가 내려오다 멈추어 화합해 생기를 맺는 것)을 엿보기 위해 산의 기세를 살피고 호가(護街, 막아 보호하는 것), 제사(諸砂, 모든 사신사)가 구비되어 있는지 어떤지를 알기 위해 외면적인 형태를 살펴 혈을 정하는 것이다.

황금분할비(黃金分割比)

평면기하에서 한 개의 선분(線分)을 외중비(外中比)로 나누는 일, 곧 소부분(小部分)의 대부분(大部分)에 대한 비를 대부분의 전부(全部)에 대한 비와 같도록 분할하는 일로 정오각형의 같은 정점(頂點)을 지나지 않는 2개의 대각선은 서로 다른 대각선을 황금분할한다. 이는 미감(美感)과 안정감을 주는 책의 국판이나 엽서의 가로 · 세로비인 1 : 1.61803으로 나누어진다는 것으로 사람들이 가장 편안하면서도 안정감을 느끼는 사물의 구성이나 비율을 말하는 것인데 수학, 조각, 건축, 회화에 적용된다. 풍수에서는 한 공간의 기(새 공기)의 흐름이 원활하게 하는 가로 · 세로 · 높이에 대한 공간의 한계 비율이다.

황천살(黃泉殺)

사로황천(四路黃泉) 또는 팔로황천(八路黃泉)이라고 말하는 황천살 중 사로황천은 건(乾), 곤(坤), 간(艮), 손(巽)의 사우(四隅)를 이르는 말이고, 팔로란 갑(甲), 경(庚), 병(丙), 임(壬), 을(乙), 신(辛), 정(丁), 계(癸)의 팔간(八干)을 이르는 말이다.

황천살은 십이운성장생법(十二運星長生法)에서 유래한 것이다.

황천은 물의 흐름을 수구(水口)로서 분별한다. 구궁수법(九宮水法)에서 득수처(得水處, 물이 들어오는 지점)는 길방향이어야 좋고, 출수(出水)는 흉방향이어야 좋다.

길방향으로 출수하게 되면 흉하게 되는데 그 중에서도 가장 길방향으로 출수되는 것이 살인대소황천(殺人大小黃泉)이다.

나가는 오수가 깨끗한 천으로 흘러가면 오염되어 나쁜 것과 같다.

황천수(黃泉水)

나경의 중심에서 첫 번째 선이 황천수를 측정하는 기준으로 사용되는데 제일 북쪽에서 시작해서 시계방향으로 진(辰), 인(寅), 신(申), 유(酉), 해(亥), 묘(卯), 사(巳), 오(午) 여덟 방위이며 그 중 하나의 방위는 나경 4선의 24방위 가운데 세 방위를 나타낸다.

1선의 황천수 방위는 4선의 해당 방위가 좌(坐)가 될 때 지하수가 있을 가능성이 많다는 뜻이다.

고바야시 사치아키, 『건강과 풍수』, 아카데미북, 2002.

고바야시 사치아키, 『부자되는 풍수인테리어』, 동도원, 2003.

곽박, 『장경』, 동학사, 1993.

권영식 외 5, 『지형분석』, 교학연구사, 1995.

권혁재, 『지형학』, 법문사, 1974.

김덕원, 『전자파 공해』, 수문사, 1996.

김용식, 『풍수지리 핵심비결』, 관음출판사, 1999.

김용학, 『땅속 명당 땅밖 풍수』, 동학사, 2002.

김지견 외 10, 『도선의 신연구』, 영암군, 1988.

김학성, 『디자인을 위한 색채』, 조형사, 1994.

김혜경, 『집없어도 땅을 사라』, 국일, 2004.

롱윈강, 『풍수 건강법』, 국일미디어, 2001.

린윤·사라 로스바크, 『컬러로 보는 생활풍수와 인테리어』, 동도원, 1999.

마루야마 도시아끼, 『기란 무엇인가』, 정신세계사, 2001.

박상진, 『팔만대장경판 이야기』, 운송신문사, 1999.

박상호, 『풍수지리의 원리』, 가교, 2002.

박시익, 『한국의 풍수지리와 건축』, 일빛, 1999.

박인수 외 8, 『생동하는 지구』, 시그마프레스, 2003.

박인태, 『풍수지리 양택요결』, 형설출판사, 1998.

박전자, 『주거 환경학 개론』, 세진사, 2001.

백남철, 『오운육기학』, 한림의학사, 1979.

서무룡 외 3, 『환경과 인간』, 녹문당, 2001.

서선계. 서선술, 『명당전서』, 명문당, 1975.

손석우, 『터』, 답게, 1993.

신웅수, 『천년 궁궐을 짓는다』, 김영사, 2002.

신재용, 『체질 동의보감』, 학원사, 2002.

신천호, 『음양오행의 개론』, 명문당, 1982.

신평, 『나경 연구』, 동학사, 1996.

아보 도오루, 『암은 스스로 고칠 수 있다』, 중앙생활사, 2003.

안국준, 『생활풍수와 명당 만들기』, 태웅출판사, 2000.

우시우스 웡, 『디자인과 형태론』, 국제, 1994.

유종근 · 최영주, 『한국풍수의 원리』, 동학사, 1997.

유화정, 『생활풍수 인테리어』, 예가, 1999.

윤원태, 『내 손으로 짓는 황토집』, 컬처라인, 2000.

이문호, 『풍수과학 이야기』, 청양, 2001.

이중환, 『택리지』, 을유문화사, 1993.

임상훈 외 2, 『생태 건축』, 고원, 2001.

임상훈 외 2, 『자연친화 건축』, 고원, 2002.

임학섭, 『풍수로 보는 한국사찰』, 동학사, 1996.

장영훈, 『생활풍수 강론』, 기문당, 2000.

정판성, 『생활수맥 건강수맥』, 동학사, 1996.

조성진 외 13, 『토양학』, 향문사, 2002.

주남철, 『한국의 문과창호』, 대원사, 2001.

촌산지순, 『조선의 풍수』, 민음사, 1990.

최창조, 『땅의 논리 인간의 논리』, 민음사, 1992.

포여명, 『풍수대사전』, 동도원, 2000.

프랭크 H 만케, 『색채, 환경 그리고 인간의 반응』, 국제, 2002.

황종찬, 『풍수지리 입문』, 좋은글, 1996.

황종찬, 『현대 주택풍수』, 좋은글, 1996.

부자되는 땅 행복한 집 찾기

2007년 9월 20일 1판1쇄
2015년 7월 20일 1판2쇄

저자 : 김영석
펴낸이 : 이정일

펴낸곳 : 도서출판 **일진사**
www.iljinsa.com
140-896 서울시 용산구 효창원로 64길 6
대표전화 : 704-1616, 팩스 : 715-3536
등록번호 : 제1979-000009호(1979.4.2)

값 28,000원

ISBN : 978-89-429-0986-5